McMenamin/Palmer
Strukturierte
Systemanalyse

Stephen M. McMenamin/John F. Palmer

Strukturierte Systemanalyse

mit einem Vorwort von Tom DeMarco

Übersetzt von Dr. Peter Hruschka

Eine Coedition der Verlage Carl Hanser und Prentice-Hall International

Dr. Peter Hruschka
Program Manager für Computer Aided Software Engineering Technologie
GEI Gesellschaft für Elektronische Informationsverarbeitung mbH, Aachen

Titel der amerikanischen Originalausgabe:

Essential Systems Analysis

by Stephen M. McMenamin and John F. Palmer

Alle in diesem Buch enthaltenen Programme und Verfahren wurden nach bestem Wissen und Gewissen erstellt und mit Sorgfalt getestet. Dennoch sind Fehler nicht auszuschließen. Aus diesem Grund ist das im vorliegenden Buch enthaltene Programm-Material mit keiner Verpflichtung oder Garantie irgendeiner Art verbunden. Autor und Verlag übernehmen infolgedessen keine Verantwortung und werden keine daraus folgende oder sonstige Haftung übernehmen, die auf irgendeine Art aus der Benutzung dieses Programm-Materials oder Teilen davon entsteht.

CIP-Titelaufnahme der Deutschen Bibliothek

MacMenamin, Stephen, M.:
Strukturierte Systemanalyse / Stephen McMenamin; John F.
Palmer. Mit e. Vorw. von Tom DeMarco. Übers. von Peter
Hruschka. – München ; Wien : Hanser ; London : Prentice Hall
Internat., 1988
    Einheitssacht.: Essential systems analysis ⟨dt.⟩
    ISBN 3-446-15166-4 (Hanser) Pp.
    ISBN 0-13-287913-1 (Prentice Hall internat.) Pp.
NE: Palmer, John F.:

Eine Coedition der Verlage:
Carl Hanser Verlag München Wien
Prentice-Hall International Inc., London
© 1988 Prentice-Hall International Inc., London

Satz und Druck: Appl, Wemding
Buchbinderische Verarbeitung: Sellier, Freising
© am Lay-out Carl Hanser Verlag München Wien
Printed in Germany

Meiner Mutter
und der Erinnerung an meinen Vater

S. M. McM.

Meiner Frau Barbara

J. F. P.

Geleitwort

Als der Richter Potter Stewart vor einigen Jahren aus dem Obersten Gerichtshof ausschied, hielt er eine Pressekonferenz ab, um einige Abschiedsbemerkungen zu machen. Die Reporter fragten ihn, ob er irgendetwas in seiner Dienstzeit am Hohen Gericht bedaure. Er antwortete mit seinem berühmten subtilen Humor: „Ja, vielleicht eines meiner Zitate: ‚Ich kann zwar Obszönität nicht definieren, aber ich erkenne sie, wenn ich sie sehe.‘ Ich fürchte, man wird diesen Spruch noch in meinen Grabstein eingravieren."

Drückt man das Problem, das Richter Stewart hatte, mit den Begriffen, die Steve McMenamin und John Palmer in der *„Strukturierten Systemanalyse"* einführen, aus, so suchte er nach der *Essenz* eines komplizierten Phänomens. Bei den wirklichen Systemanalysetätigkeiten ist dieses Problem gewaltig: die wahre Essenz eines Systems zu finden, ist vielleicht das Wichtigste, was ein Systemanalytiker tun muß, und sicherlich auch das Schwierigste. Die Essenz eines Systems wird zu leicht mit den Methoden verwechselt, die man zur Implementierung der Essenz verwendet hat, was die Autoren dann als *Inkarnation* eines Systems bezeichnen. Die Unfähigkeit, die Essenz von der Inkarnation zu unterscheiden, führt dann bei vielen Systemanalytikern dazu, daß sie viel zu restriktive Spezifikationen schreiben. Und die Entwickler erstellen dann Systeme, in denen die bedeutungslosen Eigenschaften von früheren Systemen wieder enthalten sind.

Essenz und Inkarnation entsprechen ungefähr dem, was ich in früheren Arbeiten als logische und physikalische Sichten eines Systems bezeichnet habe. In meinen eigenen Arbeiten habe ich einen ähnlichen Ansatz wie Richter Stewart gewählt, um diese Begriffe auseinanderzuhalten: Ich war zwar vielleicht nicht fähig, „logisch" zu definieren, so daß es jeder verstehen konnte. Ich konnte es aber unterscheiden, wenn ich es sah. Obwohl ich ziemlich ausführlich versucht habe, meinen Lesern dieses Gefühl „Ich erkenne es, wenn ich es sehe" zu vermitteln, so war dies für viele doch nicht ausführlich genug. Was noch schlimmer ist: diejenigen, die es begriffen hatten, konnten es auch nicht an ihre Kollegen weitergeben. Systemanalytiker müssen in die Lage versetzt werden, präziser zu sagen, was das System *sein muß* und was es derzeit *zufälligerweise ist*. McMenamin und Palmer haben diese Unterscheidung ganz klar und einprägsam vorgenommen. Damit haben sie eine ganz neue Art der Systemmodellierung eingeführt.

Heute wird eine erstaunliche Anzahl von Büchern über Systementwicklung publiziert, in denen nichts Neues steht, nur eine Permutation alter Ideen. Vor einigen Jahren habe ich eine Metrik für dieses Phänomen definiert, den „*Schon Wieder Das Alte*"-Index. Bücher mit einem hohen SWDA bieten dem Leser keine neuen Einsichten und keine wahren Werte. Das größte Kompliment, das ich McMenamin und Palmer machen kann, ist: ihr SWDA ist fast Null - ihr Buch ist einfach voll mit guten, neuen Ideen. Deshalb hat „Strukturierte Systemanalyse" auch Auswirkungen. Es führt dazu, daß Sie die Art und Weise, wie Sie Systemanalyse betreiben, ändern. Es hat auch mich verändert; ich wende die Techniken der ereignisorientierten Zerlegung regelmäßig an, auch die Synthese zwischen Funktions- und Datenmodellierung und viele andere nützliche Begriffe. Ich glaube, das Buch wird einen ähnlichen Effekt auf Sie haben.

Tom DeMarco
The Atlantic Systems Guild
New York, New York

Danksagung

Während wir die Konzepte und Verfahren der *Strukturierten Systemanalyse* entwickelten, hatten wir die tatkräftige Unterstützung unserer Kunden, Kollegen, Herausgeber und Freunde. Wir können gar nicht allen davon einzeln danken, aber wir können wenigstens einige erwähnen, die unsere Ideen wesentlich beeinflußt haben und uns geholfen haben.

Die Methoden, die wir hier vorstellen, wurden in wirklichen Projekten in der Industrie erprobt. Als erstes müssen wir daher den Kunden danken, die das Risiko und die Herausforderung einer experimentellen Systementwicklungsmethode angenommen haben. Viele dieser Arbeiten wurden von Mitarbeitern von Southern California Edison unter der Leitung von William H. Bentley und David R. Tommela ausgeführt.

Das erste Pilotprojekt war ein Materialverwaltungssystem (MVS), das 1978 unter der Leitung von Michael L. Mushet angefangen wurde. Durch MVS lernten wir die Anatomie großer Systeme kennen und die Organisationsweise für große Analyseprojekte. Wir konnten auch die ersten Versuche der Ableitung eines logischen Äquivalents zu einem physikalischen Modell versuchen. James R. Horstmann war der firmeninterne Structured-Analysis-Spezialist im MVS-Team.

Viel von diesen Erfahrungen ging in das Continuing Property Records Project (CPR) ein, das im Jahre 1979 angefangen wurde. In diesem haben wir zum ersten Mal viele der Techniken angewandt, die langsam zum Standard wurden. Dazu zählen die ereignisorientierte und die objektorientierte Zerlegung zur Minimierung der physikalischen Modellierung, iterative Ansätze auf mehreren Detaillierungsebenen, die Blitztechnik zur raschen Ableitung von Projektplanungsmodellen und der Gallerieansatz für Projektreviews. Das CPR-Projekt wurde von Larry L. Proctor, Janet Halliwell und Glenn W. Collins geleitet. Nina C. Snett war für viele Verbesserungen in den Methoden von Structured Analysis in diesem Projektteam verantwortlich.

Während dieser Zeit führten die Seattle Service Division von Boeing und die Boeing Computer Services ein großes und ehrgeiziges Projekt durch, das unter dem Namen Integrated Employee Records System (IERS) bekannt wurde. Das IERS-Projekt war eines der ersten, das den ereignis- und objektorientierten Zerlegungsansatz für logische Modelle versuchte. Die IERS-Erfahrung half uns bei der Verfeinerung unserer Ideen, insbesondere was die Modellierungstechniken für die Speicherdaten betrifft. Wir danken allen Mitarbeitern dieses Projekts, insbesondere Ruth Bertilson, Les Fauver, John Hill, Frank Jones und Art Miller.

Ebenfalls im Jahre 1979 benutzte Salomon Bros. eine Embryoform der essentiellen Systemanalyse in ihrem Bank-Link-Projekt, in dem ein Blitzmodell nach der Ereignis/Objektzerlegungsmethode entstand. Bei dieser Zusammenarbeit gelangten wir zu neuen Ideen über die Entwicklung von physikalischen Soll-Modellen. Barry Mitchell führte dieses Projekt zu einer fast fehlerfreien Installation.

Eine Vorgängerversion unserer Techniken wurde auch von J. Aron & Cie. in einem Foreign Exchange System (FOREX) verwendet. Lou Gutentag war der Projektleiter, der uns dabei half, Standards für minimale Modelle der existierenden Implementierung eines Systems zu entwickeln.

Nachdem diese Pioniere uns bei den ersten Schritten mit essentieller Systemanalyse geholfen hatten, unterstützte uns eine zweite Welle unserer Kunden dabei, den Ansatz zu stabilisieren. Von 1980 bis 1983 halfen uns diese Kunden, ein „Parteiprogramm" auszuarbeiten, mit dem essentielle Systemanalyse auch dann verwendet werden konnte, wenn wir nicht da waren, um zu zeigen, daß eigentlich „alles intuitiv klar für außenstehende Beobachter ist".

Die Unterstützung von Rob Herson von Texaco gestattete es uns, den Blitzansatz so weit zu verfeinern, daß er zum Teil des Texaco Analyse-, Design- und Management-Standards gemacht werden konnte. Commander Brian Sonner und Lt. Commander Rod Smith von der Office of the Comptroller der U.S. Coast Guard halfen uns, den Blitzansatz dadurch zu präzisieren, daß sie ihn in ihrem Standard Automated Accounting System Projekt einsetzten. David Shapiro, Eric Joyall and Rakesh Jain von Bell Canada, sowie Jan Lauridson und Keld Jorgensen von Sparekassernes Datacenter gaben uns viele Projekte, an denen wir die Datenmodellierungsideen versuchen konnten.

Unser Dank gilt auch Eric Joyall und dem Structured Analysis and Design Projekt von GUIDE, der großen Benutzergruppe von IBM. Im Jahre 1982 erlaubten sie uns, die Ideen des Übergangs von der Analyse zum Entwurf zu durchdenken, und sie stellten uns mit der GUIDE 54-Konferenz ein Forum zur Verfügung, um diese Ideen zu präsentieren. Ken DeLavigne von IBM danken wir vor allem dafür, daß er uns die Augen dafür geöffnet hat, daß das physikalische Soll-Modell und der Analyse/Design-Übergang mehr ist als nur die Umwandlung eines Datenflußdiagramms in ein Structure Chart mit der Transformationsanalyse.

Für ihre Unterstützung und ihre Ermunterung danken wir unseren Kollegen von der Atlantic Systems Guild, Tom DeMarco, Tim Lister, James Robertson und Suzanne Robertson.

Auch andere Kollegen verdienen unseren Dank, insbesondere Truitt Allen, Wayne E. Bissell, Brian Dickenson, Pat Duran, Mike Fife, Richard K. Fisher, Matt Flavin, Dorothy K. Kusher, Lou Mazzucchelli, Ira Morrow, Meilir Page-Jones, Sandra Rapps, Gary Schuldt, Micheal Silves, III, Charles A. Tyron, Mark Wallace, Paul T. Ward und Carroll T. Zahn.

Tim Lister und Wendy Eakin gaben uns die Gelegenheit, diese Ideen zu entwickeln. Tim gab uns als Seminarleiter von Yourdon einige Projekte zur Entwicklung von Kursen, die uns bei der Ausarbeitung unserer Ideen halfen. Als Leiter von Yourdon Press gab uns Wendy die Gelegenheit, dieses Buch zu schreiben, und unterstützte uns die ganze Zeit dabei.

Schließlich wollen wir den Mitarbeitern von Yourdon Press danken. Susan Moran war unbezahlbar, nicht nur als unser Herausgeber, sondern auch als kompetenter technischer Ratgeber, indem sie uns dabei half, viele der komplizierten Ideen dieses Buches möglichst klar darzustellen. Sowohl ihr wie auch Janice Wormington danken wir für die Aufpolierung unseres Sprachstils. Wir danken auch Lorie Mayorga für die Durchsicht des ersten Manuskripts, Dan Murrey für die Erstellung der Grafiken und George Armstrong für den Entwurf des Umschlags.

Stephen M. McMenamin
John F. Palmer

Vorwort des Übersetzers

Es war Anfang Dezember 1982, als wir zu viert in dem gemütlichen Kaminzimmer eines Londoner Hotels saßen und gespannt den Worten von John Palmer lauschten. Fünf Tage lang vermittelte er uns die Ideen, aus denen 2 Jahre danach dieses Buch entstand. Zu diesem Zeitpunkt waren wir bereits seit mehr als drei Jahren nicht nur Anwender, sondern begeisterte Anhänger und Verfechter der Methode „Strukturierte Analyse". 1979 hatten wir begonnen, diese Methode auf der Basis des Buches von Tom DeMarco zu unterrichten, in industriellen Projekten zu praktizieren, und im Rahmen unserer Softwareentwicklungsumgebung ProMod Werkzeuge dafür zu erstellen. Viele der kritischen Punkte und Schwierigkeiten, die Steve McMenamin und John Palmer am Anfang dieses Buches anführen, haben wir in unseren eigenen Projekten am eigenen Leib erlebt. Trotzdem waren wir von Anfang an von den Vorteilen dieser Vorgehensweise in der Systemanalyse überzeugt.

Rückblickend können wir heute feststellen, wie sehr uns die Ideen dieses Buches geholfen haben und täglich helfen. Wir verwenden die Technik des Blitzens bei der Erstellung von Angeboten für Softwareprojekte, um in kurzer Zeit einen gut verständlichen Überblick über komplexe Sachverhalte zu Papier bringen zu können, oder ein mehrbändiges Prosawerk auf die Essenz zu reduzieren.

Durch Einführung der ereignisorientierten Zerlegung konnten wir vor allem auch die Kollegen von der Methode „Strukturierte Analyse" überzeugen, die Probleme in den Bereichen Prozeßsteuersysteme, industrielle Automation und Realzeitsysteme lösen müssen. Das Denken in externen Ereignissen und Ketten von Reaktionen, die nach deren Eintreten stattfinden müssen, kommt insbesondere diesen Anwendungsbereichen sehr entgegen.

Die konsequente Anwendung der objektorientierten Zerlegung hilft Ihnen dabei, den Übergang zwischen Analyse und Entwurf reibungsloser zu gestalten. Die hierzu beschriebenen Analyseschritte in diesem Buch bauen auf den gleichen Ideen auf, wie objektorietierter Entwurf und objektorientierte Programmierung, die heute ja (zumindest als Schlagwort) in aller Munde sind. Sie beruhen aber auch auf den Techniken, die seit Jahren als erstrebenswerte Entwurfsziele propagiert werden: dem Einkapseln von Daten und Operationen (oder: Information Hiding), dem Minimieren des Zusammenhangs zwischen Entwurfsmoduln und dem Maximieren des internen Zusammenhalts jedes einzelnen Entwurfsmoduls.

Viele unserer Kunden, denen wir mit unseren Methodenkursen und Software-Engineering-Werkzeugen die Methode „Strukturierte Analyse" in den letzten Jahren näher gebracht haben, erzählen uns laufend von immer neuen Anwendungsbereichen, die weit über die Beispiele in diesem Buch hinausgehen: sie verwenden die Techniken nicht nur zur Erstellung von Anwendungssoftware, sondern auch für Basissoftware, wie Betriebssysteme und Datenbanken, für Hardware-Entwicklungen, aber manchmal auch zur reinen Organisationsanalyse und -planung, unabhängig von Software-Entwicklung. Wir konnten erfolgreiche, kleine Projekte beobachten, in denen die Analyse nur wenige Wochen mit einigen Personen gedauert hatte, bis hin zu Projekten mit großen Teams über mehrere Jahre.

Tom DeMarco hat den Grundstein für eine leicht verständliche Analysemethode gelegt, die es gestattet, Fehler in Projekten zu vermeiden, statt sie später mit viel Aufwand und Geld korrigieren zu müssen. McMenamin und Palmer haben diese Methode verfeinert und richtig praktikabel gemacht: leicht lehrbar und lernbar. Mit diesem Buch können Sie diese Techniken für Ihre Projekte nutzbar machen. Ich wünsche Ihnen dazu genausoviel Spaß bei der Arbeit und Erfolg mit den Ergebnissen, wie wir ihn in den letzten Jahren hatten.

Aachen, im Januar 1988   Peter Hruschka

Inhalt

TEIL 1
Grundlagen

Wir führen die *strukturierte Systemanalyse* ein, indem wir zunächst einige Grundlagen definieren, auf denen der Rest des Buches dann aufbaut. Kapitel 1 erläutert unsere Sichtweise des Problems, wie man die wahren Anforderungen an ein System findet. Wir weisen darauf hin, wie wichtig es ist, die wahren Anforderungen zu finden; auch auf die historischen Schwierigkeiten, die wir dabei haben; ferner und auf die Folgen, wenn man es nicht schafft. Wir vergleichen es auch mit den Versuchen anderer Systemanalysetechniken, die in diesem Zusammenhang oft die Begriffe „logische" und „physikalische" Aspekte eines Systems verwenden.

In Kapitel 2 konzentrieren wir uns auf Systeme, die geplante Aktionen als Antwort auf vorhergesehene Ereignisse ausführen. Fast alle Systemanalyseprojekte behandeln solche geplanten Reaktionssysteme. Unsere Modellierungstechniken und -strategien sind auf diese Art von Systemen zugeschnitten.

Kapitel 3 führt den wichtigsten Begriff unserer Arbeit ein: das Konzept der Essenz eines Systems. Wir definieren die Essenz als die Aspekte eines Systems, die unabhängig von allen technologischen Randbedingungen gelten. Wir benutzen den Begriff der Essenz, um die wahren Anforderungen von den Einschränkungen einer bestimmten Implementierungstechnologie zu unterscheiden.

In Kapitel 4 stellen wir diese essentielle Sicht dann der etwas gebräuchlicheren Form in der realen Welt gegenüber, was wir als die Inkarnation eines Systems bezeichnen. Wir stellen fest, warum die Implementierungstechnologie nicht perfekt ist, und beschreiben, wie sich die Einschränkungen auf die Komplexität von realen Systemen auswirken und deren Essenz verschleiern.

Kapitel 5 verwendet das Konzept der Essenz, um zu einer vereinfachten Darstellung des Systementwicklungsprozesses zu kommen. Diese Vereinfachung läßt die politischen Unterschiede und die unterschiedlichen Managementstrategien außer acht und konzentriert sich nur auf die essentiellen Aktivitäten, die man in jedem Projekt von beliebiger Dauer und Größe durchführen muß.

In Kapitel 6 konzentrieren wir uns auf eine der essentiellen Systementwicklungsaktivitäten und auf das wesentliche Thema unseres Buches: die Modellierung der Essenz eines Systems. Wir führen eine Reihe von Prinzipien ein, die uns als Richtlinien für die Modellierungswerkzeuge und die detaillierten Strategien in den weiteren Teilen des Buches dienen werden.

Kapitel 1
Wie man die echten Anforderungen
an ein System findet

In den letzten Jahren wurden die Methoden und Techniken zur Systemanalyse erheblich verbessert. Ungenaue, umgangssprachliche Texte, unvollständige Flußdiagramme und lükkenhaftes menschliches Gedächtnis wurden durch formalere Methoden zur Modellierung von EDV-Systemen abgelöst. Außerdem gibt es bereits einige Softwarepakete, die wenigstens Teile der Arbeiten eines Systemanalytikers unterstützen können.

Trotz dieser Verbesserungen scheitern noch immer viele Projekte in der Systemanalysephase. Der Grund liegt einfach darin, daß die entstehenden Spezifikationen nicht die wahren Anforderungen für ein geplantes System enthalten. Eine wahre Anforderung ist eine Eigenschaft oder eine Fähigkeit, die das System haben muß, *unabhängig davon*, wie das System später implementiert wird. Wir nennen die Summe der wahren Anforderungen an ein System die *Essenz* dieses Systems oder die *essentiellen* Anforderungen.

In diesem Buch stellen wir eine Methode vor, die es ermöglicht, die essentiellen Anforderungen an ein System zu finden und zu definieren. Das Grundkonzept der Methode basiert auf drei Elementen: auf einer Beschreibung der Charakteristika eines Systems, einer Klassifizierung der essentiellen Komponenten eines Systems und einer Klassifizierung der Randbedingungen für die Implementierung. Die Techniken von „Structured Analysis" werden zur Darstellung der Anforderungen benutzt.

Zur Einführung in die Themenstellung konzentrieren wir uns in diesem Kapitel zunächst auf die Notwendigkeit, wahre Anforderungen aufzuspüren, sowie auf die Gefahren falscher Anforderungen. Danach erörtern wir kurz die Schwierigkeiten, die Systemanalytiker beim Auffinden der wahren Anforderungen haben, und stellen einen Bezug zu anderen Systemanalysemethoden her.

1.1 Wie unterscheidet man wahre und falsche Anforderungen?

Die Systemspezifikation sollte alle wahren Anforderungen enthalten und nichts außer den wahren Anforderungen. Anderenfalls ist die Spezifikation mangelhaft: entweder sie enthält nicht *alle* wahren Anforderungen eines Systems, oder sie enthält *falsche* Anforderungen.

Eine Anforderung ist falsch, wenn man das System auch implementieren kann, ohne diese Anforderung zu erfüllen. Beispiele für falsche Anforderungen sind Eigenschaften, die völlig irrelevant für das Erreichen des Zieles eines Systems sind, oder Funktionen, die nur deshalb in der Spezifikation enthalten sind, weil sie für eine spezielle Implementierungstechnik erforderlich sind. Auch wenn man eine Funktion, die wirklich im System gebraucht wird, so beschreibt, wie sie mit einer bestimmten Technologie gelöst werden kann, ist das eine falsche Anforderung. Damit erzwingt man nämlich eine bestimmte Implementierung. Diese Implementierung mag zwar das Problem lösen, ist aber vielleicht nicht die *einzige* sinnvolle Lösung für die wahre Anforderung.

Die zwei Hauptkategorien falscher Anforderungen sind also: Technologieanforderungen und willkürliche Anforderungen. Falsche Technologieanforderungen entstehen dadurch, daß der Systemanalytiker die Technologie eines bestehenden Systems auf die Anforderungen für ein neues System überträgt oder daß er bereits vorrausschauend bestimmte Lösungsverfahren in die Spezifikation aufnimmt. Willkürliche falsche Anforderungen kommen ebenfalls auf zwei Arten zustande. Manchmal wird die Anforderung so beschrieben, daß das System mehr tut, als eigentlich zur Erfüllung der Problemstellung notwendig wäre. Manchmal beeinflussen auch die Beschreibungmittel, wie informeller Text oder Diagramme, die Organisation des Systems. Woher sie auch immer kommen mögen: falsche Anforderungen sind nicht wünschenswert, weil sie die Essenz eines Systems nicht so präzise und klar, wie es nur möglich ist, ausdrücken.

1.2 Die Gefahr falscher Anforderungen

In den meisten Entwicklungsprojekten studieren Systemanalytiker das existierende System aus zwei Gründen: um dessen Probleme zu erkennen und um eine Spezifikation für ein neues Systems zu schreiben, die dieses Problem löst. Wenn man bedenkt, daß vom Ergebnis dieser Analyse das Geschäftsergebnis von Firmen, Karrieren, und manchmal auch die öffentliche Sicherheit abhängt, sollten die Projektmitarbeiter stark motiviert sein, gute Arbeit abzuliefern. Wenn diese hochmotivierten Systemanalytiker anfangen, ein existierendes System zu studieren, ohne fähig zu sein, wahre Anforderungen von solchen zu unterscheiden, die nur die Technologie zur Implementierung des jetzigen Systems darstellen, dann ist die Katastrophe vorprogrammiert. Diese Unfähigkeit kann dazu führen, daß Projekte bereits in der Systemanalysephase steckenbleiben, daß Spezifikationen falsch oder schwer zu verstehen sind, daß Systeme unzuverlässig und schwer wartbar sind oder daß Projekte zu spät und unter Kostenüberschreitung beendet werden.

In ihrem Bestreben, vollständige Spezifikationen zu erstellen, und angesichts der Tatsache, daß ihnen die Fähigkeit zur Erkennung wahrer Anforderungen fehlt, erforschen und dokumentieren Systemanalytiker alles, um der Gefahr zu entgehen, etwas zu vergessen. Der Projektfortschritt wird merklich langsamer, wenn Systemanalytiker Wochen und Monate damit verbringen, irrelevante Details zu beschreiben. Unterdessen wächst und wächst der politische Druck in dem Projekt. Wenn die Geduld der Anwender und der Manager am Ende ist, dann werden Projekte abgebrochen, die erfolglosen Projektleiter und Mitarbeiter entlassen oder die Analyse einfach für beendet erklärt, und man beschäftigt sich mit weiteren Phasen des Projekts. Aber auch wenn das Projekt diese Art von Analyseschwierigkeiten überlebt, weisen die erstellten Spezifikationen oft zwei Fehler auf. Ein typischer Fehler ist, daß wahre Anforderungen oft komplett vergessen wurden. Eine Vielzahl von falschen Anforderungen beeinflussen das Denken und Schreiben der Systemanalytiker, so daß sie oft die Eigenschaften eines neuen Systems übersehen, die man wirklich braucht. Natürlich wird ein System, das nach unvollständigen Anforderungen gebaut wird, Mängel aufweisen. Wenn also falsche Anforderungen Systemanalytiker davon abhalten, das Fehlen der wahren Anforderungen zu sehen, dann entstehen letztendlich Systeme, die nicht das tun, was sie tun sollen.

Die zweite Fehlerklasse in Spezifikationen ist oft die unerklärliche Vorliebe für eine bestimmte Art der Implementierung oder eine bestimmte Technologie. Unabhängig davon, woher diese Vorliebe kommt, spezifizieren Systemanalytiker oft unnötige Dateien, Verfahren zur Absicherung gegen Fehler, die längst nicht mehr gemacht werden, überflüssige Verdopplung von Daten oder Funktionen, viel zu zentralisierte oder verteilte Systeme und eine Menge von ähnlichen, falschen Anforderungen. Wenn diese Präferenzen während des weiteren Entwicklungsprozesses nicht entdeckt werden, dann entstehen daraus neue Systeme, die viel zu komplex sind. Zu große Komplexität reduziert aber die Zuverlässigkeit neuer Systeme, deren Wartbarkeit und deren Erweiterbarkeit.

1.3 Structured Analysis zur Definition von Anforderungen

Mitte der 70er Jahre wurde das Problem der Definition wahrer Anforderungen ernsthaft angegangen. Verschiedene neue Verfahren zur Anforderungsdefinition entstanden, die dem Systemanalytiker halfen, komplette Spezifikationen zu erstellen, die frei von technologiebedingten Präferenzen waren.

1975 veröffentlichten Douglas T. Ross und Kenneth E. Schoman, Jr. die erste Arbeit über „Structured Analysis and Design Technique" oder SADT [40]. SADT stellte einen wesentlichen Fortschritt dar. Es war der erste Ansatz, der *graphische* Ausdrucksmittel benutzte, um die bekannten Nachteile textueller Spezifikationen zu umgehen. Im Gegensatz zu rein textuellen Spezifikationen produziert SADT eine gut organisierte Spezifikation, die man leicht lesen, modifizieren und pflegen kann. Das Kernstück der SADT-Spezifikation oder des SADT-Systemmodells ist ein „Aktivitätendiagramm", eine Variante des Datenflußdiagramms, das später u.a. von Edward Yourdon und Larry L. Constantine [54] verwendet wurde. Obwohl das Aktivitätendiagramm eine Verbesserung gegenüber der textuellen Darstellung ist, glauben einige Anwender, daß diese Art von Diagrammen noch immer zu viele Informationen beinhaltet.

Das größere Problem bei SADT ist, daß Ross und Schoman nicht viel über den Erstellungsprozeß von Anforderungsspezifikationen ausgesagt haben. Der Erfolg von SADT-Anwendern war also stark davon abhängig, wie gut sie in der Lage waren, eine hausinterne Methode dafür zu entwickeln.

In dem Buch „Structured Systems Analysis: Tools and Techniques" [17] verbesserten Chris Gane und Trish Sarson 1977 SADT, indem sie eine rudimentäre Strategie vorschlugen, wie man datenflußorientierte Systemmodelle als Anforderungsspezifikationen erstellt. Sie schlugen auch zusätzliche Modellierungswerkzeuge zu Structured Analysis vor, insbesondere die Benutzung von Datenflußdiagrammen im Zusammenhang mit Data Dictionary und Prozeßbeschreibungen. Um ein Zuviel an Informationen in den Datenflußdiagrammen zu vermeiden, rieten Gane und Sarson den Systemanalytikern, einige Informationen aus den Diagrammen herauszunehmen und in das Data Dictionary oder in die Prozeßbeschreibungen zu verlagern. Ein Jahr später erschienen die Bücher von Tom DeMarco und Victor Weinberg, die beide ein ähnliches Modell wie Gane und Sarson vorschlagen, mit einigen wenigen Änderungen in der Terminologie [11, 52].

Alle genannten Autoren konzentrierten sich auf die Beschreibungsmittel und Regeln von Structured Analysis, die den Systemanalytikern in vielen Fällen helfen, vergessene wahre Anforderungen zu finden oder Technologieeinflüsse zu erkennen. Die Beschreibungsmittel und Regeln halfen jedoch bei dem Problem, wahre Systemanforderungen zu finden, nur eingeschränkt. Die Autoren stellten keine konzeptionellen Richtlinien für Systemanalytiker zur Verfügung, wie man wahre Anforderungen von technologischen Einflüssen unterscheidet. Die Pioniere von Structured Analysis gaben nur vage Hinweise auf die Unterschiede zwischen Systemanforderungen und physikalischen Eigenschaften, wie sie im folgenden diskutiert werden.

1.4 Die Unterscheidung zwischen „logisch" und „physikalisch"

Ross und Schoman, die Pioniere von Structured Analysis, führten auch die Begriffe „logische" Systemanforderungen und „physikalische" Aspekte eines Systems ein. Gane und Sarson DeMarco und Weinberg stimmten in ihren Büchern alle darin überein, daß die Unterscheidung zwischen logisch und physikalisch wirklich wichtig ist. Sowohl Gane und Sarson wie auch DeMarco befürworteten das Erstellen von logischen Modellen bestehender Systeme. Dieses logische Ist-Modell zeigt die Aspekte eines existierenden Systems losgelöst von der Implementierungstechnologie. Es dient als Grundlage für die Anforderungsdefinition eines neuen Systems. Was wir *Essenz* nennen, entspricht dem, was die Pioniere von Structured Analysis mit dem Begriff *logisches System* gemeint haben, obwohl die beiden Begriffe unterschiedlich definiert sind.

Wie die meisten Autoren, die uns lehren, Form von Funktion zu trennen, äußerten sich auch die Begründer von Structured Analysis nicht allzu genau darüber, wie man dies erreicht. Gane und Sarson, z. B., geben keine Definition für *logisch* und *physikalisch*. Statt dessen bringen sie einige Beispiele für mögliche physikalische Implementierungen eines Datenflusses (z. B. als Brief, als Telefongespräch oder als Satellitenverbindung). Der Leser muß selbst herausfinden, warum dies „physikalische" Aspekte des Modells sind oder welche anderen physikalischen Aspekte eines Systems er finden sollte. DeMarco verwendet das Wort „policy" für die logische Version des Systemmodells. Er erläutert, daß eine bestimmte Implementierung einer „policy" ersetzt wird durch die „policy" selbst, wenn man vom physikalischen zum logischen Modell übergeht. Andere Autoren haben versucht, den Unterschied zwischen logischen und physikalischen Systemen als den Unterschied zwischen dem „Was" und dem „Wie" eines Systems zu erklären, oder zwischen „strategischen" und „taktischen" Gesichtspunkten.

Diese Definitionen sind nicht verständlich genug, um Systemanalytikern die Unterscheidung zwischen dem essentiellen Zweck eines Systems und einer bestimmten Implementierung klarzumachen. Sie scheinen nur dann geeignet zu sein, wenn man bereits eine ziemlich gute eigene Intuition über diesen Unterschied zwischen logisch und physikalisch hat, der mit der Definition übereinstimmt. Jedoch Intuition und vage Definitionen helfen nicht sehr bei der Suche nach wahren Anforderungen.

Um zu verstehen, was in Tom DeMarco's Definition von „logisch" vage ist, muß man sich z. B. die Frage stellen: Was ist „policy"? Nehmen wir an, Sie erhalten von Ihrem Chef eine Mitteilung, daß alle Bestellungen für Bleistifte mit Tinte geschrieben werden müssen. Ist das „policy"? Soll eine derartige Anforderung Teil eines logischen Systemmodells werden? Oder ist sie eine von Gane und Sarson's „alternativen physikalischen Implementierungen"? Das Problem liegt darin, daß das Wort „policy" zwei Arten von Assoziationen wachruft: Erstens bedeutet „policy" jede politische Randbedingung oder Managementeinschränkung, die außerhalb der eigenen Kontrolle ist und von höherer Stelle her diktiert wird. Jedoch eine Anforderung, die von einer Person als „policy" betrachtet wird, kann von einer anderen Person als Implementierungstaktik betrachtet werden, je nachdem, welche Stellung man in der Organisation einnimmt und welchen Bezug man zu einem System hat. Das zweite Problem mit dem Wort „policy" ist, daß es normalerweise in die Welt der kommerziellen Anwendungen weist. Daher ist die Bedeutung dieses Wortes nicht immer klar, wenn man es für wissenschaftliche oder technische Systeme oder im Bereich der Prozeßsteuersysteme anwendet. Daraus ergibt sich, daß die Unterscheidung zwischen physikalischen und logischen Aspekten eines Systems den Mitarbeitern eines Teams manchmal schwerfällt.

Ein Teil dieser Verwirrung entstand sicherlich durch die Wahl der Begriffe. „Physikalisch" und „logisch" haben in der Umgangssprache Bedeutungen, die nicht mit der Bedeutung in

Structured Analysis übereinstimmen. Wenn man sagt, etwas ist logisch, dann meint man, es ist richtig oder es ist konsistent mit vorgegebenen Regeln. In der Systemanalyse hingegen bedeutet das Wort „logisch", daß etwas unabhängig von einer Implementierungstechnologie ist. Viele Dinge sind konsistent mit vorgegebenen Regeln. Trotzdem enthalten sie Charakteristika einer bestimmten Technologie. Eine Programmiersprache beispielsweise ist bestimmt logisch, aber sie stellt sicherlich eine bestimmte Datenverarbeitungstechnologie dar.

Auch der Begriff „physikalisch" ist problematisch. Wenn man dieses Wort verwendet, so denkt man an Masse und andere greifbare, konkrete Dinge. Obwohl technologieabhängige Charakteristika eines Systems oft physikalisch sind, so gibt es auch oft abstrakte Eigenschaften. Die Möglichkeit eines Stromausfalls z.B. diktiert bestimmte Sicherungs- und Wiederaufsetzverfahren. Diese Aspekte eines Systems werden als physikalisch betrachtet, auch wenn der Stromausfall nie eintritt. Eine Systemeigenschaft ist physikalisch, wenn sie wegen einer bestimmten Technologie entstanden ist.

Andererseits können Teile eines Systems physikalisch sein (in der Bedeutung: greifbar, konkret) und nichts mit der Technologie zu tun haben, die zur Implementierung dieses Systems benutzt wurde. Stellen Sie sich eine Firma vor, die mit Büchern handelt. Unabhängig davon, wie fortschrittlich die Implementierung dieses Systems ist, wird das Buchverkaufen immer etwas mit Büchern zu tun haben. Natürlich sind Bücher physikalische Gegenstände im üblichen Sinne. Sie haben Masse, man kann sie berühren, man kann sie herumtragen. Aber Bücher sind auch logisch in unserer Definition: unabhängig davon, wie man eine Buchhandlung automatisiert, schließlich und endlich werden immer Bücher verkauft. Wegen dieser verwirrenden Mehrdeutigkeiten haben die Begriffe „logisch" und „physikalisch" manchmal mehr Unruhe als Hilfe in Projekte gebracht. Aber diese Begriffe, gepaart mit dem Hinweis, sorgfältig bei der Unterscheidung zwischen logisch und physikalisch vorzugehen, waren alles, was die frühen Bücher über Structured Analysis dem Systemanalytiker boten.

DeMarco jedoch schlug eine weiterentwickelte Strategie zum Schreiben von Anforderungsdefinitionen vor. Diese Strategie bestand aus vier Schritten (vgl. Abbildung 1.1): Modelliere den Ist-Zustand, finde die grundlegenden Verfahren heraus, füge neue Anforderungen hinzu und wähle die Grenzen der zu automatisierenden Teile aus. Er schlug typische physi-

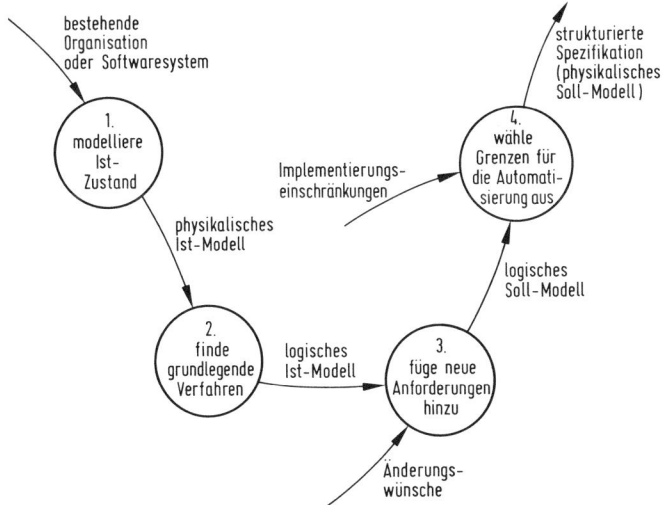

Abb. 1.1: Das Vorgehensmodell von Structured Analysis nach DeMarco

kalische Charakteristika auf diesem abstrakten Niveau vor, die die Basis für zwei Verfahren zur Ableitung eines logischen Ist-Modells darstellten: eines für Funktionen und eines für gespeicherte Daten.

Trotz der Vorteile, die Structured Analysis bot, litten viele Systemanalyseprojekte in den späten 70er Jahren. Projektmitarbeiter lieferten sich lange, heftige und oft ergebnislose Schlachten darüber, ob ein bestimmtes Formular, eine Funktion, ein Datenelement oder eine Datei zum logischen Modell gehöre oder nicht. Da diese Dispute nicht entschieden werden konnten, verhielten sich Projektleiter eher vorsichtig und behielten lieber zuviel als zuwenig Details in ihren Anforderungsmodellen. Die Spezifikationen dieser Teams waren daher oft sehr umfangreich, da viele der existierenden und neuen Anforderungen zumindest einem Teil der Systemanalytiker logisch vorkamen. Verständlicherweise zeigten Manager oft wenig Geduld mit Projekten, die in dem steckengeblieben waren, was wir oft als „physikalische Schlammgrube" bezeichnen. Einige Projekte schlugen nur deshalb fehl, weil das Management entschied, nicht länger auf Ergebnisse warten zu wollen. Diese Probleme gibt es auch heute noch in vielen Projekten, in denen es nicht gelungen ist, die Technik zu verbessern.

Ende der 70er Jahre begann sich unter den Praktikern von Structured Analysis die Erkenntnis durchzusetzen, daß man mehr braucht als nur Darstellungsmittel für die Systemanforderungen. Der Schlüssel zum Erfolg ist das gedankliche Modell, die Analysestrategie, der die Systemanalytiker während der Erstellung des Anforderungsmodells folgen sollten. Als Methodenberater und Trainer richteten wir unser Hauptaugenmerk auf die Entwicklung und Verfeinerung dieser Analysestrategie. Das Ergebnis ist ein neuer Ansatz zum Aufspüren und Modellieren wahrer Systemanforderungen, ein Ansatz, den wir „essentielle Systemanalyse" nennen.

1.5 Der Inhalt dieses Buches

Der erste Teil dieses Buches definiert die Grundlagen für unsere Strategie. Wir beginnen mit der Definition einer Klasse von Systemen, die wir „geplante Systeme" nennen. Diese schließen Softwaresysteme mit ein. Wir geben dann eine Definition der Essenz dieser geplanten Systeme (der logischen Charakteristika), und wir erklären, wie sich diese von der Systeminkarnation (den physikalischen Charakteristika) unterscheidet. Schließlich beschreiben wir die Essenz des Systementwicklungsprozesses und die Prinzipien, die den Systemanalytiker beim Modellieren der Essenz anleiten sollen.

Da das Auffinden der wahren Systemanforderungen das Hauptproblem der Systemanalyse ist, widmen wir die meiste Aufmerksamkeit der Strategie des Aufspürens der Essenz von bestehenden Systemen. Dies ist der Schwerpunkt der Teile 2 bis 6. Wir sprechen auch das Problem an, wie man essentielle Anforderungen findet, wenn es kein bestehendes System gibt oder wenn eine Entscheidung getroffen wurde, das bestehende System komplett wegzuwerfen und neu zu beginnen. Teil 7 beschreibt das Verfahren zur Modellierung von neuen essentiellen Anforderungen und den Übergang von der Anforderungsanalyse zum Softwareentwurf. Am Schluß, in Teil 8, zeigen wir, wie essentielle Systemanalyse benutzt werden kann, um Probleme im Management von Projekten zu lösen.

Um unsere Ideen über Anforderungsspezifikationen ausdrücken zu können, benutzen wir die Beschreibungsmittel von Structured Analysis und teilweise die Beschreibungsmittel von Informationsmodellen. Wenn Sie mit diesen nicht vertraut sind, empfehlen wir Ihnen DeMarco's Buch „Structured Analysis and System Specification". Obwohl wir die Beschreibungsmittel von Structured Analysis benutzen, um unsere Anforderungsdefinitionen niederzuschreiben, sind dies keineswegs die einzigen geeigneten Dokumentationsmittel, die beim Identifizieren der Essenz eines Systems benutzt werden können. Unsere Kunden haben die verschiedensten Beschreibungsmittel benutzt, um unsere Techniken anzuwenden. Dies ist kein Problem, denn die Strategien der essentiellen Systemanalyse können auf unterschiedlichste Dokumentationsformen aufgesetzt werden.

1.6 Zusammenfassung

Zweck der Systemanalyse ist es, ein Dokument der wahren Anforderungen an ein zu erstellendes System zu produzieren. Wahre Anforderungen, auch essentielle oder logische Anforderungen genannt, sind Eigenschaften, die ein System haben muß, unabhängig davon, mit welcher Technologie es später implementiert wird. Systementwickler vergessen leider oft wahre Anforderungen in ihren Spezifikationen, und sie erfassen oft falsche. Falsche Anforderungen sind irrelevante Eigenschaften; Eigenschaften, die für eine spezielle Technologie benötigt werden, oder Eigenschaften, die eine wahre Anforderung mit Begriffen aus einer bestimmten Technologie beschreiben.

Wenn Analytiker wahre und falsche Anforderungen vermischen, ist das Ergebnis oft verheerend. Analytiker erfassen viel mehr Anforderungen in der Spezifikation als notwendig, wodurch diese nicht nur schwer lesbar wird. Oft wird dadurch auch der Projektfortschritt erheblich gebremst. Außerdem lassen Systemanalytiker wahre Anforderungen oft deshalb außer acht, weil zu viele falsche Anforderungen ihr Gehirn beschäftigen.

Die traditionelle Methode Structured Analysis versucht dieses Problem dadurch zu lösen, daß man Systemanalytikern den Rat gibt, logische Anforderungen von physikalischen Aspekten eines Systems zu trennen. Unglücklicherweise konnten die Autoren die Begriffe logisch und physikalisch nicht adäquat definieren, und sie gaben keine detaillierten Verfahren an, um die wahren Anforderungen zu finden. An dieser Stelle setzen wir an und schlagen eine Strategie zur Aufspürung und Definition essentieller Anforderungen vor. Wir nennen diese Strategie „essentielle Systemanalyse".

Kapitel 2
Geplante Systeme

Die Schwierigkeiten beim Modellieren der essentiellen Anforderungen kommen teilweise daher, daß Systemanalytiker nicht verstehen, was ein System ist. Wie können sie - ohne dies zu verstehen - die wahren Anforderungen erkennen? Verschiedene Meinungen werden vertreten, wenn es darum geht, was ein *System* ist. Manche verwenden einfach die Definition aus dem Wörterbuch: „eine Menge von Elementen, die zusammenwirken, zusammenhängen, oder voneinander abhängig sind und eine Einheit bilden oder als Einheit betrachtet werden." Eine derartige Definition ist zu allgemein für unsere Zwecke. Man kann diese auch zur Definition des metrischen Systems, einer Brücke oder eines Lohnabrechnungssystems benutzen. Sie gilt für Systeme, die nichts tun (passive Systeme, wie z. B. eine Brücke), und für Systeme, die etwas bewirken (aktive Systeme, wie die Geschwindigkeitskontrolle einer Turbine oder ein Aktienverkaufssystem).

Entwickler von EDV-Systemen konstruieren normalerweise aktive Systeme. Aber selbst wenn wir unsere Definition auf aktive Systeme einengten, so wären damit noch immer zu viele aktive Systeme in der Natur mit eingeschlossen. EDV-Systementwickler interessieren sich aber für gewöhnlich nicht für die Konstruktion von Spinnennetzen, für die Zellteilung, für Photosynthese oder den Paarungstanz der Hummer. Wenn Sie sich ähnlich verhalten wie der Rest der Sterblichen, so beschäftigen Sie sich meistens mit dem, was Herbert Simon „künstliche Systeme" nannte [43]; darunter versteht er Systeme, die von einem kleinen Teil der Lebewesen konstruiert werden: von den Menschen.

Entwickler von EDV-Systemen brauchen daher eine Definition für „System", die nur für diese Arten von Systemen zutrifft. Um eine derartige Definition zu erreichen, schlagen wir vor, das Wort System im umgangssprachlichen Sinne zu vergessen. Wir definieren statt dessen in den folgenden Abschnitten Eigenschaften von Systemen, wie EDV-Entwickler sie konstruieren.

2.1 Interaktive Systeme

Eine der wichtigen Eigenschaften der Klasse von Systemen, die EDV-Entwickler konstruieren, ist, daß sie interaktiv sind. Das heißt, daß diese Systeme auf etwas einwirken, was außerhalb ihrer Kontrolle liegt, und daß die Umwelt auf diese Systeme einwirkt. Ein Fahrkartenschalter der New Yorker U-Bahn ist ein gutes Beispiel für so ein interaktives System. Die U-Bahnfahrer, die mit diesem System in Kontakt treten, sind außerhalb der Kontrolle des Fahrkartenverkäufers. Sie können sich frei entscheiden, heute nicht mit der U-Bahn zu fahren, oder - selbst wenn sie fahren - steht es ihnen frei, schwarzzufahren, also keinen Fahrschein zu lösen. Der Verkäufer, der am Schalter arbeitet, hat keine Möglichkeiten, die Fahrgäste in irgendeiner Weise zu beeinflussen. Wenn ein Fahrgast sich allerdings entschließt, Fahrkarten zu kaufen, dann muß er mit dem Verkaufssystem zusammenarbeiten, indem er die benötigte Anzahl der Karten angibt und Geld dafür bezahlt. Als Reaktion darauf tritt der Verkäufer mit dem Fahrgast in Kontakt: er händigt die Fahrkarten aus und gibt eventuell Wechselgeld zurück.

Betrachtet man dieses interaktive System, so sieht man, daß der Fahrgast, der Teil der Systemumgebung ist, auf das System einwirkt und daß das System auf den Fahrgast einwirkt. Abbildung 2.1 zeigt dieses Zusammenspiel. EDV-Systeme, die wir erstellen, sind in gleicher Weise interaktiv; ihre generelle Form ist in Abbildung 2.2 dargestellt.

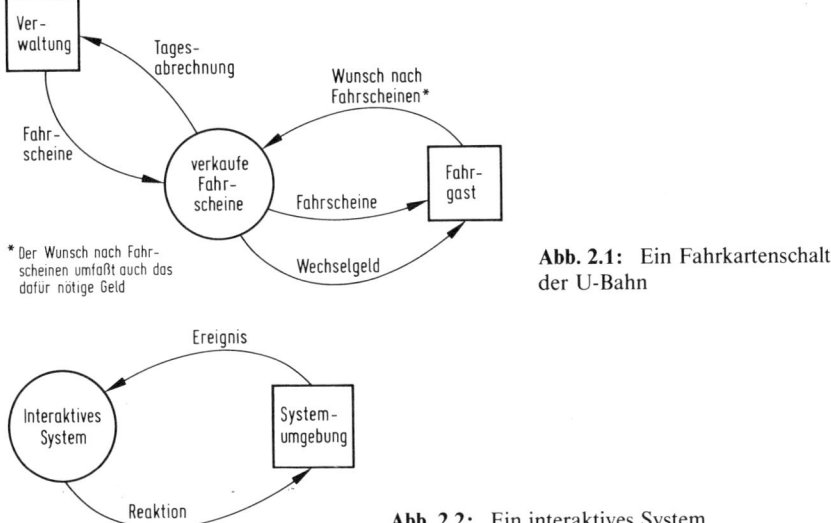

Abb. 2.1: Ein Fahrkartenschalter der U-Bahn

* Der Wunsch nach Fahrscheinen umfaßt auch das dafür nötige Geld

Abb. 2.2: Ein interaktives System

In Abbildung 2.2 verwenden wir die generischen Namen *„Ereignis"* und *„Reaktion"* für das Zusammenspiel eines Systems mit seiner Umgebung. Ein Ereignis ist eine neue Situation in der Systemumgebung, und eine Reaktion ist eine Menge von Aktionen, die das System ausführt, wenn bestimmte Ereignisse eintreten. So händigt zum Beispiel der Verkäufer die Fahrkarten und das Wechselgeld als Reaktion auf das Ereignis „Fahrgast wünscht Fahrkarten" aus. Der Verkäufer zählt die Quittungen eines Tages als Reaktion auf das Ereignis „endlich ist es Feierabend". Wir nehmen dieses Ereignis- und Reaktionsverhalten in unsere Definition eines interaktiven Systems mit auf, indem wir sagen: ein interaktives System ist ein Ereignis-Reaktions-Mechanismus.

Bisher haben wir bei interaktiven Systemen die Ursachen- und Wirkungsbeziehung zwischen Umgebung und System untersucht. Als nächstes wollen wir diskutieren, wie interaktive Systeme auf Ereignisse reagieren. Sie können entweder spontan auf ein Ereignis reagieren oder eine vorgeplante Reaktion auf ein Ereignis ausführen.

Wenn ein System die Reaktion erst erfinden muß, nachdem das Ereignis eingetreten ist, dann sprechen wir von einer *spontanen Reaktion*. Nehmen wir einmal an, daß ein Fahrgast vor dem Kartenschalter Erstickungssymptome zeigt. Wie wird der Verkäufer auf dieses Ereignis reagieren, wenn er weder die richtige Reaktion im Erste-Hilfe-Kurs gelernt hat noch den bekannten Schlag auf den Rücken kennt? Seine Reaktion ist nicht vorhersagbar, weil er es selbst nicht weiß, solange das Ereignis nicht eingetreten ist. Spontane Reaktionen werden ad hoc von einem interaktiven System ausgeführt. Meistens hat man diese Ereignisse nicht vorhergesehen, sonst hätte man sicherlich eine geeignete Reaktion einplanen können.

Wir sprechen von einer *geplanten Reaktion*, wenn die Reaktion des Systems auf ein bestimmtes Ereignis festgelegt worden ist, bevor das Ereignis eintritt. Wenn der Verkäufer z. B. in einem Erste-Hilfe-Kurs die richtige Reaktion für Erstickungsanfälle gelernt hat, so wird er ganz einfach seine erlernte Reaktion zu diesem Zeitpunkt ausführen.

Ein ganz anderes Beispiel ist ein Entscheidungshilfesystem, das die Gebiete für Verkäufer vorschlägt. Der Teil mit den geplanten Reaktionen des Systems ist automatisiert und liefert statistische und logistische Angaben über Verkaufsgebiete. Diese Informationen werden von den Verantwortlichen dann dazu benutzt, um ad hoc Entscheidungen über die Gebietsaufteilungen zu treffen. Wie man an diesem Beispiel sieht, werden die spontanen Reaktionen meistens durch Menschen ausgeführt, während Computer meistens mit vollständig vorab beschriebenen Anweisungen reagieren. Dieses Beispiel zeigt eine weitere Eigenschaft von Systemen, die von Menschen entwickelt werden: die spontanen und die geplanten Reaktionen können zusammenwirken, um die endgültigen Reaktionen auszulösen.

Obwohl Entwickler Systeme konstruieren, die sowohl spontane als auch geplante Reaktionen aufweisen, so arbeiten sie doch hauptsächlich an den geplanten Reaktionen. Denn diese sind ja aufgrund ihrer Definition die Teile eines Systems, die man vorab analysieren und entwerfen kann. Sehen wir uns noch einige Eigenschaften solcher Systeme mit vorab geplanten Reaktionen an.

2.2 Systeme mit geplanten Reaktionen

Abbildung 2.3 zeigt, daß die Systeme mit geplanten Reaktionen ihrerseits wieder interaktive Systeme sind. Sie reagieren auf vorbestimmte Ereignisse, die entweder von der Ad-hoc-Komponente oder von der Systemumgebung kommen. Die Reaktion auf ein Ereignis ist die gleiche, unabhängig davon, woher das Ereignis kam und an wen die Reaktion gerichtet ist. Die Umgebung eines Systems mit geplanten Reaktionen ist daher die Vereinigung der Ad-hoc-Komponenten und der Umgebung des interaktiven Systems. Dies ist in Abbildung 2.4 dargestellt.

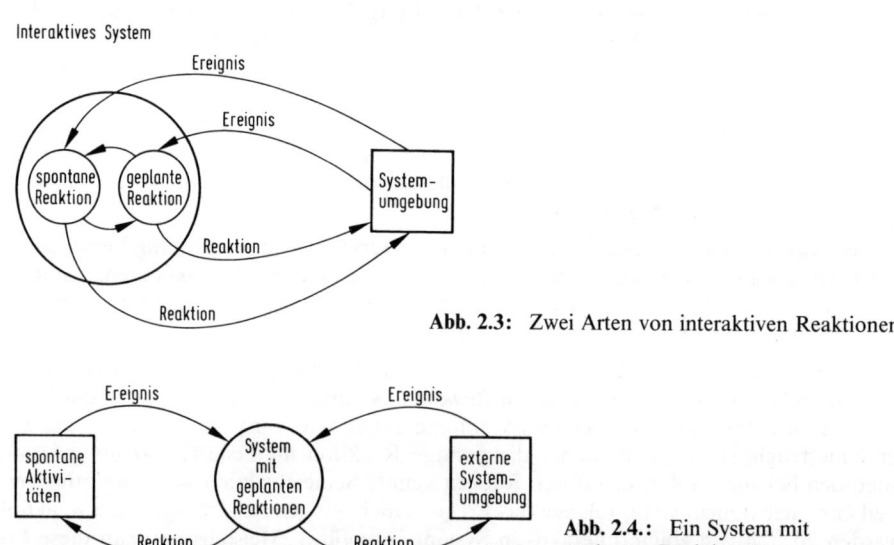

Abb. 2.3: Zwei Arten von interaktiven Reaktionen

Abb. 2.4.: Ein System mit geplanten Reaktionen

In einem System mit geplanten Reaktionen werden die Reaktionen durch Ereignisse in der Systemumgebung ausgelöst. In dem Beispiel des Fahrkartenschalters gibt der Verkäufer keine Fahrkarten und kein Wechselgeld aus, bevor das auslösende Ereignis eintritt (Fahrgast verlangt Fahrkarten). Der Verkäufer zählt auch die Quittungen dieses Tages nicht, bevor das dafür zuständige Ereignis (das Ende des Tages ist erreicht) eingetreten ist.

Die Ereignisse, auf die ein System reagiert, können zweierlei sein: *externe Ereignisse*, die von Objekten in der Systemumgebung ausgelöst werden, und *zeitliche Ereignisse*, die durch Erreichen eines bestimmten Zeitpunkts ausgelöst werden. In dem Beispiel des Fahrkartenschalters sind externe Ereignisse z. B. Kinder, die die Wände bemalen, Fahrgäste, die Fahrkarten verlangen, Pendler, die ihre Zeitkarten vorweisen, oder Fahrgäste, die plötzlich gesundheitliche Probleme haben. In diesem System zeigt die Schalterhallenuhr zeitliche Ereignisse an. Jeder Moment könnte eine Reaktion auslösen. Die Definition eines Ereignisses trifft auch für zeitliche Ereignisse zu, da offensichtlich kein System die Zeit beschleunigen oder verlangsamen kann und daher die Auslösung des Ereignisses nicht selbst bestimmen kann. Auf das Ende des Arbeitstages oder das Ende einer Schicht muß der Verkäufer mit bestimmten Aktivitäten reagieren, wie z.B. dem Zählen von Quittungen, die innerhalb eines bestimmten Zeitintervalles angefallen sind.

Externe Ereignisse treten in völlig unvorhersehbaren Zeitintervallen auf, während zeitliche Ereignisse - mehr oder weniger genau - vorgegeben werden können. Nanosekunden, Tage, Quartale oder Jahre sind eben genau definierte Intervalle. Relative zeitliche Ereignisse treten nicht immer zum gleichen Zeitpunkt ein, sondern hängen von anderen Informationen ab, die normalerweise aus den gespeicherten Daten eines Systems abgeleitet werden. In einem Verkehrssündersystem kann zum Beispiel festgelegt sein, daß maximal 60 Tage ab Ausstellung des Strafmandates auf die Bezahlung gewartet wird. Falls das Geld bis zu diesem Zeitpunkt noch nicht eingetroffen ist, wird ein zeitliches Ereignis ausgelöst („Zeit zum Ausstellen einer Mahnung"). Dieses Ereignis wird relativ zum Zeitpunkt der Ausstellung des Strafmandates ausgelöst und hängt auch davon ab, ob das Geld innerhalb der 60 Tage bezahlt wurde oder nicht.

Systeme mit geplanten Reaktionen reagieren nicht auf jedes Ereignis in der Umgebung. Bei vielen externen Ereignissen wird ein bestimmtes System nicht einmal mit der Wimper zukken. Es ist dem Verkäufer vielleicht egal, wenn ein Betrunkener in einer Ecke der Station liegt. Er tut vielleicht auch nichts, wenn der FC Bayern den Europacup gewinnt oder wenn die Uhr 15.02 zeigt.

Nachdem wir einige Eigenschaften von Systemen mit geplanten Reaktionen geschildert haben, können wir jetzt eine Definition versuchen: Ein System mit geplanten Reaktionen ist eine Einheit (oder eine Sammlung von Einheiten), die vorab geplante Reaktionen ausführt, wenn bestimmte Ereignisse außerhalb seines Einflußbereiches auftreten. Um diese Definition zu vervollständigen, müssen wir noch eine Einschränkung hinzufügen.

Systeme mit geplanten Reaktionen müssen in eine formale, symbolische Sprache übersetzbar sein, so daß die Reaktionen von jeder Einheit ausgeführt werden können, die diese Sprache versteht. Da viele geplante Reaktionen nicht in einer derartigen Sprache ausgedrückt werden können, sind diese Systeme von unseren Betrachtungen ausgeschlossen. Wir können also jetzt unsere endgültige Definition geben: Ein System mit geplanten Reaktionen ist eine Einheit (oder eine Sammlung von Einheiten), die vordefinierte Aktionen ausführt, wenn ein bestimmtes Ereignis außerhalb ihres Einflußbereiches eintritt, und deren geplante Reaktionen in einer symbolischen Sprache ausgedrückt werden können, so daß auch andere aktive Einheiten diese ausführen könnten. Wir nennen ein derartiges System mit geplanten Antworten *transportabel*.

2.3 Zusammenfassung

In diesem Kapitel haben wir die Eigenschaften von Systemen, die Systementwickler konstruieren sollen, formal definiert. Diese Systeme sind interaktiv; sie arbeiten mit Dingen zusammen, die sich ihrer direkten Kontrolle entziehen, und externe Dinge arbeiten mit diesen Systemen zusammen. Eine neue Situation in der Systemumgebung, auf die das System reagiert, nennen wir Ereignis. Es kann extern oder zeitlich sein. Die Antwort des Systems nennen wir Reaktion. Diese Reaktionen sind *spontan*, wenn sie nicht vorher geplant sind, und *geplant*, wenn sie vorher festgelegt sind. Systeme, die wir entwickeln, enthalten beides: geplante und spontane Reaktionen. Die Entwickler konzentrieren sich meistens auf die geplanten Reaktionen des Systems. In den weiteren Kapiteln des Buches werden wir uns auf transportable Systeme mit geplanten Reaktionen konzentrieren.

Unsere Definitionen für „interaktiv" und für „geplante Reaktion" werden uns helfen, die wahren Anforderungen zu finden. Nachdem wir die durch Redundanz, Überlappung und inkonsistente Ideen über ein System entstandene Verwirrung beiseite geräumt haben, werden wir die wahren Systemanforderungen leichter finden. Trotzdem sind die Grundbegriffe, die wir in diesem Kapitel eingeführt haben, noch nicht ausreichend, um unsere Suche nach den essentiellen Anforderungen zu unterstützen. Wir müssen noch zwei Ideen genauer diskutieren: die essentiellen Charakteristika und die Implementierungscharakteristika eines Systems.

Kapitel 3
Die Essenz
eines Systems:
Logische Anforderungen

Schon alleine das Verständnis, was ein System mit geplanten Reaktionen ist, ist hilfreich; es versetzt uns aber noch nicht in die Lage, die wahren Anforderungen an ein System zu definieren. Um diese wahren Anforderungen, die wir die Essenz eines Systems nennen, zu finden, brauchen wir eine Begriffswelt, um unser Verständnis zu organisieren. Wir beginnen den Aufbau dieser Begriffswelt mit der Definition der *Essenz* als aller Eigenschaften eines Systems mit geplanten Reaktionen, die auch dann vorhanden wären, wenn es mit perfekter Technologie implementiert wäre. In diesem Kapitel behandeln wir diese Definition näher.

3.1 Das Konzept der perfekten Technologie

Der große Vorteil unserer Definition liegt darin, daß sie nicht von vagen Begriffen wie „Funktion" oder „Policy" abhängt. Wir unterscheiden die logische Version eines Systems von der physikalischen Version dadurch, daß wir uns die Frage stellen: Was würden wir von dem System übrigbehalten, wenn es mit perfekter Technologie implementiert würde? Das System, das unabhängig von der verwendeten Implementierungstechnologie existiert, ist das essentielle System.

Zur Klarstellung des Begriffes „perfekte Technologie" betrachten wir zunächst den Begriff „Technologie". Wir verstehen darunter die Mittel, die Menschen benutzen, um ein gewünschtes Ziel zu erreichen. Die Technologien, die wir zur Implementierung benutzen, haben zwei Komponenten: *Prozessoren*, die Aktivitäten ausführen, und *Behälter*, die Daten den Prozessoren übergeben oder Daten für Prozessoren aufbewahren.

Wäre die Technologie perfekt, so hätte sie einen perfekten Prozessor und einen perfekten Behälter. Ein perfekter Prozessor wäre in der Lage, alle, aber auch wirklich alle Aktionen sofort und ohne jede Verzögerung auszuführen. Das heißt, er hätte eine unendlich große Verarbeitungsleistung und unbeschränkte Leistungsfähigkeiten. Er würde nichts kosten, keine Energie und keinen Platz verbrauchen, keine Wärme abführen, niemals Fehler machen und niemals versagen oder ausfallen.

Ein perfekter Behälter hätte ähnliche Eigenschaften. Er würde nichts kosten und wäre in der Lage, unendlich viele Informationen zu speichern. Jeder Prozessor könnte einfach auf diese Informationen zugreifen.

Es ist faszinierend, über eine solche Technologie nachzudenken, aber es klingt vielleicht ein bißchen verrückt. Heutige Systementwickler haben keine derartige Technologie zur Verfügung, und es ist unwahrscheinlich, daß es sie bald geben wird. Warum verbringen wir also unsere Zeit damit, über perfekte Technologie nachzudenken? Der Grund ist folgender: das Konzept der perfekten Technologie hilft uns beim Auffinden der Essenz eines Systems. Stellt man sich vor, wie ein System, das mit perfekter Technologie implementiert wird, aussehen würde, so erleichtert dies die Unterscheidung der essentiellen Eigenschaften eines Systems. Es ist ein schwieriges, aber lohnendes Gedankenexperiment, das als Einführung in essentielle Modellierungstechniken dienen wird.

3.2 Die Bestandteile der Essenz eines Systems

Die Essenz eines Systems besteht aus den essentiellen Aktivitäten und den essentiellen Speichern. Die *essentiellen Aktivitäten* sind alle Aufgaben, die das System ausführen müßte, wenn es mit perfekter Technologie implementiert wäre. Denkt man an die Aufgaben eines Softwaresystems, so merkt man, daß nur wenige davon wirklich essentiell sind. So werden oft in Anwendungssystemen viele Prüfungen durchgeführt, um sicherzustellen, daß keine falschen Ausgaben erzeugt werden. Diese Prüfungen wären bei der Verwendung perfekter Technologie alle überflüssig, da diese Systeme keine Fehler machen würden.

Die *essentiellen Speicher* würden all die Daten beinhalten, die sich das System merken müßte, wenn es ausschließlich seine essentiellen Aufgaben ausführte. Mit anderen Worten: die essentiellen Speicher enthalten alle Daten, die ein System, das mit perfekter Technologie implementiert ist, trotzdem kennen müßte. Um das Beispiel der Prüfroutinen fortzusetzen, denken Sie daran, wie viele Systeme Hilfsdaten für Prüfungen oder andere Zwischendaten speichern, die fehlerfreie und unzerstörbare Systeme nicht bräuchten.

Wir unterscheiden zwei Arten von essentiellen Aktivitäten: grundlegende Aktivitäten und Verwaltungsaktivitäten. Da die grundlegenden Aktivitäten wichtiger sind, wollen wir sie zuerst beschreiben. Verwaltungsaktivitäten und essentielle Speicher hängen eng zusammen. Daher diskutieren wir sie erst nach der Beschreibung der essentiellen Speicher.

3.2.1 Grundlegende Aktivitäten

Eine essentielle Aktivität ist dann eine *grundlegende Aktivität*, wenn sie die Existenz des Systems rechtfertigt. Mit anderen Worten: wenn eine Aktivität dazu beiträgt, einen Teil der eigentlichen Zielsetzung eines Systems zu erreichen, dann nennen wir sie „grundlegend". Betrachten Sie ein System, das Stundenlöhne für Arbeiter auszahlen soll, wie es in Abbildung 3.1 dargestellt ist. Jede Woche teilen die Arbeiter dem System mit, wer sie sind und wie viele Stunden sie in dieser Woche gearbeitet haben. Das System erstellt dann die Lohntüte. Stellen Sie sich vor, Sie müßten ein Softwarepaket kaufen, das diese Aufgabe erledigt. Sie sprechen mit verschiedenen Anbietern, und jeder der Anbieter preist die Eigenschaften seines Produkts an.

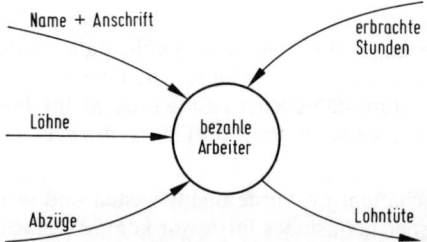

Abb. 3.1: Grundlegende Aktivität eines Lohnabrechnungssystems

Welche Eigenschaften beeindrucken Sie? Sind Sie beeindruckt, wenn das System die Arbeiterdaten, ihre Löhne, die Steuerabzüge und andere Abzüge verwaltet? Vielleicht, aber Sie können sicherlich nicht zufrieden sein – denn der Verkäufer hat Ihnen nicht versprochen, was Sie eigentlich haben wollten: daß die Lohntüten erstellt werden.

Betrachten Sie es von einer anderen Seite: Der Hauptgrund für die Existenz des Systems ist es, die Arbeiter auszuzahlen. Es verwaltet Arbeiterdaten, Löhne und Abzüge, um die Arbeiter bezahlen zu können. Diese Daten werden nicht nur um ihrer Existenz willen in der Firma gehalten. Daher ist die grundlegende Aktivität dieses Systems das Erstellen der Lohntüten für Arbeiter.

Jede grundlegende Aktivität besteht aus zwei Teilen: einer geplanten Reaktion und der Definition des auslösenden Ereignisses. Die geplante Reaktion ist eine Sammlung von Aktionen, die das System ausführt, um die Aufgabe zu erledigen. Wie in allen Systemen mit geplanten Reaktionen wird die Reaktion durch ein externes oder ein zeitliches Ereignis ausgelöst. Die Aktivität beginnt, sobald das System die Nachricht, die durch das Eintreten des Ereignisses entsteht, erhält oder erkennt. Die Definition dieser Nachricht erlaubt es dem System, das Eintreten des Ereignisses zu erkennen. Mit anderen Worten: die Definition legt die Umstände fest, unter denen die Aktivität ausgeführt wird. In dem Abrechnungssystem ist die Nachricht z. B. die Stechuhrkarte, die der Arbeiter abgibt, und die Reaktion ist die Aufbereitung der Lohntüte.

3.2.2 Essentielle Speicher

Um eine vernünftige Reaktion zu zeigen, muß eine grundlegende Aktivität alle möglichen Informationen zur Verfügung haben. So braucht z. B. die grundlegende Aktivität „bezahle Arbeiter" die Identität der Arbeiter, deren Lohngruppe, die bisherigen Zahlungen, die Steuerklasse, die Anzahl der Arbeitsstunden dieser Woche und Informationen über mögliche andere Abzüge. Einige dieser Informationen kommen direkt aus der Systemumgebung, andere kommen aus essentiellen Speichern. Wenn ein Ereignis eintritt, dann übernimmt die grundlegende Aktivität normalerweise einige Daten direkt aus der Systemumgebung, um geeignet zu reagieren. In obigem Beispiel liefert die Stechuhrkarte die Personalnummer und die Anzahl der Stunden, die in dieser Woche gearbeitet wurden. Diese Informationen sind Teile der Nachricht, die vom auslösenden Ereignis kommen. Alle Daten, die eine grundlegende Aktivität zu dem Zeitpunkt besorgt, an dem das Ereignis eintritt, sind Teile dieser Nachricht.

Eine grundlegende Aktivität braucht oft auch Informationen von anderen Quellen. Sie braucht Daten, die sie sich selbst berechnet oder die von anderen grundlegenden Aktivitäten dieses Systems als Reaktion auf frühere Ereignisse geliefert wurden. Die Aktivität „bezahle Arbeiter" braucht vielleicht die bisher geleisteten Zahlungen in diesem Jahr, um einen entsprechenden Eintrag auf der Lohntüte zu erstellen. Viele Systeme merken sich diese Art von Informationen.

Die Gesamtheit aller Daten, die sich ein System merkt und die seine grundlegenden Aktivitäten brauchen, nennen wir essentielle Speicherdaten. In realen Systemen werden derartige Daten in vielfältiger, physikalischer Form aufbewahrt, von Karteikarten bis hin zu Magnetbändern. Die physikalische Form hängt von den Prozessoren ab, die diese Informationen benutzen. Menschen benutzen Papier; Computer benutzen magnetische Speichermedien. Ein perfekter Prozessor wäre jedoch unabhängig von der physikalischen Form der Speicherung. Ein perfekter Prozessor könnte jede Form der Speicherung benutzen.

Systeme müssen sich Daten merken, da die Systemumgebung nicht perfekt ist. Manchmal ist die Systemumgebung einfach nicht zuverlässig genug, um exakte Daten zu liefern. Kein vernünftiger Arbeitgeber würde z. B. darauf vertrauen, daß jeder Arbeiter sich seine Lohngruppe selbst merkt und jede Woche auf der Stechkarte einträgt. Die Gewißheit, daß einige Schlaumeier sich alsbald attraktive Löhne zugestehen würden, macht dies zu einer sehr unzuverlässigen Art, sich vergangene Ereignisse, wie „Arbeiter erhält Lohnerhöhung", zu merken. Die Ergebnisse sind auch dieselben, wenn die Systemumgebung nicht in der Lage ist, richtige Informationen zu liefern, weil sie sich diese nicht merken kann.

Eine andere Schwierigkeit ist darin zu finden, daß die Systemumgebung manchmal nicht willig ist, mit dem System zusammenzuarbeiten. Sogar wenn man sich darauf verlassen könnte, daß sich Personen außerhalb des Systems Informationen aus der Vergangenheit zuverlässig merken können, so könnten diese im Lauf der Zeit ungehalten werden, dieselben Informationen immer wieder angeben zu müssen, nur weil das System sie sich nicht merken kann. Denken Sie einmal an freiwillige Abzüge, d. h. Beträge, die von dem Lohn für einen bestimmten Zweck einbehalten werden, wie z. B. Vereins- oder Sparbeiträge. Informationen über Höhe und Empfänger dieser Abzüge müssen der grundlegenden Aktivität des Lohnabrechnungsprogrammes zur Verfügung stehen. Da die Verantwortung für diese abgezogenen Gelder voll in den Händen des Arbeiters liegt, ist es der Firma, die ein Lohnabrechnungsprogramm einsetzt, vielleicht egal, ob die Angaben des Arbeiters jedesmal richtig und vollständig sind; aber der Arbeiter wird im Lauf der Zeit ungehalten, wenn er jedesmal wieder alle Informationen angeben muß.

Da die Systemumgebung nicht perfekt ist, müssen viele Systeme Daten speichern, die nicht in grundlegenden Aktivitäten dieses Systems entstanden sind, die aber trotzdem zur Ausführung von grundlegenden Aktivitäten benötigt werden. Ein Lohnabrechnungssystem merkt sich die Namen von Arbeitern, Adressen und Lohngruppen, die durch ein Personalverwaltungssystem erzeugt wurden. Diese Informationen werden dem System durch externe Ereignisse zur Verfügung gestellt („Personalabteilung liefert Liste der Neueinstellungen", „Personalabteilung erhöht Löhne"). Das System erfaßt diese Daten, wenn die Ereignisse eintreten, und hebt sie für den späteren Gebrauch in grundlegenden Aktivitäten auf.

Sie denken jetzt vielleicht, daß in unserer perfekten Technologie diese Probleme der Systemumgebung nicht auftreten würden, die uns zwingen, Daten im System zu speichern. Leider trifft unser Konzept der perfekten Technologie nur für das System selbst zu, nicht für seine Umgebung. Würden wir das Konzept der perfekten Technologie auf die ganze Welt ausdehnen, so würden viele, wenn nicht alle Systeme überflüssig. Warum sollten wir uns um ein Lohnabrechnungssystem kümmern, wenn jeder ohne Geld arbeitet?

Zusammengefaßt besteht der essentielle Speicher eines Systems aus den Daten, die das System produziert oder von der Umwelt übernimmt, um sie später in grundlegenden Aktivitäten zu verwenden. Der essentielle Speicher enthält auch Angaben darüber, wie die grundlegenden Aktivitäten auf diese Daten zugreifen können. Das Lohnabrechnungssystem muß z. B. in der Lage sein, aufgrund der Personalnummer eines Arbeiters seine Lohngruppe zu finden. Die Abbildung 3.2 zeigt, wie wir essentielle Speicher des Lohnabrech-

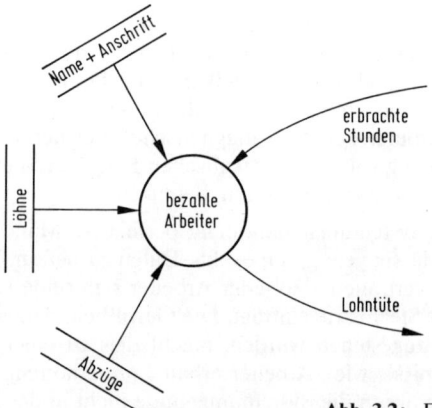

Abb. 3.2: Essentielle Speicher des Lohnabrechnungssystems

nungssystems in einem Datenflußdiagramm darstellen würden. Die benannten parallelen Linien werden Datenspeicher genannt; jeder davon stellt einen Teil des essentiellen Speichers des Systems dar. Der Name des Datenspeichers findet sich im Data Dictionary wieder. Dort stehen auch die Definitionen der Elemente der Datenspeicher.

Damit der essentielle Speicher seinen Zweck erfüllen kann, müssen wir uns zwei Fragen stellen:

- Wie besorgt sich das System die Daten, die es sich merken muß?
- Wie stellen wir sicher, daß die Daten, die in grundlegenden Aktivitäten gebraucht werden, auch immer auf dem neuesten Stand sind?

Diese Aufgaben werden von der zweiten Art essentieller Aktivitäten erledigt: von den Verwaltungsaktivitäten.

3.2.3 Verwaltungsaktivitäten

Die Verwaltungsaktivitäten erstellen und verwalten die essentiellen Speicher eines Systems, indem sie die notwendigen Daten für die grundlegenden Aktivitäten besorgen und abspeichern. Auch die Aktualisierung dieser Informationen fällt in ihren Verantwortungsbereich.

Wir haben schon einige Verwaltungsaktivitäten aufgeführt, die die Informationen in unserem Lohnabrechnungssystem pflegen. Die Essenz dieses Systems muß dafür auch Aufgaben enthalten, die den Zu- oder Abgang von Arbeitern und Änderungen in der Lohngruppe und der Abzüge verwalten. Diese Verwaltungsaktivitäten sind in Abbildung 3.3 eingezeichnet. Wie die grundlegenden Aktivitäten bestehen auch die Verwaltungsaktivitäten aus einer oder mehreren geplanten Reaktionen und den Definitionen der auslösenden Ereignisse. Bei den Verwaltungsaktivitäten resultiert die Reaktion jedoch nicht in einer Ausgabe an die Umwelt, sondern in der Aktualisierung der essentiellen Speicher.

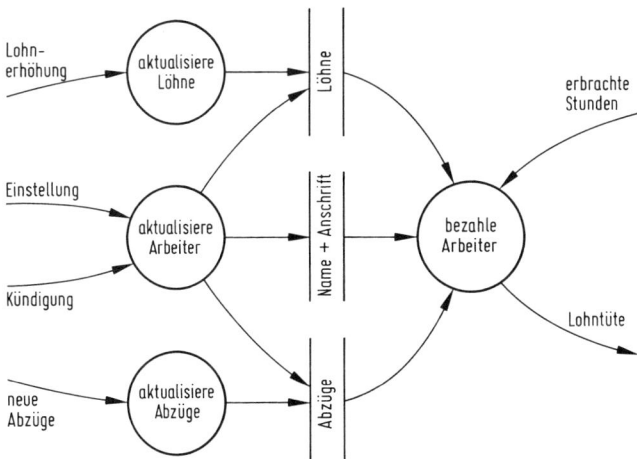

Abb. 3.3: Verwaltungsaktivitäten des Lohnabrechnungssystems

3.2.4 Zusammengesetzte essentielle Aktivitäten

Wir haben zwei Arten von essentiellen Aktivitäten beschrieben. Wir möchten aber den Eindruck vermeiden, daß jede essentielle Aktivität *entweder* grundlegend *oder* zur Verwaltung ist. Viele essentiellen Aktivitäten sind beides: sie führen grundlegende geplante Reaktionen aus und aktualisieren dabei gleichzeitig die essentiellen Speicher des Systems.

Die Abbildung 3.1 zeigt das Lohnabrechnungssystem als reine grundlegende Aktivität. In wirklichen Systemen findet man diese Art relativ selten, da die meisten grundlegenden Aktivitäten sich entweder für ihren späteren Eigenbedarf oder für andere essentielle Aktivitäten Informationen speichern müssen. Das Lohnabrechnungssystem muß sich z. B. die Summen der Löhne, Auszahlungen und Abzüge für jeden Arbeiter merken, um am Jahresende die Daten für die steuerlich notwendigen Berechnungen zu haben. Wie alle zusammengesetzten essentiellen Aktivitäten würde das Lohnabrechnungssystem zwei Dinge tun: die essentiellen Speicher aktualisieren und die Reaktionen an die Umwelt veranlassen.

3.3 Zusammenfassung

Die essentiellen Komponenten eines Systems sind in Abbildung 3.4 dargestellt. Obwohl alle essentiell sind, so sind sie doch nicht gleich: Teile der Essenz tragen mehr dazu bei, den eigentlichen Zweck des Systems zu erfüllen. In der Reihenfolge ihrer Wichtigkeit sind dies die drei Komponenten:

- Das System existiert, um seine grundlegenden Aktivitäten auszuführen. Dies sind die einzigen wirklich gewünschten Teile des Systems und auch die einzigen, die ihre Existenz selbst rechtfertigen.
- Die essentiellen Speicher halten Daten und Informationen fest zwischen dem Zeitpunkt, zu dem diese entstehen, und dem Zeitpunkt, wo sie von grundlegenden Aktivitäten gebraucht werden.
- Eine oder mehrere Verwaltungsaktivitäten verantworten den Aufbau und die Pflege der essentiellen Speicher. Sie besorgen Daten für die Speicher und halten sie aktuell.

Von diesem Blickpunkt betrachtet, sieht die Essenz eines Systems wie ein Vertrag mit Kleingedrucktem aus. Die einzigen Teile der Essenz, von denen man direkt profitiert, sind die grundlegenden Aktivitäten. Essentielle Speicher und Verwaltungsaktivitäten haben nur unterstützenden Charakter. Trotzdem müssen alle drei Bestandteile - selbst in der idealisierten Systemwelt mit perfekter Technologie - vorhanden sein.

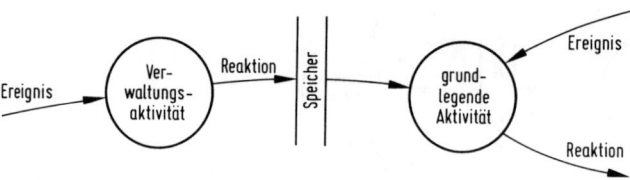

Abb. 3.4: Bestandteile der Essenz eines Systems

Kapitel 4
Die Inkarnation
eines Systems:
Physikalische Charakteristika

Die Gesamtheit aller Personen, Drähte, Büroklammern, Durchschlagpapiere, Bleistifte, Schreibmaschinen, Computerterminals, Büromöbel, Aktenschränke, Büroräume, Telefone, CPUs und so weiter, die dazu benutzt werden, die essentiellen Aktivitäten und Speicher eines Systems zu implementieren, nennen wir die *Inkarnation* des Systems. Die Essenz eines Systems ist eine nicht anfaßbare Sammlung von Ideen; die Inkarnation hingegen ist das, was man wirklich sehen, hören und fühlen kann. Einige Personen nennen diese Sammlung von konkreten Elementen die Implementierung des Systems. Die Bankomaten, die Geld ausgeben, die Terminals, die zu Hause benützt werden, die vielen Plattenstapel hinter Glaswänden, die Verkäufer, die Aufträge entgegennehmen, oder die Vorarbeiter, die Arbeiten verteilen und überwachen, sind alle Teile von Systeminkarnationen.

Der Begriff *„Inkarnation"* wird für die Verkörperung eines Konzepts verwendet. Er erinnert uns daran, daß die wirklichen, anfaßbaren Systeme die Verkörperung der konzeptionellen Ideen (d.h. der Essenz) sind. Diese Erinnerung ist notwendig, da es schwierig ist, die Essenz eines Systems zu erkennen, wenn man seine Inkarnation betrachtet.

Betrachten wir ein Beispiel, um diese Schwierigkeiten zu verdeutlichen. Nehmen Sie einmal an, wir wollen die Essenz eines bestimmten Systems entdecken. Das einzige, was wir wissen, ist, daß Hans und Willi die Prozessoren sind, die die Aktivitäten des Systems ausführen. Implementieren Hans und Willi in Abbildung 4.1 ein Lohnabrechnungssystem?

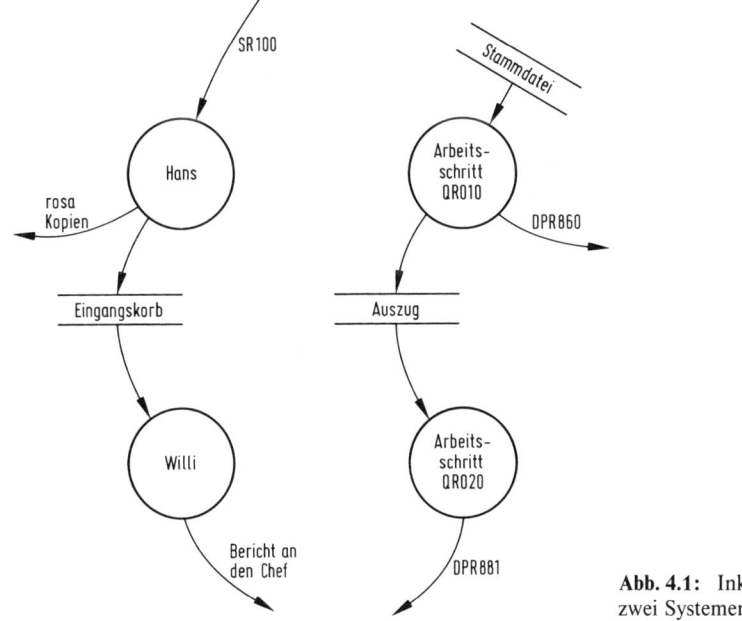

Abb. 4.1: Inkarnationen von zwei Systemen

Stellen sie die Jahresabrechnung für ein Verlagshaus zusammen? Vielleicht stellen Hans und Willi die Resultate einer Experimentenreihe von linearen Beschleunigern zusammen. Das gleiche gilt auch für die Arbeitsschritte QR010 und QR020 im zweiten Teil von Abbildung 4.1. Stellen diese Schritte ein automatisiertes Auftragserfassungssystem dar? Oder sind es Schritte, die Termine für Zahlungen in einem Rechnungsprogramm einplanen? Wenn Sie die Essenz der Systeme kennenlernen wollen, die durch Hans und Willi oder durch QR010 und QR020 dargestellt werden, dann müssen Sie weitere Nachforschungen anstellen. Diese Beispiele verdeutlichen, daß die Charakteristika einer Inkarnation eines Systems nicht notwendigerweise etwas über deren Essenz aussagen.

Es gibt drei Gründe dafür, warum Systementwickler so viele Probleme haben, wenn sie die Essenz suchen und eine Inkarnation betrachten:

- Die Essenz eines Systems muß mittels vorhandener technologischer Komponenten implementiert werden, die keinen wirklichen Zusammenhang mit der Essenz haben.
- Die Inkarnation enthält auch Aktivitäten, die nichts mit den transportablen, geplanten Reaktionen zu tun haben, für die sich die Entwickler hauptsächlich interessieren.
- Die Technologie, die die Entwickler benutzt haben, um die Essenz eines Systems zu implementieren, ist nicht perfekt.

In diesem Kapitel beschreiben wir das Konzept der Inkarnation, indem wir auf jeden der drei Gründe näher eingehen.

4.1 Die Inkarnation essentieller Eigenschaften

Wie wir vorhin festgestellt haben, stellt die Essenz eines Systems eine Sammlung abstrakter Ideen dar. Um diese abstrakten Ideen auszuführen, muß man daher ein System haben, das diese Ideen auf konkrete, physikalische Objekte abbildet. Essentielle Aktivitäten werden durch Personen und Maschinen ausgeführt; essentielle Daten werden auf Papier, in Neuronen oder durch magnetisch geladene Teilchen gespeichert. Da man die Essenz des Systems nicht sehen kann, muß man sie aus der Beobachtung des Systems ableiten oder durch Gespräche mit Personen, die das System kennen. Man spielt also Charade mit den Objekten, um von den physikalischen Hinweisen, die man erhält, auf die Essenz zu schließen.

4.2 Die geplanten Reaktionen im Rahmen der Gesamtimplementierung

In Kapitel 2 haben wir ausgeführt, daß Systeme zwei Arten von Reaktionen auf ein Ereignis zeigen können: spontane Reaktionen und geplante Reaktionen, die vorher festgelegt wurden. Das erste Problem, das wir bei typischen Inkarnationen der Essenz eines Systems feststellen werden, ist, daß beide Arten von Reaktionen ausgeführt werden. Das zweite Problem liegt darin, daß die meisten Prozessoren Aktivitäten von verschiedenen, interaktiven Systemen ausführen. Betrachten Sie wissenschaftliche Workstations, die gleichzeitig mehrere Experimente überwachen, oder denken Sie an einen Rechner im Time-Sharing-Betrieb, der gleichzeitig editiert und Rechnungen schreibt: Implementierungen, die die essentiellen Aktivitäten von mehreren Systemen ausführen, sind die Regel, nicht die Ausnahme.

Abbildung 4.2 zeigt eine Implementierung, die Aktivitäten von vier Systemen enthält. Wenn diese abstrakte Implementierung in einer Bankfiliale stünde, dann könnte das System 1 (das hier ausführlicher analysiert wird) ein System für Sparbücher sein. System 2 bis

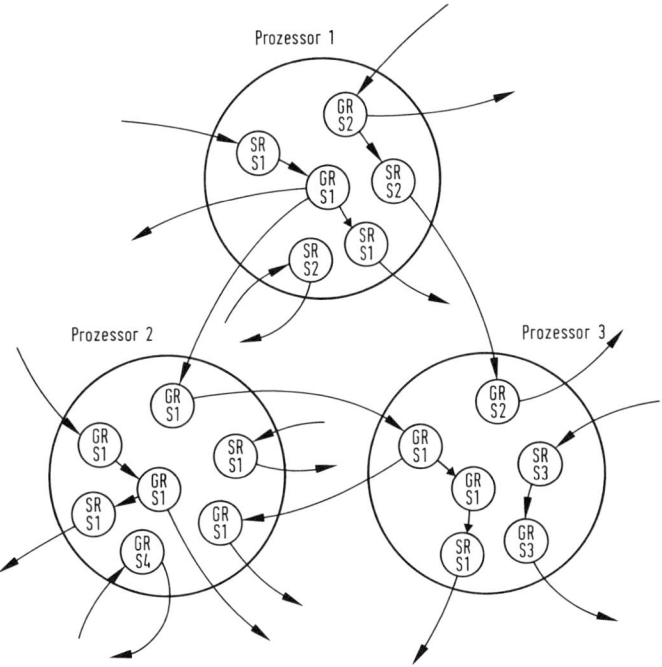

Abb. 4.2: Eine typische Implementierung

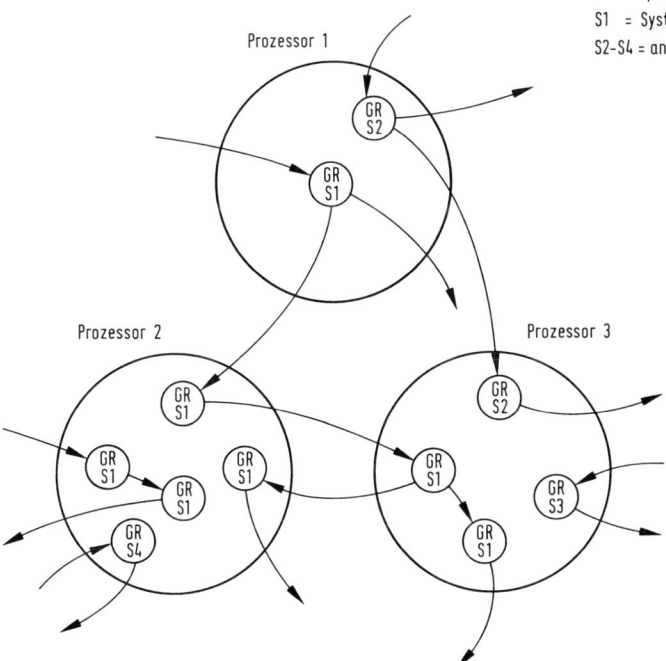

Abb. 4.3: Eine typische Implementierung nach Entfernen der spontanen Reaktionen

System 4 wären vielleicht ein Scheckverwaltungssystem, ein Kreditsystem und ein Treu-
handsystem. Beachten Sie, daß alle interaktiven Systeme in dieser Implementierung sowohl
spontane Reaktionen als auch geplante Reaktionen ausführen. Um die Essenz des Systems,
das wir näher betrachten wollen, herauszufinden, müssen wir die Teile wegstreichen, die
spontane Reaktionen liefern, und die Teile, die für andere Systeme zuständig sind.

Von Yogi Berra erzählt man, daß er gesagt habe: „Nur durch Hinsehen kann man schon
eine Menge lernen." Aber nur durch Beobachtung der Interaktion des Systems mit der
Umgebung wird man schwerlich die spontanen Reaktionen entdecken und entfernen können. Viele Menschen sind stolz auf sich, wenn sie auf unerwartete Situationen schnell reagieren können, ohne daß jemand merkt, daß die Reaktion nicht geplant war. Besonders
Piloten genießen wegen dieser Fähigkeit hohes Ansehen. Auch viele begabte Musiker können sich rasch darauf einstellen, wenn der Sänger einige Zeilen in einem Lied vergißt. In
einem teuren und extravaganten Hotelbetrieb zuckt der Mann an der Rezeption vielleicht
nicht zusammen, wenn Sie ein Trapez verlangen und Befestigungsbolzen und Werkzeug,
um es an Ihrer Zimmerdecke aufzuhängen. Wenn Sie also eine Inkarnation studieren, dann
müssen Sie wissen, daß die Essenz der geplanten Reaktionen durch die Teile der Inkarnation verschleiert wird, die spontane Reaktionen produzieren. Abbildung 4.3 zeigt, wie sich
das System vereinfacht, nachdem man die spontanen Reaktionen aus Abbildung 4.2 gestrichen hat.

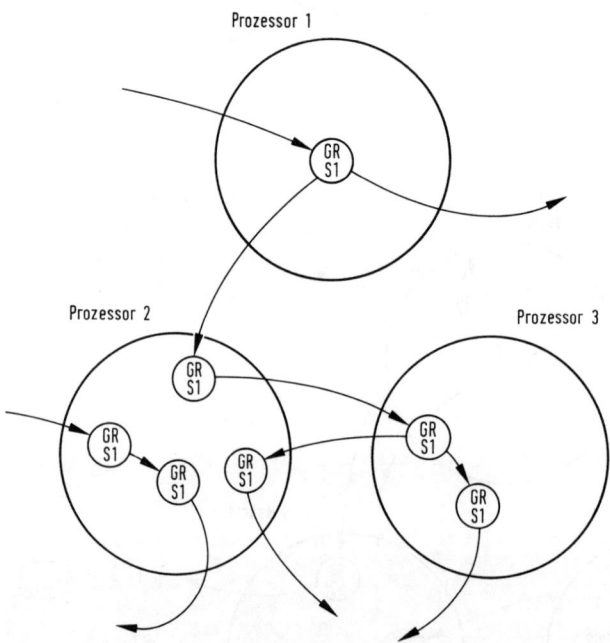

Abb. 4.4: Eine typische Implementierung nach Entfernen der spontanen Reaktionen und der
geplanten Reaktionen irrelevanter Systeme

Nachdem man die geplanten Reaktionen aus der Inkarnation herausgefiltert hat, ist es
manchmal noch immer schwierig, die Essenz eines bestimmten Systems zu finden.
Zunächst muß man dazu die geplanten Reaktionen anderer Systeme aus dem Modell entfernen. Danach sieht das Bild der Inkarnation dem Modell der Essenz schon bedeutend
ähnlicher, wie Abbildung 4.4 zeigt.

Obwohl das Modell jetzt viel einfacher ist, scheint die minimierte Version noch immer große Unterschiede zur entsprechenden Essenz aufzuweisen. Der Hauptgrund dafür ist, daß die Technologie, die für die Inkarnation der Essenz verwendet wurde, nicht perfekt ist. Die Unterschiede zwischen Essenz und Inkarnation, die durch die nicht perfekte Technologie zustande kommen, wurden durch die bisher vorgenommenen Manipulationen nicht berührt.

4.3 Die Auswirkungen nicht-perfekter Technologie

Um die Inkarnation voll zu verstehen, muß man die Einschränkungen heutiger Technologie verstehen. Nicht-perfekte Technologie ist das Zwischenergebnis der Suche nach Wegen, wie man die Essenz implementieren kann, um die idealen Ziele eines Systems zu erreichen. Irgendwer versucht immer, das perfekte Perpetuum Mobile mit unendlicher Kapazität, sofortiger Reaktion und absoluter Fehlerfreiheit zu entwickeln. Viele unserer technologischen Fortschritte beruhen auf diesem Trieb. Aber - seien wir einmal ehrlich - wir Menschen werden dieses Ideal nie erreichen, und daher werden wir unsere Ziele immer dem Stand der Praxis anpassen müssen. Wir müssen mit den Einschränkungen nicht-perfekter Technologie leben, um die Essenz auf ein arbeitsfähiges, praktikables System abzubilden.

Die Technologie legt uns vier Schranken auf, die die Struktur eines entstehenden Systems erheblich beeinflussen. Die erste Einschränkung sind die *Kosten*. Alle menschlichen Technologien benutzen teure und rare Ressourcen. Wenn man ein System entwickelt, muß man eine Entscheidung treffen, welche Technologie man sich leisten will und kann. Normalerweise wird man den geplanten Nutzen des neuen Systems mit den dafür aufgewandten Kosten für die Technologie in Einklang bringen.

Kapazität ist die zweite Einschränkung, mit der Systementwickler leben müssen. Es wurde noch kein Rechner erfunden, der unendliche Rechenleistung hat. Es gibt auch keine Behälter, die unendlich viele Daten halten können. Alle in Betrieb befindlichen Systeme haben eine begrenzte Speichermöglichkeit und brauchen Zeit, um ihre Aufgaben auszuführen.

Die dritte Art der Einschränkung einer Systementwicklungstechnologie sind ihre *funktionellen Leistungsmerkmale*. Es wäre schön, einen Prozessor zu haben, der komplizierte astronomische Gleichungen lösen kann und gleichzeitig erfolgreich Küchengeräte verkauft. Heute jedoch sind die meisten Prozessoren auf die gute Ausführung eines Teiles der Anforderungen eines Systems spezialisiert. Einige Personen sind im Rechnen gut, andere können gut reden, wieder andere schaffen es sogar, im Brooklyn Battery Tunnel nach Verkehrssündern Ausschau zu halten. Auch Rechner haben verschiedene Leistungsmerkmale: einige sind für komplexe Berechnungen geschaffen, andere steuern riesige Telekommunikationssysteme.

Die letzte Einschränkung der Technologie ist, daß sie *nicht fehlerfrei* arbeitet. Wäre es nicht wunderbar, wenn die Technologie, die man für eine Inkarnation benützt, niemals Fehler hätte, niemals ausfiele und niemals Verbrechen beginge? Stellen Sie sich einmal korrekt vermittelte Telefongespräche vor und richtige Kreditkartenabrechnungen, richtige Vorhersagen, ob der Halleysche Komet die Erde trifft oder nicht, und keine Notwendigkeit für Sicherheitsprüfungen. Leider hat Murphys Gesetz heute, und vielleicht für immer, große Auswirkungen auf unsere Inkarnationen von Systemen. Komponenten, die nur der Sicherheit dienen, sind für viele der sichtbaren Eigenschaften heutiger Inkarnationen verantwortlich.

Diese Einschränkungen in Systemimplementierungstechnologien legen viele der Eigenschaften der Systeme fest, die wir heute konstruieren. Insbesonders sechs dieser Eigenschaften machen die Suche nach der Essenz eines Systems schwierig. Diese sind: Zerstük-

kelung, Redundanz, Zusatzkomponenten, Verwicklung, Konglomerate und die Systemgröße. Die folgenden Abschnitte behandeln diese Charakteristika näher und zeigen, wie sie
durch die nicht perfekte Technologie zustande kommen.

4.3.1 Zerstückelung

Wenn verschiedene Teile einer essentiellen Aktivität von verschiedenen Prozessoren ausgeführt werden, dann ist diese Aktivität zerstückelt. Eine Fabrik, als Ganzes betrachtet, führt
zum Beispiel eine essentielle Aktivität aus; nehmen wir einmal die Produktion von Autos.
Diese eine Aktivität wird aber von einer Vielzahl von Arbeitern und von Maschinen an den
Produktionsstraßen ausgeführt, wobei jeder einzelne Arbeiter und jede Maschine nur einen
kleinen Teil der Gesamtaufgabe erledigt. Die einzelnen Teilaufgaben wurden ausgewählt,
weil wir keine perfekte Technologie haben. Ähnliche „Produktionsstraßen" finden wir in
den meisten Systemen. In Datenverarbeitungssystemen sind die Produkte auf den Förder-
bändern eben Daten statt mechanischer oder elektronischer Komponenten.

Die Zerstückelung verbirgt die Essenz genauso, wie ein zersplittertes Kristallglas die
ursprüngliche Form des Glases verbirgt. In jedem typischen System sind die Aktivitäten
mehrmals in Teilaktivitäten unterteilt, und diese sind gründlich vermischt, so daß das Wiederauffinden der essentiellen Teile sehr schwer wird.

4.3.2 Redundanz

Die Redundanz gespeicherter Daten ist den meisten Systementwicklern durch die technologischen Fortschritte, die uns die Automatisierung großer Datenbanken erlauben, heute
bekannt. Aber die Redundanz von Aktivitäten und Prozessoren fällt noch mehr auf. Banken beschäftigen eine Vielzahl von Kassierern und Schalterbeamten; ein Raumschiff hat
einen Hauptcomputer und meistens mindestens zwei Reserverechner. In beiden Beispielen
führen mehrere Prozessoren die gleiche essentielle Aktivität aus. Ein weiteres Beispiel für
Redundanz sind Datenflüsse oder Datenspeicher, die dieselben Daten enthalten.

Wie ein Detektiv auf der Suche nach Zeugen haben Sie die schwierige Aufgabe, alle
redundanten Teile einer Inkarnation zu untersuchen. Sie müssen feststellen, ob redundante
Komponenten Teil der Essenz eines Systems sind oder ob sie nur wegen nicht perfekter
Technologie verwendet wurden. Wenn die redundanten Komponenten Teil der Essenz
sind, so müssen Sie feststellen, ob sie identische essentielle Aktivitäten ausführen oder
unterschiedliche. Manchmal scheinen Prozessoren oder Speicher identisch zu sein, obwohl
sie unterschiedliche Aktivitäten ausführen oder verschiedene Informationen speichern.

4.3.3 Zusatzkomponenten

Als zusätzliche Aktivitäten und Daten sehen wir diejenigen, die nichts mit der Essenz des
Systems zu tun haben. Ihr Zweck ist es, Unzulänglichkeiten der Technologie auszugleichen.
Die Inkarnation einer essentiellen Funktion enthält meistens zwei Arten von Zusatzkompo-
nenten:

- Aktivitäten und Daten, die für den Transport zuständig sind
- Aktivitäten und Daten zur Verwaltung

Die Inkarnation eines Systems erfordert eine Vielzahl von Transporteinrichtungen für
Daten und Materialien von und zu den Prozessoren, die die essentielle Aktivität ausführen.
So übernehmen zum Beispiel oft Hilfskräfte die Daten einer Abteilung und wandeln sie in
die Darstellung für eine andere um. Wenn die beiden Abteilungen zu einem System gehö-

ren, so haben diese Hilfskräfte keine essentielle Aufgabe. Eine Umwandlung wäre bei perfekter Technologie nicht notwendig. Ein einzelner, perfekter Prozessor würde genügen, um die essentiellen Reaktionen auszuführen. Es gäbe keinen zweiten Prozessor, mit dem er kommunizieren müßte. Dadurch wären Zusatzkomponenten für den Transport überflüssig.

Ein Prozessor speichert oft nicht nur Daten, die er für seine essentielle Aufgabe braucht, sondern auch solche, die er nicht braucht. Die Daten sind oft in größeren Datengruppen verborgen, wie auf Formularen oder in Dateieinträgen, wenn sie von einem anderen Prozessor des Systems übergeben werden. Betrachten Sie als Beispiel die Abbildung 4.5. Die Liste der verspäteten Auslieferungen enthält an keiner Stelle die einzelnen bestellten Waren. Trotzdem erhält der Prozeß „finde verspätete Lieferungen" diese einzelnen Waren als Bestandteil des Auftrags. Diese unbenutzten Datenelemente sind überflüssige Zusatzkomponenten. Sie entstehen, weil es zu aufwendig ist, zusätzliche Datenflüsse und Dateizugriffe und Zugriffsbeschränkungen zu implementieren, die dem Prozessor überflüssige Daten ersparen. In der Welt der perfekten Technologie würde der Prozessor genau die Daten erhalten, die er benötigt; nicht mehr und nicht weniger.

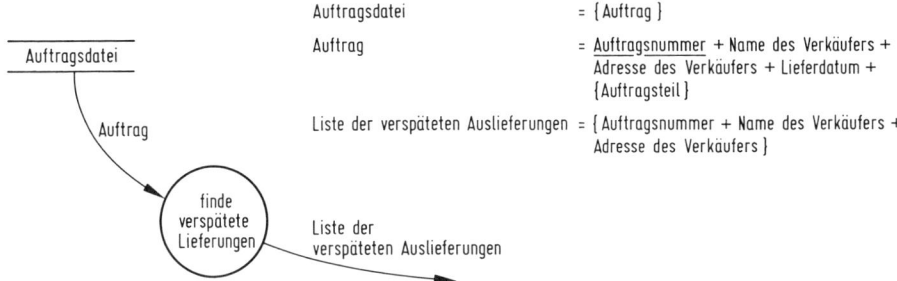

Abb. 4.5: Ein Dateizugriff mit überflüssigen Komponenten

Viele verschiedene Daten sind nur dazu vorhanden, den Transport von Daten und Materialien in einer Inkarnation zu unterstützen. So werden zum Beispiel in einer Bank Name und Adresse von Personen auf den Umschlägen zur innerbetrieblichen Kommunikation vermerkt, um sicherzustellen, daß die Daten an die richtige Abteilung übergeben werden. Auch hier gilt wieder: bei einer perfekten Technologie würden diese Informationen nicht gebraucht. Bei nur einem perfekten Prozessor gäbe es keine anderen Sender und Empfänger, die eine Nachricht verlieren könnten.

Die Inkarnationen von Systemen brauchen eine Verwaltungsfunktion, die sicherstellt, daß jeder Prozessor die ihm zugeteilten Arbeiten korrekt ausführt. Wenn ein Manager einer Werbeagentur die Einkaufsbedingungen eines Mitarbeiters genehmigt, so führt er eine Verwaltungstätigkeit aus. Ein weiteres Beispiel für eine Verwaltungsfunktion ist das Redigieren und Aufbereiten von Daten und Materialien, die ein Prozessor von einem anderen Prozessor des Systems erhält. Diese Aufgaben sind zusätzlich zur Essenz eines Systems vorhanden. Da ein perfekter Prozessor niemals irren würde, bräuchte man auch nichts und niemanden, der die Arbeit dieses Prozessors kontrollierte.

Einige Datenelemente innerhalb einer Inkarnation sind Teil der Verwaltungsfunktionen, wie z. B. die Unterschrift des Managers der Werbeagentur oder die Anzahl, der Typ und die Art von Fehlern. Wenn durch perfekte Technologie die Prüfungen überflüssig werden, so verschwinden auch diese Datenelemente aus der Inkarnation. Zusatzkomponenten in Form von Daten und Aktivitäten sind oft über das gesamte System verstreut, zusätzlich zu den redundanten Elementen, wodurch die Suche nach der Essenz nicht gerade einfacher gemacht wird.

4.3.4 Verwicklung

Die Anweisungen, die man bei einer Rätselfahrt erhält, sind absichtlich sehr verzwickt geschrieben. Die Fahrer müssen kryptische Hinweise entschlüsseln, die sie auf andere kryptische Hinweise führen und vielleicht auch zum nächsten Zwischenziel. Wenn sie dies nicht schaffen, gehen sie auf der Strecke verloren.

Ähnlich verwickelt wie die Angaben bei einer Rätselfahrt sind oft auch die Prozeduren eines Systems. Im Gegensatz zu den Zusatzdaten und -funktionen erfüllen diese verwickelten Funktionen und Daten wirklich essentielle Aufgaben im System. Das Problem ist nur, daß sie es viel zu umständlich tun. Diese Aktivitäten benutzen vielleicht Zwischenberechnungen, Dateizugriffe und Sortieroperationen, die nur wegen der nicht perfekten Technologie notwendig sind.

Betrachten wir folgendes Beispiel: Um die Gesamtanzahl von Bestellungen für eine bestimmte Ware zu finden, muß ein Angestellter vielleicht durch alle Bestellungen durchgehen und die Einzelposten Schritt für Schritt aufsummieren. Dieses komplizierte Suchverfahren ist notwendig, weil es in unserer unvollkommenen Technologie einfach zu teuer ist, die wirklich benötigten Daten in genau dieser Weise zu speichern. Die Suche wäre viel einfacher, wenn das System dem Angestellten ein Datenelement „Anzahl der bestellten Waren eines Typs" zur Verfügung stellte. Ähnlich komplexe Prozeduren zum Suchen, Extrahieren oder Einfügen von Daten sind in den meisten Inkarnationen vorhanden. Sie verschleiern die essentiellen Verfahren zum Auffinden und Benutzen dieser Informationen.

4.3.5 Konglomerate

Wenn eine Firma genügend andere Firmen aufkauft, die verschiedenste Produkte herstellen oder vertreiben, dann entstehen Konglomerate, wie bei Textron, DuPont oder Exxon. Konglomerate entstehen auch, wenn in Inkarnationen von Systemen verschiedene Fragmente von essentiellen Aktivitäten einem Prozessor zugeordnet werden.

Konglomerate sind also das Gegenteil der oben beschriebenen Zerstückelung. Die Zerstückelung von Aktivitäten und Daten stellt die einzelnen Fragmente eines Verbundprozesses oder von Verbunddaten zur Verfügung. Die resultierende Inkarnation stellt daher eine Organisationsform da, die es erheblich erschwert, die Essenz darin zu erkennen. Die unzusammenhängenden Aktivitäten können sogar aus verschiedenen Systemen stammen. In einem Verlagshaus kann z. B. dieselbe Person zuständig sein, Rechnungen für Bestellungen eines Kunden zu schreiben und auch zu prüfen, ob die versandten Bücher mit den verrechneten Büchern übereinstimmen. Teile verschiedener essentieller Speicher können demselben Behälter zugeordnet sein. In einer Firma, die Mini-Computer verkauft, findet man manchmal Informationen über die Verkäufer neben Informationen über Hardwareelemente und Berichte über Fehler, die von Kunden gemeldet wurden.

4.3.6 Systemgröße

Etwas, was man jederzeit über New York sagen kann, ohne daß jemand widerspricht, ist: es ist riesig. Die Stadt ist so groß, daß kein einzelner sie so gut kennen kann wie eine Kleinstadt oder ein Dorf auf dem Lande.

Systeme haben oft eine ähnliche Größe; sie erstrecken sich über mehrere Abteilungen, über verschiedene geographische Standorte, und sie können hunderttausende Codezeilen umfassen. Es gibt wenige Personen, die eine Inkarnation eines Systems vollständig durchschauen und verstehen. Die Essenz solcher Systeme ist vielleicht gar nicht so groß, aber in der Größe der Inkarnation ist sie schwierig zu finden.

4.4 Zusammenfassung

Das Aufspüren der Essenz eines Systems in einer bestimmten Inkarnation ist schwierig. Die Fähigkeit einzelner Prozessoren, mehrere geplante Reaktionen eines Systems auszuführen, blockiert den leichten Zugang zur Essenz des Systems. Der Systemanalytiker muß zunächst versuchen, die Teile eines Systems zu isolieren, die spontane Reaktionen ausführen, und die Teile, die für Reaktionen anderer Systeme verantwortlich sind. Durch die unvollkommene Technologie wird die Aufgabe noch schwerer gemacht. Durch sie kommen zahlreiche nicht-essentielle Teile in das System, das dadurch groß und verwickelt wird. Essentielle Aktivitäten werden oft aufgespalten, und die Fragmente von verschiedenen, unabhängigen essentiellen Aktivitäten werden neu zusammengefaßt und einem Prozessor zugeordnet, was wir als Konglomerat bezeichnen. Auch essentielle Speicher können auf diese Weise zerteilt und anders zusammengefügt werden. Außerdem können essentielle Komponenten auch wiederholt in einer Inkarnation auftreten.

Kapitel 5
Die Essenz
der Systementwicklung

In den vorigen Kapiteln haben wir Systeme mit geplanten Reaktionen untersucht und ihre Essenz und Inkarnationen betrachtet. Um diese Konzepte bei der Definition der essentiellen Anforderungen eines Systems anwenden zu können, brauchen wir zusätzlich noch einige Strategien und Verfahren. Da die Definition der Systemanforderungen der erste Schritt beim Konstruieren von Systemen mit geplanten Reaktionen ist, sollten diese Strategien und Verfahren ein integraler Bestandteil einer Methode zur Systementwicklung sein.

Vergleicht man die heute verwendeten Sammlungen von Systementwicklungsstrategien und -verfahren, die oft auch Methodiken genannt werden, so mag unser Ansatz etwas ungewöhnlich aussehen. Wir beschreiben zwei Arten von Strategien und Verfahren für die Systementwicklung im allgemeinen und die Definition der essentiellen Anforderungen im besonderen: technische Strategien und Managementstrategien. Die technischen Strategien umfassen alle technischen Aktivitäten, die man bei einer Systementwicklung durchführen muß, unabhängig davon, welche Projektgröße man plant, welche Ausbildung die Teammitarbeiter haben und unter welchen Budget- und Terminplanungen man arbeitet. Das Definieren der Essenz eines Systems ist ein Beispiel für eine technische Strategie.

Die physikalischen Randbedingungen, die wir eben bei den technischen Strategien ignoriert haben, sind die Themen für unsere Managementstrategien. Sie lehren uns, wie man die technischen Strategien innerhalb der vorgegebenen (physikalischen oder geschäftlichen) Randbedingungen eines Entwicklungsprojektes anwenden kann.

Viele Methodiken sind keine besondere Hilfe für Systementwickler, da sie die technischen Aktivitäten und alle möglichen Management-Randbedingungen in einem abhandeln wollen. Daraus resultieren meist nur sehr oberflächliche Sammlungen von guten Tips. Was bei diesem Mix herauskommt, ist, daß weder die technische Seite noch die Managementseite vernünftig und ausführlich behandelt wird. Aus ein bißchen Structured Analysis, einem Hauch von Normalisierung und einem Löffelchen Structured Design entsteht noch kein gut integrierter technischer Ansatz zur Systementwicklung.

Teilt man hingegen die Strategien in verschiedene Klassen ein, so erreicht man damit folgendes: Erstens wird jede einzelne Strategie umfassender behandelt, da die Trennung von Technik und Management Aspekte ans Licht bringt, die in der Vermischung im dunkeln bleiben. Wenn man diese Aspekte behandelt, dann wird jede Strategie vollständiger. Eine Managementstrategie war es z.B., klare Trennlinien zwischen den Programmierarbeiten und den Datenadministrationstätigkeiten zu ziehen. Dadurch, daß wir diese Trennung aufgehoben haben, wurde die technische Frage nach den essentiellen Speichern ein zentrales Thema für uns, und wir konnten uns darauf konzentrieren. Andererseits konnten wir die Managementfrage, wie denn der ganze Entwicklungsprozeß beschleunigt werden kann, unabhängig davon, welchen technischen Weg man wählt, dadurch besser behandeln, daß wir losgelöst von den technischen Strategien darüber nachdenken konnten.

Der zweite Vorteil der Auftrennung der beiden Strategien ist, daß jede für sich weniger kompliziert geworden ist. Durch die Zweiteilung der Systementwicklung haben wir die Interferenzen der Strategien vermieden, wodurch beide einfacher wurden. Außerdem wird dadurch die Voreingenommenheit für eine Technologie aus den technischen Strategien verbannt. Da unsere technischen Strategien unabhängig von den Randbedingungen des

Managements sind, können Sie sie immer anwenden, ob Sie das System nun mit Papier und Bleistift entwickeln oder mit Programmgeneratoren. Wenn sich also die Systementwicklungstechnologie ändert, brauchen Sie nur die Managementstrategie anzupassen. Faßt man es also zusammen, so erreicht man damit dieselben Vorteile, die auch ein gut entworfenes System hat: Vollständigkeit, Verständlichkeit und Portabilität.

Man kann die Tätigkeiten bei der Systementwicklung selbst als ein interaktives System auffassen, dessen Zweck es ist, andere Systeme zu entwickeln. In diesem Kapitel betrachten wir den Prozeß der Systementwicklung und verwenden dabei die Begriffe Essenz und Inkarnation. Wir wollen die Essenz dieses Prozesses finden und fragen uns daher: Welche Aufgaben muß man während der Systementwicklung durchführen, auch wenn man perfekte Technologie hat? Die technischen Strategien erklären uns, wie man essentielle Systementwicklungsaufgaben durchführt; Aktivitäten, die auch dann ausgeführt werden müßten, wenn es eine perfekte Systementwicklungstechnologie gäbe. Die Managementstrategien erklären uns, wie wir die nicht perfekte Technologie (d. h. die vorhandenen Arbeitskräfte und Maschinen, die die Randbedingungen für das Management darstellen) einsetzen, um Systeme zu konstruieren, die die essentiellen Systementwicklungsaufgaben ausführen.

Am Ende dieses Kapitels werden wir dann eine Definition für Systementwicklung haben, die in gleicher Weise für verschiedene Projekte anwendbar ist. So eine universelle Sicht der Systementwicklung ist ideal für unsere Zwecke: zum Erklären von Techniken, wie man die Essenz eines Systems definiert, die in allen Projekten angewandt werden kann, ganz gleich, welche Randbedingungen des Managements auch vorliegen. Wir beginnen die Suche nach dieser Definition mit der Diskussion einiger typischer Randbedingungen, die das Management bei Systementwicklungsaufgaben hat.

5.1 Nicht-perfekte Systementwicklungstechnologie

Die Randbedingungen, die das Management während Systementwicklungsprojekten beschäftigen, entstehen durch eine nicht-perfekte Technologie. Da man jedes Projekt als ein interaktives System betrachten kann, dessen Ziel es ist, ein neues System zu entwickeln, treffen die Probleme der nicht-perfekten Technologie, die wir im letzten Kapitel angesprochen haben, ebenso auf diese Entwicklungsprojekte zu. Der einzige Unterschied ist, daß in Systementwicklungsprojekten lauffähige Systeme konstruiert werden. In anderen interaktiven Systemen ist dies oft nicht der Fall.

Auch für die Systementwicklungstechnologie gibt es Prozessoren und Behälter, wie bei der Systemimplementierungstechnologie. Wenn wir also die Auswirkungen nicht-perfekter Systementwicklungstechnologie diskutieren, dann sprechen wir über die Einschränkungen der Prozessoren – und das sind normalerweise Menschen, deren Beruf es ist, Softwaresysteme zu erstellen.

5.1.1 Nicht-perfekte Systementwicklungsprozessoren

Wir Menschen stellen den größten Teil der Systementwicklungstechnologie dar, da wir die meiste Arbeit bei der Entwicklung neuer Systeme durchführen. Obwohl uns inzwischen Compiler, Texteditoren, Datenbanken und andere Hilfsmittel tatkräftig bei unserer Arbeit unterstützen, so lastet doch die meiste Arbeit bei der Erstellung von Softwaresystemen nach wie vor auf uns.

Und Menschen sind selbstverständlich nicht perfekt. Wir haben nur bestimmte Fähigkeiten und wir machen Fehler. Wir können keine Aufgaben schlagartig fertig haben, und wir können nicht endlos lange arbeiten. Außerdem wollen wir noch Gehalt für diese zeitaufwendige und fehlerträchtige Arbeit. Wir haben also die gleichen Schwachstellen, die wir in Kapitel 4 für Technologien im allgemeinen aufgeführt haben: Kosten, eingeschränkte Leistungsfähigkeit, eingeschränkte Kapazitäten und Fehleranfälligkeit.

Diese Schwachstellen beeinflussen die Entwicklung von Systemen im allgemeinen und von Softwaresystemen im besonderen. Insbesondere werden dadurch Maßnahmen des Managements erzwungen, die die Systementwicklung komplizierter und schwieriger machen. Diese Maßnahmen können z. B. darin bestehen, daß man mehrere „Systementwicklungsprozessoren" beschäftigen muß, ferner in der Notwendigkeit zur Planung und Kontrolle des Entwicklungsprozesses oder in der Notwendigkeit einer Qualitätssicherung. In den nächsten Abschnitten beschreiben wir diese Maßnahmen, die durch menschliche Schwächen notwendig werden, noch genauer und erläutern, warum verschiedene Umstände verschiedene Managementstrategien erforderlich machen.

5.1.2 Mehrere Prozessoren zur Systementwicklung

Die einfachste Art der Zuordnung von Aufgaben an Prozessoren ist es, alle Arbeit an *eine* Person zu delegieren. Diese Person ist dann Kunde, Systemanalytiker, Software Designer und Programmierer in einem. Leider erzwingen zwei menschliche Schwächen – eingeschränkte Fähigkeiten und begrenzte Belastbarkeit – die Beschäftigung von mehreren Personen in einem Entwicklungsprojekt.

Weil die Anwender selten die Fähigkeiten zur Entwicklung ihrer eigenen Softwaresysteme haben, sind selbst in kleinen Entwicklungsprojekten schon zwei Prozessoren involviert: ein Anwender, um für eine Beschreibung der Essenz zu sorgen, und ein Softwareentwickler, der eine Inkarnation auswählt und implementiert. Wenn die Implementierung des neuen Systems mehr Fähigkeiten verlangt, als ein einzelner Entwickler mitbringt, dann braucht man zusätzliche Spezialisten in dem Projekt. Systemanalytiker, Systemdesigner, Datenbankdesigner, Systemprogrammierer, Anwendungsprogrammierer und Qualitätssicherer arbeiten oft Seite an Seite zusammen, obwohl die Projekte noch keineswegs ungewöhnlich groß oder komplex sind.

Selbst wenn eine einzelne Person alle Fähigkeiten hätte, dann wäre es noch immer nicht möglich, größere Projekte alleine in einer vernünftigen Zeit fertigzustellen. Die begrenzte Arbeitskraft eines einzelnen erzwingt auch Teamarbeit bei der Systementwicklung.

Die Anzahl der Beteiligten am einem Projekt stellt uns zumindest vor zwei wichtige Managementprobleme: das wichtigere davon ist, daß jedem Mitarbeiter eine bestimmte Menge von Arbeit zugewiesen werden muß, die dieser auszuführen hat; das zweite ist, daß für eine geordnete Kommunikation zwischen allen Beteiligten gesorgt werden muß.

5.1.3 Planung und Kontrolle

Weil Systementwickler Geld kosten, Zeit für ihre Arbeit brauchen und nur eingeschränkte Fähigkeiten haben, stellt eine Systementwicklung eine erhebliche Investition in Zeit und Geld dar. Um die Zeit möglichst gut zu nutzen, muß jeder einzelne Systementwickler seine Arbeiten planen, Zeitabschätzungen vorschlagen und einen Plan mit Meilensteinen aufstellen und regelmäßig verfeinern. Nach Abschluß einer Arbeit sollte man die Ursprungsplanung noch einmal betrachten und feststellen, wie gut man geschätzt hat. Auf diese Weise kontrolliert sich jeder selbst und lernt im Lauf der Zeit, seine eigene Arbeit besser zu kontrollieren.

Wenn ein Projekt so viele Mitarbeiter beschäftigt, daß man nicht länger auf die freiwillige Selbstkontrolle vertrauen kann, um die menschlichen Schwachstellen auszugleichen, dann muß man Manager einstellen, die die Arbeiten der Entwickler koordinieren. Der Zweck des Managements ist es, Produkte mit höchster Qualität aus den nicht perfekten Prozessoren herauszuholen. Das Management plant dann die Entwicklungsaktivitäten, schätzt Zeiten und Kosten und überwacht den Projektfortschritt.

Welche Strategien Manager dazu benutzen, um mit den menschlichen Schwachstellen fertig zu werden, hängt von vielen Faktoren ab: unter anderem von der Größe des Projektes, von der Art des Projektes und von der Qualifikation der Mitarbeiter. Ein Einzelkämpferprojekt braucht normalerweise keine strenge Planung und Kontrolle. Die Planung sehr großer Projekte ist eine schwierigere Aufgabe, da man hier Berichtswege einführen muß und formale Planungs- und Kontrollmechanismen. Ein Projekt, dem ein juristischer Vertrag zugrunde liegt, muß aufmerksamer kontrolliert werden als interne Entwicklungsprojekte. Zusammenfassend kann man jedoch sagen, daß man - unabhängig von den spezifischen Projektgegebenheiten - bei Systementwicklungsprojekten Schätzungen, Planungen und Überwachungen irgendeiner Art braucht.

5.1.4 Qualitätssicherung

Als letzte der menschlichen Schwächen wollen wir die Fehleranfälligkeit besprechen. Wenn Maschinen sprechen könnten, dann würden sie uns erzählen, was für eine unzuverlässige Gattung diese Menschen doch sind. Da der Mensch in der Softwareentwicklung eine so große Rolle spielt, sind die Entdeckung und die Korrektur von menschlichen Fehlern wichtige Aktivitäten in einem typischen Ablauf der Systementwicklung: Reviews nach Abschluß einzelner Phasen, Walkthroughs von Entwürfen, Inspektion des Programmcodes, um nur einige Beispiele zu nennen.

Es hängt von den Umständen einer bestimmten Entwicklungsaktivität ab, auf welche Weise Systementwickler versuchen, die menschlichen Schwächen zu kompensieren. Wenn ein Systementwickler alleine arbeitet, dann verläßt er sich entweder auf sich selbst bei der Kontrolle seiner Spezifikation, seines Entwurfs und seines Codes, oder er sucht sich die Hilfe außenstehender Personen. Inzwischen haben Entwickler jedoch gelernt, sich nicht nur auf sich selbst zu verlassen. Sie haben festgestellt, daß man bei der Selbstkontrolle genauso viele Fehler macht wie bei der eigentlichen Aufgabe. Deshalb prüfen in etwas größeren Projekten normalerweise die Kollegen ihre Arbeiten untereinander. Man muß festlegen, welche Produkte oder Zwischenprodukte kontrolliert werden sollen, wer an der Kontrolle beteiligt sein soll und was mit den gefundenen Fehlern danach geschieht. In anderen Fällen wird diese Kontrollarbeit oft an eine spezielle Qualitätssicherungsabteilung delegiert. Diese könnte ihrerseits strenge Standards für Walkthroughs und Inspektionen entwickeln, mit denen dann die Arbeit einer Gruppe, nicht mehr der einzelnen Mitarbeiter, auf Korrektheit geprüft wird.

Die Qualitätssicherung in sehr großen Entwicklungsprojekten ist noch komplizierter. Das Management legt dann oft mehr als nur eine Ebene von Qualitätssicherungsmaßnahmen fest. Die Mitarbeiter einer ersten Ebene prüfen dann Produkte so lange, bis sie ihrer Meinung nach in Ordnung sind. Eine höhere Ebene legt vielleicht danach andere Maßstäbe an. Man vergleicht unter Umständen die Arbeiten ganzer Gruppen auf einheitlichen Stil und auf einheitliche Schnittstellen zwischen den Gruppen. Sie können veranlassen, daß die Manager der ersten Ebene ihre Produkte noch einmal überarbeiten oder zusammen mit den Prüfern der zweiten Ebene besprechen.

Die drei Einschränkungen des Managements, die wir besprochen haben (Notwendigkeit mehrerer Prozessoren, Planung und Kontrolle sowie Qualitätssicherung) führen dazu, daß jeder Systementwickler Zusatzaufgaben ausführt, die nicht Teil der Essenz der Systementwicklung sind. Viele andere Zusatzaufgaben kommen daher, daß man sich auch noch mit anderen Randbedingungen befassen muß, wie hausinterne Politik oder externe Verkäufer.

Es wird deutlich, daß eine Systementwicklungstechnologie niemals all diese zusätzlichen Randbedingungen umfassend abhandeln kann. Deshalb wollen wir diese Art von Randbedingungen im weiteren außer acht lassen und uns auf die rein technischen Randbedingungen konzentrieren. Um dies zu erreichen, versuchen wir, die Aktivitäten herauszufiltern, die ein Systementwickler mit perfekter Technologie durchführen würde.

5.2 Essentielle Systementwicklungsaktivitäten

Eine perfekte Systementwicklungstechnologie bestünde aus einem perfekten Prozessor zur Ausführung der Aktivität und einem perfekten Speicher zum Festhalten aller Informationen in einem Projekt. Dieser Prozessor und dieser Speicher hätten keine menschlichen Schwächen und sie würden daher keine der Aktivitäten ausführen, die wir als Kompensation für menschliche Schwächen besprochen haben. Daraus ergibt sich, daß man mit perfekter Systementwicklungstechnologie keine verschiedenen Stellenbeschreibungen, kein Projektmanagement, keine Schätzungen, Planungen oder Kontrollmaßnahmen, keine Arbeitsverteilung und keine Qualitätssicherung bräuchte. Trotzdem würde ein perfekter Prozessor noch alle essentiellen Aktivitäten (oder technischen Aktivitäten, wie wir es oben genannt haben) einer Systementwicklung ausführen.

Der Systementwicklungsprozeß besteht aus drei essentiellen Aktivitäten:

1. *Definition der Essenz eines Systems:*
   Der Entwicklungsmanager muß den Zweck für ein System festlegen, die Ereignisse, auf die es reagieren soll, die fundamentalen Aktivitäten, die Informationen zu jetzigen und bereits vergangenen Ereignissen, die das System (in den essentiellen Speichern) festhalten muß, um seine Reaktionen ausführen zu können, und alle Verwaltungsaufgaben, die man zum Aufbau und zur Pflege der essentiellen Speicher braucht.
2. *Auswahl einer Inkarnation der Essenz:*
   Die Systementwickler müssen eine Reihe geeigneter Prozessoren und Behälter aussuchen, durch die die essentiellen Aktivitäten und Speicher implementiert werden.
3. *Konstruktion des physikalischen Systems:*
   Die Systementwickler stellen die Konfiguration der Prozessoren und Behälter, die im vorigen Schritt ausgewählt wurden, wirklich her.

Alle Systementwicklungsbemühungen *müssen* diese drei Aufgaben auf die eine oder andere Art bewältigen. Diese Aktivitäten sind fundamental, unabhängig davon, ob das zu erstellende System automatisiert oder manuell ist, ob eine oder hundert Personen an dem Projekt arbeiten und ob es einen Tag oder zwei Jahre dauert. Das sind die Aufgaben, die ein perfekter Systementwickler durchführen muß, um eine Inkarnation zu erstellen. Das ist die Essenz der Systementwicklung.

Jede dieser essentiellen Aufgaben kann in eine Menge von Schritten zerlegt werden. Dies wird jedoch erst weiter hinten im Buch beschrieben. In diesem Abschnitt haben wir uns nur von den Randbedingungen des Managements befreit, die unserer Sicht auf eine komplette und verständliche Strategie zur Systementwicklung im Wege standen. In den folgenden Kapiteln führen wir diese Strategie noch ausführlicher ein, wobei wir uns auf die Definition der Essenz konzentrieren.

5.3 Zusammenfassung

Technische Strategien und Managementstrategien zur Systementwicklung lassen sich besser behandeln, wenn man sie trennt. In diesem Kapitel beschrieben wir eine technische Strategie, die nur die Aktivitäten umfaßt, die man in allen Projekten braucht. Um die essentiellen Aktivitäten zu erkennen, haben wir alle Aufgaben weggelassen, die nur durch die Technologie der Systementwicklung hinzukommen. Weil die wichtigste Komponente dieser Technologie der Mensch ist, heißt dies, daß wir alle Aktivitäten weggelassen haben, die nur zur Kompensation menschlicher Schwächen dienen. Übrig bleiben danach noch drei essentielle Aktivitäten: die Definition der Essenz eines Systems, die Auswahl einer Inkarnation für das System und die Konstruktion des Systems. Unsere Strategie konzentriert sich auf die erste dieser Aktivitäten.

Kapitel 6
Systemmodelle

In Kapitel 5 haben wir drei Aufgaben besprochen, die ein perfekter Systementwickler ausführen muß. Diese drei Aufgaben findet man daher in allen Entwicklungsprojekten. Mit dieser Definition haben wir etwas über das Ziel hinausgeschossen. Durch Einführung unseres perfekten Systementwicklers haben wir nicht nur von der Problematik eines Projektes mit hundert Personen und von der sehr unterschiedlichen Aufgabenstellung in einem Ein-Mann-Projekt abstrahiert, sondern auch von der generellen Problematik *aller* menschlichen Unternehmungen. Unser Modell für die Systementwicklung ist so sehr von allen technologischen Randbedingungen abstrahiert, daß es nicht nur für Systementwicklungsprojekte durch Menschen paßt, sondern auf alle Systementwicklungen, die von irgendeiner Lebensform irgendwo ausgeführt werden.

In diesem Kapitel kommen wir wieder etwas mehr auf den Boden der Tatsachen zurück. Da heute fast alle Teile einer Systementwicklung im wesentlichen von Menschen getragen werden, können wir einige Besonderheiten von Menschen als Prozessoren in unsere Strategien einbinden, ohne das Modell dadurch weniger allgemeingültig zu machen. Daher führen wir jetzt wieder zwei der menschlichen Schwächen, die den Systementwicklungsprozeß behindern und erschweren, ein: die beschränkte menschliche Fähigkeit, Konzepte zu erfassen, und das schlechte Gedächtnis. Weil Menschen leicht verwirrt werden, wenn sie zuviel an Information auf einmal erhalten, können sie sich normalerweise nur auf wenige Dinge gleichzeitig konzentrieren. Außerdem sind Menschen nicht immer zuverlässig, wenn es um das Merken von Informationen geht, die sie im Augenblick nicht gerade brauchen. Es ist einfach eine Tatsache, daß Menschen keine großen Informationsmengen im Gedächtnis behalten können; sie müssen sie irgendwo geordnet abspeichern und finden sie nur dann wieder, wenn die Informationen auch in einer leicht verständlichen Weise dargestellt sind.

Im Gegensatz zum perfekten Prozessor können menschliche Prozessoren sich nicht nur auf ihr eigenes Gedächtnis verlassen, wenn sie in der Systemanalysephase essentielle Aktivitäten und Speicher erzeugen. Sie können sich auch nicht den gesamten Entwurf eines Systems merken, während sie ihn in ein Programm umsetzen. Statt dessen schreibt man die Dinge nieder. Man erzeugt also externe, anfaßbare Abbilder des abstrakten Wissens über die Essenz oder Inkarnation eines Systems. Diese Abbilder nennen wir Systemmodelle.

In diesem Kapitel behandeln wird das Konzept der Modellbildung für Systeme. Wir stellen hier noch nicht die Ausdrucksmittel und Techniken zur Erstellung dieser Modelle vor. Wir beschränken die Diskussion darauf, inwieweit diese Modelle dem Systementwickler helfen, seine intellektuellen Grenzen zu überwinden, und wir besprechen andere Aspekte, die zum Erfolg von Modellen beitragen.

6.1 Die Vorteile von Modellen

Wegen der intellektuellen Grenzen der Menschen werden Systementwickler üblicherweise mit drei Arten von signifikanten Schwierigkeiten konfrontiert. Erstens sind Systeme oft schwer zu begreifen, weil sie sehr groß und komplex sind und oft verwirrend. Manchmal ist es schon ein Fortschritt, wenn man nach längerer Zeit feststellt, wofür das System insgesamt gut ist. Es ist auch schwierig, sich alles zu merken, was man schon über das System weiß. Wenn das System nicht gerade trivial ist, dann braucht man eine Menge an Informationen, um die Essenz des Systems zu finden – weit mehr, als eine einzelne Person sich normalerweise einfach und zuverlässig merken kann.

Schließlich kann man auch nicht leicht feststellen, ob das eigene Konzept, das man sich über ein System zurechtgelegt hat, korrekt ist. Wie kann man nachprüfen, ob man wirklich die richtigen essentiellen Aktivitäten eines Systems gefunden hat? Natürlich kann man mit jemandem darüber sprechen, der in der Lage ist, eventuelle Fehler zu finden. Da es jedoch schwer ist, alle eigenen Gedankengänge jemand anderem mitzuteilen, verschwendet man oft Stunden in der Diskussion einzelner Systemaspekte mit Kollegen, bevor man feststellt, daß jeder unter dem Gesagten etwas anderes verstanden hat.

Ein effizient erstelltes Modell hilft dabei, diese Schwierigkeiten zu überwinden. Sogar wenn man es alleine entwickelt, bringt die Modellbildung eine Menge Vorteile mit sich. Zusätzlich zur Unterstützung des eigenen Gedächtnisses helfen Modelle dabei, Systeme zu verstehen und zu visualisieren. Sie helfen auch dabei, die eigenen Pläne für ein System mit anderen Personen abzusprechen. Dadurch, daß man eine konsistente Darstellungsart für ein System an alle Projektmitarbeiter weitergeben kann, können sich alle in gleicher Weise an der Diskussion über das System beteiligen, ohne daß Mißverständnisse entstehen.

Sobald man sich einmal dafür entschieden hat, die Vorteile der Modellierung für sich zu nutzen, steht man vor einem Problem: Welche der vielen, heute vorhandenen Modellierungstechniken soll man zur Definition der Essenz und der Inkarnation eines Systems, das man konstruieren will, benutzen? Der folgende Abschnitt empfiehlt einen Ansatz, der sich in der Praxis bewährt hat.

6.2 Die Auswahl einer Modellierungstechnik

Zu einem vorgegebenen Objekt kann man viele verschiedene Modelle bauen. Da Modelle keine perfekten Nachbildungen sind, zeigen sie nicht alle Aspekte eines Objekts. Die Auswahl der Modellierungstechnik erlaubt es uns, ein Modell zu konstruieren, das bestimmte Aspekte des Objekts hervorhebt und andere Aspekte ignoriert. Um für den jeweiligen Zweck das beste Modell auszuwählen, müssen wir uns entscheiden, welche Aspekte des Objekts wir hervorheben wollen. Sobald wir das wissen, suchen wir uns das geeignetste Modell aus.

In der Systemanalysephase wollen wir Modelle konstruieren, die die Essenz und die Inkarnation eines in Entwicklung befindlichen Systems darstellen. Abbildung 6.1 zeigt die drei essentiellen Aktivitäten, die wir brauchen, um die Modelle und das System zu erstellen. Die

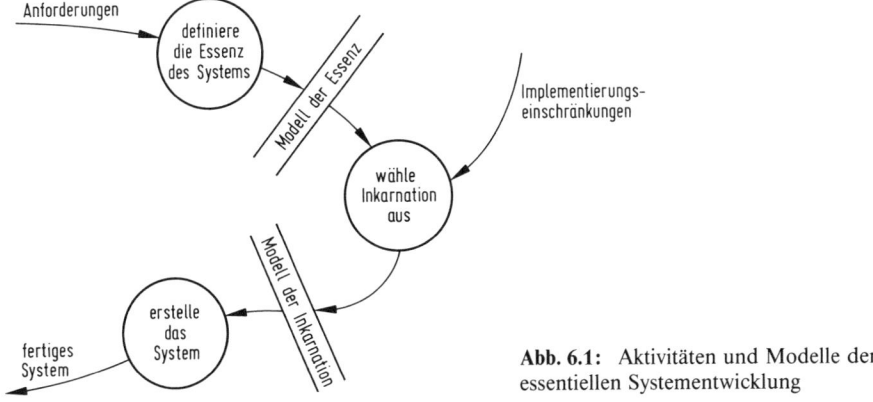

Abb. 6.1: Aktivitäten und Modelle der essentiellen Systementwicklung

Modellierungstechnik, die Sie wählen, sollte die essentiellen Eigenschaften des Systems herausstreichen, aber auch die physikalischen Aspekte. Insbesondere brauchen Sie einen Ansatz, der folgendes zeigt:

- die Zusammenarbeit zwischen dem System und seiner Umgebung
- die Aktivitäten, die das System als Reaktion auf bestimmte Ereignisse ausführt
- die Zusammenhänge zwischen den essentiellen Aktivitäten eines Systems
- die essentiellen Speicher, die das System braucht
- die Abbildung der essentiellen Aktivitäten auf die Komponenten einer Inkarnationstechnologie

Da die Ausdrucksmittel von den Methoden „Structured Analysis" und „Information Modeling" all die obengenannten Aspekte klar und eindeutig darstellen können, wollen wir diese als bevorzugte Ausdrucksmittel für die Systemanalyse verwenden. Die Datenflußdiagramme (DFD) modellieren die Aktivitäten, die Zusammenarbeit zwischen den Aktivitäten sowie zwischen Aktivitäten und der Systemumgebung; sie zeigen auch essentielle Speicher. Einträge im Data Dictionary beschreiben die genauen Details der Zusammenarbeit und der essentiellen Speicher. Mini-Spezifikationen erklären die Details der essentiellen Aktivitäten, meist in Form von strukturierter Umgangssprache. Alle drei Darstellungsmittel sind auch gut anwendbar, wenn es um die Zuordnung von essentiellen Eigenschaften zu den ausgewählten Komponenten einer Inkarnation geht.

Auch die Ausdrucksmittel von „Information Modelling" unterstützen unsere Modellierungsziele. Ein Entity-Relationship-Diagramm ist eine hervorragende Darstellung für die essentiellen Speicher eines Systems. Die Konventionen dieser Methode zur Definition der Objekte, Relationen und Datenelemente ergänzen die Data-Dictionary-Einträge von Structured Analysis.

Unabhängig davon, wie gut diese Ausdrucksmittel für unsere Zielsetzung sind: wenn man sie unqualifiziert anwendet, so wird die Qualität der essentiellen Modelle und der Inkarnation deutlich schlechter. Da sich der Hauptteil unseres Buches mit der Definition der Essenz beschäftigt, wollen wir in den nächsten Abschnitten einige Hinweise geben, wie man diese Essenz am besten modellieren kann.

6.3 Prinzipien der essentiellen Modellierung

In diesem Abschnitt beschreiben wir vier Grundprinzipien, die uns beim Erstellen von essentiellen Systemmodellen leiten sollen. Es ist sehr wichtig, diese Prinzipien gut zu verstehen, da viele der Strategien zur Modellierung der Essenz in diesem Buch darauf aufbauen und erläutern, wie man sie gut anwendet. Die vier Prinzipien nennen wir: das Prinzip vom Grad der Komplexität, das Prinzip der technologischen Neutralität, das Prinzip der perfekten internen Technologie und das Prinzip der minimalen essentiellen Modelle. Das erste Prinzip ist auf alle Modelle anwendbar. Wir verwenden es daher für essentielle Modelle und für Inkarnationsmodelle. Die anderen drei Prinzipien nützen wir hauptsächlich zur Spezifikation der Essenz.

6.3.1 Der Grad der Komplexität

Bei der Erstellung essentieller Modelle müssen Sie die beschränkte menschliche Auffassungsgabe berücksichtigen, wenn es darum geht, Informationen zu erfassen und zu verstehen. Wenn das essentielle Modell zu komplex ist, so kann der Leser die Spezifikation nicht verstehen und daher nicht überprüfen. Das Ergebnis ist dann: Sie vergessen essentielle Anforderungen oder Sie formulieren sie falsch.

Diese menschlichen Schranken bei der Verarbeitung von Informationen sind daher ein Gradmaß für die Komplexität. Das Modell kann und soll so komplex sein, daß ein Leser gerade nicht überfordert wird. Denn es ist auch nicht gut, wenn ein Modell zu einfach ist. Wenn man Komplexität aus einem Teil des Modells wegläßt, so muß man die weggelassenen Informationen in einem anderen Teil des Modells unterbringen. Oft führt man dafür neue Komponenten in das Modell ein. Dann dauert es nicht mehr lange, bis das Gesamtmodell dadurch zu komplex wird. Wenn man also ein essentielles Modell erstellt, so strebt man danach, das Maß an möglicher Komplexität voll auszuschöpfen, ohne den Leser dabei jedoch zu überfordern.

Dieses Prinzip des Komplexitätsmaßes wirft eine interessante Frage auf: Wo liegen denn die Grenzen der Verständlichkeit für die einzelnen Modellkomponenten? Darauf gibt es keine wissenschaftlich begründete Antwort. Wir benutzen daher die Richtlinien, die seit langem ein Teil von Structured Analysis sind: Eine Mini-Spezifikation soll nicht länger als eine Seite sein; ein DFD soll sieben (plus oder minus zwei) Aktivitäten darstellen. Da es keine soliden Antworten auf diese Frage gibt, sollten Sie die folgenden Komplexitätsfaktoren gegeneinander abwägen. (Dabei können Sie Informationen von einer Komponente auf eine andere verlagern, so daß kein Teil des Modells zu komplex wird):

- *Die Anzahl der Komponenten eines Modells:* Wie viele einzelne Komponenten muß der Leser gleichzeitig betrachten? Ein DFD kann z.B. sechs Aktivitäten und vier Speicher enthalten.
- *Die Komplexität jeder einzelnen Komponente:* Wieviel macht eine einzelne Aktivität, die auf einem DFD dargestellt ist? Ist diese Aktivität eine einzelne Funktion, eine Gruppe zusammengehöriger Funktionen oder eine Sammlung relativ unabhängiger Aktivitäten?
- *Die Schachtelungstiefe der einzelnen Komponenten:* Wie viele Ebenen gibt es zwischen einem Vaterknoten und den Mini-Spezifikationen, die die Aktionen dieses Knotens beschreiben? Oder zwischen einem Datenfluß auf oberer Ebene und der Beschreibung seiner Datenelemente? Oder zwischen der äußersten Fallanweisung und der innersten Aktion in einem Beschreibungsblock aus strukturierter Umgangssprache?
- *Die Komplexität der Kommunikation zwischen Komponenten:* Wie eng arbeiten die Teile eines Modells zusammen? Wie viele Datenelemente werden z.B. zwischen zwei Prozessen ausgetauscht oder zwischen einem Prozeß und einem Speicher?
- *Die Aussagekraft der Namen in einem Modell:* Das rasche Verständnis eines Modells hängt sehr stark von den verwendeten Namen ab. Die Namen in einem Modell sollten so viel wie möglich mit so wenig Wörtern wie möglich aussagen. Nehmen Sie als Beispiel eine Funktion zum Bücherverkaufen: Der Name „bearbeite Aufträge" ist sicherlich nicht falsch, aber vielleicht nicht aussagekräftig genug. Beide Begriffe sind nicht präzise: „bearbeiten" kann sowohl „verkaufen" als auch „herstellen" bedeuten. „Auftrag" kann entweder „Buch" oder „Auto" implizieren. „Verkaufe Bücher" wäre daher ein besserer Name.
- *Die Übersichtlichkeit der Gestaltung des Modells:* Wenn ein Modell noch immer zu schwer zu verstehen ist, nachdem Sie alle bisher besprochenen Ratschläge angewandt haben, dann liegt es vielleicht an der äußeren Aufbereitung. Versuchen Sie - ohne am Inhalt etwas zu verändern - einfach eine andere Darstellung. Zeichnen Sie die Diagramme so, daß Sie möglichst wenig überschneidende Linien darin haben und daß man Datenflüsse möglichst einfach nachverfolgen kann. Arbeiten Sie mit Einrückungen und Unterstreichungen im Text, so daß man Mini-Spezifikationen leichter lesen kann.

Wenn man Ausgewogenheit zwischen all den genannten Faktoren erreicht, dann nutzt man die Auffassungsgabe der Leser voll aus, und die Komplexität des Modells wird die Systemanforderungen so präzise wie nur möglich darstellen. Ein präzises Modell hilft Ihnen dabei, vergessene und falsch formulierte Anforderungen leichter aufzuspüren.

6.3.2 Technologische Neutralität

Wenn Sie ein Modell der Essenz eines Systems erstellen, dann wollen Sie auch, daß es nur Elemente der Essenz beinhaltet. Sie wollen verhindern, daß das Modell zu einer bestimmten Technologie für die Implementierung neigt. Mit anderen Worten: Sie wollen ein technologisch neutrales Modell.

Physikalische Überbleibsel oder zu frühe Technologieabhängigkeit sind zwei Fehler, die immer wieder in essentiellen Modellen auftauchen. Mit physikalischen Überbleibseln meinen wir Reste der Technologie, die im bestehenden System verwendet wurde. Wenn man z. B. die Aufteilung zwischen manuellen und automatisierten Aktivitäten im Modell noch deutlich sieht, dann ist das Modell technologisch nicht neutral. In anderen Fällen findet man oft noch Aktivitäten wie „sortiere die Eingangstransaktionen" im essentiellen Modell. Diese sind nur deshalb vorhanden, weil in der Implementierung sequentielle Dateien verwendet wurden. In beiden Beispielen ist das essentielle Modell überflüssigerweise mit Informationen überladen, die nur aus der nicht perfekten Technologie der heutigen Systeme kommen. Diese Überbleibsel verbergen die wirklichen essentiellen Eigenschaften, und sie gefährden die Vollständigkeit und Korrektheit des essentiellen Modells. Sie bringen auch überflüssige Einschränkungen bei der Wahl der neuen Inkarnation mit sich und vermindern die Zuverlässigkeit und die Wartbarkeit des Systems, da sie die Anzahl der Systemkomponenten vergrößern, die vielleicht Fehler enthalten können. Durch zu viele Komponenten wird auch die Suche nach Fehlerursachen viel schwieriger.

Die andere Fehlerart ist zu frühes Miteinbeziehen der Implementierungstechnologie. Wenn wir Kunden beraten, finden wir oft physikalische Details in einem sonst guten logischen Modell. Sprechen wir die Kunden darauf an, so hören wir sehr oft: „Nun ja, wir wissen ja bereits, daß wir CICS unter MVS mit COBOL und VSAM einsetzen werden; daher dachten wir, wir könnten die notwendigen Details dafür gleich in das Modell mitaufnehmen." Dies ist ein Fehler. Der Zweck eines logischen Modells ist es, das, was die Aktivitäten tun sollen, von dem zu trennen, wie es mit einer bestimmten Technologie getan werden kann. Man tut das aus dem gleichen Grund, aus dem man Programme heute in Module zerlegt: die beiden Modelle sind sehr unterschiedlich und voneinander relativ unabhängig. Es ist leichter, jedes einzelne richtig zu erstellen, wenn man sie getrennt erstellt. Wenn man technologische Aspekte in das logische Modell einstreut, so passiert es häufig, daß die Technologie sich schon geändert hat, bevor man das Modell benutzen kann.

Wir haben die technologischen Aspekte, die wir aus der Modellierung der Essenz heraushalten wollen, sehr sorgfältig überlegt. Die Definition der Essenz eines Systems soll keine Hinweise auf die Technologie beinhalten, die zur Implementierung des Systems selbst verwendet wird. Leider wird dies oft falsch verstanden und so interpretiert, daß man jeden Technologieeinfluß vermeiden soll, unabhängig davon, ob er die Implementierung des Systems betrifft oder ob er Teil der Umgebung des Systems ist und von außen auf das System einwirkt. Um unsere Position noch einmal klarzumachen, führen wir das dritte Prinzip ein: das Prinzip der perfekten *internen* Technologie.

6.3.3 Perfekte interne Technologie

Wir haben die Essenz eines Systems als die Aktivitäten und Speicher definiert, die auch vorhanden sein müßten, wenn sie perfekte Technologie zur Implementierung des Systems zur Verfügung hätten. Der Diskussionspunkt ist nun: Nehmen wir dabei an, daß diese perfekte Technologie überall existiert, oder schränken wir die Betrachtung der perfekten Technologie auf unser System ein? Stellen wir uns ein perfektes Universum vor, wenn wir ein logisches Modell erstellen?

Nein, das machen wir nicht. Wenn Sie die Essenz eines Systems suchen, so setzen Sie nur innerhalb Ihres Systems perfekte Technologie voraus. Wir treffen keine Annahmen über Korrektheit, Geschwindigkeit, Fähigkeiten, Speichervermögen und Kosten der Technologie von Systemen außerhalb unseres zu betrachtenden Systems. Das ist das Prinzip der perfekten internen Technologie.

Um die Begründung dafür besser verstehen zu können, müssen wir den Zweck eines essentiellen Modells betrachten und die Konsequenzen, die aus der Annahme entstehen, daß die ganze Umwelt nur perfekte Technologie aufweist. Die Anforderungen, die Ihrem System durch technologische Randbedingungen von außen vorgegeben werden, sind unabhängig davon, wie Ihr System selbst implementiert wird. Jemand, der eine Hypothek laufen hat, kann eine Zahlung vergessen oder eine falsche Summe zurückzahlen, unabhängig davon, ob das Hypothekensystem als Online- oder als Batchsystem implementiert ist. Ein Hypothekensystem muß mit solchen Situationen fertig werden, unabhängig davon, mit welcher Technologie es implementiert wird. Weil jede mögliche Implementierung mit diesen externen Vorgaben fertig werden muß, beeinflussen uns externe Randbedingungen bei der Betrachtung des essentiellen Modells also keineswegs in der einen oder anderen technologischen Richtung.

Wenn wir perfekte Technologie sowohl in unserem System als auch in der Systemumgebung voraussetzen, dann werden viele, wenn nicht fast alle interaktiven Systeme hinfällig. Wenn die Systemumgebung eines Flugleitsystems perfekt wäre, dann hätte jedes Flugzeug genug Platz, um auf jeder Rollbahn zu landen, ohne daß nur die geringste Gefahr von Zusammenstößen existierte. Keiner bräuchte mehr Hypotheken, weil jeder genug Geld hätte, um sein Traumhaus zu kaufen. Läßt man also die Unzulänglichkeiten der Umwelt beiseite, so überstrapaziert man die Idee der perfekten Technologie so weit, daß sie nicht mehr dabei hilft, in unserer realen Welt die Essenz eines Systems zu definieren.

Bei der Anwendung des Konzepts der perfekten Technologie lassen Sie die Eigenschaften der Technologie außer acht, die zur Implementierung Ihres Systems benutzt werden könnten. Sie müssen jedoch alle Eigenschaften mitberücksichtigen, die dem System durch die Unzulänglichkeiten der Systemumgebung aufgezwungen werden. Das Prinzip der perfekten internen Technologie macht also sinnvolle Einschränkungen zu dem Konzept der perfekten Technologie. Es hält Sie davon ab, das Kind gleich mit dem Bade auszuschütten. Sie beseitigen nicht gleich auch die Begründung für die meisten Systeme, wenn Sie die Implementierungstechnologie beseitigen.

6.3.4 Minimale essentielle Modelle

Unsere ausführliche Diskussion über die Unterschiede zwischen interner und externer Implementierungstechnik zeigt, wie sorgfältig man mit dem Konzept der perfekten Technologie umgehen muß. Man kann die Definition der Essenz auch dadurch verzerren, daß man ein anderes Prinzip mißachtet, das Prinzip der minimalen essentiellen Modelle. Wir wollen damit verhindern, daß essentielle Eigenschaften eines Systems überspezifiziert werden.

Selbst wenn Sie das Prinzip der perfekten internen Technologie korrekt anwenden, so gibt es meistens mehrere Arten, wie man eine essentielle Anforderung definieren kann. Nur eine davon genügt unserem Prinzip der minimalen essentiellen Modelle: die einfachste Art; die mit der geringsten Komplexität. Betrachten Sie folgendes Beispiel: Eine Blutbank erhält eine Anfrage nach einer bestimmten Menge Blut einer bestimmten Blutgruppe. Da das Blut vielleicht nicht gerade frisch von Spendern erhältlich ist, wenn diese Anfrage kommt, so muß eine Blutbank - auch bei perfekter interner Technologie - einen Vorrat von Spenderblut halten. Außerdem gibt es vielleicht eine interne Richtlinie, das älteste Blut zuerst auszugeben. Die essentielle Aktivität „gib Blut aus" hat als Zugriffsanforderung auf den essentiellen Speicher daher ungefähr folgendes: „für jede vorgegebene Blutgruppe: suche die ältesten noch brauchbaren Blutkonserven dieser Gruppe."

Andere Analytiker könnten nun argumentieren, daß die Anforderung an den essentiellen Speicher einzig und allein die Suche nach allen vorhandenen Blutkonserven sein sollte. Hat man diese alle, so kann die essentielle Aktivität die ältesten davon mit der richtigen Blutgruppe aussuchen. Diese Analytiker argumentieren damit, daß es bei perfekter interner Technologie ja keine Zeit kostet, alle zu finden, alle nach dem Alter zu sortieren, alle nach der Blutgruppe zu sortieren und danach die benötigte Anzahl auszuwählen, wobei man bei der ältesten Konserve anfängt. Da diese Menge von Aktivitäten die Anforderung erfüllt, ohne daß es Zeit und Geld kostet (wegen der perfekten Technologie), muß das doch logisch sein.

Wir stimmen dem zu. Aber es gibt einen Unterschied, obwohl beide Versionen der Aktivität essentiell sind. Die zweite Version schreibt vor, daß wir alle Konserven holen und dann daraus auswählen, was wir wirklich brauchen. Die Zugriffsoperation auf den Speicher ist dadurch einfacher geworden, aber der Rest der Aktivität komplizierter. In der ersten Version haben wir ganz einfach gesagt, was wir aus dem Speicher brauchen. Diese Version geht von der Annahme aus, daß die perfekte Technologie die notwendigen Daten irgendwie erhält und daß die Technologie dafür sorgt, daß die nötigen Such- und Auswahlprozesse stattfinden. Wir erhalten genau die Blutkonserven, die wir haben wollten – nicht mehr und nicht weniger. Kurz gesagt: die erste Version ist viel einfacher als die zweite.

Warum sollten wir die einfache Version auswählen? Bei perfekter Technologie sollte es doch nichts ausmachen, wie komplex oder verwickelt die Aktivitäten sind. Perfekte Technologie wird doch leicht mit den komplexen Spezifikationen der essentiellen Aktivität fertig – wenn nur sichergestellt ist, daß das Ergebnis unabhängig davon erzielt wird, wie man die Essenz später implementiert.

Das Problem dabei ist, daß ein essentielles Modell mit so viel zusätzlicher Komplexität nicht durchgehen darf: Obwohl wir uns vorstellen, daß das System intern perfekte Technologie hat, so müssen wir doch daran denken, daß wir es früher oder später mit realer Technologie implementieren müssen. Jede spätere Technologieauswahl muß mit all der zusätzlichen Komplexität fertig werden, die Sie bei der Modellierung der Essenz in das Modell einbringen können. Das Prinzip der perfekten Technologie ist zwar nützlich, aber Sie wollen doch dadurch nicht die Auswahl einer Inkarnation schwieriger als nötig machen. Ihr essentielles Modell muß also – neben der perfekten Technologie – noch einem zweiten Kriterium standhalten. Hat man mehrere Möglichkeiten, eine essentielle Aktivität auszudrücken, so soll man die auswählen, die die wenigsten Aktivitäten und Speicher hat. Auch innerhalb jeder Aktivität soll man die geringste Komplexität wählen. Auf diese Art stellen Sie sicher, daß Sie die Auswahl der Inkarnation mit einer präzisen Anforderungsdefinition beginnen können. Dies ist das Prinzip eines minimalen essentiellen Modells.

6.3.5 Die Vorzüge der Modellierungsprinzipien

Die letzten drei Modellierungsprinzipien stellen Ihnen einige Regeln und Anleitungen zur Verfügung, die Ihnen dabei helfen, komplette Modelle der Essenz eines Systems zu entwickeln. Die perfekte interne Technologie hält Sie davon ab, das Prinzip der technologischen Neutralität zu weit zu treiben. Es läßt technologisch bedingte Anforderungen in einem essentiellen System zu, wenn sie aus der Systemumgebung kommen, indem es diese Gruppe von Anforderungen aus der Betrachtung technologischer Neutralität heraushält. Das Prinzip der minimalen essentiellen Modelle hält Sie davon ab, das Prinzip der internen perfekten Technologie in Ihrer Anwendung auf die Spitze zu treiben. Es bremst Sie dabei, ihre Spezifikation nur deshalb komplexer zu machen, weil die perfekte interne Technologie komplexe Anforderungen einfach behandeln kann.

Das Prinzip des Komplexitätsgrades ist unabhängig von den anderen Prinzipien. Das heißt, daß man sich immer um verständliche Modelle bemühen muß, ob man nun intern perfekte Technologie annimmt oder nicht und ob man minimale Anforderungen wählt. Daher ist das Prinzip des Komplexitätsgrades auf essentielle Modelle und Inkarnationsmodelle gleich gut anwendbar.

6.4 Zusammenfassung

Systementwickler müssen Modelle erstellen, um sich Informationen zu merken, Systeme zu verstehen und über Systeme diskutieren zu können. Wir schlagen vor, solche Modelle sowohl für die Essenz als auch für die Inkarnation eines Systems zu erstellen. Die Ausdrucksmittel von „Structured Analysis" und „Information Modelling" sind gut geeignet, die wesentlichen Aspekte der Modelle darzustellen.

Wir führten vier Prinzipien ein, die man sich bei der Erstellung essentieller Modelle zu Herzen nehmen sollte. Beachtet man das Prinzip des Komplexitätsgrades, so stellt man sicher, daß kein Teil des Modells zu schwer zu verstehen ist. Das Prinzip der technologischen Neutralität sagt aus, daß das essentielle Modell keine Informationen über die Implementierung des Systems enthalten soll. Demzufolge stellt man sich also vor, daß die Technologie innerhalb des Systems perfekt ist; ein weiteres Prinzip - das der perfekten internen Technologie - zeigt Ihnen aber, daß man diese Annahme nicht auf die Systemumgebung ausweiten kann. Das vierte und letzte Prinzip ist das der minimalen essentiellen Modelle. Es erläutert, daß es mehrere Möglichkeiten gibt, eine essentielle Anforderung zu modellieren und daß man davon immer die einfachste auswählen sollte. Diese Prinzipien sind bei der Wahl des Inhalts und der Darstellung von essentiellen Modellen entscheidend.

TEIL 2
Ausdrucksmittel und Strategien
für essentielle Modelle

Sie werden nicht in der Lage sein, die Essenz eines Systems zu verstehen, bevor Sie es in Teile zerlegen. Um Ihnen dabei zu helfen, schlagen wir Zerlegungsprinzipien vor: genau definierte Vorgehensweisen, um die essentiellen Teile eines Systems so zu zerlegen, daß die Prinzipien der essentiellen Modellierung eingehalten werden. In Kapitel 7 stellen wir zwei Prinzipien vor: ereignisorientierte Zerlegung für essentielle Aktivitäten und objektorientierte Zerlegung für essentielle Speicher. In Kapitel 8 und 9 betrachten wir diese beiden Vorgehensweisen dann näher. Dabei zeigen wir, wie man die Ergebnisse davon mit den Ausdrucksmitteln von Structured Analysis darstellen kann.

Alle Teilaufgaben in unserer Strategie zur Systementwicklung sind komplex, und die einzig richtige Vorgehensweise gibt es nicht. In Kapitel 10 beschreiben wir daher zwei wichtige Strategien, um die Essenz eines neuen Systems zu definieren: erstens das Auffinden der Essenz von Grund auf und zweitens die Ableitung der Essenz aus bestehenden Systemen und das Hinzufügen der neuen essentiellen Anforderungen. Den Abschluß dieses Kapitels bildet eine Diskussion, wann man in einem Projekt besser welche der beiden Strategien anwenden soll.

Kapitel 7
Zerlegungskriterien
für essentielle Modelle

Um die Essenz eines Systems planen zu können, brauchen Systemanalytiker mehr als nur die Ausdrucksmittel von Structured Analysis oder Information Modelling. Sie brauchen auch mehr als die allgemeinen Modellierungsprinzipien, die wir in Kapitel 6 beschrieben haben. Sie müssen wissen, wie man ein System und seine Speicher in Komponenten zerlegt, die den Modellierungsprinzipien genügen. Diese Komponenten sollten die wahren Anforderungen an das System darstellen – d.h. die Teile sollten keine technologischen Aspekte zeigen, und sie sollten nicht zu komplex sein. Während unserer Zusammenarbeit mit Anwendern der Methode Structured Analysis haben wir nicht ein Zerlegungsprinzip gefunden, sondern *zwei* wesentliche Prinzipien, die gut zusammenpassen. Das erste Prinzip, das wir ereignisorientierte Zerlegung nennen, wird zur Zerlegung der Systemteile verwendet, die Reaktionen erzeugen. Das zweite Kriterium, das wir objektorientierte Zerlegung nennen, benutzen wir zur Zerlegung des essentiellen Speichers in Objekte, denen dann jeweils die Datenelemente zugeordnet werden, die das jeweilige Objekt beschreiben. In diesem Kapitel erläutern wir die Konzepte, die diesen beiden Ansätzen zugrunde liegen. Dies ist als Einleitung für die ausführlichen Beschreibungen in Kapitel 8 und 9 gedacht.

7.1 Die Aufteilung des Systems in essentielle Aktivitäten

In Kapitel 2 haben wir gelernt, daß ein System mit geplanten Reaktionen mit der Umwelt dadurch zusammenarbeitet, daß es ein bestimmtes Ereignis erkennt und als Reaktion eine Menge vorbereiteter Aktionen ausführt. Diese Menge vorbereiteter Aktionen nannten wir eine essentielle Aktivität; sie reagiert auf ein einzelnes Ereignis, das extern oder zeitlich sein kann. Dies sind die Grundbegriffe, die wir für die ereignisorientierte Zerlegung benutzen. In den folgenden Abschnitten beschreiben wir der Reihe nach, wie man ein Ereignis identifiziert, wie ein System aussieht, das durch ereignisorientierte Zerlegung entsteht, und welche Vorteile dieser Zerlegungsansatz hat.

7.1.1 Das Erkennen von Ereignissen

Um die ereignisorientierte Zerlegungstechnik anwenden zu können, müssen Sie wissen, was ein Ereignis ist. Dazu müssen Sie sowohl das System als auch die Systemumgebung studieren, da Ereignisse in der Systemumgebung stattfinden und da sowohl zeitliche wie auch externe Ereignisse außerhalb der Kontrolle des Systems liegen. Viele Analytiker verwechseln Ereignisse mit Prozessen innerhalb des Systems, weil sie das System und seine Umgebung nicht sauber auseinanderhalten. Dadurch entstehen Probleme.

Manchmal halten Analytiker eine Aktivität innerhalb des Systems für ein Ereignis. Betrachten Sie einmal den Ausschnitt aus einem Verkehrssündersystem, wie es in Abbildung 7.1 dargestellt ist. „Trage Strafmandat ein" ist kein Ereignis, sondern eine Prozeß in diesem System, obwohl er der erste Teil der Reaktion ist. Es wäre sogar noch fehlerhafter, wenn man „gib Mahnung aus" als Ereignis betrachtete, denn dies ist eine Systemreaktion und als

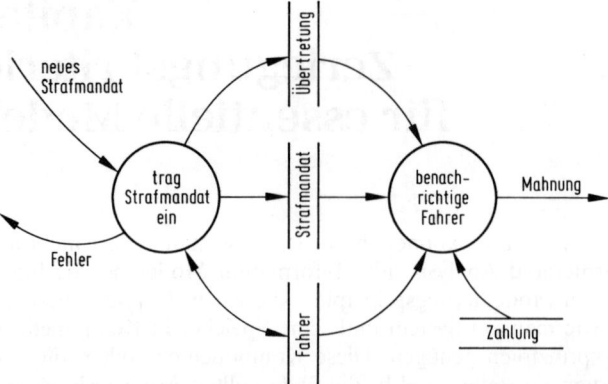

Abb. 7.1: Ausschnitt aus einem Verkehrssündersystem

solche eine Folge eines Ereignisses. Am schlimmsten wäre es, wenn man „Aktualisierung der gespeicherten Daten" als ein Ereignis betrachtete, da dies eine Menge von Anweisungen ist, die als Reaktion auf mehrere Ereignisse ausgeführt wird. Diese Arten von Fehlern passieren immer dann, wenn ein Systemanalytiker innerhalb eines Systems nach Ereignissen sucht statt in der Systemumgebung.

Ein zweites Problem entsteht immer dann, wenn ein Analytiker ein Ereignis mit den Augen eines Außenstehenden sieht. „Fahrer erhält Mahnung" ist ein Ereignis, aber es ist ein Ereignis aus Sicht des Fahrers. Aus Sicht eines Verkehrssündersystems ist es eine Reaktion, die an einen Außenstehenden geht. Ein Systemanalytiker sollte achtgeben, daß sich sein Standpunkt nicht vom System auf Objekte der Umwelt verlagert.

Analytiker nehmen oft fälschlicherweise an, daß jeder Zeitpunkt, der irgendeine Aktivität auslöst, ein zeitliches Ereignis ist. Solche Annahmen führen zu Ereignissen wie „es ist Zeit, den Report am Ende des Aktualisierungslaufes zu erstellen" oder „es ist Zeit, die neuen Subskriptionen an das Computerzentrum weiterzugeben". Diese Ereignisse sind keine zeitlichen Ereignisse, weil sie von einer bestimmten Systemimplementierungstechnologie abhängig sind. Mit perfekter Technologie könnten viele Reports erstellt werden, ohne daß bestimmte Programme abgeschlossen sind. Neue Subskriptionen würden sofort verarbeitet; man müßte sie also nicht aufbewahren, um sie später im Stapelbetrieb zu verarbeiten. Wahre zeitliche Ereignisse lösen Aktivitäten aus, ohne von der Implementierungstechnologie des Systems abhängig zu sein. In einem Lohnabrechnungssystem will man die Lohntüten zu bestimmten Zeitpunkten erstellen, unabhängig davon, ob die Technologie eine Auszahlung alle zwei Mikrosekunden oder einmal pro Tag zuließe.

Die Probleme bei der Erkennung von Ereignissen kann man leicht vermeiden. Die Beispiele in diesem Abschnitt und die über andere Teile des Buches verstreuten Beispiele sollten ausreichen, um die Technik zu erlernen. Trotzdem: Passen Sie auf Ereignisse auf, die gar keine sind.

7.1.2 Ereignisorientierte Zerlegung eines Systems

In der Zwischenzeit haben Sie sich sicherlich an Datenflußdiagramme gewöhnt, die ein System nach Ereignissen aufgeteilt zeigen. In diesen Diagrammen stellt jeder Knoten (oder Prozeß) eine essentielle Aktivität dar. Wir nennen so ein DFD dann „ereignisgegliedert". Ein weiteres Beispiel eines solchen Diagramms sehen Sie in Abbildung 7.2, die einen anderen Ausschnitt des Verkehrssündersystems zeigt.

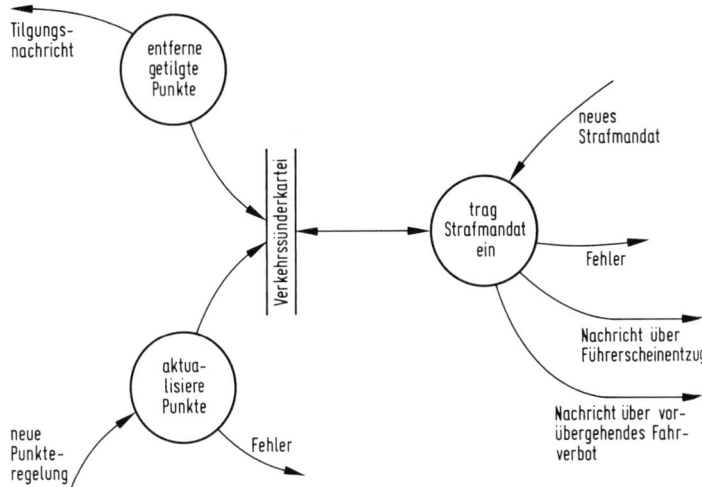

Abb. 7.2: Ereignisgegliederter Ausschnitt des Verkehrssündersystems

In diesem Diagramm stellt jeder Knoten die gesamte Reaktion des Systems auf ein einzelnes Ereignis dar. Wenn Sie die Knoten des Diagramms mit der folgenden Ereignisliste vergleichen, so erkennen Sie das.

- Polizist liefert neues Strafmandat ab
- Das Verkehrsamt legt Punktezahl für bestimmte Vergehen fest
- Es ist Zeit, alte Punkte zu tilgen

Jede Aktivität in einem ereignisgegliederten System muß zwei Tests bestehen, um sich als wahre essentielle Aktivität zu erweisen (wenn wir eine etwas formalere Definition einer essentiellen Aktivität zugrunde legen). Um den ersten Test zu bestehen, muß eine Aktivität genau die Aktionen enthalten, die das System als Reaktion auf genau ein Ereignis ausführen würde, wenn es mit perfekter Technologie implementiert wäre. Die Aktivität in Abbildung 7.3 besteht diesen Test nicht, da die gezeigte Aktivität auf zwei Ereignisse reagiert: „Polizist liefert neues Strafmandat ab" und „Gericht fällt Urteil". Sie enthält daher Aktivitäten, die zu mehr als einer essentiellen Aktivität gehören. Somit ist dies ein falsches Beispiel für eine ereignisorientierte Aufteilung.

Der zweite Test soll sicherstellen, daß die essentielle Aktivität auch vollständig ist. Wenn alle Teilaktivitäten, die zu einer essentiellen Aktivität gehören, ausgeführt wurden, dann *muß das System stillstehen*, bis das entsprechende Ereignis wieder eintritt oder bis ein anderes Ereignis eintritt. Wenn ein System sofort damit anfangen kann, andere Aktivitäten auszuführen, obwohl kein anderes Ereignis eingetreten ist, dann enthält die vermeintliche essentielle Aktivität nicht alle Teile, die sie enthalten sollte. Wenn aber das System sogar mit perfekter Technologie *nichts mehr zu tun hat*, dann enthält die essentielle Aktivität alle notwendigen Teilaktivitäten.

Die zwei Diagramme in Abbildung 7.4 zeigen, wie der zweite Test die Vollständigkeit einer essentiellen Aktivität überprüfen hilft. In Abbildung 7.4a sehen Sie zwei essentielle Aktivitäten, „gib Material aus" und „bestelle Material nach". Den ersten Hinweis darauf, daß das System nicht richtig zerlegt wurde, erhält man durch Betrachtung der Ausgabe „Bestellauftrag". Da ein Lieferant einen Bestellauftrag sofort annimmt, wenn er ankommt, könnte man diesen Bestellauftrag generieren, sobald das externe Ereignis durch „Materialanforderung" sichtbar wird und dadurch der interne „Lagerbestand" so weit reduziert wird, daß

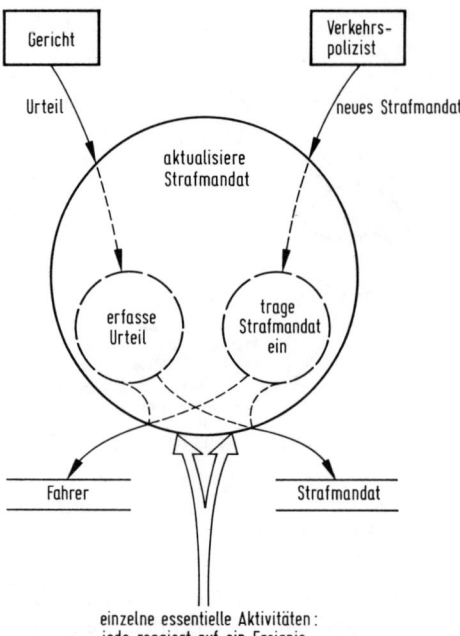

einzelne essentielle Aktivitäten:
jede reagiert auf ein Ereignis

Abb. 7.3: Ein schlecht zerlegtes System:
zwei Reaktionen in einer Aktivität

der im System festgelegte minimale Bestand unterschritten wird. Warum sind dann die beiden Aktivitäten mit einem Speicher verbunden? Die Antwort auf diese Frage zeigt noch weitere Probleme mit dem Modell in Abbildung 7.4a auf.

Da „bestelle Material nach" keine externe Eingabe hat, sieht es zunächst so aus, als wäre der Prozeß zeitgesteuert. Dieser Prozeß wird jedoch dadurch gesteuert, daß der Lagerbestand eine bestimmte Menge unterschreitet. Die Aktivität stellt dies durch kontinuierliches Prüfen des Speichers „Lagerbestand" fest. „Bestelle Material nach" wird daher weder durch ein externes noch durch ein zeitliches Ereignis ausgelöst. Dies ist ein deutlicher Hinweis darauf, daß das System nicht richtig zerlegt wurde.

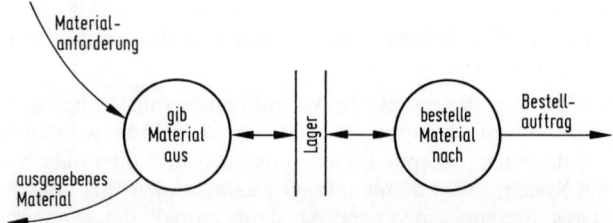

Abb. 7.4a: Eine schlecht zerlegte essentielle Aktivität: eine Reaktion als zwei Prozesse

Abbildung 7.4b zeigt das Ergebnis des Vollständigkeitstests. „Bestelle Material nach" ist zusammen mit „gib Material aus" Teil einer essentiellen Aktivität „erfülle Materialanforderung". Es gibt keinen Grund, die Arbeit einzustellen, wenn diese Aktivität „erfülle Materialanforderung" einen Wunsch nach Material enthält, der den Lagerbestand unter den minimalen Bestand reduziert. Die Verarbeitung kann sofort mit der Nachbestellung weitergehen.

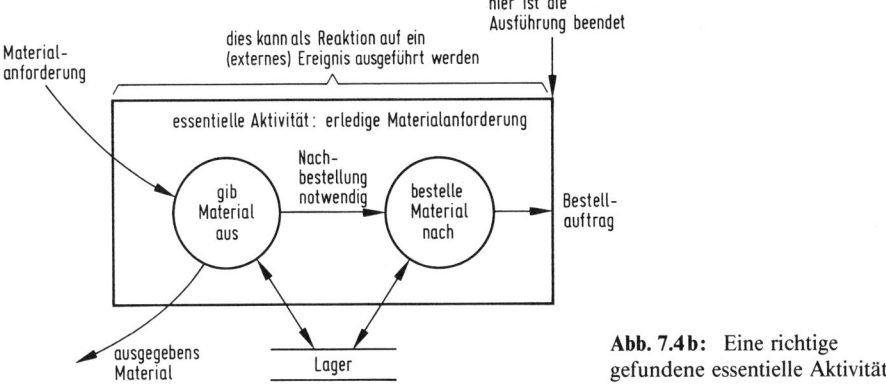

Abb. 7.4 b: Eine richtige gefundene essentielle Aktivität

Die ereignisorientierte Zerlegung resultiert in essentiellen Aktivitäten, die entweder reine grundlegende Aktivitäten sind oder reine Verwaltungsaktivitäten oder gemischte Aktivitäten. Reine Verwaltungsaktivitäten findet man dabei am häufigsten. Reine grundlegende Aktivitäten hingegen sind sehr selten. Grundlegende Aktivitäten erzeugen oft Reaktionen, die sich das System merken muß. Daher lösen die meisten Ereignisse, die grundlegende Aktivitäten anstoßen, auch Verwaltungsaktivitäten aus.

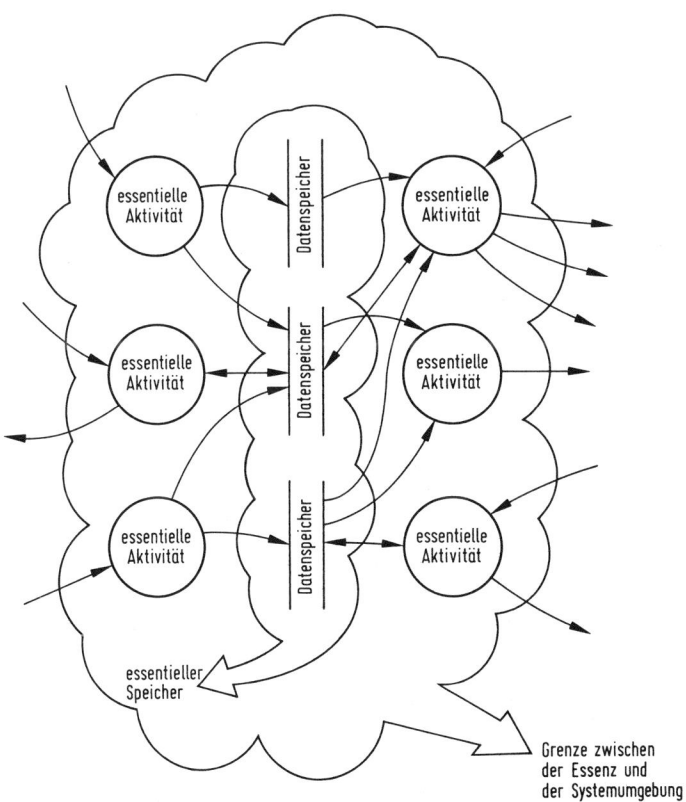

Abb. 7.5: Typischer Aufbau eines ereignisgegliederten DFDs

Die ereignisorientierte Aufteilung hat charakteristische Auswirkungen auf die Art, wie essentielle Aktivitäten untereinander kommunizieren. Alle essentiellen Aktivitäten sind durch essentielle Speicher miteinander verbunden. Eine Aktivität füllt die essentiellen Speicher mit Informationen, eine andere Aktivität benützt diese Informationen, wenn sie diese wirklich braucht. Die Zeitspanne zwischen dem Festhalten der Information im Speicher und der Weiterverwendung kann dabei beliebig lang sein. Diese Art der Kommunikation ist der Grund für die typische Diagrammform, wie sie in Abbildung 7.5 dargestellt ist. Jede essentielle Aktivität kommuniziert mit der Umwelt direkt, und sie speichert Daten in den Speichern ab, die die Aktivitäten verbinden.

Die Tatsache, daß essentielle Aktivitäten ausschließlich über Speicher kommunizieren, ist kein Zufall. Sie ist das Ergebnis unseres Zerlegungsprinzips. Da jede Aktivität die komplette Antwort auf ein Ereignis enthält, liegen alle direkten Informationskanäle zwischen Teilaktivitäten *innerhalb* der Aktivität. Könnte eine Aktivität Daten direkt an eine andere weitergeben, so wäre die Reaktion nicht komplett und würde daher als Zergliederungsfehler angesehen. Wenn Sie es daher geschafft haben, die gesamte Reaktion auf ein Ereignis in jeweils eine Aktivität zu packen, dann muß alles, was die Aktivitäten sich untereinander mitteilen müssen, zwischengespeichert werden.

7.1.3 Die Vorteile der ereignisorientierten Aufteilung

Die ereignisorientierte Aufteilung hilft uns gewaltig bei der Suche nach den wahren Anforderungen, da dadurch ziemlich einheitliche Zerlegungen entstehen, unabhängig davon, wer das System zerlegt. Außerdem entstehen sehr prägnante Modelle; und sie geben die Essenz wahrheitsgetreu wieder. Betrachten wir diese Vorteile der Reihe nach.

Schon oft wurde der Wunsch laut, daß die Regeln von Structured Analysis so strikt und klar sein sollten, daß zehn verschiedene Systemanalytiker bei der Analyse desselben Systems zu identischen Diagrammen gelangen. Obwohl wir nicht daran glauben, daß diese Forderung wünschenswert oder erreichbar ist, sollten Analytiker sich auf die essentiellen Aktivitäten eines Systems zumindest im groben einigen. Die ereignisorientierte Zergliederung fördert diese Einigung im groben und vermindert somit die Zeiten unproduktiver Streitgespräche. Systemanalytiker kommen mit diesem Ansatz zu sehr ähnlichen Ergebnissen. Dadurch unterscheidet sich dieser Ansatz gewaltig von Zerlegungen, die ohne Ereignisorientierung durchgeführt werden. Solche Modelle von verschiedenen Systemanalytikern sind sehr unterschiedlich und erschweren daher die Suche nach den wahren Anforderungen.

Die ereignisorientierte Zerlegung unterstützt die Fähigkeiten eines Systemanalytikers zur Kürze und Prägnanz in den Modellen gewaltig. Früher konnten Systemanalytiker auf sehr niedrigen Ebenen modellieren und dabei ein System in so viele Teile zerlegen, daß es andere Personen schwer verstehen konnten. Wenn sie jedoch ein System auf höherer Ebene zerlegten, in weniger, aber größere Aktivitäten, dann entbrannte meist ein Kampf um die Schnittstellen, da es keine formale, objektive Methode gab, um diese festzustellen. Der ereignisorientierte Ansatz bringt dafür die Lösung: die Ergebnisse sind präzise genug, um die Zustimmung aller Beteiligten zu erhalten, und da man auf einer mittleren Ebene zerlegt, werden die Ergebnisse auch nicht so komplex, daß die Leser des Modells überfordert werden.

Prägnantes Modellieren erfordert, daß jede einzelne Aktivität möglichst von anderen Aktivitäten losgelöst ist, so daß man sie alleine verstehen und verifizieren kann. Die Systemanalytiker erreichen dies dadurch, daß sie nach möglichst wenigen Verbindungen zwischen zwei Aktivitäten streben. Die ereignisorientierte Aufteilung erzeugt typischerweise Datenflußdiagramme, die diese Zielsetzung der minimalen Zusammenhänge erfüllen.

Die ereignisorientierte Aufteilung hilft den Systemanalytikern auch dabei, ein möglichst realistisches Modell der wahren Anforderungen zu erstellen, da sie ganz klar zeigt, daß die Reaktionen des Systems auf unterschiedliche Ereignisse in jeder denkbaren Reihenfolge ausgeführt werden können. In dem Lohnabrechnungssystem gibt es z.B. natürlich Aktionen, die vor anderen ausgeführt werden müssen: Arbeiter müssen zuerst eingestellt werden, bevor sie Lohn erhalten. Betrachtet man jedoch die Menge aller Arbeiter, so sieht man, daß einige früher eingestellt werden können als andere, daß einige entlassen werden können, bevor andere eingestellt werden, und daß einige Arbeiter bezahlt werden können, bevor andere eingestellt werden. Die ereignisorientierte Aufteilung gibt wieder, daß solche Systeme mit den Objekten ihrer Umgebung normalerweise nicht in vorgegebener Sequenz arbeiten.

7.2 Die Aufteilung des essentiellen Speichers

Für jedes nicht gerade triviale System muß auch der essentielle Speicher des Systems nach bestimmten Regeln in Teile zerlegt werden, die ihn verständlich und prüfbar machen. Das Ergebnis dieser Aufteilung ist ein Modell des essentiellen Speichers, das leicht verständlich und frei von technologischen Einflüssen ist. Leider können wir dafür den ereignisorientierten Ansatz nicht verwenden. Die Gründe dafür erläutern wir in Abschnitt 7.3.3. Die Systemanalytiker brauchen daher eine andere Strategie, die wir *objektorientierte Zerlegung* nennen.

Das Konzept der objektorientierten Zerlegung oder der Entity-Relationship-Analyse ist nicht neu in der Methode Structured Analysis. Bereits seit 1960 ist es in verschiedenen Systementwicklungsmethoden enthalten. DeMarco hat es z.B. in seinen Büchern *„Structured Analysis and System Specification"* und *„Controlling Software Projects: Management, Measurement & Estimation"* [11, 12] behandelt. Obwohl dieser Ansatz bereits so alt ist, wird er doch oft noch nicht richtig verstanden. Wir behandeln objektorientierte Zerlegung daher in diesem Abschnitt und erläutern, warum wir sie verwenden.

7.2.1 Objekte

Die Vorgehensweise bei der Aufteilung der vielen Datenelemente des essentiellen Speichers eines Systems ist davon abgeleitet, wie wir Menschen normalerweise bestimmte Dinge verstehen und Informationen über Dinge austauschen. Da wir Geschöpfe mit limitierter Auffassungsgabe sind, können wir nicht jedes Ding, das wir sehen, eindeutig identifizieren. Daher fassen wir Dinge, die etwas gemeinsam haben, zu Gruppen zusammen und geben diesen Gruppen Namen. Auf diese Art kann ein Hauptwort, wie z.B. *Computer*, für viele verschiedene Dinge stehen, die zu dieser Gruppe gehören. Dieser Vorgang - das Zusammenfassen von Dingen, die etwas gemeinsam haben, und das Finden eines Namens für diese Zusammenfassung - ist das Prinzip, das wir für die Aufteilung des essentiellen Speichers anwenden wollen. Wir nennen jede benannte Zusammenfassung von Dingen ein *„Objekt"* und jedes Ding innerhalb dieser Menge ein *„Objekt dieser Art"* oder ein *„Objekt dieses Typs"*. Das Objekt „Motor" ist eine Menge von verschiedenen Arten von Motoren; das Objekt „Student" ist eine Menge von verschiedenen Typen von Studenten.

Reale Objekte sind faßbare Dinge, wie Flugzeugmotoren, Autos oder Bücher. Es gibt auch benannte Mengen von nicht faßbaren Dingen, die wir künstliche Objekte nennen. Künstliche Objekte sind Ideen, die von einer Gruppe von Personen geteilt werden. Das künstliche Objekt „Kreditrahmen" ist, wenn überhaupt, ein Glaube, an den sich ein Bankier, ein Käufer und ein Verkäufer klammern, daß der Käufer für Erworbenes auch zahlen wird. Viele künstliche Objekte kommen uns so natürlich vor, aber sie sind nur gemeinsame Ideen.

Die Datenelemente, die wir im essentiellen Speicher festhalten wollen, sind Darstellungen von sowohl natürlichen wie auch künstlichen Objekten. Mit den Worten von DeMarco: Der essentielle Speicher ist eine Simulation von Dingen, die in Wirklichkeit außerhalb der Systemgrenzen liegen [11]. Der essentielle Speicher ist der Film in einer imaginären Kamera, die wir auf diese Objekte richten, um ihre Eigenschaften als Informationen festzuhalten statt mit Silberbromidkristallen oder mit elektronischen Impulsen. Zu einem späteren Zeitpunkt werden die Daten des essentiellen Speichers dann durch einen Zugriff in die grundlegenden Aktivitäten projiziert. In Abbildung 7.6 wird dieser Vorgang des Abspeicherns und Wiederfindens von Objekten durch den Vergleich mit dem Abbilden und Projizieren von Photos dargestellt.

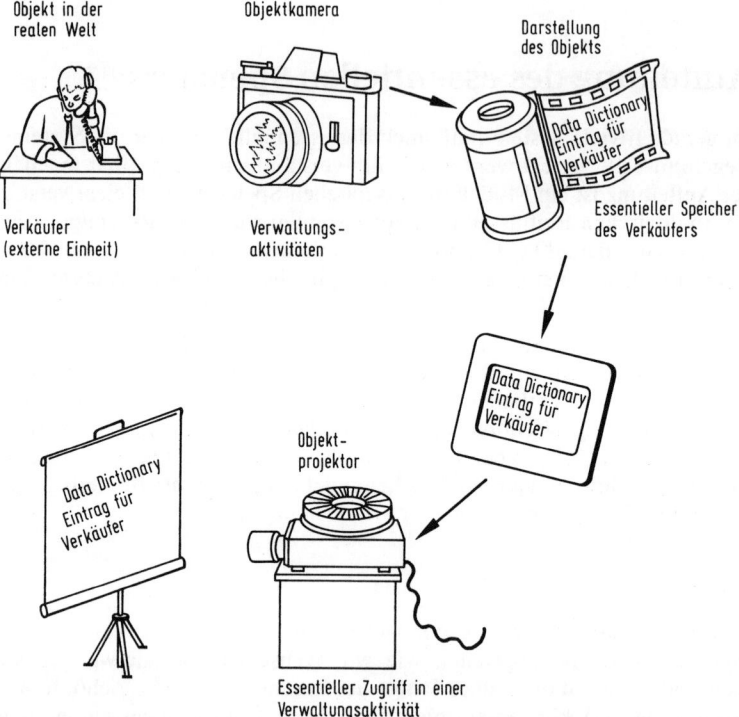

Abb. 7.6: Ein Film in einer Kamera als Vergleich eines Objekts im essentiellen Speicher

Da der essentielle Speicher sowohl reale als auch künstliche Objekte in der Welt außerhalb unseres Systems simuliert, können wir diese Objekte als Gliederungsprinzip für den essentiellen Speicher benutzen. Es gibt viele Arten der objektorientierten Gliederung. In diesem Abschnitt skizzieren wir einen theoretischen Ansatz; in Kapitel 20 geben wir Ihnen dann praktische Vorschläge zur Benutzung der objektorientierten Zerlegung.

7.2.2 Objektorientierte Zerlegung

Um objektorientiert zerlegen zu können, muß man als Systemanalytiker zuerst Datenelemente des essentiellen Speichers gefunden haben. Dann kann man wie folgt vorgehen:

1. Die Systemanalytiker identifizieren in der realen Welt außerhalb des Systems die Objekte, die am besten durch die Datenelemente beschrieben werden.

2. Sie gruppieren die Datenelemente zusammen, die ihre Wahl von Objekten beeinflußt haben.
3. Sie geben jeder Gruppe von Datenelementen den Namen des eindeutigen Objekts.

Tabelle 7.1 zeigt ein Beispiel für die objektorientierte Zerlegung. Bevor man mit der Zerlegung beginnt, erstellt man eine Liste der benötigten essentiellen Datenelemente. Im Schritt 1 identifiziert man dann die Objekte Auto und Mieter als diejenigen, auf die die Elemente am besten passen. Im Schritt 2 teilt man die Datenelemente dann in zwei Gruppen auf, pro Objekt eine. Im Schritt 3 gibt man den Gruppen dann den Namen.

Tabelle 7.1: Objektorientierte Zerlegung am Beispiel Autovermietung

Vorbereitungsschritt:	Schritt 1:
Strukturierte Datenelemente:	*Objekte:*
Kilometerstand	Auto
Fahrzeugmarke	Mieter
Name des Mieters	
Adresse des Mieters	
Autokennzeichen	
Führerscheinnummer	
Kreditkartennummer	
Baujahr	

Schritt 2:	Schritt 3:
Gruppen:	*Auto:*
Autokennzeichen	Autokennzeichen
Kilometerstand	Kilometerstand
Baujahr	Baujahr
Fahrzeugmarke	Fahrzeugmarke
	Mieter:
Name des Mieters	Name des Mieters
Führerscheinnummer	Führerscheinnummer
Kreditkartennummer	Kreditkartennummer
Adresse des Mieters	Adresse des Mieters

Nach Abschluß dieses Vorgangs kann der Systemanalytiker die Datenelemente innerhalb jeder Objektgruppe ordnen. Er sollte die Datenelemente zusammenpacken, die zu einer Ausprägung des Objekts gehören.[*]

Da die meisten Aktivitäten nur einige Datenelemente aus einer Gruppe auf einmal brauchen, muß das System einen Weg finden, um individuelle Ausprägungen aufzufinden. Als Systemanalytiker stellt man typischerweise ein Datenelement als Schlüssel bereit, um jede Ausprägung zu identifizieren. Dieses Datenelement benutzt man dann, um alle anderen Datenelemente eines bestimmten Objekts im essentiellen Speicher zu finden.

Zusammenfassend können wir daher sagen, daß wir alle Datenelemente, die ein Objekt beschreiben, nehmen und sie in Form von Abbildern der Objekte außerhalb des Systems organisieren. Jede Gruppierung eines realen Objekts ist durch ein Datenelement zur Identifizierung gekennzeichnet und durch alle Datenelemente, die zu dem realen Objekt gehören. Abbildung 7.7 zeigt ein System, das ereignisorientiert zerlegt wurde und dessen Speicher objektorientiert aufgeteilt wurde. Student und Kurs sind die Objekte in diesem Beispiel.

---

[*] Sie könnten diese Ausprägungen auch logische Records nennen. Da der Begriff Record jedoch sehr an physikalische Bündelung erinnert, bevorzugen wir den Begriff Ausprägung.

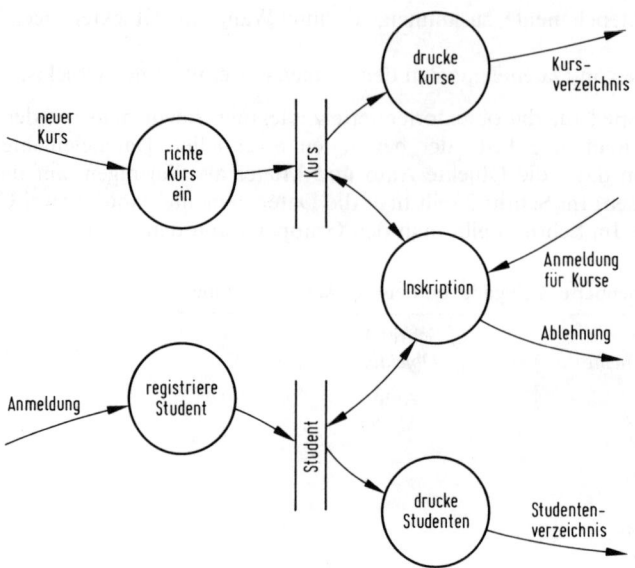

Abb. 7.7: Objektorientierte Aufteilung der Daten des essentiellen Speichers

Diese DFD zeigt die Vorteile der objektorientierten Zerlegung auf: die Datenspeicher sind leicht zu verstehen und frei von technologischen Einflüssen. Beachten Sie, daß die Namen dieser Datenspeicher in der Einzahl formuliert sind, nicht in der Mehrzahl. Das heißt nicht, daß jeder Speicher nur ein Element enthält; Sie müssen immer davon ausgehen, daß der Datenspeicher viele Elemente des gleichen Typs enthält.

Als nächstes Thema behandeln wir etwas, was Systementwickler immer wieder erstaunt: Warum haben wir objektorientierte Zerlegung als Strategie für die Aufteilung des essentiellen Speichers ausgewählt? Um dies zu beantworten, vergleichen wir die objektorientierte Zerlegung mit einigen anderen Arten, wie man die Speicher in einem DFD organisieren könnte.

7.3 Probleme mit anderen Zerlegungsstrategien

Alle anderen Möglichkeiten zur Aufteilung von essentiellen Speichern liegen irgendwo zwischen den folgenden beiden Extremen: alle Datenelemente in *einem* Speicher unterbringen oder einen getrennten Speicher für jedes Datenelement einführen. Die folgenden Abschnitte schildern die Probleme, in die man mit diesen beiden Alternativen geraten kann, und die Probleme einer Zwischenlösung.

7.3.1 Die Lösung „alle in eins"

Wenn Sie alle essentiellen Datenelemente in einen Speicher packen, dann erhalten Sie ein Diagramm, wie es in Abbildung 7.8 schematisch dargestellt ist. Unsere Kritik an diesem Ansatz hat nichts damit zu tun, ob diese Lösung technologieneutral ist oder nicht. In dieser Richtung haben wir keine Einwände. Uns gefällt die Qualität des entstehenden Modells aus zwei Gründen nicht. Erstens verteilt man damit die Komplexität des Modells nicht optimal. Das Diagramm wird unlesbar, sobald ein System nur etwas über ein Trivialbei-

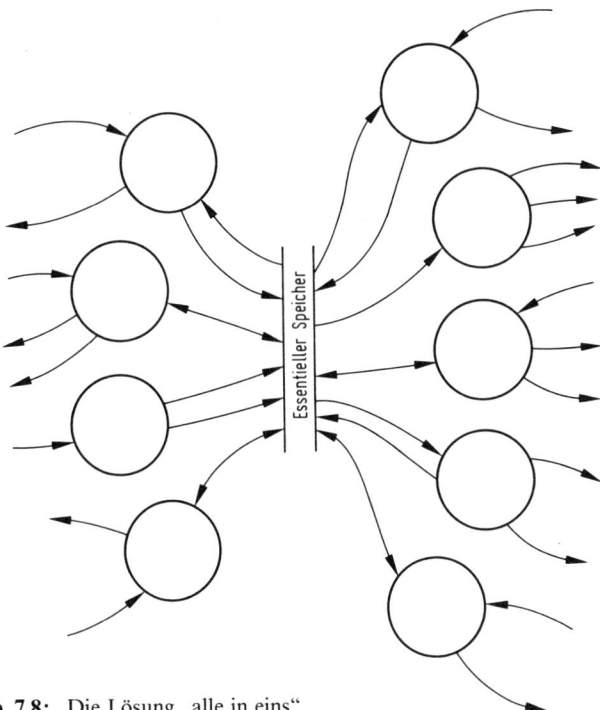

Abb. 7.8: Die Lösung „alle in eins"

spiel hinausgeht. Die Vielzahl der Zugriffe und die vielen Varianten der benötigten Informationen machen dieses Diagramm zu einem Spinnennetz von Pfeilen in und aus dem essentiellen Speicher.

Unser zweiter Kritikpunkt ist, daß dieses Zerlegungskriterium, das eigentlich gar nichts zerlegt, vieles an sinnvollen Informationen darüber verbirgt, welche Art von Daten gespeichert werden muß. Der Leser kann dabei auch nicht verstehen, welche Aktivität welche Teilmenge von gespeicherten Informationen benötigt. Die meisten Systemspeicher enthalten eine Vielzahl verschiedener Objekte, und die einzelnen Aktivitäten brauchen sehr selten Informationen über alle Objekte. Wir würden gerne in dem Diagramm erkennen, welche Aktivitäten auf welche Informationen zugreifen. Wenn wir nur einen Speicher in dem System haben, so wird auch der Name dafür ziemlich nichtssagend sein.

Jeder Datenfluß auf jeder Ebene sollte soviel Detail wie möglich zeigen, ohne den Leser zu überanstrengen. Wenn man es sich also leisten kann, mehrere Datenspeicher in einem Diagramm zu modellieren und wenn die zusätzlichen Angaben uns wertvolle Hinweise zum Verständnis der Essenz des Systems geben können, dann sollten wir dies nutzen.

7.3.2 Die Lösung „jeder für sich"

Am anderen Ende des Spektrums der Zerlegungsstrategien steht die Aufteilung in viele einzelne Speicher, einer für jedes Datenelement, wie es in Abbildung 7.9 gezeigt wird. Diese Aufteilung löst die Probleme des „alles in einem"-Datenspeichers, aber sie schafft andere Probleme. Wir wissen vom US-Statistikbüro, daß die durchschnittliche Datenbank 160 Datenelemente enthält. Es gibt kaum eine Möglichkeit, 160 Speichersymbole in einem einzigen essentiellen Diagramm darzustellen, ohne daß wir ein hoffnungslos komplexes Diagramm erstellen. Allein dieser Grund macht diese Strategie unannehmbar.

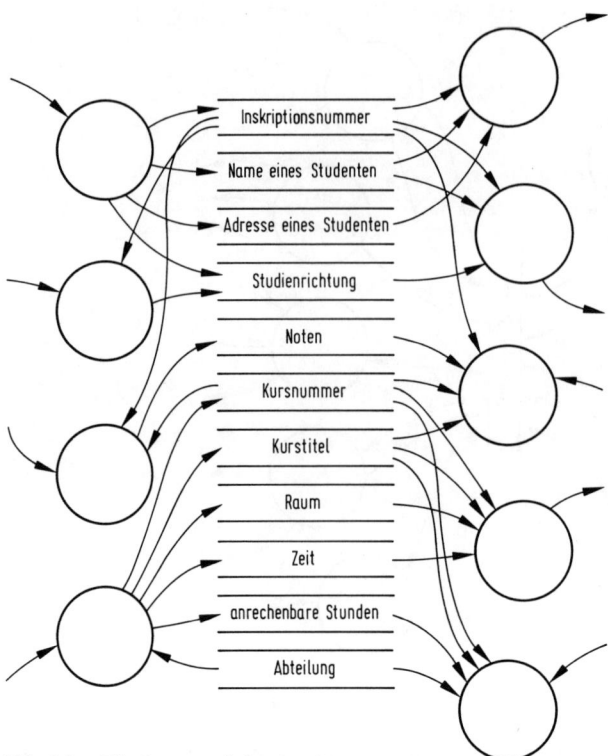

Abb. 7.9: Die Lösung „jeder für sich"

Wie im vorhergehenden Abschnitt lehnen wir diese Lösung nicht aus Technologiegründen ab, sondern deshalb, weil das entstehende Modell nicht prägnant ist. Keine der beiden Extremformen zur Verteilung von essentiellen Datenelementen auf Datenspeicher führt zu einem akzeptablen Modell des essentiellen Speichers eines Systems und zu einem leicht verständlichen Diagramm. Wir betrachten nun eine Lösung, die zwischen den beiden Extremformen liegt, und diskutieren, ob diese Lösung besser ist.

7.3.3 Die Lösung der privaten Dateien

Nehmen Sie einmal an, daß Sie versucht haben, ein Datenflußdiagramm mit einem Speicher für jedes Datenelement zu zeichnen. Dabei haben Sie sofort das Problem erkannt, daß Sie zu viele Speicher zeichnen müssen. Was würden Sie also als nächstes versuchen, um die Komplexität des Modells zu reduzieren? Wahrscheinlich versuchen Sie auf einige Arten, einzelne Datenelemente miteinander zu kombinieren, ohne dabei physikalische Vorurteile in das Modell einzubauen.

Ein Ansatz wäre z. B., alle Datenelemente, die von einer essentiellen Aktivität gebraucht werden, zusammenzufassen, wie in Abbildung 7.10 gezeigt wird. Diese Strategie verbessert das Diagramm dadurch, daß es die Anzahl der Datenspeicher reduziert. Außerdem haben wir dadurch offensichtlich keine Technologieabhängigkeit eingeführt. Im Gegensatz dazu ist das Diagramm in Abbildung 7.11 viel physikalischer, da die Aufteilung zwischen Batch- und Onlinespeicher die technologischen Schwächen heutiger Prozessoren widerspiegelt. Hätte das System einen kostenlosen, unendlich schnellen Prozessor, so könnte man alle Speicherdaten online verarbeiten.

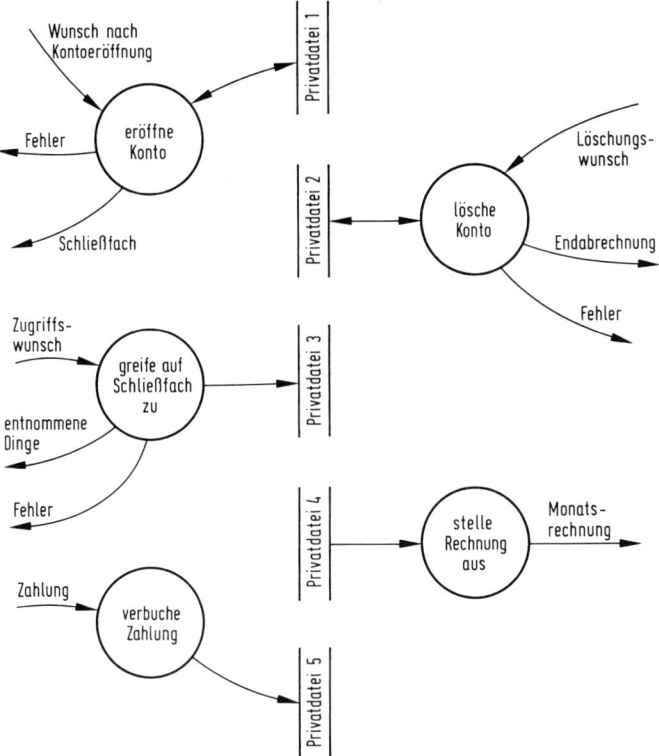

Abb. 7.10: Die Lösung der privaten Dateien in einem essentiellen Modell eines Tresorsystems

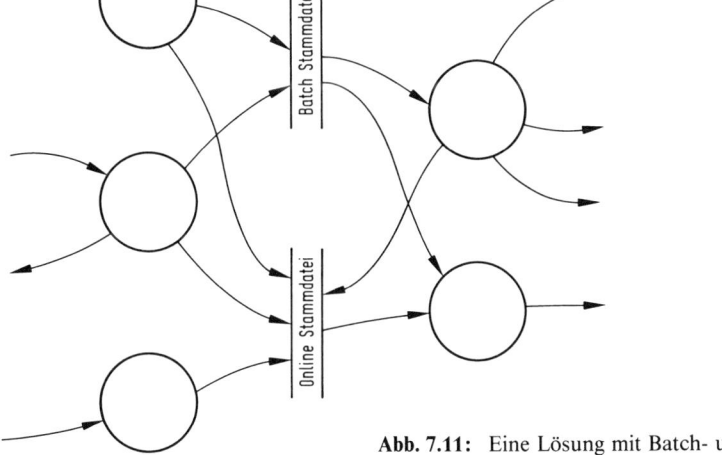

Abb. 7.11: Eine Lösung mit Batch- und Onlinedateien

Dieser Ansatz ist jedoch grundsätzlich falsch, obwohl er im ersten Augenblick ansprechend aussieht. Um das Problem zu erkennen, müssen wir uns den Inhalt der einzelnen Datenspeicher ansehen. Wie wollen Sie entscheiden, wo ein Datenelement abgespeichert werden soll, das von mehreren essentiellen Aktivitäten benutzt wird? Denken Sie an das Datenelement „Stundenlohn", das in einem Lohnabrechnungssystem von mehreren Aktivitäten benutzt wird. Werden Sie dieses Element in dem Speicher der Verwaltungsaktivität finden, die es aktualisiert, wie z. B. „trage neuen Arbeiter ein"; oder finden Sie es in dem Speicher der grundlegenden Aktivität „stelle Lohntüte zusammen"? Keine der Antworten auf diese Fragen bringt uns so sehr aus der Ruhe wie eine dritte Möglichkeit: Sie finden dieses Datenelement in *beiden* Speichern.

Wenn man dasselbe Datenelement in mehr als einem Speicher modelliert, so führt man damit eine heimtückische, falsche Anforderung in die Spezifikation ein. Man verletzt das Prinzip des minimalen essentiellen Modells. Mit perfekter Technologie könnte man einen essentiellen Speicher bauen, der ein wiederholtes Auftreten von Datenelementen zuläßt. Wir wollen jedoch so wenig Datenredundanz wie möglich, da sonst eine Kopie des Datenelements unabhängig von einer anderen Kopie aktualisiert werden kann. Aus diesem Grund darf das Modell des essentiellen Systemspeichers keine doppelten Datenelemente beinhalten, unabhängig davon, welche Prinzipien man zur Zusammenfassung der Datenelemente in prägnante, technologieneutrale Gruppen verwendet.

Die Lösung der Privatdateien entspricht von der Grundidee her dem ereignisorientierten Ansatz, jetzt auf den essentiellen Speicher angewandt. Wir haben jedoch gezeigt, daß der Ansatz, der sich für essentielle Aktivitäten als äußerst nützlich erwiesen hat, bei essentiellen Speichern ernsthafte Schwachstellen hat.

7.3.4 Die Vorteile der objektorientierten Zerlegung

Nachdem wir einige andere Möglichkeiten erforscht haben, sehen wir drei Vorteile für die objektorientierte Zerlegung. Erstens erzeugt man durch die objektorientierte Zerlegung ein präzises Modell des essentiellen Speichers. Gruppiert man die Datenelemente zu Objekten zusammen, so erkennt man mehr vom Inhalt des essentiellen Speichers und mehr über die Bedürfnisse der einzelnen Aktivitäten, ohne den Leser mit Informationen zu überladen. Zweitens ist der objektorientierte Ansatz technologieneutral. Schließlich minimiert man mit dem Ansatz die Duplizierung der gespeicherten Datenelemente. Mit den geeigneten Ansätzen zur Verfeinerung eines Modells sollten Sie leicht in der Lage sein, Ihr Ziel eines redundanzfreien Modells des essentiellen Speichers zu erreichen. Zusammenfassend führen alle diese Vorteile dazu, daß wir falsche Anforderungen aus dem Modell des essentiellen Speichers ausschließen können. Sie führen auch zu vollständigen und korrekten Spezifikationen der wahren Anforderungen an den essentiellen Speicher.

7.4 Die Aufteilung in Ebenen

Beide Strategien, die ereignisorientierte Zerlegung und die objektorientierte Zerlegung, haben ihre Grenzen. Viele Systeme, die Sie wahrscheinlich modellieren wollen, reagieren auf Dutzende, wenn nicht Hunderte von Ereignissen, und sie enthalten vielleicht Dutzende von Objekten. Wenn wir unsere Zerlegungsstrategien benutzen, kommen wir also zu Systemen mit Dutzenden, wenn nicht Hunderten von essentiellen Aktivitäten und mit Dutzenden Objekten. Obwohl einige Vertreter von Structured Analysis, insbesonders Gane und Sarson, bis zu fünfzig Aktivitäten pro DFD zulassen, so glauben wir - zusammen mit DeMarco und vielen anderen - daran, daß ein effektives Datenflußdiagramm nicht mehr als sieben Knoten haben sollte. Wenn man diese Schranke ein wenig überschreitet und z. B. ein Diagramm mit einem Dutzend Prozessen zeichnet, so wird das Endprodukt nicht viel schlechter werden. Aber Diagramme mit fünfzig, achtzig oder hundert Knoten können von niemandem effizient genutzt werden, oder sie sind zumindest sehr verwirrend.

Das Konzept der Ebenen ist ein sehr guter Vorschlag, um die Komplexität jedes einzelnen Diagramms auf sieben (plus oder minus zwei) Knoten einzuschränken. Wenn Ihr Diagramm nach einer ereignisorientierten Zerlegung einige Dutzend essentielle Aktivitäten und Speicher enthält, dann entwickeln Sie ein Diagramm auf der nächsthöheren Ebene, indem Sie Gruppen von essentiellen Aktivitäten und essentiellen Speichern bilden. In einem typischen essentiellen Modell stellen die Knoten auf höheren Ebenen dann nicht einzelne essentielle Aktivitäten dar, sondern Bündelungen von essentiellen Aktivitäten. In Kapitel 24 geben wir Ihnen einige Ratschläge, wie man essentielle Aktivitäten zu Knoten auf höheren Ebenen bündelt.

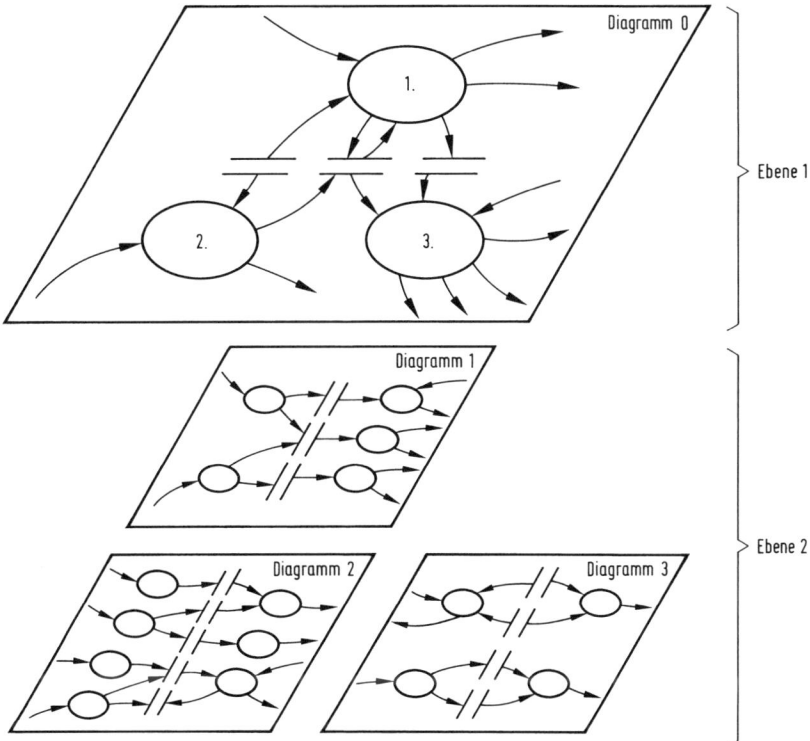

Abb. 7.12: Datenflußdiagramme in Ebenen

Abbildung 7.12 zeigt eine Menge essentieller Aktivitäten, die zu drei Gruppen zusammengefaßt wurden, um eine höhere Ebene einzuführen. Um die geplante Reaktion eines solchen Systems auf ein einzelnes Ereignis zu finden, müssen Sie das Diagramm auf der unteren Ebene studieren. Wenn das System mittlerer Größe ist, dann finden Sie die Antwort wahrscheinlich auf der zweiten Ebene. Bei sehr großen Systemen müssen Sie vielleicht auf der dritten oder sogar auf der vierten Ebene suchen, bevor Sie die essentiellen Aktivitäten finden.

7.5 Zusammenfassung

Die ereignisorientierten und objektorientierten Zerlegungsprinzipien sind eine wertvolle Hilfe dabei, die essentiellen Aktivitäten und Speicher eines Systems besser zu verstehen und in überschaubare, prägnante, technologisch neutrale und minimale essentielle Modellform zu bringen. Das ereignisorientierte Prinzip dient zur Zerlegung des Systems in essentielle Aktivitäten. Jede Aktivität ist eine Zusammenfassung der Aktionen, die das System als Reaktion auf ein (und nur ein) Ereignis ausführen würde, wenn es mit perfekter Technologie implementiert wäre. Nach Ausführung dieser Aktionen muß das System stillstehen, bis ein neues Ereignis eintrifft. Wenn dies nicht der Fall ist, dann ist die Aktivität nicht vollständig. Alle essentiellen Aktivitäten in einem System, das nach dem ereignisorientierten Prinzip zerlegt wurde, kommunizieren ausschließlich über essentielle Speicher.

Der essentielle Speicher wird in Objekte zerlegt. Jedes Objekt im essentiellen Speicher entspricht einem realen oder künstlichen Objekt in der realen Welt und besteht aus Datenelementen, die seine Charakteristika beschreiben. Alle Datenelemente, die zu einer Ausprägung des Objekts gehören, werden zusammengruppiert und mit einem weiteren Datenelement (einem Schlüssel) versehen, das zur Identifizierung der Ausprägung dient. Vergleicht man dieses objektorientierte Zerlegungsprinzip mit anderen, so stellt man fest, daß es wesentlich bessere Ergebnisse liefert.

Selbst wenn man diese beiden Prinzipien zur Zerlegung der Essenz beherrscht, steht man noch vor einem Problem: Keines der Ausdrucksmittel von Structured Analysis oder Information Modelling kann alle essentiellen Eigenschaften modellieren; daher müssen wir verschiedene Modellierungsmittel benutzen. In den nächsten beiden Kapiteln beschreiben wir nicht nur diese Mittel, sondern auch, wie man sie anwendet.

Kapitel 8
Modelle
essentieller Aktivitäten

Wir wollen die drei wichtigsten Ausdrucksmittel von Structured Analysis nun dazu verwenden, die essentiellen Aktivitäten, die Sie mit der ereignisorientierten Zerlegungsmethode gefunden haben, zu modellieren: Datenflußdiagramme, das Data Dictionary und Mini-Spezifikationen. Jedes Ausdrucksmittel dient der Darstellung von einem oder mehreren Teilen der essentiellen Aktivitäten: zur Definition des Signals, das durch ein Ereignis entsteht, zur geeigneten Reaktion auf das Ereignis und für das Resultat der Reaktion. Obwohl die Zugriffe zu essentiellen Speichern eigentlich Teile der essentiellen Aktivität sind, wollen wir sie getrennt als vierten Aspekt behandeln. Dieses Kapitel zeigt, wie man jeden Aspekt modelliert.

8.1 Modelle der Ereignisse

Ein Signal, das eine essentielle Aktivität auslöst, entsteht durch ein Ereignis, das entweder extern stattfindet oder ein zeitliches Ereignis ist. Wie man dieses Signal modelliert, hängt davon ab, welche Art von Ereignis dahintersteckt.

8.1.1 Signale externer Ereignisse

Ein externes Ereignis, wie z.B. „Arbeiter meldet seine Arbeitszeit", erzeugt normalerweise einen Datenfluß, der von außen über die Systemgrenze hereinkommt. Dieser Datenfluß tritt im Kontextdiagramm auf. Das Kontextdiagramm in Abbildung 8.1 und das Datenfluß-diagramm mit den essentiellen Aktivitäten in Abbildung 8.2 zeigen die Signale von externen Ereignissen. Das Kontextdiagramm zeigt die Objekte, die für die externen Signale verantwortlich sind, als Kästchen (z.B. den Arbeiter in „Arbeiter meldet seine Arbeitszeit").

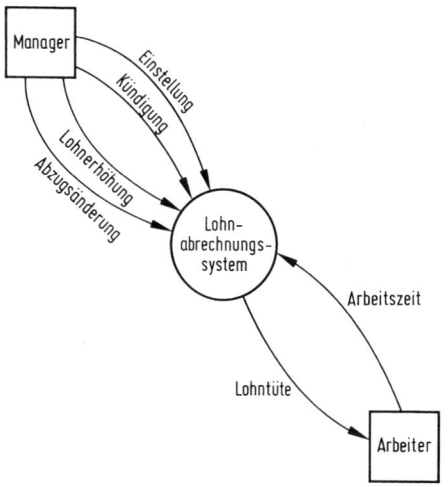

Abb. 8.1: Signale im Kontextdiagramm eines Lohnabrechnungssystems

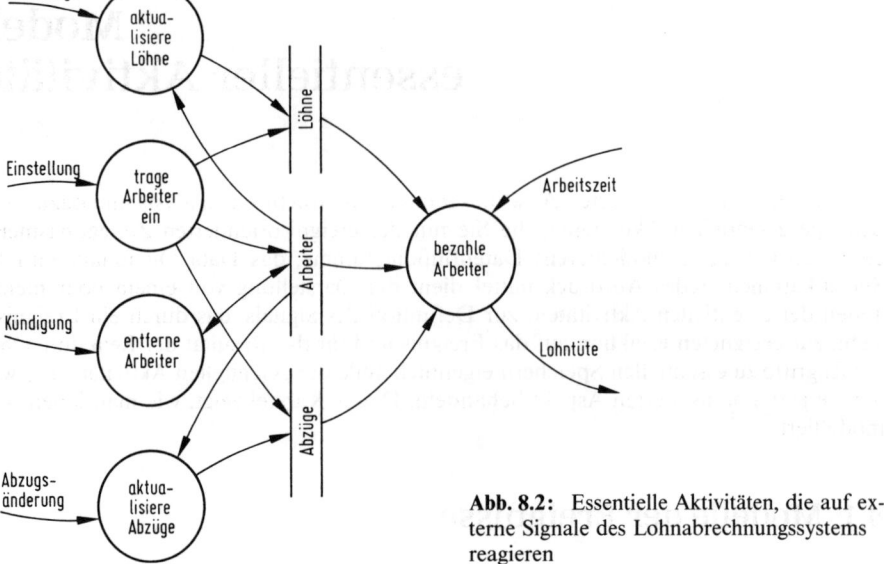

Abb. 8.2: Essentielle Aktivitäten, die auf externe Signale des Lohnabrechnungssystems reagieren

Aber keines der Datenflußdiagramme in einem essentiellen Modell erläutert, aus welchen Datenelementen dieses Signal besteht. Diese Information finden Sie in einem Eintrag im Data Dictionary, der z. B. für „Arbeitszeit" folgendermaßen aussehen könnte:

Arbeitszeit = Personalnummer + Normalarbeitszeit + (Überstunden)

Diese Definition enthält die Datenelemente des Signals und ihre Beziehungen untereinander. Wenn einige der Komponenten noch komplexere Gruppen von Datenelementen sind, so müssen auch diese Gruppen im Data Dictionary definiert werden und so lange in Teilkomponenten zerlegt werden, bis man auf der Ebene der wirklichen Datenelemente angelangt ist. Auch die einzelnen Datenelemente müssen im Data Dictionary eingetragen werden. Für diejenigen Datenelemente, die mehr als *eine* Bedeutung im System haben, müssen die alternativen Bedeutungen beschrieben sein.

Was hier beschrieben wurde, sind die normalen Techniken, die man in Structured Analysis anwendet, insbesondere für die Definitionen im Data Dictionary. Das einzige Problem, das uns bei der Modellierung der Signale von externen Ereignissen auffällt, ist die Anwendung des Prinzips der minimalen essentiellen Modelle, das in Kapitel 6 beschrieben wurde. Folgen wir diesem Prinzip, dann darf das entstehende Modell nur die Anforderungen beinhalten, die auch dann absolut notwendig sind, wenn das System mit perfekter Technologie implementiert wird.

Dieses Prinzip beeinflußt die Art, wie man das eingehende Signal definieren soll: Sie müssen darauf achten, alle Datenelemente wegzulassen, die nicht absolut notwendig für dieses System sind. Nehmen Sie einmal an, daß das Formular, mit dem ein Arbeiter seine Arbeitszeit meldet, noch Datenelemente enthält, die man für den Zweck dieses Systems gar nicht benötigt. Man braucht sie aber vielleicht für ganz andere Funktionen anderer Systeme. Sollen diese Elemente in der Definition des eingehenden Signals „Arbeitszeit" mitbeschrieben werden? Ganz sicher nicht. Würde man dies tun, so erzeugte man eine falsche Anforderung. Man übergibt dem Programmierer des neuen Systems eine Spezifikation, die so aussieht, als würden diese (überflüssigen) Datenelemente gebraucht.

Außer dieser kleinen Falle ist die Definition der externen Signale ziemlich einfach, wenn Sie die Grundlagen von Structured Analysis beherrschen, insbesondere das Data Dictionary. Die Modellierung der zeitlichen Ereignisse ist eine etwas größere Herausforderung.

8.1.2 Signale zeitlicher Ereignisse

Ein zeitliches Ereignis – d. h. das Erreichen eines bestimmten Zeitpunktes – zeigt sich nicht als Datenfluß, der über die Systemgrenzen in das System gelangt, und zwar hauptsächlich deshalb nicht, weil der Ablauf der Zeit an keinen bestimmten Platz gebunden ist. Man könnte sagen, es passiert überall, oder es ist unabhängig von dem Ort. Trotzdem finden wir öfter Datenflußdiagramme, in denen versucht wird, ein zeitliches Ereignis als Datenfluß darzustellen, wie z. B. in Abbildung 8.3.

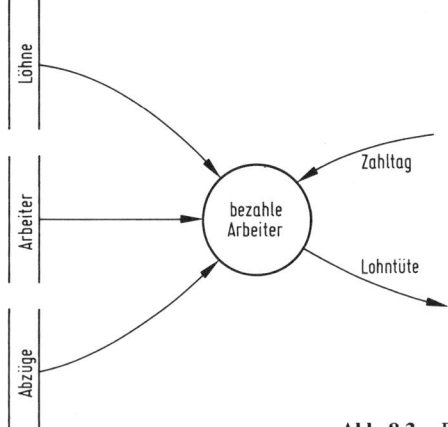

Abb. 8.3: Falsche Modellierung eines zeitlichen Ereignisses

Der Pfeil mit der Beschriftung „Zahltag" ist kein echter Datenfluß, so wie wir das interpretieren. Das System benutzt ihn nicht, verarbeitet ihn nicht und tut nichts damit. Im Gegenteil, dieser Pfeil *wirkt auf das System* dadurch *ein*, daß er die Ausführung einer essentiellen Aktivität steuert. Betrachten wir einmal ein Datenflußdiagramm in Analogie zu einer Waschmaschine: Datenflüsse in diesem System wären Kleidung, Wasser und Waschmittel. Damit arbeitet die Waschmaschine, diese werden dadurch oft verändert. Steuerflüsse sind den Schaltern und Knöpfen der Waschmaschine ähnlicher. Diese steuern den Waschvorgang. Datenflußdiagramme zeigen üblicherweise nur Datenflüsse und keine Steuerflüsse. Wie definieren wir denn dann die Signale, die durch zeitliche Ereignisse ausgelöst werden, wenn man keine Steuerflüsse in einem DFD zeichnet?

Das Datenflußdiagramm wird dies gar nicht zeigen, wie Sie in Abbildung 8.4 sehen können. Der Prozeß in diesem Diagramm scheint ganz einfach anzufangen, da er nur an Datenspeichern hängt und keinen anderen Kontakt zur Umwelt hat.

Sie werden das zeitliche Ereignis nicht sehen, bevor Sie die zugehörige Mini-Spezifikation für diese essentielle Aktivität lesen, die vielleicht folgende Zeilen beinhalten könnte:

Jeweils am 15. eines Monats und am Monatsletzten
führe folgende Aktionen aus:

Um ein zeitliches Ereignis zu definieren, drücken Sie es ganz einfach in strukturierter Umgangssprache aus, am besten am Anfang der Mini-Spezifikation dieser Aktivität. Dabei können Sie den genauen Zeitpunkt angeben, wie „um 18.00 Uhr", „zu Weihnachten" oder „jeden 1. Tag im Monat". Sie können das Ereignis aber auch indirekt definieren, indem Sie

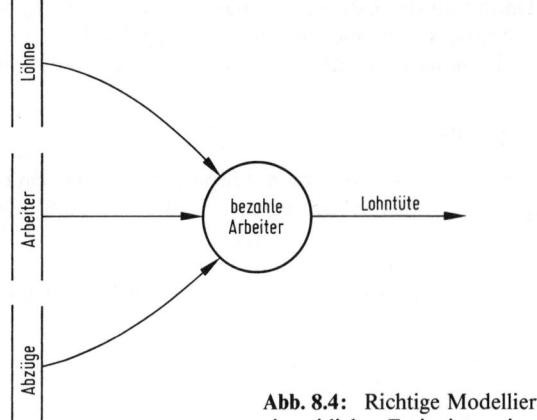

Abb. 8.4: Richtige Modellierung einer essentiellen Aktivität, die auf ein zeitliches Ereignis reagiert

eine Bezugsvariable nehmen, wie z. B. „Ausgabedatum" oder „Zahlungsfrist", wobei Sie diese Begriffe im Data Dictionary definieren. Zusammenfassend können wir also feststellen, daß Sie sich bei externen Ereignissen hauptsächlich auf eine Data-Dictionary-Definition stützen sollen und bei zeitlichen Ereignissen auf die Mini-Spezifikationen.

8.2 Modelle der geplanten Reaktionen

Das Modell der geplanten Reaktion auf ein definiertes Ereignis spezifiziert, wie das System das Ereignis *erkennt*, und die Aktionen, die es als Reaktion auf das Ereignis ausführt. Die ausführlichste Beschreibung der geplanten Reaktion ist die Mini-Spezifikation. Um diese zu erstellen, halten wir uns wieder an die Grundregeln und die Ausdrucksmittel, wie sie in Structured Analysis definiert sind: strukturierte Umgangssprache, Entscheidungsbäume, Entscheidungstabellen oder auch disziplinierter Freitext. In der Praxis schreiben die meisten Analytiker ihre Mini-Spezifikationen in strukturierter Umgangssprache.

Wie auch vorher, bei der Modellierung der Signale, müssen wir uns auch bei der Erstellung eines Modells der geplanten Reaktionen an die Ziele der essentiellen Modellierung erinnern: effektive und präzise Darstellungen der wahren Anforderungen zu schaffen. Man stößt dabei möglicherweise auf zwei Probleme: Die Mini-Spezifikationen können zu komplex werden, und sie können Aktivitäten enthalten, die unnötigerweise in zeitliche Reihenfolge gebracht wurden. Glücklicherweise können wir die Techniken von Structured Analysis verwenden, um diese Probleme zu vermeiden.

8.2.1 Wie man die Komplexität von Mini-Spezifikationen steuert

Da die Mini-Spezifikationen ein Teil des essentiellen Modells sind, wollen wir sie so verständlich wie möglich machen, was auch für die Datenflußdiagramme galt. Wir wollen daraus geistige „Happen" machen, die klein genug sind, um leicht verdaut zu werden, aber groß genug, um eine sinnvolle Informationsmenge zu beinhalten. Bisher haben wir uns immer die Regel vor Augen gehalten, daß eine Mini-Spezifikation nicht länger als eine Seite und nicht kürzer als eine halbe Seite sein soll. Was passiert aber, wenn eine Mini-Spezifikation für eine essentielle Funktion drei, vier oder zwanzig Seiten lang ist? Was sollen wir dann machen?

Die Lösung dafür ist das Anlegen eines nächsttieferen Datenflußdiagramms, das die essentielle Aktivität in Teilfunktionen aufteilt, von denen jede mit einer Mini-Spezifikation von einer halben Seite bis zu einer Seite beschrieben werden kann. Wenn Ihr System sehr komplexe und lange essentielle Aktivitäten enthält, dann müssen Sie vielleicht eine oder zwei Ebenen von Datenflußdiagrammen unter der Ebene der essentiellen Aktivitäten einführen. Jede dieser essentiellen Aktivitäten braucht vielleicht ein Dutzend Mini-Spezifikationen oder mehr.

Glücklicherweise sind essentielle Aktivitäten normalerweise nicht so kompliziert. Wir haben viele Systemmodelle gesehen, kleine, große und gigantische; der Unterschied zwischen kleinen und großen Systemen scheint in der *Anzahl* der essentiellen Aktivitäten zu liegen, nicht in ihrer *Komplexität*. Daher besteht ein essentielles Modell eines großen Systems normalerweise aus einer Menge von Ebenen *oberhalb* der Ebene der essentiellen Aktivitäten, weil das System auf Dutzende Ereignisse reagiert, aber jede essentielle Aktivität ist jeweils mit wenigen Mini-Spezifikationen beschrieben. In einem typischen System kann man die essentiellen Aktivitäten mit nur einem darunterliegenden Diagramm beschreiben, wozu dann ungefähr sechs Mini-Spezifikationen und die zugehörigen Data-Dictionary-Definitionen kommen.

8.2.2 Wie man falsche Anforderungen vermeidet

Mini-Spezifikationen sind die Teile eines essentiellen Modells, in denen man am häufigsten falsche Anforderungen findet. Das passiert hauptsächlich durch Verwendung der Umgangssprache, gleichgültig in welcher Sprache man schreibt. Ob man nun strukturierte Umgangssprache verwendet, formale Umgangssprache, Drehbuchstil, Pseudocode oder auch Freitext: man verfällt dabei in die *sequentielle* Form der Darstellung, die unseren Sprachen innewohnt. Das heißt, daß man die Aktionen in der Umgangssprache in einer Reihenfolge hinschreibt und implizit davon ausgeht, daß eine Aktion nach der anderen ausgeführt wird.

Dies ist nicht nachteilig, wenn die Aktionen, aus denen die geplante Reaktion zusammengesetzt ist, wirklich eine nach der anderen ausgeführt werden *müssen*, unabhängig davon, mit welcher Technologie das System implementiert wird. Wenn aber einige Teilfunktionen der essentiellen Aktivitäten unabhängig voneinander ablaufen könnten, so erzwingt ein sequentielles Ausdrucksmittel die Festlegung einer willkürlichen Reihenfolge; dadurch wird eine falsche Anforderung in die Spezifikation eingebracht. Betrachten Sie dazu einmal folgendes Beispiel:

> Wenn bestellte Menge < = vorhandene Menge
>   subtrahiere bestellte Menge von vorhandener Menge
>   addiere bestellte Menge zu ausgelieferter Menge

In diesem Beispiel gibt es keine essentielle Anforderung, daß die Addition der bestellten Menge zur ausgelieferten Menge erst nach der Subtraktion der bestellten Menge von der vorhandenen Menge stattfindet. Die Reihenfolge der beiden Anweisungen ist gleichgültig. Mit einer nicht-sequentiellen Ausdrucksweise, wie z.B. einem Datenflußdiagramm, könnten wir die Unabhängigkeit der beiden Anweisungen deutlich machen. Aber so, wie es in strukturierter Umgangssprache niedergeschrieben ist, sieht es so aus, als müßte die Addition nach der Subtraktion erfolgen. Natürlich *beabsichtigen* wir mit dieser Ausdrucksweise nicht, die Implementierung des Systems einzuschränken, aber unser Ausdrucksmittel hat uns – um es plastisch auszudrücken – diese Interpretation in den Mund gelegt.

Wir geben zu, daß die unnötige Sequenz in dieser Mini-Spezifikation keine drastischen Folgen hätte. Vielleicht würde ein erfahrener Leser dieser Spezifikation diese Anforderung auch nicht so interpretieren, obwohl sie explizit so hingeschrieben wurde. Trotzdem beschäftigen wir uns mit diesem Problem, weil nicht alle künstlich eingeführten Sequentialisierungen so harmlos sind. Wenn man ein System dazu zwingt, Aktionen aus nicht essentiellen Gründen sequentiell auszuführen, so erzeugt man eventuell teure Komplexität und schwächt den Durchsatz von Systemen ab.

Sie können aber geeignete Schritte unternehmen, um dieses Problem zu lösen. Es gibt zwei wesentliche Methoden zur Spezifikation der geplanten Reaktionen, die keine Sequentialisierung implizieren: eine Neudefinition der Grundkonstrukte der strukturierten Umgangssprache und die Wahl eines nicht-sequentiellen Ausdrucksmittels zum Schreiben von Mini-Spezifikationen. Da beide Lösungen leicht anzuwenden sind und die Entwicklung nicht verzögern, müssen Sie sich also nicht mit falschen Anforderungen in den essentiellen Modellen zufriedengeben, auch nicht mit den kleinen, harmlos erscheinenden. Warum sollten Sie eine Spezifikation akzeptieren, die solche kleinen Schwächen enthält, wenn Sie es auch besser machen können?

8.2.3 Neudefinition der strukturierten Umgangssprache

In der strukturierten Umgangssprache benutzt man die gleichen drei Grundkonstrukte wie in der strukturierten Programmierung: Sequenz, n-fache Auswahl und bedingte Wiederholungen. Wir wollen hier nur die Sequenz diskutieren. Um dem oben geschilderten Problem aus dem Weg zu gehen, daß man oft nicht-essentielle Reihenfolge in die Aktionen in den Mini-Spezifikationen interpretiert, kann man das Sequenzkonstrukt einfach neu definieren. Das heißt, man läßt die Reihenfolge einfach weg. Man kann festlegen, daß in allen essentiellen Mini-Spezifikationen die Reihenfolge, in der die Anweisungen geschrieben werden, *keine* essentielle Ordnung festlegt.

Wir hoffen, daß Sie dieser Vorschlag zumindest etwas enttäuscht, denn es gibt ja Fälle, wo die Reihenfolge der Anweisungen, aus denen die essentielle Aktivität zusammengesetzt ist, wichtig ist, und dann wollen wir sie natürlich auch ausdrücken können. Wenn man das Sequenzkonstrukt auf diese Weise umdefiniert, ersetzt man einfach ein Problem durch ein anderes.

Wir empfehlen daher die Einführung eines neuen Konstrukts: die parallele Anweisung. Dieses Konstrukt würde so interpretiert: „Führe die folgenden Anweisungen ohne Rücksicht auf eine bestimmte Reihenfolge aus", wie im folgenden Beispiel:

Wenn Bestellmenge < = vorhandene Menge
       führe folgende Anweisungen ohne Rücksicht auf die Reihenfolge aus:
            subtrahiere Bestellmenge von vorhandener Menge
            addiere Bestellmenge zu versandter Menge

Obwohl diese Regel nicht sehr elegant ist, können Sie damit jeden, auch den geringsten Verdacht zerstreuen, daß bestimmte Aktionen in einer bestimmten Reihenfolge ausgeführt werden müssen. Manchmal läßt sich dieses Problem jedoch besser lösen, wenn man auf strukturierte Umgangssprache zugunsten anderer Ausdrucksmittel ganz verzichtet.

8.2.4 Nicht-sequentielle Ausdrucksmittel

Wenn Ihnen das Parallelkonstrukt nicht gefällt, dann sollten Sie ein anderes Ausdrucksmittel zur Beschreibung der Mini-Spezifikationen benutzen, wie z. B. ein Datenflußdiagramm, eine Entscheidungstabelle oder einen Entscheidungsbaum. Vergessen Sie die Datenflußdiagramme nicht ganz, auch wenn Sie bereits auf einer Ebene angelangt sind, wo die Mini-Spezifikationen sich auf eine Seite schreiben ließen. Wenn eine Aktivität sehr viele parallele Aktionen enthält, dann sollten Sie ein Diagramm zeichnen, auch wenn die Mini-Spezifikationen dann sehr kurz sind. Manchmal sind die Vorteile eines Diagramms mit einfachen, aber nichtsequentiellen Mini-Spezifikationen gegenüber einer künstlich eingeführten Sequenz einfach größer.

Es gibt essentielle Aktivitäten, die eine Menge von Bedingungen auswerten müssen, um zu einer Entscheidung zu gelangen, welche Aktion ausgeführt werden soll. In diesem Fall sind vielleicht Entscheidungstabellen oder Entscheidungsbäume die geeignetsten Ausdrucksmittel. Beide beschreiben die Aktionen, ohne eine künstliche Reihenfolge bei der Auswertung der einzelnen Bedingungen zu implizieren.

Sie haben also die Wahl zwischen mehreren Ausdrucksmitteln für die geplante Reaktion: Datenflußdiagramme, Entscheidungstabellen, Entscheidungsbäume oder modifizierte Umgangssprache. Was Sie davon wählen, ist eigentlich weniger wichtig, als daß Sie sicherstellen, daß die endgültige Definition der geplanten Reaktion klar und verständlich ist und keine unnütze Sequenz der Einzelaktionen enthält.

8.3 Modelle der Resultate

Das Kontextdiagramm und die Datenflußdiagramme, die ereignisorientiert zerlegt wurden, zeigen die Ergebnisse, die bei der Ausführung der geplanten Reaktion entstehen, und auch die Datenflüsse, die den externen Stimuli entsprechen. Das Kontextdiagramm zeigt die Ergebnisse, die die Grenzen des betrachteten Systems überschreiten. In Abbildung 8.1 sehen Sie „Lohntüte" als Ergebnis einer essentiellen Aktivität. Der Datenfluß kommt aus dem System und geht zum Arbeiter. Das Kontextdiagramm enthält die Objekte außerhalb des Systems, an die die Reaktionen gerichtet sind, wie dies auch bei den externen Stimuli gezeigt wurde. Wir verwenden wieder ein Quadrat zur Darstellung dieser externen Objekte, wie Sie am Beispiel des „Arbeiters", der die Lohntüte erhält, in Abbildung 8.1 sehen können.

Essentielle Aktivitäten haben zwei Arten von Ergebnissen: eine Ergebnisart wird von den grundlegenden Aktivitäten produziert, die andere von den Verwaltungsaktivitäten. Das Ergebnis einer grundlegenden Aktivität ist eine Nachricht an die Umwelt. Im Datenflußdiagramm wird diese als Datenfluß aus dem System, wie z. B. „Gehaltsstatistik" in Abbildung 8.5, dargestellt. Das Ergebnis einer Verwaltungsaktivität ist die Aktualisierung eines essentiellen Speichers des Systems, wie in Abbildung 8.6. Viele essentielle Aktivitäten führen sowohl grundlegende Funktionen wie auch Verwaltungsfunktionen aus und produzieren daher als Ausgabe sowohl Antworten an die Umwelt als auch Aktualisierungen von essentiellen Speichern. In Abbildung 8.7 sehen Sie ein derartiges Beispiel. Wie bei den Stimuli von externen Ereignissen finden Sie im Kontextdiagramm und in den Datenflußdiagrammen, die durch ereignisorientierte Zerlegung entstanden sind, nur die Resultate der Reaktion. Die Einzelheiten über diese Resultate definiert man im Data Dictionary oder in den Mini-Spezifikationen, je nachdem, welcher Art sie sind. Diese Einzelheiten beim Modellieren der externen Ereignisse und der Aktualisierung von essentiellen Speichern werden in den nächsten Abschnitten beschrieben.

Abb 8.5: Eine Nachricht an die Umwelt: „Gehaltsstatistik"

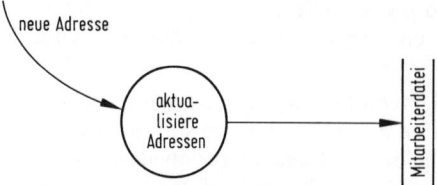

Abb. 8.6: Eine interne Antwort: die Aktualisierung eines essentiellen Speichers

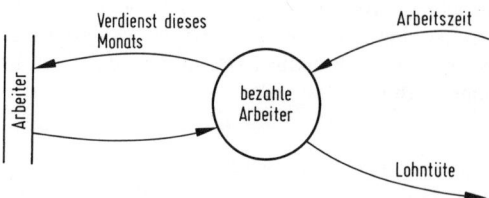

Abb. 8.7: Eine Nachricht an die Umwelt und die Aktualisierung eines essentiellen Speichers

8.3.1 Wie man externe Ergebnisse modelliert

Die Nachrichten des Systems an seine Umwelt definieren Sie auf die gleiche Weise, wie Sie die Stimuli definiert haben, die durch externe Ereignisse entstanden sind: als Datenflußeinträge im Data Dictionary. Für die Nachricht „Gehaltsstatistik" in Abbildung 8.5 könnten Sie z. B. folgende Definition festlegen:

Gehaltsstatistik = {Firmenname + Erstellungsdatum +
                    {Minderheiten + Anzahl der Arbeiter
                    + Durchschnittsgehalt}
                    + Gesamtbeschäftigte
                    + Gesamtdurchschnittsgehalt}

Wie bei den Datenflüssen, die wir für die externen Stimuli definiert haben, sind auch hier die Regeln für die Einträge im Data Dictionary ganz einfach: Jeder Datenfluß erhält einen Namen; die Definition legt dann die Komponenten des Datenflusses und ihre Beziehungen untereinander fest. Schließlich wird auch jede Komponente auf diese Weise definiert. Bis auf eine Ausnahme sollte Ihre Erfahrung mit den Grundlagen von Structured Analysis ausreichen, um dies zu tun.

Wie wir im Kapitel 6 erklärt haben, hat die Systemumgebung wichtige Auswirkungen auf die Essenz des Systems. Sie dürfen nur davon ausgehen, daß innerhalb des Systems, das im Kontextdiagramm gezeigt wird, perfekte Technologie herrscht. Datenflüsse, die das System verlassen, kommen also von einer Welt der perfekten Technologie in eine Welt mit nicht-perfekter Technologie. Daher müssen Sie bei der Definition der Nachrichten an die Umwelt alle Randbedingungen mitberücksichtigen, die durch diese nicht perfekte Technologie in der Umwelt erzwungen werden. Praktisch bedeutet das, daß Sie alle Datenelemente, die das Objekt in der Umwelt beim Empfang der Nachricht braucht, und die Beziehungen dieser Datenelemente untereinander mit in die Definition aufnehmen müssen.

8.3.2 Wie man essentielle Speicher aktualisiert

Zur Definition der Aktualisierung von essentiellen Speichern, wie sie in Verwaltungsfunktionen auftreten, verwenden Sie die Mini-Spezifikationen. Die Verwaltungsfunktion in Abbildung 8.6 könnte z. B. folgendermaßen beschrieben sein:

> Suche den Eintrag in der Mitarbeiterdatei,
>> bei dem Personalnummer = Nummer in neuer Adresse
> Wenn gefunden
>> ersetze Adresse des Arbeiters in der Mitarbeiterdatei
>> durch Anschrift aus neuer Adresse
> Sonst
>> melde Fehler bei neuer Adresse

Die Mini-Spezifikation erläutert die Aktualisierung des essentiellen Speichers, indem sie für alle Datenelemente und deren Beziehungen festlegt, wie sie hinzugefügt, weggelassen oder modifiziert werden sollen.

Sie können den Datenfluß von der Verwaltungsfunktion zu dem essentiellen Speicher auch mit einem Namen versehen und diesen Datenfluß dann im Data Dictionary definieren. Beachten Sie dabei, daß Sie dies nicht tun müssen, wenn man die Bedeutung des Pfeils aus der Mini-Spezifikation und der Definition des Speichers ableiten kann. Verwendet man zu viele Namen bei Datenflüssen von oder zu Speichern, so wird das Diagramm oft mit bedeutungslosen und künstlich erfundenen Namen überladen, obwohl der Zugriff sehr einfach ist. Wenn Sie sich dazu entschließen, einen solchen Datenfluß zu benennen, dann achten Sie darauf, daß der Name beim Lesen des Diagramms hilfreich ist und es nicht zu komplex wird.

Damit haben wir die meisten Techniken erläutert, die wir zur Modellierung essentieller Aktivitäten verwenden. Wir nähern uns nun langsam dem tückischen Thema der Modellierung von essentiellen Speichern und der Integration von essentiellen Speichern in die Modelle der essentiellen Aktivitäten. Die Schwierigkeiten, die viele Systemanalytiker beim Modellieren von essentiellen Speichern haben, lassen sich auf verschiedene Arten erklären: vielleicht haben zu viele Systemanalytiker eine Ausbildung als Programmierer und bevorzugen daher den funktionsorientierten Ansatz gegenüber dem datenorientierten Ansatz. Vielleicht sehen sich auch viele Systementwickler eher als Prozessoren, als aktive Komponenten und haben daher Schwierigkeiten mit der Datensicht. Wir kennen den wahren Grund nicht, und er interessiert uns auch eigentlich gar nicht so sehr. Aber wenn Sie die wahren Anforderungen an ein System modellieren wollen, dann müssen Sie beides beherrschen: das Modellieren der Aktivitäten und das Modellieren der Daten, und Sie müssen in der Lage sein, diese beiden Sichten in einem essentiellen Modell unter einen Hut zu bekommen. Um unsere Diskussion über die Modellierung von essentiellen Speichern vorzubereiten, beenden wir unsere Diskussion der Modellierung essentieller Aktivitäten mit einigen Ratschlägen, wie man das Zusammenspiel zwischen essentiellen Aktivitäten und Speichern beschreibt.

8.4 Modelle des Zugriffs auf essentielle Speicher

Jeder einzelne Aspekt der geplanten Reaktion eines Systems auf ein Ereignis, wie z. B. das Erkennen des Stimulus oder das Produzieren der Antwort, braucht unter Umständen Angaben über vergangene Ereignisse oder hebt Informationen für spätere Zwecke auf. Mit anderen Worten: essentielle Aktivitäten müssen mit essentiellen Speichern zusammenarbeiten. Diese Zusammenarbeit, die wir Zugriffe nennen, sind als Teile in dem Modell der essentiellen Aktivitäten enthalten. In diesem Abschnitt behandeln wir die Ausdrucksmittel und Techniken, die man für solche Zugriffe in einer bestimmten essentiellen Aktivität anwenden kann. Bevor wir dies tun, sollten wir jedoch erst einmal genau festlegen, was wir mit dem Ausdruck *„Zugriff auf essentielle Speicher"* meinen.

8.4.1 Wie man den Zugriff auf essentielle Speicher definiert

Zugriffe auf essentielle Speicher sind Anweisungen innerhalb einer essentiellen Aktivität, um Elemente oder Beziehungen von Datenelementen im essentiellen Speicher herauszufinden, hinzuzufügen, zu löschen oder abzuändern. Grundlegende Aktivitäten benutzen Anweisungen zum Lesen und Auffinden von Informationen in essentiellen Speichern zur Unterstützung ihrer eigenen Arbeit. Verwaltungsfunktionen benutzen Anweisungen, um Daten einzufügen, abzuändern oder zu löschen.

Die Veränderung, Löschung oder Hinzufügung erfolgt meist auf einzelnen, identifizierbaren Objekten in essentiellen Speichern. Um diese Identifizierung zu erreichen, verwendet man die Namen und Beziehungen, die für die Objekte definiert sind. Die folgenden Beispiele zeigen einige Möglichkeiten auf:

> Suche die Adresse und die Telefonnummer eines Piloten unter Verwendung der Pilotennummer des Piloten
>
> Trage die Berufserfahrung des Piloten, der durch seine Pilotennummer identifiziert ist, in den Pilotenstammsatz ein
>
> Verändere die Höchstgeschwindigkeit des Flugzeuges mit dieser Flugzeugnummer
>
> Lösche die Pilotennummer und den Namen, die Adresse und die Telefonnummer des Piloten mit dieser Pilotennummer

Jeder dieser Zugriffe selektiert Daten aus einem einzelnen Objekt. „Flugzeug" ist das Objekt im dritten Beispiel; in den anderen ist es „Pilot". Jedes Beispiel benennt die Komponenten des essentiellen Speichers, die für den Zugriff gebraucht werden, und den Schlüssel für den Zugriff auf die entsprechenden Objekte. In den Beispielen wurden Pilotennummer und Flugzeugnummer als Schlüssel verwendet. Diese sind Teile des Stimulus, der die Reaktion auslöst.

Zugriffe auf essentielle Speicher können aber viel komplizierter sein. Im folgenden geben wir dafür einige Beispiele:

> Suche alle Flugzeuge, die ein bestimmter Pilot fliegen darf
>
> Aktualisiere das Datum, an dem ein bestimmter Pilot ein bestimmtes Flugzeug geflogen ist
>
> Füge eine neue Relation zwischen Mechaniker, Flugzeug und den Wartungsarbeiten eines Flugzeuges ein

Der erste Zugriff holt ganze Objekte, statt einzelner Komponenten von Objekten, aus dem Speicher. Damit dieser Zugriff korrekt ist, muß der Rest der Mini-Spezifikation, in dem dieser Zugriff beschrieben ist, festlegen, welche der Komponenten, die ein Flugzeug charakterisieren, für diese essentielle Aktivität benötigt werden. Der zweite Zugriff zeigt die Aktualisierung eines Datums, die nur dann durchgeführt werden kann, wenn man zwei Schlüssel benutzt: den Piloten und das Flugzeug. Wenn Piloten und Flugzeuge als Objekte gespeichert sind, dann ist „Datum" ein Element, das eine Relation zwischen Pilot und Flugzeug bildet. Das dritte Beispiel zeigt, wie man eine Relation zwischen einem bestimmten Mechaniker, einem bestimmten Flugzeug und einer bestimmten Wartungsarbeit aufbaut. Wie das zweite Beispiel ist auch dieser Zugriff eine Verwaltungsfunktion. Er stellt eine Relation zur Verfügung, die eine andere essentielle Aktivität braucht, um bestimmte Objekte aufzufinden.

Wie kompliziert ein Zugriff auf einen essentiellen Speicher auch sein mag: Sie müssen versuchen, die einfachste Darstellung und Ausdrucksweise dafür zu finden. Schaffen Sie dies nicht, so verletzen Sie das Prinzip der minimalen essentiellen Modelle. Perfekte interne Technologie würde es ermöglichen, zuerst alle Piloten zu finden, dann die auszusuchen, an denen man interessiert ist, danach alle Flughäfen zu suchen und schließlich festzustellen, auf welchem Flughafen ein Pilot stationiert ist. Damit würde man jedoch falsche Anforderungen einführen. Der gleiche Sachverhalt kann viel einfacher ausgedrückt werden: Suche den Flughafen, an dem ein bestimmter Pilot stationiert ist. Dies ist die beste Art, die Anforderungen für den Speicherzugriff auszudrücken.

8.4.2 Zugriffsmodellierung in Mini-Spezifikationen

Zugriffe auf essentielle Speicher werden meistens in Mini-Spezifikationen modelliert, unter Hinzunahme von Angaben im Data Dictionary. Betrachten Sie einmal das folgende Beispiel:

Für jeden Studenten,
    schreibe Stundenplanüberschrift
    Für jede Lehrveranstaltung, die der Student besucht,
        schreibe Detailangaben über Anfangszeiten

Darin wird klar ausgesagt, daß die essentielle Aktivität bestimmte gespeicherte Daten über einen bestimmten Studenten benötigt, insbesondere welche Lehrveranstaltungen er belegt hat oder hatte. Um die Elemente zu finden, die den Studenten und die Lehrveranstaltung charakterisieren, sieht man im Data Dictionary nach. Darin findet man dann auch, daß ein Student über seine Immatrikulationsnummer identifiziert werden kann.

Die Relation zwischen Student und Lehrveranstaltung in dieser Mini-Spezifikation ist sehr allgemein gehalten. In einer anderen Mini-Spezifikation kann die Zugriffsanforderung vielleicht folgende sein: „finde alle Lehrveranstaltungen, die ein Student in diesem Semester besucht", oder „finde alle Lehrveranstaltungen, an denen ein Student jemals teilgenommen hat" oder „positiv beendet hat" etc. Sie werden natürlich versuchen, die Relation möglichst präzise zu formulieren, um die wahren Anforderungen auszudrücken.

8.4.3 Zugriffsmodellierung in Datenflußdiagrammen

Etwas weiter oben in diesem Kapitel haben wir gesagt, daß man Datenflußdiagramme benutzt, um die Aktualisierung der essentiellen Speicher auszudrücken. Daher ist es nicht verwunderlich, daß wir auch für das Wiederauffinden dieser Informationen Datenflußdiagramme verwenden. Datenflußdiagramme sind ja die abstraktere Darstellung der essentiellen Aktivitäten, die in Mini-Spezifikationen beschrieben sind. Die Konventionen für Zugriffe auf essentielle Speicher in Diagrammen drücken jedoch viele der Aspekte des Zugriffs nicht aus.

Erstens sieht man in einem essentiellen Diagramm nicht jeden Zugriff einer Aktivität auf den Datenspeicher. Die essentielle Aktivität liest normalerweise eine beliebige Anzahl von beliebigen Komponenten zu verschiedenen Zeiten. Im Diagramm hingegen abstrahieren wir dies zu einem einzelnen Datenfluß vom Speicher zum Prozeß. Umgekehrt kann eine essentielle Aktivität verschiedene Änderungen an verschiedenen Komponenten eines Objekts machen. Wir stellen all diese Änderungen mit einem einzigen Pfeil vom Prozeß zu dem Speicher dar. Wenn eine essentielle Aktivität sowohl liest wie auch schreibt, dann zeichnen wir einen Pfeil mit zwei Pfeilspitzen zwischen der Aktivität und dem Speicher.

Viele Zugriffe brauchen Datenelemente aus verschiedenen Speichern, wie in dem Beispiel mit den Studenten und den Lehrveranstaltungen. Die Diagramme zeigen diese Verbindungen mit Absicht nicht.

Schließlich läßt man in den Diagrammen auch oft die Namen der Komponenten weg, die eine Aktivität braucht. Einige Systemanalytiker schreiben die Namen aller Datenelemente, die eine Aktivität braucht, an die Pfeile zwischen Speicher und Aktivität. Wir raten davon ab. Wie wir vorhin gesagt haben, geben wir oft sogar dem ganzen Datenfluß zwischen Speicher und Prozeß keinen Namen. Es gibt daher fast keine Möglichkeit, die spezifischen Elemente eines Zugriffs aus dem Diagramm allein abzulesen.

Wir lassen diese Informationen über einen bestimmten Zugriff, über Beziehungen zwischen mehreren Objekten und über bestimmte Datenelemente aus den Diagrammen heraus, da sie sonst zu komplex würden. Da all diese Aspekte über den essentiellen Zugriff in den Mini-Spezifikationen enthalten sind, verlieren wir keine Informationen über die Essenz.

Was zeigt das Diagramm denn dann noch bezüglich der essentiellen Zugriffe? Das DFD zeigt nur, daß ein Zugriff stattfindet. Es zeigt dies durch einen Pfeil von einer bestimmten Aktivität zu dem Speicher, in dem sich das gewünschte Objekt befindet. Diese Konvention funktioniert gut für Schlüsselelemente und für andere Elemente, wie z. B. „suche alle Adressen von Piloten mit einer bestimmten Pilotennummer". Es ist jedoch nicht so klar, wie man damit folgenden Zugriff darstellen kann: „Ändere die Gepäckdaten für alle Pakete einer bestimmten Sendung auf einem bestimmten Schiff". Dieser Zugriff benutzt die Objekte Schiff und Sendung, um die gewünschten Pakete zu finden. Das Beispiel ist typisch für eine ganz Klasse von Zugriffen, wo man Beziehungen eines Objekts zu anderen Objekten benutzt, um an die endgültig gewünschten Elemente heranzukommen.

Abbildung 8.8 zeigt, wie man das Beispiel mit den Paketen, Sendungen und Schiffen darstellen kann. Wir zeichnen einen Pfeil zwischen Prozeß und Speicher, unabhängig davon, ob wir diesen Zugriff nur zum Auffinden eines anderen Objekts brauchen oder zum Auffinden und Ändern von Elementen eines Objekts. Nochmals mit anderen Worten: wenn eine essentielle Aktivität den Zugriff zu einem Objekt braucht, dann wird ein Pfeil gezeichnet, auch wenn der einzige Zugriff nur im Auffinden einer weiteren Relation zwischen Objekten besteht.

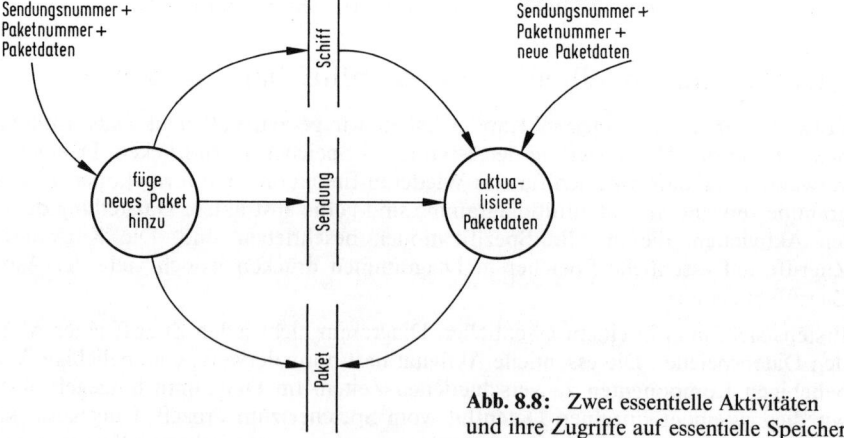

Abb. 8.8: Zwei essentielle Aktivitäten und ihre Zugriffe auf essentielle Speicher

Was die Richtung des Pfeils angeht, so zeichnen wir den Pfeil von der Aktivität zu dem Speicher, wenn es um eine Änderung, Hinzufügung oder Löschung von Elementen dieses Objekts geht. Wenn es um das Neuschaffen von Relationen zwischen Objekten geht, dann gibt es solche Pfeile zu allen Speichern dieser Objekte. Die essentielle Aktivität „füge neues Paket hinzu" in Abbildung 8.8 zeigt ein Beispiel dafür. Sie fügt ein neues Objekt zu „Paket" hinzu und stellt den Zusammenhang mit „Sendung" her. Deshalb findet man sowohl eine Aktualisierung für „Paket" wie auch für „Sendung".

Die Konventionen, die wir eben beschrieben haben, reichen bereits aus, um essentielle Zugriffe zu modellieren. Es gibt aber noch eine weitere Möglichkeit.

8.4.4 Zugriffsmodellierung im Data Dictionary

Da man die Zugriffsmöglichkeiten als einen Aspekt der essentiellen Speicher betrachten kann, liegt es auf der Hand, das Data Dictionary als Ausdrucksmittel in Betracht zu ziehen. Wenn Ihnen also die Festlegung in Mini-Spezifikationen nicht zusagt, so können Sie die Zugriffe im Dictionary spezifizieren. Um damit Erfolg zu haben, müssen Sie beim Zeichnen der essentiellen Diagramme zwei Regeln beachten. Auf den untersten Ebenen von Datenflußdiagrammen müssen Sie jeden Datenfluß zwischen Prozeß und Speicher mit einem Namen versehen. Der Zugriff muß einen Namen haben, damit man ihn im Data Dictionary beschreiben kann. Die zweite Regel besagt, daß man für jeden Zugriff einen eigenen Pfeil braucht, auch wenn zwei oder mehrere Zugriffe von einem Prozeß auf ein und denselben Speicher erfolgen. Mit anderen Worten: Sie können mit einem Pfeil nicht mehr mehrere Zugriffe darstellen. Sie müssen jeden Zugriff im Data Dictionary identifizieren können.

Wenn man jeden einzelnen Datenfluß von und zu einem essentiellen Speicher benannt hat, dann kann man im Data Dictionary die erforderlichen Zugriffe für jeden einzelnen davon festlegen. Dabei wird man sehr oft die Kommentare benutzen, die Structured Analysis im Data Dictionary zuläßt, denn die Grundkonstrukte (Selektion, Iteration, Option etc.) sind zur Beschreibung von Zugriffspfaden nicht so geeignet. Man erstellt also einen normalen Eintrag für die Daten, die gelesen oder geschrieben werden sollen, und ergänzt diesen Eintrag mit Kommentaren in Umgangssprache, um die Anforderungen des Zugriffs festzuschreiben. In den folgenden Beispielen zeigen wir dieses Verfahren. Abbildung 8.9 zeigt das entsprechende Diagramm dazu.

Lehrveranstaltung	= Veranstaltungsnummer + Titel + Stundenzahl + Raum + Anfangszeit
Student	= Immatrikulationsnummer + Name + Adresse
Stundenplan	= Überschrift + Detailangaben
Überschrift	= Name + Adresse
Detailangaben	= *erhält man für jede Lehrveranstaltung eines Studenten* Titel + Raum + Anfangszeit

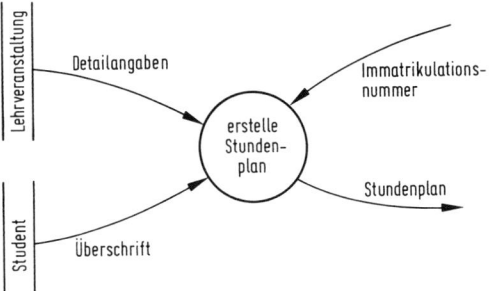

Abb. 8.9: Ein Diagramm zur Darstellung essentieller Zugriffe, die im Data Dictionary definiert sind

Obwohl dieser Ansatz alles ausdrückt, was man braucht, bevorzugen wir die Benutzung von Mini-Spezifikationen, da sie die Komplexität der Diagramme und des Data Dictionary reduzieren. Zum einen ist es nicht einfach, in einem echten, großen und komplexen Projekt Datenflußdiagramme dieser Art zu zeichnen, ohne hoffnungslos in Verstrickungen zu geraten. Da will man nicht durch Einzeichnen und Benennung jedes einzelnen Datenflusses, der auf einen Speicher zugreift, noch zusätzlich Komplexität hinzufügen. Nicht nur, daß es schwer ist, sinnvolle Namen für diese Datenflüsse zu finden, sie verwirren die Diagramme auch gewaltig. Zum anderen ist ein Data Dictionary in einem echten Projekt meist fürchterlich umfangreich. Wir können daher nicht mit gutem Gewissen eine Regel empfehlen, die noch einige hundert Einträge hinzufügt. Andererseits wird die Anzahl der Mini-Spezifikation nicht wesentlich steigen, wenn man die Zugriffsanforderungen dort unterbringt, besonders wenn man bedenkt, daß die Mini-Spezifikationen meist ohnehin schon etwas über die Speicherzugriffe aussagen, wie man in dem Beispiel „Erstelle Stundenplan" in Abschnitt 8.4.2 sehen konnte. Am Ende bleibt es jedoch Ihnen überlassen, welchen der beiden Ansätze Sie verwenden wollen. Mit beiden kann man sein Ziel erreichen.

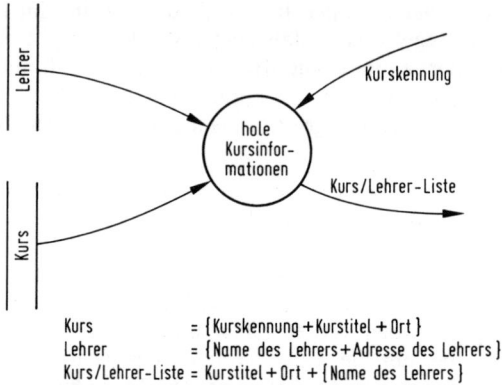

Kurs   = {Kurskennung + Kurstitel + Ort }
Lehrer   = {Name des Lehrers + Adresse des Lehrers }
Kurs/Lehrer-Liste = Kurstitel + Ort + {Name des Lehrers }

Abb. 8.10:   Ein einfacher Zugriff

Es gibt eine Situation, wo man besser das Data Dictionary statt der Mini-Spezifikationen verwendet. In Abbildung 8.10 haben wir eine Aktivität dargestellt, deren einziger Zweck es ist, Daten aus einem Speicher zu besorgen und weiterzuleiten. In diesem Fall können Sie alle Anforderungen eindeutig aus den ein- und ausgehenden Datenflüssen sowie der Definition der Speicher ableiten. Die Anforderung hier ist so einfach, daß sich das Schreiben einer Mini-Spezifikation kaum lohnt. Natürlich können Sie trotzdem eine Mini-Spezifikation schreiben, um den Sachverhalt möglichst einfach auszudrücken. Dabei laufen Sie jedoch Gefahr, daß Sie damit etwas Redundanz in Ihre Spezifikation aufnehmen, was im Normalfall Zusatzkosten bei der Pflege und Wartung verursacht. Wenn Sie also eine Aktivität finden, die Daten nur weiterleitet - und keine Berechnungen, Umformungen oder Entscheidungen enthält -, dann sollten Sie das Datenlexikon als bestes Ausdrucksmittel wählen.

8.5 Zusammenfassung

In diesem Kapitel haben wir erläutert, wie man die komplette Reaktion auf ein bestimmtes Ereignis mit einer Menge bekannter und neuer Ausdrucksmittel beschreibt. Die komplette Reaktion besteht aus dem Stimulus, der geplanten Reaktion und dem Ergebnis der geplanten Reaktion. Der Datenfluß, der den Stimulus darstellt, wird im Datenflußdiagramm gezeigt und im Data Dictionary definiert. Stimuli von zeitlichen Ereignissen tauchen nicht im Diagramm auf, sie werden in Mini-Spezifikationen beschrieben.

Die ausführlichste Beschreibung der geplanten Reaktion findet man in der Mini-Spezifikation. Wenn die geplante Reaktion zu komplex ist, um auf einer Seite beschrieben zu werden, so kann man die Aktivität in mehrere Teilaktivitäten aufteilen, die dann ihrerseits durch Mini-Spezifikationen beschrieben werden. Sie müssen dabei beachten, daß Sie keine überflüssigen Reihenfolgen in den Anweisungen ausdrücken – am besten durch Verwendung eines Parallelitätskonstrukts in den Mini-Spezifikationen oder durch andere Ausdrucksmittel, wie Entscheidungstabellen, Entscheidungsbäume oder Datenflußdiagramme.

Die Ergebnisse der geplanten Reaktionen werden ebenfalls als Datenflüsse in den Diagrammen gezeigt. Wenn das Ergebnis eine Nachricht an die Systemumgebung ist, so wird sie im Data Dictionary definiert. Wenn es eine Aktualisierung eines essentiellen Speichers ist, so definiert man dies in der Mini-Spezifikation. Die Zugriffe zu essentiellen Speichern werden ebenfalls durch Pfeile im Diagramm dargestellt und in den Mini-Spezifikationen näher beschrieben.

Kapitel 9
Modelle
essentieller Speicher

Wie Sie bereits wissen, besteht der essentielle Speicher aus allen Informationen über vergangene Ereignisse und den Reaktionen des Systems auf vergangene Ereignisse. Diese braucht man, um die essentiellen Aktivitäten des Systems auszuführen. Wegen seiner wichtigen Rolle als Schnittstelle zwischen Reaktionen auf verschiedene Ereignisse kann man den essentiellen Speicher als den Klebstoff betrachten, der die einzelnen essentiellen Aktivitäten zusammenhält. Während eine essentielle Aktivität immer nur auf ein Ereignis reagiert, ist der essentielle Speicher an vielen, wenn nicht allen Reaktionen des Systems beteiligt.

Um ein Modell dieses essentiellen Speichers zu erstellen, benutzen wir die Ausdrucksmittel von Structured Analysis und von Information Modeling. Im Gegensatz zu den Ausdrucksmitteln zur Modellierung der essentiellen Aktivitäten werden Sie die im folgenden beschriebenen Ausdrucksmittel, wenn auch vielleicht nicht immer alle, in jedem Projekt brauchen. In diesem Kapitel führen wir die Ausdrucksmittel ein und zeigen, wie man sie im Zusammenhang mit der objektorientierten Zerlegung verwenden kann, um ein brauchbares Modell des essentiellen Speichers zu erstellen. Zuerst beschreiben wir, wie man sie zur Modellierung dreier wichtiger Komponenten des essentiellen Speichers benutzt: für Datenelemente, für Objekte und für Relationen zwischen Objekten. Dann vergleichen wir die Stärken und Schwächen der Ausdrucksmittel, damit Sie sich im gegebenen Fall das beste Mittel für Ihre Zwecke aussuchen können.

9.1 Die Modellierung von Datenelementen

Elemente von essentiellen Speicherdaten werden im Data Dictionary modelliert, indem man jedes Element mit seinem eigenen Namen einträgt. Das ist noch leicht; schwieriger wird es, wenn man festlegen muß, was man zu diesem Namen noch zusätzlich erfassen soll.

Da man essentielle Speicher modelliert, braucht man sich um das physikalische Datenformat nicht zu kümmern, auch nicht um die Anzahl der Bytes im Speicher und die Speicherstruktur innerhalb vorgegebener Grenzen. Wenn wir statt dessen einigen Ratschlägen von Matt Flavins Information Modelling Methode folgen, so definieren wir ein Datenelement dadurch, daß wir die Bedeutung erklären und den Inhalt der Daten festlegen [15]. DeMarco stellt ein gutes Ausdrucksmittel für die Bedeutung zur Verfügung [11]. Er sagt, man sollte die Kategorie angeben, zu der das Datenelement gehört, und die Eigenschaften, durch die es sich innerhalb der Kategorie eindeutig von anderen Elementen unterscheidet. Für uns heißt das, daß die Definition das Objekt angibt, zu dem das Element gehört, und beschreibt, über welche Eigenschaften des Objekts dieses Element Informationen enthält.

Die folgende Definition der Vorlesungsnummer sagt zum Beispiel, daß die Vorlesungsnummer zur Kategorie der eindeutigen Bezeichner gehört. Vorlesungsnummer ist die eindeutige Bezeichnung einer eindeutigen Vorlesung aus der Objektklasse Vorlesungen. Die Definition der Bedeutung gibt weiterhin an, woher die Vorlesungsnummer kommt - sie wird vom System generiert.

Vorlesungsnummer = *Festlegung der Bedeutung:
> eine eindeutige Bezeichnung für eine bestimmte Vorlesung;
> die Nummer wird vom System definiert
Festlegung des Inhalts:
> Vorlesungsnummer ist eine ganze Zahl größer oder gleich 1*

Beachten Sie, daß wir zur Definition der Vorlesungsnummer sowohl Symbole von DeMarco wie auch von Flavin verwendet haben. Das Zeichen für „besteht aus" (=) und das Kommentarzeichen (*) sind von DeMarco [11] entlehnt. Das Zeichen für einzelne Eigenschaften (>) und die interne Struktur der Definition (Bedeutungsfestlegung und Inhaltsfestlegung) haben wir von Flavin übernommen [15].

Die Inhaltsfestlegung definiert die Menge von logischen Werten, die ein Datenelement annehmen kann. Die Werte können aus Buchstaben, Ziffern oder anderen Symbolen bestehen. Verwechseln Sie diese nicht mit den Codes oder Abkürzungen, die man in Implementierungen eines Systems verwendet, um Speicherplatz in den Programmen einzusparen oder Eingabeformate und Ausgabeformate festzulegen. Im Moment interessieren wir uns nur für die wirkliche Bedeutung, die diese physikalischen Werte repräsentieren. Zusätzlich müssen Sie auch noch die Maßeinheiten festlegen, wie z. B. Meter, Stunden, Kilogramm oder Fehler pro Woche.

9.2 Die Modellierung von Objekten

Obwohl man Objekte mit vielen Ausdrucksmitteln modellieren kann, konzentrieren wir uns in diesem Abschnitt auf zwei davon: Datenflußdiagramme und Data Dictionary. Ein DFD definiert die bloße Existenz eines Objekts als Datenspeicher und zeigt, welche essentielle Aktivität welches Objekt benutzt. Es zeigt nicht, welche Relationen Objekte untereinander haben oder welche Elemente dazugehören. Das DFD in Abbildung 9.1 zeigt z. B., daß man die Objekte Vorlesung und Student dazu braucht, um einen Stundenplan für einen Studenten zu erstellen. Daher sind Zugriffe von den Dateien „Vorlesung" und „Student" zu der essentiellen Aktivität eingezeichnet.

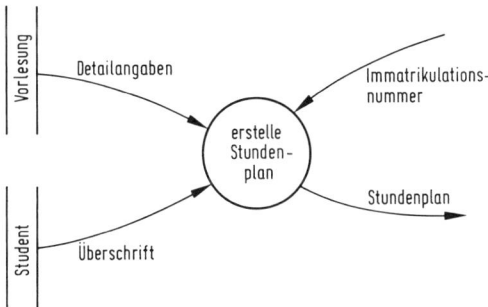

Abb. 9.1: DFD für „erstelle Stundenplan", es legt fest, daß auf die Objekte Vorlesung und Student zugegriffen werden muß

Die Modellierung von Objekten wäre unvollständig, wenn man nur die Diagramme verwenden würde. Man muß die Objekte natürlich im Data Dictionary definieren. Die grundlegenden Ziele bei der Definition der Objekte sind dieselben wie bei der Definition der Elemente: jedes Objekt soll unter seinem Namen definiert werden. Zur Definition selbst benutzt man dann die Notation von DeMarco zur Zerlegung der Objekte. Man kann die

Definitionen noch durch einige Konventionen verbessern, die Flavin zur Objektdefinition benutzt. Die Objekte Vorlesung und Student könnten dann wie folgt beschrieben werden:

Vorlesung = * > eine Vorlesung ist eine Unterrichtsveranstaltung für Studenten
> eine Vorlesung ist dazu da, Lernziele zu erreichen*
{*Vorlesungsnummer* + Vorlesungstitel
+ Stundenzahl + Raum + Zeit}

Student = * > eine Person, die an einer Universität registriert ist
> Studenten müssen eine Mindestanzahl von Vorlesungen belegen,
was durch die Stundenzahl einer Vorlesung gemessen wird*
{*Immatrikulationsnummer* + Name + Anschrift}

Beachten Sie, daß die Objektdefinitionen ähnlich wie die Datenelementdefinitionen aufgebaut sind, außer daß im zweiten Teil nicht nur der Inhalt, sondern auch die Struktur der Objekte beschrieben wird. Der Inhalt nimmt Bezug auf die Definition der Datenelemente, die diesem Objekt zugeordnet sind, und die Strukturbeschreibung beschreibt die Organisation dieser Elemente. Das Wichtigste bei der Strukturbeschreibung ist, daß Objekte Mengen von Einzelobjekten sind. Die geschweiften Klammern ({}) rund um die Elemente, die zu einem Einzelobjekt gehören, bedeuten, daß das Objekt aus einer Vielzahl von Einzelobjekten zusammengesetzt ist, die alle diese Elemente haben.

9.2.1 Die Modellierung großer Objekte

Um das Datenlexikon einfach lesbar zu gestalten, braucht man Möglichkeiten, Dutzende oder auch Hunderte von Elementen gruppieren zu können. Man könnte natürlich eine Definition für ein Objekt mit 300 Elementen (z. B. Arbeiter) so schreiben, daß man einfach alle 300 Elemente aufzählt, wie z. B. in

Arbeiter = {A1 + A2 + A3 + . . . + A271 + . . .}

Obwohl dies technologieneutral ist, entsteht damit eine Definition, die zu komplex ist, um einfach verstanden zu werden.

Wir schlagen vor, ein großes Objekt zunächst in eine vernünftige Anzahl von Gruppen zu gliedern. Diese Gruppen stellen dann die erste Zerlegungsebene dar. Jede einzelne Gruppe wird unter ihrem Namen im Data Dictionary weiter beschrieben. Dies nennt man Top-Down-Zerlegung von Datengruppen. Wir zeigen dies in folgendem Beispiel:

Arbeiter = {*Personalnummer* + Personaldaten + Familiendaten
+ Gehaltsdaten + . . .}

Diese Definition zerlegt das Objekt „Arbeiter" zunächst in Gruppen, wie Personaldaten, Familiendaten etc., die jetzt noch viele Datenelemente beinhalten können, vielleicht auch noch andere Gruppen, die auch noch definiert werden müssen.

Wenn man diese Top-Down-Zerlegung für komplexe Datenspeicher anwendet, dann kann man die Komplexität jeder einzelnen Gruppe so kontrollieren und steuern, daß ein Leser niemals mit zu vielen Informationen erschlagen wird. Aber bei der Einführung höherer Ebenen von Datengruppen hat man auch genügend Gelegenheit, das Prinzip der Technologieneutralität zu verletzen.

Weil man die Reduzierung der Komplexität einer Objektdefinition natürlich nicht auf Kosten einer Technologieabhängigkeit erreichen will, muß man sehr sorgfältig sein, wenn man Datenelemente gruppiert. Die Abbildungen 9.2a bis 9.2c zeigen Beispiele, wo man technologieabhängige Gruppierungen eingeführt hat. Diese Arten von Gruppierungen sollten in einem essentiellen Systemmodell nicht vorkommen, da sie die Einschränkungen einer bestimmten Technologie widerspiegeln.

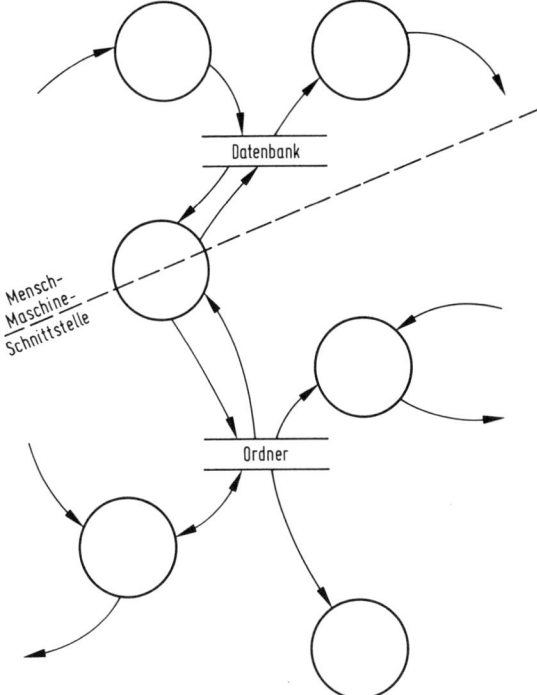

Abb. 9.2a: Eine Datengruppierung nach dem Kriterium, ob die Daten im Computer oder manuell verarbeitet werden

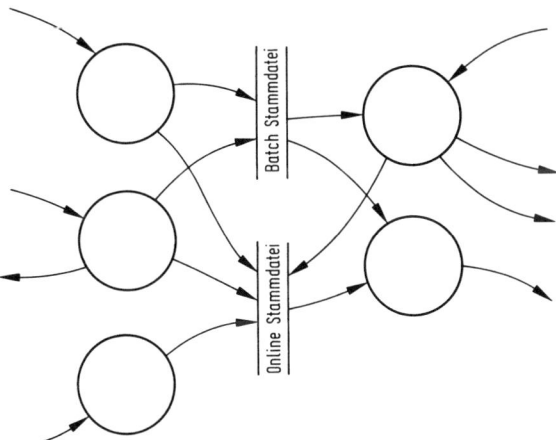

Abb. 9.2b: Eine Datengruppierung nach dem Kriterium, ob die Daten online oder im Stapelbetrieb aktualisiert werden

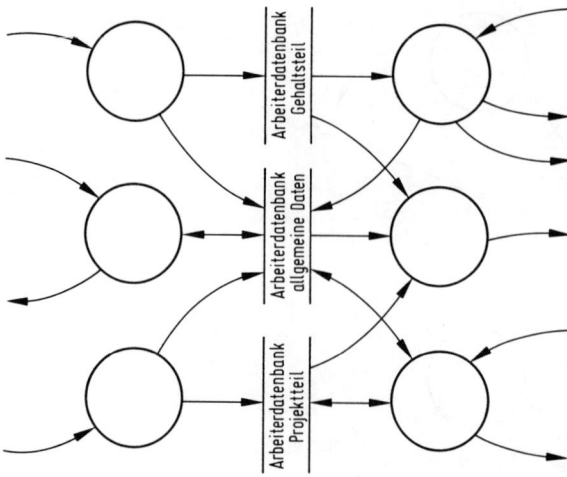

Abb. 9.2c: Eine Datengruppierung, die auf IMS-Datenbank-
segmenten basiert

Gruppierungen, die sowohl die Komplexität reduzieren wie auch technologieneutral bleiben, sind nicht so einfach zu finden. Wir schlagen vor, daß Sie eine von zwei Möglichkeiten zur Zerlegung verwenden und hinterher prüfen, ob die zwei Kriterien eingehalten wurden. Betrachten Sie einmal die Zerlegung der Arbeiterdaten in Abbildung 9.3. Hier hat man
die Elemente nach den Anfangsbuchstaben der Elementnamen im Alphabet gegliedert.
Diese Aufteilung ist keineswegs durch die Technologie bestimmt, aber das Ergebnis ist
auch nicht besonders zufriedenstellend. Obwohl diese Definition die Komplexität auf der
ersten Ebene auf nur drei Gruppen einschränkt, sind doch die Namen für diese drei Gruppen nichtssagend.

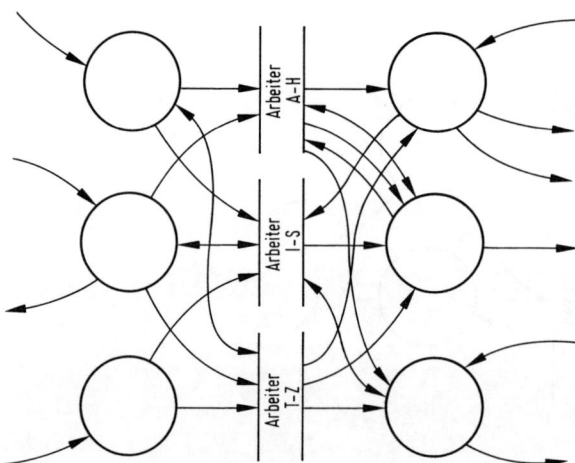

Abb. 9.3: Eine willkürliche
Zerlegung eines Speichers nach
den Anfangsbuchstaben des
Alphabets

Sie – wie jeder andere Leser der Spezifikation – erhalten vielleicht einen viel besseren Einblick, wenn man eine Zerlegung wie in Abbildung 9.4 verwendet. Wir nennen diese Art der
Zerlegung eine „Zerlegung in Teilobjekte". Die Zerlegung in Teilobjekte wird nach den
gleichen Kriterien vorgenommen wie auch die Zerlegung in Objekte, außer daß man damit
keine eigenständigen Objekte schafft. Statt dessen zerlegt man das Innere eines Objekts.
Diese Zerlegung ist nicht zu komplex, sie enthält sinnvolle Namen für die Teilobjekte und
beeinflußt uns noch immer nicht in Richtung irgendeiner Technologie.

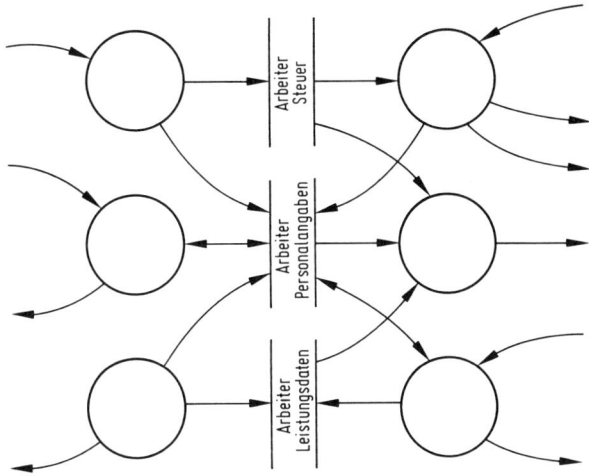

Abb. 9.4: Datengruppierung, die aus einer Top-Down-Zerlegung des Objekts „Arbeiter" entstand

9.2.2 Beziehungen innerhalb eines Objekts

Ein Objekt faßt nicht nur Elemente zu einer Gruppe zusammen, sondern auch Beziehungen innerhalb dieses Objekts. Die Beziehungen existieren normalerweise zwischen den Elementen eines Einzelobjekts. Die wichtigste dieser Beziehungen wird durch das Symbol „+" ausgedrückt. Dies bedeutet, daß die Elemente links und rechts von diesem Symbol immer zusammen auftreten, innerhalb eines Einzelobjekts oder eines Teilobjekts. Eine andere Relation innerhalb eines Objekts ist die der „eindeutigen Identifizierung". So identifiziert z. B. die Vorlesungsnummer alle Datenelemente, die zu einer bestimmten Vorlesung gehören. Wir stellen diese Beziehung dadurch dar, daß wir den Namen des eindeutigen Elements unterstreichen. Die Relation „dieses Datenelement ist optional innerhalb der Gruppe von Daten" stellen wir dadurch dar, daß wir das Element in runde Klammern einschließen. Zum Beispiel:

Arbeiter = {Mitarbeiternummer + . . . + (Direktauszahlung)}

Wiederum benutzen wir die Notation von DeMarco zur Darstellung der Beziehungen innerhalb eines Objekts. Diese Notation basiert auf Arbeiten von Michael Jackson zur Datenstrukturdefinition [19].

Diese Beziehungen bestehen - genau wie die Datenelemente - nur deshalb, weil essentielle Aktivitäten sie brauchen. Eine Beziehung innerhalb eines Objekts ist nur dann gerechtfertigt, wenn mindestens eine Aktivität sie braucht, um ihre Aufgabe auszuführen. Wenn zum Beispiel eine Aktivität ein eindeutig identifiziertes Einzelobjekt braucht, dann muß die Relation „identifiziert eindeutig" in dem Objekt vorhanden sein.

9.3 Beziehungen zwischen Objekten

Das dritte Gebiet, das uns beim Modellieren von essentiellen Speichern interessiert, sind Beziehungen zwischen Elementen, die verschiedenen Objekten angehören. Wie bei den Beziehungen innerhalb eines Objekts existieren auch die Beziehungen zwischen Objekten nur, weil sie für essentielle Zugriffe aus verschiedenen essentiellen Aktivitäten gebraucht werden. Es gibt viele Arten, diese Beziehungen zwischen Objekten zu modellieren, aber wir vermuten, daß die meisten sehr von dem abweichen, was Sie heute in Ihrer täglichen Arbeit verwenden. Haben Sie vielleicht ein Unbehagen beim Lesen der Definitionen für Vorlesung und Student im letzten Kapitel festgestellt? Haben Sie sich vielleicht gefragt, wie man auf die Vorlesungsdatei zugreift, wenn man in der Studentendatei ist, da es ja keinen offensichtlichen Zusammenhang zwischen den beiden gibt? Haben Sie erwartet, in der Studentendatei eine Liste von Vorlesungsnummern zu finden, um den Zugriff zu erleichtern? Oder eine Kopie der Immatrikulationsnummer bei den Vorlesungen?

Wenn Sie auf irgendeine dieser Fragen mit Ja geantwortet haben, so stehen Sie damit nicht allein da. Viele Analytiker sind davon überzeugt, daß man im Data Dictionary irgendwelche sichtbaren Zusammenhänge zwischen zwei essentiellen Speichern haben sollte, wenn es Zugriffe gibt, die beide brauchen. Leider hat dieser Ansatz zur Modellierung von Beziehungen zwischen Objekten einen erheblichen Nachteil: er führt stark technologieabhängige Randbedingungen ein.

Das Problem wird klarer, wenn man sich die Lösung überlegt. Was würden Sie zu der Definition von „Student" hinzufügen, wenn Sie die Anforderung modellieren müßten, auch auf die Vorlesungen zugreifen zu können? Die erste Antwort ist natürlich: den Schlüssel der Vorlesungsdatei, „Vorlesungsnummer", wie es im folgenden gemacht wurde.

Vorlesung = { *Vorlesungsnummer* + Vorlesungstitel + Stundenzahl + Raum + Zeit}

Student   = { *Immatrikulationsnummer* + Name + Anschrift + Vorlesungsnummer}

Das Hinzunehmen der Vorlesungsnummer zeigt nun die Beziehung, aber es definiert noch mehr: die Anforderung, daß die Vorlesungsnummer an mehr als einer Stelle abgespeichert wird, und die Tatsache, daß Sie die Vorlesungsnummer als Verbindung mit der Vorlesungsdatei verwenden wollen.

Solche zusätzlichen Elemente sind falsche Anforderungen. Obwohl dieser Ansatz häufig zur Implementierung der Beziehungen zwischen Objekten verwendet wird, ist dies nicht die einzige Möglichkeit. Viele der verschiedenen Arten zur Dateiorganisation brauchen keine redundanten Datenelemente abzuspeichern. Sie könnten zum Beispiel absolute Hexadezimaladressen als Zeiger verwenden oder relative Recordnummern oder invertierte Dateien; Sie könnten auch die Daten duplizieren statt des Schlüssels. Ganz bestimmt wollen Sie die Freiheitsgrade bei der Implementierung eines neuen Systems nicht auf *eine* Möglichkeit einengen. Das tun Sie aber, wenn Sie die Verbindung zwischen zwei Speichern im Data Dictionary eintragen.

Ein weiteres Problem mit dem Eintragen des Schlüssels in ein anderes Objekt ist, daß Sie damit das Prinzip des minimalen essentiellen Speichermodells verletzen. Sie können diese Redundanz vermeiden und dadurch das Modell minimieren, indem Sie einen anderen Ansatz zur Modellierung von Beziehungen zwischen Objekten verwenden. Es gibt auch drei bessere Ansätze zur Modellierung solcher Beziehungen: Datenstrukturdiagramme, Entity-Relationship-Diagramme und Mini-Spezifikationen. Alle drei Ansätze werden im Zusammenhang mit Datenflußdiagrammen und dem Data Dictionary benutzt. Man muß auch die Datenflußdiagramme und die Einträge im Data Dictionary nicht ändern, wenn man den einen oder den anderen Ansatz benutzt. Weder das Data Dictionary noch das Datenflußdiagramm zeigen Zusammenhänge zwischen Objekten. Was Sie vielleicht tun können, ist, einen Kommentar im Data Dictionary an die Definition eines Objekts anzuhängen, der auf andere Objekte hinweist. Aber diese Modellierungsschnörkel sind die ersten, die aus dem Modell entfernt werden, wenn es daran geht, es einfacher und lesbarer zu gestalten. Der Grund, warum man in den Datenflußdiagrammen und im Data Dictionary die Beziehungen zwischen den Objekten herausläßt, ist ganz einfach: alle drei im folgenden beschriebenen Ausdrucksmittel sind dazu besser geeignet.

9.3.1 Datenstrukturdiagramme

Datenstrukturdiagramme (DSD) sind ein graphisches Ausdrucksmittel für Beziehungen zwischen Objekten. In Abbildung 9.5 sehen Sie ein Datenstrukturdiagramm zu dem essentiellen Modell von Abbildung 9.1. Die entsprechenden Objektdefinitionen haben wir in Abschnitt 9.2 gezeigt. Jeder der Objektspeicher aus dem Datenflußdiagramm, der im Data Dictionary definiert ist, wird hier als Quadrat gezeichnet.

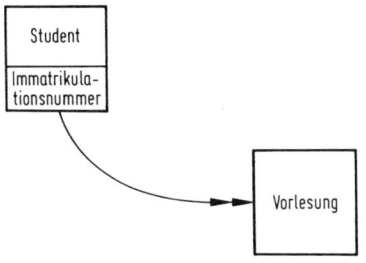

Abb. 9.5: Datenstrukturdiagramm für die essentiellen Zugriffe zur Erzeugung einer Vorlesungsliste.

Das kleine Rechteck innerhalb des Kästchens „Student" deutet an, daß der eindeutige Bezeichner von „Student" der Ausgangspunkt für mindestens einen essentiellen Zugriff ist. Eigentlich sagt das Fehlen eines solchen Rechtecks mehr aus als dessen Anwesenheit. Wenn ein Objekt ausschließlich über Schlüssel von anderen Objekten zugegriffen wird (wie Vorlesung in diesem Beispiel), so fehlt das kleine Rechteck.

Das wichtigste Element in den Datenstrukturdiagrammen ist der Pfeil zwischen den Objektkästchen. Dieser stellt die Beziehungen zwischen den Objekten dar. Das Ende jedes Pfeiles, das keine Pfeilspitze aufweist, hängt an dem Objekt, dessen Bezeichner der essentiellen Aktivität bekannt ist. Die Aktivität kann daher auf diesen Objektspeicher direkt zugreifen. Das Ende des Pfeiles mit den Pfeilspitzen zeigt auf ein Objekt, dessen Bezeichner nicht bekannt ist. Informationen aus diesem Objekt können nur gewonnen werden, wenn man bei einem Objekt am anderen Ende des Pfeiles einsteigt. Der Pfeil von Student zu Vorlesung in Abbildung 9.5 bedeutet, daß es mindestens einen essentiellen Zugriff gibt, der ausgehend von einem bekannten Studenten nach unbekannten Vorlesungen sucht.[*]

Ein Pfeil kann entweder eine oder zwei Pfeilspitzen haben. Eine Pfeilspitze heißt, daß es zu jedem Objekt am Beginn des Pfeiles genau ein Objekt am Ende des Pfeiles gibt. Zwei Pfeilspitzen bedeuten, daß es in dem Objekt an der Pfeilspitze viele Einträge für jedes Objekt am Pfeilende geben kann. Die Eins-zu-viele-Beziehung in einem Datenstrukturdiagramm

---

[*] Einige Systemanalytiker akzeptieren die Idee, daß die essentiellen Zugriffe die Existenz und die Charakteristika von Beziehungen zwischen Objekten bestimmen, nicht. Sie behaupten, daß es eine angeborene Viele-zu-viele-Beziehung zwischen Studenten und Vorlesungen gibt und daß die essentiellen Zugriffe nur diese angeborenen Beziehungen benutzen, und nicht andersherum. Wir stimmen andererseits Flavin's Auffassung zu, daß solche Objekte und Beziehungen erzeugt werden und nicht angeboren sind. Sie werden durch die Entscheidungen der Person, die die Essenz definiert, ins Leben gerufen. Diese Person bestimmt die Essenz der geplanten Reaktionen und die dafür notwendigen Objekte und Beziehungen.

Drücken Sie es einmal anders aus: Können Sie feststellen, wer ein Student ist, wer ein Absolvent ist und wer sein Studium aufgegeben hat, wenn Sie in den Straßen von Boston tausende Personen mit Universitäts-T-Shirts sehen? Sollten Sie es herausgefunden haben, wer davon ein Student ist, können Sie dann nur durch Hinschauen sagen, wer welche Vorlesung belegt? Unser Argument ist: die Zuordnung zwischen Student und Vorlesung ist etwas, was die Universität macht, damit sie eine Auswahl der Leute treffen kann, die unterrichtet werden, von denen sie Geld kassieren kann, für die Vorlesungen geplant werden usw.

besagt, daß es mindestens eine essentielle Aktivität gibt, die davon ausgeht, viele Objekte zu finden, wenn sie über ein Objekt zugreift. In unserem Beispiel gehen wir bei der Eins-zu-viele-Beziehung zwischen Student und Vorlesung davon aus, daß zumindest in einer Mini-Spezifikation ungefähr folgendes steht: „Ausgehend von einem Studenten mit einer bestimmten Immatrikulationsnummer: suche alle Vorlesungen, die dieser Student derzeit belegt."

Um unsere Ausführungen über Datenstrukturdiagramme zusammenzufassen, lassen Sie uns noch ein bißchen über das Beispiel reden: Hätten wir eine essentielle Aktivität, die folgendes erreichen will: „Ausgehend von einer Vorlesungsnummer: finde alle Studenten, die diese Vorlesung belegt haben" – so wäre unser Datenstrukturdiagramm in Abbildung 9.5 unvollständig. Um diesen essentiellen Zugriff darstellen zu können, müßten wir noch eine zusätzliche Beziehung zwischen den essentiellen Speichern in dem Datenstrukturdiagramm modellieren: wir zeichnen noch einen zusätzlichen Pfeil in dem Diagramm, wie dies in Abbildung 9.6 gezeigt wird. Der Pfeil beginnt bei Vorlesung und geht zu Student, da der essentielle Zugriff von einer bekannten Vorlesungsnummer ausgeht und die Studenten in dieser Vorlesung nicht kennt. Der Pfeil hat zwei Spitzen, da man bei diesem Zugriff davon ausgeht, daß man viele Studenten findet, die eine bestimmte Vorlesung belegt haben.

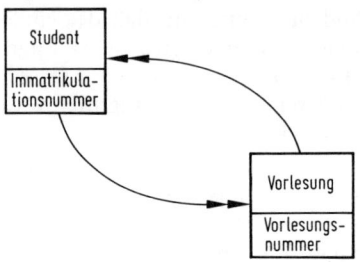

Abb. 9.6: Ein Datenstrukturdiagramm mit mehreren essentiellen Speicherzugriffen

9.3.2 Entity-Relationship-Diagramme

Ein Entity-Relationship-Diagramm (ERD) ist ein graphisches Ausdrucksmittel zur Modellierung von Objekten (auch Entities genannt) und zur Darstellung von Beziehungen (Relationships) zwischen diesen Objekten. Abbildung 9.7 zeigt ein Entity-Relationship-Diagramm für unser Student-Vorlesungs-Beispiel. Wie bei den Datenstrukturdiagrammen werden die Objektspeicher als Kästchen dargestellt. Die Rauten in einem ERD benennen die Beziehungen zwischen den Objekten. Die Zahlen und Buchstaben an den Linien zu und von den Rauten geben das zahlenmäßige Verhältnis der Objekte an, die an dieser Relation beteiligt sind. Die Buchstaben m und n werden verwendet, um in einer Eins-zu-viele-Beziehung oder in einer Viele-zu-viele-Beziehung die „Vielen" auszudrücken.

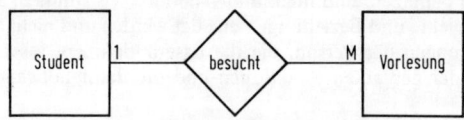

Abb. 9.7: Ein Entity-Relationship-Diagramm für die essentielle Aktivität „erstelle Stundenplan"

Sie können diese Entity-Relationship-Diagramme genau wie die Datenstrukturdiagramme dazu benutzen, um Beziehungen zwischen mehreren essentiellen Speichern auszudrücken. Wenn Sie diese verwenden, so können Sie mehr über die Beziehung aussagen als bei den Datenstrukturdiagrammen, da die Raute Platz für einen Namen der Relation hat. Ein

Nachteil ist jedoch, daß Sie die Richtung der Beziehung nicht sehen, was in den DSD klar und deutlich ausgedrückt wird. Beide Diagrammarten zeigen das zahlenmäßige Verhältnis zwischen den beteiligten Objekten auf.

9.3.3 Mini-Spezifikationen

Das dritte Ausdrucksmittel für Beziehungen zwischen Objekten sind Mini-Spezifikationen. Beim Schreiben der Mini-Spezifikation als Teil des Modells der essentiellen Aktivitäten haben Sie alle notwendigen essentiellen Zugriffe identifiziert. Da Sie durch die Verwaltungsaktivitäten auch alle Beziehungen zwischen Objekten kennen, die von anderen Aktivitäten benötigt werden, haben Sie die Gesamtheit aller Beziehungen zwischen Objekten dadurch spezifiziert. Mini-Spezifikationen modellieren daher bereits die Beziehungen zwischen Objekten, die in Zugriffen von grundlegenden Funktionen gebraucht werden, und alle Beziehungen zwischen Objekten, die von Verwaltungsfunktionen aufgebaut werden müssen. Alles, was Sie in DSD oder ERD zeichnen, dupliziert daher Informationen, die in Mini-Spezifikationen bereits vorhanden sind.

9.4 Die Auswahl des richtigen Modells

Nachdem wir nun einige Ansätze zur Modellierung von Beziehungen zwischen Objekten besprochen haben, müssen wir uns die Frage stellen, welchen davon man benutzen soll. Um Ihnen die Entscheidung zu erleichtern, vergleichen wir die Ansätze im folgenden im Hinblick auf fünf spezielle Fragestellungen bei der Modellierung von Beziehungen zwischen Objekten.

9.4.1 Die Modellierung der Beziehungen zwischen Objekten und die Modellierung des essentiellen Zugriffs

Im ganzen Kapitel unterscheiden wir klar zwischen dem essentiellen Zugriff und dem essentiellen Speicher. Ein essentieller Zugriff legt den Bedarf von Teilen des essentiellen Speichers fest: von einigen Datenelementen in bestimmter Kombination, von internen Strukturen von Objekten und Beziehungen zwischen den Objekten. Der essentielle Speicher ist die Sammlung aller Datenelemente und deren Beziehungen, um diesen Bedarf zu befriedigen.

Jedes der drei genannten Ausdrucksmittel zur Modellierung der Beziehungen zwischen den Objekten modelliert einen Aspekt stärker, entweder den essentiellen Zugriff oder den essentiellen Speicher. Die Datenstrukturdiagramme und die Entity-Relationship-Diagramme modellieren die Beziehungen, die die Objekte miteinander verbinden. Die Mini-Spezifikationen modellieren (neben anderen Aspekten) eher den essentiellen Zugriff.

Diese Unterscheidung sollte Ihre Auswahl beeinflussen. Nehmen wir an, daß die Essenz, die Sie modellieren, aus trivialen essentiellen Aktivitäten besteht, dafür aber komplexe Beziehungen zwischen den Objekten aufweist. Dann sind Mini-Spezifikationen vielleicht das falsche Ausdrucksmittel. Mit einem Modell des essentiellen Speichers sind Sie dabei wahrscheinlich effektiver, d.h. Sie sollten DSD oder ERD benutzen. Um den richtigen Ansatz zu finden, betrachten Sie also die Komplexität der essentiellen Aktivitäten, wobei Sie die essentiellen Zugriffe außer acht lassen. Wenn diese sehr einfach sind, dann ist ein DSD oder ein ERD die bessere Alternative zur Modellierung der Beziehungen zwischen den Objekten.

9.4.2 Globale Modelle und lokale Modelle

Ein zweiter wesentlicher Unterschied zwischen essentiellem Zugriff und essentiellem Speicher ist, daß ein essentieller Zugriff Teil einer Mini-Spezifikation einer einzelnen essentiellen Aktivität ist, wohingegen auf die essentiellen Speicher von allen essentiellen Aktivitäten eines Systems zugegriffen werden kann. Daher bezeichnen wir den essentiellen Zugriff als lokal, weil er innerhalb einer bestimmten essentiellen Aktivität auftritt. Essentielle Speicher sind global, weil sie für alle essentiellen Aktivitäten zur Verfügung stehen.

Der essentielle Zugriff, den man in einer Mini-Spezifikation beschreibt, zeigt nur eine lokale Sicht der Beziehungen zwischen Objekten. Um eine globale Sicht zu erhalten, müßte man alle Mini-Spezifikationen zu einem bestimmten essentiellen Aspekt aufsammeln. Ein einziges Datenstrukturdiagramm oder Entity-Relationship-Diagramm kann hingegen entweder einen lokalen Aspekt beschreiben (wenn man die Beziehungen zwischen Objekten darstellt, wie sie von einer einzelnen essentiellen Aktivität gebraucht werden) oder die globale Sicht darstellen (wenn man die Objektbeziehungen zeichnet, die von allen essentiellen Aktivitäten gebraucht werden).

Manchmal möchte man einen globalen Überblick über die Objektbeziehungen erhalten, ohne alle Mini-Spezifikationen lesen zu müssen. Dann sollte man entweder ein Datenstrukturdiagramm oder ein Entity-Relationship-Diagramm für den ganzen essentiellen Speicher zeichnen. Im folgenden beschreiben wir einige Situationen, wo diese Modelle die richtigen sind:

- Sie beginnen gerade mit der Definition der Essenz und wollen das niederschreiben, was Sie schon über die Beziehungen zwischen Objekten wissen, ohne dabei den großen Aufwand des Schreibens einzelner Mini-Spezifikationen in Kauf nehmen zu müssen.
- Sie prüfen gerade eine einzelne essentielle Aktivität oder ein globales DFD und wollen schnell feststellen, ob die richtigen Verwaltungsaktivitäten für die Zugriffe spezifiziert wurden. Wenn Sie ein globales Modell des essentiellen Speichers haben, so sollte es Ihnen dabei helfen, denn darin müssen sich die Verwaltungsfunktionen widerspiegeln.
- Sie sind gerade dabei, mit den Programmierern zu sprechen, insbesondere mit den Datenbankorganisatoren, und wollen denen ein möglichst gutes Gesamtbild mitgeben, wie der essentielle Speicher Ihres Systems aussieht, damit diese Programmierer den Aufwand für die Implementierung besser abschätzen können.
- Sie definieren die Essenz eines Teiles eines größeren Systems. Dabei wollen Sie die Beziehungen zwischen den Objekten des größeren Systems modellieren, um sicherzustellen, daß Ihre Sicht des essentiellen Speichers des Teilsystems richtig ist und zur Definition des Gesamtsystems paßt.

9.4.3 Spezialmodelle und allgemeine Modelle

Die Mini-Spezifikationen beschreiben nicht nur die Beziehungen zwischen Objekten, wie sie für Zugriffe gebraucht werden, sondern auch alle anderen Aktionen, die man braucht, um auf ein Ereignis zu reagieren. Datenstrukturdiagramme und Entity-Relationship-Diagramme sind speziell für die Darstellung der Beziehungen zwischen Objekten gedacht. Deshalb kann man sich mit diesen Ausdrucksmitteln besser auf die Zugriffsanforderungen konzentrieren. Sie enthalten keine überflüssigen Informationen über andere Aktionen. Viele Personen wählen DSD und ERD nur aus diesem Grund aus.

9.4.4 Anforderungsmodelle und semantische Modelle

Insbesondere wenn wir am Anfang der Definition der Essenz stehen oder sogar noch davor, wünschen wir uns manchmal ein Modell der Beziehungen zwischen Objekten, sogar wenn diese Beziehungen nicht Teil der Anforderungen an unser System sind. Wir wollen Beziehungen verstehen, so wie Personen sie in ihren Gesprächen ausdrücken, zum Beispiel zwischen Student und Vorlesung: Studenten besuchen Vorlesungen, Studenten versagen bei Vorlesungen, Studenten schließen Vorlesungen erfolgreich ab. Wir nennen dies semantische Beziehungen zwischen Objekten.

Wenn Sie diese Art von Beziehungen modellieren wollen, so sind Entity-Relationship-Diagramme das geeignete Ausdrucksmittel. Diese erlauben es, Beziehungen semantisch näher zu beschreiben. Weder Datenstrukturdiagramme noch Mini-Spezifikationen tun dies, denn sie sind hauptsächlich zur Spezifikation von Anforderungen gedacht.

9.4.5 Graphische und textuelle Ausdrucksmittel

Die graphischen Ausdrucksmittel von Structured Analysis bietet verschiedene Vorteile gegenüber den textuellen Ausdrucksmitteln, insbesondere wenn es darum geht, mehrdimensionale Beziehungen klar darzustellen. Da textuelle Ausdrucksmittel natürlicherweise linear sind, sieht man darin diese Beziehungen nicht so deutlich. Denken Sie z. B. an eine Wegbeschreibung. Die ist oft schwer zu verstehen, wenn man keine Karte der Gegend zur Verfügung hat. Viele Personen sind inzwischen so von den Vorteilen einer graphischen Notation überzeugt, daß sie immer die graphische Notation wählen – nur weil sie graphisch ist –, wenn eine Entscheidung zwischen dieser (wie z. B. bei DSD oder ERD) und textuellen Ausdrucksmitteln (wie Mini-Spezifikationen) ansteht. Diese Auswahl ist durchaus gerechtfertigt, da die Mini-Spezifikationen zwar ein vollständiges, aber doch ein indirektes Modell der essentiellen Beziehungen zwischen Objekten darstellen.

Sie sehen also, daß die Antwort auf die Frage nach dem richtigen Modellierungsmittel nicht einfach ist. Was auch immer Sie auswählen: bedenken Sie, daß das Modell alle Beziehungen, die in essentiellen Zugriffen gebraucht werden, zwischen den Objekten zeigen muß und daß für jede Beziehung die beteiligten Objekte, die Anzahl der Objekte und die Richtung der Beziehung genannt werden müssen.

9.5 Die Notwendigkeit besserer Konventionen

Wenn Sie sich dazu entschließen, Datenstrukturdiagramme oder Entity-Relationship-Diagramme zur Modellierung von Beziehungen zwischen Objekten einzusetzen, so denken Sie daran, daß keines der beiden Ausdrucksmittel alle Konventionen enthält, die man zur vollständigen Spezifikation der Essenz eines Systems braucht. Die DSD sind ein mißbrauchtes Ausdrucksmittel, abgeleitet von den Bachmann-Diagrammen, die in den späten 60er Jahren zur Modellierung physikalischer Datenbankstrukturen entwickelt wurden – also einer ganz anderen Anwendung. Ross hat dieses Ausdrucksmittel auch für Structured Analysis eingeführt und – mit einer Reihe von inkonsistenten Änderungen – haben auch DeMarco, Gane und Sarson sowie Weinberg [11, 17, 52] es rasch übernommen.

Das Hauptproblem bei den DSD ist, daß man damit keine Beziehungen zwischen mehr als zwei Objekten zeigen kann. Nehmen Sie einmal an, einer Ihrer essentiellen Zugriffe lautet: Stelle den Preis einer Ware fest, die von einem bestimmten Verkäufer an einen bestimmten Kunden verkauft wurde. Sie werden bei dem Versuch, diesen typischen und keineswegs seltenen Sachverhalt mit einem DSD auszudrücken (wie es in den Structured-Analysis-

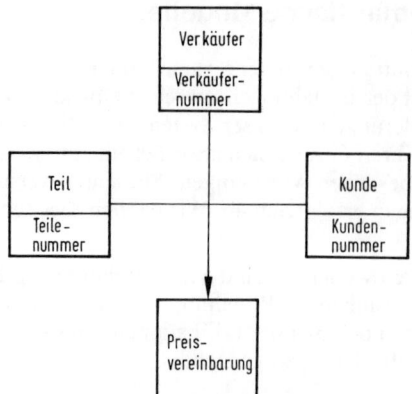

Abb. 9.8:   Ein Datenstrukturdiagramm mit einem Zugriff auf mehrere Objekte

Büchern beschrieben ist), verblüfft sein. Abbildung 9.8 zeigt unseren Versuch, dieses Problem zu lösen.

Entity-Relationship-Diagramme kamen etwas später durch die Arbeiten von Peter Chen und Flavin [4, 15]. Beide Autoren benutzen ERD, um Informationen oder Daten im allgemeinen zu modellieren, ohne die Einschränkungen auf den essentiellen Speicher zu machen. Beide teilen Informationsbereiche in Objekttypen auf (was unseren Objekten und zusätzlichen Charakteristika entspricht, die nicht Teil des essentiellen Speichers sind) und in semantische Relationen zwichen den Objekttypen. Da sich diese Modelle mit semantischen Relationen zwischen Objekten beschäftigen, enthalten sie eines der uns wichtigen Ausdrucksmittel nicht: sie stellen die Richtung der Beziehung zwischen Objekten nicht dar. Das Problem könnte man umgehen, indem man Pfeilspitzen an die Linien zeichnet, die die Rauten mit den Rechtecken verbinden, wie in Abbildung 9.9.

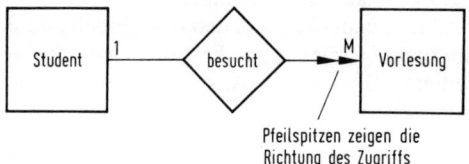

Abb. 9.9:   Modifiziertes Entity-Relationship-Diagramm, das auch die Richtung der Beziehung darstellt

Beide Konventionen stellen nur schnelle Zwischenlösungen dar auf dem Weg, ein sauberes graphisches Ausdrucksmittel für Objekte und Beziehungen zwischen Objekten des essentiellen Speichers zu entwickeln. Früher oder später wird dieses Modellierungsdilemma gut gelöst werden, vielleicht durch eine Mischung aus DSD und ERD. Bis dahin müssen wir als Systemanalytiker das Beste aus dem machen, was wir heute haben.

9.6 Zusammenfassung

Dieses Kapitel enthält die Grundzüge der Modellierung des essentiellen Speichers. Im Data Dictionary modellieren wir Datenelemente, Objekte und Beziehungen innerhalb eines Objekts. Wenn die Definition eines Objekts zu komplex wird, so führen wir Teilobjekte ein. Objekte werden auch in Datenflußdiagrammen eingezeichnet. Die Beziehungen zwischen Objekten können mittels Datenstrukturdiagrammen, Entity-Relationship-Diagrammen oder Mini-Spezifikationen ausgedrückt werden. Welches davon man wählt, hängt von mehreren Faktoren ab: der Komplexität der Beziehungen, der Vorliebe für ein spezielles oder ein allgemeines Ausdrucksmittel und der Vorliebe für Graphik oder Text. Nimmt man die Modellierungsmittel alle zusammen, so hat man gute Dokumentationsmittel an der Hand, um die Anforderungen an den essentiellen Speicher, wie sie in Datenflußdiagrammen und Mini-Spezifikationen auftreten, präzise definieren zu können.

Kapitel 10
Strategien zur Modellierung
der Essenz eines Systems

In Kapitel 5 haben wir eigentlich nichts darüber ausgesagt, wie man die Essenz eines Systems definiert. Auch in Abbildung 6.1 ließen wir die Eingaben für diesen Prozeß ziemlich im unklaren. Jetzt wollen wir zwei grundlegende Strategien beschreiben, wie man die Ausdrucksmittel von Structured Analysis dazu benutzt, ein Modell der Essenz eines neuen Systems zu definieren.

Die erste Strategie wenden wir dann an, wenn es vorher noch kein System gab oder wenn uns die Essenz des bestehenden Systems nicht interessiert. In beiden Fällen hat man keine Wahl, man muß die Essenz des neuen Systems direkt finden. Die Anwender müssen die Informationen über die essentiellen Reaktionen bereitstellen, damit Sie diese in ein essentielles Modell einarbeiten können, wie dies in Abbildung 10.1 dargestellt ist. Die zweite Strategie leitet sich aus der herkömmlichen Vorgehensweise von Structured Analysis ab: Zuerst definiert man die essentiellen Reaktionen eines bestehenden Systems, danach fügt man die neuen Anforderungen hinzu. Obwohl Sie im konkreten Fall vielleicht nur eine der beiden Strategien benutzen, müssen Sie trotzdem mit beiden vertraut sein. Denn eine der beiden alleine wird sicherlich nicht in allen zukünftigen Projekten ausreichen. Daher stellen wir Ihnen beide Strategien vor und auch Entscheidungshilfen dafür, wann Sie welche davon in einem vorgegebenen Systementwicklungsprojekt anwenden.

Hier sind die beiden Strategien:

1. Systementwickler leiten das essentielle Modell eines neuen Systems direkt aus den Informationen ab, die sie von den Anwendern als Wünsche an das neue System hören.
2. Systementwickler leiten das essentielle Modell eines neuen Systems aus den essentiellen Modellen eines oder mehrerer bestehender Systeme ab.

Wir fangen mit der ersten Strategie an und schlagen eine Reihe von Schritten vor, die man bei der Modellierung der Essenz eines Systems anwenden kann, wenn es derzeit keine Inkarnation dieses Systems gibt oder wenn man sich entschlossen hat, die derzeitige Inkarnation zu ignorieren. Wir teilen diesen Vorgang in zwei Phasen: das Finden der Essenz (d.h. Feststellen, was dazugehört) und das Modellieren der Essenz unter Benutzung der Ausdrucksmittel, die wir in den vorangegangenen drei Kapiteln beschrieben haben.

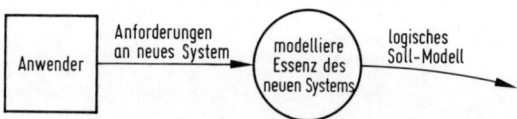

Abb. 10.1: Das Finden der Essenz eines neuen Systems

10.1 Das Finden einer neuen Essenz

Sie können die Essenz eines neuen Systems auf verschiedene Arten definieren, je nachdem, welchen Aspekt des Systems Sie zuerst betrachten und wie diese Betrachtungen Sie bei Entscheidungen und Annahmen über das neue System beeinflussen. Im wesentlichen gibt es vier Entscheidungen, die zum Finden der Essenz eines Systems notwendig sind. Wir beschreiben diese in den folgenden Abschnitten.

10.1.1 Erste Entscheidung: Was ist der Zweck des neuen Systems?

Am Anfang der Suche sollte der Entwickler eine fundamentale Frage über das neue System stellen: Warum soll es gebaut werden? Ganz allgemein betrachtet, dient ein System dazu, mit der Systemumgebung in definierter Weise zusammenzuarbeiten, um irgendein Ziel zu erreichen. Der Grund kommt aus Bedingungen in der Umwelt, die schon vor dem neuen System da sind und die auch unabhängig von dem neuen System sind. Diese Bedingungen bringen Systementwickler dazu, neue Systeme zu schaffen. Denken Sie an eine Umgebung, in der Personen Häuser und wertvolle Gegenstände besitzen und in der es Diebe gibt, die einbrechen und diese wertvollen Gegenstände stehlen. Dieser Sachverhalt hat vor langer Zeit bereits dazu geführt, daß man Alarmsysteme erfunden hat. Der Zweck eines solchen Systems ist es, Krach zu schlagen und damit die Diebe einzuschüchtern oder die Nachbarn darauf aufmerksam zu machen, daß gerade ein Einbruch geschieht.

Eine einzige geplante Reaktion reicht oft nicht aus, um den Zweck eines Systems zu erfüllen; oft ist eine Reaktion nur einer von vielen Beiträgen zum Gesamtziel. In einem Hypothekensystem dienen z. B. die Bezahlung der staatlichen Abgaben für ein Haus, auf dem Hypotheken lasten, und das Versenden von Mahnbriefen an den Hauseigner als zwei Beiträge zu einem Ziel: Geld zu verdienen durch die Hypotheken auf Häuser; die Häuser sind dabei nebensächlich.

Vielleicht finden Sie es schwer, die allgemeine Definition der Zielsetzung am Anfang des Abschnitts in die Praxis umzusetzen. Für jedes wirkliche System wird der Zweck sehr spezifisch, aber auch vielschichtig sein. Der Zweck eines Materialverwaltungssystems ist es natürlich, Material zu verwalten, aber dieser Zweck gliedert sich in die Besorgung des Materials von Zulieferern, die Verteilung des Materials in der Firma, die Materialabrechnung usw. Auch ein Flugbuchungssystem hat viele Ziele: Kunden schnell und zuverlässig über verfügbare Plätze zu beraten, die Anzahl der fehlenden Plätze zu minimieren, die Einnahmeverluste durch Personen, die reservieren, aber nicht fliegen, zu minimieren, etc. Aus diesen Beispielen sehen sie einige Charakteristika der Ziele eines Systems: sie können technologieunabhängig sein, sie können auf verschiedenen Ebenen existieren, und sie können aus mehreren Teilzielen zusammengesetzt sein.

Am Anfang der Suche nach der Essenz kann man sich normalerweise mit einer sehr allgemeinen Aussage über das Ziel zufriedengeben, wie die folgenden Beispiele zeigen:

- Stelle Lohnabrechnung für freie Mitarbeiter auf.
- Plane und überwache präventive Wartungsarbeiten.
- Vermiete Rollschuhe.

Hat man einmal eine derartige Aussage über den Zweck des Systems, so kann man mit der Definition der Komponenten der Essenz fortfahren.

10.1.2 Zweite Entscheidung: Finden der grundlegenden Aktivitäten

Die grundlegenden Aktivitäten eines Systems sind eine Teilmenge der geplanten Reaktionen auf Ereignisse in der Systemumgebung. Darin finden die Dialoge mit den Objekten der Systemumgebung statt, die dabei helfen, das Ziel eines Systems zu erreichen. Deshalb kann man auch sagen, daß die grundlegenden Aktivitäten diejenigen sind, die die Erwartungen der Systemumgebung erfüllen. Abbildung 10.2 enthält eine grundlegende Aktivität „gib Rollschuhe aus", die den Dialog mit dem Kunden abwickelt als Reaktion auf das Ereignis „Kunde will Rollschuhe leihen". Die vermieteten Rollschuhe erfüllen die Erwartung des Kunden an das System.

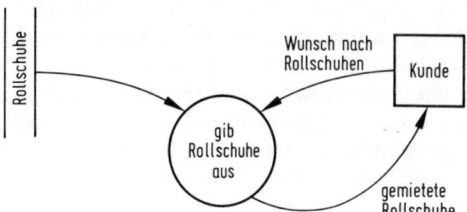

Abb. 10.2:   Dialog der grundlegenden Aktivität „gib Rollschuhe aus" mit der Systemumgebung

Die Suche nach den grundlegenden Aktivitäten beginnt mit der Suche nach den Ereignissen, die eine geplante Reaktion auslösen. Die Ereignisse sind entweder extern oder zeitlich. Sobald Sie ein Ereignis gefunden haben, definieren Sie die Antwort auf dieses Ereignis und damit die zweite Komponente einer grundlegenden Aktivität. Obwohl Sie im Normalfall aus einer Menge von Antworten wählen können, so werden Sie sicherlich die auswählen, die mit dem Ziel des Systems am besten übereinstimmt.

Nehmen wir an, wir definieren gerade die ersten Operationen einer Rollschuhvermietung, deren Ziel oben genannt wurde. Bevor Sie grundlegende Aktivitäten festlegen, stellen Sie sich zunächst die Umgebung vor, in der das fertige System arbeiten wird. Denken Sie an einen Park, in dem die Personen, die eigene Rollschuhe besitzen, auf gepflegten Wegen laufen können. Viele andere würden vielleicht auch gerne laufen, aber sie haben keine Rollschuhe, wären aber bereit, sie zu mieten. Als dynamischer Jungunternehmer, der dies feststellt, können Sie dann eine Rollschuhverleihfirma gründen.

Um die grundlegenden Aktivitäten dieses Systems zu finden, das Ihre Firma bildet, suchen Sie zunächst nach den Ereignissen, auf die Sie reagieren wollen. Jedes dieser Ereignisse ist im folgenden angeführt, zusammen mit einer kurzen Beschreibung des Stimulus und der neu geschaffenen Reaktion.

1. *Kunde will Rollschuhe leihen.* Wenn ein Kunde sich Ihrem Geschäft nähert und nach einem Paar Rollschuhe fragt, so reagieren Sie mit einer Standardvorgehensweise.
2. *Kunde bringt Rollschuhe zurück.* Wenn ein Kunde die Rollschuhe zurückbringt, so berechnen Sie, wieviel er zu zahlen hat, abhängig davon, wie lange er gelaufen ist.
3. *Kunde zahlt Leihgebühr.* Der Kunde gibt Ihnen das Geld, das Sie als Leihgebühr für die Rollschuhe verlangt haben.
4. *Es ist Zeit für den Feierabend.* Wenn die Uhr 18.00 zeigt, dann deponieren Sie die Quittungen dieses Tages in einem Behälter und prüfen, ob Rollschuhe beschädigt wurden oder fehlen.

Jede der ersten drei grundlegenden Aktivitäten wird durch ein externes Ereignis von einem Kunden ausgelöst. Kunden sind ein Objekt in der Systemumgebung, mit dem sich ein Rollschuhverleih auseinandersetzen muß. (Andere externe Objekte könnten z. B. eine Bank, ein Rollschuhhersteller, ein Reparaturgeschäft oder die Polizei sein.) Die vierte Aktivität wird durch ein zeitliches Ereignis ausgelöst: die Uhr zeigt 18.00 Uhr.

Die Reaktionskomponente der grundlegenden Aktivität braucht Informationen, um der Systemumgebung zu antworten. Zum Beispiel muß die Rollschuhverleihfirma in der Lage sein, einem Kunden zu sagen, wie lange er gelaufen ist und was er zu bezahlen hat. Obwohl eine grundlegende Aktivität Informationen aus anderen Informationen ableiten kann, so kann sie keine Informationen aus dem Nichts ableiten. Alle Informationen, die eine grundlegende Aktivität produziert, müssen letztendlich entweder von der Systemumgebung (zum Zeitpunkt des Ereignisses) oder aus essentiellen Speichern kommen. Die Notwendigkeit, diese Informationsquellen festzustellen, führt zum nächsten Schritt beim Finden der Essenz.

10.1.3 Dritte Entscheidung: Finden der notwendigen Informationen

Die Suche nach den Informationen, die ein System braucht, um die geplanten Reaktionen auszuführen, beginnt man bei der Menge der Datenelemente, die durch grundlegende Aktivitäten erzeugt werden. Zuerst prüft man, ob diese Informationen aus anderen abgeleitet werden können. Bei dem Rollschuhverleih ist die Leihgebühr das Produkt aus der Grundgebühr pro Stunde und der Zeit, für die die Rollschuhe ausgeliehen wurden. Die Grundgebühr pro Stunde ist aber von keinem anderen Datum ableitbar: es gibt eine festgesetzte Gebühr für alle Arten von Rollschuhen. Die Ausleihzeit muß abgeleitet werden. In unserem Beispiel ist dies die Zeit zwischen dem Verleihen und dem Zurückbringen; dabei wird immer auf die nächste Viertelstunde gerundet. Für jedes abgeleitete Datum muß man alle Datenelemente finden, aus denen es abgeleitet wird.

Nehmen wir an, wir kennen jetzt alle Daten, um die grundlegende Antwort abzuleiten, dann müssen wir als nächstes die Quellen für diese Informationen feststellen. Davon gibt es grundsätzlich zwei Arten: Das System erhält diese Informationen entweder aus der Systemumgebung, wenn ein Ereignis eintritt, oder von einer anderen essentiellen Aktivität, wenn eine Reaktion ausgeführt wird. Die Schuhgröße für die Rollschuhe kommt aus der Systemumgebung; die Anfangszeit und die Endzeit kommen aus dem System.

Als nächstes legen wir fest, welche Informationen im essentiellen Speicher gehalten werden sollen (falls es solche gibt). Den essentiellen Speicher gibt es ja deshalb, weil man sich auf das Gedächtnis der Systemumgebung nicht immer verlassen kann. So z. B. muß das System hier die Verleihzeit und die momentane Uhrzeit kennen. Die momentane Uhrzeit kann man sofort von der Systemuhr ablesen, aber wie merken wir uns, wann die Ausleihe begonnen hat? Das System kann nicht den Kunden fragen, denn dieser erinnert sich vielleicht nicht daran oder lügt absichtlich, um Geld zu sparen. Es gibt also in diesem Fall keine zuverlässige Alternative zum Abspeichern dieses Anfangszeitpunkts, sobald ein Kunde seine Rollschuhe übernimmt. Tut man dies nicht, so gefährdet man unter Umständen die Zielsetzung des gesamten Systems.

Um die Spezifikation des essentiellen Speichers abzuschließen, prüft man zum Schluß noch, ob das System ein Datenelement ein- oder mehrmals abspeichern muß. Wird der Rollschuhverleih ein Paar Rollschuhe ausgeben und sich eine Anfangszeit merken, oder werden es mehrere Paare sein und daher mehrere Anfangszeiten? Bei letzterem muß man sich ein Verfahren einfallen lassen, wie man die Anfangszeit mit einem bestimmten Kunden in Verbindung bringt. Typischerweise sucht man sich ein zusätzliches Datenelement, das man nur für die Wiederauffindung eines Datenelements benutzt, wie z. B. die Ausweisnummer oder Führerscheinnummer des Kunden. Eine andere Lösung wäre, den Kunden eine Nummer mitzugeben, die sie beim Abgeben wieder vorzeigen müssen.

Bei der Spezifikation des essentiellen Speichers tritt oft noch ein willkommener Nebeneffekt auf: Man stellt fest, daß man Informationen, die man aus dem essentiellen Speicher lesen will, nur über Ereignisse erhält, die man vorher noch gar nicht gefunden hatte. In diesem Fall sollten Sie dieses zusätzliche Ereignis einfach notieren und im nächsten Schritt (beim Suchen der Verwaltungsaktivitäten) mitberücksichtigen.

Hat man sich entschlossen, welche Informationen aus dem essentiellen Speicher kommen, so muß man alle anderen Informationen aus der Systemumgebung erhalten können. Bei jeder einzelnen grundlegenden Aktivität, die von einem externen Ereignis ausgelöst wird, ist diese Information in dem Stimulus enthalten, der das Ereignis begleitet. Der Kunde muß z. B. seine Schuhgröße nennen, wenn er Rollschuhe ausleihen will, damit das System die richtige Größe von Rollschuhen ausgeben kann. Bei den grundlegenden Aktivitäten, die zeitlich ausgelöst werden, sind diese direkten Informationen sehr einfach. Es handelt sich immer um die Zeit in irgendeiner Darstellungsform, die der essentiellen Aktivität als einzelnes Datenelement übergeben wird, wenn das Ereignis auftritt.

10.1.4 Vierte Entscheidung: Finden der Verwaltungsaktivitäten

Den letzten Schritt in der Suche nach der Essenz bildet das Finden der Verwaltungsaktivitäten. Diese sind für die Speicherung und Aktualisierung der Informationen verantwortlich, die von den grundlegenden Aktivitäten gebraucht werden. Für jede einzelne Anforderung an den Speicher muß man feststellen, wann die Information erstmalig gespeichert werden muß, wie oft sie aktualisiert werden muß, damit die grundlegende Aktivität vernünftig arbeiten kann, und wann Informationen wieder aus dem essentiellen Speicher gelöscht werden sollen.

Um die Zeit der ersten Speicherung zu finden, betrachtet man wieder die Ereignisse und die grundlegenden Aktivitäten, die man schon gefunden hat, auch die Ereignisse, die man bei der Suche nach den benötigten Informationen noch gefunden hat. Man prüft jedes Ereignis und jede Reaktion, um festzustellen, ob die vorhandenen Informationen von den grundlegenden Aktivitäten gebraucht werden, ob eine Aktivität auf dieses Ereignis reagiert oder nicht. Wenn eine Information erst später gebraucht wird, dann betrachtet man dieses Ereignis als Ursprungsort für diesen Teil des essentiellen Speichers, auch wenn die Informationen durch eine Reaktion erzeugt werden. Wenn man die grundlegende Aktivität, die auf das Ereignis „Kunde will Rollschuhe leihen" reagiert, in diesem Sinne überprüft, so stellt man fest, daß die Anfangszeit ab dem Zeitpunkt dem System zur Verfügung steht, wo das System die Reaktion auf dieses Ereignis ausführt. Man weiß auch, daß diese Anfangszeit später von der grundlegenden Aktivität „berechne Gebühr" (als Reaktion auf „Kunde bringt Rollschuhe zurück") gebraucht wird. Daher ist das Ereignis „Kunde will Rollschuhe leihen" der Ursprungsort für die Anfangszeit im essentiellen Speicher.

Sobald Sie den Ursprungsort für die gespeicherte Information gefunden haben, fügen Sie eine geeignete Verwaltungsaktivität zu Ihrem System hinzu, die dafür sorgt, daß die Information im essentiellen Speicher festgehalten wird. In unserem Beispiel müssen Sie sich überlegen, wo Sie diese Verwaltungsaktivität zum Abspeichern der Startzeit in dem Modell ansiedeln. Wenn man keine andere Aktivität findet, die die Startzeit gut verwalten kann, und kein anderes Ereignis, woraus man die Startzeit ableiten kann, dann kommt man zum Schluß, daß diese Verwaltungsaktivität am besten ein Teil der Reaktion auf „Kunde will Rollschuhe leihen" sein sollte. Jeder Teil des essentiellen Speichers, dessen Ursprung nicht auf ein Ereignis zurückgeführt werden kann, das eine grundlegende Aktivität auslöst, kommt von den zusätzlichen Ereignissen, die wir gefunden haben, als wir nach den Anforderungen für den essentiellen Speicher in bezug auf die grundlegenden Aktivitäten gesucht haben. In jedem Fall müssen Sie ein oder mehrere Verwaltungsaktivitäten schaffen, die diese Teile des essentiellen Speichers festhalten.

Als nächstes überlegen Sie, wie Sie die Daten im essentiellen Speicher aktualisieren, so daß sie mit den Erwartungen der grundlegenden Funktionen übereinstimmen. Das bedeutet, daß Sie herausfinden müssen, wann eine gespeicherte Information für eine grundlegende Aktivität ungeeignet wird. Dazu betrachten Sie wieder die Ereignisse, die Sie bisher gefunden haben, und prüfen, ob eines davon eine bestimmte Art von Information hinfällig macht. Dabei halten Sie auch Ausschau nach bisher unbekannten externen oder zeitlichen Ereignissen, die Informationen überflüssig machen. Sobald Sie solche Ereignisse gefunden haben, legen Sie die Verwaltungsaktivitäten an, die dafür sorgen, daß die überflüssigen Informationen aus dem essentiellen Speicher entfernt werden.

Es ist unwahrscheinlich, daß Sie beim ersten Durchgang durch diese vier Schritte sofort alle geeigneten essentiellen Aktivitäten finden. Später werden Ihnen noch andere einfallen, und Sie werden diese Schritte wiederholen müssen. Dies muß aber nicht unbedingt in der hier beschriebenen Reihenfolge geschehen. Denken Sie einmal an die dritte Aktivität in unserem Rollschuhverleih, an „Kunde zahlt für geliehene Rollschuhe". Plötzlich fällt Ihnen ein, daß ein Kunde vielleicht nicht bezahlt oder die Rollschuhe gar nicht zurückbringt. Da Ihnen natürlich daran gelegen ist, daß Ihre Kunden die Rollschuhe wieder zurückbringen, entschließen Sie sich, bei der Ausgabe ein Pfand zu nehmen, das nur dann zurückgegeben wird, wenn auch die Rollschuhe zurückgebracht werden und für die Ausleihe bezahlt wurde. Um dies zu erreichen, führen Sie eine zusätzliche Zugriffsfunktion ein, die bei dem Ereignis „Kunde zahlt für ausgeliehene Rollschuhe" ausgelöst wird. Der Zweck dieser Funktion ist es, das Pfand von da wiederzuholen, wo es zwischengespeichert war, und es dem Kunden zurückzugeben. Als nächstes müssen Sie den Speicher bestimmen, wo das Pfand aufgehoben werden soll, und eine Verwaltungsaktivität einführen, die das Pfand dort abspeichert. Diese Verwaltungsaktivität wird ein Teil der ersten Aktivität des Systems sein, die auf das Ereignis „Kunde will Rollschuhe ausleihen" reagiert. Schließlich definieren Sie den Stimulus für dieses Ereignis neu, um auch das Pfand mitaufzunehmen.

10.2 Das Modellieren einer neuen Essenz

Sobald Sie die Essenz eines Systems gefunden haben, schreiben Sie diese mit den Ausdrucksmitteln von Structured Analysis nieder. Abbildung 10.3 zeigt Ihnen ein ereignis- und objektorientiert gegliedertes Datenflußdiagramm für die Essenz, die wir im letzten Abschnitt gefunden haben. Das Datenflußdiagramm zeigt die Stimuli, die von den externen Ereignissen kommen, die Reaktionen auf alle Ereignisse (die grundlegenden Aktivitäten und die Verwaltungsaktivitäten), die Resultate der Reaktionen und Gruppen von Elementen des essentiellen Speichers. Wieder hat die ereignisorientierte Zerlegung dazu geführt, daß wir pro Ereignis eine Aktivität (oder einen Knoten) haben, der auf dieses Ereignis reagiert. Obwohl ein Ereignis sowohl grundlegende Aktivitäten wie auch Verwaltungsaktivitäten auslösen kann, werden alle Aktivitäten, die zu diesem Ereignis gehören, als ein Knoten dargestellt. Die vollständige Version von „gib Rollschuhe aus" (die zuletzt in Abbildung 10.2 zu sehen war) enthält eine Mischung aus grundlegenden Aktivitäten und Verwaltungsaktivitäten, nachdem alle Schritte zum Auffinden der Essenz durchlaufen wurden: sie trägt jetzt auch die Anfangszeit und das Pfand in den Speicher „Ausleihdatei" ein; außerdem gibt sie die Rollschuhe an den Kunden aus. Die Datenspeicher in diesem essentiellen Datenflußdiagramm sind Elemente, die zu Objekten gruppiert wurden.

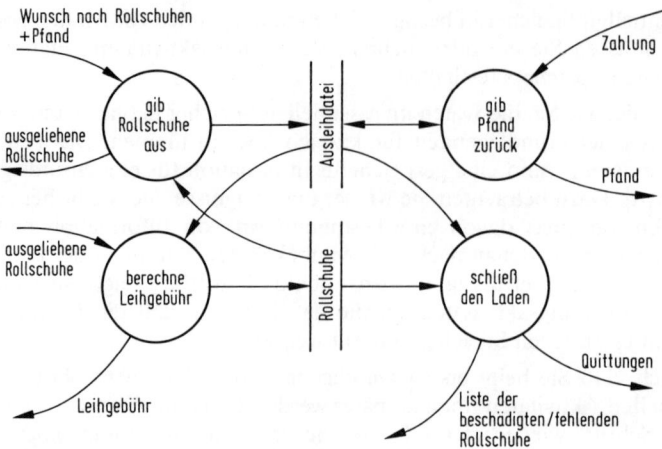

Abb. 10.3: Essenz des Rollschuhverleihs

Hier sind noch einige Definitionen aus dem Data Dictionary für die essentielle Aktivität „gib Rollschuhe aus":

Ausgeliehene Rollschuhe = {Rollschuhe}

Ausleihdatei = {*Kundenname* + Nr. der geliehenen Rollschuhe + Pfand + Anfangszeit + Zahlung}

Das Data Dictionary definiert alle Datenelemente, die zum Stimulus, zur Antwort oder zum essentiellen Speicher gehören. Das Data Dictionary zeigt auch die Beziehungen der Elemente eines Stimulus oder einer Antwort auf, z. B. daß eine Menge von Daten mehrfach in einem Speicher auftritt oder daß ein Datenelement optional ist.

Eine Mini-Spezifikation für die essentielle Aktivität „berechne Leihgebühr" könnte folgendermaßen aussehen:

> Stelle Rollschuhe in das Regal zurück
> Suche den Ausleiheintrag unter dem vorgegebenen Kundennamen
> Berechne Leihgebühr:
>> Leihdauer = Zeitspanne seit der Anfangszeit,
>>   gerundet auf die nächste Viertelstunde
>> Leihgebühr = Leihdauer * Leihgebühr pro Stunde
> Notiere die Leihgebühr im Ausleiheintrag
> Teile die Leihgebühr dem Kunden mit

Diese Mini-Spezifikation beschreibt die komplette Reaktion auf das Ereignis „Kunde bringt Rollschuhe zurück". Wir benutzen Mini-Spezifikationen, um die Stimuli von zeitlichen Ereignissen zu beschreiben, um die Einzelschritte der Reaktion auf ein Ereignis festzulegen, um die Beziehungen unter den Datenelementen der Stimuli, des essentiellen Speichers und der Antworten zu definieren, wie z. B. die genauen Regeln, um eine Ausgabe aus den Informationen im Speicher abzuleiten.

In diesem und im vorhergehenden Abschnitt haben wir das Auffinden und Modellieren der Essenz eines neuen Systems beschrieben, ausgehend von der Meinung der Kunden über das, was das System tun soll. Jetzt wenden wir uns der zweiten Strategie zu, die man zur Modellierung der Essenz verwenden kann, wenn man von der Essenz eines bestehenden Systems ausgeht.

10.3 Das Ableiten einer neuen Essenz

Natürlich wollen Sie nicht, daß Sie nach Monaten harter Arbeit feststellen müssen, daß Sie das Rad neu erfunden haben. Daher ist es am Anfang einer Systementwicklung immer sinnvoll, sich zu fragen, wo denn die wesentlichen Unterschiede zwischen dem neu zu entwickelnden System und einem eventuell schon vorhandenen System liegen. Wenn Sie Ähnlichkeiten finden, dann müssen Sie im Einzelfall entscheiden, ob es besser ist, alles von Grund auf neu zu entwickeln oder durch Abänderung und Anpassung dahin zu kommen, wo Sie hinwollen.

Diese Entscheidung begegnet Ihnen noch öfter während der Systementwicklung. Wenn Sie programmieren, dann möchten Sie natürlich auch den bestehenden Code wiederverwenden oder kommerzielle Pakete einsetzen. Wenn Sie entwerfen, dann möchten Sie sich auf bereits bestehende Designs existierender Systeme stützen. Und wenn Sie die Essenz eines Systems definieren, dann sollten Sie die Ähnlichkeiten der Essenz Ihres Systems mit der Essenz bereits bestehender Systeme vergleichen. Dazu leiten Sie zuerst die Essenz eines bestehenden Systems ab und entwickeln nur die Teile der Essenz neu, die in dem ursprünglichen System nicht vorhanden waren.

In diesem Abschnitt erklären wir, warum wir diesen Ansatz besser finden, und wir erläutern, warum Sie auch ein Modell der Inkarnation des bestehenden Systems brauchen. Danach bieten wir einige Richtlinien an, die Ihnen bei der Auswahl einer der beiden Strategien helfen soll.

10.3.1 Warum leitet man die Essenz bestehender Systeme ab?

Es gibt drei gute Gründe, warum man die Essenz eines neuen Systems aus der Essenz eines existierenden Systems ableiten soll, wenn diese beiden Systeme einander ähnlich sind: Erstens vergessen Sie beim Kopieren eines bestehenden Systems weniger leicht bestimmte Eigenschaften, die im neuen System vorhanden sein sollen. Zweitens ist es leichter, eine Funktion präzise zu beschreiben, wenn man eine Vorlage hat, als wenn man versucht, eine präzise Definition ohne Vorlage zu erstellen. Und drittens ist es einfacher und schneller, wenn man von einem existierenden System ausgeht.

Alle drei Gründe gelten nur dann, wenn das neue System dem alten System ähnlich sein soll. Ein neues System kann einem existierenden System in vielen Aspekten ähnlich sein; es wird aber nie eine genaue Kopie sein. Wenn es so wäre, dann hätte man das Entwicklungsprojekt sicher nie begonnen. Das existierende System erfüllt normalerweise ein Reihe von Anforderungen, aber es gibt auch eine Reihe von so erheblichen Mängeln und Nachteilen, daß eine Neuentwicklung sich lohnt. Sie müssen daher versuchen, die Aspekte herauszufiltern, die es sich zu erhalten lohnt; diese müssen Sie präzise modellieren; die anderen, irrelevanten Aspekte und Schwächen des existierenden Systems müssen Sie soweit wie möglich ignorieren.

Die meisten Ähnlichkeiten zwischen einem existierenden und einem geplanten System werden Sie in der Essenz finden; die meisten Unterschiede hingegen in der Art und Weise, wie die Technologie benutzt wurde, um die essentiellen Aktivitäten und Speicher zu implementieren. Wir haben sogar schon öfter erlebt, daß ein bestehendes System die Geschäftspolitik vollständig und richtig erfüllt hat, daß aber die Art, wie sie erfüllt wurde, technologisch nicht mehr akzeptabel war. Vielleicht ist das bestehende System einfach zu ineffizient oder zu schwer zu warten. In diesem Fall kann die Definition der Essenz des existierenden Systems ohne große Änderungen als Essenz des neuen Systems verwendet werden.

Aber wie oft finden wir dieses Phänomen? Und warum tritt es auf? Dieses Phänomen findet man sehr häufig, und wir glauben, daß dies etwas mit der unterschiedlichen Änderungsrate der Essenz und der Inkarnation eines Systems zu tun hat. Seit 1945 hat sich die Computertechnologie beträchtlich gewandelt, während in der gleichen Zeit nur sehr wenig essentiell Neues entstanden ist. Wenn wir kaufmännische Systeme zwischen 1965 und 1980 betrachten, so finden wir, daß sie sich von ihren Vorgängern meist nur in der Technologie unterscheiden. Während dieser Zeit kamen drei Computergenerationen und sind schon fast wieder verschwunden, und wir sahen eine Verbesserung der Speicherungstechniken. Durch die Fortschritte in der Online-Verarbeitung und der Telekommunikation werden heute Datenerfassungstätigkeiten und Routineanfragen viel effizienter abgehandelt als in den Zeiten der Stapelverarbeitung um 1965.

Wie hat sich die Essenz von Systemen von 1965 bis 1980 verändert? Eines ist sicher: die Essenz hat sich geändert und ständig weiterentwickelt. Der springende Punkt dabei ist nicht, daß diese neuen Systeme eine andere Essenz und eine andere Inkarnation haben, sondern daß sich die Inkarnationstechnologie wesentlich rascher und drastischer ändert als die Essenz eines Systems.

In den meisten Fällen ist der größte Unterschied zwischen einem neuen und einem existierenden System darin zu finden, daß das neue System eine Mischung von verbesserten Technologien verwendet, während die Essenz fast noch die alte ist. Aus diesem Grund lohnt es sich fast immer, die Essenz eines bestehenden Systems zu untersuchen. Daher schlägt unsere Strategie zur Modellierung der Essenz eines neuen Systems vor, als erstes die Essenz des bestehenden Systems zu modellieren und dann die neuen essentiellen Anforderungen hinzuzufügen. Abbildung 10.4 verdeutlicht diese Vorgehensweise.

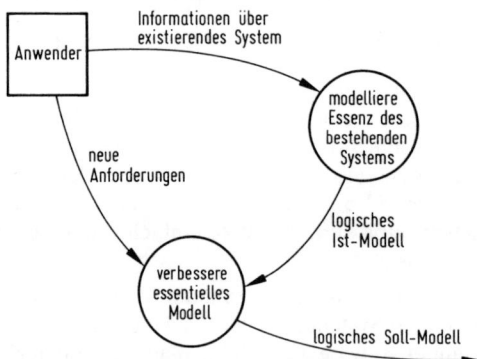

Abb. 10.4:   Ableitung der Essenz des neuen Systems aus der Essenz eines existierenden Systems

10.3.2 Warum sollte man die bestehende Inkarnation modellieren?

Die Strategie, die wir eben skizziert haben, sagt aus, daß man die Essenz eines bestehenden Systems direkt aus dem laufenden System ableiten soll. Es gibt kein Modell vor dem essentiellen Ist-Modell; dieses erste Modell läßt die Charakteristika und Grenzen der heutigen Implementierungstechnologie völlig außer acht. Das ist ein hehres und bewundernswertes Ziel. Warum sollten wir uns um etwas kümmern, was im nächsten Schritt, beim Herausfiltern der logischen Funktionen, ohnehin wegfällt? Das scheint zunächst reine Zeitverschwendung zu sein. Daher lassen viele Projektmanager das physikalische Ist-Modell beiseite und entwickeln sofort – um Zeit und Geld zu sparen – das logische Ist-Modell. Mindestens eine Firma ist so weit gegangen und hat jegliche Erwähnung des physikalischen Ist-Modells aus ihrer Vorgehensweise mit Structured Analysis gestrichen. Leider gibt es keinen einfachen Weg, auf das physikalische Ist-Modell ganz zu verzichten.

Es gibt hauptsächlich zwei Argumente für die Modellierung der existierenden Inkarnation. Erstens ist die menschliche Auffassungsgabe sehr begrenzt, wenn es um komplexe Zusammenhänge geht. Ob Sie nun in der Lage sind, essentielle Anforderungen und Inkarnationseigenschaften sofort zu unterscheiden oder nicht, Sie schaffen es nicht, alle Informationen über ein System auf einen Schlag zu durchschauen. Wenn Sie aber die essentiellen Eigenschaften eines großen Systems verstehen wollen, dann müssen Sie sehr detailliert über das bestehende System Bescheid wissen, denn die Essenz ist verstreut und über die ganze Inkarnation des bestehenden Systems verteilt. Wenn Sie also versuchen, die Essenz direkt abzuleiten, so führt das zu einer Situation, wo sich die Katze in den Schwanz beißt: Um die Essenz zu definieren, müssen Sie auf einer sehr abstrakten, hohen Ebene arbeiten, damit Sie das Gesamtsystem überblicken. Auf dieser Ebene sehen Sie aber die Details nicht, die Sie brauchen, um die zerhackten, verstreuten essentiellen Stückchen zu finden.

Der zweite Grund für die Entwicklung eines physikalischen Ist-Modells liegt darin, daß Sie auf die Rückkopplung von Personen angewiesen sind, die auf dieser hohen Abstraktionsebene nicht denken wollen oder können. Auch wenn Sie glauben, daß Sie die Essenz eines Systems auf dieser Ebene verstanden haben, so brauchen Sie eine unabhängige Bestätigung Ihrer Meinung. Da das essentielle Modell sich gewaltig von dem Inkarnationsmodell unterscheiden kann, haben Sie oftmals Probleme, diese Bestätigung zu erhalten. Viele Personen können die Essenz eines Systems nur dann bestätigen, wenn sie das Modell der Inkarnation studieren.

Aus diesen Gründen müssen Sie zuerst ein Modell der existierenden Inkarnation entwickeln und aus diesem dann die existierende Essenz ableiten. Diese verfeinerte Vorgehensweise ist in Abbildung 10.5 dargestellt.

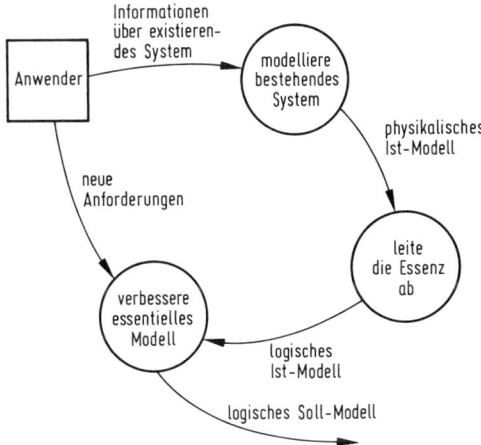

Abb. 10.5: Ableitung der Essenz eines Systems aus dem physikalischen Ist-Modell

Obwohl es den Anschein hat, daß die Modellierung des physikalischen Ist-Zustands vor dem essentiellen Modell so schlimm ist, wie den Spinat vor der Eiscreme essen zu müssen, so gibt es doch positive Aspekte dabei:

- Sie können das physikalische Ist-Modell dazu benutzen, um Probleme in dem existierenden System aufzuspüren. Es dauert im Normalfall einige Zeit, bis das neue System fertig ist, und man kann vielleicht in der Zwischenzeit die laufenden Operationen vereinfachen oder sonst irgendwie verbessern.
- Sie können das physikalische Ist-Modell als formale Dokumentation für Anwender, Analytiker, Designer und Manager verwenden, die mit dem System arbeiten. In vielen Fällen ist dieses Modell die erste verständliche Darstellung ihrer Arbeiten, die diese

Leute gesehen haben. In einem Projekt hat uns ein Manager bestätigt, daß die Analyse bereits ein Erfolg sei, auch wenn das Entwicklungsprojekt fehlschlägt, weil dadurch ein Modell entstanden ist, das es ihm zum ersten Mal erlaubt, seine Organisation klar zu durchschauen.

- Das physikalische Ist-Modell kann bei der Umstellung auf das neue System hilfreich sein. Es dient als eine Art Landkarte der bestehenden Organisation und erleichtert somit die Entscheidungen, an welchen Stellen man in existierende Bereiche eingreifen sollte.

So nützlich diese Anwendungen auch sein mögen, sie alleine können den Aufwand zur Erstellung eines physikalischen Ist-Modells nicht rechtfertigen. Dieses Modell entwickelt man hauptsächlich dazu, um etwas über die Essenz des bestehenden Systems zu lernen und sein Wissen zu verifizieren. Nur dann kann man ein Modell der bestehenden Essenz entwickeln, das einem dabei hilft, die neue Essenz abzuleiten und schließlich eine neue Inkarnation zu konstruieren.

10.4 Die Auswahl einer Modellierungsstrategie

In den vorigen drei Abschnitten haben wir zwei Strategien zur Definition der Essenz eines Systems beschrieben. Diese Strategien sind in Abbildung 10.1 und 10.5 dargestellt. In einer idealen Welt könnte man beide Strategien benutzen und die besten Ergebnisse aus den entstehenden essentiellen Modellen herausnehmen. In unserer realen Welt jedoch zwingen uns knappe Ressourcen (an Geld und Zeit) dazu, einen Kompromiß einzugehen: wir müssen eine Teilmenge der Schritte dieser Aktivitäten auswählen, wir müssen uns bei jeder Teilaktivität auf einen bestimmten Detaillierungsgrad einschränken, und wir müssen den Umfang unserer Systeme auf ein vernünftiges Maß von Systemumgebungen und bestehenden Systemen einengen. Dieser Kompromiß liegt im Verantwortungsbereich des Projektleiters; die Aktivitäten, die er auswählt, bestimmen die Strategie, der ein Entwicklungsteam bei der Entwicklung eines neuen Systems folgt.

Von all den möglichen Mischstrategien wollen wir im Rest des Kapitels die Umstände diskutieren, die zur einen oder anderen der beiden Hauptstrategien raten.

10.4.1 Faktoren bei der Auswahl einer Modellierungsstrategie

Welche Strategie sollten Sie nun also auswählen? Sollten Sie den direkten Ansatz zur Modellierung der Essenz des neuen Systems bevorzugen? Oder sollten Sie zuerst die Essenz des existierenden Systems modellieren? Bevor wir darauf antworten, müssen wir noch zwei Zusatzfragen stellen:

- Welche Strategie führt zum geeignetsten Modell der Essenz des neuen Systems?
- Welche Strategie nützt die spärlichen Ressourcen eines Projekts am besten aus?

Diese beiden Überlegungen sind stark miteinander verknüpft. Wenn eine Strategie so gründlich ist, daß sie alle geeigneten Komponenten der Essenz eines existierenden Systems findet, dann dauert das normalerweise so lange, daß das Überleben des Projektes gefährdet ist. Andererseits ist das essentielle Modell in manchen Projekten so kritisch, daß nur ein sehr präziser Ansatz dieses Ergebnis überhaupt erbringen kann. Um die Eigenschaften zu isolieren, diskutieren wir die Faktoren, die die Effizienz der Verfahren beeinflussen und die die Eignung der Resultate beeinflussen. Danach beschreiben wir die Situationen, in denen die eine oder andere Lösung besser erscheint.

10.4.1.1 Faktoren, die die Eignung beeinflussen

Zwei Faktoren bestimmen, welche Strategie die geeignetere neue Essenz produziert. Zuerst müssen Sie die Toleranz der Systemumgebung kennen, in der das System am Ende eingesetzt werden soll. Wie schlimm ist es, wenn das System nicht die geplanten Reaktionen zeigt? Niemand plant natürlich ein System mit falschen Reaktionen, aber die Realität zwingt manche Systeme zu einem fehlerfreien Verhalten als andere. So z. B. ist die Fehlertoleranz in einem Buchungssystem größer als in einem Luftraumüberwachungssystem. Sobald Sie festgelegt haben, wie zuverlässig das neue System sein muß, stellen Sie fest, welche Strategie das zuverlässigste System produziert.

Der zweite Faktor, der die Eignung beeinflußt, ist die Überlegung, welche Vorgehensweise die Fehlerrate bei der Erstellung der Essenz selbst minimiert. Ist die Essenz des neuen Systems sehr komplex? Dann könnte die Modellierung der Essenz des bestehenden Systems wenigstens einige Fehler vermeiden helfen oder zumindest die Wahrscheinlichkeit erhöhen, daß die Definition der neuen Essenz korrekt ist. Andererseits brauchen Sie sich nicht so viele Gedanken machen, wenn die Essenz des neuen Systems relativ einfach ist. Eine weitere Überlegung geht dahin, daß manchmal ein ähnliches System mit ähnlicher Essenz sehr schwierig auffindbar sein kann. Dann ist es manchmal leichter, statt viele Fehler bei der Extraktion zu machen, direkt mit der Neudefinition zu beginnen.

10.4.1.2 Faktoren, die die Effizienz beeinflussen

Das System richtig zu entwickeln, mag vielleicht Ihre erste Priorität sein, aber Sie müssen auch daran denken, wie lange das mit den unterschiedlichen Strategien dauern kann. Es ist sicherlich nicht gut für Sie, wenn Sie ein phantastisches, essentielles Systemmodell entwickeln, dafür aber so lange brauchen, daß Ihr Projekt in der Zwischenzeit eingestellt wird. Manchmal muß man seine Strategie wechseln, um in einem vernünftigen Zeitrahmen fertig zu werden: Sie müssen dann vielleicht die Essenz von Grund auf neu machen, wenn Sie keine Zeit haben, das bestehende System zu modellieren. Manchmal bedeutet das, daß man sich mit einem weniger guten essentiellen Modell zufriedengeben muß.

Ob Sie die Zeit dazu haben, die Essenz des bestehenden Systems zu modellieren, hängt von einem zweiten Hauptfaktor ab: der Zugänglichkeit der Essenz des bestehenden Systems. Wenn es kein bestehendes System gibt, dann ist die Diskussion hinfällig. Aber auch wenn es eines gibt, so ist fast sicher noch nie ein essentielles Modell davon geschrieben worden. (Die Gründe haben wir in Kapitel 1 beschrieben, warum so viele Projekte mit Structured Analysis daran gescheitert sind, ein essentielles Modell zu erstellen.) Es bleibt deshalb bei Ihnen hängen, ein essentielles Modell des bestehenden Systems zu erstellen - wenn Sie sich dazu entschließen.

Sie können davon natürlich auch Abstand nehmen, wenn die Essenz des bestehenden Systems aus anderen Gründen nicht zugänglich ist. Vielleicht weiß keiner, was die Essenz des Systems sein soll, oder die, die es wissen, nehmen sich keine Zeit, um es Ihnen zu erklären. Das System ist vielleicht total unverständlich, weil Ihre einzige Unterlage ein 15 Jahre alter Spaghetticode in VIATRON-Assembler ist. Auch so ein System ist unzugänglich, weil es viel zu lange dauern würde, daraus die Essenz herauszukratzen.

Sie können es auch sein lassen, die Essenz eines bestehenden Systems zu modellieren, auch wenn sie zugänglich ist, wenn Sie diese Überlegung anstellen: Was nützt mir denn das Modell der existierenden Essenz, auch wenn es fertig ist? Muß man die existierende Essenz radikal verändern, um zur neuen Essenz zu gelangen? Was ist, wenn zwar die existierende Essenz das enthält, was in der neuen Essenz gebraucht wird, wenn aber zusätzliche neue

Wünsche den Löwenanteil an der neuen Essenz ausmachen? In jedem dieser Fälle ist wahrscheinlich die Zeit, die man in die Modellierung der existierenden Essenz steckt, verlorener Aufwand.

10.4.1.3 Situationen, die für die eine oder andere Strategie sprechen

Zusammenfassend kann man sagen, daß Sie in folgenden Fällen das existierende System modellieren sollten:

- Das Risiko bei der Definition der Essenz von Grund auf ist sehr hoch, insbesondere dann, wenn das neue System zu einem hohen Grad fehlerfrei sein soll.
- Das Wissen über die Essenz eines bestehenden Systems ist zugänglich.
- Die bestehenden Essenzen sind dem sehr ähnlich, was – Ihrer Meinung nach – auch im neuen System enthalten sein soll.
- Es steht genügend Zeit zur Verfügung, um die Essenz bestehender Systeme zu untersuchen.

Obwohl wir das Studium der Essenz existierender Systeme empfehlen, wo immer es nur möglich ist, gibt es doch Situationen, in denen die Entwicklung eines essentiellen Modells von Grund auf sinnvoller ist. Die Umstände, die dafür sprechen, sind die folgenden:

- Das Risiko bei der Neudefinition der Essenz von Grund auf ist sehr gering.
- Die Essenz von geeigneten Vergleichsystemen ist nicht zugänglich.
- Die Essenz von Vergleichsystemen enthält nur einen Bruchteil der Essenz des neuen Systems.
- Die Zeit ist knapp.

Die Auswahl einer Strategie ist keine binäre Entscheidung, und Sie sollten beide Strategien in unterschiedlichen Teilen eines Projektes anwenden. Nehmen Sie einmal an, Ihre Aufgabe besteht darin, ein bestehendes, großes Lagerverwaltungssystem neu zu entwickeln. Ein Teil des Systems wird derzeit durch ein abstruses, kommerzielles Softwarepaket abgewickelt. Der Hersteller hat dafür nie den Source Code abgeliefert und ist in der Zwischenzeit in Konkurs gegangen. Glücklicherweise läuft das Programm halbwegs fehlerfrei, und es hat in den letzten Jahren wenig Ärger damit gegeben. Würden Sie unter diesen Umständen die Essenz des existierenden Systems modellieren oder würden Sie neu anfangen?

Keine der beiden Strategien ist für diesen Fall perfekt. Sicherlich ist das kommerzielle Softwarepaket nicht gerade ein Lieblingskandidat für ein neues Modell. Wenn man davon ausgeht, daß der Source Code nicht existiert und man an die Entwickler nicht mehr herankommt, so könnte die logische oder physikalische Modellierung sich etwas schwierig gestalten und vielleicht sehr zeitaufwendig werden. Andererseits haben Sie über den manuellen Teil des Systems keine solchen Bedenken gehört. Der beste Ansatz könnte daher sein, ein physikalisches Modell des derzeit manuellen Systemanteils zu bauen. Es gibt keinen Grund, daß man in diesem Fall nicht beide Strategien einsetzt: ein Modell des existierenden manuellen Teils zu bauen und gleichzeitig die Essenz des Softwarepakets von Grund auf neu zu definieren.

Es wäre sicherlich grundlegend falsch, nur aus Gründen der Konsistenz oder Einheitlichkeit in einem Projekt eine Modellierungsstrategie für alle Teile benutzen zu wollen. Der flexible Ansatz belastet natürlich zusätzlich das Management eines Projekts, aber die zusätzlichen Kopfschmerzen werden durch den Erfolg in kürzerer Zeit und durch präzisere Anforderungsmodelle wieder ausgeglichen.

10.4.2 Die Begründung für unsere Strategiewahl

Es gibt vier Gründe, weswegen wir empfehlen, die Essenz eines existierenden Systems in den meisten Fällen zu studieren: meistens gibt es ein bestehendes System; dessen Essenz ist relativ leicht zugänglich; die Essenz von neuen Systemen ist der Essenz von bestehenden Systemen meist sehr ähnlich; und letztlich: meistens hat man genügend Zeit, die Essenz bestehender Systeme zu modellieren. Im Rest des Buches betrachten wir daher hauptsächlich die essentielle Modellbildung auf der Basis von Wissen über die Inkarnation bestehender Systeme.

10.5 Zusammenfassung

Dieses Kapitel erläutert die beiden Strategien zur Erstellung der Essenz eines neuen Systems. Die erste Strategie erstellt die neue Essenz von Grund auf, direkt aus den Informationen der Anwender darüber, was sie von dem neuen System erwarten. Wir haben ein Vier-Schritte-Verfahren angegeben, um derartige Modelle zu konstruieren: Definition der Zielsetzung des Systems, Auffinden der grundlegenden Aktivitäten, Finden der Informationen, die gespeichert werden müssen, und Finden der Verwaltungsaktivitäten. Man erstellt die Modelle dann unter Benutzung der Ausdrucksmittel von Structured Analysis.

Die zweite Strategie zur Erstellung von neuen essentiellen Modellen beruht auf der Ableitung dieses Modells aus einem Modell der Essenz eines bestehenden Systems. Da sich die Technologie viel rascher ändert als die Geschäftspolitik, ist die Essenz eines neuen Systems der des bestehenden Systems oft sehr ähnlich. In diesem Fall kann man ein viel präziseres Modell konstruieren, wenn man die Essenz des bestehenden Systems mitberücksichtigt. Um an das essentielle Ist-Modell zu gelangen, braucht man auch ein physikalisches Ist-Modell.

Welche Strategie Sie auswählen, hängt davon ab, wieviel Zeit Sie haben, wie zuverlässig das neue System sein muß, wie zugänglich die Essenz des existierenden Systems ist und wie ähnlich das neue System dem alten ist. Da es meist ein zugängliches existierendes System gibt, dessen Essenz der neuen Essenz sehr ähnlich ist, empfehlen wir, daß Sie in den meisten Projekten die existierenden Systeme sehr genau untersuchen.

TEIL 3
Die Anatomie
bestehender Systeme

Systeminkarnationen sind üblicherweise komplexe Gebilde aus Komponenten. Das Aufspüren der Essenz eines Systems in einem derart komplexen Gebilde ist ein gewaltiges Problem, da die Komplexität uns dazu zwingt, eine Menge an Analyse- und Synthesearbeit aufzuwenden, um die essentiellen Eigenschaften zu entdecken. Glücklicherweise gibt es in den meisten Systemen ein Grundmuster von Aktivitäten. Versteht man dieses Grundmuster, so kann man die Komplexität besser meistern. Im Teil 3 beschreiben wir dieses Grundmuster, das man als die Anatomie existierender Systeme betrachten kann.

Die Anatomie eines physikalischen Systems baut auf drei Ideen auf: erstens ist ein nicht perfekter, physikalischer Prozessor die wesentliche Einheit der Inkarnation; zweitens führen die technologischen Schwächen des Prozessors zu vielen neuen, nicht essentiellen Aktivitäten und dadurch zu einer komplexen Organisation der Inkarnation; und drittens kann man die Inkarnationen als eine Organisation von ineinander verschachtelten Prozessoren sehen. Diese drei Ideen werden in den nächsten drei Kapiteln behandelt.

Kapitel 11
Die Anatomie
eines Einprozessorsystems

Die Aktivitäten, die von einem bestimmten Prozessor ausgeführt werden, fallen in eine oder in mehrere Kategorien: Einige Aktivitäten gehören zur Essenz des Systems; sie müssen ausgeführt werden, unabhängig von der Art des Prozessors. Andere Aktivitäten dienen nur dazu, einen Prozessor dabei zu unterstützen, seine volle Leistungsfähigkeit zu erreichen, wie z.B. interne Verwaltungsaufgaben und Fehlerprüffunktionen. Wieder andere Aktivitäten unterstützen eine effektive Kommunikation zwischen zwei oder mehreren Prozessoren, die zur Erledigung einer essentiellen Aktivität zusammenarbeiten.

Wenn wir die Essenz eines bestehenden Systems ableiten, dann ist uns bewußt, wie wichtig es ist, die Teile des Systems zu erkennen, die tatsächlich Teil der Essenz sind, und die, die nur deshalb vorhanden sind, weil die Inkarnation eine bestimmte Technologie verwendet. Wenn Sie dies nicht unterscheiden können, dann passiert es Ihnen leicht, daß Sie ein schlechtes Modell der Anforderungen erstellen, das vielleicht einige wichtige Teile der Essenz des existierenden Systems außer acht läßt und nicht-essentielle Teile mit einschließt, die dann unnötige und teure Randbedingungen für das neue System bilden.

Der Schlüssel zur Unterscheidung der Essenz eines existierenden Systems von den übrigen Aktivitäten und Speichern ist, die Anatomie von Systemen zu kennen. Die Anatomie eines Systems setzt sich aus den typischen Aktivitäten zusammen, die ein System ausführt, und deren Platz im System. Durch das Kennenlernen der anatomischen Muster, die die meisten Systeme mit geplanten Reaktionen aufweisen, können Sie sich auf die wichtigsten Teile des Systems, das Sie gerade untersuchen, konzentrieren; dadurch vergrößern Sie auch die Präzision Ihrer Arbeit und reduzieren den Aufwand, den Sie treiben müssen, um zum Ziel zu gelangen.

Da sich unsere Sichtweise eines Systems mit geplanten Reaktionen mit den Aktivitäten, die durchgeführt werden, befaßt, konzentrieren wir uns beim Studium von existierenden Systemen auf die Komponente, die sowohl die geplanten wie auch die spontanen Aktionen tatsächlich ausführt: auf die Prozessoren. In diesem Kapitel erforschen wir die Anatomie eines einzelnen Prozessors, der die gesamten Aktivitäten eines Systems alleine ausführt.

11.1 Prozessoren

Wir benutzen das Wort *„Prozessor"* in einer sehr allgemeinen Weise, um damit alles mit aufzunehmen, was eine Reaktion (oder einen Teil der Reaktion) auf ein Ereignis ausführt. Daher kann ein Prozessor viel mehr sein als nur ein Computer-Prozessor. Es kann ein Mensch sein, ein rein mechanisches Gerät wie eine manuelle Schreibmaschine, ein elektromechanisches Gerät wie z.B. ein Kopierer, ein voll-elektronisches Gerät wie ein Digitalrechner oder sonst irgendetwas, was Reaktionen ausführen kann, die von Menschen definiert sind. Wir benutzen diesen Ausdruck auch für Gruppen von solchen Geräten, die Reaktionen ausführen. Ein Netzwerk von Minicomputern ist auch ein Prozessor, genau wie eine Abteilung mit Angestellten.

Prozessoren sind wichtige Bausteine in realen Systemen. Das ist ganz natürlich, da Prozessoren die geplanten oder spontanen Aktivitäten eines Systems ausführen und dabei den Zweck des Systems erfüllen.

Obwohl Prozessoren verschiedene Formen haben, haben sie oft einige gleichartige Komponenten. Ein typischer Prozessor, wie Abbildung 11.1 einen zeigt, hat mindestens vier Komponenten, um seine Aktionen auszuführen. Dazu gehören eine Art Sensoreinrichtung, eine zentrale Verarbeitungseinheit, essentieller Speicher und eine Schnittstelleneinheit zur Umwelt.

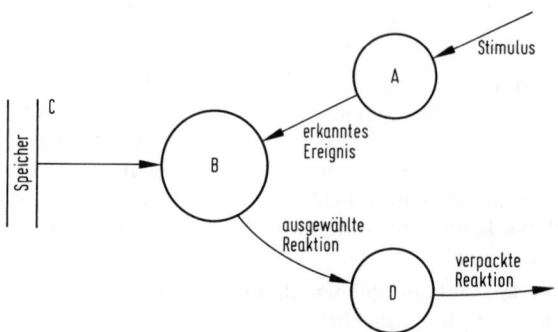

Abb. 11.1:   Die Anatomie eines Prozessors

Der Prozessor besitzt eine Sensoreinheit (in Abbildung 11.1 mit A bezeichnet), mit der er seine Umwelt beobachtet. Menschen haben fünf Sinne, Alarmsysteme haben elektronische Augen und Lärmsensoren, und Computer haben (unter anderem) Tastaturen und Plattenlaufwerke als Eingabeeinheiten. Durch diese Einrichtung erfahren Prozessoren von externen Ereignissen, auf die eine geplante Reaktion stattfinden soll. Die Sensoreinrichtungen müssen ähnliche Ereignisse unterscheiden können und falsche Ereignisse dadurch erkennen können, daß sie diese mit den intern gespeicherten Informationen über die richtigen Stimuli vergleichen. Ein Prozessor, der bei einem Autohändler angestellt ist, muß Anfragen nach einem Backherd und anderen Produkten, die der Autohändler nicht verkauft, zurückweisen. Zusätzlich zu dem Erkennen eines Ereignisses muß die Sensoreinheit manchmal auch Daten bereitstellen, so daß der Prozessor in geeigneter Weise auf das Ereignis reagieren kann. Ein Prozessor, der in einem Hotel ankommende Gäste betreut, muß mehr wissen als nur die Tatsache, daß jemand angekommen ist. Man braucht z. B. den Namen, um festzustellen, ob eine Reservierung vorliegt oder nicht.

Für jedes vordefinierte Ereignis hat der Prozessor zumindest eine vorbereitete Reaktion. Die zentrale Verarbeitungseinheit (B in Abbildung 11.1) formuliert die Reaktion. Sie sucht eine Alternative aus den ihr bekannten Möglichkeiten aus, wobei sie die Information, die mit dem Ereignis mitgeliefert wurde, als Entscheidungskriterium verwendet. Diese Komponente stellt dann die Informationen zusammen, die die Antwort ausmachen, und führt dabei alle notwendigen Berechnungen in dem Prozeß aus.

Um die richtige Reaktion aussuchen zu können, brauchen die meisten Prozessoren einen essentiellen Speicher, der – wie immer – aus Informationen über die Umwelt besteht, die zum Zeitpunkt des Auftretens des Ereignisses sonst nicht griffbereit verfügbar wären, und aus Informationen über die eigenen Aktionen des Prozessors in der Vergangenheit, d. h. darüber, wie der Prozessor auf frühere Ereignisse reagiert hat. Dieser essentielle Speicher (C in dem Diagramm) kann innerhalb des Prozessors angeordnet sein (Daten, die sich ein Beamter merkt) oder auch außerhalb des Prozessors (wie z. B. der Aktenschrank einer Sekretärin).

Der Prozessor muß seine Ergebnisse und Antworten der Umwelt mitteilen. Dazu dient das Gegenstück der Sensoreinrichtung. Diese Schnittstelleneinheit zur Umwelt (D in Abbildung 11.1) verpackt die Antwort in Behälter, die dazu benutzt werden, mit den Einheiten der Systemumgebung zu kommunizieren, die die Antwort empfangen sollen. Wenn ein Prozessor die Antwort per Telefon weitergibt, so muß die Schnittstelleneinrichtung dafür sorgen, ein Telefongespräch durchzuführen. Wenn die Nachricht über ein Telekommunikationsnetz weitergereicht wird, so muß die Schnittstelleneinheit für das richtige Format der Nachricht sorgen und sich um das Protokoll im Netzwerk kümmern.

Außer diesen Gemeinsamkeiten haben Prozessoren noch etwas gemeinsam: sie sind alle nicht perfekt. Insbesondere sind ihre Leistungen dadurch nicht perfekt, daß Prozessoren nicht für jede Aufgabe gleich gut geeignet sind. Menschliche Prozessoren zeigen unterschiedliche Leistung, weil sie unterschiedlich veranlagt sind und unterschiedliche Erziehung durchlaufen. Prozessoren sind auch deshalb nicht perfekt, weil sie nur begrenzte Kapazität zur Durchführung von Aktivitäten haben. Jeder Prozessor hat Grenzen seiner Kraft, seiner Arbeitskapazität und seiner Ausdauer.

Ein zusätzliches Merkmal dafür, daß Prozessoren nicht perfekt sind, ist, daß sie früher oder später Fehler machen. Nahezu jeder Prozessor versagt irgendwann einmal dabei, seine geplante Reaktion ordentlich auszuführen. Zusätzlich zu der allgemeinen Fehleranfälligkeit sind menschliche Prozessoren auch noch durch Bestechlichkeit unzuverlässig. Einige von ihnen machen absichtlich Fehler, lügen, betrügen, stehlen und richten Unheil an.

Prozessoren sind auch langsam. Sicherlich sind einige schneller als andere, aber kein Prozessor ist so schnell, daß er geplante Reaktionen augenblicklich ausführen kann.

Obwohl unsere Prozessoren keineswegs perfekt sind, so sind sie trotzdem teuer, normalerweise umso teurer, je weniger andere Einschränkungen sie haben. Hochproduktive Menschen mit gesuchten Fähigkeiten - wie ein erfolgreicher Rechtsanwalt - kosten mehr als ungelernte Arbeiter. Auch schnelle und zuverlässige Computer sind teurer als altes Eisen, das jede Stunde einmal zusammenbricht. Obwohl man also mit mehr Geld mehr Leistung von Prozessoren erhalten kann, bilden die Kosten doch auch eine Einschränkung für die Fähigkeiten eines Prozessors.

Wegen ihrer Schwächen haben die Prozessoren sehr großen Einfluß auf die äußere Erscheinungsform von echten Systemen. Sie sind die Ursache für die Charakteristika der nicht perfekten Technologie. Um zu verstehen, wie durch diese Einschränkungen neue Aktivitäten entstehen, betrachten wir, was passiert, wenn man Gruppen von essentiellen Aktivitäten verschiedenen Prozessorkonfigurationen zuordnet. Wir fangen mit einer einfachen Konfiguration an: einem Prozessor, der eine essentielle Aktivität ausführt.

11.2 Einprozessorsysteme mit einer essentiellen Aktivität

Es gibt mehr Einprozessor-Inkarnationen, als Sie sich vorstellen können. Jeder von uns ist so ein Einprozessorsystem, jeder Mikrocomputer, jeder Minicomputer, große Computer, elektrische Dosenöffner, Kühlschränke und Aufzüge. Jede einzelne physikalische Einheit, die Reaktionen ausführt, die von Menschen geplant wurden, kann als Einprozessorsystem gesehen werden. Die einfachste aller Inkarnationen ist ein Einzelprozessor, eine Person oder eine Maschine, die genau eine essentielle Aktivität ausführt.

Karl Müller, z.B., erstellt gratis die Steuererklärungen für seine Freunde. Wir finden ihn eines Abends über seinen alten Schreibtisch gebeugt, der voll mit hohen Papierstapeln ist. Er trägt eine grüne Schirmmütze und eine dicke Brille, in der sich der Schein der nackten Glühbirne widerspiegelt, die von der Decke baumelt. Auf dem Schreibtisch steht ein Tintenfaß, eine Klammermaschine, ein Schächtelchen mit Büroklammern und Gummiringen und ein Buch mit dem Titel *Steuern sparen leicht gemacht*. Neben dem Schreibtisch steht ein altes Holzregal, und darauf findet man die Kopien der Einkommensbescheide aus den letzten Jahren. Oben auf dem Regal stehen einige Papierteller. Herr Müller fordert uns auf, unsere Unterlagen in ein Körbchen mit der Aufschrift „Eingang" zu legen, und bittet uns, wieder zu gehen, da er sehr beschäftigt ist.

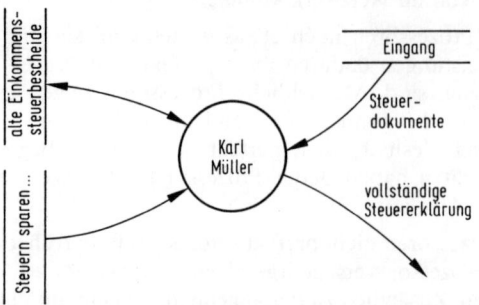

Abb. 11.2   Das Karl-Müller-System

Abbildung 11.2 zeigt ein Datenflußdiagramm der Inkarnation, die wir vorgefunden haben. Um die Inkarnation vollständig darzustellen, müßten wir noch den Arbeitsplatz von Herrn Müller beschreiben, seine Möbel, Beleuchtung, Vorräte und viele andere Details seines Zimmers, denn diese Dinge gehören einwandfrei zur Inkarnation des Systems. Für dieses Beispiel lassen wir sie einmal weg. Statt dessen konzentrieren wir uns auf die Aktivitäten, die Herr Müller ausführt. In diesen Aktivitäten finden wir nämlich das Grundmuster wieder, das man sehr oft in verschiedensten Systeminkarnationen antrifft.

Die nächste Ebene des Datenflußdiagramms, wie sie in Abbildung 11.3 dargestellt ist, gibt eine genauere Aufschlüsselung der Aktivitäten von Herrn Müller an. Wir teilen diese Aktivitäten in drei Gruppen ein: essentielle Aktivitäten, interne Qualitätssicherung und interne Transportaktivitäten. Jede Gruppe wird im folgenden diskutiert.

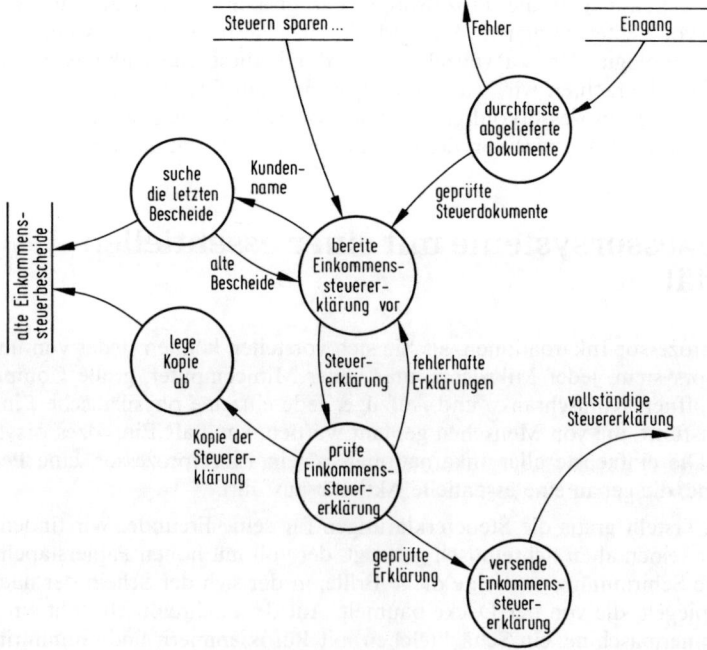

Abb. 11.3:   Die Aktivitäten von Herrn Müller

11.2.1 Essentielle Aktivitäten

Gemäß unserer Definition sind essentielle Aktivitäten diejenigen, die der Prozessor auch mit perfekter interner Technologie ausführen müßte. Zwei Arten von Einschränkungen muß man dabei beachten: die technologischen Schwachstellen von Objekten außerhalb des Systems und die technologischen Randbedingungen, die man bei der Kommunikation mit der Umwelt berücksichtigen muß. Die essentiellen Aktivitäten, die am besten von den Technologieüberlegungen losgelöst werden können, bezeichnen wir als zentrale essentielle Aktivitäten. „Bereite Einkommenssteuererklärung vor" ist die einzige zentrale essentielle Aktivität in unserem Beispiel. Sie muß mit den technologischen Schwachstellen des Kunden und der Finanzbehörden leben, ist aber unabhängig von allen internen Schwachstellen und von den Einschränkungen des Kommunikationsmechanismus mit der Umwelt.

Als externe Schnittstellenaktivitäten bezeichnen wir die essentiellen Aktivitäten, die mit der nicht perfekten Technologie der Kommunikationskanäle zur Umwelt fertig werden müssen. Es gibt zwei Arten von externen Schnittstellenaktivitäten: Aktivitäten, die Nachrichten von der Umwelt entgegennehmen, und Aktivitäten, die Antworten an die Umwelt senden. „Durchforste abgelieferte Dokumente" ist eine Aktivität der ersten Art. Sie nimmt Dokumente von einem Kunden entgegen und prüft, ob alle benötigten Unterlagen abgegeben wurden. „Versende Einkommenssteuererklärung" ist eine externe Schnittstellenaktivität der zweiten Art. Hier liegt eine Schnittstelle zur nicht perfekten Technologie der Deutschen Bundespost vor, die das Transportmedium zum Finanzamt bereitstellt. „Versende Einkommenssteuererklärung" sucht die richtige Größe des Briefumschlags aus, beschriftet den Umschlag, stellt das richtige Porto fest, klebt die Briefmarken auf den Umschlag und deponiert die Sendung im Briefkasten. Sowohl die zentralen essentiellen Aktivitäten wie auch die externen Schnittstellenaktivitäten werden nur durch die technologischen Schwachstellen in der Systemumgebung beeinflußt, daher gehören sie zur Essenz des Systems.

11.2.2 Aktivitäten zur internen Qualitätssicherung

Die erste Aktivität in unserem Beispiel, die nicht zur Essenz gehört, ist die interne Qualitätssicherungsaktivität „prüfe Einkommenssteuererklärung". Sie spiegelt die nicht perfekte Technologie von Herrn Müller wider. Wenn Herr Müller diese Aktivität ausführt, dann überprüft er nochmals alle seine Schritte auf dem Weg zur fertigen Erklärung. Er sieht noch einmal in den Originaldokumenten nach, vergleicht noch einmal seine Tabellen, die Einträge in den Tabellen und seine Rechnungen. Wenn er dabei einen Fehler findet, muß er seine Aktivitäten noch einmal durchführen, um die Erklärung zu korrigieren. Weil diese Aktivitäten ein Ergebnis der Prozessorarbeiten genehmigen oder zurückweisen, nennen wir sie *Genehmigungsprozesse*.

11.2.3 Interne Transportaktivitäten

Herr Müller führt auch zwei interne Transportprozesse aus, die er keineswegs für die essentielle Tätigkeit braucht, sondern nur, um Informationen in den Speicher zu bringen oder aus dem Speicher zu holen. In Abbildung 11.3 tragen diese beiden Aktivitäten die Namen „suche die letzten Bescheide" und „lege eine Kopie ab". Herr Müller führt die erste Arbeit aus, wenn er etwas über die letzten Jahre wissen muß, normalerweise um auf Wunsch des Kunden Durchschnittswerte auszurechnen. Diese Daten werden geordnet nach Kundennamen in Mappen im Holzregal gelagert. Mit perfekter Technologie würde Herr Müller einfach sagen, daß er alle Daten eines Kunden sehen will. Jedoch unter Berücksichtigung der Einschränkungen seiner Technologie muß Herr Müller etwas mehr tun. Zuerst muß er die richtige Reihe im Regal finden, dann darin suchen, bis er die richtige Mappe gefunden hat. Er muß die Mappe zu seinem Schreibtisch zurücktragen, öffnen und die richtigen Dokumente entnehmen.

Die zweite interne Transportaktivität „lege eine Kopie ab" besteht nur darin, eine Kopie der neuen Erklärung vom Schreibtisch zu nehmen und in die richtige Mappe dieses Kunden abzulegen. Obwohl der Speicher in diesem Fall physikalisch vom Prozessor getrennt ist, betrachten wir dies noch immer als *interne* Transportaktivität, da Herr Müller alleinige Kontrolle über diesen Speicher hat.

Diese internen Transportaktivitäten sind ein Teil dessen, was wir die *Infrastruktur innerhalb eines Prozessors* nennen. Das Wort *Infrastruktur* bezeichnet normalerweise alle Komponenten einer Gemeinschaft, die Personen, Waren oder Informationen von einem Platz zum anderen transportieren. Wir benutzen das Wort in ähnlicher Weise, beschränken uns in diesem Fall aber auf einen Prozessor. Die Infrastruktur innerhalb eines Prozessors bewegt Informationen zwischen dem Platz, wo sie gespeichert sind, und dem Platz, wo sie benutzt werden. Der andere Teil der internen Transportaktivitäten ist die Menge der Behälter, die diese Aktivitäten benutzen. In unserem Beispiel sind dies die Mappen, in denen Herr Müller die Dokumente der letzten Jahre aufhebt.

Die internen Qualitätssicherungsaktivitäten sind Teil einer größeren Klasse, die wir *administrative* Aktivitäten nennen, die für Fehlerprüfungen und interne Koordination in einem System zuständig sind. Auch hier beschränken wir uns im Moment auf einen Einzelprozessor, der nur *eine* essentielle Aktivität ausführt. Sowohl die Infrastruktur- wie auch die Administrationsaktivitäten kompensieren die nicht perfekte Kommunikation und die Fehleranfälligkeit, die beide Zeichen der nicht perfekten Technologie sind.

Jetzt wollen wir noch feststellen, welche Prozessorkomponente für welche der drei Arten von Aktivitäten in einem Einprozessorsystem mit einer essentiellen Aktivität zuständig ist. Die zentrale Komponente des Prozessors führt auch die zentrale essentielle Aktivität aus („bereite Einkommenssteuererklärung vor") sowie die interne Qualitätssicherungsaktivität „prüfe die Einkommenssteuererklärung" und die beiden internen Transportaktivitäten „suche die letzten Bescheide" und „lege eine Kopie ab". Die peripheren Komponenten führen die externen Schnittstellenaktivitäten aus: „durchforste abgelieferte Dokumente" wird von der Sensoreinrichtung ausgeführt, und „versende Einkommenssteuererklärung" wird von der externen Schnittstellenkomponente ausgeführt, die die Antwort des Prozessors weiterleitet.

11.3 Optimierung der Prozessorleistung

Bisher hat unser Prozessor seine Aktivitäten relativ normal organisiert. Im Gegensatz zu den unendlich schnellen, perfekten Prozessoren brauchen jedoch die nicht perfekten Prozessoren eine ganze Menge Zeit, um ihre Arbeit zu erledigen. Daher müssen sie Mittel und Wege finden, ihre Arbeit so zu organisieren, daß die Gesamtleistung des Prozessors dadurch verbessert wird.

Wenn Herr Müller seine Aktivitäten im Hinblick auf Produktivitätssteigerung reorganisiert, dann könnte das Ergebnis so aussehen, wie in Abbildung 11.4 dargestellt. Herr Müller hat das gemacht, was vielleicht die bekannteste Taktik zur Effizienzsteigerung ist: stapeln. Beim Stapeln sammelt ein Prozessor die Eingabe für eine Aktivität eine Weile auf, um die Aktivität hinterher wiederholt und ohne Pause durchführen zu können. Der Prozessor arbeitet viel effizienter, weil er die gleiche einfache Aufgabe immer wieder ausführt, statt eine Menge verschiedener Aufgaben der Reihe nach zu erledigen. Die wiederholte Ausführung spart Zeit bei der Vorbereitung ein, beim Aufsammeln der benötigten Unterlagen und

Materialien und auch bei den Aufräumarbeiten, nachdem man die Tätigkeit abgeschlossen hat. „Durchforste abgelieferte Dokumente" ist eine der Aktivitäten, die nun in Abbildung 11.4 für mehrere Kundenstapel durchgeführt werden, bevor eine davon dann an „bereite Einkommenssteuererklärung vor" weitergereicht wird. Der Prozessor stapelt auch die Ergebnisse von „bereite Einkommenssteuererklärung vor" und „prüfe die Einkommenssteuererklärung".

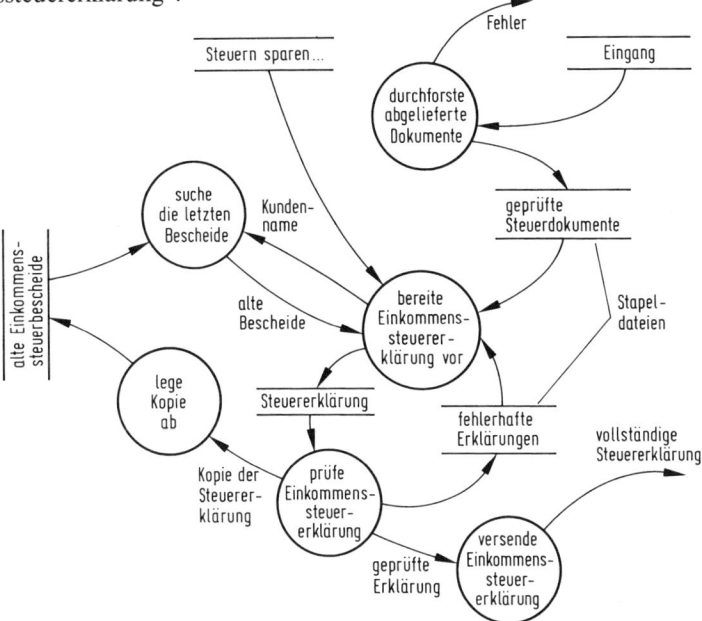

Abb. 11.4: Aktivitäten mit Zwischenstapeln

Durch die Stapelung kommen zusätzliche Datenspeicher in das System. In unserem Beispiel stapeln sich die Produkte einer Aktivität in „geprüfte Dokumente" und „fehlerhafte Erklärungen", bis alle Dokumente der Vorgängeraktivität abgearbeitet sind oder bis genügend Dokumente anliegen, um die nächste Aktivität zu beginnen, oder wenn die Zeit gekommen ist, mit der nächsten Aktivität zu beginnen, unabhängig davon, wie viele Dokumente schon vorbearbeitet wurden.

Stapeln kann auch die Organisation und die Form der Aktualisierung der Datenspeicher beeinflussen. Um effizienter zu werden, kann man die Reihenfolge der Dokumente in den Speichern festlegen, so daß die Zeit für den Zugriff darauf minimiert wird. Meistens verwendet man dann für den Speicher, der aktualisiert werden muß, das gleiche Ordnungsprinzip wie für die Zwischenspeicher. Manchmal führt man auch eine Sortieraktivität zwischendurch ein, um den Stapel so umzuorganisieren, daß eine Einordnung in den Speicher, der aktualisiert werden muß, sehr einfach ist.

Eine weitere Optimierung kann darin bestehen, daß man Berechnungen bereits durchführt, bevor man die Ergebnisse wirklich braucht. Meist macht man dies, wenn die Berechnungen entweder extrem zeitaufwendig sind oder wenn der Prozessor die essentielle Aktivität extrem schnell ausführen muß. Herr Müller könnte sich z. B. entschließen, einen laufenden Durchschnittswert der Steuerrückerstattungen der letzten Jahre für jeden Kunden abzuspeichern. Statt dies erst dann auszurechnen, wenn der Kunde danach verlangt, könnte die Rechnung bereits im Prozeß „lege eine Kopie ab" durchgeführt werden. Mit dieser Zahl kann Herr Müller jedoch nichts anfangen, *bevor* der Kunde ihn gezielt darauf anspricht.

Der einzige Vorteil, den Herr Müller dadurch hätte, wäre, daß er sehr schnell reagieren könnte, wenn der Kunde jemals danach fragt. So ein Vorteil hätte für einen perfekten Prozessor keine Bedeutung.

11.4 Einprozessorsysteme mit mehreren essentiellen Aktivitäten

Wenn man nicht gerade nur die Welt technischer Bücher betrachtet, so findet man meist Einprozessorsysteme, die mehr als eine essentielle Aktivität ausführen und daher geplante Reaktionen auf mehrere Ereignisse kennen. Jeder Ein-Mann-Betrieb ist dafür ein gutes Beispiel. Ein Steuerrechner in einem Flugkontrollsystem ist ein anderes Beispiel; auch die meisten Spielautomaten in einer Spielhalle.

Einzelprozessoren, die mehrere essentielle Aktivitäten ausführen, sehen ungefähr so aus wie die, die nur eine essentielle Aktivität ausführen. Sie weisen die gleiche Anatomie auf, sieht man vielleicht von zwei Ausnahmen ab, über die es sich noch zu diskutieren lohnt: Das Grundmuster, das wir beschrieben haben, tritt *wiederholt* auf, für jede essentielle Aktivität, und es gibt zusätzliche Administrationsaktivitäten innerhalb des Prozessors, die sicherstellen, daß der Prozessor weiß, welche Aktivitäten zu welchen Zeiten ausgeführt werden und an welcher Stelle einzelne Aktivitäten gerade stehen oder unterbrochen wurden. Menschen können diese Administrationsfunktion mit Hilfe einer Liste geplanter Aktionen ausführen, bei einem Multiprozessor-Computersystem erfüllt das Prozeßeinplanungssystem im Betriebssystem zusammen mit dem Operator diese Rolle.

11.5 Zusammenfassung

Prozessoren sind die wichtigsten Bausteine unserer Systeme, da sie die essentiellen Aktivitäten ausführen. Sie bestehen aus vier Teilkomponenten: einer Sensoreinrichtung, die den Stimulus von Ereignissen aufnehmen kann, einer zentralen Verarbeitungseinheit, die die Antwort auswählt und zusammenstellt, einem Speicher und einer Schnittstelleneinheit zur Umwelt, die die Antworten an die Umwelt weiterleitet. Prozessoren sind nicht perfekt, und wegen ihrer Schwächen braucht man zusätzlich nicht-essentielle Aktivitäten in einem System.

In diesem Kapitel haben wir uns auf die Eigenschaften eines Einprozessorsystems, das nur eine essentielle Aktivität ausführt, konzentriert. Der Prozessor in einem derartigen System führt zwei Arten von essentiellen Aktivitäten aus: zentrale essentielle Aktivitäten und externe Schnittstellenaktivitäten. Die nicht-essentiellen Aktivitäten umfassen hauptsächlich Genehmigungsaktivitäten, die die Arbeit des Prozessors auf Fehler hin überprüfen, und interne Transportaktivitäten, die Daten zwischen Prozessor und Speicher hin- und herbewegen. Die internen Transportaktivitäten bezeichnen wir auch als Infrastruktur innerhalb des Prozessors, und die Genehmigungsaktivitäten sind ein Teil der Administrationsaktivitäten. Andere, nicht-essentielle Eigenschaften findet man oft noch, um die Leistung des Prozessors zu steigern. Dazu zählen häufig Zwischenspeicher.

Diese Anmerkungen über Einprozessorsysteme beschließen die Diskussion über das erste und einfachste Grundmuster von Aktivitäten, die wir in realen Systemen finden. Wenn Sie dieses Muster erkennen und die Muster, die wir in den nächsten beiden Kapiteln beschreiben, dann sind Sie in der Lage, große und komplexe Systeme zu analysieren und deren essentielle Aktivitäten und Speicher rasch und präzise zu finden.

Kapitel 12
Die Anatomie
eines Mehrprozessorsystems

Warum benutzen nicht alle Systeme einen einzelnen Prozessor? Wenn man versucht, viele Systeme mit nur einem Prozessor zu implementieren, dann tritt meist eines, manchmal auch beide der folgenden Probleme auf: Erstens ist ein Prozessor nicht immer talentiert genug, um alle Teile einer Aufgabe zu bewältigen, und wenn er talentiert genug ist, dann ist er meist viel zu teuer. Das zweite Problem liegt darin, daß ein Prozessor nicht immer schnell genug oder ausdauernd genug für eine bestimmte Arbeit ist, und selbst wenn er es wäre, dann würde er wieder viel mehr kosten als eine Menge von weniger starken Prozessoren, die die Anforderungen durch Zusammenarbeit erfüllen. Wir nennen das erste Problem den Leistungsfähigkeit/Kosten-Faktor und das zweite Problem den Kapazität/Kosten-Faktor.

Um diese Probleme zu vermeiden, benutzen viele Systeme mehrere Prozessoren und weisen dadurch noch weitere physikalische Charakteristika auf, die die Essenz noch mehr verschleiern. In diesem Kapitel beschreiben wir die anatomischen Grundmuster, die man in Mehrprozessorsystemen findet.

Es gibt eine erstaunliche Menge von Mehrprozessorinkarnationen. Wie bei den Einprozessorsystemen findet man auch hier bei jedem Prozessor eine Infrastruktur zum Datentransport innerhalb des einzelnen Prozessors, eine Menge von administrativen Aktivitäten, um Fehler zu finden und Aufgaben zu planen. Jeder Prozessor kann auch eigene externe Schnittstellenaktivitäten haben. Aber einige interessante Dinge passieren nur in Mehrprozessorinkarnationen:

- die Zerstückelung von essentiellen Aktivitäten zwischen den Prozessoren
- eine Infrastruktur zwischen den Prozessoren, die die Kommunikation untereinander ermöglicht
- eine Administration zwischen den Prozessoren, die aus Aktivitäten besteht, die das Zusammenspiel der Prozessoren überwachen und koordinieren

Jede einzelne Besonderheit wird in den nächsten Abschnitten beschrieben, so daß Sie am Ende des Kapitels das gesamte Grundmuster erkennen können.

12.1 Die Zerstückelung von essentiellen Aktivitäten zwischen Prozessoren

Essentielle Aktivitäten sind meist zerstückelt, und ihre Fragmente sind auf zwei oder mehrere Prozessoren aufgeteilt. Einen Prozessor, der alle Fähigkeiten zur Ausführung einer gesamten essentiellen Aktivität besitzt, der genügend leistungsfähig ist und dessen Kosten auch noch im Rahmen des Möglichen und Wünschenswerten bleiben, findet man selten. Wenn man die Anforderungen analysiert, die an ein System von jeder einzelnen seiner essentiellen Aktivitäten gestellt wird, dann stellt man meist fest, daß man die gestellte Aufgabe am effektivsten und effizientesten dadurch bewältigt, daß man ein Team von spezialisierten Prozessoren verwendet, von denen jeder für einen bestimmten Teil der Aufgabe geeignet ist.

Wenn man also ein existierendes System untersucht, so sieht man eine Arbeitsteilung durch Spezialisierung. Die Aufgaben, die in jeder essentiellen Aktivität vorhanden sind, werden auf mehrere Prozessoren verteilt, je nach deren Leistungsfähigkeit/Kosten-Faktor und deren Kapazität/Kosten-Faktor.

12.1.1 Zerstückelung nach dem Leistungsfähigkeit/Kosten-Faktor

Der Leistungsfähigkeit/Kosten-Faktor kommt immer dann zum Tragen, wenn es zu teuer ist, einen einzelnen Prozessor, der die gesamte essentielle Aktivität erledigen könnte, zu kaufen, zu mieten oder anzustellen. Betrachten Sie das DFD in Abbildung 12.1. Diese Aktivität gibt Flugscheine für den Flug von Frankfurt nach München aus. Wenn die Anforderung nach einem Flugschein und eine Kreditkarte eingegeben werden, dann gibt diese Aktivität einen Flugschein und eine Quittung aus. Dies ist ein sehr einfaches System, und wir haben es für das Beispiel sogar noch zusätzlich vereinfacht. Wir haben z. B. sträflicherweise vernachlässigt, was passiert, wenn keine Plätze mehr frei sind. (Vielleicht ist das Beispiel gar nicht so unrealistisch!)

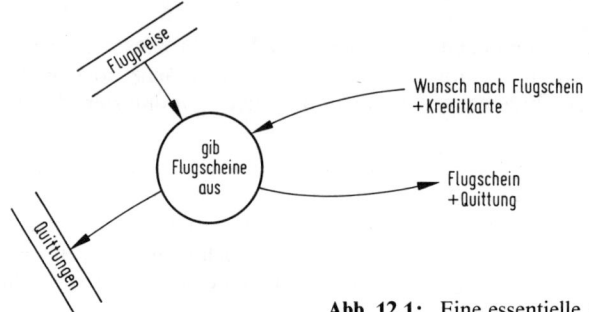

Abb. 12.1: Eine essentielle Aktivität eines Flugscheinsystems

Um dieses System zu implementieren, stehen einer Firma viele verschiedene Inkarnationen zur Verfügung. Eine Möglichkeit ist es, einen einzigen Prozessor zu benutzen, wie z. B. den universellen Flugscheinautomaten in Abbildung 12.2, der mikroprozessorgesteuert ist. Die Firma, die diese Entscheidung getroffen hat, war sicherlich nicht arm, denn sie konnte ein System neu entwickeln, das sowohl kundenfreundlich ist wie auch effizient in der Buchhaltung.

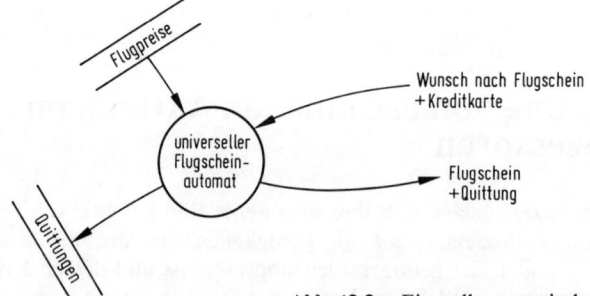

Abb. 12.2: Ein vollautomatisches Einprozessor-Flugscheinsystem

Eine weniger reiche Firma könnte diese Aktivität durch einen Computer und einen Schalterangestellten implementieren, wie es in Abbildung 12.3 gezeigt wird. Die Firma entschied sich, die Arbeit auf zwei Prozessoren aufzuteilen, weil es zu teuer war, ein Computersystem zu bauen, das höflich, aber doch effizient mit den Kunden kommunizieren kann. Obwohl der Angestellte leicht mit den Kunden reden kann, so ist er doch nicht so schnell beim Nachschlagen der Flugpreise, beim Überprüfen der Kreditkarte und beim Tippen der Informationen auf dem Flugschein. In diesem Fall hat der Leistungsfähigkeit/Kosten-Faktor die Firma dazu gezwungen, ein Zweiprozessorsystem zu bauen.

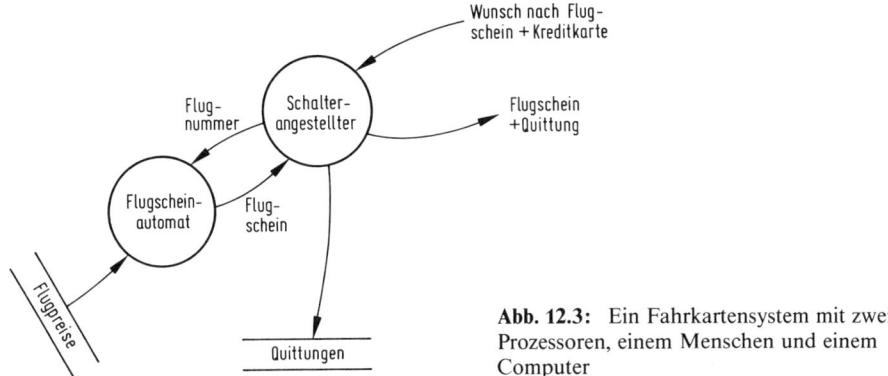

Abb. 12.3: Ein Fahrkartensystem mit zwei Prozessoren, einem Menschen und einem Computer

Eine dritte Firma hatte weder das Geld für die Supercomputerlösung noch für die Mensch/Maschine-Lösung, die die zweite Firma implementiert hatte. Diese Firma stellte den dickköpfigen, arbeitslosen Schwiegersohn ein, um die Flugscheine zu schreiben, und gab ihm zwei mechanische Prozessoren zur Unterstützung: einen Taschenrechner und eine Kreditkartenmaschine, wie es in Abbildung 12.4 dargestellt ist. Während der Spitzenzeiten kann diese Firma natürlich nicht ganz soviel leisten wie die anderen beiden.

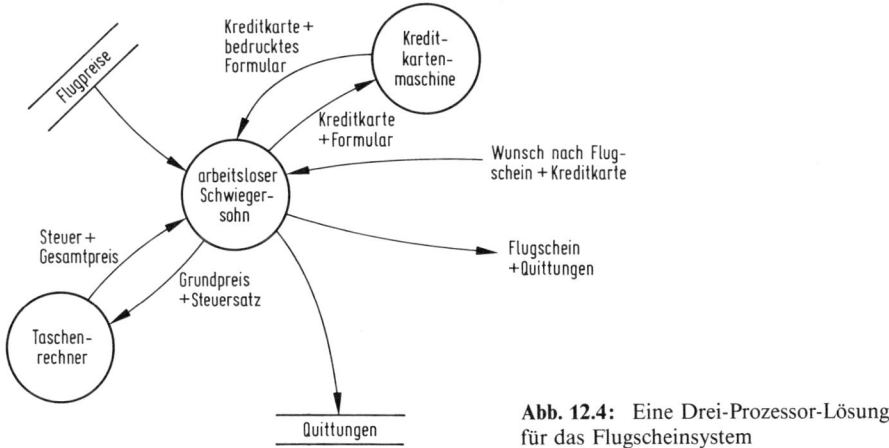

Abb. 12.4: Eine Drei-Prozessor-Lösung für das Flugscheinsystem

Die Moral aus den Beispielen ist folgende: Je weniger Geld Sie haben, um flexible Prozessoren anzuschaffen, desto eher müssen Sie mit Kompromissen leben und weniger geeignete Prozessoren verwenden. Je mehr Sie die Arbeit verteilen, desto zerstückelter wird die essentielle Aktivität und verschleiert dabei die Essenz des gesamten Systems.

12.1.2 Zerstückelung nach dem Kapazität/Kosten-Faktor

Diese Zerstückelung nach dem Kapazität/Kosten-Faktor passiert immer dann, wenn es zu teuer ist, einen einzelnen Prozessor, der von seiner Arbeitskraft, Ausdauer und Kapazität leistungsfähig genug ist, die gesamte essentielle Aktivität zu bewältigen, zu beschäftigen. Ein Prozessor ist vielleicht zu langsam, um die ganze Aktivität in einem vernünftigen Zeitrahmen zu beenden, während ein anderer Prozessor vielleicht nicht lange genug ohne Pause arbeiten kann. Daher beschäftigt man in vielen Systemen mehrere Prozessoren, um zusätzlichen Durchsatz und Ausdauer gewährleisten zu können.

In unserem Beispiel mit den Flugscheinen hat die dritte Firma drei relativ billige Prozessoren mit der Ausführung der Arbeit beschäftigt. Wie wir vorher festgestellt haben, läßt sich mit dieser Inkarnation der Spitzenandrang vielleicht nicht bewältigen, aber die Verantwortlichen für diese Inkarnation haben sich damit abgefunden. Aber was würde passieren, wenn die Firma mehr Geld bekäme? Dann könnte sie ein System bauen, das mehr Kapazität hat und dem Spitzenandrang besser gewachsen ist. Vielleicht würde sie sich dann für die Mensch/Maschine-Lösung entscheiden, die die zweite Firma wegen des Leistungsfähigkeit/Kosten-Faktors genommen hat. Man käme dann zur gleichen Aufteilung der essentiellen Aktivität; diesmal ist das Motiv dafür jedoch die Steigerung der Kapazität des Systems im Rahmen einer vertretbaren Kostensteigerung und einer möglichen Abnahme der Kosten pro einzelnem Geschäftsfall.

Die Zerstückelung eines Systems sollte entweder durch den Leistungsfähigkeit/Kosten-Faktor oder durch den Kapazität/Kosten-Faktor gerechtfertigt sein. In realen Systemen resultiert die Zerstückelung meist aus einer Mischung beider Faktoren.

Die Prozessoren in unserem zweiten Beispiel (in Abbildung 12.3) zeigen die Charakteristika eines Einzelprozessorsystems mit einer essentiellen Aktivität. Jeder Prozessor ist verantwortlich für ein Fragment der essentiellen Aktivität „stelle Flugschein aus". Der Schalterangestellte führt auch die externen Schnittstellenaktivitäten aus, die es ihm erlauben, mit der Umwelt – d.h. den Kunden in diesem Beispiel – zu sprechen, und auch mit dem anderen Prozessor – dem Flugscheinautomaten. Auf die gleiche Art bearbeitet auch der Flugscheinautomat die Informationen, die von dem Angestellten kommen. Er formatiert auch die Antworten an den Angestellten. Das automatisierte Flugscheinsystem verwaltet die Flugpreise und Steuern als Teil des essentiellen Speichers; der Angestellte verwaltet die Quittungen. Jeder Prozessor überprüft seine eigenen Arbeitsergebnisse, bevor er sie weitergibt. In diesem Mehrprozessorsystem verhält sich also jeder einzelne Prozessor wie ein unabhängiges Einzelprozessorsystem. Trotz dieser vielen Ähnlichkeiten zu einem Einzelprozessorsystem gibt es in einem Mehrprozessorsystem doch zwei zusätzliche Charakteristika: man braucht Mittel für die Kommunikation der Prozessoren untereinander und zur Koordination der Prozessoren. Dies wird in den nächsten beiden Abschnitten beschrieben.

12.2 Die Infrastruktur zwischen Prozessoren

Alle Systeme, die zwei oder mehrere Prozessoren damit beschäftigen, eine essentielle Aktivität auszuführen, brauchen Mittel zur Kommunikation der Prozessoren untereinander. Diesen Mechanismus nennen wir die *Infrastruktur zwischen Prozessoren*. Zusätzlich hat jeder Prozessor seine interne Infrastruktur, d.h. die Aktivitäten, die die Daten, die nur diesen einen Prozessor betreffen, vom Prozessor zum lokalen Datenspeicher und zurück transportieren. Um jedoch zwischen den Prozessoren zu kommunizieren, braucht man zusätzliche Transportmittel.

Die Infrastruktur zwischen den Prozessoren erfüllt eine oder beide der folgenden Aufgaben: Erstens erlaubt sie den Zugriff auf Teile des essentiellen Speichers, die von mindestens zwei Prozessoren benutzt werden. Zweitens sendet sie Zwischenergebnisse von einem Prozessor zum nächsten, wenn mehrere Prozessoren an ein und derselben Aufgabe arbeiten.

Nehmen wir für einen Augenblick an, wir hätten ein Mehrprozessorsystem, in dem jeder Prozessor eine komplette essentielle Aktivität ausführt. Unter dieser Annahme können wir uns besser auf die Eigenschaften der Infrastruktur konzentrieren, die uns den Zugriff auf gemeinsame Speicherdaten ermöglicht.

12.2.1 Gemeinsame Speicherdaten

Alle möglichen Arten, Daten von mehreren Prozessoren aus gleichzeitig zu benutzen, lassen sich auf zwei Fälle zurückführen: das Einrichten eines Datenspeichers, auf den alle zugreifen können, oder das Einrichten eines privaten Datenspeichers für jeden Prozessor.

12.2.1.1 Behälter für gemeinsame Speicherdaten

Abbildung 12.5 zeigt den ersten Fall, in dem die essentiellen Speicherdaten eines Systems in einem einzigen Datenbehälter abgelegt sind. Dieser wird von mehreren Prozessoren benutzt. Der Behälter ist üblicherweise in Teilbehälter unterteilt, da man die Teilbehälter leichter transportieren kann als den ganzen Behälter. Die Datenelemente, die insgesamt gespeichert werden müssen, sind so auf die Teilbehälter verteilt, daß das Abspeichern und Wiederfinden möglichst einfach erfolgen kann.

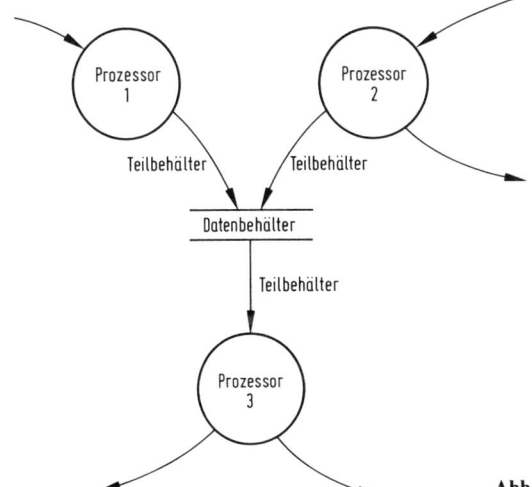

Abb. 12.5: Ein gemeinsamer Datenbehälter

Die Abbildungen 12.6 bis 12.8 zeigen drei typische Beispiele für dieses Phänomen. Abbildung 12.6 stellt Teile eines Verwaltungssystems dar, in dem drei Prozessoren einen gemeinsamen Behälter benutzen, in diesem Fall einen Aktenschrank. In diesem Aktenschrank gibt es Ordner als Teilbehälter für die Daten. Der Aktenschrank ist so organisiert, daß jeder Ordner eine oft benutzte Teilmenge der gesamten essentiellen Speicherdaten enthält, wie z. B. Daten über einen Kunden, ein Projekt oder eine Kostenstelle. Wenn ein Angestellter Zugriff zu einem Teil haben muß, so kann er den entsprechenden Ordner entnehmen.

Abbildung 12.7 zeigt dieselbe Strategie, diesmal mit einer anderen Technologie implementiert. Hier ist der gemeinsame Datenbehälter eine interaktive Datenbank; die Teilbehälter sind Segmente, in die die Daten aufgeteilt wurden. Ein Prozessor - in diesem Fall ein

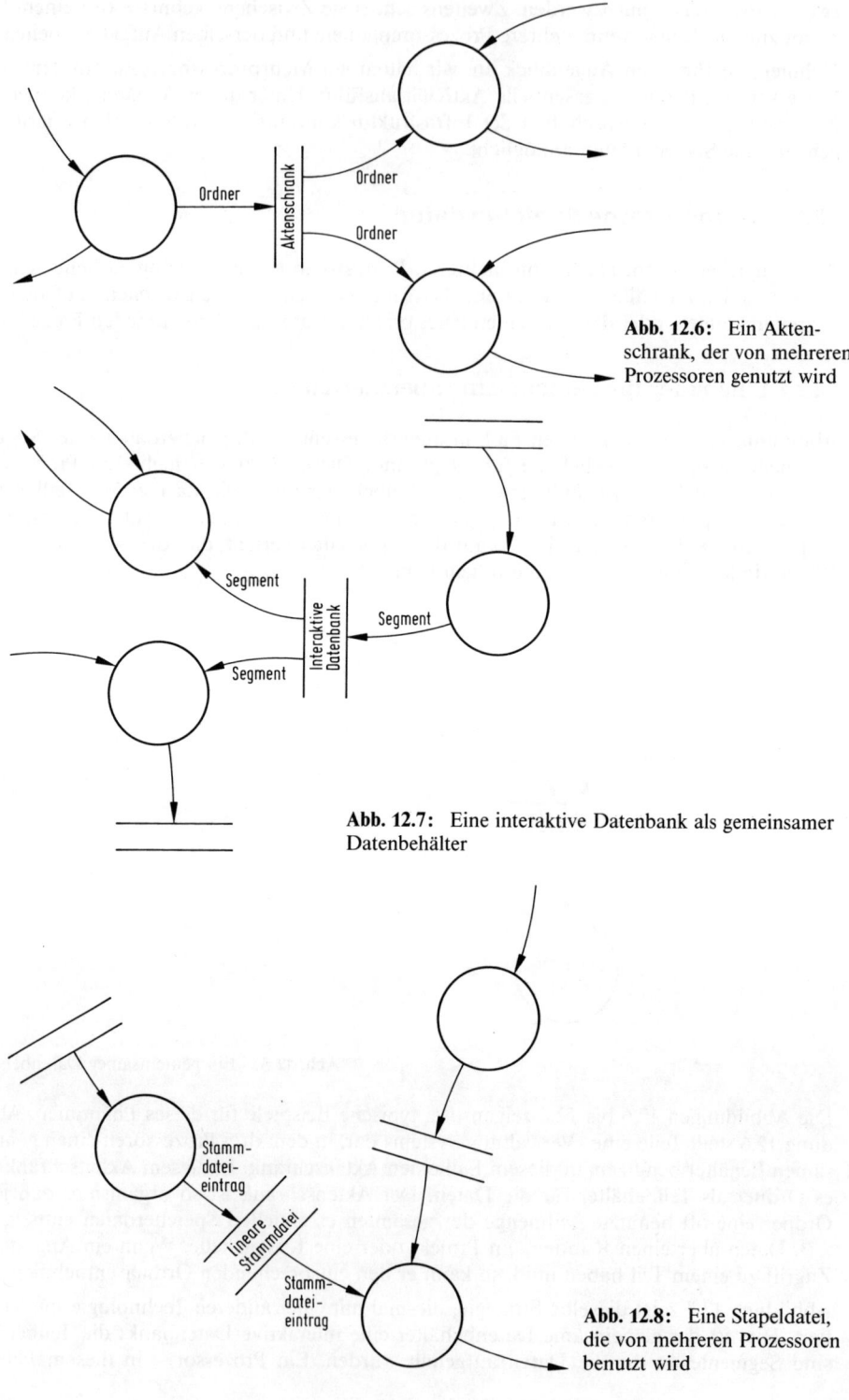

Abb. 12.6: Ein Akten-schrank, der von mehreren Prozessoren genutzt wird

Abb. 12.7: Eine interaktive Datenbank als gemeinsamer Datenbehälter

Abb. 12.8: Eine Stapeldatei, die von mehreren Prozessoren benutzt wird

Computerprogramm – kann auf die Segmente zugreifen, die es braucht. Andere Segmente werden dadurch nicht beeinflußt und stehen anderen Prozessoren zur Verfügung.

Schließlich zeigt Abbildung 12.8 noch ein weiteres Beispiel eines Datenbehälters, der gemeinsam von Prozessoren genutzt wird, in diesem Fall ein automatisiertes Stapelsystem. Der gemeinsame Datenbehälter ist eine lineare Stammdatei, die Teilbehälter sind die Einträge, aus denen die Stammdatei aufgebaut ist.*

Der Hauptunterschied zwischen diesen drei Beispielen liegt in dem Mechanismus, mit dem ein Prozessor auf die gespeicherten Daten zugreift. Das System mit den Angestellten ist von menschlichen Aktionen abhängig, das Stapelsystem benutzt sequentielle Zugriffsverfahren für Dateien, und das interaktive System hat mächtige Direktzugriffe zu der Datenbank. Außer diesen Unterschieden zeigen aber alle drei Systeme noch zwei Charakteristika von Mehrprozessorsystemen, die man in einem Einprozessorsystem nicht findet: die Teilbehälter enthalten vielleicht nicht *genau* die Datenelemente, die ein bestimmter Prozessor braucht, und die Organisation der Datenbehälter kann vielleicht für den einen oder anderen Prozeß nicht optimal sein.

Da der gemeinsame Datenbehälter die essentiellen Speicheranforderungen von allen Prozessoren erfüllen muß, die ihn benutzen, ist es nicht erstaunlich, daß darin mehr Daten abgespeichert sind, als jeder einzelne Prozessor braucht. Ein großes Warenhaus hält sich z. B. eine Kundenstammdatei, die von einem Computerprogramm für viele der essentiellen Aktivitäten des Warenhauses benutzt wird. Die Kundenstammdatei besteht aus Einträgen, je ein Eintrag pro Kunde. Diese Einträge haben ein einheitliches Format. Alle Einträge enthalten dieselben Datenelemente, die immer an der gleichen Position im Eintrag auftreten. Wenn ein Prozessor einen Eintrag aus der Kundenstammdatei anfordert, dann erhält er einen kompletten Eintrag, der alle Angaben über diesen Kunden enthält, ob dieser Prozessor diese nun für seine Aktivität braucht oder nicht. Durch diese einheitliche Schnittstelle zum physikalischen Datenspeicher zwingt das System die einzelnen Prozessoren, mehr Daten zu behandeln, als sie brauchen, und das alles wegen der Effizienz. Diese Taktik erschwert das Auffinden der Essenz, denn es ist nicht immer offensichtlich, welche der gespeicherten Daten *wirklich* von einem Prozessor gebraucht werden. Die wahren Anforderungen an den essentiellen Speicher wurden durch die einheitliche Schnittstelle zur Stammdatei verschleiert.

Die zweite Charakteristik der gemeinsamen Datenspeicher betrifft die Organisation des Behälters und die Arten, wie man darauf zugreifen kann. Physikalische Behälter sind meist so konstruiert, daß die Prozessoren relativ bequem auf die Daten, die sie brauchen, zugreifen können. Die Kundenstammdatei ist z. B. so aufgebaut, daß man einfach auf die Daten eines bestimmten Kunden zugreifen kann. Diese Organisationsform ist jedoch nur dann gut, wenn ein Prozessor die Information wirklich pro Kunde haben will. In einem Einprozessorsystem kann man die Daten immer so organisieren, daß sie gut zu den Zugriffsanforderungen des Prozessors passen. Wenn aber ein einziger Datenbehälter mehreren Prozessoren zur Verfügung steht, von denen jeder andere Zugriffsmöglichkeiten brauchen kann, dann schließt man oft Kompromisse.

Stellen Sie sich in dem Warenhaus einen Prozessor vor, der eine Sammelliste über Kreditkartenverkäufe aufstellen soll, geordnet nach den verschiedenen Kreditkartenfirmen. Für diesen Zweck braucht man nicht alle gespeicherten Daten eines Kunden. Man braucht sogar gar keine Daten über die Kunden, die ohne Kreditkarte einkaufen. Da aber die Gesamtorganisation der Kundendatei so ausgewählt wurde, daß die Gesamtzugriffe im System optimiert werden, kann dieser Prozessor nicht sehr bequem auf die von ihm benötigten Speicherdaten zugreifen. Statt dessen muß dieser Prozessor die gespeicherten Daten

---

* Eine lineare Stammdatei ist ein Datenspeicher, der keine Datenbanktechnologie benutzt und üblicherweise nur eingeschränkte Zugriffsmöglichkeiten bietet.

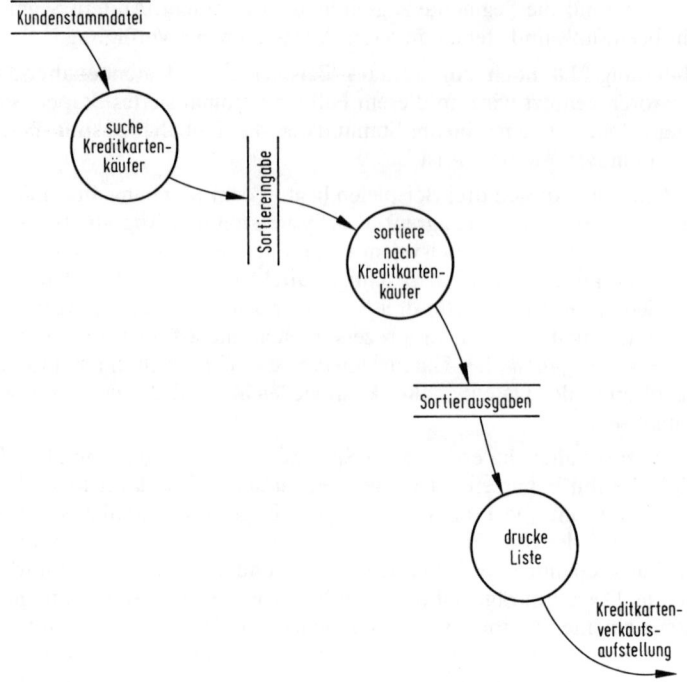

Abb. 12.9: Such- und Sortieraktivitäten zur Erstellung
einer Sammelliste von Kreditkartenverkäufen

für seine Zwecke reorganisieren. Diese Reorganisation erreicht man durch eine Reihe von
Such- und Sortierprozessen (vgl. Abbildung 12.9), wie sie alle Systementwerfer und Programmierer gut kennen. Der erste Prozeß sucht alle Einträge aus der Kundenstammdatei,
die Kreditkartenzahlungen enthalten, der zweite Prozeß sortiert diese nach den Kreditkartenfirmen, und der dritte Prozeß summiert dann die Einzelposten für die gewünschte Liste
auf. Nichts von diesen verzwickten Operationen wäre nötig, wenn die Implementierungstechnologie die gewünschten Informationen in direkt zugänglicher Weise abgespeichert
hätte.

Sie haben nun zwei physikalische Charakteristika von gemeinsam benutzten Daten gesehen: Standardbehälter, die nicht genau die Datenelemente enthalten, die von den einzelnen
Prozessoren gebraucht werden, und Dateiorganisationen, die die Zugriffsmöglichkeiten
einschränken. Beide Charakteristika kann man auf die Benutzung nicht perfekter Speichertechnologie zurückführen, wodurch Datenbehälter, die von mehreren Prozessoren benutzt
werden, anders implementiert werden, als es die essentiellen Anforderungen verlangen. Die
wichtigste Konsequenz daraus ist, daß solche technologischen Randbedingungen die wahren Anforderungen jedes einzelnen Prozessors an die zu speichernden Daten verschleiern
und damit die Wiederauffindung der Essenz des Systems erschweren.

12.2.1.2 Private Datenspeicher

Abbildung 12.10 stellt ein anderes Schema dar, wie mehrere Prozessoren gemeinsam
benutzte Daten abspeichern können. Jeder der drei Prozessoren hat seinen privaten Datenspeicher, auf den von anderen Prozessoren nicht direkt zugegriffen werden kann. Der Vorteil dieser Lösung besteht darin, daß jeder Prozessor sich die Daten so speichern und orga-

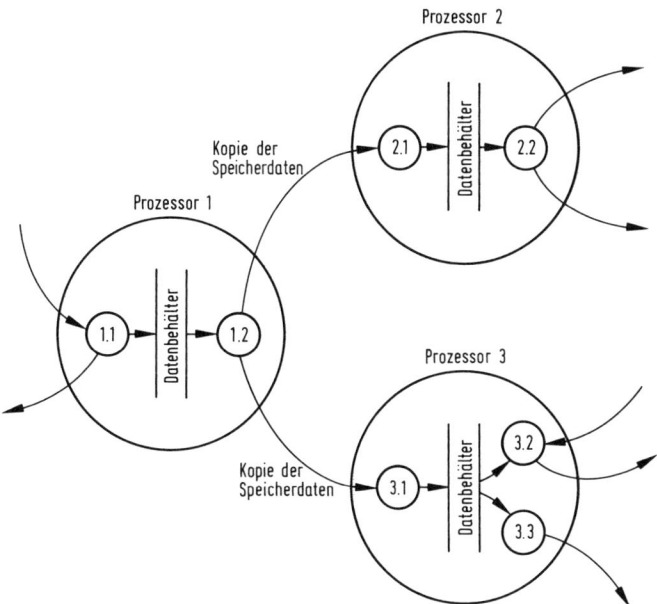

Abb. 12.10: Private Datenspeicher

nisieren kann, wie er sie braucht – er benutzt sie ja alleine. Daher passiert es nicht so häufig, daß ein Prozessor Daten erhält, die er nicht will, und es ist auch weniger wahrscheinlich, daß er eine ungünstige Speicherstruktur umorganisieren muß.

Der Nachteil liegt darin, daß durch das Anlegen und Aktualisieren von zwei oder mehr Kopien der gleichen Daten andere physikalische Einschränkungen von der Sorte geschaffen werden, wie wir sie im letzten Abschnitt mit dem gemeinsamen Datenbehälter und der Verschleierung der Essenz gesehen haben. Diese physikalischen Charakteristika kommen daher, daß das System nun die gespeicherten Datenelemente von einem privaten Datenspeicher in die anderen privaten Datenspeicher anderer Prozessoren transportieren muß. In der einfachsten Ausbaustufe kommen durch diesen Datentransport drei physikalische Eigenschaften in die Modelle: Sendeaktivitäten in dem Prozessor, in dem die Daten entstehen, redundante Verwaltungsaktivitäten in allen Prozessoren, die die Daten empfangen, und Datenflüsse zwischen den Prozessoren.

Abbildung 12.11 zeigt den Transport von gespeicherten Daten über Neueinstellungen aus der privaten Datei der Personalabteilung in die private Datei der Buchhaltung. Die Aktivität „erstelle Liste neuer Angestellter" tut nichts anderes, als die gespeicherten Daten von einem Prozessor über die Grenze zu einem anderen Prozessor zu übertragen. (Diese Grenze existiert wegen interner technologischer Schranken, insbesondere der Notwendigkeit, mehr als einen Prozessor mit einer essentiellen Aktivität zu beauftragen.) Die Aktivität „aktualisiere Stammdatei" erstellt und pflegt die private essentielle Datei der Buchhaltung. Sie erhält Eingabedaten, die von anderen Prozessoren geschickt werden, wie hier z. B. von der Personalabteilung, aber auch Daten von außerhalb des Systems. Daher ist „aktualisiere Stammdatei" gewissermaßen eine Duplizierung der Verwaltungsaktivität, die dieselben Informationen für die Stammdatei der Personalabteilung anlegt und aktualisiert. Dieser Typ von „Verwaltungszwilling" entsteht dadurch, daß dieselbe Information in zwei privaten Datenbehältern aufbewahrt wird. Der Datenfluß „Liste der Neueinstellungen" ist der physikalische Kanal, durch den die beiden Abteilungen miteinander kommunizieren. Wenn es nicht die interne, unvollkommene Technologie gäbe, dann wären sowohl die Sen-

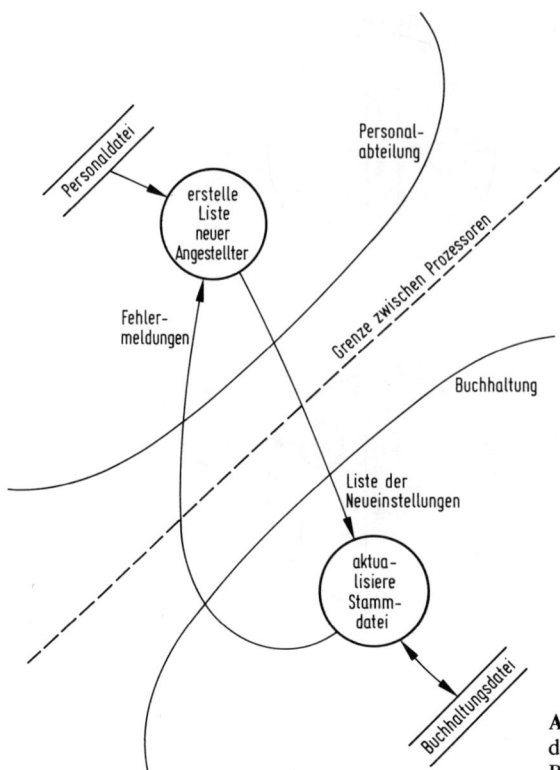

Abb. 12.11: Transport von Speicherdaten zwischen zwei privaten Behältern

deaktivität wie auch der „Verwaltungszwilling" und der Datenkanal überflüssig. Ein Datenspeicher und eine Verwaltungsaktivität würden ausreichen.

Manchmal braucht man zur Weitergabe gespeicherter Daten zwischen zwei Prozessoren mehr als nur ein einfaches Transportmedium. Wenn die Prozessoren unterschiedlicher Natur sind, dann benutzen sie vielleicht unterschiedliche Technologien zur Darstellung der Informationen. Betrachten wir ein alltägliches Beispiel: Die Übertragung von Informationen zwischen einem Menschen als Prozessor und einem Computer als Prozessor erfordert fast immer eine *Übersetzung* zusätzlich zum Transport, denn Menschen speichern Daten im allgemeinen anders ab als Computer. Abbildung 12.12 zeigt ein einfaches Beispiel einer Übersetzung. Der Angestellte der Personalabteilung überträgt Informationen an das automatische Personalverwaltungssystem mit Hilfe eines Terminals. Zusätzlich zum physikalischen Transportprozeß der Daten vom Schreibtisch des Angestellten in den Terminalraum übersetzt die Infrastruktur zwischen den Prozessoren die Daten aus der Form, die für den Angestellten verständlich ist, in eine Form, die für das automatisierte System verständlich ist. Die Übersetzungsaktivität ist in dem Diagramm nicht extra dargestellt. Sie findet innerhalb des Transportprozesses und des duplizierten Verwaltungsprozesses („erstelle Transaktion zur Aktualisierung") statt. Wenn man die Daten übersetzen muß, so werden die Mini-Spezifikationen und auch die Einträge im Data Dictionary komplizierter. Dadurch wird die Essenz, die dem System zugrunde liegt, nicht gerade leichter auffindbar.

Zusätzlich zum Transport und zur Übersetzung braucht man zur Kommunikation manchmal auch noch *Synchronisation*. Man muß die Datenübertragung synchronisieren, wenn der empfangende Prozessor und der sendende Prozessor mit unterschiedlichen Geschwindigkeiten übertragen oder wenn der Empfänger zu dem Zeitpunkt nicht bereit ist, wo der

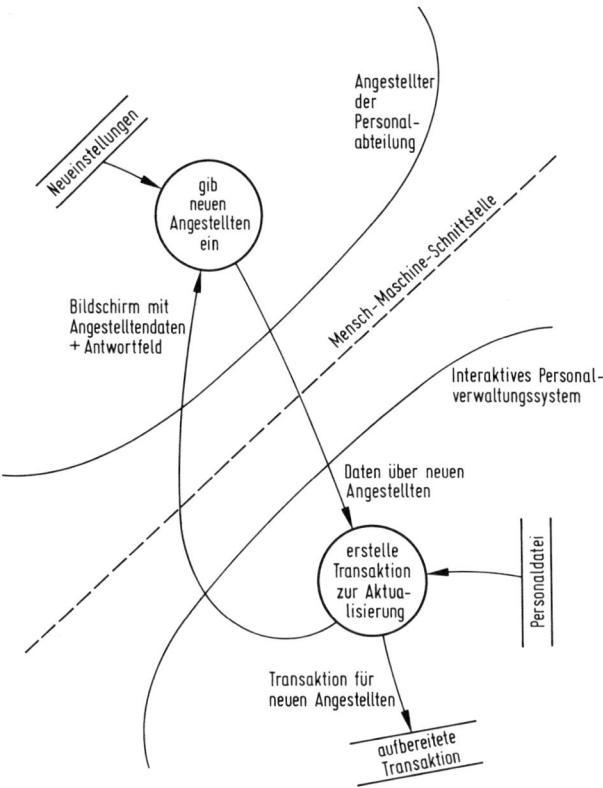

Abb. 12.12: Datenübersetzung zwischen einem Angestellten und einem automatisierten System

Sender seine Daten losschickt. In beiden Fällen kommt zu dem Modell noch ein Synchronisationsspeicher (eine zeitliche Verzögerung) in den Kommunikationskanal zwischen den beiden Prozessoren (vgl. Abbildung 12.13).

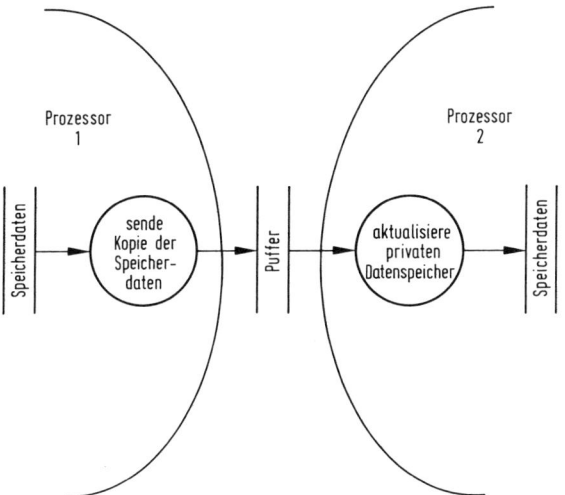

Abb. 12.13: Synchronisation zwischen zwei Prozessoren

Wenn Synchronisation zum Ausgleich der Kommunikationsgeschwindigkeit zwischen zwei Prozessoren verwendet wird, spricht man oft von *stapeln, puffern* oder *spooling*. Wenn der Sendeprozessor langsamer als der Empfangsprozessor ist, dann sammelt der Datenspeicher die Daten so lange auf, bis genügend davon da sind, um einen ökonomischen Transport zu dem schnellen Empfangsprozessor zu starten. Denken Sie als Beispiel dafür an das Aufbauen einer Transaktion in einem Online-System, wo man zunächst in einer Bildschirmmaske alle möglichen Daten einträgt, bevor man sie zur Verarbeitung losschickt. Wenn der Sendeprozeß viel schneller ist als der Empfangsprozeß, dann hält der Speicher die Daten so lange fest, bis sie in kleinen Raten an den Empfänger abgegeben werden können. Das häufigste Beispiel für dieses Phänomen findet man bei der Produktion von gedruckten Listen in Stapelsystemen oder in den Techniken, die man in Online-Systemen benutzt, um Ergebnisse zu präsentieren, wenn diese nicht mehr auf einen Bildschirm passen.

Wenn einer der Prozessoren nicht bereit ist, Daten entgegenzunehmen, dann braucht man zur Synchronisation der Kommunikation einen Plan für die Datenübertragungen. Daten, die übertragen werden sollen, werden vom Sendeprozessor in einem Speicher abgelegt und bleiben dort so lange, bis der Empfänger bereit zum Abholen ist. Zu diesem Zeitpunkt werden die Daten einfach aus dem Speicher entfernt und auf den Weg geschickt. Abbildung 12.14 zeigt zwei Beispiele dieser Art von Synchronisation. Die Transaktionen, die der Angestellte der Buchhaltung zum Abschicken an das automatisierte System vorbereitet hat, werden in der Zwischendatei „Tagestransaktionen" aufbewahrt, bis in der Nacht die Verarbeitung stattfindet. Die Ausgaben des Abrechnungssystems werden in dem Speicher „Tagesliste" aufbewahrt, bis der Angestellte am nächsten Morgen wieder zur Arbeit

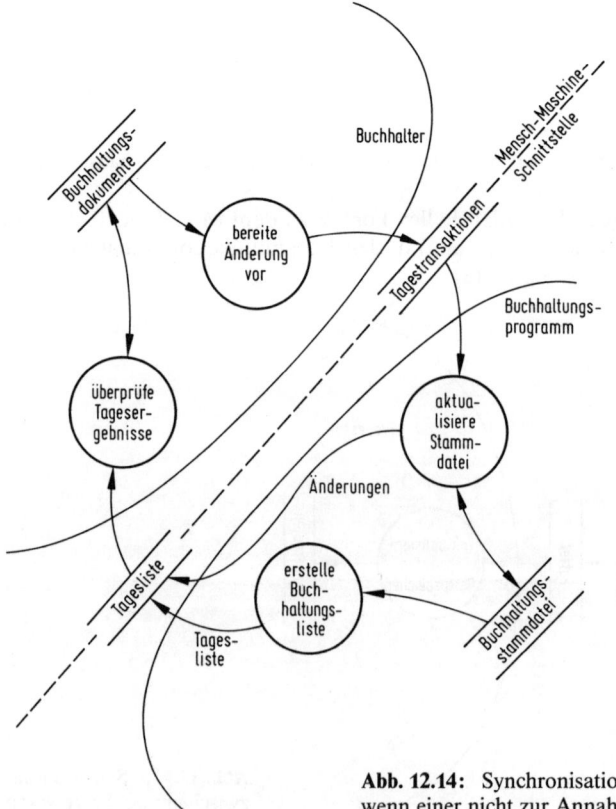

Abb. 12.14: Synchronisation zwischen zwei Prozessoren, wenn einer nicht zur Annahme der Daten bereit ist

erscheint. In beiden Fällen dient der Speicher als eine Art Briefkasten, der die Nachrichten aufbewahrt, bis der Empfänger dazu bereit ist, sie entgegenzunehmen.

Sie haben im letzten Abschnitt gesehen, daß die Benutzung privater Speicher zur Aufbewahrung gemeinsam benutzter Daten eine Reihe von physikalischen Charakteristika zu einem System hinzufügt: Aktivitäten und Datenkanäle, die Daten transportieren und die übertragenen Daten übersetzen, und Datenbehälter, die zur Synchronisation der Kommunikation zwischen Prozessoren dienen. Fügen Sie dazu noch die physikalischen Eigenschaften hinzu, die durch die gemeinsame Benutzung von Daten durch mehrere Prozessoren entstehen – wie überflüssige gespeicherte Daten und schlechte Speicherorganisation –, dann werden Sie verstehen, warum es oft so schwierig ist, die Essenz eines Systems herauszufiltern.

12.2.2 Die Weitergabe von Zwischenprodukten

Die zweite wichtige Funktion der Infrastruktur zwischen Prozessoren ist die Weiterleitung von Zwischenprodukten von einem Prozessor zu einem anderen. Das braucht man, wenn ein Prozessor nur ein Fragment einer essentiellen Aktivität ausführt und das Ergebnis seiner Arbeit einem anderen Prozessor zur Verfügung stellt, der dann das nächste Fragment der gleichen essentiellen Aktivität ausführt. In Abbildung 12.15 sehen Sie einen Ausschnitt aus einer Inkarnation, in der Zwischenergebnisse zwischen Prozessoren, die eine einzige essentielle Aktivität ausführen („erledige eine Buchbestellung"), weitergegeben werden. Die Zwischenergebnisse sind die Buchbestellungen und die Buchrechnungen. Eine Buchbestellung wird entgegengenommen, wenn die Prüfung des Vorrats positiv verlaufen ist. Zu diesem Zeitpunkt muß noch eine Rechnung geschrieben werden und der Versand organisiert

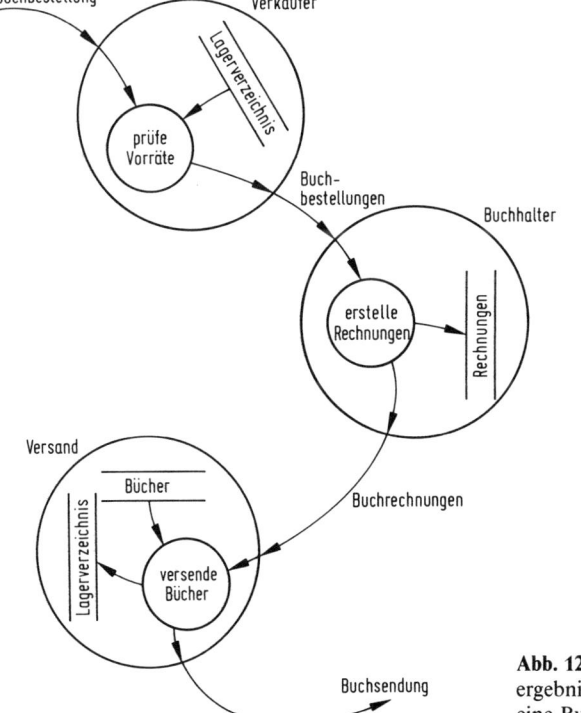

Abb. 12.15: Weitergabe von Zwischenergebnissen in der Aktivität „erledige eine Buchbestellung"

werden. Das nächste Fragment produziert die Rechnung, nachdem es die Bestellung erhalten hat, und legt eine Liste der Außenstände an, aber die Bücher sind noch immer nicht verschickt, und das Vorratslager ist noch nicht aktualisiert. Beide hier gezeigten Zwischenprodukte, die Ergebnisse von Fragmenten einer essentiellen Aktivität sind, werden entlang der Prozessorkette weitergegeben, die auf das Ereignis „Kunde bestellt Buch" reagiert.

Die Komponenten, die Zwischenergebnisse weitertransportieren, sind ähnlich aufgebaut wie die Komponenten, die gemeinsam benutzte Daten aktualisieren. Die Behälter, Dateien und Aktivitäten sind dieselben; sie werden nur für einen anderen Zweck benutzt.

Die Infrastruktur zwischen den Prozessoren ist teilweise selbst für die zweite wesentliche Eigenschaft von Mehrprozessorsystemen verantwortlich: für die Administration zwischen den Prozessoren.

12.3 Die Administration zwischen Prozessoren

Sie wissen inzwischen über die Fehleranfälligkeit der Systemumgebung und der Prozessoren innerhalb des Systems Bescheid. Nun müssen wir uns mit der genauso großen Fehleranfälligkeit bei Mehrprozessorinkarnationen befassen. Obwohl die Administration innerhalb der Prozessoren ja bereits vorhanden ist, braucht jeder Prozessor noch zusätzliche administrative Tätigkeiten, um Fehler entdecken und korrigieren zu können. Fehler in Mehrprozessorsystemen entstehen durch zwei zusätzliche Fehlerquellen: durch die Administration zwischen den Prozessoren und durch die Infrastruktur zwischen den Prozessoren. Denken Sie einmal darüber nach: Wenn die Administration zwischen den einzelnen Prozessoren perfekt wäre, dann bräuchte das System keine zusätzlichen Prüfungen zu machen. Aber die nicht perfekte Technologie schlägt nun doppelt zu: der Prozessor ist natürlich bei der Überwachung der korrekten Ausführung einer essentiellen Aktivität genauso fehleranfällig wie bei der Ausführung selbst. Außerdem können sich noch Fehler in den Komponenten der Infrastruktur einschleichen: Informationen können beim Transport von einem Prozessor zum anderen zerstört oder verstümmelt werden.

Um diesen neuen Fehlerquellen entgegenzuwirken, benutzt das System die Prozessoren gegeneinander. Jeder Prozessor ist nicht nur für die korrekte Ausführung seiner eigenen Aktivitäten verantwortlich, sondern er kontrolliert auch die Ergebnisse aller Prozessoren „vor" ihm. Alle Prozessoren führen zusätzliche Prüffunktionen aus, um nicht nur die Fehler von anderen Prozessoren zu finden, sondern auch Fehler in der Infrastruktur. Sie haben Beispiele für die Administration zwischen Prozessoren in den Abbildungen 12.11 und 12.12 gesehen. Sowohl „aktualisiere Stammdatei" wie auch „erstelle Transaktion zur Aktualisierung" untersuchen die Daten, die an sie übergeben werden, und weisen fehlerhafte Daten zurück. Auf diese Art schützen sie sich vor Fehlern, die von anderen Prozessoren gemacht wurden, oder vor Daten, die durch den Transport zerstört wurden. Das DFD in Abbildung 12.16 hebt die Struktur der Administration zwischen Prozessoren hervor. Die großen Kreise stellen Prozessoren dar; die Kreise mit der Inschrift FEA sind Fragmente von essentiellen Aktivitäten, und die kleinen Kreise mit P sind die zusätzlichen administrativen Aktivitäten zur Prüfung der Informationen, die von anderen Prozessoren kommen. Die Kreise mit Q stellen die Aktivitäten zur Qualitätssicherung dar, die jeder Prozessor ausführt, um seine eigene Arbeit zu überprüfen.

Jeder Prozessor muß ständig die Arbeit der anderen Prozessoren überprüfen und dafür sorgen, daß die Infrastruktur die Daten richtig übertragen hat, egal ob ein Prozessor eine ganze essentielle Aktivität ausführt oder nur Fragmente davon, oder ob er mit einem anderen Prozessor verbunden ist und von diesem die letzten Aktualisierungen für Speicherdaten erhält, oder ob er Zwischenprodukte übermittelt bekommt.

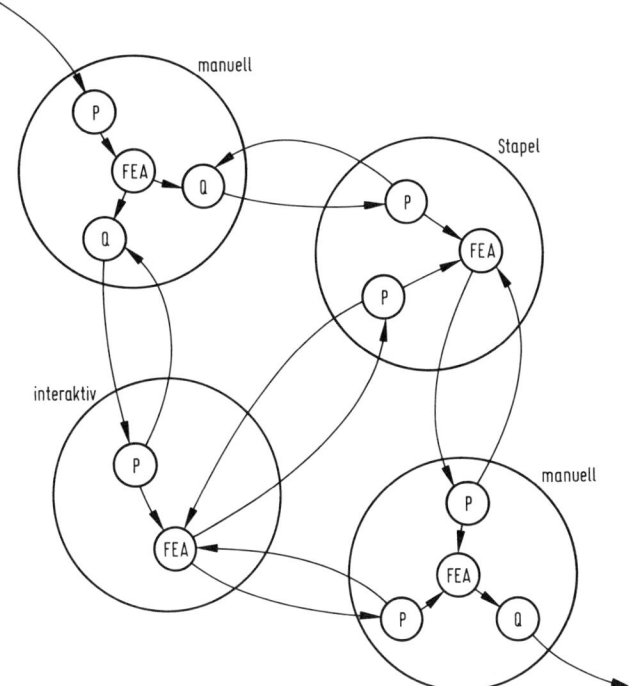

Abb. 12.16: Administration zwischen Prozessoren

Andere Teile der Administration zwischen den Prozessoren beschäftigen sich mit der Prüfung der Informationen von anderen Prozessoren. Datenflüsse werden übertragen und signalisieren einem anderen Prozessor, daß Informationen übertragen werden. Wenn die Informationen akzeptabel sind, kann eine Bestätigung zurückgesandt werden. Wenn die Daten fehlerhaft sind, dann können die falschen Daten zusammen mit einer Erklärung des Problems zurückgeschickt werden. Die Administration braucht vielleicht auch zusätzliche gespeicherte Daten. Ein Prozessor kann sich Kopien der Informationen aufheben, die er an andere Prozessoren gesandt hat. In diesem Fall kann er ein Problem leichter nachvollziehen, wenn eine Fehlermeldung zurückkommt. Das Speichern einer Kopie ist auch dann nützlich, wenn eine Übertragung nie bei dem Prozessor ankommt, für den sie gedacht war. In diesem Fall kann man die Sicherungskopie benutzen und die Nachricht neu abschicken.

12.4 Zusammenfassung

Reale Systeme haben mehrere Prozessoren, um die essentiellen Aktivitäten auszuführen. Ein einzelner Prozessor hat nur selten genügend Fähigkeiten und genügend Kapazität, um eine essentielle Aktivität alleine auszuführen. Die essentielle Aktivität wird daher in Fragmente aufgeteilt, von denen jedes dem Prozessor zugeordnet wird, der dafür am besten geeignet ist. Die Aufteilung der essentiellen Arbeit verschleiert die Essenz des Systems, da jede essentielle Aktivität ihre Identität verliert, wenn sie in anscheinend völlig getrennte Teilaufgaben zerlegt wird.

Mehrprozessorsysteme besitzen eine Infrastruktur, die es den Prozessoren erlaubt, gemeinsamen essentiellen Speicher zu benutzen und Zwischenprodukte weiterzuleiten. Die Prozessoren benutzen gemeinsame Daten entweder, indem sie diese in einem gemeinsamen

Behälter verwalten oder indem sie diese in redundanten Dateien abspeichern, die von jedem Prozessor selbst verwaltet werden. Beide Möglichkeiten führen zusätzliche physikalische Charakteristika in das System ein. Die gemeinsamen Behälter zwingen die Prozessoren manchmal dazu, mehr Daten entgegenzunehmen, als sie eigentlich brauchen, und manchmal auch zu umständlichen Suchprozeduren. Private Datenspeicher führen zu neuen Infrastrukturaktivitäten, um die gemeinsamen Daten von dem einen Prozessor, in dem sie entstehen, an die Prozessoren weiterzuleiten, wo sie gebraucht werden. Aktivitäten zum Empfangen solcher Daten und zusätzliche Datenflüsse komplizieren das Bild noch weiter. Diese Kommunikationsmechanismen zwischen den Prozessen werden auch zur Übertragung von Zwischenergebnissen verwendet, wenn eine essentielle Aktivität durch eine Menge zusammenarbeitender Prozessoren erledigt wird.

Die Fehleranfälligkeit der Prozessoren und der Infrastruktur machen zusätzliche Aktivitäten notwendig, die die Kommunikation zwischen den Prozessoren überwachen. Diese administrativen Aktivitäten schützen jeden Prozessor vor den Fehlern anderer Prozessoren und vor den Datenübermittlungsfehlern, die im Kommunikationssystem auftreten können. Die häufigste Form von solchen Aktivitäten sind Plausibilitätsprüfungen zu dem Zeitpunkt, wo ein Datum in einen Prozessor kommt. Die Infrastruktur und die meisten administrativen Aktivitäten würden nicht existieren, wenn wir ein System mit perfekter interner Technologie hätten. Sie verschleiern die Essenz eines Systems und gehören vollständig zu den nicht-essentiellen Teilen des Modells.

Reale Systeme weisen nicht immer alle der in diesem Kapitel besprochenen Charakteristika auf. So fehlen zum Beispiel in vielen Systemen geeignete Prüfungen für die Eingangsdaten eines Prozessors. Das nächste System, das Sie studieren werden, hat vielleicht keine komplette und korrekte Administration zwischen den Prozessoren, oder Sie finden vielleicht Prozessoren, die die Infrastruktur und die Administration vermischen. Welche Systeme Sie auch immer studieren – Sie werden eine Menge der Grundmuster, die wir beschrieben haben, wiederfinden. Der Effekt aller dieser Charakteristika ist, daß die Essenz nahezu unauffindbar unter den vielen Aktivitäten und Speichern einer Inkarnation verborgen sein kann.

Kapitel 13
Die Konsolidierung
von Systemaktivitäten

In den Mehrprozessorsystemen, die wir bisher besprochen haben, führt ein Prozessor entweder eine komplette essentielle Aktivität aus oder ein Fragment, zusätzlich dazu die notwendigen Administrations- und Kommunikationsaktivitäten. In einem realen System findet man jedoch oft, daß ein Prozessor eine Menge von essentiellen Aktivitäten oder von essentiellen Fragmenten ausführt. Wir bezeichnen dies als *Konglomerat*. In diesem Kapitel untersuchen wir, wie ein Konglomerat entsteht und welche Auswirkungen es auf die Infrastruktur, die Administration und auf den essentiellen Speicher hat. Wir führen auch den Begriff des Spezialprozessors ein, der nicht-essentielle Aktivitäten ausführt, wie Prüfungen, Qualitätssicherung oder Prozessorsynchronisation. Schließlich vervollständigen wir unser Modell, indem wir reale Systeme als eine verschachtelte Menge von Prozessoren betrachten.

13.1 Die Konsolidierung von Fragmenten essentieller Aktivitäten

Die meisten Konglomerate entstehen, weil ein oder mehrere Prozessoren noch Kapazität frei haben. Das bedeutet, daß ein Prozessor stillsteht, weil er aufgrund seiner Fähigkeiten und seiner Kapazität die ihm gestellte Aufgabe schneller erledigen konnte, als es gefordert war, oder weil ein anderer Prozessor die notwendigen Eingaben zu spät zur Verfügung stellt.

Überschüssige Kapazität ist teuer, da der Preis eines Prozessors zumindest teilweise von seiner Kapazität abhängt. Um Geld zu sparen, werden einige Prozessoren einfach entlassen, beurlaubt, verkauft oder vermietet, und die Arbeit wird unter den übrigen Prozessoren aufgeteilt, wodurch dann ein Konglomerat entsteht.

Als Beispiel für eine Konsolidierung betrachten wir die Arbeit des Buchhalters in der Buchhandlung von Abbildung 12.15. Wenn man den Tagesumsatz an Büchern betrachtet, dann kann man die Liste der offenen Rechnungen in weniger als zwei Stunden erstellen. Die Buchhaltung ist also nicht sehr ausgelastet. Was sollte man tun? Man könnte eine Teilzeitkraft einstellen, oder man könnte für zusätzliche Arbeiten sorgen, um die volle Arbeitszeit und das volle Gehalt zu rechtfertigen. Meistens entscheidet man sich dafür, der Buchhaltung zusätzliche Pflichten zu übertragen, die man aus anderen Teilen des Systems nimmt. Es wäre naheliegend, alle finanziellen Aufgaben aus den Bereichen „nimm Zahlungen entgegen", „Lieferung des Großhandels", „Zahlungen an den Großhandel" diesem unterbeschäftigten Prozessor zuzuordnen. Dadurch entsteht ein *„Paketprozessor"*, der zwei oder mehr Fragmente essentieller Aktivitäten ausführt, die oft aus verschiedenen essentiellen Aktivitäten stammen. In unserem Beispiel in Abbildung 13.1 ist der Grund der Konsolidierung von mehreren Fragmenten der, daß jedes Fragment ähnliche Fähigkeiten beim Prozessor voraussetzt. Man ignoriert dabei, daß diese Fähigkeiten in ganz verschiedenen essentiellen Aktivitäten benutzt werden.

Paketprozessoren findet man sehr oft. Sie sind eine natürliche und vernünftige Reaktion auf die Schranken der Implementierungstechnik für ein System. Weil dadurch Ressourcen

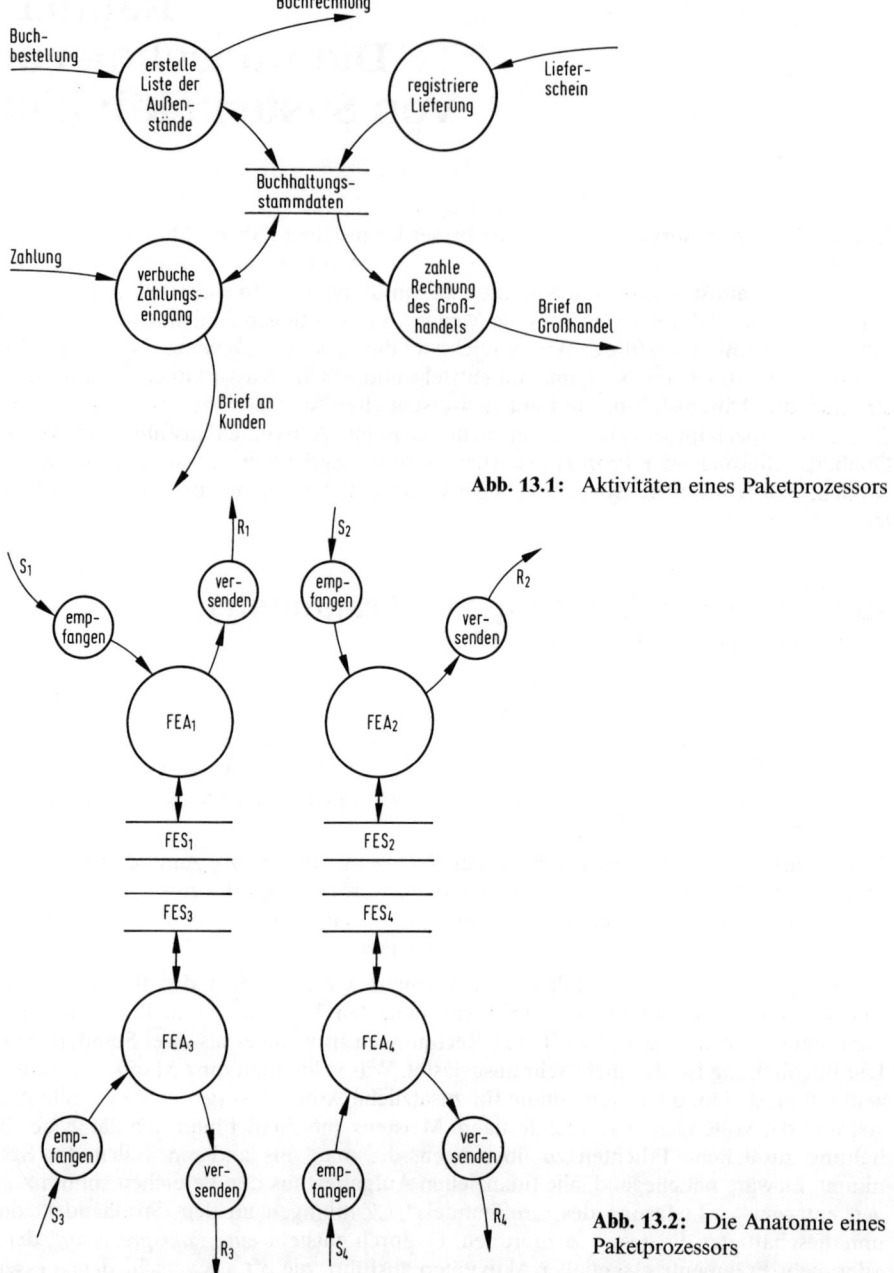

Abb. 13.1: Aktivitäten eines Paketprozessors

Abb. 13.2: Die Anatomie eines Paketprozessors

eingespart werden, die sonst verschwendet würden, ist dies eine der vielen Möglichkeiten, die Kosten eines Systems zu reduzieren.

Nimmt man die Paketprozessoren noch zur Anatomie existierender Systeme hinzu, so erhält man ein neues Schema für einen einzelnen Prozessor, wie es in Abbildung 13.2 dargestellt ist. Diese Abbildung ist etwas idealisiert, da sie keine Verbindungen zwischen den Fragmenten zeigt; jedes Fragment hat seine eigene Infrastruktur und seinen Speicher.

13.2 Die Konsolidierung von nicht-essentiellen Systemaktivitäten

Wenn wir jetzt von der Idealvorstellung übergehen auf ein komplexes System, so müssen wir die Auswirkungen betrachten, die durch Konsolidierung von nicht-essentiellen Aktivitäten in einer Inkarnation entstehen. In den folgenden Abschnitten untersuchen wir die Konsolidierung der Infrastruktur, von Datenspeichern, von administrativen Aktivitäten und von Aktivitäten in einem Mehrprozessorsystem etwas näher.

13.2.1 Die Konsolidierung der Infrastruktur

Wenn wir die Abbildungen 13.1 und 13.2 betrachten, dann könnte man vermuten, daß die verschiedenen Ein- und Ausgaben eines Fragments einer essentiellen Aktivität den Prozessor auf verschiedenen Kanälen erreichen. Abbildung 13.2 geht sogar noch weiter, indem suggeriert wird, daß der Prozessor eigene Komponenten zur Aufnahme jeder Eingabe und zum Abschicken jeder Ausgabe hat. Mit anderen Worten: das Diagramm zeigt, daß jede Eingabe und jede Ausgabe ihren eigenen Kanal benutzt. Dies passiert nur sehr selten. Es ist unwahrscheinlich, daß jeder, der z. B. mit der Buchhaltung spricht, dafür seine private Leitung hat. Wenn wir einmal annehmen, daß die Buchhaltung alle Nachrichten per Telefon erhält, dann muß man davon ausgehen, daß auf dem Schreibtisch des Buchhalters nicht drei Apparate stehen, einer für jeden eingehenden Datenfluß. (Es sei denn, wir lebten in einer Welt, in der der Telefonservice gratis ist.) Normalerweise steht dort *ein* Telefon, über das vier Arten von Nachrichten übertragen werden.

Systeme fassen häufig mehrere logische Datenflüsse zu einem physikalischen Datenkanal zusammen, um teure Ressourcen einzusparen. Wir nennen einen Datenfluß mit mehreren Nachrichten einen *Paketkanal*. Abbildung 13.3 zeigt den Buchhalter (als Paketprozessor) als Teil eines Netzwerkes von Paketprozessoren sowie die Zusammenhänge über die Infrastruktur. Die Datenflüsse „Nachricht an die Buchhaltung" und „Bericht der Buchhaltung" sind Paketkanäle, wie man an den Einträgen im Data Dictionary, die zum Diagramm dazugeschrieben wurden, leicht sehen kann.

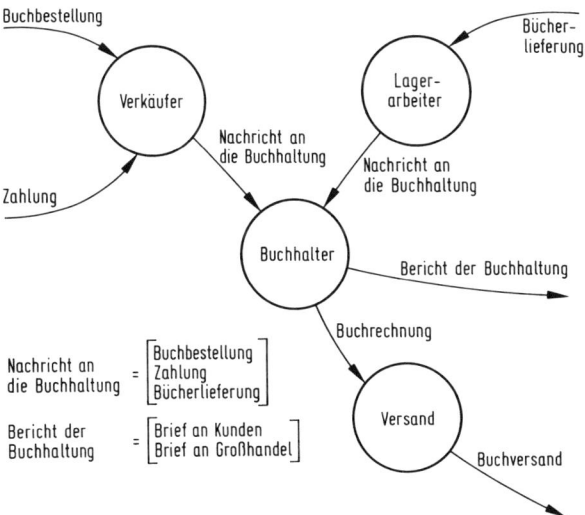

Abb. 13.3: Eine Menge von Paketprozessoren in einer Buchhandlung

Paketkanäle führen zu einer der weitverbreitetsten Aktivität der Infrastruktur: Ein *Transaktionszentrum* ist ein Prozeß, der eine Nachricht aus einem Paketkanal aufnimmt und entsprechend dem Typ der Nachricht an die richtige Aktivität weiterleitet. Diese Art „Verkehrspolizist" wird in Abbildung 13.4 als Kreis mit der Inschrift „empfangen und verteilen" gezeigt. Der auslösende Datenfluß ist ein Paketkanal; in diesem Beispiel enthält er vier Nachrichtenarten. Jede Nachricht kommt von einem anderen Ereignis und betrifft daher ein anderes Fragment einer essentiellen Aktivität. „Empfangen und verteilen" identifiziert jede eingehende Nachricht und leitet sie an das betroffene Fragment einer essentiellen Aktivität weiter.

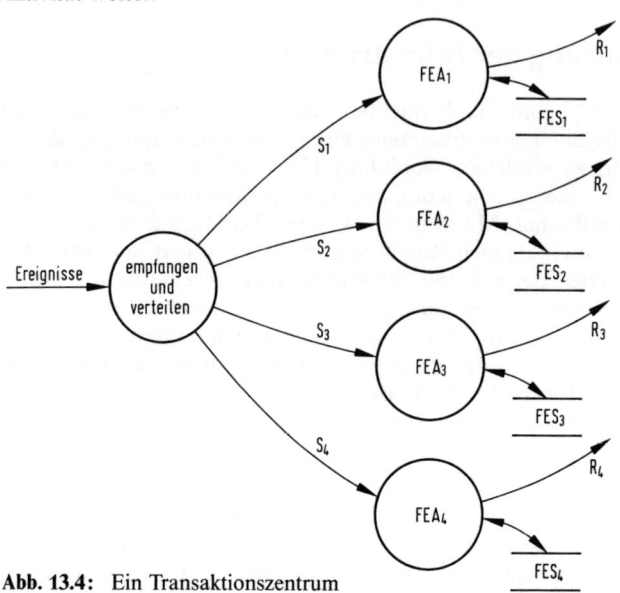

Abb. 13.4: Ein Transaktionszentrum

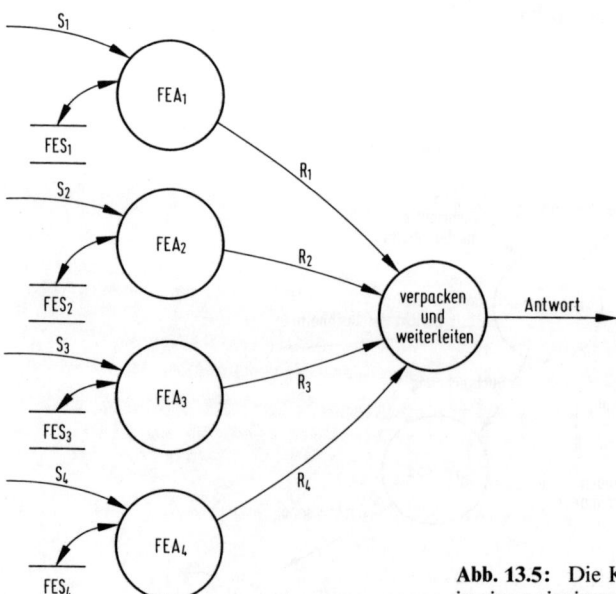

Abb. 13.5: Die Konsolidierung von Ausgaben in einen einzigen Kanal

Transaktionszentren gibt es überall. Ein klares Beispiel finden Sie in einem Computersystem, das Transaktionen verarbeitet, wie z. B. in einem Flugbuchungssystem. Im kleinen Maßstab ist Ihr Bankomat mit einem derartigen Transaktionszentrum ausgestattet. Er muß unterscheiden können, ob Sie Geld abheben oder einzahlen wollen oder Ihren Kontostand erfragen oder Überweisungen vornehmen wollen. Aus diesem Grund hat auch der Schalterangestellte sein Transaktionszentrum. Er benutzt aber seine Sprache und Papier als Technologie, statt eines Bildschirms und einer Tastatur. Ein Transaktionszentrum stellt immer die Schnittstelle zwischen einem Paketkanal und einem Paketprozessor dar, unabhängig davon, mit welcher Technologie das System implementiert wurde.

Die Weitergabe der Ergebnisse eines Paketprozessors ist in ähnlicher Weise organisiert. Wiederum konsolidiert man alle Ausgaben in einem einzigen Kanal, um die Kosten für Spezialkanäle zu jedem einzelnen Prozessor zu vermeiden. Sie sehen dies in Abbildung 13.5. Die Aktivität „verpacken und weiterleiten" faßt alle Antworten zusammen, versieht sie mit einer Markierung zur Identifikation, so daß das Transaktionszentrum auf der anderen Seite des Paketkanals die Nachrichten unterscheiden kann, und schickt sie durch den gemeinsamen Kanal los.

13.2.2 Die Konsolidierung von Datenspeichern

Wenn man die Fragmente essentieller Aktivitäten in einem System herumschiebt, so muß man auch die Teile des essentiellen Speichers, die dafür gebraucht werden, mitverschieben. Der Buchhalter braucht in Abbildung 13.1 Zugriff auf alle Speicherdaten, die für die Ausführung der verschiedenen Fragmente notwendig sind. Insbesondere muß er Zugriff darauf haben, welche Bücher an welchen Kunden verkauft wurden und welche Bücher beim Großhandel bestellt wurden.

Da wir noch nicht viel über die Anforderungen an die Organisation des Speichers von essentiellen Aktivitäten ausgesagt haben, könnten Sie annehmen, daß jedes Fragment seinen eigenen Datenspeicher erhält, wie in Abbildung 13.2. (DeMarco nennt dies „Private Component File" [11].) Im Gegensatz dazu zeigt Abbildung 13.1 alle gespeicherten Daten in einer einzigen Datei, die als Buchhaltungsstammdatei bezeichnet ist. Was ist hier geschehen? Obwohl der Buchhalter vier verschiedene Aufgaben ausführen muß und dafür mit vier unterschiedlichen Paketen von Eingabedaten arbeitet, hat er trotzdem nicht vier physikalisch getrennte Speicher aufgebaut. In diesem Fall hat der Buchhalter festgestellt, daß sich die Daten, die man für die vier Fragmente braucht, teilweise überlappen. Einige der Informationen, die von der Aktivität „erstelle Liste der Außenstände" gespeichert werden, sind identisch mit denen, die von „verbuche Zahlungseingang" gebraucht werden. In ähnlicher Weise müssen die Aktivitäten „registriere Lieferung" und „zahle Rechnung des Großhandels" wissen, welche Bücher bei einem bestimmten Großhändler bestellt wurden. Hätte man getrennte Speicher angelegt, jeweils mit redundanten Daten, dann wäre die Wartung dieser Daten sehr teuer, da bei einer Aktualisierung eines Datenelements auf mehrere Speicher zugegriffen werden müßte. Um diese Kosten zu vermeiden, hat der Buchhalter alle Speicherdaten der vier Fragmente der essentiellen Aktivitäten in eine einzige Buchhaltungsstammdatei zusammengepackt.

Wiederum war die Entscheidung für die Einrichtung von möglichst wenigen Datenspeichern durch die Einschränkungen der Technologie motiviert worden. Die Wartung getrennter Dateien ist teuer, und diese Kosten werden dadurch reduziert, daß man alle Daten in einen Speicher packt, der dann die Anforderungen aller Fragmente essentieller Aktivitäten erfüllt, die in diesen Prozessor gepackt wurden. Wir nennen diese Art von Speicher *Varieté-Speicher*, weil er uns an die Varietés im Fernsehen erinnert. Der Erfolg dieses Varietés liegt darin, daß man in eine Sendung eine Vielfalt von verschiedenen Attraktionen packt, um die verschiedenen Geschmäcker von möglichst großen Teilen der Bevölkerung zu befriedigen.

Dieselbe Technik benutzt man, wenn man konsolidierte Datenspeicher einführt, denn dadurch entstehen Dateien, die die Anforderungen jedes Fragments der essentiellen Aktivitäten erfüllen, wenn jedes Fragment vielleicht auch nur einen kleinen Teil der gespeicherten Daten benötigt.

13.2.3 Die Konsolidierung administrativer Aktivitäten

Die Konsolidierung der administrativen Aktivitäten innerhalb eines Paketprozessors ist der Konsolidierung der Infrastruktur sehr ähnlich. Die einzelnen Prüfungen, die die Fragmente, die von dem Prozessor ausgeführt werden, schützen, werden herausgelöst und in das Transaktionszentrum gepackt. Zusätzlich zu der Verteilung der hereinkommenden Nachrichten kann die Aktivität „prüfen und verteilen" nun auch alle Fragmente essentieller Aktivitäten vor fehlerhaften Daten schützen.

Auf die gleiche Weise können auch die Qualitätssicherungsmaßnahmen zusammengefaßt werden und der Aktivität zugeordnet werden, die die Markierung und Verschickung der Nachrichten übernimmt. Bevor die Nachricht in den gemeinsamen Ausgabekanal geschoben wird, wird sie nochmals überprüft, um sicherzustellen, daß das Ergebnis, das von dem Fragment der essentiellen Aktivität berechnet wurde, korrekt ist.

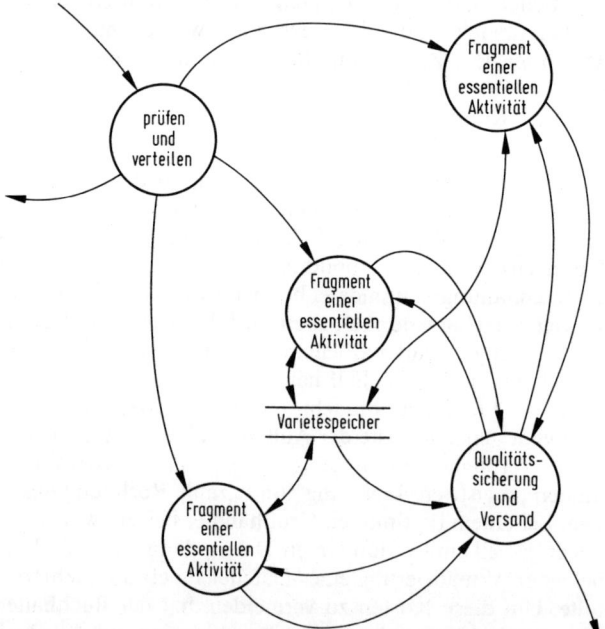

Abb. 13.6: Ein Prozessor mit konsolidierten administrativen Aktivitäten

Schließlich können noch die Datenspeicher, die die Sicherungskopien enthalten, die von jedem einzelnen Fragment angelegt wurden, in einen zentralen Varieté-Speicher geladen werden. Diese eine Datei kann dann die Sicherungskopien von vielen Fragmenten essentieller Aktivitäten enthalten. Wie vorhin erwähnt, kann man mit dieser Technik oft viel Geld sparen. Abbildung 13.6 zeigt, was nun aus dem typischen Prozessor geworden ist, nachdem wir die nicht-essentiellen Aktivitäten konsolidiert haben. Die Sicherungsdatei haben wir aus Gründen der Übersichtlichkeit aus dem Bild herausgelassen.

13.2.4 Die Konsolidierung der Aktivitäten eines Mehrprozessorsystems

Einige Aktivitäten, die von separaten Prozessoren ausgeführt werden, kann man zusammenfassen und einem Spezialprozessor übertragen. Wenn mehrere Prozessoren eine physikalische Datei gemeinsam benutzen, dann sind die Zugriffsverfahren auf diese Datei in allen Prozessoren gleich. Wenn es genügend Zugriffe auf diese Datei gibt, dann lohnt es sich – von den Kosten her betrachtet –, diese Aktivitäten herauszufiltern und innerhalb eines Spezialprozessors zusammenzufassen.

Die administrativen Tätigkeiten in einem Mehrprozessorsystem werden normalerweise auch konsolidiert. Manager führen in einer Inkarnation meist drei Arten von administrativen Aktivitäten aus: sie stellen sicher, daß die einzelnen Prozessoren ihre Aktivitäten korrekt ausführen, sie verteilen Ressourcen an die Prozessoren, um dadurch Kosten zu optimieren, und sie koordinieren die Arbeiten von Prozessoren, die zusammen an einer Aktivität beteiligt sind. Weil diese Prozessoren jedoch nicht perfekt sind, können sie sich vielleicht selbst nicht verwalten. Wenn ein einzelner Prozessor für die Qualitätssicherung und die Ressourcenverteilung von vielen Inkarnationen zuständig ist, so werden diese Aufgaben vielleicht in angemessener Weise durchgeführt.

Qualitätssicherer sind ein gutes Beispiel für einen speziellen Verwaltungsprozessor, der ein Konglomerat von Aktivitäten ausführt. Viele der Qualitätssicherungsaufgaben der einzelnen Prozessoren können wesentlich kosteneffizienter ausgeführt werden, wenn man sie einem Prozessor überträgt, der darauf spezialisiert ist.

Die letzten beiden Beispiele machen es besonders deutlich, es gilt aber auch allgemein: Spezialprozessoren haben oft bestimmte Leistungsschwerpunkte, wodurch die Konsolidierung von Aktivitäten zu großen Kosteneinsparungen führt. Manager sind geübt in der Planung der Ressourcenverteilung, und Qualitätssicherer spüren oft leicht sehr heimtückische Fehler auf. Diese Spezialprozessoren können Leistungssprünge in einem Maß verwirklichen, die eine Implementierung ohne Spezialprozessoren niemals schaffen würde.

Eine typische Mehrprozessorinkarnation, die sowohl Paketprozessoren wie auch Spezialprozessoren enthält, ist in Abbildung 13.7 dargestellt. Die essentiellen Aktivitäten werden von den Prozessoren ausgeführt, die als „Arbeiter" bezeichnet wurden. Jeder Arbeiter kann mehrere Fragmente essentieller Aktivitäten ausführen, wie auch der Buchhalter in Abbildung 13.1. Die anderen Prozessoren führen Infrastrukturaufgaben und administrative Aufgaben aus, die sonst von den Arbeitern gemacht werden müßten. Der „Empfang" und der „Versand" nehmen die einheitlich gestalteten Kontakte mit der Außenwelt wahr. Der „Manager" und der „Qualitätssicherer" überwachen die Arbeiter-Prozessoren, um die unausbleiblichen Fehler zu entdecken und zu beheben. Der Manager dient auch als Transaktionszentrum, um die eintreffenden Nachrichten an die richtigen Arbeiter zu verteilen. Dies sind Beispiele von Arbeitsteilung zwischen Prozessoren, die besonders geeignet sind, nicht-essentielle Aufgaben auszuführen.

13.3 Geschachtelte Prozessoren

In den Abbildungen 13.6, 13.7 und 13.8 zeigen wir auf, warum man reale Systeme als eine geschachtelte Menge von Prozessoren sehen kann. Wenn Sie diese Abbildungen betrachten, dann können Sie den Unterschied zwischen einem Mehrprozessorsystem, das mehrere essentielle Aktivitäten ausführt, und einem Einprozessorsystem, das nur eine essentielle Aktivität ausführt, sehen. Obwohl die Diagramme nicht identisch sind, so haben sie doch die gleiche Struktur. Die Systeme, die wir hier zeigen, führen viele gleichartige Tätigkeiten

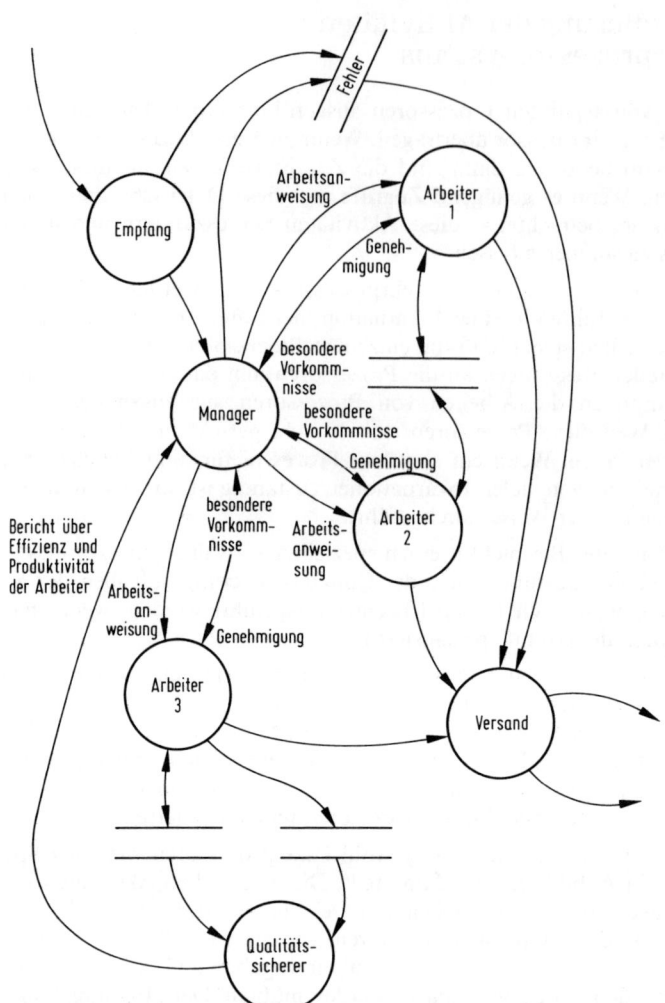

Abb. 13.7: Ein typisches Mehrprozessorsystem

aus: sie nehmen Daten aus der Systemumgebung entgegen und prüfen sie; sie führen die geplanten Reaktionen unter Zuhilfenahme des essentiellen Speichers durch; und sie prüfen die Ergebnisse, bevor sie diese nach außen abschicken. Der wesentliche Unterschied liegt darin, daß mehrere der Aktivitäten, die von einem einzelnen Prozessor ausgeführt werden (vgl. Abbildung 13.8), in einem Mehrprozessorsystem an Spezialprozessoren delegiert wurden (in Abbildung 13.7).

Der typische Prozessor ist wie das ganze System von Prozessoren im Mikrokosmos. In der Abbildung 13.9 erkennt man dies sehr deutlich. Da führt ein Prozessor auf der System-ebene Aktivitäten nach dem gleichen Grundmuster aus wie das System im ganzen. Ein fer-tig implementiertes System mit all seinen Paketprozessoren, Spezialprozessoren, Dateien und Kanälen besteht also aus Prozessoren, von denen jeder einzelne eine komplette Inkar-nation darstellt. So wie die Inkarnation als Ganzes eine Infrastruktur zwischen den Prozes-soren und eine Administration aufweist, so hat auch jeder einzelne Prozessor seine interne

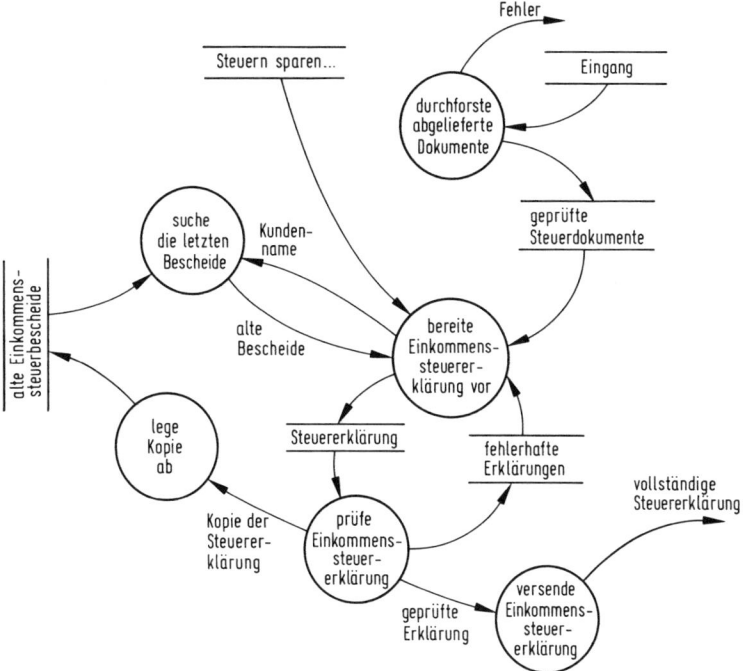

Abb. 13.8: Ein Einprozessorsystem

Infrastruktur und seine Administration. So wie die Prozessoren gemeinsame Daten in einem Varieté-Speicher halten, so hält sich jeder Prozessor seinen eigenen Varieté-Speicher. So wie die gesamte Inkarnation eine Menge von essentiellen Aktivitäten ausführt, so führt jeder einzelne Prozessor eine Menge von Fragmenten essentieller Aktivitäten aus. Ein System im ganzen ist wie eine Menge von Schachteln, wobei eine Schachtel (die gesamte Inkarnation) eine Menge anderer Schachteln enthält (die Prozessoren), in denen jeweils wieder eine Menge von Schachteln enthalten ist (die Aktivitäten, die ein Prozessor ausführt). Dieses Konzept ist in Abbildung 13.10 dargestellt.

Das Konzept der Schachtelung ist nicht neu. Jeder, der die Struktur von Atomen versteht, kann sich vorstellen, daß es auf unserem Planeten Atome gibt, die selbst wieder Planeten in einem viel kleineren Universum sind, das aus Atomen besteht, die in einem noch kleineren Universum wieder Planeten sind und so weiter. Das Konzept findet man auch in Bildern wieder. Stellen Sie sich eine Schachtel mit Keksen vor, auf deren Deckel ein Bild eines Jungen ist, der die Keksschachtel in Händen hält, auf der wieder das Bild des Jungen ist, der die Keksschachtel in Händen hält ... und so weiter. Dieses einleuchtende Konzept ist besonders wichtig, da das anatomische Grundmuster eines einzelnen Prozessors identisch ist mit dem, was auf der nächsten Ebene, auch in einer Gruppe von Prozessoren, die als Superprozessor zusammenarbeiten, auftritt, wie wir es vorhin beschrieben haben.

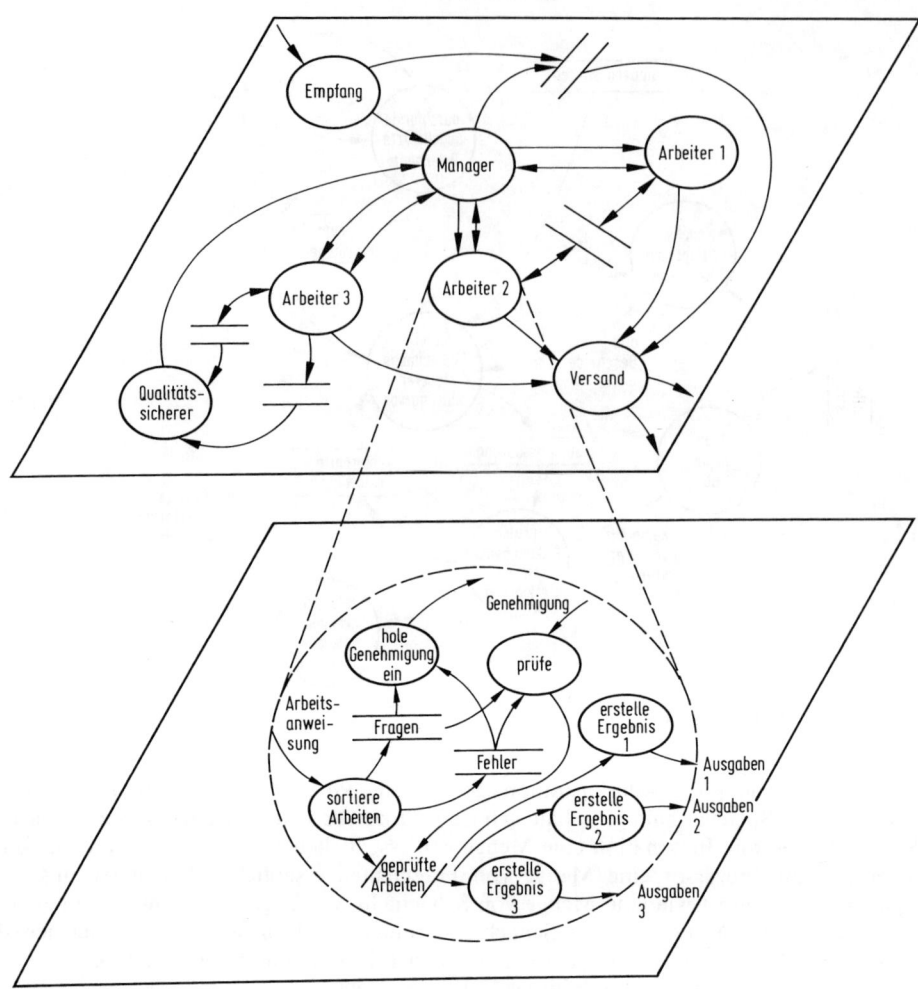

Abb. 13.9: Ein System mit geschachtelten Prozessoren

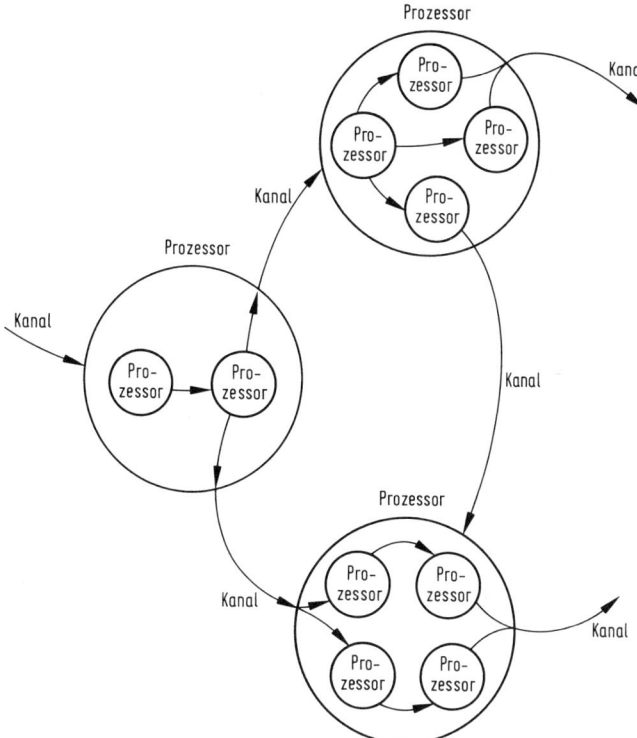

Abb. 13.10: Geschachtelte Prozessoren

13.4 Inkarnationen von Superprozessoren

Systeme können sehr groß sein; manchmal bestehen sie aus Hunderten oder sogar Tausenden von Prozessoren. Man braucht all diese Prozessoren, um das Arbeitsaufkommen, die Anzahl der essentiellen Aktivitäten und die Komplexität der essentiellen Aktivitäten innerhalb eines großen Systems zu bewältigen. In einer solchen Inkarnation reicht eine einzige Infrastruktur zwischen den Prozessoren oft nicht aus, auch eine einzige Administration wird oft nicht mit den gestellten Aufgaben fertig. Mit der heutigen Technologie ist es für einen einzigen Prozessor oder auch einen speziellen Administrator nahezu unmöglich, die Leistung eines so großen Gesamtsystems aus Menschen und Maschinen zu überwachen.

Die beliebteste Lösung für dieses Problem ist es, mehrere Prozessoren zu überschaubaren und kontrollierbaren Gruppen zusammenzufassen, die dann als ein Prozessor agieren. Wir nennen solche Gruppen von Prozessoren *Superprozessoren*. Ein Superprozessor weist meist eine einheitliche Schnittstelle zur Umwelt auf und hat eine einheitliche Administration. Superprozessoren sind genauso organisiert wie andere Mehrprozessorsysteme. Durch die Bildung von Superprozessoren können Sie die Leistungsfähigkeit eines Mehrprozessorsystems steigern, ohne die Kontrolle über die Verwaltung der Prozessoren zu verlieren.

Abbildung 13.11 zeigt am Beispiel einer Buchhandlung, wie Superprozessoren untereinander zusammenarbeiten. Jeder Knoten stellt einen Superprozessor dar; dies ist ein Teil der Firma - oft als Abteilung bezeichnet -, der seinerseits wieder aus Prozessoren besteht (meistens Menschen und Maschinen). Jeder Superprozessor verhält sich wie ein einzelner Pro-

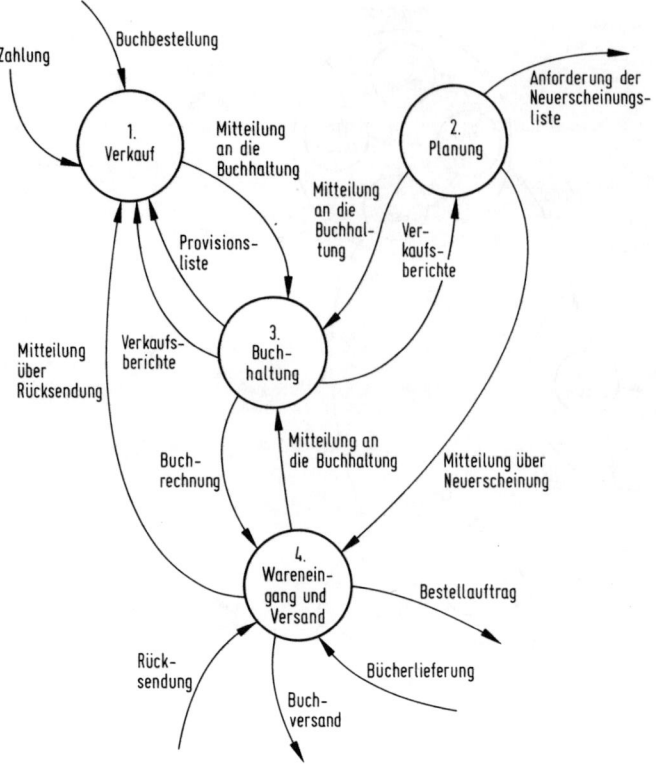

Abb. 13.11: Superprozessoren in einer Buchhandlung

zessor, obwohl er aus mehreren Prozessoren besteht. D.h., er führt Fragmente essentieller Aktivitäten aus und hat seine eigene Infrastruktur und seine Verwaltung.

Die Aktivitäten werden zwischen den Superprozessoren in ähnlicher Weise verteilt wie zwischen den Prozessoren einer Mehrprozessorinkarnation. Essentielle Aktivitäten werden zerstückelt und entsprechend den Fähigkeiten, Kapazitäten und Kosten den Superprozessoren zugeordnet, was wieder zu Paketsuperprozessoren und zu Spezialsuperprozessoren führt.

Die Zerstückelung der essentiellen Aktivitäten über die Grenzen von Superprozessoren hinaus führt zu einer neuen Ebene von Infrastruktur: einer Infrastruktur, die Informationen zwischen Prozessoren weiterleitet, die in verschiedenen Superprozessoren angesiedelt sind. Diese Infrastruktur hat jedoch die gleichen Merkmale wie auch die Infrastruktur zwischen den Prozessoren in einem gewöhnlichen Mehrprozessorsystem.

Da auch jeder Superprozessor Fehler macht, teure Ressourcen benötigt und sich zudem nicht selbst überwachen kann, braucht man auch eine neue Ebene der Administration. Die Administration zwischen den Superprozessoren ist für die Qualität der Reaktionen verantwortlich und für die Verteilung von Ressourcen zwischen zwei oder mehreren Superprozessoren. Diese höhere Administrationsaufgabe wird üblicherweise einer Person oder einer Gruppe übertragen, die von den Superprozessoren unabhängig ist. Die unabhängige Einheit und die Gruppe von Superprozessoren, die dadurch kontrolliert werden, können wieder als ein Prozessor aufgefaßt werden, als Super-Superprozessor. Wenn es genug Superprozessoren in einem System gibt, kann man mehrere Super-Superprozessoren bilden.

Sobald es also mehr Arbeit gibt, als eine Superprozessorinkarnation ausführen kann, kann man ein noch größeres Superprozessorsystem organisieren. Unabhängig von der Größenordnung des Systems werden Sie aber immer wieder die gleichen Grundmuster von Aktivitäten finden, wie wir sie in den vorangegangenen drei Kapiteln diskutiert haben und wie sie in Abbildung 13.9 dargestellt sind. Im kleinen Rahmen können alle Aktivitäten durch einen Prozessor ausgeführt werden. Meistens wird die Arbeit auf einige spezielle Prozessoren verteilt. In sehr großen Systemen kann man auch ganze Gruppen von spezialisierten Prozessoren einsetzen.

13.5 Zusammenfassung

Dieses Kapitel hat gezeigt, daß man Inkarnationen in Form von geschachtelten Prozessoren sehen kann. Jeder Prozessor hat seine eigene Infrastruktur und seine eigene Administration; alle Prozessoren zusammen haben zusätzlich eine gemeinsame Infrastruktur und eine gemeinsame Administration. Dieses Grundmuster findet man auch bei Superprozessoren und bei Gruppen von Superprozessoren.

Sie sollten auch wissen, daß die Essenz durch die Effekte der nicht-perfekten Technologie verschleiert wird. Essentielle Aktivitäten werden zerstückelt und je nach Leistungsfähigkeit, Kapazität und Kosten auf einzelne Prozessoren verteilt. Der essentielle Speicher, der von den Prozessoren gebraucht wird, wird auf zugängliche Datenbehälter verteilt. Die Infrastruktur zwischen den Prozessoren erlaubt es, den essentiellen Speicher gemeinsam zu benutzen und Zwischenergebnisse auszutauschen. Administrative Aktivitäten prüfen die von der Systemumgebung eintreffenden Daten auf Fehler und suchen auch nach Fehlern, die während der Arbeit des Prozessors oder durch die Infrastruktur entstanden sind. Fragmente von verschiedenen essentiellen Aktivitäten werden oft in einem Prozessor zusammengefaßt, und Datenflüsse werden in Paketkanäle gruppiert. Schließlich werden auch nicht-essentielle Aktivitäten zu Prozessoren gebündelt, die auf die Infrastruktur oder die Administration spezialisiert sind. Nimmt man dies alles zusammen, so wird die Essenz eines Systems auf zwei Arten verschleiert: durch die Einführung vieler nicht-essentieller Aktivitäten, die den ungeübten Analytiker oft verwirren, und durch die Zerstückelung der essentiellen Aktivitäten und des essentiellen Speichers, die auch verwirrend wirkt.

Betrachten Sie noch eine letzte Analogie, die die Auswirkungen unserer nicht-perfekten Technologie auf die Essenz eines Systems zeigt: Das Ziel eines Spiels, das als Rubik's Zauberwürfel bekannt geworden ist, ist es, die kleinen Farbquadrate auf der Oberfläche eines Würfels total durcheinanderzubringen und danach wieder so zu ordnen, daß jede Seite des Würfels nur gleichfarbige Quadrate zeigt. Nehmen Sie an, die Essenz eines Systems sei ein solcher Zauberwürfel. Wenn man für jede Ebene von Prozessoren einer Inkarnation den Würfel ein paarmal verdreht, dann ist das Ergebnis, das dann die gesamte Inkarnation darstellt, ein totales Durcheinander von Farben. Die Essenz in einer realen Systeminkarnation wiederzufinden, ist genauso schwierig, wie den Zauberwürfel wieder zu entwirren.

Kapitel 14
Das Auffinden des essentiellen Systems durch System-Archäologie

In diesem Kapitel geben wir einen Überblick über unsere Strategie zur Ableitung der Essenz eines existierenden Systems aus einem Modell einer vorhandenen Inkarnation. Um die Essenz ableiten zu können, brauchen Sie zuerst ein physikalisches Modell von einem oder mehreren existierenden Systemen. Dieses Modell besteht aus Datenflußdiagrammen, Einträgen im Data Dictionary und aus Mini-Spezifikationen. Es spielt keine Rolle, wie „physikalisch" das Modell ist. Unser Verfahren funktioniert immer, wenn das Modell sehr viele technische Details enthält, oder auch, wenn das Modell nur Fragmente von essentiellen Aktivitäten und einige Aspekte der Infrastruktur und der Administration aufweist.

Die Menge an physikalischen Informationen im Modell eines existierenden Systems beeinflußt die Intensität und die Akribie, mit der Sie jeden der Schritte, die wir in den nächsten Kapiteln beschreiben, ausführen müssen. Wenn Ihr physikalisches Ist-Modell zum Beispiel so zerlegt ist, daß die existierenden Grenzen zwischen Prozessoren auf sehr hoher Ebene dargestellt sind, wie z. B. zwischen Abteilungen oder Rechnersystemen, dann müssen Sie den Expansionsschritt am Anfang wahrscheinlich sehr gründlich durchführen. Wenn Sie Ihr physikalisches Ist-Modell nach anderen, weniger physikalischen Merkmalen gegliedert haben, indem Sie die Grenzen z. B. um Teile gezogen haben, die auf ein Ereignis oder eine Gruppe von Ereignissen reagieren, dann werden Sie feststellen, daß Sie schon eine ganze Menge des Expansionsschritts erreicht haben.

Die Vorgehensweise ist *nicht* narrensicher; man kann nicht ganz einfach so tun, als wäre es Zauberei, ohne daß man denken muß. Verwenden Sie die Schritte nur als Richtlinien; Ihr nächstes Systemanalyseprojekt enthält bestimmt Faktoren, die die Reihenfolge der Schritte zusätzlich beeinflussen.

Insbesondere müssen Sie Managementmerkmale, technische und politische Besonderheiten Ihres Projekts bewerten und Ihre eigene Taktik daraus ableiten. Sie müssen überlegen, wie diese Besonderheiten sich auf die von uns vorgeschlagene Strategie auswirken. Wenn man die Ratschläge blind befolgt, so erreicht man nicht unbedingt das beste Ergebnis. Wenn man wichtige politische Randbedingungen ignoriert, dann kann es sogar passieren, daß man sein Ziel gar nicht erreicht. Im Teil 8 dieses Buches sprechen wir einige Empfehlungen aus, wie man die technischen Verfahren an einen Projektplan des Managements angleicht. Weil wir die Gefahren kennen, die daraus entstehen, daß man Managementgesichtspunkte und politische Randbedingungen ignoriert, geben wir Ihnen folgenden Rat: Wenn diese Vorgehensweise, die wir vorschlagen, ein kommerzielles Produkt wäre, dann würden wir verlangen, daß auf jeder Kopie davon ein großes rotes Schild mit folgender Aufschrift befestigt wird: „*Dieses Produkt sollte nur benutzt werden, wenn Ihr Gehirn eingeschaltet ist.*"

Sie müssen bei der Anwendung des Verfahrens besonders sorgfältig vorgehen, weil es sehr kompliziert ist, wenigstens beim ersten Mal. Um Ihnen eine zusätzliche Lernhilfe zu geben, vergleichen wir unser Verfahren mit der Vorgehensweise von Archäologen, die eine Menge von Gegenständen ausgraben, um damit eine alte Zivilisation zu rekonstruieren.

14.1 Die Entdeckungsstrategie

Unser Verfahren zur Auffindung der Essenz eines Systems erinnert uns an die Vorgehensweise von Archäologen, die Eigenheiten einer alten Zivilisation suchen. In beiden Fällen existieren keine Kenntnisse mehr über die alte Zivilisation bzw. über die Essenz eines Systems, oder sie sind unzugänglich. Sowohl Archäologen wie auch Systemanalytiker müssen versuchen, dieses Wissen wiederzugewinnen, ohne das Bild dabei durch falsche Schlüsse oder persönliche Präferenzen zu verzerren. Um Kunstgegenstände in einer Gegend zu finden, die vielversprechend aussieht, müssen die Archäologen die Erde und die Trümmer entfernen, die diese zudecken. Im Laufe Ihrer Suche finden Archäologen oft Bruchstücke von Kunstgegenständen, die gesäubert und klassifiziert werden müssen. Alle Fragmente, die so aussehen, als gehörten sie zu einem zerbrochenen Teller, werden auf einen Stapel gelegt; die, die zu einer Vase gehören könnten, werden auf einen anderen Stapel gelegt. Jetzt kann der Archäologe darangehen, das Objekt zu rekonstruieren, indem er die einzelnen Fragmente zusammensetzt. Mit Klebstoff und Klammern setzt er zuerst den Teller zusammen und beschäftigt sich danach mit der Vase.

Nachdem der Archäologe alle einzelnen Objekte so aus der klassifizierten Menge von Fragmenten rekonstruiert hat, kann er darangehen, diese Objekte zu einem typischen Szenarium zusammenzustellen, um zu zeigen, in welcher Umgebung sie ursprünglich einmal benutzt wurden.

Sie werden eine ähnliche Vorgehensweise benutzen, wenn Sie sich daran begeben, die Essenz eines bestehenden Systems zu erforschen. Sie können die Essenz eines Systems durch folgende drei Schritte wieder „ausgraben":

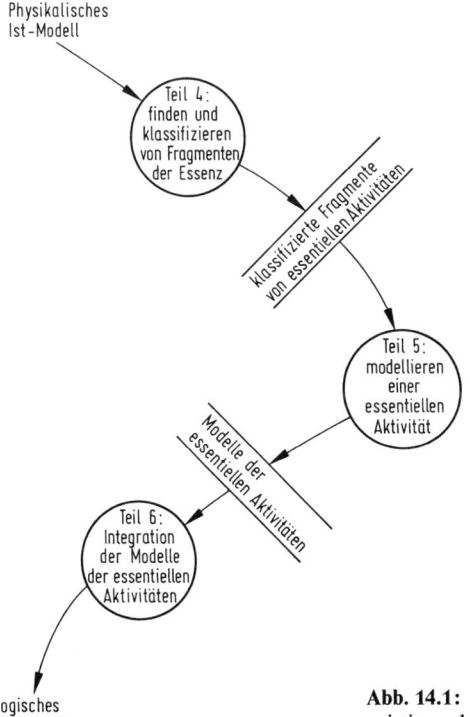

Abb. 14.1: Die Schritte zur Ableitung der Essenz eines existierenden Systems

1. Suchen Sie die Fragmente aller essentiellen Aktivitäten. Wie in der Archäologie sind diese essentiellen Fragmente tief innerhalb einer Inkarnation vergraben. Entfernen Sie alle physikalischen Charakteristika von dem System und klassifizieren Sie die Fragmente.
2. Rekonstruieren Sie jede essentielle Aktivität und erstellen Sie ein Modell davon.
3. Integrieren Sie die einzelnen essentiellen Aktivitätsmodelle in ein essentielles Gesamtmodell.

Abbildung 14.1 zeigt in einem Datenflußdiagramm diese Schritte und die dabei entstehenden Zwischenprodukte. Um die Einordnung dieser Schritte in das gesamte Analyseprojekt zu sehen, sollten Sie nochmals die Abbildung 10.5 betrachten. Die drei Schritte stellen zusammengenommen die Aktivität „leite die Essenz ab" in diesem Diagramm dar.

Jedem einzelnen Schritt ist im folgenden ein ganzer Teil dieses Buches gewidmet. Im Teil 4 (Kapitel 15 bis 17) erläutern wir, wie man innerhalb eines existierenden Systems die Fragmente von essentiellen Aktivitäten findet und klassifiziert. Teil 5 (Kapitel 18 bis 21) schildert die Methoden zur Rekonstruktion und zur Modellierung der essentiellen Aktivitäten. Die Entdeckungsreise wird in Teil 6 (Kapitel 22 bis 24) damit abgeschlossen, daß wir erläutern, wie man die einzelnen Modelle der essentiellen Aktivitäten zu einem Gesamtmodell der Essenz eines Systems zusammensetzt.

Die nun folgenden drei Abschnitte geben einen kurzen Überblick über die drei Schritte. Wenn Sie diesen Überblick über das gesamte Verfahren im Hinterkopf behalten, während Sie die nächsten Kapitel lesen, so sind die Details der Schritte besser zu verstehen.

14.2 Finden und Klassifizieren von Fragmenten der Essenz

Ihre erste Aufgabe ist es, festzustellen, welche Teile eines Systems Fragmente der Essenz sind. In einer Inkarnation sind diese Fragmente in der Infrastruktur und der Administration verborgen. Sobald Sie sie aus den Aktivitäten der Infrastruktur und der Administration herausgeschält haben, müssen Sie die Fragmente identifizieren, die zusammengehören, damit Sie sie später wieder zu einer ganzen essentiellen Aktivität zusammensetzen können.

Bis hierher führen Sie also folgende Schritte aus:

1. Expandieren Sie das physikalische Ist-Modell, indem Sie die Grenzen zwischen Prozessoren und Superprozessoren wegnehmen. Damit legen Sie die essentiellen Fragmente, die Infrastruktur und die Administration offen.
2. Entfernen Sie die Infrastruktur und die Administration, um die essentiellen Teile klar und deutlich zu erkennen.
3. Klassifizieren Sie diese essentiellen Fragmente danach, auf welches Ereignis sie reagieren.

14.3 Modellieren einer essentiellen Aktivität

Sobald Sie eine klassifizierte Menge von essentiellen Fragmenten haben, entfernen Sie noch alle übriggebliebenen, physikalischen Charakteristika und erstellen dann ein Modell der essentiellen Aktivität. Sie können die Komplexität dieser Aufgabe dadurch besser in den Griff bekommen, daß Sie dies jeweils nur für *eine* Menge von klassifizierten essentiellen Fragmenten machen.

Sie führen folgende Schritte durch:

1. Entfernen Sie die übriggebliebenen physikalischen Charakteristika in jeder Teilmenge von klassifizierten Fragmenten.
2. Setzen Sie das Modell jeder essentiellen Aktivität aus dem zusammen, was noch übriggeblieben ist.

14.4 Die Integration des Modells der essentiellen Aktivitäten

Um ein komplettes Modell der Essenz eines Systems zu erstellen, fügen Sie die lokalen essentiellen Aktivitäten, die Sie im vorhergehenden Schritt entwickelt haben, nun zusammen. Obwohl jedes Einzelmodell für sich gesehen nun schon logisch ist, müssen Sie dabei noch die physikalischen Charakteristika entfernen, die sich durch das Zusammenspiel der Aktivitäten ergeben können. Meistens finden sich diese Charakteristika in dem essentiellen Speicher, da die Aktivitäten nur noch darüber zusammenhängen. Am Ende begutachten Sie das globale Modell noch einmal, um sicherzustellen, daß es gut verständlich und frei von physikalischen Einschränkungen ist.

Sie führen dazu folgende Einzelschritte durch:

1. Erstellen Sie ein integriertes Modell des essentiellen Speichers des Systems.
2. Entfernen Sie unbenutzte Daten und auch die Daten, die das System gar nicht speichern muß.
3. Beurteilen Sie die Qualität des Systems und verbessern Sie es, wenn es nötig ist.

Nachdem wir den Überblick über das Auffinden der Essenz eines Systems abgeschlossen haben, stürzen wir uns nun in die Details dieses Verfahrens.

14.5 Zusammenfassung

In diesem Kapitel haben wir einen Überblick über unsere Strategie zur Auffindung der Essenz eines existierenden Systems aus der gegenwärtigen Inkarnation des Systems gegeben. Um das Verfahren anwenden zu können, brauchen Sie zunächst ein physikalisches Ist-Modell, das aus Datenflußdiagrammen, einem Data Dictionary und aus Mini-Spezifikationen besteht. Mit diesem Modell führen Sie dann drei Schritte durch: Sie suchen die Fragmente von essentiellen Aktivitäten und gruppieren jeweils die zusammen, die zu einer essentiellen Aktivität gehören; danach rekonstruieren Sie jede einzelne essentielle Aktivität und erstellen ein Modell davon; im dritten Schritt kombinieren Sie diese Modelle. Das Ergebnis ist ein einziges essentielles Modell des existierenden Systems.

TEIL 4
Das Auffinden
essentieller Aktivitäten

Die drei Kapitel in Teil 4 beschreiben den kritischen ersten Schritt bei der Ableitung eines essentiellen Modells aus einem physikalischen Ist-Modell: die Identifizierung der zerstückelten essentiellen Aktivitäten und Speicher. Durch das Entfernen der nicht-essentiellen Komponenten eines bestehenden Systems bringt dieser Schritt langsam die essentiellen Konturen eines Systems ans Licht.

Kapitel 15 zeigt, wie man das physikalische Ist-Modell durch Weglassen der physikalischen oberen Ebenen von Prozessen, Datenflüssen und Speichern expandiert. Das Modell, das daraus entsteht, erlaubt es Ihnen dann, Komponenten der Essenz von physikalischen Charakteristika zu unterscheiden.

In Kapitel 16 beschreiben wir, wie man alles außer den essentiellen Aktivitäten, Datenflüssen und Speichern aus dem Modell entfernt. Die Infrastruktur zwischen den Prozessoren wird genauso weggelassen wie die Administration innerhalb der Prozessoren; danach werden die übriggebliebenen Fragmente wieder miteinander verbunden.

In Kapitel 17 stellen wir Ihnen eine Methode vor, wie Sie die vielen Fragmente von essentiellen Aktivitäten und Speichern in eine ebenenweise organisierte Menge von Datenflußdiagrammen bringen können. Indem wir Aktivitätsfragmente so zusammenpacken, daß eine Gruppe immer auf ein Ereignis reagiert, erhalten wir ein Modell, dessen Teile man unabhängig voneinander studieren kann. Obwohl in den essentiellen Fragmenten noch ein paar physikalische Charakteristika erhalten bleiben, geben die Diagramme auf den höheren Ebenen schon einen ersten Einblick, wie das logische Ist-Modell organisiert sein soll.

Kapitel 15
Expansion des
physikalischen Ist-Modells

In diesem Kapitel diskutieren wir, wie man ein physikalisches Ist-Modell expandiert zu einem Zwischenprodukt, das wir *expandiertes physikalisches Modell* nennen. Wir nennen das Modell *expandiert,* weil wir die oberen Ebenen von Datenflußdiagrammen und Einträgen im Data Dictionary entfernen und daher die Menge von Details in dem Inkarnationsmodell drastisch vergrößern. Wenn Sie das physikalische Ist-Modell komplett expandieren, dann zeigt das neue Modell Fragmente von essentiellen Aktivitäten und essentiellen Speichern, zusammen mit den detaillierten Aktivitäten, Datenflüssen und Datenspeichern, die zur Infrastruktur und zur Administration des Systems gehören. Weil nun sowohl die essentiellen wie auch die physikalischen Details offenliegen, kann man die technologieabhängigen Teile des Systems leicht erkennen und aus dem Modell entfernen.

Es gibt zwei Gründe dafür, die oberen Ebenen aus dem Modell zu entfernen. Erstens sind die oberen Ebenen oft physikalisch, wobei jede Gruppierung auf einer oberen Ebene einer Komponente der Inkarnation entspricht (z.B. einem Prozessor, einer Prozessorgruppe, einer physikalischen Datei, einem physikalischen Kanal oder einem physikalischen Datenpaket). Daher entsprechen die Gruppierungen von Aktivitäten und Daten auf unteren Ebenen oft den Konsolidierungen, die in der jetzigen Inkarnation vorgenommen wurden. Zweitens gilt meistens, daß in den oberen Ebenen der Grad der Komplexität nicht vernünftig beachtet wurde, auch wenn diese Ebenen nicht zu physikalisch sind. Systemanalytiker, die auf den oberen Ebenen nicht die physikalischen Komponenten zur Zusammenfassung benutzen, nehmen statt dessen oft ihr eigenes Gefühl für Systemfunktionen als Zerlegungskriterium. Zerlegt man das System in dieser Art, so kommt man oft zu Teilen, die entweder zu einfach oder zu komplex sind. Es entsteht eine ungleichmäßige Verteilung von Aktivitäten und Daten auf viele verschiedene Diagramme auf den unteren Ebenen, die das Modell schwer verständlich machen.

Selbst wenn Sie die oberen Ebenen von den Datenflußdiagrammen entfernt haben, dann müssen Sie einige Teile noch weiter expandieren. Um diese aufzuspüren, betrachten Sie das Gesamtmodell, um Anhaltspunkte dafür zu finden, welche Teile von welchen Aktivitäten, Datenflüssen und Datenspeichern noch weiter zerlegt werden müssen und welche Teile davon separat modelliert werden müssen. Dieser Teilschritt eröffnet noch mehr Details über das System und spaltet weitere physikalische Fragmente von den essentiellen Fragmenten ab.

Man kann die Vorteile der Expansion also so zusammenfassen, daß dadurch die essentiellen Aktivitätsfragmente, essentielle Speicherfragmente und essentielle Datenflüsse aus Gruppen herausgelöst werden, die entweder zu physikalisch oder zu komplex sind. Ihr Ziel bei der Expansion eines Modells ist es also, möglichst viele essentielle Teile aus nichtessentiellen Gruppierungen freizulegen. Um dieses Ziel zu erreichen, betrachten Sie jedes Ausdrucksmittel der Methode der Reihe nach, wobei Sie bei den Datenflußdiagrammen beginnen, danach das Data Dictionary untersuchen und zum Schluß die Mini-Spezifikationen. Dann müssen Sie sich noch die Auswirkungen des einen oder anderen Ausdrucksmittels ansehen. Das erläutern wir am Schluß des Kapitels.

15.1 Die Expansion von Datenflußdiagrammen

Die Expansion von Datenflußdiagrammen als essentielle Modellierungsaktivität wurde bereits von DeMarco in seinen Arbeiten über Structured Analysis eingeführt [11]. Sie gehen von einer ebenenweisen Darstellung von Datenflußdiagrammen aus, wie es das einfache Beispiel in Abbildung 15.1 zeigt. Dann lassen Sie alle höheren Ebenen von Diagrammen weg, so daß nur noch die unterste Ebene von Datenflußdiagrammen übrigbleibt, wie z. B. in den Abbildungen 15.2 a, b und c dargestellt.

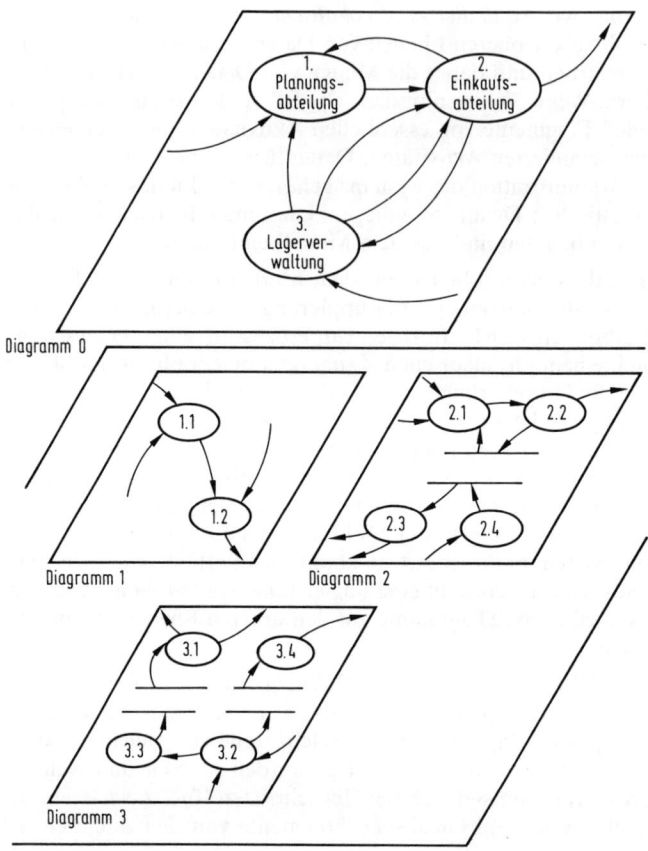

Abb. 15.1: Perspektivische Darstellung von zwei Ebenen von Datenflußdiagrammen

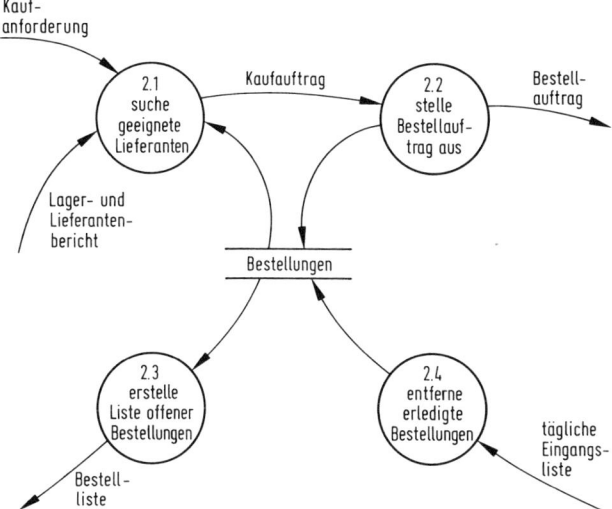

Abb. 15.2a: Unterstes Datenflußdiagramm der Planungsabteilung

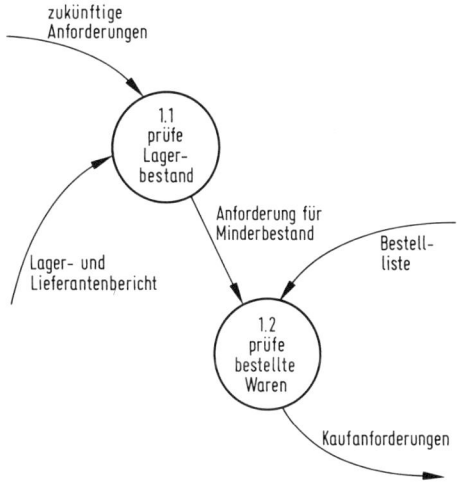

Abb. 15.2b: Unterstes Datenflußdiagramm der Einkaufsabteilung

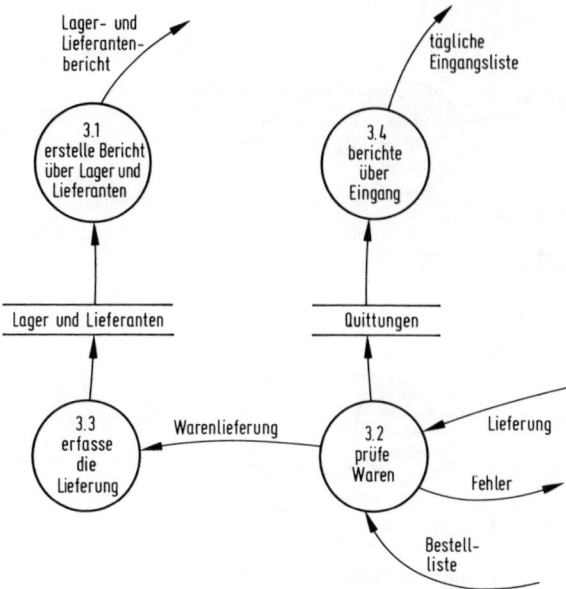

Abb. 15.2c: Unterstes Datenflußdiagramm der Lagerverwaltung

Der letzte Schritt ist das Zusammenfügen dieser einzelnen Diagramme der untersten Ebene zu einem Diagramm. Um dies zu tun, suchen Sie die Datenflüsse und Datenspeicher, die auf mehr als einem Diagramm vorkommen, und verbinden die Diagramme an den Stellen, wo gemeinsame Datenflüsse oder Datenspeicher auftreten. Betrachten Sie z. B. den Datenfluß „Kaufanforderungen", der aus dem Knoten 1.2 herauskommt und in den Knoten 2.1 hineingeht. Diese beiden Datenflüsse werden verbunden, und damit hängen die zwei Diagramme zusammen. Abbildung 15.3 zeigt das Ergebnis, das entsteht, wenn man diesen Schritt auf die Diagramme 15.2a, b und c anwendet.

Diese einfache Manipulation auf den Datenflußdiagrammen entfernt die meisten Grenzen, die von Prozessoren stammen oder von Gruppen von Prozessoren oder von Gruppen von

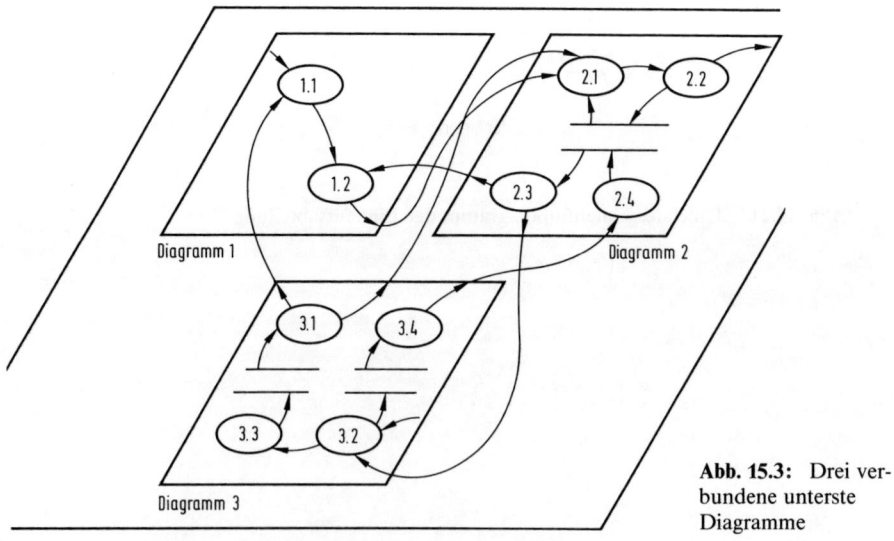

Abb. 15.3: Drei verbundene unterste Diagramme

Gruppen. Diese Grenzen haben in vielen Fällen Konglomerate von unzusammenhängenden Fragmenten der Essenz zur Folge gehabt. Die Expansion von DFDs entfernt auch alle ineffizienten funktionalen Gliederungen, die vielleicht in dem physikalischen Modell benutzt wurden. Schließlich trennt es die Datenflüsse in Paketkanäle auf, die oft viele verschiedene essentielle Datenflüsse enthalten.

Trotz dieser Vorteile der expandierten Datenflußdiagramme haben Sie vielleicht das physikalische Modell noch nicht weit genug expandiert. Viele Prozesse auf der untersten Ebene stellen vielleicht noch immer Gruppen von essentiellen Fragmenten dar, die noch weiter aufgespalten werden sollten. Datenflüsse zu diesen Gruppen sind vielleicht noch immer Paketkanäle, und einige Datenspeicher können noch Gruppen von Fragmenten verschiedener Objekte enthalten. Sie haben diese Gruppen im ersten Schritt nicht gesehen, weil die Diagramme vielleicht nicht detailliert genug waren, um alle essentiellen Fragmente offenzulegen.

Um diese nicht weit genug zerlegten Teile in dem physikalischen Ist-Modell aufzuspüren, suchen Sie in dem expandierten DFD nach Anzeichen dafür, daß eine Aktivität, ein Datenfluß oder ein Datenspeicher noch aus nicht zusammengehörigen Fragmenten besteht. Diese Anzeichen sind:

- ein physikalischer Name oder ein sehr allgemeiner Begriff als Name einer Aktivität, eines Datenflusses oder eines Speichers
- ein Speicher, der eine Vielzahl von Aktivitäten miteinander verbindet, oder viele Pfeile, die den gleichen Namen haben und damit anzeigen, daß ein Datenfluß viele Aktivitäten miteinander verbindet
- eine Aktivität, die viel mehr ein- und ausgehende Datenflüsse hat als andere, oder eine Aktivität, die auf viel mehr Speicher zugreift als andere

Wenn Sie irgendeines dieser Anzeichen finden, dann sollten Sie die Aktivität, den Datenfluß oder den Datenspeicher vielleicht noch weiter zerlegen. Um dies zu tun, müssen Sie die Einträge im Data Dictionary und auch die Mini-Spezifikationen lesen. Die folgenden Abschnitte beschreiben, wie man dies tut; sie sagen Ihnen auch, wie man dabei weitere Anhaltspunkte im Data Dictionary und in den Mini-Spezifikationen findet, die Sie auf die Notwendigkeit einer weiteren Zerlegung hinweisen.

15.2 Die Expansion des Data Dictionary

Zu diesem Zeitpunkt ist Ihr Data Dictionary noch weit davon entfernt, technologisch neutral zu sein. In vielen Projekten ist das Data Dictionary in den frühen Analysephasen nichts weiter als eine Sammlung von Eingabeformularen, Dateisatzbeschreibungen, Druckerlistenformaten und Beschreibungen von Bildschirmmasken. Wenn man diese physikalischen Aspekte festhält, so hilft dies zu diesem Zeitpunkt im Projekt, denn es hält Sie davon ab, logische Einträge zu erfinden, die Sie später vielleicht doch wieder wegwerfen müssen. Trotzdem enthalten diese physikalischen Pakete versteckte Informationen über die Essenz des Systems. Durch Expansion finden Sie oft wesentliche Teile dieser Essenz.

Ganz besonders gründlich sind die externen Stimuli der Systeme im Data Dictionary verborgen, aber auch die Antworten des Systems auf ein bestimmtes Ereignis sowie die Objekte, die zum essentiellen Speicher gehören. Bei den Stimuli und den Antworten werden die essentiellen Teile meist dadurch so gut versteckt, daß sie zu Paketen von Einzelinformationen zusammengepackt wurden. Die Datenspeicher essentieller Objekte sind so gut versteckt, weil sie - ähnlich wie die essentiellen Aktivitäten - zerstückelt wurden und in neue, nicht wiedererkennbare Pakete gepackt wurden.

Zusätzlich zu diesen Bündeln gibt es in dem Modell noch überflüssige Daten, die wegen der eingeschränkten Kapazität der Prozessoren oder durch Infrastruktur und Administration entstanden sind. Man findet auch Stapeldateien, die Teilergebnisse so lange zwischenspeichern, bis ein anderer Prozessor zur Entgegennahme bereit ist. Andere Speicher halten solche Zwischenergebnisse fest, bis der benötigte Kanal zur Übertragung frei ist. Wieder andere Dateien speichern die Daten, damit die Administration sie später noch prüfen kann. Deshalb findet man in den Datenpaketen auch Elemente, die nur zu Qualitätssicherungszwecken, zur Administration oder als Adressen für Transportroutinen der Infrastruktur dienen.

Die Zielsetzung beim Expandieren des Data Dictionary ist dieselbe wie bei den Datenflußdiagrammen. Man will so viele essentielle Teile in den physikalischen Datenflüssen und Dateien finden, wie nur möglich, und dabei gleichzeitig Datenelemente der Infrastruktur und der Administration offenlegen. Um dieses Ziel zu erreichen, untersucht man jeden einzelnen Datenfluß und Datenspeicher im Data Dictionary und achtet dabei besonders auf die, die in den Diagrammen verdächtig aussehen. Dabei wendet man zwei Taktiken an: das Auftrennen von Datenbündeln und die Entfernung von Wiederholungen.

Das Auftrennen von Datenbündeln ist normalerweise einfach. Man sieht sich entweder einen Eingabekanal oder einen Ausgabekanal an und betrachtet die einzelnen Arten von Informationen, die durchfließen. Im Falle eines Stimulus deutet das Vorhandensein eines Transaktionscodes an, daß mehr als eine Art von Paket durch diesen Kanal fließt. In Abbildung 15.4 ist Hypothekentransaktion als Transaktionscode und eine von drei Zahlungen definiert, wie die eckigen Klammern andeuten. Bei der Antwort des Systems deuten die verschiedenen Namen von Listen, die als Hypothekenlisten zusammengefaßt sind, an, daß der Kanal mehrfach benutzt wird. Wenn Sie statt mit dem Data Dictionary mit Formularen und Listenausdrucken in der Analyse arbeiten, dann studieren Sie die verschiedenen Formate davon, oder die verschiedenen Arten, die Felder auszufüllen. Jede Alternative kann eine unterschiedliche Nachricht für das System sein, wobei das Formular oder die Liste nur der Kanal dafür ist.

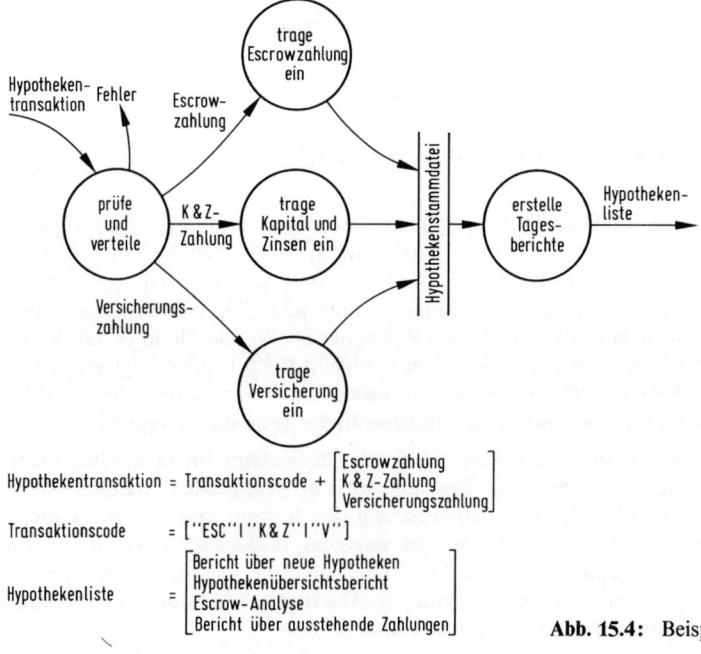

Hypothekentransaktion = Transaktionscode + $\begin{bmatrix} \text{Escrowzahlung} \\ \text{K\&Z-Zahlung} \\ \text{Versicherungszahlung} \end{bmatrix}$

Transaktionscode = $[\text{''ESC''} | \text{''K\&Z''} | \text{''V''}]$

Hypothekenliste = $\begin{bmatrix} \text{Bericht über neue Hypotheken} \\ \text{Hypothekenübersichtsbericht} \\ \text{Escrow-Analyse} \\ \text{Bericht über ausstehende Zahlungen} \end{bmatrix}$

Abb. 15.4: Beispiele für Paketkanäle

Abbildung 15.5 zeigt das Resultat nach dem Auftrennen der beiden Datenbündel. Während Sie diese Auftrennungen der Daten vornehmen, sollten Sie Ihre Diagramme und Ihr Data Dictionary auf den neuesten Stand bringen. Aber machen Sie dies nicht zu formal und nicht besonders schön und sauber. Denn einige von den Prozessen und Datenflüssen werden vielleicht im nächsten Schritt schon aus dem Modell gestrichen; deshalb sollte man nicht allzuviel Aufwand in diese Zwischendokumentation stecken. Sie können die zerlegten Datenflüsse manchmal leicht in das bestehende Diagramm einzeichnen, und bei den Paketkanälen reicht manchmal ein einfaches Streichen – wie hier bei Hypothekentransaktion und Hypothekenlisten.

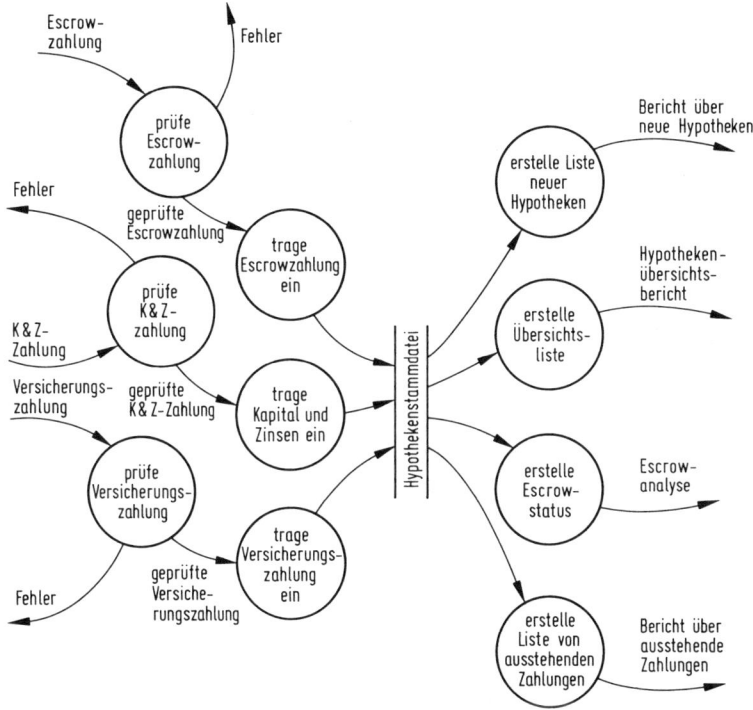

Abb. 15.5: Beispiele von expandierten Datenflüssen

Um Fragmente des essentiellen Speichers zu entdecken, entfernen Sie Wiederholungsgruppen. Wenn Sie dazu die Dateistrukturen in dem existierenden System untersuchen, so finden Sie oft, daß zusammengehörige Gruppen von Daten innerhalb anderer Gruppen eingeschachtelt sind, wie in der folgenden Definition:

Kundenstamm   = {*Kundennummer* + Kundenname + Kundenadresse + {Monatseinkäufe} + {Zahlungsdaten}}

Monatseinkäufe = {*Abrechnungsdatum* + {Einzelposten} + Gesamtkaufsumme}

Diese Schachtelung von Wiederholungsgruppen, wie wir das nennen, ist ein physikalisches Mittel, um eine Beziehung zwischen Gruppen von Daten herzustellen. In vielen Fällen ist jede Gruppe darin ein Fragment eines Objektspeichers, wie wir sie in unserem essentiellen Modell haben wollen. Wenn Sie daher solche internen Wiederholungsgruppen finden, dann entfernen Sie diese und tragen einen neuen Speicher für jede dieser Gruppen und für den ursprünglichen Speicher ein. Die folgenden Definitionen zeigen das Ergebnis anhand des obigen Beispiels:

Kundenstamm $= \{Kundennummer + \text{Kundenname} + \text{Kundenadresse}\}$

Monatseinkäufe $= \{Abrechnungsdatum + \text{Gesamtkaufsumme}\}$

Einzelposten $= \{Postennummer + \text{Postenbeschreibung} + \text{Menge} + \ldots\}$

Zahlungsdaten $= \{Zahlungsdatum + \text{Zahlungssumme} + \text{Zahlungsart} + \ldots\}$

15.3 Die Expansion von Mini-Spezifikationen

Wir empfehlen Ihnen nicht, ein komplettes Data Dictionary für Ihr physikalisches Ist-Modell anzulegen. Wir empfehlen auch nicht, für jeden Prozeß in dem gesamten physikalischen Ist-Modell eine Mini-Spezifikation zu schreiben. Der Grund dafür ist der gleiche: Sie werden wahrscheinlich die meisten der physikalischen Mini-Spezifikationen wieder wegwerfen, sobald Sie die essentiellen Aktivitäten entdeckt haben. Statt der Mini-Spezifikationen können Sie auch andere vorhandene Dokumentationen verwenden: Benutzerhandbücher, Gebrauchsanweisungen oder COBOL-Procedure Divisions. Schreiben Sie nur dann Mini-Spezifikationen, wenn Sie einen komplexen Sachverhalt durchleuchten wollen und wenn keine andere Dokumentation dafür vorhanden ist.

Sie können für diese Mini-Spezifikationen jedes beliebige Ausdrucksmittel verwenden, wenn es die Einzelheiten auf dem expandierten Datenflußdiagramm nur genau genug beschreibt. Das Ziel der Prüfung dieser Mini-Spezifikationen ist es, Konglomerate von Fragmenten verschiedener essentieller Aktivitäten zu finden.

Sie finden solche Konglomerate nicht nur durch das Betrachten der Datenflußdiagramme, wie wir in Abschnitt 15.1 erläutert haben, sondern auch dadurch, daß man diese Aktivitäten entsprechend ihrem inneren Zusammenhang („Cohesion") klassifiziert. Der innere Zusammenhang ist ein Konzept, das wir aus „Structured Design" ausgeliehen haben. Er ist ein Maß dafür, wie eng die verschiedenen Funktionen innerhalb einer Aktivität miteinander verbunden sind [33]. Sie finden meist vier Ebenen von verschiedenem Zusammenhang zwischen den Fragmenten einer Aktivität:

- *sequentieller Zusammenhang:* Die Ausgabe einer Funktion ist die Eingabe der nächsten Funktion.
- *Kommunikationszusammenhang:* Die Funktionen benutzen die gleichen Daten, führen aber völlig unterschiedliche Operationen auf diesen Daten aus.
- *logischer Zusammenhang:* Alle Teilfunktionen führen ähnliche Aktionen aus, aber auf völlig unterschiedlichen Daten.
- *zufälliger Zusammenhang:* Die Funktionen führen weder ähnliche Aktionen aus, noch arbeiten sie auf gemeinsamen Daten.

Verschiedene Arten von Zusammenhang lassen auf Konglomerate schließen, insbesondere logischer Zusammenhang und zufälliger Zusammenhang. Auch Kommunikationszusammenhang und sequentieller Zusammenhang können auf Konglomerate hinweisen, jedoch haben die Aktivitäten dann viel stärkere Beziehungen untereinander. Die verschiedenen Typen von Zusammenhang lassen verschiedene Arten von Kompromissen erkennen, die man bei der Auswahl der Inkarnation eingegangen ist. Das gilt besonders für alle Arten außer dem sequentiellen Zusammenhang. Diese drei Arten entstehen oft bei dem Versuch, die Leistungsfähigkeit oder die Verarbeitungsgeschwindigkeit eines Prozessors zu optimieren oder Datenspeicher aus Sicherheitsgründen zu isolieren.

Aktivitäten, die einen sequentiellen Zusammenhang aufweisen, sollten Sie zu diesem Zeitpunkt nicht expandieren, da dadurch keine großen technologischen Präferenzen in das Modell gelangen. Sie sollten sich auf die Expansion der anderen drei Arten von Zusammenhängen konzentrieren. Wenn Sie die Konglomerate jetzt zusammenlassen, dann sagen

Sie damit implizit aus, daß Sie sie auf diese Weise implementiert haben wollen. Das würde zu einem Problem führen, da der Grund für die Konglomeratsbildung ja nun technologisch hinfällig ist. Selbst wenn die Präferenz einer bestimmten Technologie kein Problem bildet, so werden Ihre Modelle – ohne Zerlegung der Konglomerate – nicht so präzise, wie sie sein könnten. Essentielle Aktivitäten, die bis auf die Kommunikation über essentielle Speicher voneinander unabhängig sein sollen, wären dann noch zu Konglomeraten verbunden, wodurch die Lesbarkeit und die Verständlichkeit der einzelnen essentiellen Aktivitäten erschwert wird.

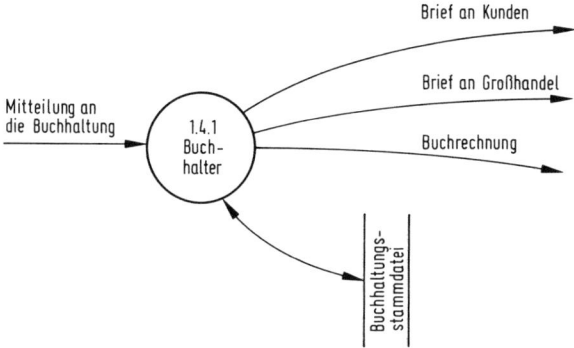

Abb. 15.6:   Ein Prozeß, der expandiert werden soll

Es ist relativ einfach, die verschiedenen Arten von innerem Zusammenhang zu erkennen, wenn Sie die Mini-Spezifikation einer komplexen Aktivität lesen. Im allgemeinen enthalten Konglomerate Aktivitäten, die unabhängig voneinander arbeiten könnten. Wenn Sie die Technologie zur Verfügung hätten, um jeder dieser Aktivitäten einen Mikroprozessor zuzuordnen, dann könnten alle diese Aktivitäten gleichzeitig ausgeführt werden. Aktivitäten mit logischem oder zufälligem Zusammenhang kann man auch leicht erkennen, denn man sieht in den Mini-Spezifikationen, daß die Daten, die darin verarbeitet werden, gar nicht zusammenhängen. Aktivitäten mit Kommunikationszusammenhang benutzen globale Daten, aber zwischen den einzelnen Aktionen auf diesen Daten liegen oft große zeitliche Abstände. In vielen Fällen liegt in der Mitte eines Konglomerats ein großer, unsichtbarer Datenspeicher vergraben. Einige dieser Aspekte findet man in der folgenden Mini-Spezifikation wieder, zu der auch das Datenflußdiagramm in Abbildung 15.6 gehört.

Für jede Mitteilung der Buchhaltung:
    führe folgende Aktionen aus, je nach dem Typ der Mitteilung:
        Typ 1: eine Buchbestellung
            . . .
      Typ 2: ein Lieferschein
            . . .
      Typ 3: ein Zahlungseingang
            . . .

Prüfe einmal pro Woche die offenen Rechnungen:
    für jede Rechnung, die länger als 30 Tage offen ist:
        erstelle eine Überweisung an den Großhandel . . .

Der Buchhaltungsprozessor der Buchhandlung führt die vier essentiellen Aktivitätsfragmente aus, wie sie in Abbildung 13.1 dargestellt waren. Da alle Fragmente finanzielle Daten über die Bücher brauchen, die beim Großhandel gekauft oder an Kunden verkauft wurden, weisen diese vier Tätigkeiten Kommunikationszusammenhang auf. Etwas weniger ausgeprägt findet man auch logischen Zusammenhang, da alle diese Tätigkeiten buchhalterische Fähigkeiten voraussetzen. Da man die Fragmente sowohl bei Kommunikationszusammenhang wie auch bei logischem Zusammenhang auftrennen sollte, wird der Knoten „Buchhaltung" expandiert.

Sobald Sie eine Mini-Spezifikation gefunden haben, die derart verräterische Zusammenhangsebenen enthält, expandieren Sie sie, indem Sie sie in ein Datenflußdiagramm umwandeln. Dazu braucht man zwei Schritte. In dem Datenflußdiagramm zeichnen Sie zuerst einen Knoten für jede Aktivität mit sequentiellem Zusammenhang, die Sie in der Mini-Spezifikation gefunden haben. Dann führen Sie die zur Kommunikation notwendigen Datenspeicher ein. Wiederholen Sie diesen Vorgang für jede Mini-Spezifikation in dem expandierten Datenflußdiagramm, in der Sie noch Konglomerate finden.

15.4 Der Effekt der Rückkopplung

Zusammengefaßt gibt es drei verschiedene Wege, um in einem expandierten DFD Stellen zu finden, die noch weiter expandiert werden sollten: man betrachtet die Namen auf dem expandierten Diagramm, man sucht im Data Dictionary nach Paketdatenflüssen und nach Paketspeichern, und man sucht nach zusammengepackten Mini-Spezifikationen. Sobald man eine Komponente in dem Modell expandiert, muß man die anderen beiden anpassen, so daß das Gesamtmodell wieder übereinstimmt. Daher wirken Änderungen in einem Teil auf die anderen Teile des Modells zurück.

Wenn Sie in einem Datenflußdiagramm Komponenten mit sehr vagen oder physikalischen Namen finden und aufteilen, dann müssen Sie die Data-Dictionary-Einträge und die Mini-Spezifikationen für das expandierte Diagramm neu schreiben. Wenn Sie Datenflüsse oder Datenspeicher zerlegen, so müssen Sie diese auch im expandierten Diagramm austauschen. Außerdem kann dies zu einer Anpassung einiger Mini-Spezifikationen führen. Wenn Sie in Mini-Spezifikationen nicht zusammengehörige Teile finden, dann müssen Sie im Diagramm jeden betroffenen Knoten durch eine Reihe von Knoten ersetzen, die den Fragmenten entsprechen. Außerdem müssen Sie danach die neuen Datenspeicher im Data Dictionary definieren. Wenn Sie die Änderungen, die Sie in einem Ausdrucksmittel gefunden haben, in den anderen Ausdrucksmitteln nachziehen, so vergrößern Sie die Wahrscheinlichkeit, die essentiellen Fragmente von den Spuren und Einschränkungen der derzeitigen Inkarnation zu befreien.

15.5 Ein Beruhigungsmittel für Expandierscheue

Während der ganzen letzten Abschnitte haben Sie sich vielleicht gedacht: „Expansion ist ja in der Theorie sehr schön, aber wie soll ich die Informationen, die ich in einem großen Projekt über ein existierendes System erhalte, jemals so expandieren?" Wir teilen Ihre Befürchtungen, aber es gibt glücklicherweise einige Verfahren, die die Expansion in großen Systemen leichter machen.

Wenn Sie die Essenz eines großen Systems ableiten wollen, so können Sie das System in Teile zerlegen, die dann vernünftig expandiert werden können. Sobald Sie jedes Teilsystem expandiert haben, können Sie versuchen, diese wieder zu einem expandierten Gesamtmodell zusammenzufügen. Wenn die Teile zu groß sind, um wieder zusammengefügt zu werden, so können Sie den nächsten Schritt des Verfahrens zuerst ausführen; in diesem werden die Teile reduziert. Vielleicht lassen sich die reduzierten Teile leichter zusammenführen. Wenn das System wirklich sehr groß ist, dann sollten Sie das Verfahren einige Schritte weiterführen, bevor Sie versuchen, das Gesamtmodell zusammenzufügen.

Sobald Sie sich einige Zeit mit einem System beschäftigt haben, werden Sie viel größere expandierte Modelle verstehen, als Sie jetzt annehmen. Wir haben in einigen abgeschlossenen Projekten expandierte Diagramme mit nahezu zweihundert Aktivitäten gezeichnet. Die Projektmitarbeiter hatten keine Probleme, sich darin zurechtzufinden. Das Zusammenkleben der Zeichnungen oder das Finden von Tafeln, die groß genug waren, war jedoch ein wirkliches Problem.

Am Ende des Buches beschreiben wir eine Technik, die wir als „Blitzen" bezeichnen. Diese Technik wird Ihnen auch dabei helfen, die Probleme beim Ableiten der Essenz großer Systeme in den Griff zu bekommen. Jetzt wollen wir jedoch mit der Präsentation der Strategie fortfahren und alle praktischen, realen Gegebenheiten etwas zurückstellen. Die Abkürzungsmechanismen, die wir Ihnen später vorstellen, sind nur dann zu verstehen, wenn Sie den vollen Prozeß verstanden haben.

15.6 Zusammenfassung

In diesem Kapitel beschreiben wir, wie man ein expandiertes physikalisches Modell konstruiert: zuerst entfernt man die obersten Ebenen von Datenflußdiagrammen; somit bleiben nur die untersten Diagramme erhalten, die man dann zu einem Diagramm zusammenfügt. Paketkanäle werden in einzelne Datenflüsse aufgeteilt, indem man die Bündelung im Data Dictionary und die Wiederholungsgruppen von Datenspeichern beseitigt. Zum Schluß suchen Sie dann in den Aktivitäten der untersten Ebene nach Konglomeraten von Fragmenten essentieller Aktivitäten. Jedes Konglomerat wird expandiert, indem man aus den Fragmenten neue Datenflußdiagramme erzeugt und die Fragmente über Datenspeicher miteinander verbindet. Das Resultat enthält dann viele Fragmente von essentiellen Aktivitäten, jedoch sind diese noch mit Aktivitäten, Datenflüssen und Datenspeichern der Infrastruktur und der Administration des bestehenden Systems vermischt. Da das Gesamtziel dieses Schrittes eine klassifizierte Menge von essentiellen Aktivitäten sein soll, ist klar, daß wir im nächsten Teilschritt nun die klar erkennbaren technologieabhängigen Aspekte aus dem expandierten Modell entfernen werden. Dieser Reduktionsprozeß wird in Kapitel 16 behandelt.

Kapitel 16
Reduzieren des
expandierten physikalischen Modells

Aus den Ausführungen im vorigen Kapitel wissen Sie bereits, daß das expandierte physikalische Modell dazu erstellt wird, die physikalischen Charakteristika des Modells offenzulegen. Jetzt wollen wir diese physikalischen Charakteristika aus dem Modell entfernen. Dadurch entsteht das *reduzierte physikalische Modell*. In diesem Zwischenschritt entfernen wir alles außer den nicht weiter klassifizierten essentiellen Fragmenten. Damit kommen wir unserem Ziel, ein essentielles Modell abzuleiten, einen großen Schritt näher.

In den Abbildungen 16.1 und 16.2 sehen Sie ein abstraktes expandiertes DFD und ein reduziertes DFD. Die Expansion befreit die essentiellen Fragmente von den physikalischen oder funktionalen Konglomeraten. Die Reduktion hingegen entfernt überflüssige Datenflüsse, Datenspeicher und Aktivitäten, die eindeutig zur Infrastruktur oder zur Administration gehören. Dadurch werden die übrigen essentiellen Fragmente viel deutlicher und können viel leichter klassifiziert werden. Auch das Zusammenfügen zu gesamten essentiellen Aktivitäten wird dadurch erleichtert.

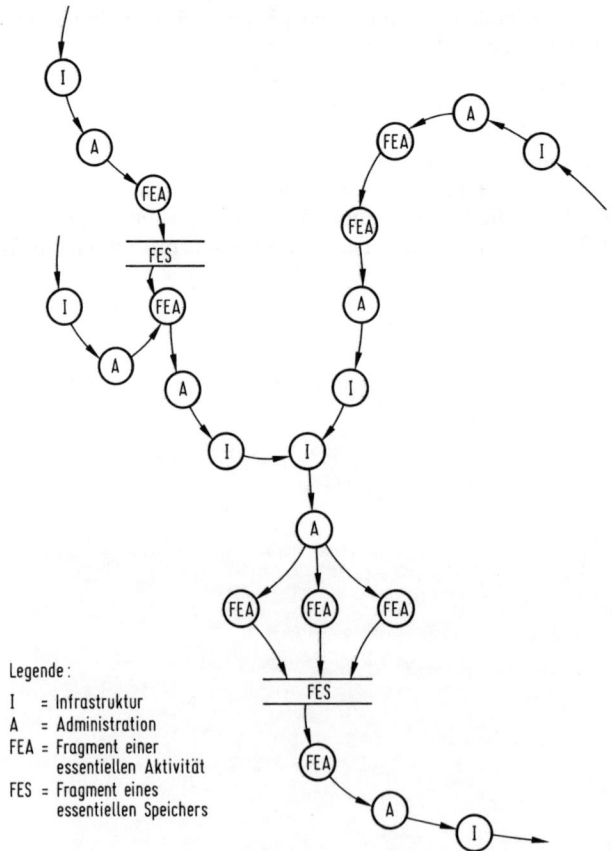

Legende:

I   = Infrastruktur
A   = Administration
FEA = Fragment einer
      essentiellen Aktivität
FES = Fragment eines
      essentiellen Speichers

Abb. 16.1: Abstraktes expandiertes physikalisches Modell

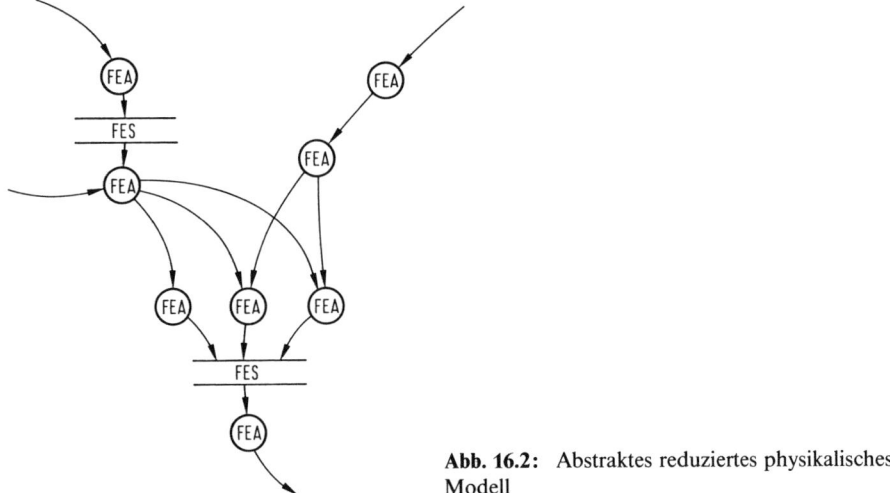

Abb. 16.2: Abstraktes reduziertes physikalisches Modell

Der Reduktionsvorgang besteht aus drei Schritten:

1. Entfernen der Komponenten, die zur Infrastruktur zwischen Prozessoren gehören
2. Entfernen der gesamten Administration, sowohl innerhalb der Prozessoren wie auch zwischen den Prozessoren
3. Zusammenfügen der verbleibenden Fragmente von essentiellen Aktivitäten

Jeder Schritt wird in den folgenden Abschnitten ausführlicher behandelt.

16.1 Entfernen der Infrastruktur zwischen Prozessoren

Um die Komponenten der Infrastruktur entfernen zu können, müssen Sie natürlich wissen, wie man sie erkennt. Beim Betrachten des physikalischen Modells haben wir festgestellt, daß die Infrastruktur aus folgenden Teilen besteht:

- Prozessoren und Prozesse, die die Daten, die zwischen Prozessoren oder Superprozessoren ausgetauscht werden, zusammenpacken, senden, empfangen oder auspacken. Wir haben Sie als Transport-, Übersetzungs- oder Stapelaktivitäten bezeichnet.
- Datenflüsse, die die wirklichen Kanäle für die Daten darstellen. Darunter verstanden wir die physikalischen Medien, mit denen Daten von einem Prozessor zum nächsten transportiert werden.
- Datenspeicher, die man meist als Stapelspeicher bezeichnet. Sie stellen die tatsächlichen physikalischen Speichermedien dar oder die Behälter, in denen Daten gespeichert werden, damit zwei Prozessoren sich synchronisieren können.

Zu diesem Zeitpunkt des Verfahrens suchen Sie in dem expandierten DFD nach den entsprechenden Komponenten, wobei Sie jede einzelne Aktivität, jeden Datenfluß und jeden Datenspeicher überprüfen. Bei dieser Suche finden Sie üblicherweise Transportaktivitäten, Übersetzungsaktivitäten und Stapelspeicher.

Transportaktivitäten leiten Daten weiter, transformieren diese aber nicht. Sie sind in einem DFD leicht zu erkennen, denn sie haben die gleichen Eingangs- und Ausgangsdaten. Abbildung 16.3 zeigt vier Transportaktivitäten. Obwohl jeder Datenfluß einen neuen

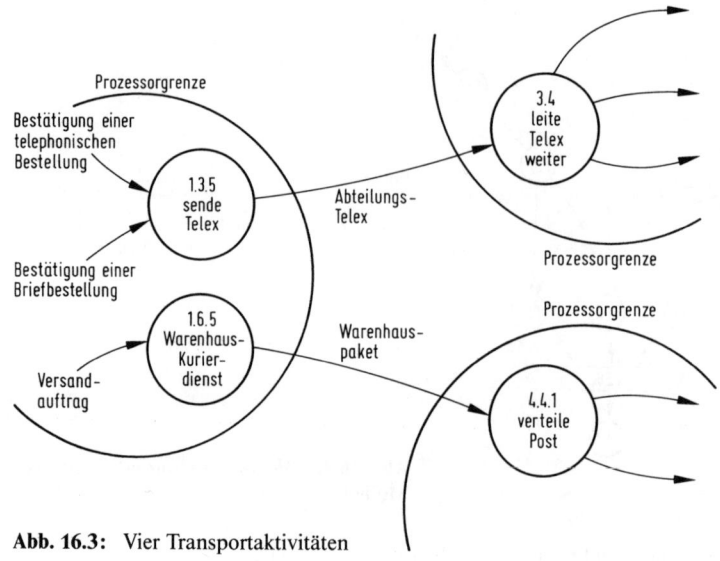

Abb. 16.3: Vier Transportaktivitäten

Namen erhält, wenn er den Transportprozeß verläßt, so können Sie doch leicht feststellen, daß der Inhalt gleich geblieben ist, wenn Sie nur im Data Dictionary nachsehen. Das einzige, was eine Transportaktivität macht, ist eine Veränderung des (physikalischen) Ortes eines Datums. Abbildung 16.3 zeigt auch die beiden Grundtypen von Transportaktivitäten: Sendeaktivitäten und Empfangsaktivitäten. So senden z. B. die beiden Aktivitäten „sende Telex" und „Warenhaus-Kurierdienst" Informationen an eine andere Stelle, wohingegen „leite Telex weiter" und „verteile Post" Informationen von einer anderen Stelle empfangen.

Eine Übersetzungsaktivität sieht manchmal so aus, als würde sie Daten verändern. Tatsächlich wird dabei aber nur der Behälter von Daten ausgetauscht oder die Art der Darstellung eines Datums verändert. Die beiden oberen Aktivitäten in Abbildung 16.4 ändern nur die

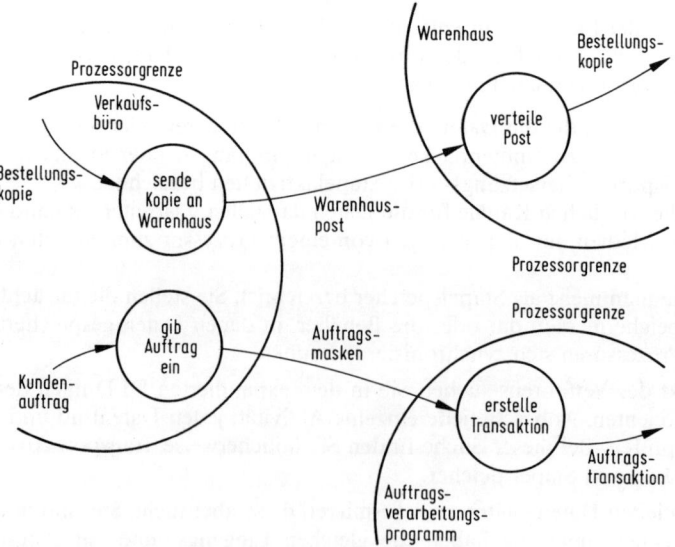

Abb. 16.4: Vier Übersetzungsaktivitäten

physikalische Verpackung, in denen ein Datenfluß transportiert wird. „Sende Kopien an Warenhaus" verpackt Daten in einen physikalischen Behälter, indem es Umschläge zusammenbündelt und in einen Sack steckt, der mit einer Anschrift versehen ist. „Verteile die Post" entfernt den Sack wiederum.

Der dritte Knoten in Abbildung 16.4, „trage Aufträge ein", ist ein Beispiel für eine Übersetzungsaktivität, durch die die Darstellungsart eines Datenelements verändert wird. Solche Aktivitäten findet man oft an der Schnittstelle zwischen Menschen und Maschinen oder auch zwischen zwei Menschen, wenn z. B. eine Aktivität den Code, den eine Abteilung zur Darstellung bestimmter Sachverhalte benutzt, in den Code einer anderen Abteilung umsetzt. Diese Aktivität kann für Personen in den zwei Abteilungen, die sich miteinander unterhalten müssen, ungeheuer wichtig sein.

Übersetzungsaktivitäten und Transportaktivitäten werden häufig miteinander verbunden. Beide findet man meist da, wo ursprünglich Prozessorgrenzen waren. Auf der einen Seite der Prozessorgrenze findet man Aktivitäten, die die Daten so verpacken, daß sie für den anderen Prozessor akzeptabel sind, und danach abschicken. Auf der anderen Seite gibt es Aktivitäten, die die Daten empfangen und aus der physikalischen Form, in der sie gesendet wurden, wieder auspacken. Auf beiden Seiten kann es Aktivitäten geben, die die physikalische Erscheinungsform der logischen Datenelemente verändern.

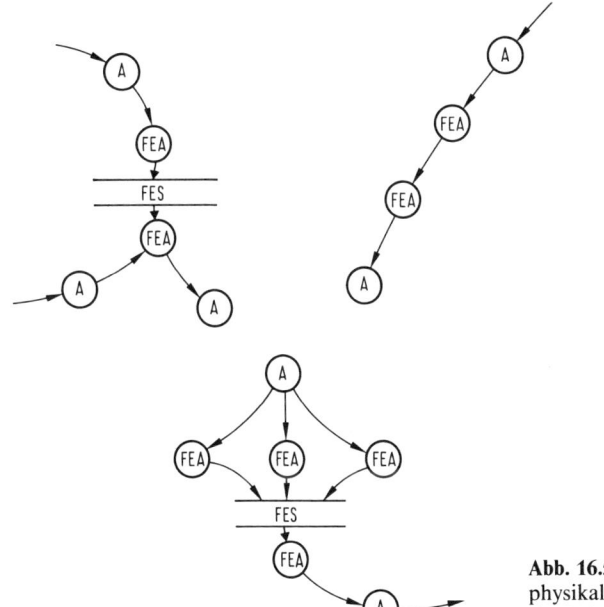

Abb. 16.5: Abstraktes expandiertes physikalisches Modell nach Entfernung der Infrastruktur

Sobald Sie Aktivitäten der Infrastruktur in dem Modell finden, können Sie diese einfach aus dem DFD entfernen und auch die Mini-Spezifikationen dafür löschen. Wenn Sie die Aktivitäten der Infrastruktur entfernen, so löschen Sie dabei auch die physikalischen Datenflüsse, die sie verbinden. Sie würden z. B. die Datenflüsse „Abteilungstelex" und „Warenhauspaket" in Abbildung 16.3 löschen wie auch die Datenflüsse „Warenhauspost" und „Auftragsmasken" in Abbildung 16.4. Abbildung 16.5 zeigt das Ergebnis, das entsteht, wenn man die Infrastruktur aus dem abstrakten expandierten physikalischen Modell der Abbildung 16.1 entfernt hat.

Die letzten Komponenten der Infrastruktur, die Sie entfernen müssen, sind die physikalischen Speicher, die wir als „Stapelspeicher" bezeichnet haben. Viele der Speicher auf dem

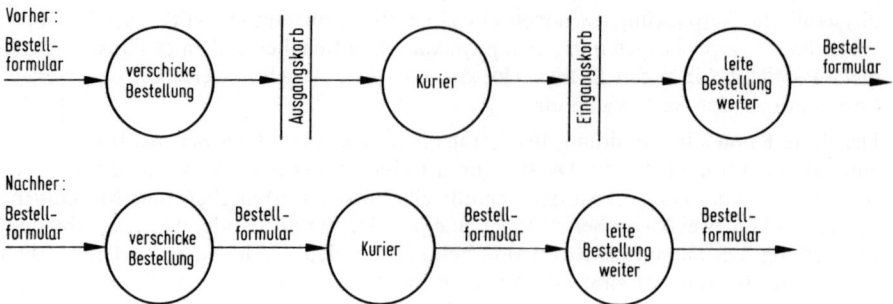

Abb. 16.6: Die Entfernung von Stapelspeichern

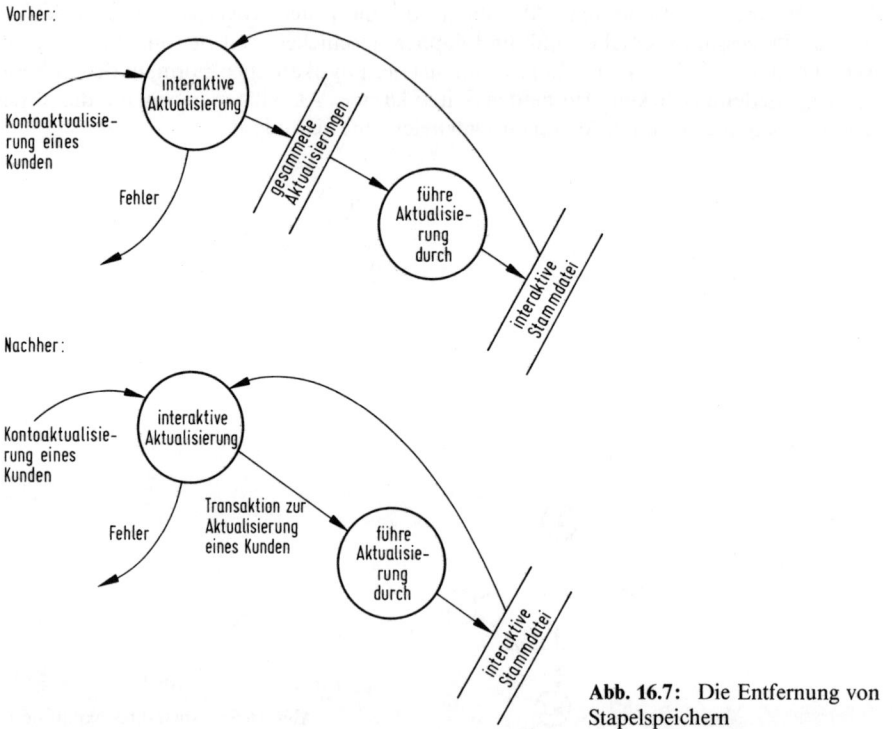

Abb. 16.7: Die Entfernung von Stapelspeichern

expandierten physikalischen Modell gehören zu diesem Typ. Sie bewahren Daten, die ein Prozessor erzeugt hat, so lange auf, bis der Datenkanal oder der andere Prozessor bereit zur Aufnahme ist. Die zwei Teile der Abbildungen 16.6 und 16.7 zeigen jeweils Datenflußdiagramme vor und nach der Entfernung von Stapelspeichern.

Sie werden wahrscheinlich keine Probleme dabei haben, viele Aktivitäten, Datenflüsse und Datenspeicher zu finden, die zu 100 Prozent zur Infrastruktur gehören. Manchmal werden Sie aber auch solche finden, die zu 70 bis 99 Prozent zur Infrastruktur gehören. Mit anderen Worten: es gibt oft kleine Klümpchen der Essenz eines Systems, die in die Infrastruktur einer Komponente eingebettet sind. Da dies nicht der beste Zeitpunkt ist, um in intensive Detailarbeit einzusteigen, um die Essenz daraus zu isolieren, sollten Sie einfach alle Teile, die auch nur den kleinsten Schimmer von Essenz enthalten, in dem Modell belassen.

Eine wichtige Ausnahme zu dem, was wir eben zum Entfernen der Infrastruktur beschrieben haben, ist folgende: Sie sollten keine Transportaktivitäten, Übersetzungsaktivitäten oder Stapelspeicher streichen, die das System mit der Umwelt verbinden. Abbildung 16.8 zeigt zwei Beispiele dieser Art von Infrastruktur. Das Beibehalten dieser Aktivitäten und Speicher ist konsistent mit dem Prinzip der perfekten internen Technologie. Das heißt, daß Sie alle technologischen Einflüsse innerhalb Ihres Systems entfernen können, aber die Aktivitäten und Speicher belassen müssen, die Ihrem System durch externe Technologie vorgegeben sind und die daher nicht beeinflußt werden, selbst wenn Sie innerhalb des Systems perfekte Technologie einführen.

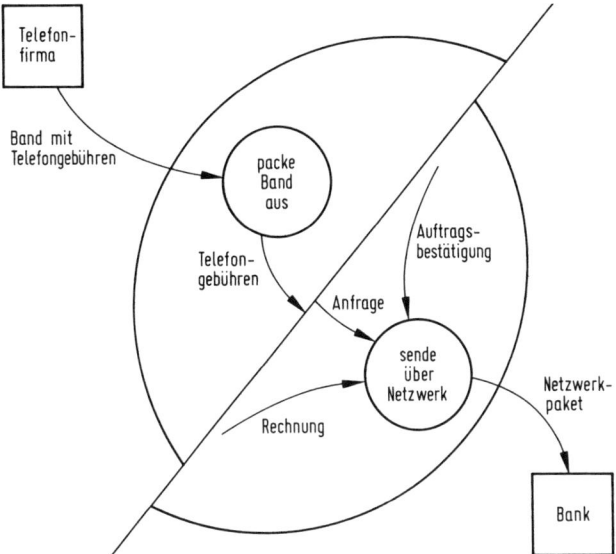

Abb. 16.8: Infrastrukturschnittstellen zur Umwelt

16.2 Entfernen der Administration

Der zweite Schritt beim Erstellen des reduzierten physikalischen Modells ist die Entfernung der gesamten Administration. In dem physikalischen Ist-Modell findet man folgende Administrationsaktivitäten:

- *Plausibilitätsprüfungen,* die die essentiellen Fragmente vor fehlerhaften Daten schützen sollen, die von anderen Prozessoren oder von Teilen der Infrastruktur kommen
- *Kontrollfunktionen,* die ein Prozessor durchführt, um seine eigenen Fehler zu finden, bevor er Daten an andere Prozessoren weiterleitet
- *Qualitätssicherungsfunktionen,* die Fehler finden, die sowohl bei Plausibilitätsprüfungen wie auch bei Kontrollfunktionen unentdeckt blieben
- *Datensicherungsfunktionen,* die den momentanen Zustand der Arbeit des Systems retten, um Wiederaufsatzpunkte bei eventuellen Systemfehlern zu haben

Abbildung 16.9 zeigt die Anordnung dieser Administrationstätigkeiten rund um die Fragmente essentieller Aktivitäten. Da dieses abstrakte Schema in Systemen aller Größenordnungen und aller Arten auftritt, sollten Sie lernen, es zu erkennen. Dadurch können Sie in realen Systemen dann viel leichter die Administrationsaktivitäten identifizieren. Das Ent-

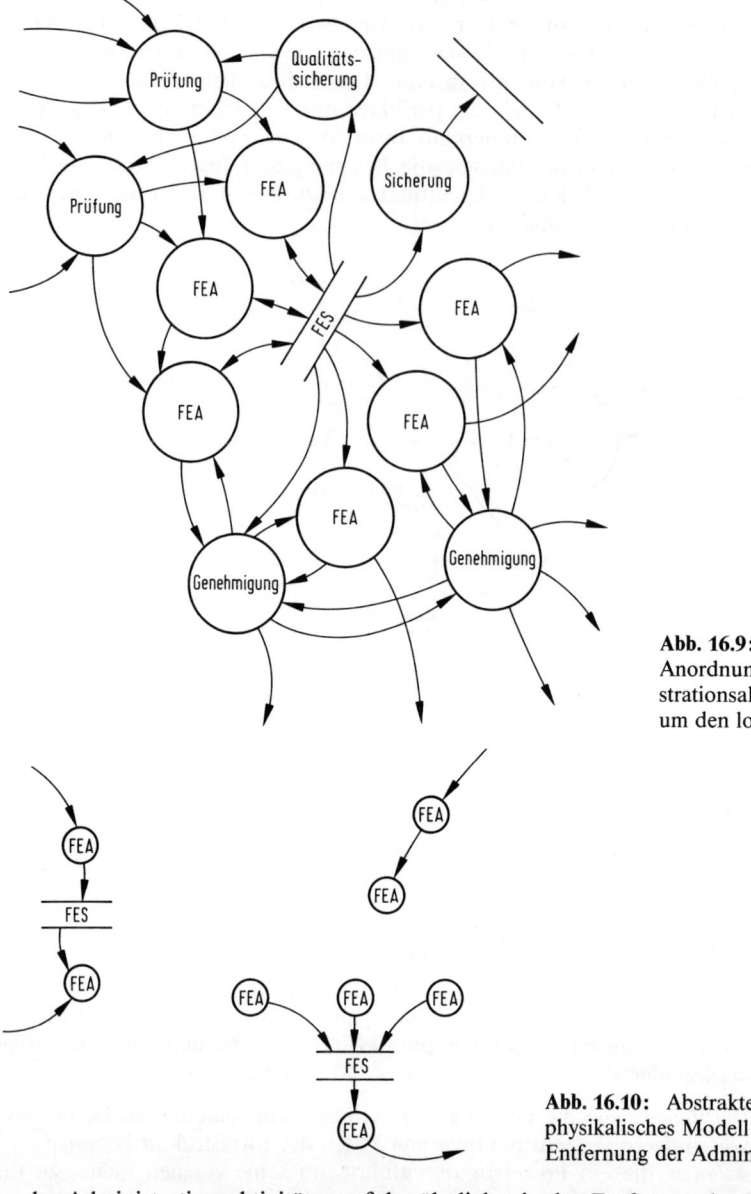

Abb. 16.9: Abstrakte Anordnung von Administrationsaktivitäten rund um den logischen Kern

Abb. 16.10: Abstraktes expandiertes physikalisches Modell nach der Entfernung der Administration

fernen der Administrationsaktivitäten erfolgt ähnlich wie das Entfernen der Infrastruktur: Sie durchforsten die übriggebliebenen Komponenten des expandierten physikalischen Modells auf der Suche nach Administrationsaktivitäten, Datenflüssen und Datenspeichern. Abbildung 16.10 zeigt, daß nicht viel von unserem abstrakten Modell übrigbleibt, wenn man die Infrastruktur und die Administration entfernt hat.

Wie auch vorhin, sollten Sie sich um die nicht perfekte *externe* Technologie nicht kümmern, wenn Sie die Administrationsaspekte entfernen. Diese externe Technologie kann dafür verantwortlich sein, daß schlechte oder zweifelhafte Daten in das System kommen. Funktionen, die dies erkennen und das System vor Fehlern in der Umgebung schützen, können mit

Administrationsaktivitäten vermischt sein. Wenn Sie also Administrationsaktivitäten entfernen, so achten Sie bitte darauf, daß diese nur durch die nicht perfekte interne Technologie entstanden sind.

Wenn Sie Plausibilitätsprüfungen finden, die die eventuell fehlerhaften Daten außerhalb des Systems prüfen, so müssen Sie diese in dem Modell belassen. Diese Teile gehören zur Essenz des Systems. Manchmal ist es aber nicht so einfach, Plausibilitätsprüfungen auf externen Daten von denen auf internen Daten zu unterscheiden. Ein Grund dafür ist, daß Prüfungen von externen Daten nicht immer an den Schnittstellen des Systems zur Umwelt stattfinden; manchmal sind sie auch über das gesamte physikalische Ist-Modell verstreut oder auch mit internen Plausibilitätsprüfungen vermischt. Aus diesem Grund sollten Sie *nur die* Plausibilitätsprüfungen entfernen, die ganz klar Fehler suchen, welche im System selbst entstanden sind. Damit stellen Sie sicher, daß die Prüfungen von Fehlern in der Umwelt ein Teil Ihres essentiellen Modells bleiben.

Ein anderer Ansatz wäre, zu diesem Zeitpunkt einfach alle Plausibilitätsprüfungen aus dem Modell zu entfernen, diese aber gesondert zu verwahren, um einige davon später in unserem Verfahren wieder gezielt einbringen zu können. Dieser Ansatz hat einen Vorteil: Da die Plausibilitätsprüfungen in dem reduzierten physikalischen Modell in der Nähe von existierenden Prozessorgrenzen erfolgen, weist das essentielle Modell möglicherweise noch physikalische Charakteristika auf, wenn man die Plausibilitätsprüfungen drinnen läßt. Entfernt man sie alle, wenn auch nur vorübergehend, so vermeidet man dieses Risiko.

16.3 Zusammenfügen der essentiellen Fragmente

Obwohl nun die Fragmente der Essenz eines Systems offengelegt sind und die meisten physikalischen Charakteristika aus dem Systemmodell entfernt wurden, ist die Arbeit der Reduktion des expandierten physikalischen Modells noch nicht abgeschlossen. Wenn Sie die Infrastruktur und die Administration entfernen, dann entstehen Lücken in dem expandierten physikalischen Modell. Die meisten Datenverbindungen zwischen den Fragmenten der essentiellen Aktivitäten werden aufgetrennt, wodurch einzelne, verteilte Fragmente übrigbleiben, die über die ganze Fläche des Modells verstreut sind. Um jedoch den nächsten Schritt ausführen zu können und die Fragmente zu klassifizieren, müssen Sie in der Lage sein, die Datenverbindungen zwischen den einzelnen Fragmenten zu erkennen. Daher müssen Sie die verstreuten Einzelteile wieder miteinander verbinden und ein zusammenhängendes Systemmodell erzeugen, bevor Sie den Reduktionsschritt abschließen können.

Das Verbinden der essentiellen Fragmente ist nicht schwer, da man ja nur einen Datenfluß oder einen Zugriff auf einen essentiellen Speicher direkt einzeichnen muß, statt die Daten durch verschiedenste Infrastruktur- und Administrationsaktivitäten zu schicken. Sie können sogar auf dem expandierten physikalischen Modell ablesen, wie die essentiellen Teile durch die Infrastruktur verbunden waren. Das Ergebnis des Zusammenhängens sehen Sie in Abbildung 16.2.

16.4 Die Ergebnisse des Reduktionsschritts

Die Teile des reduzierten physikalischen Modells sind fast immer in einem bestimmten Schema angeordnet (vgl. Abbildung 16.11). Am Rand des Modell findet man Aktivitäten, Datenflüsse und Datenspeicher, die ganz physikalisch sind. Diese Aspekte, die wir als *physikalischen Ring* bezeichnen, sind die Schnittstelle des Systems zu der nicht perfekten Technologie der Systemumgebung. Etwas weiter im Inneren finden Sie dann Aktivitäten,

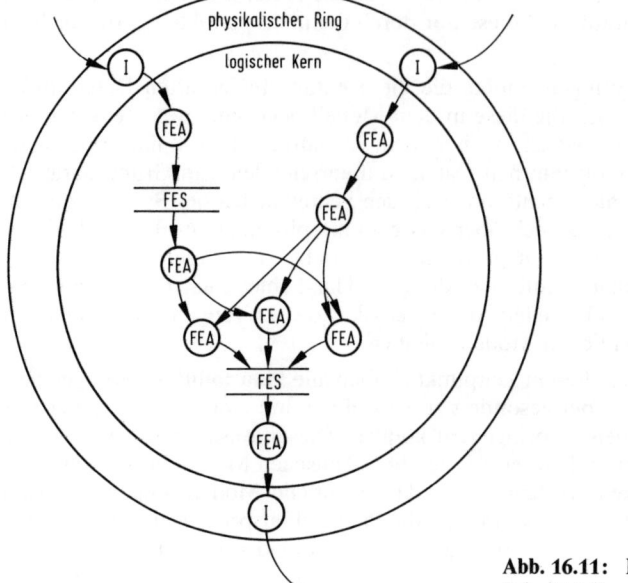

Abb. 16.11: Ein Ring von physikalischen Schnittstellenaktivitäten

Datenflüsse und Datenspeicher, die größtenteils essentiell sind. Obwohl man diese Teile noch immer von kleinen physikalischen Charakteristika befreien muß, stellen sie doch den Anfang dessen dar, was letztlich der logische Kern des Systems werden wird.

Die charakteristische Form des reduzierten physikalischen Modells entsteht durch die Anwendung des Prinzips der perfekten internen Technologie. Man entfernt alle Aktivitäten, Datenflüsse und Datenspeicher, die nur dadurch in das System kamen, daß man eine bestimmte Technologie zur Implementierung ausgewählt hat. Man muß jedoch die technologischen Vorgaben aus der Systemumgebung berücksichtigen. Obwohl man vielleicht auch die Technologie der Systemumgebung ändern könnte, so haben Sie vielleicht nicht die Mittel und Wege, um dies durchzusetzen. Bis Ihnen diese Mittel und Wege zur Verfügung stehen, müssen Sie ausharren und die Randbedingungen, die Ihnen von außen vorgegeben werden, akzeptieren und sie in Ihr Modell mitaufnehmen.

Das reduzierte physikalische Modell zeigt Ihnen die Fragmente der Essenz eines Systems und befreit Sie von dem geistigen und finanziellen Aufwand, aber auch dem Schreibaufwand, bei der Modellbildung eines technologieabhängigen Modells. Der Reduktionsschritt entfernt wesentliche Teile der nicht perfekten Technologie aus dem Hilfsmodell des Systems. Das Ergebnis basiert auf der Annahme, daß das System perfekte interne Technologie benutzt. Da das Modell keine Infrastruktur mehr enthält, setzt man perfekte, telepathische Kommunikation zwischen den Aktivitäten voraus. Da die meisten Stapelspeicher aus dem Modell verschwunden sind, setzt man voraus, daß die Prozessoren so schnell sind, daß sie sich nicht weiter synchronisieren müssen. Da die meisten Prüffunktionen und Qualitätssicherungsmaßnahmen entfernt wurden, setzt dieses Modell voraus, daß die Prozessoren fehlerfrei arbeiten. Durch die Annahme der perfekten Technologie wird auch eine weitere Administrationsaufgabe im System überflüssig: die der Ressourcenverteilung. Perfekte Prozessoren arbeiten mit genügend interner Kapazität, so daß keine Administration ihrer Arbeit notwendig ist. Unendlich große Ressourcen machen die Ressourcenverwaltung überflüssig.

In diesem Reduktionsschritt entdeckt man die größten Teile der physikalischen Charakteristika. Obwohl dabei 40 bis 70 Prozent des Modells entfernt werden, sind Sie noch weit vom Gesamtziel entfernt. Viele feine physikalische Charakteristika stecken noch in dem reduzierten Modell. Außerdem stört an dem Modell noch gewaltig, daß man noch zu wenig getan hat, um die Komplexität zu meistern. In den nächsten Kapiteln beschreiben wir Lösungen für diese Probleme.

16.5 Zusammenfassung

Während des Reduktionsschrittes entfernen Sie die offensichtlichen physikalischen Charakteristika aus dem expandierten physikalischen Modell. Zuerst entfernen Sie die Transportaktivitäten, die Übersetzungsaktivitäten und die Stapelspeicher der Infrastruktur. Dann entfernen Sie die Plausibilitätsprüfungen, die Kontrollfunktionen, die Qualitätssicherungsfunktionen und die Datensicherungsfunktionen, die alle zur Administration gehören. Der letzte Schritt in dem Reduktionsprozeß ist das Verbinden der essentiellen Fragmente. Das entstehende Modell weist einen Kern von größtenteils essentiellen Fragmenten auf; dieser Kern wird umgeben von einem Ring physikalischer Aktivitäten, die die Schnittstelle zur Systemumgebung herstellen.

Kapitel 17
Klassifizierung
der essentiellen Fragmente

Nach Abschluß der ersten beiden Schritte zur Entdeckung der Essenz eines Systems haben Sie die wesentlichen physikalischen Eigenschaften aus dem physikalischen Ist-Modell entfernt. Daraus könnten Sie die Schlußfolgerung ziehen, daß die übriggebliebenen Aktivitäten und Datenspeicher in dem reduzierten physikalischen Modell nun größtenteils essentiell sind.

Ganz im Gegenteil! Das Modell zeigt noch immer Charakteristika der Implementierungstechnologie. Die Aktionen selbst sind Fragmente essentieller Aktivitäten, aber die Art, wie sie ausgeführt werden, und auch die Sprache, die zu ihrer Beschreibung verwendet wurde, riecht noch nach den technologischen Einschränkungen. Die Aktionen werden z. B. noch sequentiell ausgeführt, wie es durch die Art und Menge der Prozessoren eines bestehenden Systems erzwungen wird; und die Datenspeicher, die essentielle Daten festhalten, sind noch Varieté-Speicher, die man zur Verbesserung des Durchsatzes für das bestehende System gewählt hat. Außerdem verweisen die Mini-Spezifikationen noch auf Datenspeicher, die Sie im letzten Schritt schon aus dem Modell entfernt haben. Sie denken nun vielleicht, daß der nächste Schritt darin besteht, diese restlichen physikalischen Charakteristika zu entfernen. Dem ist nicht so. Bevor Sie darangehen können, jedes einzelne Fragment einer Aktivität oder eines Speichers in dem reduzierten physikalischen Modell genau zu untersuchen, müssen Sie sich gegen die Gefahren wappnen, die durch zu große Komplexität entstehen.

Die meisten Systeme, die wir untersuchen, sind relativ groß und komplex. Sogar nach der Entfernung von Infrastruktur und Verwaltung verbleiben vielleicht noch Dutzende, wenn nicht Hunderte von Fragmenten von Aktivitäten oder Datenspeichern. Ganz egal, ob Sie fünfzig, hundert oder fünfhundert Fragmente haben: für Menschen ist dies zuviel, um effizient damit umgehen zu können. Das abstrakte reduzierte physikalische Modell in Abbildung 17.1 soll Ihnen einen Eindruck der unkontrollierten Komplexität des Modells zu diesem Zeitpunkt geben. Die achtzehn Fragmente essentieller Aktivitäten sind, so wie sie hier dargestellt sind, für die meisten Gutachter dieses Modells schon zuviel, um vernünftig darüber diskutieren zu können.

Man würde natürlich nie versuchen, zweihundert Fragmente essentieller Aktivitäten *gleichzeitig* zu untersuchen; man könnte vielleicht an einigen davon so lange gleichzeitig arbeiten, bis man die physikalischen Charakteristika vollständig entfernt hat. Das ist die natürliche Vorgehensweise, um Schwierigkeiten, Frustration und Fehler zu vermeiden, die entstünden, wenn man zuviel auf einmal behandelt.

So wie man nicht mit Hunderten Fragmenten von essentiellen Aktivitäten auf einmal konfrontiert werden will, so will man auch nicht jedes davon einzeln behandeln. Jedes Fragment einer essentiellen Aktivität stellt einen Teil der geplanten Antwort eines Systems dar, das einem bestimmten Prozessor in der heutigen Implementierung zugewiesen wurde. Wenn Sie die Grenzen zwischen zwei Fragmenten einer essentiellen Aktivität, die beide auf ein und dasselbe Ereignis reagieren, beibehalten, so behalten Sie auch die Arbeitsteilung bei, die nur durch die existierende Technologie bedingt wurde. Das würde aber dem Sinn und Zweck des essentiellen Modells widersprechen: wir wollen doch die Grenzen einer bestimmten Technologie aus dem Modell herausnehmen.

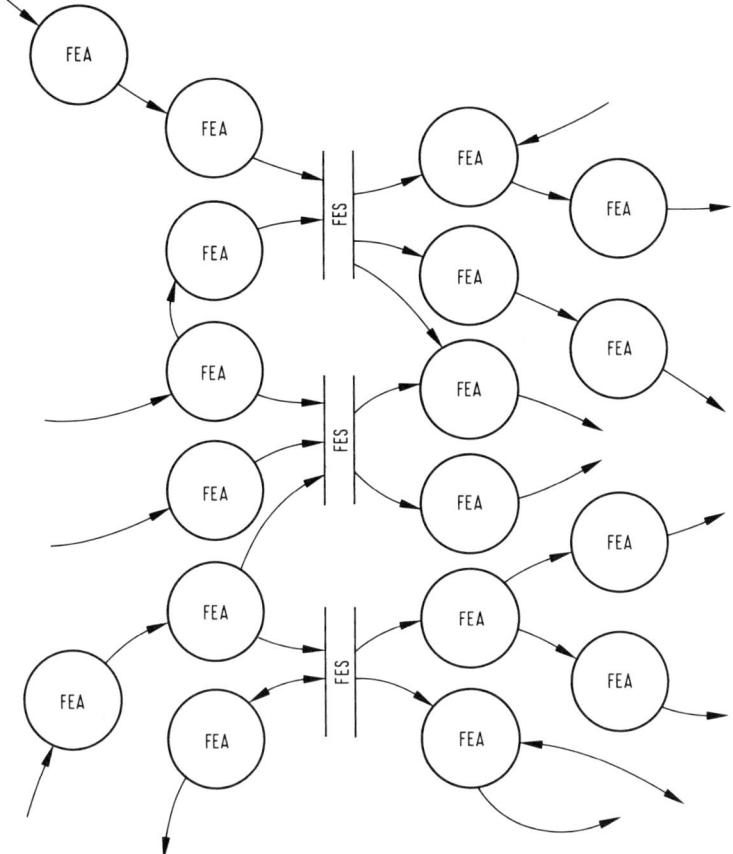

Abb. 17.1: Abstraktes reduziertes physikalisches Modell

Sie müssen also einen Mittelweg finden zwischen der Betrachtung des gesamten reduzierten physikalischen Modells auf einmal und der sequentiellen Betrachtung jedes einzelnen Fragments einer essentiellen Aktivität. Der erste Ansatz übersteigt Ihre Fähigkeiten, Informationen zu verarbeiten, und der zweite Ansatz läßt die physikalischen Merkmale des existierenden Systems fortbestehen. Glücklicherweise gibt es einen attraktiven Kompromiß. In diesem Kapitel zeigen wir Ihnen, wie man Gruppen von Fragmenten essentieller Aktivitäten und Speicher bildet, die man dann gemeinsam studieren kann.

17.1 Eine erneute Betrachtung der ereignisorientierten Zerlegung

Im Teil 2 dieses Buches haben wir vorgeschlagen, ein essentielles Datenflußdiagramm gemäß den Ereignissen zu zerlegen, auf die das System reagiert. Kapitel 10 hat gezeigt, wie man diesen Ansatz verwendet, wenn man ein essentielles Modell direkt aus dem Wissen über die Systemanforderungen ableitet. In diesem Kapitel zeigen wir, wie man die ereignisorientierte Zerlegung anwenden kann, um die Komplexität des reduzierten physikalischen Modells zu minimieren: Man gruppiert die Fragmente der essentiellen Aktivitäten, die auf ein einziges Ereignis reagieren, zusammen.

Die Vorteile der ereignisorientierten Zerlegung gelten sowohl für die Zerlegung eines essentiellen Modells eines existierenden Systems wie auch für die Organisation des Modells eines neuen Systems: man kann das Modell so in essentielle Aktivitäten aufteilen, daß man jeden Teil für sich studieren kann, ohne dabei eine Struktur zu entwickeln, die etwas über die heutige oder zukünftige Implementierungstechnologie verrät. Wenn man das reduzierte physikalische Modell in dieser Weise gliedert, dann entstehen essentielle Datenflußdiagramme, die den in Kapitel 10 gezeigten Diagrammen sehr ähnlich sind. Abbildung 10.3 ist ein gutes Beispiel. Der Unterschied in der Vorgehensweise zu Kapitel 10 wird also nicht durch das Ergebnis motiviert, sondern durch den Startpunkt. Wenn man die Essenz eines Systems von Grund auf modelliert, dann fängt man mit dem Wissen über den Zweck des Systems an. Wenn man jedoch die Essenz eines neuen Systems aus dem Modell eines existierenden Systems ableitet, dann muß man sich etwas besser vorbereiten, nämlich mit der Erstellung des reduzierten physikalischen Modells, wie wir es in den vorigen Schritten beschrieben haben. Daher ist die Vorgehensweise bei der Klassifizierung der essentiellen Fragmente etwas anders, als wir es in Kapitel 10 beschrieben haben.

Kurz gesagt gibt es vier Schritte in der Vorgehensweise, die wir im folgenden in diesem Kapitel beschreiben wollen:

1. Identifizieren Sie die Ereignisse, auf die das existierende System reagiert.
2. Finden Sie für jedes Ereignis die Aktivitäten, Datenflüsse und Datenspeicher, die die vollständige Reaktion des Systems auf dieses Ereignis beschreiben.
3. Stellen Sie die Fragmente der Aktivitäten und Datenspeicher pro Ereignis in einem eigenen Datenflußdiagramm dar.
4. Zeichnen Sie ein Datenflußdiagramm auf einer höheren Ebene, in dem jede Reaktion auf ein Ereignis (d. h. jede essentielle Aktivität) durch einen einzigen Knoten dargestellt wird. Wenn es zu viele essentielle Aktivitäten für ein einziges Diagramm gibt, dann erzeugen Sie noch höhere Datenflußdiagramme, wobei Sie die essentiellen Aktivitäten zusammengruppieren, die auf ähnliche Ereignisse reagieren.

Während dieses Vorgangs suchen Sie nach beiden Arten von Ereignissen: solchen, die extern auftreten (außerhalb des Kontexts des betrachteten Systems), und solchen, die zeitlich bedingt sind (d. h. bestimmte Zeitpunkte, zu denen essentielle Aktivitäten ausgeführt werden). Die Unterscheidung ist wichtig, da für jede dieser beiden Ereignisarten unterschiedliche Teilschritte unternommen werden müssen. Die externen Ereignisse findet man durch Betrachtung der externen Objekte, die mit dem System zusammenarbeiten. Die zeitlichen Ereignisse findet man meistens, wenn man die Vorgänge betrachtet, durch die die automatischen Aktionen des Systems gesteuert werden. Die externen Ereignisse können sowohl Aktualisierungen von essentiellen Speichern auslösen wie auch Antworten an die Umwelt, während zeitliche Ereignisse nahezu immer Antworten an die Umwelt auslösen. Wegen der Unterschiede zwischen externen Ereignissen und Zeitereignissen betrachten wir zuerst die essentiellen Fragmente, die auf externe Ereignisse reagieren, und danach die essentiellen Fragmente, die auf Zeitereignisse reagieren.

17.2 Das Auffinden externer Ereignisse

Der Klassifizierungsschritt beginnt mit der Identifizierung der Ereignisse, für die das System eine geplante Reaktion bereitstellt. Obwohl Sie vielleicht dazu neigen, beide Arten von Ereignissen auf einmal zu identifizieren, raten wir Ihnen, sich zunächst auf die externen Ereignisse zu konzentrieren. Das Aufspüren der wahren Zeitereignisse ist etwas trickreicher, da sich oft herausstellt, daß ein zunächst wichtig aussehendes Zeitereignis nur eine physikalische Randbedingung ist, die durch Schwächen der Technologie in das bestehende

System kam. Es wird leichter, echte Zeitereignisse von falschen zu unterscheiden, wenn Sie bereits eine Teilmenge von essentiellen Aktivitäten aus externen Ereignissen abgeleitet haben.

Externe Ereignisse findet man in der Umgebung des Systems. Bezieht man sich auf die Modellbildung, so finden Sie externe Ereignisse, wenn Sie das Kontextdiagramm des physikalischen Ist-Modells analysieren. Dies zeigt das gesamte System als einen Knoten; es zeigt aber auch die Personen, Computersysteme oder Organisationen, mit denen dieses System zusammenarbeitet. In dem Kontextdiagramm werden externe Ereignisse meist durch die Ankunft eines Datenflusses von einer dieser externen Objekte angekündigt.

Wir haben die Identifizierung externer Ereignisse bereits in einem früheren Kapitel diskutiert, jedoch unter ganz anderen Voraussetzungen. In Kapitel 10 haben wir gezeigt, wie man eine Liste der Ereignisse aufstellt, von denen man *glaubt*, daß das System darauf reagieren soll. Hat man jedoch bereits ein reduziertes physikalisches Modell, so kann man an die Sache mit etwas mehr Zuversicht herangehen. Sie können eine Liste von externen Ereignissen aufstellen, wenn Sie Reaktionen des Systems *beobachtet* haben, entsprechend der Dokumentation in den Datenflußdiagrammen, dem Data Dictionary und den Mini-Spezifikationen. Natürlich kann man sich auch dabei noch immer irren: vielleicht haben Sie eine Reaktion in dem bestehenden System gar nicht modelliert. Normalerweise sind Sie jedoch wesentlich besser daran, wenn Sie Ihre Arbeit anhand bestehender Systemdokumentation durchführen können.

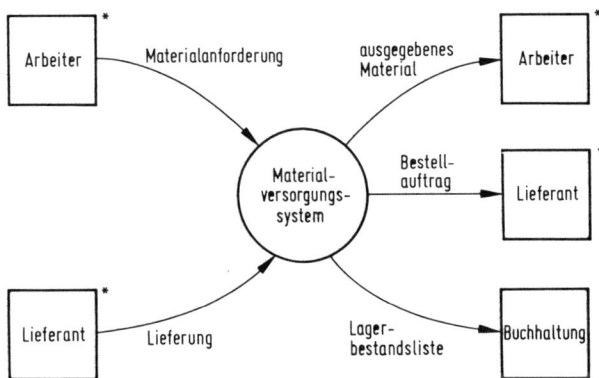

Abb. 17.2: Kontextdiagramm eines Materialversorgungssystems

Betrachten Sie das Kontextdiagramm in Abbildung 17.2. Zwei Datenflüsse gehen in das Materialversorgungssystem: Materialanforderung und Lieferung. Beide sind Anzeichen für externe Ereignisse, auf die das System reagiert. Das Finden externer Ereignisse ist nicht immer so einfach. Manchmal zeigt das reduzierte physikalische Modell nicht die wahre Quelle des Datenflusses, sondern nur die letzte Station der externen Infrastruktur, die diesen Datenfluß in das System bringt. In ähnlicher Weise findet man oft in physikalischen Datenflußdiagrammen Datenflüsse, die den physikalischen Behälter darstellen, der von dem externen Infrastrukturprozessor benutzt wurde.

Betrachten Sie das extrem physikalische Kontextdiagramm in Abbildung 17.3. Arbeiter in dieser Firma äußern ihre Materialwünsche üblicherweise per Hauspost; sie können aber auch telefonisch Material anfordern. Trotzdem reagiert das System nicht auf das Telefon und auf die Hausboten, sondern auf den Angestellten, der hinter beiden Möglichkeiten steckt, als wirkliche Quelle der Materialanforderung.

Abbildung 17.4 zeigt ein ähnliches Problem. Der eingehende Datenfluß Telex ist ein physikalischer Behälter, der von der Infrastruktur der Systemumgebung benutzt wird. Natürlich

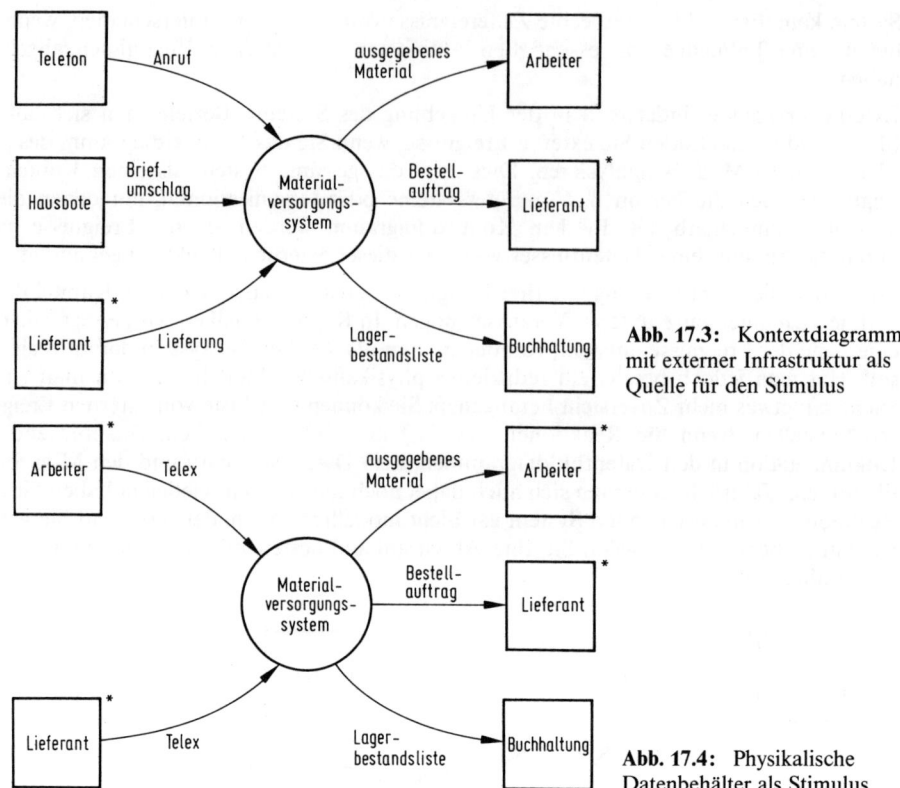

Abb. 17.3: Kontextdiagramm mit externer Infrastruktur als Quelle für den Stimulus

Abb. 17.4: Physikalische Datenbehälter als Stimulus

können in einem solchen Telex verschiedene Nachrichten stehen; jede Nachricht kann dabei mit einem verschiedenen Ereignis in der Systemumgebung verknüpft sein, auf die das System reagieren muß.

In Kapitel 15 haben wir Ihnen empfohlen, Datenflüsse wie Telex in ihre einzelnen Komponenten aufzuspalten. Wenn Sie dies jedoch nicht vollständig gemacht haben, dann könnten Sie jetzt versucht sein, „Telex kommt an" als externes Ereignis zu identifizieren, obwohl das System vielleicht einige Dutzend oder einige hundert Reaktionen auf ein Ereignis mit einem solch allgemeinen Namen bereitstellt. Wir behaupten nicht, daß „Telex kommt an" *kein* externes Ereignis ist. Natürlich ist es eines. Aber da wir den ganzen Schritt der Aufteilung des reduzierten physikalischen Modells nur dazu machen, um handhabbare Teile zu erhalten, ist dieses Ereignis vielleicht kein guter Kandidat.

Wenn Sie ein physikalisches Kontextdiagramm oder ein reduziertes physikalisches Modell studieren, dann sollten Sie auf externe Objekte achten, die nur Datenflüsse von anderen, wichtigeren externen Objekten weitertransportieren. Achten Sie auch auf eingehende Datenflüsse, die nur die physikalische Zusammenfassung vieler unabhängiger Nachrichten sind.

Wie man externe Ereignisse benennt

Bevor Sie die Reaktion eines Systems auf ein bestimmtes Ereignis untersuchen können, müssen Sie das Ereignis benennen können. Und dies ist oft der trickreichste Schritt in dem ganzen Prozeß. Nachdem wir normalerweise über ein System immer in Form von Funktionen nachdenken, ist man oft versucht, die Aktivität zu benennen, die durch ein Ereignis ausgelöst wird, oder einen Teil der Aktivität, statt sich auf das Ereignis selbst zu konzentrieren. Sie könnten z. B. den Eingangsdatenfluß „Materialbedarf" sehen und das Ereignis als „bearbeite Materialbedarf" benennen. „Bearbeite Materialbedarf" ist aber kein externes Ereignis. Es ist eine Aktivität, die innerhalb des Systems stattfindet. Daher ist dies kein geeigneter Name für ein Ereignis.

Warum diskutieren wir solange über Namen? Die Namen, die Sie zur Beschreibung des Systems benutzen, offenbaren und beeinflussen die Art, wie Sie über das System denken. In diesem Ansatz zur Systemmodellierung versuchen Sie, die Essenz eines Systems zu erkennen, indem Sie sich auf dessen Beziehung zur Umgebung konzentrieren. Wenn Sie also Namen aus dem Inneren des Systems verwenden, um externe Ereignisse zu beschreiben, dann lenken Sie sich selbst davon ab, die Beziehungen zwischen System und Systemumgebung zu studieren. Sie riskieren dabei, in der internen Systemstruktur verlorenzugehen, wodurch die Entdeckung der Essenz immer schwieriger wird.

Daher ist es wichtig, externe Ereignisse mit den richtigen Namen zu versehen. Da es dafür aber keine formalen Regeln gibt, haben wir eine informelle Richtlinie aufgestellt, die sehr nützlich ist. Namen für externe Ereignisse haben die Form:

externes Objekt + aktives Zeitwort + Objekt

Einige Beispiele sollen Ihnen dabei helfen, diese Richtlinie zu verstehen und anzuwenden:

- Kunde (ein Objekt außerhalb der Rollschuhverleihfirma) verlangt (ein aktives Zeitwort) nach Rollschuhen (ein Objekt)
- Polizist stellt Strafmandat aus
- Bank sendet Scheck zurück

Es gibt auch gute Namen für externe Ereignisse, die nicht in diese Muster passen. „Student schreibt sich für Vorlesung ein" ist ein Beispiel dafür. Ihre Haltung zu dieser Richtlinie ist das Wichtige: wenn Sie nach externen Ereignissen suchen, dann suchen Sie nach Aktionen, die von *anderen* ausgeführt werden, nicht nach Aktionen des Systems selbst.

Versuchen Sie nun die externen Ereignisse in unserem Materialversorgungssystem zu finden und zu benennen. Wir schlagen die beiden vor:

- Arbeiter fordert Material an
- Lieferant liefert Vorräte

Als letzten Schritt sollten Sie die externen Ereignisse in Ihrer Liste durchnumerieren. (Der Grund dafür wird im nächsten Abschnitt deutlicher werden.)

17.3 Wie man essentielle Fragmente einem externen Ereignis zuordnet

Sobald Sie eine Liste mit richtig benannten externen Ereignissen haben, besteht der nächste Teilschritt darin, daß Sie jedes Ereignis auf ein oder mehrere Fragmente aus dem reduzierten physikalischen Modell abbilden. Im allgemeinen sind dafür die folgenden Schritte für jedes externe Ereignis durchzuführen:

1. Finden Sie das Fragment einer essentiellen Aktivität, das das Auftreten des Ereignisses als erstes erkennt. Normalerweise ist dies die erste Aktivität, die den Datenfluß, der zu dem Ereignis gehört, als Eingabe hat. Markieren Sie dieses Fragment mit der Nummer des Ereignisses aus der Ereignisliste.
2. Folgen Sie dem Pfad der Systemreaktion auf das Ereignis von einem essentiellen Fragment zum nächsten, indem Sie den Datenflüssen zwischen den Fragmenten folgen. Sie

können dies mit einem Staffellauf vergleichen, wo Sie das Staffelholz beobachten, wie es von einem zum nächsten Läufer weitergegeben wird, bis das Rennen beendet ist; das heißt in unserem Fall: bis die komplette Reaktion des Systems auf dieses Ereignis ausgeführt ist. Auf diesem Weg markieren Sie jedes Fragment einer essentiellen Aktivität mit der Ereignisnummer.

3. Zeichnen Sie ein neues Datenflußdiagramm, das nur die Fragmente von essentiellen Aktivitäten enthält, die mit ein und derselben Ereignisnummer bezeichnet wurden. Zeichnen Sie auch alle Datenflüsse und Datenspeicher mit ein, mit denen die Fragmente verbunden sind.

Wir zeigen dies im folgenden anhand des Materialversorgungssystems. Abbildung 17.5 zeigt die Reaktion des Systems auf das erste der beiden externen Ereignisse „Arbeiter fordert Material an". Die eingehende Materialanforderung wird von Prozeß 3.1.1 entgegengenommen. Dieser prüft, ob genügend Vorrat vorhanden ist, um die Anforderung zu erfüllen. Wenn dies der Fall ist, wird ein Ausgabeschein (das Staffelholz) an Prozeß 3.3.1 übergeben, der dann tatsächlich das Material ausgibt. Während dieser Prozeß den Lagerbestand aktualisiert, prüft er gleichzeitig, ob eine vorgegebene Mindestmenge unterschritten wurde. Wenn dies eintritt, dann sendet Prozeß 3.3.1 einen Nachbestellungsauftrag an Prozeß 2.3. Dieses Fragment – das dritte im Staffellauf – sucht in der Lieferantendatei, welche Hersteller die gewünschten Materialien liefern können. Die vierte und letzte Komponente der Systemreaktion auf das Ereignis „Arbeiter fordert Material an" ist der Prozeß 1.5.5, der eine Bestellung an einen bestimmten Lieferanten erstellt und abschickt, damit das Lager wieder aufgefüllt werden kann. Wenn Sie die Systemreaktion auf dieses erste Ereignis in der Ereignisliste soweit verfolgt haben, dann sollten Sie alle essentiellen Aktivitäten, die daran beteiligt sind, mit einer „1" markieren, wie dies in Abbildung 17.6 gezeigt wird.

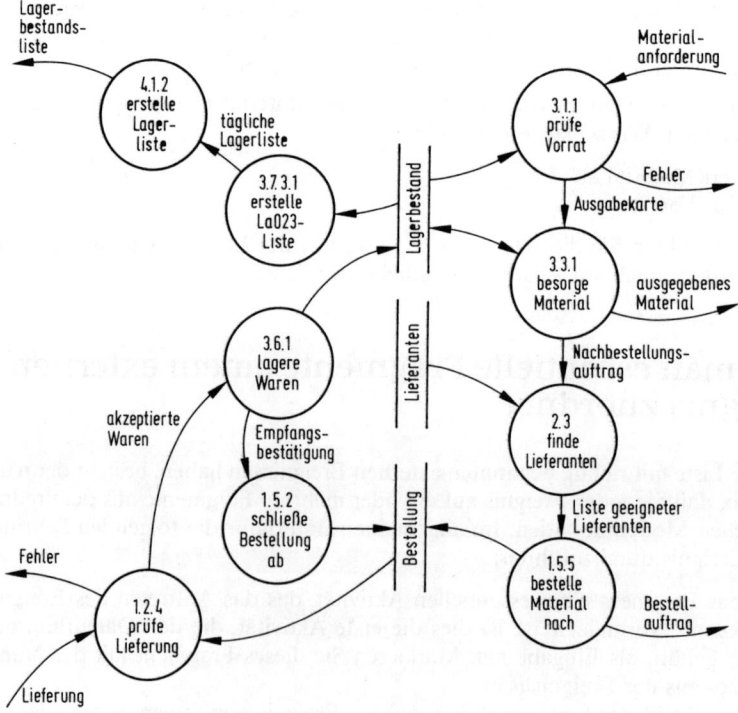

Abb. 17.5: Reduziertes physikalisches Modell des Materialversorgungssystems

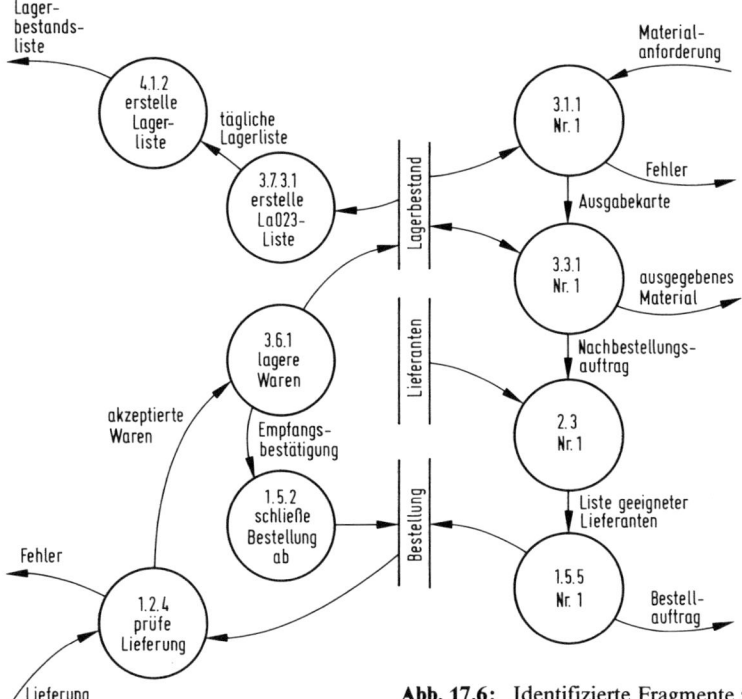

Abb. 17.6: Identifizierte Fragmente zu Ereignis Nr. 1

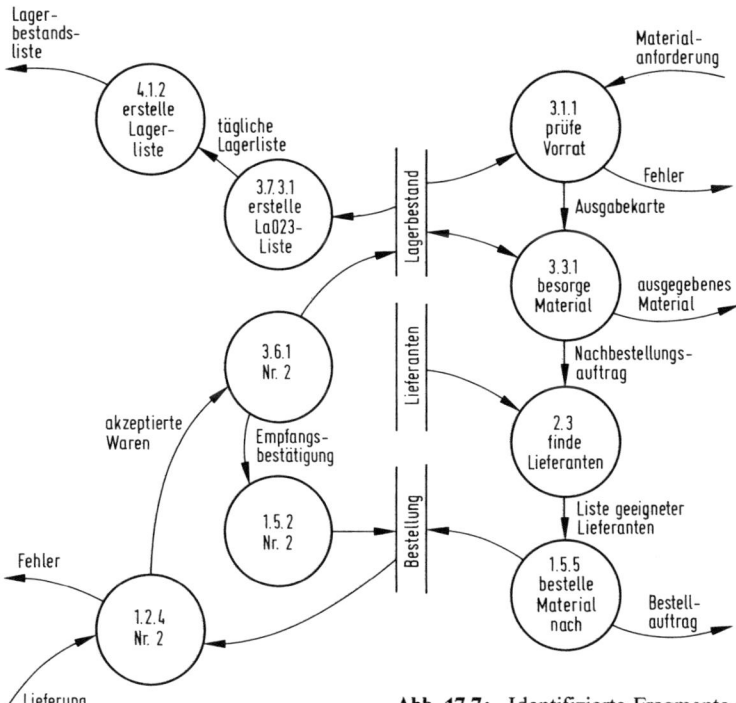

Abb. 17.7: Identifizierte Fragmente zu Ereignis Nr. 2

Fahren wir mit dem zweiten externen Ereignis „Lieferant liefert Vorräte" fort. Der Prozeß 1.2.4 nimmt die Lieferung entgegen und vergleicht sie mit der Bestellung, um sicherzustellen, daß sie korrekt ist. Die akzeptierten Waren werden an Prozeß 3.6.1 weitergeleitet, damit dieser die Lagerbestandsdatei aktualisieren kann. Schließlich wird eine Empfangsbestätigung an den Prozeß 1.5.2 übergeben, der den Bestellauftrag, der die Lieferung eingeleitet hat, endgültig zu den Akten legen kann. Alle diese drei Aktivitäten werden mit der Nummer 2 versehen, um anzudeuten, daß sie auf das zweite externe Ereignis aus der Ereignisliste reagieren.

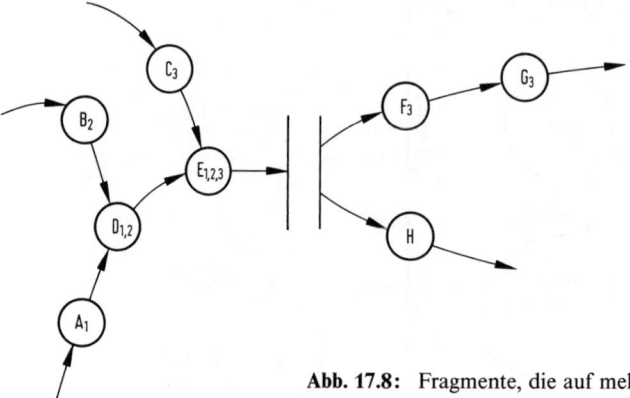

Abb. 17.8: Fragmente, die auf mehr als ein Ereignis reagieren

Als weitere Analogie zu dem Staffellauf können Sie die Fragmente essentieller Aktivitäten auch als aufrecht, dicht nebeneinanderstehende Dominosteine betrachten. Jedes externe Ereignis ist eine Hand, die einen der Dominosteine umwirft – den, der das erste Fragment darstellt, das das Ereignis erkennt. Der erste Dominostein stößt dann den nächststehenden um, und so weiter, bis die Reaktion des Systems komplett ist. Das Ereignis „Arbeiter fordert Material an" stößt vier Dominosteine um; das Ereignis „Lieferant liefert Vorräte" stößt nur drei Steine um. Obwohl beide Analogien nützlich sind, so sind sie doch zu einfach, weil es eine Reihe von Situationen geben kann, wo die Abbildung von Ereignissen auf Fragmente nicht so einfach ist. Ein Fragment kann z. B. von mehr als einem Ereignis „umgestoßen" werden, wie in Abbildung 17.8, wo der Knoten D sowohl zur Reaktion auf Ereignis 1 wie auch zur Reaktion auf Ereignis 2 gehört. Der Knoten D ist ein Konglomerat aus zwei Fragmenten von essentiellen Aktivitäten, die aus technologischen Gründen noch

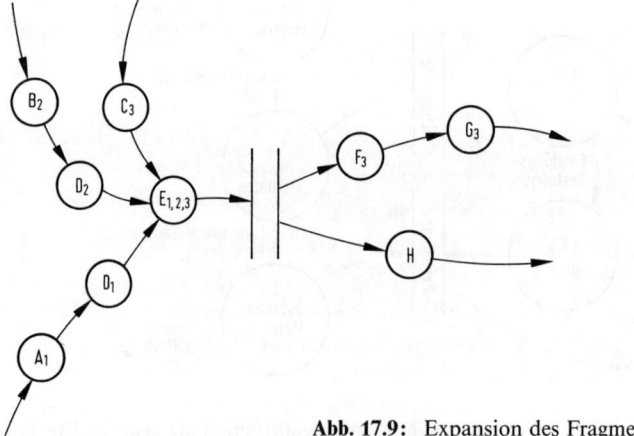

Abb. 17.9: Expansion des Fragments D

zusammengefaßt sind. Dies kann dadurch entstehen, daß das physikalische Ist-Modell nicht genügend expandiert wurde. In diesem Fall setzen Sie die Expansion ganz einfach weiter fort und teilen diesen Knoten in zwei Teilprozesse auf, wie dies in Abbildung 17.9 gemacht wurde.

Die gleiche Komplikation – ein Fragment reagiert auf mehr als ein Ereignis – kann aber auch eintreten, wenn ein Fragment eine einzige Funktion implementiert, die aber von mehreren Teilen des Systems in der Reaktion auf unterschiedliche Ereignisse gebraucht wird. Knoten E in Abbildung 17.9 ist eine gemeinsam benutzte Funktion für drei verschiedene Ereignisse. Um diesen Fall zu lösen, müssen Sie die Aktivität so oft kopieren, wie sie in dem System gebraucht wird. Dies ist in Abbildung 17.10 dargestellt. Beachten Sie, daß wir im daraus resultierenden Diagramm Redundanz eingeführt haben, um die einzelnen Reaktionen auf jeweils ein Ereignis besser betrachten zu können. Wenn Sie nach dem ganzen Prozeß der Essenzmodellierung noch Aktivitäten finden, die wirklich von mehreren Reaktionen gleichartig genutzt werden, so können Sie dies auch entsprechend dokumentieren. Wir diskutieren diesen Fall in Teil 6.

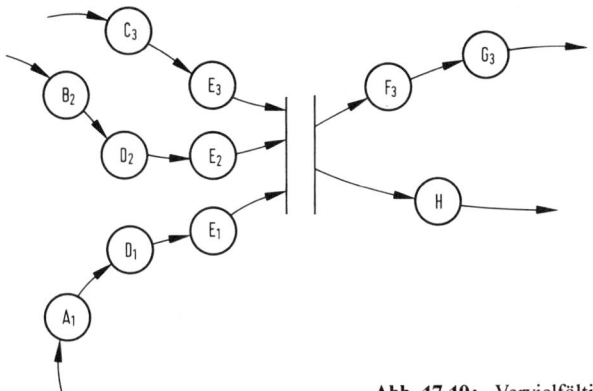

Abb. 17.10: Vervielfältigung des Fragments E

Wie man die vollständige Systemreaktion findet

Im ganzen bisherigen Kapitel haben wir darüber gesprochen, daß man dem Fluß der Daten folgen soll, bis die Systemreaktion komplett ist. Um dieses Konzept zu verstehen, müssen Sie wissen, daß die geplante Systemreaktion aus einem oder aus beiden folgenden Teilen besteht: einer *externen* Antwort und einer *internen* Antwort. Wenn das System auf ein externes Ereignis mit einer Reaktion antwortet, die die Umwelt betrifft - normalerweise, indem es Daten und Informationen an ein oder mehrere externe Objekte schickt, – dann sprechen wir von externer Antwort. „Ausgegebenes Material" und „Bestellauftrag" in unserem Materialversorgungssystem sind solche externen Antworten. Wenn das System auf ein externes Ereignis mit einer Aktualisierung seines essentiellen Speichers reagiert, dann ist dies eine interne Antwort. Da interne Antworten der Zweck von Verwaltungsaktivitäten sind, können Sie interne Antworten auch als Verwaltungsantworten bezeichnen. Die Fragmente von essentiellen Aktivitäten, die auf das zweite Ereignis antworten (Lieferant liefert Vorräte), führen interne Reaktionen durch, wenn sie die Lagerbestandsdatei und die Bestelldatei aktualisieren.

Essentielle Aktivitäten sind nicht auf eine Antwort beschränkt und auch nicht auf eine Art der Antwort. Das Materialversorgungssystem führt zwei interne Reaktionen aus, während es die Lieferung des Lieferanten entgegennimmt; wenn es eine Materialanforderung bearbeitet, führt es bis zu vier Reaktionen aus, zwei interne und zwei externe. Viele echte essentielle Aktivitäten produzieren ein Dutzend oder mehr verschiedene Antworten auf ein einziges Ereignis.

Um die komplette Antwort eines Systems auf ein vorgegebenes Ereignis zu entdecken, müssen Sie sicherstellen, daß jede Folge von essentiellen Fragmenten damit endet, daß entweder eine Antwort an die Umwelt gegeben wird oder eine interne Antwort erzeugt wird. Das heißt, daß Sie dem Pfad der Aktivitäten so lange folgen müssen, bis er das System verläßt (wenn ein Datenfluß an ein externes Objekt abgeschickt wird) oder bis er innerhalb des Systems endet (wenn ein essentieller Speicher aktualisiert wird). Wenn diese Bedingung erfüllt ist, dann können Sie sicher sein, die gesamte Reaktion des Systems gefunden zu haben.

Während es sich ziemlich leicht feststellen läßt, ob eine Antwort das System ganz verläßt, ist es nicht immer so klar, daß ein Speicherzugriff eine Aktualisierung eines essentiellen Speichers ist. Sie müssen auf Datenspeicher aufpassen, die nur zur Zeitverzögerung in das System eingebaut wurden – Datenspeicher, die also nur Schwächen der benutzten Technologie darstellen. Diese Speicher können Ihnen vortäuschen, daß die Reaktion schon zu Ende ist, obwohl sie es nicht ist. Abbildung 17.11 beleuchtet dieses Problem in einer leicht modifizierten Version des reduzierten physikalischen Modells unseres Materialversorgungssystems. Der Datenspeicher mit dem Namen „Nachbestellungsaufträge" enthält einige Nachbestellungsaufträge, die noch nicht an den Prozeß 2.3 weitergeleitet wurden.

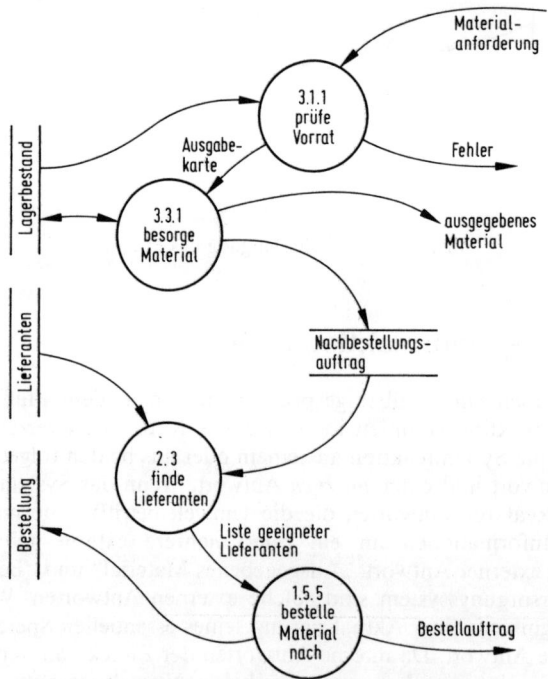

Abb. 17.11: Eine physikalische Zeitverzögerung im Materialversorgungssystem

Dieser Stapel kann mehrere Gründe haben. Vielleicht ist der Prozessor, der das Material ausgibt, nicht identisch mit dem Prozessor, der Material nachbestellt. Wenn dies der einzige Grund für die Einführung des Stapelspeichers wäre, so hätten Sie ihn wahrscheinlich als Teil der Infrastruktur zwischen zwei Prozessoren identifiziert und schon früher beseitigt. Es ist wahrscheinlicher, daß das System ein bestimmtes Verfahren zur Nachbestellung enthält. Dieser Speicher dient dann zur Überbrückung der Zeit zwischen dem Feststellen, daß man neues Material braucht, und dem Zeitpunkt der tatsächlichen nächsten Bestellungen. Heißt dies, daß die Reaktion auf das Ereignis „Arbeiter fordert Material an" schon dann abgeschlossen ist, wenn der Nachbestellauftrag in dem Speicher abgelegt ist? Ist dies wirklich eine interne Antwort statt einer externen Antwort?

Ob diese Reaktion intern oder extern ist, hängt einzig und allein vom Grund ab, warum das System nur periodisch Nachbestellungen vornimmt. Es sieht einfacher aus, wenn das System dann nachbestellt, wenn die Notwendigkeit dafür festgestellt wird. Warum wartet das System also eine willkürliche Zeitspanne ab, bevor es die Bestellaufträge an die Lieferanten verschickt? Es ist wichtig, diese Frage zu beantworten, da einige der Gründe zum Stapeln von Dokumenten und Verzögern von Aktivitäten rein physikalisch sind, andere aber essentiell. Wenn dieses System die Nachbestellaufträge nur einmal wöchentlich bearbeitet, weil es *interne* technologische Engpässe gibt, dann ist dieser Speicher rein physikalisch und sollte sofort entfernt werden. Wenn die Verzögerung aber durch externe technologische Bedingungen entsteht, dann ist der Speicher für das System essentiell und sollte erhalten bleiben.

Betrachten Sie alle Antworten auf externe Ereignisse, die in Speichern enden, besonders kritisch. Fragen Sie sich, warum die Reaktion zu diesem Zeitpunkt endet. Was ist der nächste Schritt danach? Warum kann dieser nächste Schritt nicht sofort stattfinden? Wenn die Randbedingung von außen vorgegeben wird, wie z.B. eine Zeitplanung, die von einem externen Objekt erzwungen wird, dann können Sie nichts daran ändern. Wenn der Fluß aber unterbrochen wird, weil „die ersten Aufgaben täglich ausgeführt werden und die zweiten Aufgaben nur am Donnerstag", oder „weil es zuviel Aufwand ist, die Nachbestellungen anzupacken, wenn nicht mindestens ein halbes Dutzend Nachbestellungsaufträge vorliegen", dann sollten Sie den physikalischen Speicher entfernen und die unmittelbare geplante Reaktion des Systems auf ein externes Ereignis vervollständigen.

Um physikalische Speicherzugriffe geeignet zu behandeln, müssen Sie die Vorgehensweise zur Identifizierung von Fragmenten, die zu einem externen Ereignis gehören, leicht modifizieren. Während Sie dem Pfad der Systemreaktion folgen, betrachten Sie insbesondere die Situationen, in denen ein Datenspeicher aktualisiert wird. Sobald diese Aktualisierung erfolgt ist, stellen Sie sich die Frage, welche der Aktivitäten, die an dem Speicher hängen, sofort weiterarbeiten könnte. Wenn Sie solche Aktivitäten finden, dann müssen Sie den Speicher überspringen und dem Pfad der Reaktion weiter folgen, wobei Sie auch alle Fragmente, die Sie auf der anderen Seite des Speichers finden, als Teil dieser Reaktion markieren. Sie sollten auch den Speicherzugriff in einen gewöhnlichen Datenfluß umwandeln, so daß das Diagramm den unmittelbaren Fluß der Reaktion von Fragment zu Fragment zeigt.

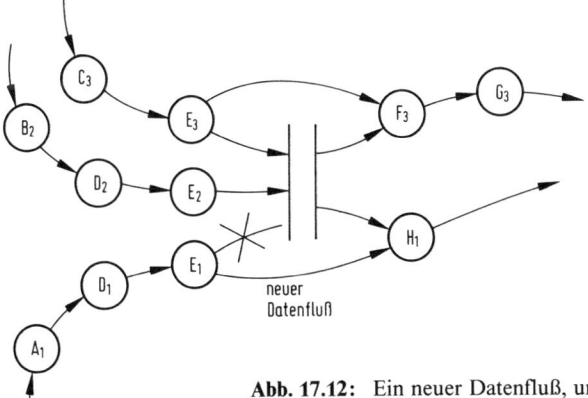

Abb. 17.12: Ein neuer Datenfluß, um physikalische Speicherzugriffe zu vermeiden

Abbildung 17.12 zeigt das Ergebnis dieser zusätzlichen Schritte. Bei näherer Betrachtung finden wir heraus, daß die Aktivität E1 einen physikalischen Speicherzugriff enthält. Wir springen daher über diesen Datenspeicher und finden F3 und H. Wir lassen F3 im Moment außer acht, da wir schon vorher festgestellt haben, daß es alleine zur Reaktion auf Ereignis 3 gehört. Das H-Fragment aber könnte seine Arbeit sofort aufnehmen, wenn E1 fertig ist. Daher markieren wir H mit einer „1" und löschen den Speicherzugriff von E1. Statt dessen führen wir einen neuen Datenfluß ein, wie in der Abbildung 17.12 gezeigt wird.

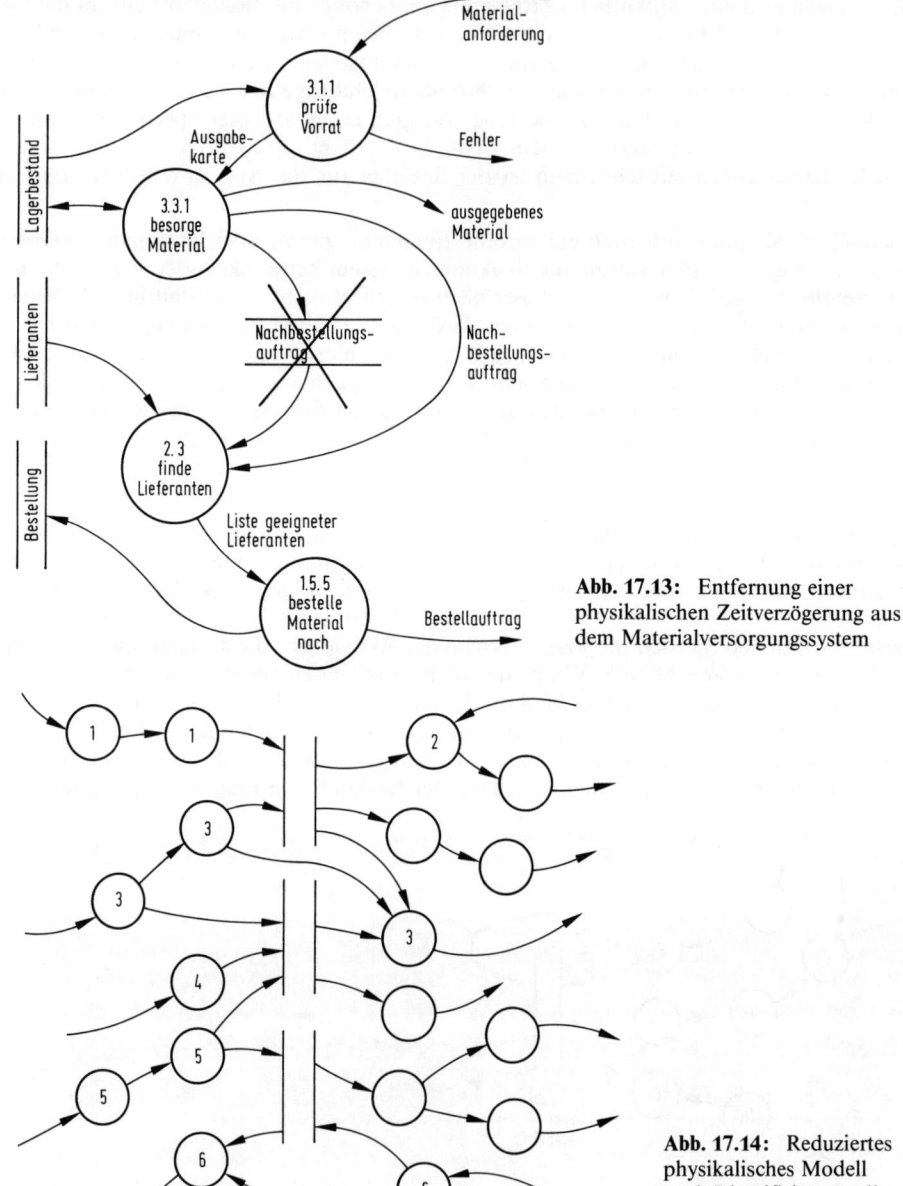

Abb. 17.13: Entfernung einer physikalischen Zeitverzögerung aus dem Materialversorgungssystem

Abb. 17.14: Reduziertes physikalisches Modell nach Identifizierung aller extern gestarteten Fragmente

Abbildung 17.13 zeigt die gleichen Schritte anhand des echten Beispiels aus Abbildung 17.11. Beachten Sie, daß der neue Datenfluß den Namen des gelöschten physikalischen Speichers erhält. Dies ist aber nur eine Zwischenlösung.

Sobald Sie jedem externen Ereignis ein oder mehrere Fragmente von essentiellen Aktivitäten zugeordnet haben und die Sonderfälle, die wir gerade diskutiert haben, gelöst haben, sollte Ihr reduziertes physikalisches Modell ungefähr so aussehen wie das Schema in Abbildung 17.14. In diesem Schema gibt es zwei Arten von Fragmenten: diejenigen, die einem externen Ereignis zugeordnet worden sind, und solche, die überhaupt nicht zugeordnet worden sind. Wenn Sie bis jetzt alle Schritte richtig gemacht haben, dann sollten die übriggebliebenen Fragmente von essentiellen Aktivitäten Reaktionen auf Zeitereignisse darstellen. Wir wollen dies im nächsten Abschnitt diskutieren.

17.4 Wie man Zeitereignisse identifiziert

Wie wir bereits wissen, lösen Zeitereignisse essentielle Aktivitäten nach einem vorgegebenen Fahrplan zu einem bestimmten Zeitpunkt aus, manchmal periodisch, etwa wöchentlich, monatlich oder auch jährlich. Andere essentielle Aktivitäten werden zu einem vorbestimmten Zeitpunkt gestartet. Wir werden die Fragmente von essentiellen Aktivitäten, die auf ein Zeitereignis reagieren, in ähnlicher Weise klassifizieren, wie wir es mit den ereignisgesteuerten Fragmenten gemacht haben:

1. Identifizieren Sie die Zeitereignisse, die Fragmente von essentiellen Aktivitäten in dem reduzierten physikalischen Modell auslösen.
2. Identifizieren Sie für jedes Zeitereignis das Fragment, das als erstes das Auftreten des Ereignisses bemerkt, und folgen Sie danach dem Verarbeitungspfad von diesem Fragment aus zu allen anschließenden Fragmenten, bis die Reaktion komplett ist.
3. Zeichnen Sie ein eigenes Datenflußdiagramm für jedes Zeitereignis, auf dem nur die zu diesem Ereignis gehörigen Fragmente enthalten sind.

Zeitereignisse werfen aber trotz ihrer Ähnlichkeiten mit externen Ereignissen noch ein paar zusätzliche Probleme auf: sie werden nicht durch eingehende Datenflüsse angezeigt und sind daher nicht so leicht wie die externen Ereignisse zu finden. Da es auch keine externen Objekte gibt, die die Zeitereignisse auslösen, brauchen wir auch eine neue Richtlinie, um die Ereignisse zu benennen. Der wichtigste Grund, der das Auffinden von Zeitereignissen schwierig macht, ist aber, daß wir hier *innerhalb* des Systems suchen müssen – und da gibt es eine Vielzahl von physikalischen Charakteristika, die nur darauf warten, daß wir sie für essentielle Systemteile halten. In diesem Abschnitt stellen wir uns dieser Herausforderung, die uns die Zeitereignisse beim Klassifizieren der Fragmente essentieller Aktivitäten auferlegen.

Das wichtigste Merkmal, das allen essentiellen Aktivitäten, die von Zeitereignissen ausgelöst werden, gemeinsam ist, ist folgendes: Der Fahrplan, dem sie unterstehen, wird ausschließlich durch eine Beziehung zwischen dem System und Objekten außerhalb des Systems bestimmt. Oftmals kann man Zeitereignisse auf Verträge und Absprachen zwischen dem betrachteten System und anderen Systemen zurückführen, wie z.B. auf eine Firmenregel, die besagt, daß Arbeiter ihre Löhne alle zwei Wochen bekommen, oder eine Verpflichtung eines Schuldners gegenüber einer Bank, die Hypothekenrückzahlungen einmal monatlich zu machen.

Ein wahres Zeitereignis hat nichts mit den Beschränkungen der Rechnerleistung eines bestimmten Prozessors zu tun; es wird auch nicht von den Betriebskosten einer bestimmten Aktivität beeinflußt. Leider gibt es oft rein physikalische Gründe, die Sie in den Glauben versetzen, Sie hätten ein Zeitereignis gefunden. Eine allgemein übliche Taktik zur Verbesserung des Durchsatzes von Systemen ist es, die einzelnen Prozessoren auf angesammelten Daten arbeiten zu lassen, die in physikalischen Behältern zwischengespeichert wurden. Das heißt dann meistens, daß der Prozessor eine andere Aufgabe ausführt, *bis die Zeit gekommen ist,* den Stapel abzuarbeiten. Das kann dann erfolgen, wenn der Stapel eine gewisse Höhe erreicht hat oder wenn ein (physikalischer) Zeitpunkt für den Start der Aktivität erreicht ist. Dies ist aber ein unechtes, physikalisches Zeitereignis, da der Start durch kein Objekt außerhalb des Systems vorgegeben wurde. Das Fragment „finde einen Lieferanten" in Abbildung 17.11 ist ein Beispiel für eine Aktivität, die solch einen Stapel abarbeitet. Die Daten werden in dem Speicher „Nachbestellungsaufträge" zwischengelagert; die Aktivität wird dann zu einem Zeitpunkt angestoßen, der auch in diesem Speicher festgelegt ist. Solche zeitlichen Randbedingungen sind oft sehr physikalisch - wie jeder Kenner von Structured Analysis es in den ersten Übungen gelernt hat. Wenn Sie also in dem reduzierten physikalischen Modell nach Zeitereignissen suchen, dann zahlt es sich aus, vorsichtig zu sein.

Nachdem wir Sie vor den Gefahren rechtzeitig gewarnt haben, können wir jetzt darangehen, Ihnen eine informelle Vorgehensweise zum Aufspüren von Zeitereignissen zu erläutern. Gehen Sie wieder zurück zum Kontextdiagramm, in dem wir die Datenflüsse gefunden haben, die uns auf die externen Ereignisse aufmerksam gemacht haben. Diesmal konzentrieren wir uns auf die Ausgabedatenflüsse, denn das sind die einzigen Anzeichen für Zeitereignisse, die man von außerhalb des Systems sehen kann. Sie müssen nicht alle Ausgaben untersuchen, denn einige davon sind Reaktionen auf externe Ereignisse. Machen Sie sich eine Kopie des Kontextdiagramms oder des reduzierten physikalischen Modells, und streichen Sie alle Datenflüsse durch, die Sie bereits im Zuge der Abarbeitung der externen Ereignisse als Antworten des Systems gefunden haben. In unserem Materialversorgungssystem haben wir also die Datenflüsse „ausgegebenes Material" und „Bestellauftrag" durchgestrichen, wie Sie in Abbildung 17.16 sehen.

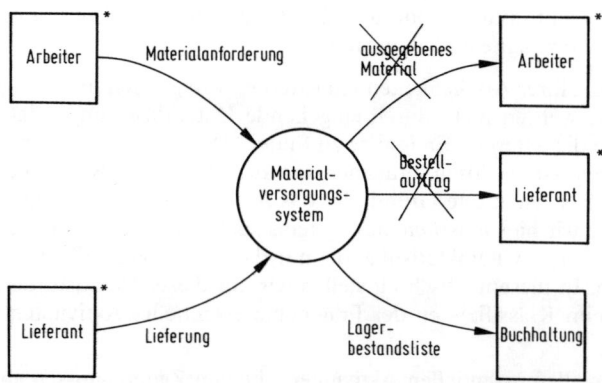

Abb. 17.15: Übriggebliebene Ausgaben in dem Materialversorgungssystem

Sie können Ihre Betrachtungen jetzt auf die übriggebliebenen Ausgabedatenflüsse beschränken, von denen Sie jetzt schon wissen, daß sie die Antworten auf ein echtes oder ein falsches Zeitereignis sind. Um den Unterschied herauszufinden, sollten Sie für jeden Datenfluß die folgenden Fragen stellen:

- Warum produziert das System diese Ausgabe? Wenn die Antwort darauf lautet: „Um die Effizienz des Systems zu verbessern", dann haben Sie wahrscheinlich ein falsches Zeitereignis gefunden. Andererseits benutzen Systeme oft Zeitereignisse als Anstöße für externe Objekte, vor allem dann, wenn sich das System nicht darauf verlassen kann, daß die Objekte in der Umwelt die Aktionen wirklich anstoßen. Ein Hypothekensystem wartet z. B. nicht auf die nächste Zahlung des Schuldners, um dann erst den Schuldner zu informieren, daß er drei Monate im Rückstand ist. Statt dessen benutzt das System ein Zeitereignis, das den Schuldner rechtzeitig auffordert, die Hypothekenraten zurückzuzahlen. Wenn der Schuldner auch nach Erhalt von solchen Aufforderungen nicht bezahlt, wird es Zeit dafür, die Hypothek für verfallen zu erklären.

- Wie sehen die Erwartungen der Objekte in der Umwelt aus, die diesen Datenfluß erhalten? Erwarten Sie, daß dieser Datenfluß Ereignisse und Resultate widerspiegelt, die in einem bestimmten Zeitraum aufgesammelt wurden, wie z. B. der Staat darauf wartet, eine Liste der steuerpflichtigen Zinsgewinne pro Konto pro Jahr in Form einer Liste zu erhalten? Wahre Zeitereignisse sind oft Anforderungen an das System, bestimmte Verpflichtungen einzuhalten, die dem System von Objekten der Umwelt zugeteilt wurden.

Diese Fragen sollen Ihnen dabei helfen, mehr in der Umwelt nachzuforschen, da, wo die Zeitanforderungen für essentielle Aktivitäten herkommen sollten. Die Fragen sollen Sie auch davon ablenken, über zeitbedingte Ausgaben so nachzudenken, daß Sie die Zeit in den Mittelpunkt Ihrer Überlegungen stellen. Wenn Sie sich nämlich auf die tatsächlichen Zeitpunkte konzentrieren, werden Sie oft in die Irre geführt und kommen vielleicht dazu, Zeitereignisse fälschlicherweise mit „2.52 Uhr - Zeit zur Ausführung des PDS-Programmlaufs" zu benennen. Dies ist kein wirkliches Zeitereignis, sondern nur eine physikalische Randbedingung. Statt zu sagen, daß „der 31. Mai" ein Zeitereignis ist, sollten Sie lieber die Hintergründe erforschen - daß es z. B. Zeit ist, die Einkommensteuererklärung abzugeben. Versuchen Sie also, die Erwartung der Umwelt herauszubekommen, die durch eine zeitgesteuerte Aktivität erfüllt werden soll, und benennen Sie die Zeitereignisse entsprechend.

Wie man Zeitereignisse benennt

Die Namen für Zeitereignisse sind meistens nicht sehr aufschlußreich. Wenn Sie einen ausgehenden Datenfluß gefunden haben, der nicht zu einem externen Ereignis gehört, so ist Ihr erster Versuch sicherlich, folgenden Namen zu wählen:

Zeit zur Erzeugung des [Datenflußname]

Wenn Sie diese Methode auf unser Materialversorgungsbeispiel anwenden, dann wird die essentielle Aktivität, die den Lagerbestand ausgibt, durch das Ereignis „Zeit zur Erzeugung der Lagerbestandsliste" angestoßen. Langweilig? Sicherlich, speziell dann, wenn Ihr System Hunderte von solchen zeitbedingten Ereignissen hat. Nach einiger Zeit wird die Phrase „Zeit zur Erzeugung des ..." so abgedroschen, daß Sie anfangen, sie mit ZzEd abzukürzen, wenn Sie nicht sogar nur mehr den Datenflußnamen hinschreiben, was wir keineswegs empfehlen.

Leider kann man es manchmal nicht besser machen, als die Phrase „Zeit zur Erzeugung des ..." zu benutzen. Manchmal ist das System, das Sie untersuchen, eine Verpflichtung gegenüber der Umwelt eingegangen, eine bestimmte Liste zu bestimmten Zeitpunkten zu liefern. Sobald Sie einen Namen für diese Liste haben, kann man nicht viel mehr über das Ereignis aussagen, außer daß es „Zeit zur Erfüllung der Verpflichtung gegenüber [externes Objekt] durch Erzeugung des [Listenname]" ist. Es gibt dafür viele Beispiele: „Zeit für den Bericht über Erreichung von abgesprochenen Zwischenzielen", „Zeit zur Erstellung der Gehaltsliste aller Angestellten" oder „Zeit zur Widerlegung des Projektfortschrittberichts".

Die gute Nachricht ist, daß man es manchmal *besser* machen kann. Sie können es dann besser machen, wenn ein zeitgesteuerter Datenfluß die Umwelt über ein Ereignis unterrichtet, das aus dem Wissen in dem essentiellen Speicher des Systems entstand. Denken Sie einmal an ein Abonnementsystem einer Zeitschrift, das den Kunden benachrichtigt, daß sein Abonnement abläuft. Das System weiß, wann das Abonnement abläuft, weil es die Anfangszeit und die Laufzeit des Vertrages abgespeichert hat. Nur weil der Ausgabedatenfluß „Verlängerungsbrief" heißt, sollten Sie das Ereignis nicht „Zeit zum Erzeugen eines Verlängerungsbriefes" nennen. Sie können den wahren Grund für dieses Zeitereignis benennen, nämlich „Abonnement läuft ab".

Sie sollten ein Zeitereignis möglichst immer nach dem wahren, externen Grund benennen, der die essentielle Aktivität anstößt, die dann die Ausgabedaten erzeugt. Aber beachten Sie, daß manchmal wirklich der Name des Ausgabedatums schon die ganze Geschichte erzählen kann. Dies ist z. B. bei der Lagerbestandsliste der Fall, wo wir das Zeitereignis als „Zeit zum Feststellen des Lagerbestands" bezeichnen würden.

17.5 Wie man essentielle Fragmente zu den Zeitereignissen findet

Sobald Sie ein Zeitereignis benannt haben, suchen Sie nach den zugehörigen Fragmenten von essentiellen Aktivitäten. Um das Fragment zu finden, das als erstes von einem Zeitereignis betroffen ist, suchen Sie in dem reduzierten physikalischen Modell alle Prozesse, die ihre Eingabe nur aus Datenspeichern beziehen; das heißt, Sie suchen nach Prozessen, die keine Eingabedaten von anderen Prozessen oder von der Umwelt erhalten. In Abbildung 17.16 erfüllen die Prozesse A, S und D diese Bedingung.

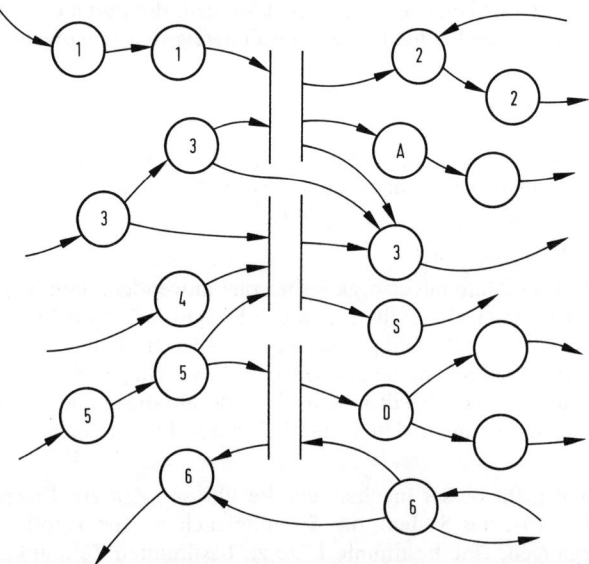

Abb. 17.16: Erste Fragmente, die Zeitereignisse erkennen

Um sicherzustellen, daß Sie ein Fragment einer essentiellen Aktivität gefunden haben, das wirklich zeitgesteuert ist, müssen Sie in der Mini-Spezifikation nachsehen. Darin sollten Sie einen Verweis auf einen Zeitpunkt oder ein Zeitintervall finden oder einen Vergleich der Ist-Zeit mit den Informationen im essentiellen Speicher des Systems. Sie könnten z. B. auf folgende Phrasen stoßen:

einmal pro Stunde, jeweils 15 Minuten nach der vollen Stunde

führe alle folgenden Aufgaben am 1. Juli aus:

wenn Datum = Abonnement-Ende-Datum

Die Tatsache, daß Sie eine derartige Phrase finden, reicht alleine nicht als Garantie dafür aus, daß die Aktivität zeitgesteuert ist. Sie können noch immer eine physikalische Zeitverzögerung gefunden haben, wie wir in Abschnitt 17.4 beschrieben haben. Sie müssen sich mit dem Grund für die Zeitabhängigkeit so lange herumschlagen, bis Sie zur festen Überzeugung gekommen sind, daß diese Zeitabhängigkeit auch dann bestehen bliebe, wenn Sie perfekte interne Technologie anwendeten.

Sobald Sie sicher sind, daß es sich um ein wahres Zeitereignis handelt, folgen Sie dem Datenfluß von Fragment zu Fragment, bis die Reaktion komplett ist, wie Sie es auch für die externen Ereignisse gemacht haben. Es gibt nur einen kleinen Unterschied: während Aktivitäten, die von externen Ereignissen angestoßen werden, meist sowohl Antworten an die Umwelt wie auch interne Antworten produzieren, findet man bei zeitgesteuerten Aktivitäten fast immer nur Antworten an die Umwelt. Zeitgesteuerte Verwaltungsaktivitäten sind so selten, daß wir eine Zeitlang deren Existenz überhaupt angezweifelt haben. In allen unseren Projekten haben wir bisher überhaupt nur zweimal diesen Sonderfall gefunden. Diese Beobachtung hilft Ihnen zusätzlich dabei, falsche und wahre Zeitereignisse auseinanderzuhalten. Sie finden zeitgesteuerte Verwaltungsaktivitäten nur sehr, sehr selten, aber wenn Sie zu viele davon finden, dann sind es vielleicht Fragmente von essentiellen Aktivitäten, die noch zu bereits vorher gefundenen externen Ereignissen dazugehören.

17.6 Wie man ein erstes essentielles Modell erstellt

Sobald Sie alle Fragmente essentieller Aktivitäten aus dem reduzierten physikalischen Modell den externen Ereignissen und den Zeitereignissen zugeordnet haben, können Sie darangehen, ein erstes essentielles Modell zu erstellen. Sie tun dies durch Neuaufteilung des reduzierten physikalischen Datenflußdiagramms in eine Menge von Datenflußdiagrammen, die mindestens zwei Ebenen aufweist.

Auf der untersten Ebene zeichnen Sie ein eigenes Diagramm für jede essentielle Aktivität, die Sie durch die ereignisorientierte Zerlegung gefunden haben. Jedes Diagramm enthält alle Fragmente, die die Reaktion auf ein bestimmtes Ereignis darstellen, zusammen mit den zugehörigen Datenflüssen und Datenspeichern. In den Abbildungen 17.17 a, b und c finden Sie die Diagramme für die drei essentiellen Aktivitäten unseres Materialversorgungssystems.

Diese Diagramme sind die Grundlage für den nächsten Schritt in dem gesamten Ableitungsprozeß des logischen Modells, in dem Sie dann die einzelnen Fragmente jeder essentiellen Aktivität noch genauer durchleuchten. Aber Sie brauchen noch mehr als nur diese Diagramme der untersten Ebene, wenn Sie ein konsistentes und integriertes essentielles Modell Ihres Systems erstellen wollen. Sie müssen auf einen Blick feststellen können, wie die einzelnen essentiellen Aktivitäten zusammenspielen und welche Datenspeicher sie gemeinsam benutzen.

Um diesen Überblick zu erhalten, zeichnen Sie zwischenzeitlich ein höheres Datenflußdiagramm, in dem jede essentielle Aktivität als ein einziger Knoten dargestellt ist, wie in Abbildung 17.18. Dieses Diagramm koordiniert die Detaildiagramme mit den Fragmenten der einzelnen essentiellen Aktivitäten. Die Aktivitäten in Abbildung 17.18 sind die „Vaterknoten" zu den Fragmenten in den Abbildungen 17.17 a bis c. Das Diagramm ist nur eine Zwischenlösung, weil wir bis jetzt auf die essentiellen Speicher als Bindeglieder zwischen den Aktivitäten noch zu wenig geachtet haben. Als Ergebnis von späteren Schritten (in Kapitel 20) werden wir dieses Diagramm auf der oberen Ebene noch einmal überarbeiten.

Der einzige Schwachpunkt des Datenflußdiagramms der essentiellen Aktivitäten ist die Komplexität dieses Diagramms in echten Systemen. Die meisten echten Systeme bearbeiten Dutzende von Ereignissen, manche große Systeme reagieren sogar auf einige hundert

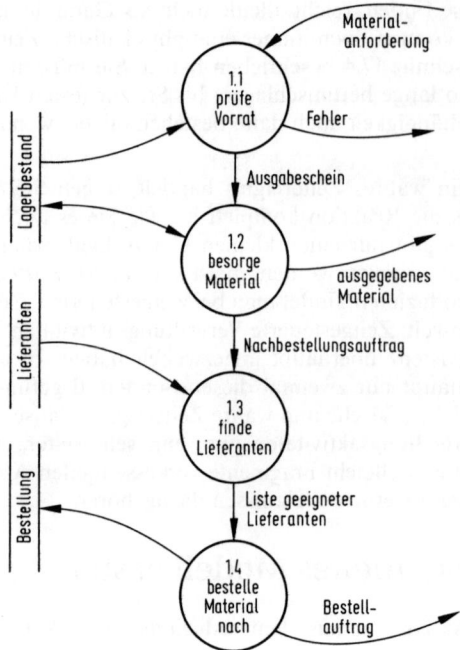

Abb. 17.17 a: Datenflußdiagramm zur „Materialausgabe"

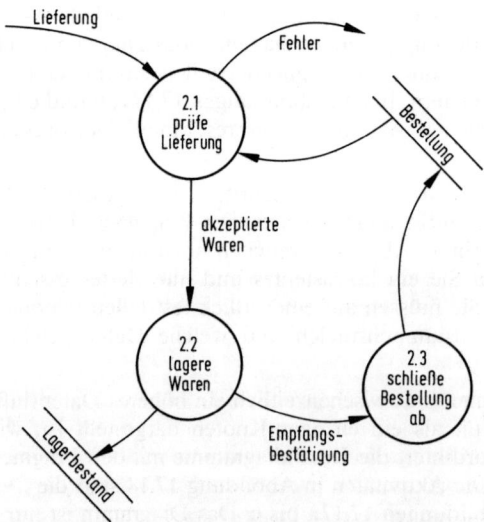

Abb. 17.17 b: Datenflußdiagramm zu „empfange neue Lieferung"

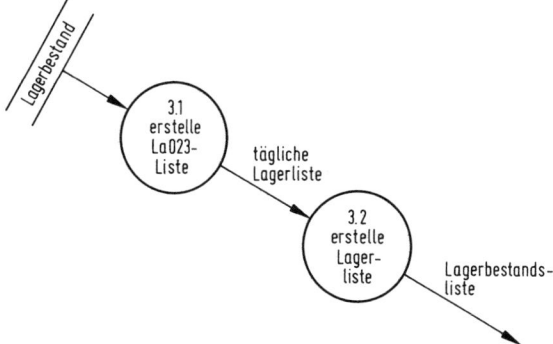

Abb. 17.17 c: Datenflußdiagramm zu „Erstelle Lagerbestandsliste"

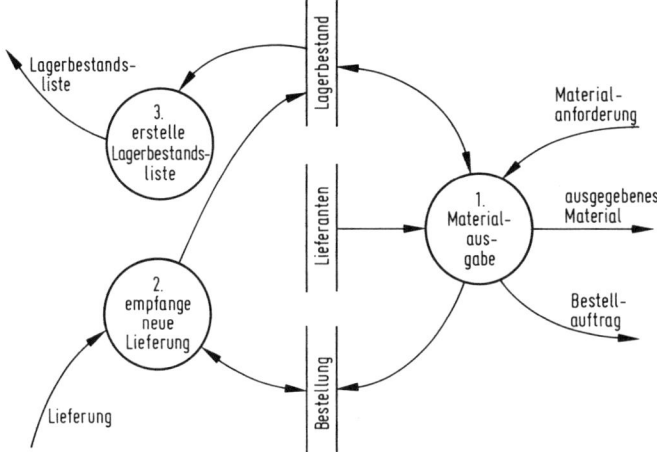

Abb. 17.18: Globales DFD für das Materialversorgungssystem

Ereignisse. Da wir diese große Komplexität in den Griff bekommen müssen, ist es nicht ratsam, ein Datenflußdiagramm mit Dutzenden oder Hunderten von Knoten zu zeichnen. In echten Systemen sollten Sie daher versuchen, weitere Ebenen von Datenflußdiagrammen einzuführen, über der Ebene der essentiellen Aktivitäten. Diese Diagramme enthalten dann Knoten, die ganze Gruppen von essentiellen Aktivitäten darstellen. Jedes einzelne Diagramm sollte dabei überschaubare Größe und Komplexität haben.

Nachdem wir das reduzierte physikalische Modell nun so aufgeteilt haben, daß es effektiv, aber nicht mehr physikalisch ist, können wir uns von nun an auf die Arbeit an den Einzelteilen konzentrieren, ohne dabei sofort in das ganze Modell verwickelt zu werden. Außerdem können von nun an mehrere Gruppen von Systemanalytikern gleichzeitig an dem Modell arbeiten, da wir es in Teile aufgeteilt haben, die nur noch über Datenspeicher miteinander verbunden sind. Dadurch wird die Analysezeit verkürzt, und wir müssen nicht viel Aufwand in die Koordinierung der einzelnen Gruppen stecken.

17.7 Zusammenfassung

In diesem Kapitel haben wir ein Verfahren zur Klassifizierung von Fragmenten essentieller Aktivitäten diskutiert, um das System in Teile zu zerlegen, die einfach genug zur weiteren Bearbeitung sind. Jedes Fragment wird einer essentiellen Aktivität zugeordnet; die Zuordnung erfolgt durch Anwendung der Prinzipien der ereignisorientierten Zerlegung.

Der schwierigste Schritt in diesem Verfahren ist der erste, in dem man die Ereignisse erkennen muß, auf die das System reagiert. Externe Ereignisse findet man leichter als Zeitereignisse, da sie als Kästchen im Kontextdiagramm des physikalischen Ist-Modells auftreten. Zeitereignisse findet man nicht in dem Kontextdiagramm. Um diese zu finden, muß man die Ausgaben des Systems durchleuchten, die nicht durch externe Ereignisse erzeugt werden. Diese Ausgaben untersucht man, bis man den wirklichen Grund für sie gefunden hat; dabei stellt man sicher, daß dieser Grund ein echtes Zeitereignis ist.

Im nächsten Teilschritt stellt man fest, welches Fragment zur Reaktion auf welches Ereignis gehört. Dazu identifiziert man das Fragment, das das Ereignis als erstes wahrnimmt, und folgt danach dem Pfad der Systemreaktion von Fragment zu Fragment. Das heißt, man vergleicht die Datenflüsse, die zwischen den Fragmenten ausgetauscht werden. Danach zeichnet man jeweils ein neues Datenflußdiagramm für alle Fragmente, die zu einer Reaktion gehören. Jedes dieser Datenflußdiagramme stellt eine essentielle Aktivität dar. Nachdem man die einzelnen Diagramme hat, stellt man sicher, daß die Reaktion vollständig ist.

Der letzte Schritt ist die Erstellung eines vorläufigen essentiellen Modells. Dieses Modell besteht aus zwei Ebenen von Datenflußdiagrammen: die untere Ebene enthält getrennte Datenflußdiagramme für jede essentielle Aktivität, und die obere Ebene zeigt jede essentielle Aktivität als einen Knoten. Wenn es zu viele essentielle Aktivitäten gibt, so führt man noch weitere, höhere Ebenen ein. Jeder Knoten stellt dann eine Gruppe von essentiellen Aktivitäten dar.

TEIL 5
Die Definition
essentieller Aktivitäten

Teil 5 enthält den wesentlichen Teil des Ableitungsprozesses und damit auch dieses Buches. Mit den Schritten, die in den nächsten vier Kapiteln beschrieben werden, erledigt man den Hauptteil der Arbeit bei der Ableitung der Essenz eines existierenden Systems aus einem physikalischen Ist-Modell. Da man die Begründung für diese Schritte nur versteht, wenn man den ganzen Vorgang versteht, geben wir in Kapitel 18 eine kurze Vorschau auf den Rest des Ableitungsprozesses: wir beschreiben sowohl die Ableitung eines Modells für die Einzelaktivitäten, die in diesem Teil des Buches behandelt wird, wie auch die Integration der einzelnen essentiellen Aktivitäten in ein essentielles Gesamtmodell, was dann in Teil 6 näher erläutert wird.

Kapitel 19 behandelt nochmals die physikalischen Charakteristika, die wahrscheinlich noch in den Fragmenten essentieller Aktivitäten und essentieller Speicher, die wir in den letzten Schritten gewonnen haben, übriggeblieben sind. Diese sind eine Teilmenge der physikalischen Charakteristika, die wir in Teil 3 beschrieben haben, und zwar jene, die durch Expansion, Reduktion und Klassifikation noch immer nicht entfernt wurden.

In Kapitel 20 beschreiben wir das wichtigste Verfahren in diesem Buch: die Umformung einer Menge von Fragmenten, die auf ein Ereignis reagieren, in ein logisches Modell dieser einen essentiellen Aktivität. Das Ergebnis dieses Schrittes ist eine Definition der essentiellen Reaktion der Aktivität, des essentiellen Speichers, den man dafür braucht, und der Informationen aus der Umwelt, die man zur Durchführung der Reaktion kennen muß.

Kapitel 21 zeigt dann, wie wir die Ausdrucksmittel von Structured Analysis dazu benutzen, die essentiellen Aktivitäten - wie sie in Kapitel 20 entwickelt wurden - zu modellieren. Am Schluß dieses Teils des Ableitungsprozesses liegt dann eine Menge von essentiellen Aktivitätsmodellen vor; jedes einzelne davon ist eine zu hundert Prozent logische Darstellung der Anforderungen an diese Aktivität.

Kapitel 18
Die letzten Schritte
des Ableitungsprozesses:
Ein Überblick

Wir nähern uns jetzt der zweiten Stufe oder dem Kernstück des Ableitungsprozesses vom physikalischen zum logischen Modell. Die verbleibenden Schritte dieses Prozesses sind eine klare Abweichung von der Art der Schritte, die wir bis jetzt bei der Expansion, der Reduktion und der Klassifizierung vorgenommen haben. In diesen Schritten werden wir das Modell nicht so sehr umformen als neu schaffen. Das Modell, das wir in den letzten Schritten erzeugt haben, bestand mehr oder weniger aus den gleichen Komponenten in der gleichen Form, die auch das Eingangsmodell aufwies. In den folgenden Schritten hingegen wird die Organisation des Modells ganz anders gestaltet, als sie in dem physikalischen Modell war. Obwohl die Detailaktivitäten und die Datenelemente während der ganzen nächsten Schritte unverändert bleiben, werden sie aber ganz anderen, höheren Aktivitäten und Datenspeichern zugeordnet. Diese Datenspeicher und Aktivitäten stellen dann ein ganz neues Modell der essentiellen Systemeigenschaften dar. Das Modell muß allen Anforderungen der essentiellen Modellierungsprinzipien genügen, wie sie in Kapitel 6 eingeführt wurden: es sollte keine technologischen Vorurteile enthalten, es sollte leicht zu verstehen sein, und es sollte die minimalen Anforderungen an essentielle Aktivitäten und Speicher beinhalten.

Wegen des kreativen Sprungs, den wir machen müssen, um ein essentielles Modell aus den klassifizierten Aktivitäten und Speicherfragmenten abzuleiten, sieht dieser Ableitungsprozeß von jetzt an in vielen Aspekten so aus wie die Strategie zur Schaffung eines neuen essentiellen Modells von Grund auf. Dieser Wechsel in der Strategie und die Komplexität des gesamten Vorgangs machen es notwendig, daß wir Ihnen zuerst in diesem Kapitel einen Überblick darüber geben, wie man aus der klassifizierten Menge von essentiellen Fragmenten die Essenz eines Systems neu gestaltet. Wir behandeln auch die Vor- und Nachteile dieser Strategie, damit die nächsten Kapitel sich dann ganz auf die einzelnen Teilschritte konzentrieren können.

18.1 Die Schritte der verbleibenden Arbeiten

Der Schlüssel zum Erfolg bei der Analyse komplexer Systeme ist die Einschränkung der Komplexität auf ein Maß, das man auf einmal meistern kann. Man muß seine Arbeit so planen, daß man zu jedem Zeitpunkt nur eine bestimmte Anzahl von Änderungen an einem überschaubaren Teil des Systems vornimmt.

Der Wunsch nach Kontrolle der Komplexität ist die Antriebskraft bei der Auswahl unserer weiteren Schritte des Ableitungsprozesses. Man sieht sich zwei Arten von Komplexität gegenübergestellt, wenn man die Essenz ableitet: Erstens ist die Vorgehensweise zur Ableitung der Essenz in sich selbst sehr kompliziert. Man muß viele Teilschritte durchführen, und man muß dabei oft Entscheidungen treffen, deren Grundlagen sehr subjektiv sind. Zweitens sind die Systeme, die wir untersuchen, oft sowohl sehr groß wie auch sehr komplex. Systemanalytiker betrachten normalerweise Systeme, die sich aus Dutzenden von Menschen und automatisierten Prozessoren zusammensetzen und die Hunderte von Datenelementen bearbeiten. Nimmt man diese beiden Aspekte zusammen, so kann man schon voraussehen, daß uns ein schönes Stück Arbeit ins Haus steht.

Um die Arbeit leichter zu machen, teilen wir sie in zwei Arten auf: wir beschränken die Art von Teilarbeiten, die wir zu einem Zeitpunkt durchführen, und wir beschränken die Teile des Systems, an denen wir zu einem Zeitpunkt arbeiten. Um diese zweifache Gliederung des Verfahrens zu erreichen, müssen wir zweimal durch das gesamte Systemmodell durchgehen.

Der Zwei-Phasen-Ansatz

In dem Zwei-Phasen-Ansatz konzentrieren wir uns zuerst jeweils auf eine essentielle Aktivität zu einem Zeitpunkt. Dieser erste Schritt beschränkt die Komplexität dadurch, daß wir immer nur einen kleinen Teil des Systems auf einmal betrachten. Erst wenn man alle einzelnen essentiellen Modelle konstruiert hat, geht man daran, diese Modelle miteinander zu verknüpfen und ein Modell der Essenz des Gesamtsystems zu entwickeln. Während dieses zweiten Schritts kann man dann sicherstellen, daß die Schnittstellen korrekt sind. Weil in jedem Schritt verschiedene Umformungen vorgenommen werden, beschränkt der Zwei-Phasen-Ansatz auch die Tätigkeitsarten, die man gleichzeitig im Kopf haben muß. Abbildung 18.1 zeigt diesen Zwei-Phasen-Ansatz als Datenflußdiagramm.

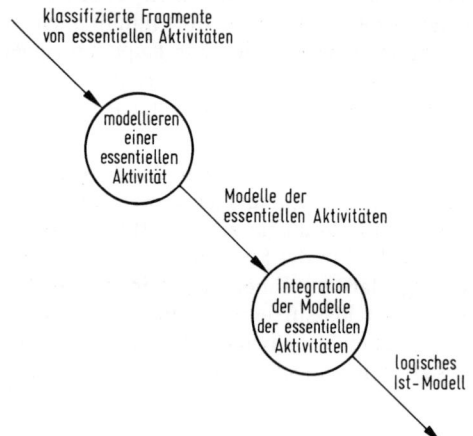

Abb. 18.1: Der Zwei-Phasen-Ansatz

Die Arbeit an jeweils einer essentiellen Aktivität ist unterschiedlich zu der Sichtweise, die wir bis jetzt im Laufe des Ableitungsprozesses angewandt haben. In den vorhergehenden Schritten haben wir immer auf dem gesamten physikalischen Ist-Modell gearbeitet. Wir haben alles expandiert und alles reduziert und den ereignisorientierten Ansatz dazu verwendet, die essentiellen Fragmente des gesamten Modells zu gruppieren. Jetzt konzentrieren wir uns hingegen nur auf die klassifizierten Aktivitäten und Speicherfragmente, die zu einer einzigen essentiellen Aktivität gehören. Wir modellieren jede essentielle Aktivität einzeln, bevor wir uns dem Gesamtmodell wieder zuwenden. Mit wenigen Ausnahmen gilt diese Modellierungstaktik für fast alle Systementwicklungsschritte. In diesem Kapitel beschreiben wir die Vorteile und die Nachteile für diese Wahl.

In diesem Schritt des Ableitungsprozesses dringen wir tief in die Einzelheiten des Systems ein. Dabei können wir es uns nicht leisten, von einem zu großen oder zu komplexen Teilsystem erschlagen zu werden. Deshalb haben wir im letzten Schritt die ereignisorientierte Zerlegungsmethode angewandt, um das System in leicht verdauliche Mengen von physikalischen Fragmenten zu zerlegen. Außerdem vereinfacht die Wahrscheinlichkeit, daß diese Menge von Fragmenten nicht sehr stark mit anderen verbunden ist, weiterhin unsere Arbeit.

Die Aufteilung der Ableitung und Modellierung der einzelnen Aktivitäten in getrennte Teilaufgaben erleichtert es auch, mehr als eine Person mit diesen Aufgaben zu betrauen, ohne daß es dabei zu einem großen Produktivitätsverlust kommt. Wenn es z.B. ein Dutzend Mengen von Fragmenten essentieller Aktivitäten gibt, so kann ein Dutzend Personen in einem Projektteam mitarbeiten. Jede Person kann ein Modell einer essentiellen Aktivität erstellen, und alle können gleichzeitig arbeiten. Obwohl es im Normalfall wesentlich mehr essentielle Aktivitäten als Teammitarbeiter gibt, gilt unser Argument noch immer: Teilt man die Teammitarbeiter in der gleichen Weise auf wie das logische Modell, so verringert man die Notwendigkeit zur Kommunikation zwischen den Teammitarbeitern und gestattet es ihnen damit, gleichzeitig zu arbeiten.

Einen weiteren Vorteil dieser Vorgehensweise sehen Sie im zweiten Schritt, wenn Sie die essentiellen Aktivitäten zusammenfügen. Die Zusammenhänge zwischen verschiedenen essentiellen Aktivitäten über essentielle Speicher sind meist sehr komplex. Eine essentielle Aktivität kann essentielle Speicher für viele andere Aktivitäten aufbauen; genauso kann aber eine essentielle Aktivität die Speicher von vielen anderen Aktivitäten benutzen. Wenn Sie so viele Zusammenhänge durchschauen müssen und so viele physikalische Eigenschaften dieser Schnittstellen entfernen müssen, dann werden Sie dafür dankbar sein, daß diese Integration das einzige ist, worauf Sie sich in diesem Schritt konzentrieren müssen.

Trotz der unbestreitbaren Vorteile hat diese Vorgehensweise auch Nachteile: Wenn man sich - auch nur vorübergehend - auf die Fragmente einer essentiellen Aktivität konzentriert, dann erstellt man notgedrungen ein nicht perfektes essentielles Modell. Die Schwächen kommen auf zwei Arten zustande: erstens können einige Aktionen lokal essentiell aussehen, obwohl sie eigentlich physikalisch sind. Manchmal muß man den Rest des Systems sehen, bevor man wirklich feststellen kann, daß eine Aktivität nicht essentiell ist. Zweitens kann man kein präzises Modell des essentiellen Speichers aus der Sicht einer essentiellen Aktivität ableiten. Da essentielle Aktivitäten über diese Speicher miteinander kommunizieren, muß man auch die Belange der anderen Aktivitäten kennen, um zu einem guten Modell zu kommen. Die grundlegenden Aktivitäten brauchen das gespeicherte Wissen, und die Verwaltungsaktivitäten erzeugen es. Wie Sie vielleicht bereits erraten haben, sind jedoch die Vorteile des Zwei-Phasen-Ansatzes - die Kontrolle der Komplexität und die Leichtigkeit der Arbeitsverteilung - weitaus größer als die Nachteile, die wir hier beschrieben haben.

Die erste Phase in dem Zwei-Phasen-Ansatz erzeugt eine Menge von essentiellen Aktivitätsmodellen, die *lokal* logisch sind, die aber vielleicht noch Spuren von technologischen Einschränkungen enthalten, wenn Sie sich auch noch so anstrengen. Wegen dieser Schwächen müssen Sie das Modell in der zweiten Phase noch bereinigen. Das heißt, daß man noch einmal an die einzelnen Aktivitäten herangeht, wenn man einmal das Gesamtmodell der Essenz des Systems vor Augen hat. Im Teil 5 beschreiben wir die erste Phase des Ableitungs- und Modellierungszyklus: die Ableitung der Essenz für einzelne essentielle Aktivitäten. Danach, im Teil 6, beschreiben wir die zweite Phase, die Ableitung der Essenz für die integrierte Menge aller essentiellen Aktivitäten.

Um die Arbeit weiter zu vereinfachen, teilen wir jede Phase noch in zwei Schritte auf. Im ersten Schritt *definieren* wir die Essenz des Teilsystems, das wir gerade betrachten; im zweiten Schritt *modellieren* wir dann die Essenz unter Benutzung der Ausdrucksmittel von Structured Analysis. Abbildung 18.2 zeigt diese Teilschritte des Zwei-Phasen-Ansatzes.

Man geht von den Fragmenten einer einzelnen essentiellen Aktivität aus, identifiziert zuerst die übriggebliebenen physikalischen Merkmale und arbeitet die Essenz ohne diese Merk-

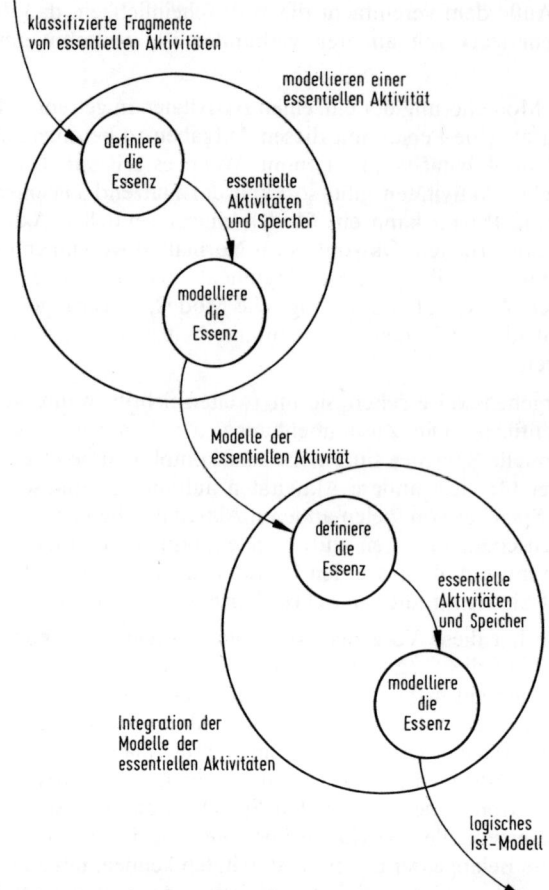

Abb. 18.2: Die zwei Schritte in jeder Phase

male entsprechend um. Dann modelliert man die essentielle geplante Reaktion unter Benutzung von Datenflußdiagrammen, Data Dictionary und Mini-Spezifikationen. Sobald man eine Menge von lokalen Modellen von essentiellen Aktivitäten hat, wendet man die gleichen zwei Schritte auf diese Menge an: man definiert die Essenz des Gesamtsystems durch Entfernen der übriggebliebenen physikalischen Merkmale der gespeicherten Daten und konstruiert dann ein integriertes Modell der Essenz des Gesamtsystems mit den gleichen Ausdrucksmitteln.

18.2 Der Unterschied zwischen Aufbauen und Ableiten

Es gibt zwei Aspekte in diesen nächsten Schritten des Ableitungsprozesses, die ähnlich dem Aufbau eines essentiellen Modells von Grund auf sind. In beiden Fällen fängt man mit einem leeren Blatt Papier an. Statt das DFD mit den klassifizierten essentiellen Fragmenten weiter zu strapazieren, untersucht man die Fragmente, entwickelt die Essenz im Kopf neu und legt sie auf einem neuen Blatt Papier nieder. Die zweite Ähnlichkeit betrifft den Blickpunkt während dieses Vorgangs. Wenn Sie ein System von Grund auf entwickeln, dann konzentrieren Sie sich auf die Schnittstellen zur Umwelt, weil Sie ja nichts von den Interna des Systems kennen. Auch hier, bei der Ableitung der Essenz, betrachten Sie jede essentielle Aktivität vom Standpunkt der Zusammenarbeit mit anderen Systemen, mit Personen oder mit Organisationen, die außerhalb des betrachteten Systems angesiedelt sind.

Trotz der Ähnlichkeiten zwischen dem Aufbauen einer neuen Essenz und dem Ableiten essentieller Aktivitäten aus klassifizierten Fragmenten gibt es bei der Anwendung der essentiellen Systemanalyse in den beiden Situationen einen großen Unterschied. Wenn Sie die Essenz ableiten, dann haben Sie Unterlagen aus dem physikalischen Modell, die Ihnen bei der Feststellung, was zu der Essenz gehört, helfen können. Wenn Sie von Grund auf anfangen, haben Sie kein derartiges Hilfsmittel.

Das Vorhandensein des physikalischen Ist-Modells zu diesem Zeitpunkt in dem Ableitungsprozeß ist sowohl eine gute wie auch eine schlechte Nachricht für Sie. Die gute Nachricht ist, daß Sie sich bei der Ableitung etwas sicherer fühlen können. Die existierenden essentiellen Reaktionen wurden bereits im Betrieb auf ihre Eignung hin getestet. Wenn es also irgendwelche Schwierigkeiten mit den essentiellen Reaktionen geben sollte, dann hören Sie diese höchstwahrscheinlich. Es ist im Normalfall viel risikoreicher, eine essentielle Reaktion, die nie vorher benutzt wurde, neu zu schaffen. So gut Ihre Ideen für die neue Reaktion auch sein mögen, sie können den jahrelangen Evaluierungsprozeß und Verfeinerungsprozeß einer essentiellen Reaktion in einem bestehenden System nicht ersetzen.

Die schlechte Nachricht ist, daß Sie die existierende Essenz möglichst gut erfassen müssen, obwohl sie vielleicht noch in den klassifizierten Fragmenten gut versteckt ist. Die Fragmente enthalten noch immer genügend physikalische Aspekte. Außerdem sind sie in einer Weise modelliert, die das leichte Erkennen und Verstehen der Essenz einer Aktivität noch nicht einfach macht. Obwohl wir also einen grundlegenden Schlachtplan haben und auch eine Dokumentation über die Essenz des existierenden Systems besitzen, sind die weiteren Schritte keineswegs trivial.

18.3 Zusammenfassung

Um die Aufgabe der Ableitung der Essenz weniger komplex zu gestalten, verwenden wir einen Zwei-Phasen-Ansatz. Das Ziel der ersten Phase ist die Modellierung jeder einzelnen essentiellen Aktivität für sich. In der zweiten Phase fassen wir dann die einzelnen Modelle zusammen, um ein Modell der Essenz des ganzen Systems zu erstellen. Das Ergebnis ist eine komplette Neuorganisation der klassifizierten essentiellen Fragmente. Die Strategie erfordert einiges von der Kreativität, die Sie auch aufbringen müßten, wenn Sie die Essenz eines Systems von Grund auf neu definieren, aber sie ist risikoärmer, da die essentiellen Fragmente aus einem bestehenden System kommen, dessen Reaktionen während der Benutzung des Systems getestet und verfeinert wurden.

Kapitel 19
Wie man die übriggebliebenen physikalischen Merkmale erkennt

Obwohl wir zu diesem Zeitpunkt bereits viele physikalische Eigenschaften aus dem Modell entfernt haben, enthalten die Fragmente der essentiellen Aktivitäten und der essentiellen Speicher immer noch eine Menge technologische Einflüsse. Obwohl jedes Fragment Aktivitäten und Speicher enthält, die unbedingt gebraucht werden, unabhängig davon, wie das System implementiert werden wird, ist die Art, wie die Aktivitäten und Speicher realisiert werden, noch physikalisch. Manchmal haben die Analytiker in einem früheren Schritt nur einen Namen gewählt, der einen die gewählte Technologie erahnen läßt. Öfter findet man jedoch den Fall, daß die restlichen Technologieeinflüsse in den essentiellen Fragmenten daher kommen, daß das Fragment vorher Teil einer prozessororientierten Zerlegung war. Trotz Ihrer Arbeit bei der Entfernung von Prozessorgrenzen, von Kommunikationskanälen und Verwaltungsaktivitäten haben die Prozessoren noch ihre Spuren in den essentiellen Fragmenten hinterlassen. All diese physikalischen Spuren müssen jedoch verschwinden, bevor wir ein wahres essentielles Modell aufbauen können.

In diesem Kapitel beschreiben wir eine Liste der häufigsten physikalischen Merkmale, die man in essentiellen Fragmenten findet. Unsere Erläuterungen gliedern sich in zwei Teile: Zuerst behandeln wir die kleinen physikalischen Merkmale in den Fragmenten, die zu einer essentiellen Aktivität gehören. Danach suchen wir die physikalischen Eigenschaften, die noch in den Datenbehältern stecken, welche essentielle Speicherinformationen aufbewahren, die entweder von der essentiellen Aktivität erzeugt oder gebraucht werden.

19.1 Physikalische Charakteristika in essentiellen Aktivitätsfragmenten

Die Fragmente, die wir als Teile von essentiellen Aktivitäten klassifiziert haben, zeigen hauptsächlich noch fünf Arten von physikalischen Charakteristika: Zerstückelung, Zusatzkomponenten, Redundanz, Verwicklung und nicht-essentielle Reihung. Mit Ausnahme der letzten Art gehören alle zu den Aspekten nicht-perfekter Systeme, wie wir sie in Kapitel 4 behandelt haben. Die zwei zusätzlichen Aspekte, Konglomerate und Systemgröße, haben wir bereits durch die Reduktion und die Klassifizierung der Fragmente aus dem Modell eliminiert. In den folgenden Unterabschnitten erläutern wir, wie man die fünf verbliebenen physikalischen Aspekte erkennt, so daß wir sie im nächsten Schritt auch entfernen können.

19.1.1 Zerstückelung

In dem vorliegenden Modell sind die Fragmente von essentiellen Aktivitäten so zerstückelt, daß sie der Leistungsfähigkeit und dem Durchsatzvermögen bestehender, nicht-perfekter Prozessoren angepaßt sind. Obwohl wir im letzten Schritt alle Anzeichen dafür entfernt haben, welcher Prozessor welche Teilaufgabe ausführt, und obwohl wir festgestellt haben, welche Teilaufgaben zu einer Reaktion auf ein Ereignis zusammengehören, haben wir die ursprüngliche Zerstückelung, die im physikalischen Modell enthalten war, nicht verändert. Daher sind die Grenzen zwischen den einzelnen Fragmenten noch immer physikalisch.

In Abbildung 19.1 sehen Sie, wie die Aufteilung zwischen den Fragmenten durch die Prozessoren bestimmt wird, die diese Fragmente bearbeiten. Die Kette von essentiellen Aktivitätsfragmenten in diesem Diagramm ist die Reaktion auf das Ereignis „Kunde bestellt Buch". Die großen Kreise in der Abbildung stellen die Prozessorgrenzen dar, die wir zwischenzeitlich noch einmal eingezeichnet haben, obwohl wir sie in einem vorhergehenden Schritt schon entfernt hatten. Jede Prozessorgrenze entspricht einem Fragment der essentiellen Aktivität.

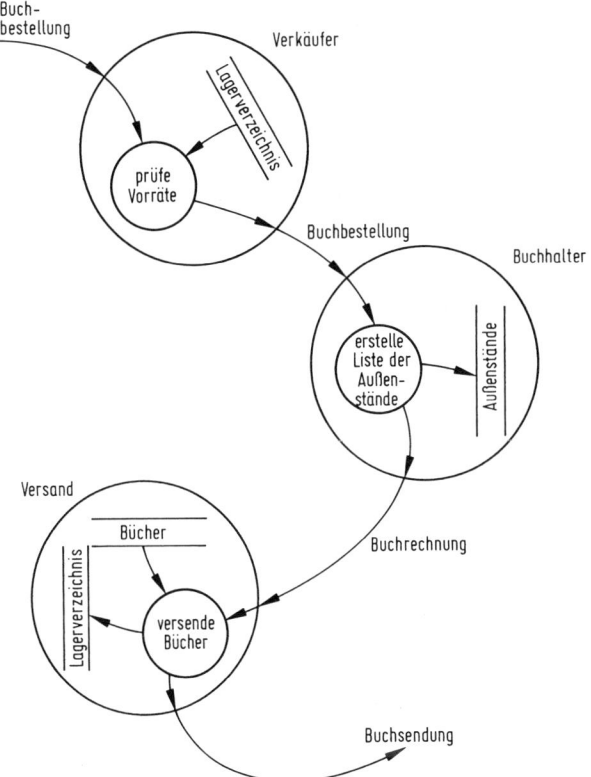

Abb. 19.1: Eine Menge von klassifizierten essentiellen Fragmenten

Als dieses System gebaut wurde, hat man die Fragmente so gewählt, daß sie optimal zur nicht-perfekten Technologie, die man damals zur Implementierung ausgewählt hatte, gepaßt haben. Ein Buchhalter bearbeitet das Eintragen von Außenständen, da er die beste Eignung für diese Teilaufgabe besitzt. Ein kräftiger Lagerarbeiter sorgt für die Verpackung der Bücher in Kartons und für den Versand. Die Verkäuferin prüft den Lagerbestand, denn nur sie kann den Kunden sofort informieren, wenn zu wenige Exemplare da sind, um den Auftrag zu erfüllen. Die Datenflüsse zwischen den Aktivitätsfragmenten sind auch nur Eigenschaften der physikalischen Zerstückelung. Sie werden vielleicht später zu einer anderen Zerlegung auf dieser unteren Ebene kommen oder vielleicht gar keine Zerlegung auf dieser Ebene mehr brauchen. Wenn man noch eine Zerlegung braucht, dann wird diese vielleicht ganz andere Datenflüsse aufweisen, um die neuen Teilaufgaben miteinander zu verbinden.

19.1.2 Zusatzkomponenten

Die vielen kleinen Infrastrukturaktivitäten, die noch in den Fragmenten übriggeblieben sind, sind eigentlich überflüssig, weil man in einer Umgebung mit perfekter Technologie keine derartigen Infrastrukturelemente braucht. Sie sind in dem Modell geblieben, weil sie nicht auffällig genug waren, um schon im ersten Reduktionsschritt erkannt und entfernt zu werden. Jetzt jedoch werden Sie diese finden, weil Sie nun zum ersten Mal innerhalb einer essentiellen Aktivität nach solch verborgenen Eigenschaften suchen.

Die am häufigsten zu beobachtenden Zusatzkomponenten sind solche, die Daten – ohne sie zu modifizieren – durch ein Fragment einer essentiellen Aktivität transportieren. Nehmen Sie an, daß in dem obigen Beispiel die Aktivität „erstelle Liste der Außenstände" die Versandanweisungen erhält, die den Lagerangestellten informieren, welche Bücher wohin geschickt werden sollen. Die Aktivität tut nichts mit diesen Daten, außer sie an die Versandabteilung durchzureichen. Eine derartige Dienstleistung wäre in einem System mit perfekter Technologie nicht nötig, da die Daten direkt dorthin fließen würden, wo sie gebraucht werden. In unserer realen Welt jedoch zwingen die knappen Ressourcen für die Infrastruktur das System oft, vorhandene Wege zur Weiterleitung von Informationen zu nutzen, um zu vermeiden, daß neue physikalische Wege eingerichtet werden müssen. Das Ergebnis davon ist, daß Datenflüsse manchmal überflüssige Komponenten beinhalten, wenn sie Ein- oder Ausgabe eines Fragments sind, das Durchgangsdaten mitbehandeln muß.

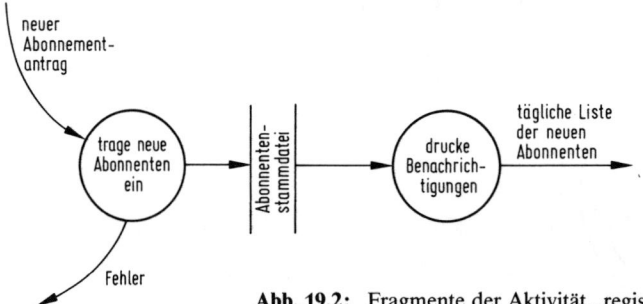

Abb. 19.2: Fragmente der Aktivität „registriere neue Abonnements"

Eine andere Art von Zusatzaktivität läßt sich am besten an einem neuen Beispiel zeigen. Abbildung 19.2 zeigt zwei Fragmente der essentiellen Aktivität „registriere neue Abonnements". Man findet sehr häufig, daß zwei Fragmente durch einen Speicher getrennt sind. Die Aktivität „trage neuen Abonnenten ein" setzt die Statusanzeige auf „neu" und trägt Name und Adresse des neuen Abonnenten, die Art des Abonnements und das Ablaufdatum in den zentralen Speicher „Abonnentenstammdatei" ein. Am Abend eines Tages durchsucht dann das Fragment „drucke Benachrichtigungen" diese Stammdatei, findet alle neuen Abonnements und erstellt die entsprechenden Benachrichtigungen. Die neuen Abonnements werden im Stapelbetrieb abgearbeitet, um den Druckprozeß zu optimieren. Diese Stapelverarbeitung fügt drei zusätzliche Aktivitäten zu den essentiellen Aufgaben hinzu: das Setzen der Statusanzeige, das Durchsuchen der Stammdatei und das Abfragen der Statusanzeige. Mit perfekter Technologie könnte das System die Benachrichtigungen sofort drucken, wenn es einen korrekten Abonnementantrag erhält. Auch die Abonnentenstammdatei könnte überflüssig sein, weil „registriere neue Abonnements" sie nicht braucht. Dies können Sie aber erst feststellen, wenn Sie im zweiten Durchgang die essentiellen Aktivitäten untereinander abgleichen.

19.1.3 Redundanz

Nicht-perfekte Technologie führt zu Infrastrukturkomponenten, die mehrere Kopien von Datenelementen oder Mengen von Datenelementen abspeichern. Diese Redundanz in den gespeicherten Daten führt ihrerseits wieder zu Redundanz bei den Aktivitäten, die die redundanten Daten aktualisieren. Abbildung 19.3 zeigt die Fragmente, die zu der essentiellen Aktivität „registriere Hypothekenzahlungen" gehören. Die Zahlungsdaten werden an drei Stellen abgespeichert: in einer Liste von Zahlungsdokumenten in der Zweigstelle der Bank, in der Stammdatei im automatischen Hypothekensystem und in einem Extrakt dieser Stammdatei, das der Inkassoabteilung zur Verfügung gestellt wird.

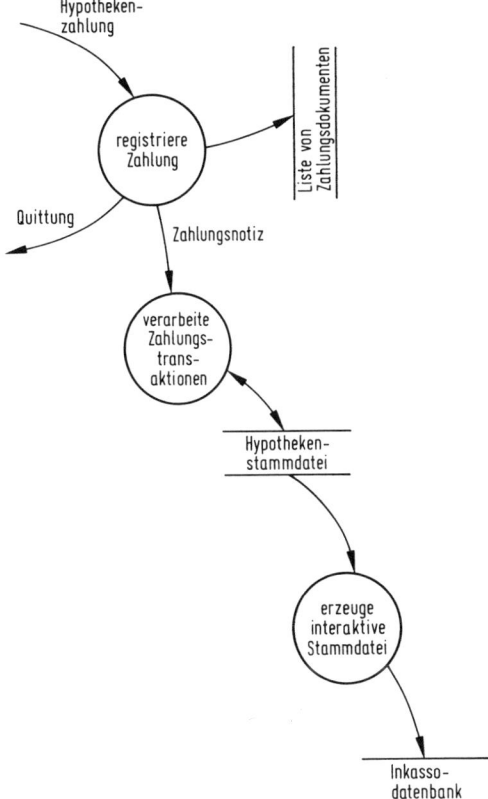

Abb. 19.3: Fragmente der Aktivität „registriere Hypothekenzahlung"

Wenn man diese essentielle Aktivität mit perfekter Technologie implementierte, dann könnte man die essentiellen Speicher, die Informationen über die Zahlungen beinhalten, zusammenführen und auf diese Weise die redundanten Aktualisierungsaktivitäten vermeiden. Wie bei der Zerstückelung und den Zusatzkomponenten führt auch die Redundanz zu physikalischen Aspekten bei den Datenflüssen. Insbesondere enthalten viele Datenflüsse Elemente, die von den Aktivitäten zur Aktualisierung redundanter Speicher verwendet werden. Sobald man die redundanten Aktualisierungen entfernt, kann man auch diese Elemente, manchmal sogar den ganzen Datenfluß, entfernen.

19.1.4 Verwicklung

Nicht-perfekte Technologie hat ihre Vorzüge, wenn es um Effizienz in der Verarbeitung geht; leider steht demgegenüber aber der maßgeschneiderte Zugriff auf Speicherdaten. In unserem Modell erhalten die Aktivitäten ihre Daten aus Varietéspeichern. Diese bestehen aus Datenstrukturen, die nur bestimmte Anordnungen von Informationen enthalten. (Typische physikalische Datenstrukturen sind Formulare, Stapeltransaktionen, Bildschirmmasken und Netzwerkprotokolle.) Wenn man eine einzige Datenstruktur verwendet, um verschiedene Datenelemente an viele Aktivitäten weiterzugeben, dann ist es nur natürlich, daß diese Datenstruktur für einige Aktivitäten gut aufgebaut ist, während andere Aktivitäten zusätzliche Schritte ausführen müssen, um an die Daten zu kommen, die sie brauchen. Daher sind einige Aktivitäten in bezug auf ihre Datenzugriffe sehr verwickelt. In diesem Schritt sollten Sie nun die Fragmente nach Anzeichen für derart schlecht organisierte Datenstrukturen untersuchen.

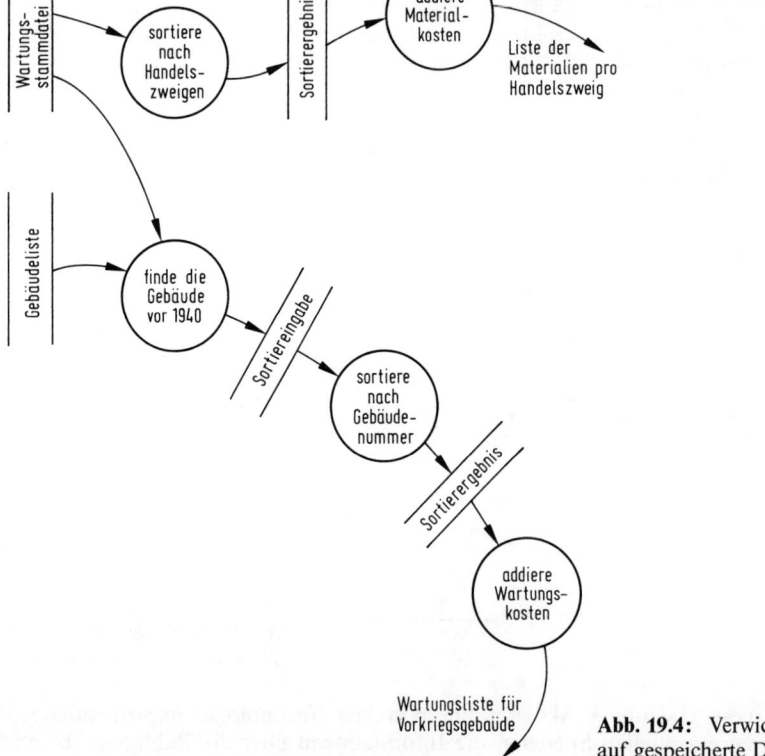

Abb. 19.4: Verwickelter Zugriff auf gespeicherte Daten

Abbildung 19.4 zeigt zwei Beispiele für verwickelte Aktivitäten. In beiden Fällen müssen überflüssige Sortier- und Extraktionsprozesse durchgeführt werden, bevor die Aktivitäten die Daten, die sie brauchen, auswählen oder ableiten können. Im ersten Beispiel ist die Wartungsstammdatei nicht so sortiert, daß die Aktivität leicht auf die Einträge zugreifen kann, die die Materialien beschreiben, die in einem bestimmten Handelszweig verbraucht wurden. Daher ist der Prozeß „sortiere nach Handelszweigen" notwendig, um die gesamte Stammdatei zu sortieren. Auch die Datenstruktur in der Gebäudeliste ist so aufgebaut, daß zwei Prozesse („finde die Gebäude vor 1940" und „sortiere nach Gebäudenummer") notwendig sind, um die Daten aufzubereiten, die man für die eigentliche Aktivität braucht. Diese zusätzlichen physikalischen Prozesse verletzen das Prinzip der minimalen Modelle. Obwohl ein perfekter Prozessor die verwickelten Aktivitäten leicht ausführen könnte, sollten Sie diese Aktivitäten so weit reduzieren und vereinfachen, daß nur die minimalen Anforderungen enthalten sind, ob Sie nun perfekte oder nicht-perfekte Technologie verwenden.

19.1.5 Nicht-essentielle Reihenfolge

Eines der auffälligsten Merkmale, das Sie beim Betrachten der Fragmente einer essentiellen Aktivität finden werden, ist die Reihenfolge, in der die Teile ausgeführt werden. In einem DFD sind die Fragmente oft miteinander verbunden, wenn man anzeigen will, daß eines nach dem anderen ausgeführt wird. Manchmal sieht man in einem DFD auch, daß zwei oder mehrere Aktivitäten gleichzeitig ausgeführt werden können, daß also keine Reihenfolge in diesem Fall festgelegt ist.

Es gibt drei Faktoren oder Randbedingungen, die die Reihenfolge der Aktionen in einem System mit geplanten Reaktionen bestimmen: die Essenz der Aktivität, die technologischen Schranken der existierenden Systemlösung und die Schranken, die – oft unbeabsichtigt – durch die Art der Modellierung des existierenden Systems hineinkommen.

Diese Faktoren bestimmen entweder eine essentielle Reihenfolge oder eine künstliche Reihenfolge. Natürlich ist nur die Reihenfolge, die aus der Essenz des Systems hervorgeht, überhaupt erwünscht. Daher ist auch nur die erste Reihenfolge, die essentielle Reihenfolge, in unserem essentiellen Modell zugelassen. Um ein derartiges Modell zu produzieren, müssen Sie alle Anzeichen für künstliche Reihenfolgen erkennen, wie sie vielleicht durch eine der anderen beiden Arten von Einschränkungen entstehen: durch die verwendete Technologie oder durch Einschränkungen in der Modellierungstechnik. Die künstliche Reihenfolge, die durch die Modellierungstechnik entstehen kann, wurde in Kapitel 8 behandelt. In den folgenden Abschnitten behandeln wir die künstliche Reihenfolge, die durch die verwendete Technologie entstehen kann. Zuvor wollen wir jedoch „essentielle Reihenfolge" etwas sorgfältiger definieren.

19.1.5.1 Essentielle Reihenfolge

Bestimmte Teile der geplanten Reaktion eines Systems auf ein Ereignis müssen in einer bestimmten Reihenfolge ablaufen, wenn einige Aktionen nicht stattfinden können, solange eine andere Aktion nicht abgeschlossen ist, wie z.B. wenn eine Aktivität die Ergebnisse einer vorhergehenden Berechnung braucht. Die Reihenfolge von Aktivitäten, die durch solche Abhängigkeiten erzwungen wird, ist die *strukturierte Reihenfolge* der geplanten Reaktion. Diese essentielle Reihenfolge muß letztendlich in dem essentiellen Modell enthalten sein, damit das Modell unabhängig von jeder nicht perfekten Technologie ist.

Betrachten Sie die essentielle Aktivität „Lohnabrechnung für Arbeiter", die wir schon früher diskutiert haben. Die Umwandlung der Stechkarte in eine Lohntüte ist kein einfacher Prozeß, da das System mehrere Berechnungen durchführen muß und die Ergebnisse über die Einkünfte abspeichern muß. Viele Aktivitäten können gleichzeitig ausgeführt werden; z.B. kann man die Abgaben an die Stadt und die Abgaben an den Bund gleichzeitig berechnen. Abbildung 19.5 zeigt Fragmente einer ähnlichen essentiellen Aktivität „zahle Löhne aus", die auch gleichzeitig ausgeführt werden können. Dieses DFD zeigt auch, daß weder „aktualisiere Jahreszahlungen" noch „erstelle Lohntüte" ausgeführt werden können, bevor „berechne Löhne" abgeschlossen ist; dann können jedoch die beiden Aktivitäten „aktualisiere Jahreszahlungen" und „erstelle Lohntüte" gleichzeitig erfolgen.

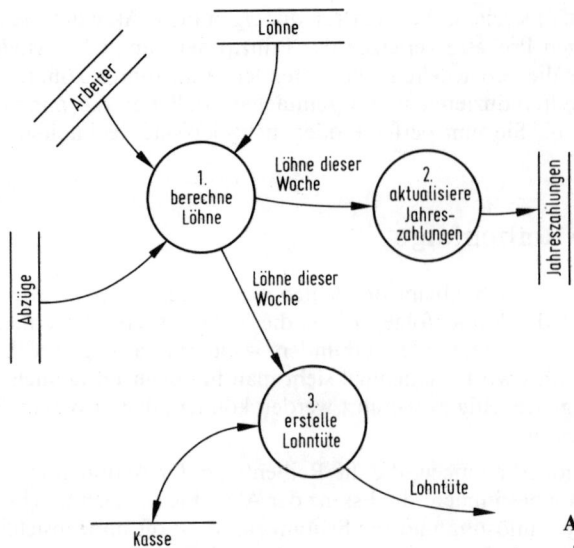

Abb. 19.5: Fragmente der Aktivität „zahle Löhne aus"

In einigen wenigen Fällen hat das System keine andere Wahl, als die Aktivitäten in einer bestimmten Reihenfolge auszuführen. Man kann z. B. den Nettolohn eines Arbeiters nicht berechnen, bevor man den Bruttolohn kennt. Man kann den Nettolohn nicht zuerst berechnen, man kann auch Netto- und Bruttolohn nicht gleichzeitig berechnen, *auch dann nicht, wenn man perfekte Verarbeitungstechnologie hätte,* einfach deshalb, weil die Berechnung des Nettolohns den Bruttolohn als Eingabe benötigt.

Die meisten nicht-essentiellen Reihenfolgen in physikalischen Ist-Modellen entstehen durch Verwendung nicht-perfekter Technologie für die Implementierung von Systemen, obwohl manchmal auch die Systemanalytiker nicht-essentielle Reihenfolgen durch falsche Anwendung der Modellierungstechniken in die Modelle einbringen. Allgemein betrachtet, findet man zwei Arten von künstlichen Reihenfolgen von Aktionen in physikalischen Ist-Modellen: das System führt Aktionen sequentiell aus, obwohl sie parallel abgearbeitet werden könnten, oder das System enthält Zeitverzögerungen und Pausen in der Abfolge seiner Aktionen.

19.1.5.2 Künstliche Reihenfolge für unabhängige Aktivitäten

Abbildung 19.6 zeigt die gleichen Detailaktivitäten wie Abbildung 19.5. Jedoch werden nun die beiden Aktivitäten „aktualisiere Jahreszahlungen" und „erstelle Lohntüte" sequentiell ausgeführt, wohingegen sie in Abbildung 19.5 unabhängig voneinander waren. Warum ist dies passiert? Normalerweise gibt es dafür Gründe: Einschränkungen, die durch den Prozessor auferlegt werden, oder Einschränkungen durch die Infrastruktur.

Vielleicht werden in dem existierenden System alle drei Aktivitäten in Abbildung 19.5 durch denselben Prozessor ausgeführt, und der kann, wie die meisten Prozessoren, nicht zwei Dinge zur gleichen Zeit tun. Wenn dieser Prozessor ein Mensch ist, dann kann er eine freie Entscheidung darüber treffen, ob zuerst die Lohntüte erstellt wird oder die Jahressummen abgespeichert werden. Vielleicht wechselt der Prozessor seine Strategie auch öfter und erstellt einmal zuerst die Lohntüte und ein anderes Mal zuerst die Jahressummen. Es spielt auch keine Rolle, in welcher Reihenfolge die beiden Aktionen gemacht werden; das Ergebnis ist das gleiche. Diese Prozessoreinschränkungen könnte man überwinden, wenn das System einen Prozessor hätte, der zwei Dinge gleichzeitig tun könnte, oder auch, wenn es

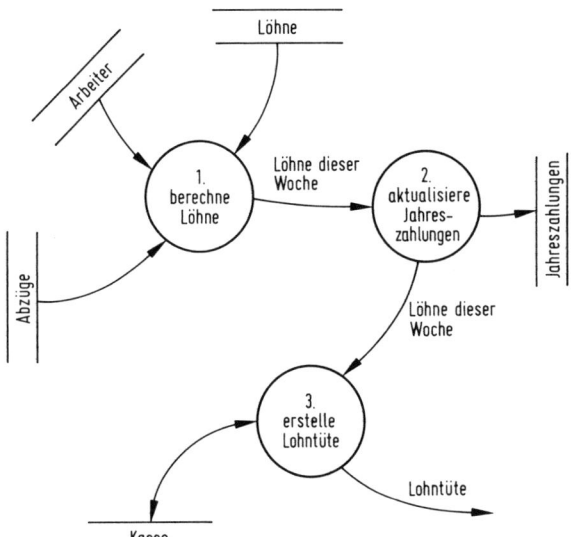

Abb. 19.6: Aktivitätsfragmente in künstlicher Reihenfolge

zwei sequentielle Prozessoren gäbe, einen für die Lohntüte und einen für die Jahressumme. Wenn das existierende System diese Möglichkeiten nicht hat, dann werden diese Anzeichen von künstlicher Reihenfolge durch die Einschränkungen des Prozessors sichtbar werden.

Manchmal hat das existierende System genügend Prozessoren, um zwei Aktivitäten gleichzeitig auszuführen, was aber durch mangelhafte Infrastruktur doch nicht zum Tragen kommt. In Abbildung 19.7 sehen Sie zwei Prozessoren „Müller" und „Schmidt", die sicherlich unabhängig voneinander arbeiten können. Das essentielle Modell in Abbildung 19.8 zeigt auch, daß ihre Aufgaben nicht voneinander abhängen. Warum zeigt dann das physikalische Ist-Modell die Aktionen in sequentieller Reihenfolge? In diesem Fall ist die Ursa-

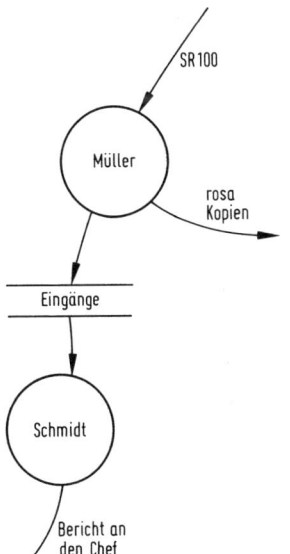

Abb. 19.7: Künstliche Reihenfolge wegen Einschränkungen der Infrastruktur

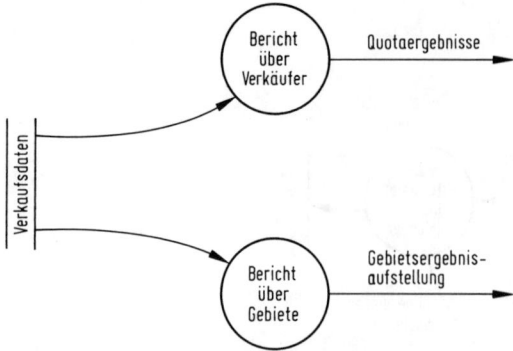

Abb. 19.8: Die Essenz der Tätigkeiten von Müller und Schmidt

che nicht der Mangel an adäquater Verarbeitungsleistung, sondern besteht nur in Schwierigkeiten beim Zugriff auf die notwendigen Daten: die Verkaufsdaten, die in dem SR100 Computerbericht enthalten sind. Es stellt sich heraus, daß Müller und Schmidt in einem Büro sitzen und nur eine Kopie der SR100-Liste erhalten. Obwohl das System auf diese Art vielleicht billiger ist, so wird doch verschleiert, daß Müller und Schmidt eigentlich zwei unabhängige, asynchrone Aktivitäten durchführen. Wenn die Infrastruktur, die den beiden das Vertriebsmaterial zugänglich macht, nur etwas großzügiger ausgelegt wäre, dann könnten beide gleichzeitig arbeiten, und es wäre wesentlich leichter, die Essenz ihrer Aktionen zu erkennen. In diesem Fall verursachen Einschränkungen der Infrastruktur beim Zugriff auf Daten die physikalischen Charakteristika des Systems, nicht Einschränkungen in der Prozessorleistung.

Wenn man parallele Aktivitäten sequentialisiert, dann entstehen oft überflüssige Aktivitäten und überflüssige Daten in Datenflüssen. Abbildung 19.9 zeigt Ursache und Wirkung in einem Beispiel. Es gibt keinen guten Grund, warum man mit perfekter Technologie nicht die Erfassung der Außenstände und das Verpacken von Büchern gleichzeitig machen sollte, aber diese beiden Aktivitäten erscheinen in dem Modell wegen Einschränkungen der Infrastruktur sequentiell. Wenn Sie einmal annehmen, daß einige der Daten, die man zum Ver-

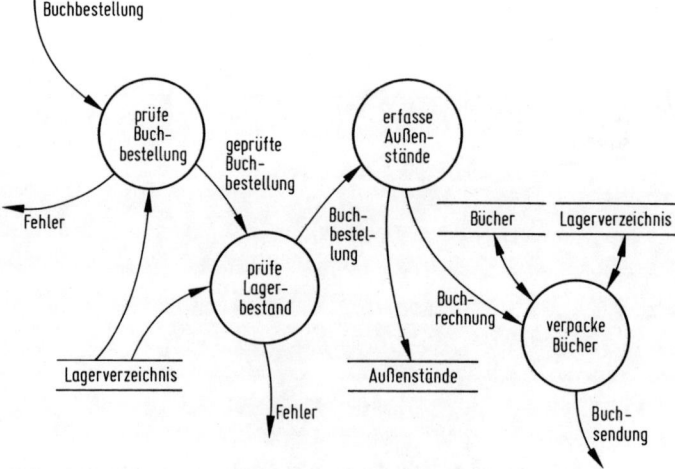

Abb. 19.9: Fragmente der Aktivität „erledige Buchbestellung" in einer künstlichen Reihenfolge

packen der Bücher braucht, für das Erfassen der Außenstände nicht notwendig sind, dann enthält die Aktivität „erfasse Außenstände" eine überflüssige Komponente: die Daten für die Verpackung müssen weitertransportiert werden, ob sie nun verarbeitet werden oder nicht. Da die Daten für jedes Fragment über die Datenflüsse weitergeleitet werden, enthalten sowohl „Buchbestellung" wie auch „Rechnung für Bücher" überflüssige Komponenten. All diese überflüssigen Datenelemente und Aktivitäten sollten Sie finden und entfernen, wenn Sie parallele Aktivitäten aufgespürt haben, die als sequentielle Aktivitäten dargestellt wurden.

19.1.5.3 Künstliche Zeitverzögerung

Bevor Sie die Suche nach künstlichen Reihenfolgen anfangen, sehen Sie in physikalischen Ist-Modellen Datenspeicher zwischen den Fragmenten, wie z. B. in Abbildung 19.10. Diese Stapelspeicher dienen zur Synchronisation der Aktivitäten zwischen den Prozessoren oder gleichen Leistungs- oder Kapazitätsunterschiede aus. In dem Reduktionsschritt entfernen Sie so viele rein physikalische Speicher wie möglich. Auch wenn Sie alle Stapelspeicher entfernen, so haben die Aktivitäten, die diese Speicher benutzt haben, noch immer physikalische Charakteristika: aus rein physikalischen Gründen sind die Funktionen in diesen Aktivitäten so ausgelegt, daß sie auf Stapeln von Daten arbeiten. Einige dieser Funktionen gehören daher nicht zur Essenz.

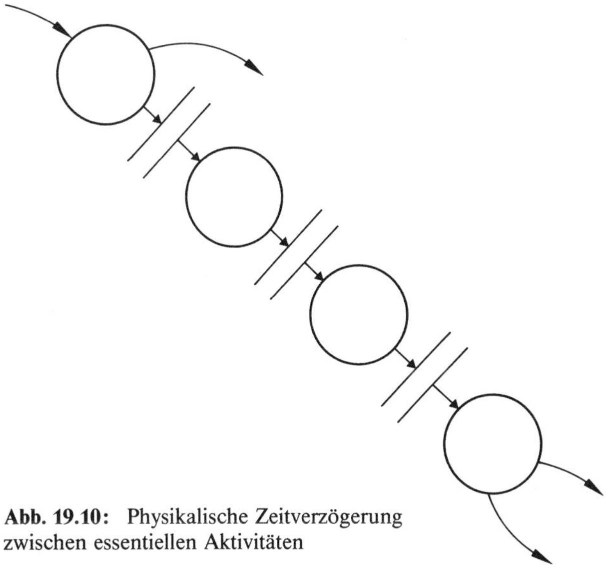

Abb. 19.10: Physikalische Zeitverzögerung zwischen essentiellen Aktivitäten

Abbildung 19.11 zeigt einige typische Funktionen, die man zur Stapelverarbeitung braucht. Eine Aktivität, die in der Abbildung nicht so offensichtlich ist, ist der Test, um festzustellen, ob der Stapel fertig zu Verarbeitung ist. Der Test ist in der Aktivität „leite fertigen Stapel weiter" enthalten. Oft werden Stapelverarbeitungsprozesse so lange wiederholt ausgeführt, bis der gesamte Stapel abgearbeitet ist, wie z. B. die Aktivität „füge Dokument zum Stapel hinzu" in der Abbildung. Wenn Sie solche Stapelverarbeitungsfunktionen in den Fragmenten einer essentiellen Aktivität aufspüren, dann haben Sie einige sehr feine, aber doch physikalische Aspekte in dem Fragment entdeckt.

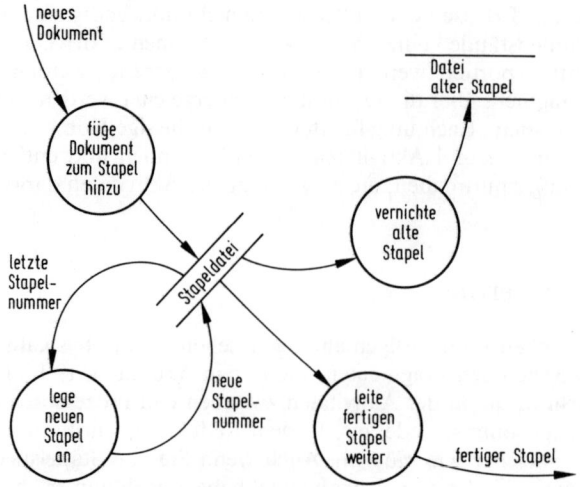

Mini-Spezifikation für "leite fertigen Stapel weiter"
Wenn der derzeitige Stapel voll ist (999 Einträge)
<u>oder</u> wenn die Schicht zu Ende ist,
    schließe den Stapel ab und leite ihn weiter ...

Mini-Spezifikation für "vernichte alte Stapel"
Für jeden Stapel, der älter als 30 Tage ist :
    Kopiere den Stapel in die Datei alter Stapel.
    Lösche Stapel in Stapeldatei.

Abb. 19.11: Stapelverarbeitungsaktivitäten

19.2 Physikalische Charakteristika von Fragmenten des essentiellen Speichers

Fast die gleichen physikalischen Aspekte, die wir bei den essentiellen Aktivitäten diskutiert haben, finden sich auch in den essentiellen Speicherfragmenten wieder. Dazu gehören Zerstückelung, Zusatzkomponenten, Redundanz und Verwicklung.

19.2.1 Zerstückelung

Der physikalische Datenspeicher, der einer essentiellen Aktivität zugeordnet ist, enthält normalerweise nur einen Teil der Daten, die zu irgendeinem Objekt gehören. Meistens enthält der typische physikalische Datenspeicher Datenelemente von mehreren Objekten. Das bezeichnen wir als Zerstückelung des essentiellen Speichers. Diese Zerstückelung ist in der klassifizierten Menge von Fragmenten vorhanden, die Sie nun in ein essentielles Aktivitätsmodell umformen wollen.

Die folgenden Data-Dictionary-Einträge zeigen Beispiele für eine Zerstückelung in physikalischen Datenspeichern.

Telefonreservierungen = {*Ankunftstag* + Anzahl der Nächte +
    Anzahl Personen + Name des Gasts +
    Adresse des Gasts + Garantiestatus +
    ([Kreditkartennummer ¦
    Firmenname + Firmenadresse]) +
    versprochener Preis}

Rezeptionsliste	= {Name des Gasts + Ankunftstag + Anzahl der Nächte + Anzahl Personen + Adresse des Gasts + Garantiestatus + versprochener Preis}
Nachrichtenliste	= {Zimmernummer + Name des Gasts + Tag des Nachrichteneingangs + Uhrzeit des Nachrichteneingangs + Text der Nachricht}
Belegungsliste	= {Zimmernummer + [„belegt" ¦ „frei und gereinigt" ¦ „frei, noch nicht fertig"]}
Gästeliste	= {Zimmernummer + Name des Gasts + Adresse des Gasts + Zimmertarif + Anzahl Personen + Garantiestatus + ([Kreditkartennummer ¦ Firmenname + Firmenadresse]) + {Gebühren} + {Kreditlimit}}
Zimmerpreisliste	= {Zimmernummer + {Anzahl Personen + Zimmerpreis}}

Die Datenelemente, die den Gast und seine Reservierung beschreiben, sind in vielen Speichern zerstückelt. Beachten Sie, daß die Namen der Speicher noch Hinweise darauf geben, für welchen Prozessor der Speicher ursprünglich geschaffen wurde. Die Telefonreservierungen dienten der Telefonzentrale des Hotels, die Rezeptionsliste wurde von den Angestellten an der Rezeption benutzt usw. Auch die Daten, die die Zimmer beschreiben, sind zerstückelt. Die Zimmerpreise, die sich nicht so häufig ändern, sind in einer Liste verfügbar, die sowohl an der Rezeption wie auch in der Telefonzentrale ausliegt. Der Zustand der einzelnen Zimmer kann sich jedoch jeden Tag ändern. Daher wird diese Information in einer getrennten Belegungsliste gehalten, die sowohl der Rezeption wie auch dem Reinigungspersonal zugänglich ist.

Die Zerstückelung von gespeicherten Daten entsteht aus zwei Gründen: erstens als Konsequenz der Zerstückelung der essentiellen Aktivitäten, weil nur die benötigten Daten jeder Aktivität zugeordnet sind. Zweitens müssen essentielle Speicher zerstückelt werden, damit die Infrastruktur nicht große Mengen von Daten verteilen muß, wodurch entweder Speicherkapazitäten von zentralen Speichern überfordert würden oder die Rechnerleistungskapazität von Prozessoren, die lange in großen Speichern suchen müßten.

19.2.2 Zusatzkomponenten

Die physikalischen Datenspeicher, die von den einzelnen Aktivitätsfragmenten benutzt werden, enthalten Zusatzkomponenten; mit anderen Worten: Elemente, die nicht benötigt würden, wenn die essentielle Aktivität mittels perfekter Technologie implementiert würde. Es gibt zwei Arten von Zusatzkomponenten. Die erste Art sind rein physikalische Datenelemente, die einzig und allein wegen der Datenspeicherungstechnologie notwendig sind. Beispiele sind Zeiger, Relativadressen oder Paritätsbits. Die zweite Art von Zusatzkomponenten sind Datenelemente, die so aussehen, als ob sie von den essentiellen Aktivitäten in dem zu modellierenden System gebraucht würden. Es gibt zwei Arten von solchen scheinbar essentiellen Datenelementen, die in Wirklichkeit physikalische Eigenschaften der gewählten Speichertechnologie widerspiegeln. Die erste Art kommt dadurch zustande, daß die physikalischen Datenspeicher die Anforderungen mehrerer essentieller Aktivitäten erfüllen. Von all den Datenelementen, die also im Zugriffsbereich einer einzelnen essentiel-

len Aktivität liegen, werden daher nur einige aktualisiert, hinzugefügt oder gelöscht; die
restlichen Daten sind für das endgültige Modell dieser einen essentiellen Aktivität nur
überflüssige Zusatzkomponenten.

Die zweite Art von physikalischen Speicherdaten, die so aussehen, als wären sie essentiell,
sind die Daten, die die essentielle Aktivität benötigt, aber nicht unbedingt abspeichern
muß. Wir nennen diese Daten *Durchgangsdaten*. Die augenfälligsten Durchgangsdaten
sind die Daten in den Stapelspeichern. Obwohl wir alle Stapelspeicher in dem Reduktionsschritt entfernt haben, enthalten die übrigen Datenspeicher sicherlich noch einige hartnäck-
kige Durchgangsdaten. Diese physikalischen Daten blieben bis zu diesem Zeitpunkt im
Modell, weil wir die Speicher nicht entfernt haben, die wenigstens einige essentielle Daten
beinhalten.

Abbildung 19.2 zeigt Fragmente, die auf einen Speicher zugreifen, in dem es noch Durchgangsdaten gibt. Unter Anwendung perfekter Technologie könnte der Prozeß „drucke
Benachrichtigungen" mit seiner Arbeit anfangen, sobald die notwendigen Daten von „trage
neuen Abonnenten ein" zur Verfügung gestellt werden. Statt dessen muß der Druckprozeß
auf die Abonnentenstammdatei zugreifen, um die gewünschte Information zu erhalten,
weil in der existierenden Implementierung diese Stapellösung gewählt wurde. Es mag in
dem System vielleicht andere Aktivitäten geben, die Zugriff auf die Abonnentenstammdatei brauchen; für diese essentielle Aktivität müßten die Datenelemente nicht gespeichert
werden.

19.2.3 Redundanz und Verwicklung

Die Wahrscheinlichkeit, mehrere Kopien der gleichen Datenelemente in verschiedenen
Datenspeichern zu finden, die von den Fragmenten einer essentiellen Aktivität benutzt
werden, ist sehr hoch. Betrachten Sie z. B. die Data-Dictionary-Definitionen in Abschnitt 19.2.1: die Nachrichtenliste und die Zimmerpreisliste werden beide von der essentiellen Aktivität „empfange Gast" benutzt, und sie enthalten beide das Datenelement „Zim-
mernummer".

Die Gründe dafür, ein Datenelement mehr als einmal abzuspeichern, sind immer physikalischer Natur. Manchmal hält man Daten doppelt, um im Falle der Zerstörung einer Kopie
noch eine Sicherungskopie zu haben, manchmal benutzt man den gleichen Zugriffsschlüs-
sel, um eine Relation zwischen zwei Objekten herzustellen. Redundante Daten entstehen
auch, weil der Programmierer es sich nicht leisten kann, einen zentralen, global zugreifba-
ren Datenspeicher, der alle Daten für alle Prozessoren enthält, zur Verfügung zu stellen.

Das letzte physikalische Merkmal, das wir in essentiellen Speichern finden, sind verwik-
kelte Daten. Wir haben schon erläutert, daß Verwicklung in Aktivitäten immer dann entsteht, wenn Datenelemente in Varietéspeichern zusammengefaßt sind. Nach solchen Varietéspeichern suchen wir also, denn sie enthalten verwickelte Datenstrukturen. Die
physikalische Speicherstruktur und die physikalischen Zugriffsaktivitäten treten immer
paarweise auf.

19.3 Physikalische Namen

Unabhängig davon, ob ein Teil des klassifizierten Fragments nun physikalischer Natur ist
oder nicht, kann es einen physikalischen Namen haben. Vielleicht heißt ein Datenfluß
Müller's Liste oder monatliche Zahlungsdiskette, oder ein Datenspeicher wurde als Ring-
ordner bezeichnet. Natürlich müssen Sie diese physikalischen Namen ändern, wenn Sie ein
essentielles Modell der Aktivitäten ableiten.

19.4 Zusammenfassung

In diesem Kapitel haben Sie die Effekte der nicht-perfekten internen Technologie innerhalb der teilweise essentiellen Fragmente kennengelernt. Die Gliederung der Fragmente innerhalb einer essentiellen Aktivität ist ein solcher Effekt. Ein anderer zeigt sich durch die nicht-perfekten Abspeichertechniken, die die Entwickler des bestehenden Systems dazu gezwungen haben, Objekte auf verschiedene Datenspeicher zu verteilen und dadurch zu fragmentieren. Als Folge davon findet man die gleichen Datenelemente oft in verschiedenen Datenspeichern, wodurch man auch die Aktivitäten, die diese Datenelemente aktualisieren, mehrfach vorfindet. Die klassifizierten Fragmente enthalten manchmal Funktionen, die von der essentiellen Aktivität, zu der sie gehören, nicht gebraucht werden. Gleichermaßen finden sich auch Datenelemente in Datenspeichern, die von der essentiellen Aktivität nicht gebraucht werden. Außerdem ist es für Systementwickler bei Verwendung von nicht-perfekter Technologie manchmal billiger, Daten in verwickelter Weise abzuspeichern, auch wenn dadurch einige Fragmente zusätzliche Sortier- und Extraktionsfunktionen ausführen müssen, um an gespeicherte Daten heranzukommen. Schließlich können Fragmente sequentiell angeordnet sein, obwohl sie eigentlich von der Sache her unabhängig voneinander arbeiten könnten.

Obwohl wir bis jetzt alle offensichtlichen Anzeichen von nicht-perfekter Technologie entfernt haben – die Prozessorgrenzen, die Infrastruktur, die Administration – sind all diese physikalischen Charakteristika noch immer in den klassifizierten Fragmenten, die wir zum Aufbau des essentiellen Modells verwenden, vorhanden. In den nächsten beiden Kapiteln entfernen wir diese Charakteristika, wenn wir uns um den Neuaufbau und die Modellierung einer essentiellen Aktivität bemühen.

Kapitel 20
Die Ableitung
einer essentiellen Aktivität

Um die Essenz einer essentiellen Aktivität aus den klassifizierten physikalischen Fragmenten abzuleiten, führen Sie ein Acht-Schritte-Verfahren durch:

1. Wählen Sie eine essentielle Aktivität aus
2. Entdecken Sie den Kern der essentiellen Aktivität
3. Entfernen Sie alle überflüssigen physikalischen Eigenschaften
4. Fassen Sie die übrigbleibenden Fragmente zusammen
5. Zerlegen Sie den essentiellen Speicher
6. Minimieren Sie die essentiellen Speicherzugriffe
7. Legen Sie die essentielle Reihenfolge zwischen den Aktivitäten fest
8. Legen Sie einen physikalischen Ring fest

Da diese Ableitungsprozedur sowohl lang wie auch verwirrend ist, wollen wir Ihnen zunächst ein Gefühl für die zugrundeliegende Strategie vermitteln: diese Strategie besagt, daß wir die Definition einer essentiellen Aktivität aus der Reaktion, die sie produzieren muß, ableiten wollen.

20.1 Ableitung aus der Reaktion

Um eine essentielle Aktivität abzuleiten, fangen wir mit der Ausgabe oder der Reaktion an und verfolgen den Prozeß, der sie erzeugt, rückwärts. Wir überlegen uns dabei insbesondere, welche gespeicherten Informationen aus dem essentiellen Speicher notwendig sind, um die Antwort zu erstellen, und welche Informationen direkt aus der Umwelt entnommen werden können. (Diese Informationen aus der Umwelt stellen die Eingaben für die essentielle Aktivität dar.) Diesen Vorgang wiederholen wir für jede essentielle Reaktion, die von dieser Aktivität erzeugt wird.

Es gibt geringfügige Unterschiede in dem Verfahren, je nachdem, welche Art von Reaktion die essentielle Aktivität erzeugt. Eine Reaktion kann entweder *extern,* d. h. an die Umwelt gerichtet, sein, oder *intern,* d. h. sie geht in den essentiellen Speicher des Systems. Abbildung 20.1 zeigt diese beiden Arten von Reaktionen, von denen jede einzelne, aber auch beide zusammen, von einer essentiellen Aktivität erzeugt werden kann, je nachdem, ob die Aktivität nur eine grundlegende Aktivität ist oder ausschließlich eine Verwaltungsaktivität oder aber eine Mischung aus den beiden. Die essentielle Aktivität 1 in Abbildung 20.1, „stelle Kopie des Lehrplans aus", ist eine ausschließlich grundlegende Aktivität, daher geht als einzige Reaktion an die Umwelt: der Datenfluß „Stundenplan eines Studenten". „Stelle Kopie des Stundenplans aus" hat keine Verwaltungsaufgaben zu erfüllen, daher gehen davon keine Aktualisierungen eines Speichers aus. „Registriere Studenten für eine Vorlesung" ist eine reine Verwaltungsaktivität, und außer dem Fehlerausgang produziert sie nur interne Reaktionen: Aktualisierungen der Speicher „Student", „Vorlesung" und „Inskription".

Um eine externe Reaktion voll zu verstehen, müssen Sie herausfinden, welche Aktionen notwendig sind, um die Antwort zu erzeugen, und welche Datenelemente für diese Aktionen gebraucht werden. Einige dieser Datenelemente sind vielleicht direkt aus der Umwelt

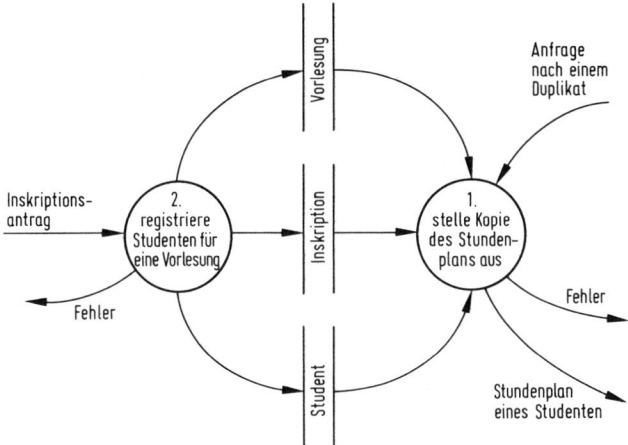

Abb. 20.1: Zwei Arten von essentiellen Reaktionen

erhältlich, andere hingegen kommen vielleicht aus dem essentiellen Speicher des Systems. Um zum Beispiel den Stundenplan eines Studenten aufzustellen, muß die essentielle Aktivität Speicherdaten über die Inskriptionen des Studenten haben, zusätzlich zu den Informationen über den Studenten und die Vorlesungen selbst. Das sind die Anforderungen an den essentiellen Speicher des Systems. Die Aktivität „stelle eine Kopie des Stundenplans aus" muß auch wissen, für welchen Studenten diese Kopie ausgestellt werden soll. Diese Information muß von der Systemumgebung kommen; daher gibt es eine Anforderung an den eingehenden Datenfluß „Anfrage nach einem Duplikat": er muß ein Datenelement beinhalten, durch das der Student identifiziert werden kann, wie z. B. die Immatrikulationsnummer.

Im Falle einer internen Reaktion müssen Sie festlegen, wie die Daten, die aus der Systemumgebung gewonnen wurden, abgespeichert werden sollen, und auch, welche anderen essentiellen Speicherdaten Sie dazu brauchen, die Gültigkeit der eingehenden Daten zu überprüfen. Die Aktivität „registriere Studenten für eine Vorlesung" in Abbildung 20.1 aktualisiert z. B. drei essentielle Speicher: sie hält Daten über die Inskription selbst in dem Datenspeicher „Inskription" fest (zum Beispiel das Datum der Inskription, die möglichen Bewertungen wie „teilgenommen", „positiv oder negativ abgeschlossen" oder eine Note), und sie trägt die Beziehungen zwischen dem Studenten und der Vorlesung in die jeweiligen Datenspeicher ein. Um diese Aufgaben ausführen zu können, braucht die Aktivität Daten aus dem Inskriptionsantrag, um festzustellen, welcher Student sich für welche Vorlesung einschreiben möchte. Um sicherzustellen, daß der Antrag korrekt ist, muß diese Verwaltungsaktivität die Informationen, die aus der Systemumgebung kommen, mit den intern gespeicherten Informationen vergleichen. Das heißt in diesem Fall, daß diese Aktivität prüfen wird, ob der Student, der sich hier für eine Vorlesung anmelden will, auch in der Studentendatei bekannt ist, und ob die Vorlesung, für die er sich anmeldet, in dem Speicher der Vorlesungen vorgesehen ist.

Der Ableitungsprozeß, der im folgenden beschrieben wird, ist aber noch in viel genauere und klarere Schritte unterteilt. Sie müssen sich dieser zusätzlichen Mühe unterziehen, um mit so praktischen Problemen wie den verborgenen physikalischen Charakteristika in den essentiellen Fragmenten fertigzuwerden und die Schwierigkeiten zu meistern, wenn Sie den essentiellen Speicher so modellieren wollen, daß er nicht nur beim Lesen des Modells leicht zu verstehen ist, sondern auch frei von allen physikalischen Vorurteilen. Aber vergessen Sie trotz aller Detailschritte nicht die zugrundeliegende Strategie: wir arbeiten uns rückwärts von den essentiellen Reaktionen bis zu den Anforderungen für die Aktivität, den Speichern und den externen Eingabedaten durch.

20.2 Die Auswahl einer essentiellen Aktivität

Wenn Sie das 8-Schritte-Verfahren, das wir in diesem Kapitel vorstellen, durchführen, dann arbeiten Sie immer an einer einzelnen essentiellen Aktivität, so als ob diese komplett vom Rest des Systems losgelöst wäre. Das Ergebnis ist daher ein unabhängiges Modell für jede Aktivität. Daher müssen Sie als erstes eine essentielle Aktivität aus den Datenflußdiagrammen der klassifizierten essentiellen Fragmente aussuchen.

Da Sie sich zu diesem Zeitpunkt nicht um die Schnittstellen zwischen den essentiellen Aktivitäten kümmern müssen, können Sie eine beliebige Aktivität auswählen. Da Sie aber das Wissen, das Sie bei der Modellierung einer essentiellen Aktivität gewinnen, sicherlich bei der Modellierung der nächsten Aktivitäten ausnutzen können, sollten Sie mit der Aktivität beginnen, die Ihnen das meiste Wissen über die Essenz des Systems vermittelt.

Die Aktivitäten mit dem größten essentiellen Informationsgehalt sind die grundlegenden Aktivitäten oder die Mischungen aus grundlegenden Aktivitäten und Verwaltungsaktivitäten oder diejenigen Verwaltungsaktivitäten, die auf mehreren Speichern arbeiten. Das heißt, Sie sollten sich die Verwaltungsaktivitäten, die nur einen einzigen Speicher aktualisieren, bis zum Schluß aufheben (wie z.B. ändere die Adresse des Abonnenten). Da es wahrscheinlich eine Menge von Aktivitäten im System gibt, die nützliche Informationen bereitstellen, müssen Sie sich auf Ihren Spürsinn verlassen. Aber denken Sie nicht zuviel darüber nach, welche Aktivität nun die optimale für den Anfang ist. Wenn Sie sich nicht entscheiden können, dann nehmen Sie die Aktivität mit den meisten Datenflüssen zur Umwelt und den meisten Speicherzugriffen.

20.3 Das Freilegen des Kerns einer essentiellen Aktivität

Nach der Auswahl einer Aktivität sollen Sie im nächsten Schritt den logischen Kern herausschälen oder alles das, was übrigbleibt, wenn man die Schnittstellenaktivitäten zur Umwelt wegnimmt. Mit letzterem meinen wir die Aktivitäten, die notwendig sind, um mit der nicht-perfekten Technologie außerhalb des Systems fertigzuwerden, wie wir in Kapitel 6 erläutert haben. Sie werden sich erinnern, daß das Prinzip der perfekten internen Technologie besagt, daß wir beim Ableiten des essentiellen Modells nur die Auswirkungen der nichtperfekten Technologie weglassen, die innerhalb unseres Systems liegen.

Als erstes können Sie das physikalische Modell reduzieren. Wie wir in Kapitel 16 erläutert haben, gehören die Transport- und Verwaltungsaktivitäten zu den Eigenschaften des physikalischen Rings. Wir haben sie bis jetzt im Datenflußdiagramm behalten, weil sie notwendig waren, um mit der Technologie außerhalb des Systems zu kommunizieren. Obwohl diese Teile zu den wahren Anforderungen gehören, verschleiern sie andere essentielle Teile, da die Ein- und Ausgaben zur externen Welt dadurch in Paketkanäle gepreßt werden. Wenn Sie den reaktionsgesteuerten Ansatz auf ein Modell mit derartigen physikalischen Schnittstellen anwenden, dann betrachten Sie häufig ein physikalisches Bündel, d.h. mehrere verschiedene Reaktionen zusammen, als eine einzige Reaktion. Statt jeden einzelnen Pfad für jede einzelne Reaktion zu verfolgen, kann es Ihnen passieren, daß Sie einen fürchterlich komplizierten Pfad für ein Bündel von Reaktionen verfolgen. Dann leiten Sie vielleicht ein Modell ab, das nicht so einfach und so technologieneutral ist, wie es sein könnte. Sie vergrößern auch die Wahrscheinlichkeit, nicht alle wahren Anforderungen zu erkennen.

Um zu vermeiden, daß Ihnen essentielle Teile durch die Lappen gehen, heben Sie die Anforderungen bezüglich der physikalischen Schnittstellen mit der Außenwelt zwar auf, aber Sie sollten diese von der restlichen Essenz abtrennen. Diese Auftrennung liefert als

Ergebnis dann den wirklichen logischen Kern der essentiellen Aktivität. Sie wenden die reaktionsgesteuerte Ableitung dann auf diesen logischen Kern an. Mit anderen Worten: Sie beginnen den Ableitungsprozeß mit den Reaktionen des Systems, die *noch nicht* durch die physikalischen Schnittstellen zur Umwelt geflossen sind.

Um die Fragmente abzutrennen, die die physikalischen Schnittstellen behandeln, sollten Sie den Pfad jedes Ein- und Ausgabedatenflusses verfolgen, der das klassifizierte Fragment mit der Umwelt verbindet. Markieren Sie die Stelle, wo die Aktivität aufhört, sich mit den physikalischen Charakteristika der Ein- oder Ausgabe herumzuschlagen, und wo sie anfängt, andere Operationen auszuführen, die unabhängig von den physikalischen Schnittstellen sind. In beiden Fällen können Sie die Klasse von Aufgaben festlegen, wenn Sie sich fragen, ob diese Aktivität auch nötig wäre, wenn die Systemumgebung perfekte Technologie hätte.[*]

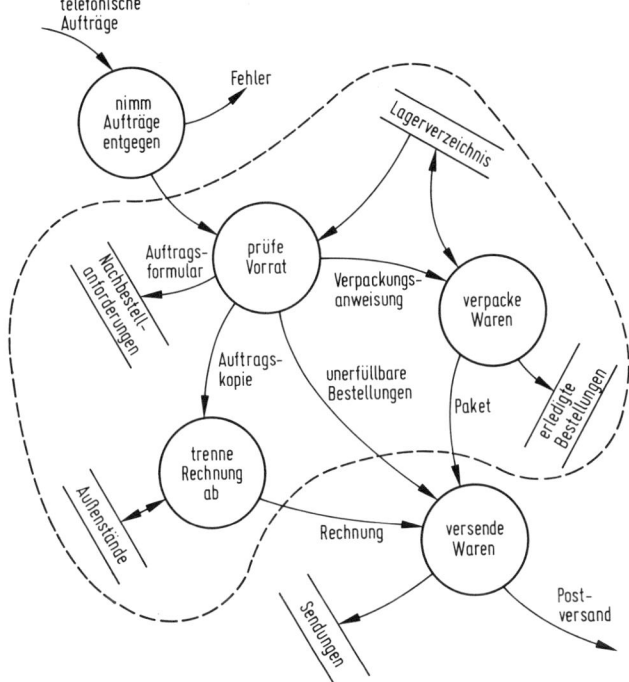

Abb. 20.2: Abgrenzung der externen Schnittstellen von anderen essentiellen Fragmenten

Abbildung 20.2 zeigt ein Beispiel für einen physikalischen Ring und dessen Abtrennung vom logischen Kern durch eine gestrichelte Linie. Zum logischen Kern gehören die Aktivitäten „prüfe Vorrat", „trenne Rechnung ab" und „verpacke Waren", obwohl „verpacke Waren" ein Grenzfall ist, denn der Verpackungsprozeß ist abhängig von der Art und Weise, wie die Umwelt die Pakete behandeln kann. „Nimm Aufträge entgegen" und „versende Waren" hingegen sind einzig und allein abhängig von der Technologie, mit der die essentiellen Aktivitäten mit der Umwelt kommunizieren. „Nimm Aufträge entgegen" erlaubt der Aktivität auch den Umgang mit einem Telefonsystem, und „versende Waren" leitet die Pakete an den öffentlichen Postdienst weiter.

---

[*] Diejenigen von Ihnen, die mit den Techniken von Structured Design vertraut sind, werden in diesem Ansatz den „Transform Centered Approach" wiedererkennen, in dem man auch das Transformationszentrum bestimmt, bevor man eine erste Programmhierarchie ableitet.

20.4 Das Entfernen überflüssiger physikalischer Eigenschaften

Der logische Kern aus dem vorigen Schritt enthält immer noch einige physikalische Merkmale. Wie wir in Kapitel 19 erläutert haben, sind dies vor allem überflüssige Datenelemente, die in Datenflüssen oder Datenspeichern enthalten sind.

Man erhält jedes Datenelement der Reaktion entweder aus einem Eingabedatenfluß oder aus dem essentiellen Speicher. Man sollte die Datenelemente von diesen beiden Quellen in eine der folgenden Kategorien einordnen können: Durchgangsdaten, die in dieser essentiellen Aktivität nicht verändert werden und in der endgültigen Reaktion aufscheinen; Inhaltsdaten, die man braucht, um Ausgangsdaten abzuleiten, die aber selbst nicht in der Reaktion auftauchen; ferner Schlüsseldaten, die zur Identifikation von anderen Ausgangsdatenelementen im essentiellen Speicher benutzt werden. Zu diesem Zeitpunkt gibt es noch viele Datenelemente im Modell, die nicht in eine der drei Kategorien fallen. Derartige Datenelemente findet man entweder in Datenflüssen zwischen physikalischen Aktivitätsfragmenten oder in Zugriffen zu Datenspeichern, die logisch unnötig sind.

Als ersten Schritt zum Entfernen dieser überflüssigen Datenelemente wählt man eine essentielle Reaktion zur näheren Analyse aus. Man studiert diese Reaktion und arbeitet sich rückwärts durch, wobei man jeden Datenfluß betrachtet, jeden Zugriff auf einen Datenspeicher und alle Elemente in den Datenspeichern. Sobald man ein Datenelement findet, das weder ein Durchgangsdatum noch ein Inhaltsdatum noch ein Schlüsseldatum ist, sollte man es hemmungslos entfernen.

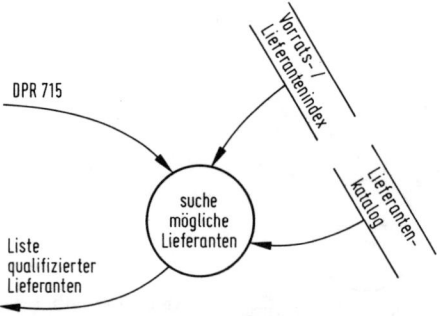

Abb. 20.3: Eine Aktivität mit unnötigen Datenelementen

In Abbildung 20.3 sehen Sie das Fragment einer essentiellen Aktivität und dazugehörige Data-Dictionary-Einträge, die solch überflüssige Datenelemente enthalten, wie man sie häufig findet. Die Aktivität „suche mögliche Lieferanten" enthält nur eine Reaktion, den ausgehenden Datenfluß „Liste qualifizierter Lieferanten"; daher fangen wir damit unsere Suche an. Wir vergleichen dessen Datenelemente mit den Inhalten der Speicher und dem eingehenden Datenfluß DPR715. Das einzige Durchgangsdatum, das von der Eingabe zur Ausgabe fließt, ist „Vorratsbeschreibung". Daher können wir dieses nicht aus der essentiellen Aktivität entfernen, denn es ist Teil der Reaktion.

Da keines der anderen Elemente von DPR715 in der Ausgabe aufscheint, haben wir eine Liste von Kandidaten, die eventuell gestrichen werden können. Aber wir müssen sie einzeln betrachten. Der Grund dafür wird sofort deutlich, wenn wir mit „Vorratsnummer" beginnen. Obwohl diese nicht Teil der Reaktion ist, können wir sie nicht entfernen, denn wir brauchen sie für den Zugriff auf den Lieferantenindex. Vorratsnummer ist ein Beispiel für ein Schlüsseldatum: es wird dazu benutzt, die Lieferanten zu finden, die ein bestimmtes Produkt verkaufen. Beachten Sie, daß auch perfekte interne Technologie daran nichts ändert, da DPR715 aus der Systemumgebung kommt; dessen Elemente würden sich nicht ändern, wenn wir innerhalb des Systems Änderungen vornähmen.

Die anderen Datenelemente von DPR715 sind überflüssig. Sie werden nicht als Teil der Reaktion verwendet; es sind auch keine Bestandteile von Ausgabedatenelementen, und es sind keine Schlüsseldaten. Daher sollte man sie entfernen.

Genauso, wie wir die Datenelemente von DPR715 entfernt haben, können wir die Datenspeicher säubern. Die Datenelemente „Name des Lieferanten", „Adresse des Lieferanten", „Ansprechpartner" und „Telefonnummer des Ansprechpartners", die als Elemente im Lieferantenkatalog stehen, tauchen auch in der Ausgabeliste wieder auf, daher sind sie essentiell. „Telefonnummer des Lieferanten", „Auswahldatum" und „Datum der letzten Bestellung" spielen in der essentiellen Aktivität keine Rolle, daher sollten sie entfernt werden.

DPR715   = *Liste der zu bestellenden
                            Vorräte*
                          = Datum der Liste + Tagesdatum +
                            {Vorratsnummer +
                            Vorratsbeschreibung +
                            Bestellmenge}

Lieferantendaten   = {Name des Lieferanten +
                            Adresse des Lieferanten +
                            Ansprechpartner + Telefonnummer
                            des Ansprechpartners}

Lieferantenindex   = {*Vorratsnummer* +
                            {Lieferantencodenummer}}

Lieferantenkatalog   = {*Lieferantencodenummer* +
                            Name des Lieferanten +
                            Telefonnummer des Lieferanten +
                            Auswahldatum +
                            Datum der letzten Bestellung +
                            Ansprechpartner + Telefonnummer
                            des Ansprechpartners}

Liste qualifizierter Lieferanten = {Vorratsbeschreibung +
                            {Lieferantendaten}}

Nach diesem Schritt haben Sie noch das Element „Lieferantencodenummer" in dem Lieferantenindex, ferner den ganzen Lieferantenkatalog. Die essentielle Aktivität „suche mögliche Lieferanten" verwendet zuerst die Vorratsnummer, um im Lieferantenindex Lieferantencodenummern zu finden. Diese werden dann zum Zugriff auf den Lieferantenkatalog verwendet. Keines dieser beiden Datenelemente ist Teil der endgültigen Reaktion dieser Aktivität, und sie werden auch keinen Berechnungen unterworfen. Ihre eigene Rolle ist daher die von Schlüsseldaten. Wir wissen schon, daß die Vorratsnummer essentiell ist, aber was ist mit der Lieferantencodenummer? Ist dies auch ein Schlüsseldatum, oder ist es überflüssig?

Die Lieferantencodenummer ist ein Teil des *internen* Zugriffsmechanismus für einen Datenspeicher. Die Wahl einer Lieferantencodenummer, die eindeutig jeden Lieferanten kennzeichnet, und die Wahl einer Indextabelle, die die Vorratsnummer mit den Lieferantencodenummern in Verbindung setzt, ist eine von vielen möglichen Implementierungsarten der Anforderungen, die diese essentielle Aktivität an den Speicher stellt. Wenn man für dieses System Datenbanktechnologie verwendet, dann könnten die Segmente der Vorräte direkte Verweise auf die Segmente der Lieferanten enthalten. Wir wollen keine Datenelemente im Modell behalten, die wegen einer speziellen Implementierungstechnologie existieren. Statt dessen wollen wir die zugrundeliegenden Anforderungen erkennen, die uns alle möglichen Implementierungen erlauben. In diesem Fall ist die zugrundeliegende Anforderung, daß man bestimmte Vorräte (die durch eine Vorratsnummer identifiziert werden) mit allen Lieferanten, die diesen Vorrat liefern können, in Beziehung setzt. Die Lieferantencodenummer ist daher überflüssig und wird aus dem Modell entfernt.

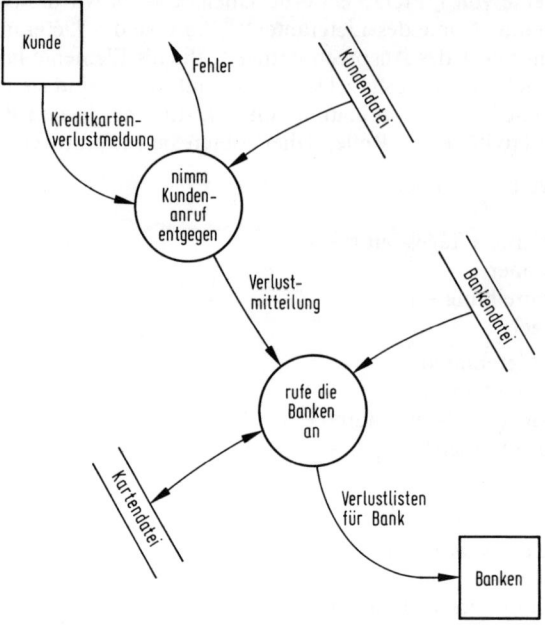

Abb. 20.4: Fragmente der Aktivität „leite Verlustmeldung weiter"

Abbildung 20.4 und die zugehörigen Datendefinitionen zeigen ein etwas komplizierteres Beispiel dieses Teilschritts, in dem wir überflüssige Datenelemente entfernen. Die zwei Prozesse in der Abbildung 20.4 sind Fragmente der essentiellen Aktivität „leite Verlustmeldung weiter". Dies ist eine geplante Reaktion in einer Firma, die die Verlustmeldungen von Kreditkarten an die Banken weiterleitet, die die Kreditkarten ausgestellt haben. Wenn man die Dienste dieser Firma in Anspruch nehmen will, dann braucht man sich nur die eine Telefonnummer dieser Firma zu merken, statt der unterschiedlichen Nummern der einzelnen Banken, die die Kreditkarten ausstellen, und statt der Kreditkartennummern und der Gültigkeitsdaten.

Kreditkartenverlustmeldung = Kundennummer + Tag des Verlusts +
Uhrzeit des Verlusts +
[„alle Karten verloren"
Kartenart + (Kartennummer +
Ablaufdatum)]

Verlustliste an Bank   = *Meldung von Kartenverlusten an die ausstellende Bank*
= {Kartennummer + Ablaufdatum +
Kundenname}

Kartendatei   = *Kundennummer* + {*Kartenart* +
Kartennummer + Ablaufdatum +
(Verlustdatum)}}

Kundendatei	$= \{$*Kundennummer* + Kundenname + Kundenadresse + Subskriptionsdatum + Ablaufdatum des Vertrags$\}$
Bankendaten	$= \{$*Kartenart* + Bankenname + Telefonnummer für Verlustmeldungen$\}$

Der Hauptunterschied zwischen diesem und dem vorhergehenden Beispiel ist, daß wir hier zwei Reaktionen haben: eine ist extern und daher grundlegend, die andere ist intern und gehört daher zur Verwaltung. Die grundlegende Reaktion ist der Datenfluß „Verlustliste an Bank". Aus der Definition dieses Datenflusses sehen Sie, daß man die Kartennummer, das Ablaufdatum und den Kundennamen braucht. Die ersten beiden Elemente könnte der Kunde liefern, aber höchstwahrscheinlich sagt er: „Ich habe alle meine Kreditkarten verloren" oder „Ich habe meine Eurocard verloren" und überläßt es dann der Servicefirma, die Kartennummer und das Ablaufdatum für jede angemeldete Karte herauszufinden.

Natürlich muß man sich in dieser Aktivität die Angaben über die Kreditkarten des Kunden merken, aber muß man auch den Namen des Kunden abspeichern? Betrachtet man die Definition der Kreditkartenverlustmeldung, so sieht man, daß der Kunde seinen Namen beim Melden eines Verlusts nicht nennt. Statt dessen nennt er seine Kundennummer bei der Servicefirma, um Mißverständnisse bei gleichen Namen auszuschließen. Daher ist die Kundennummer ein notwendiges Datenelement, und zwar nicht, weil man es für die Ausgabe braucht, sondern weil es als Schlüsseldatum dient, um andere Datenelemente für die Ausgabe in den Datenspeichern zu finden. Zusammenfassend brauchen wir also die Kundennummer, die der Kunde zum Zeitpunkt der Verlustmeldung bereit haben muß, den Kundennamen, der Teil des essentiellen Speichers ist, und Kartenart, Kartennummer und Ablaufdatum, die normalerweise aus dem essentiellen Speicher entnommen werden, die aber auch vom Kunden bei der Verlustmeldung angegeben werden können.

Sie müssen jetzt noch die Datenelemente betrachten, die aus der Systemumgebung hereinkommen oder von den essentiellen Speichern des Systems. Um deren Rolle festzustellen, untersuchen wir die zweite Reaktion von „leite Verlustmeldung weiter": Die Aktualisierung der Kartendatei durch den Prozeß „rufe die Banken an". Dies ist ein einfacher Verwaltungsvorgang: sobald eine Karte als verloren gemeldet wird, wird dieser Speicher aktualisiert, indem das Verlustdatum in die Kartendatei eingetragen wird. Die Informationen kommen vom Kunden mittels der Kreditkartenverlustmeldung.

Zu diesem Zeitpunkt können Sie nicht feststellen, ob diese Aktualisierung des essentiellen Speichers notwendig ist. Sie betrachten jede Aktivität für sich und können nicht alle anderen essentiellen Aktivitäten gleichzeitig untersuchen, um festzustellen, ob das Verlustdatum jemals irgendwo gebraucht wird, und falls ja, ob der Zugriff dann wirklich essentiell ist. Im Augenblick müssen Sie von der Annahme ausgehen, daß dieses Datenelement ein nützlicher Bestandteil des essentiellen Speichers ist und daß es daher auch Bestandteil des eingehenden Datenflusses Kreditkartenverlustmeldung bleiben muß. Diese Annahme werden wir erst im zweiten Durchgang des Ableitungsprozesses verifizieren, wenn wir das Modell als Ganzes betrachten.

Obwohl Sie jetzt Bescheid wissen über die Datenelemente, die für die zwei Reaktionen von „leite Verlustmeldung weiter" benötigt werden, und auch über die Schlüsseldaten, gibt es noch ein zusätzliches Datenelement, das gebraucht wird: die Telefonnummer für Verlustmeldungen. Das sind die Telefonnummern der einzelnen Banken, die diese Firma wählen muß, um die Verlustliste weitergeben zu können. Diese Telefonnummer ist ein Inhaltsdatum, da man es braucht, um die Verlustliste absetzen zu können, obwohl sie kein Bestandteil der Liste ist.

Die Telefonnummern der Banken sind auch physikalische Datenelemente, die stark von der Technologie bestimmt sind. Daher könnten Sie sich fragen, ob sie überhaupt in einem logischen Modell auftauchen sollten. Die Erklärung dafür ist wiederum der Unterschied zwischen externer und interner Technologie. Die Telefonnummern sind essentielle Datenelemente, einfach deshalb, weil die Technologie, die hier verwendet wird, außerhalb der Einflußsphäre des Systems liegt. Wenn es eine Telefonnummer wäre, die der eine Prozessor des Systems benutzt, um die Verlustmitteilung an den anderen Prozessor des Systems weiterzuleiten, dann könnte man sie entfernen. Weil sie jedoch von diesem System benutzt wird, um die Verlustliste an ein ganz anderes System weiterzuleiten, müssen Sie sie im Modell belassen.

Nachdem wir alle Speicherdaten und Durchgangsdaten kennen, die man braucht, um die essentiellen Reaktionen des Systems zu erzeugen, können wir die restlichen Elemente entfernen. Die Kreditkartenverlustmeldung braucht die Uhrzeit des Verlustes nicht. Außerdem können Sie die folgenden Elemente aus den Speichern streichen: Kundenadresse, Subskriptionsdatum, Ablaufdatum des Vertrags und Bankenname. Diese Streichungen klingen vielleicht nicht plausibel, da diese Datenelemente so aussehen, als wären sie essentiell. Wie kann denn die Firma mit den Kunden korrespondieren, wenn sie die Adresse nicht hat? Und wie kann die Firma die Verlängerungsgebühren eintreiben, wenn sie nicht weiß, wann der Vertrag mit den Kunden ausläuft? Diese Datenelemente können schon essentiell sein, wenn Sie die Aktivitäten betrachten, die sie benutzen. Aber da sie für diese Aktivität nicht notwendig sind, sollten sie jetzt entfernt werden.

20.5 Zusammenfassen der übriggebliebenen Fragmente

Sie haben noch immer zwei wesentliche Problemkreise vor sich: zuerst müssen Sie in dem logischen Kern die Zugriffe zu Speicherdaten minimieren, die durch fürchterlich zusammengemixte Varietéspeicher zustande kommen. Und zweitens müssen Sie die Einzelaktivitäten in die richtige essentielle Reihenfolge bringen.

Sie können keines der beiden Probleme angehen, wenn Sie nicht zuerst die Aufteilung der Aktivitäten und der Speicherdaten, die wir bis jetzt hatten, eliminieren. Durch das Zusammenfassen der essentiellen Fragmente können Sie die essentielle Reihenfolge der Aktivitäten klar erkennen. Das Zusammenfassen hilft Ihnen auch dabei, redundante Datenelemente und die dazugehörigen Aktualisierungsprozesse zu entfernen. Manchmal braucht man auch keine weitere Zerlegung, wenn die restlichen Elemente der essentiellen Aktivität nicht zu komplex sind. Wenn man die Datenspeicher zusammenfaßt, kann man eine redundanzfreie Menge von essentiellen Zugriffsfunktionen schaffen.

Das Zusammenfassen der essentiellen Aktivitäts- und Speicherfragmente ist relativ leicht. Sie führen alle Aktivitäten zusammen, die zu dieser essentiellen Aktivität gehören, so als ob man sie in einer einzigen Mini-Spezifikation beschreiben wollte. In gleicher Weise verknüpfen Sie auch alle Datenelemente und Beziehungen, von denen Sie bisher Kenntnis haben, so als sollten sie in einem einzigen Datenspeicher abgelegt werden. Während dieses Vorgangs entfernen Sie alle redundanten Datenelemente und Beziehungen, die Sie noch erkennen. Am Ende haben Sie dann eine Menge von detaillierten Aktivitäten und eine Menge von Datenelementen und Beziehungen zwischen diesen Datenelementen.

Abbildung 20.5 zeigt, wie das Ergebnis dieses Schritts für „leite Verlustmeldung weiter" nach der Zusammenfassung aussehen könnte, wenn man es jetzt explizit zu Papier brächte. Beachten Sie, daß die beiden Fragmente aus Abbildung 20.4, die von verschiedenen Prozessoren bearbeitet wurden, jetzt ein einziger Prozeß (mit einer einzigen Mini-Spezifika-

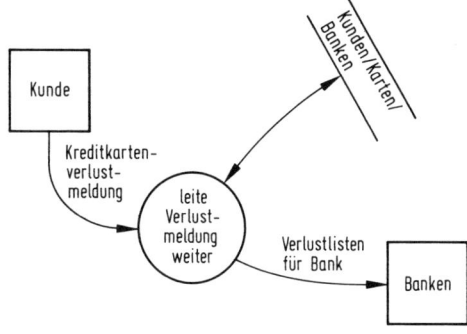

Abb. 20.5: Die Fragmente von „leite Verlustmeldung weiter" nach der Zusammenfassung

tion) geworden sind. Durch das Zusammenfassen der Prozesse und ihrer Mini-Spezifikationen haben wir die Überbleibsel der Infrastruktur entfernt, mittels derer sich die beiden Prozessoren verständigt haben. Das einzig sichtbare Überbleibsel davon in Abbildung 20.4 war der Datenfluß Verlustmitteilung, der im bestehenden System auf Papier weitergegeben wurde. Die Mini-Spezifikationen von „nimm Kundenanruf entgegen" und „rufe die Banken an" erläutern diesen internen Kommunikationsmechanismus für das interne Erfassen und Weiterleiten von Verlustmeldungen. Wenn wir diesen Datenfluß entfernen und die Mini-Spezifikationen zusammenfassen, dann werden wir auch diesen Rest der derzeitigen Inkarnation des Systems los.

Der Ansatz zum Zusammenfassen der Datenspeicher ist ähnlich. So mischen wir die drei Speicher aus Abbildung 20.4 (abzüglich ihrer nicht-essentiellen Komponenten) zu dem einen Speicher Kunden/Karte/Banken in Abbildung 20.5. Der folgende Eintrag im Data Dictionary für diesen neuen Speicher zeigt, daß nur die für die Essenz dieser Aktivität absolut notwendigen Datenelemente enthalten sind, d. h. diejenigen, die man entweder zur Erzeugung der Reaktion oder als Speicherinformation braucht:

Kunden/Karte/Banken = {*Kundennummer* + Kundenname +
{*Kartenart* + *Kartennummer* +
Ablaufdatum + Telefonnummer für
Verlustmeldungen + (Verlustdatum)}}

Solange Sie noch wenig Erfahrung mit der Ableitungstechnik haben, sollten Sie diese Zusammenfassung vielleicht auf Papier machen, indem Sie ein neues DFD zeichnen und neue Mini-Spezifikationen und Data-Dictionary-Einträge schreiben, die Ihnen dabei helfen, den Vorgang gut zu verstehen. Sie werden allerdings sehr rasch lernen, diesen Schritt nur gedanklich zu vollziehen, und können sich dann die Zwischendokumentation sparen. Wichtig dabei ist jedoch, daß Sie aufhören, nur über die *einzelnen* Fragmente nachzudenken. Sie sollten die Fragmente geistig in einen Mixer stecken und alle Erinnerung an die ehemalige Aufteilung damit auslöschen.

20.6 Die Aufteilung des essentiellen Speichers

Im nun folgenden ersten Schritt der neuen Definition der essentiellen Aktivität müssen Sie eine neue Sichtweise des essentiellen Speichers, der von der Aktivität gebraucht wird, schaffen. Diese Sichtweise sollte frei von allen technologischen Vorurteilen sein. Am besten erreichen Sie dieses Ergebnis durch die objektorientierte Aufteilung, die wir in Teil 2 diskutiert haben. In diesem Abschnitt zeigen wir Ihnen, wie die objektorientierte Aufteilung Sie dazu bringt, die Speicherdaten als eine oder mehrere Gruppen von Datenelementen und Relationen zu sehen, und wie Sie die Relationen zwischen den gewählten Sichtweisen in ihr Modell einbinden können.

Zuerst sollten wir jedoch noch einmal kurz die objektorientierte Aufteilung als Mittel zur Strukturierung des essentiellen Speichers betrachten. Ein Objekt besteht aus einer oder mehreren Gruppen von Datenelementen. Jede davon beschreibt in der realen Welt eines der Objekte, die in dem Datenspeicher dargestellt werden. Eine solche Gruppe nennen wir eine Ausprägung eines Objekts. In den meisten Fällen kann man eine Ausprägung eines Objekts eindeutig identifizieren, indem man den Wert eines oder mehrerer Schlüsselelemente angibt. Ein Datenelement sollte immer nur einem Objekt zugeordnet sein. Wenn man ein Datenelement gleichzeitig zwei oder mehreren Objektspeichern zuordnet, dann erhöht man die Komplexität und die Technologieabhängigkeit des essentiellen Speichers.

Um zu einer objektorientierten Aufteilung des essentiellen Speichers zu kommen, sollten Sie die folgenden vier Schritte durchführen:

1. Schreiben Sie alle Datenelemente auf, die Teil des essentiellen Speichers sein müssen.
2. Benennen Sie die Objekte, die durch diese Datenelemente dargestellt werden.
3. Erstellen Sie einen Datenspeicher für jeden Objektnamen und ordnen Sie diesem die Datenelemente zu, die das Objekt am besten beschreiben. (Diesen Schritt bezeichnen wir als Attributierung.)
4. Korrigieren Sie eventuelle Fehler in der Attributierung der Objekte.

Den ersten der vier Schritte haben wir schon durchgeführt, als wir die essentiellen Elemente identifiziert haben, um die überflüssigen physikalischen Elemente zu entfernen. Daher müssen wir nur noch die drei restlichen Schritte genauer betrachten.

20.6.1 Identifizieren von Objekten

Ausgehend von der Liste der essentiellen Datenelemente sollten Sie darüber nachdenken, was diese Ihnen sagen oder was sie beschreiben. Wenn dies die Adjektive in einem Satz wären, was wären dann die Hauptwörter, zu denen sie gehören? Die Antworten darauf gibt Ihnen eine Liste von guten Kandidaten für Objekte. Die meisten Objekte kommen aus einer von drei oder vier Quellen. Wenn man diese Quellen untersucht, findet man die Objekte sehr schnell. Als erstes sollte man in der Systemumgebung suchen. Betrachten Sie das Kontextdiagramm und suchen Sie die „wichtigen anderen", die mit dem System kommunizieren, wie z. B. die Einheiten, die an externen Ereignissen beteiligt sind. (Einige typische Beispiele dafür sind Kunde, Lieferant und Regierung.)

Die essentiellen Ein- und Ausgaben des Systems sind eine zweite Quelle für Objekte. Systeme müssen sich oft Ereignisse und Reaktionen für spätere Arbeiten merken. In einem Abrechnungssystem sind die Rechnungen, die ein Lieferant schickt, mit großer Wahrscheinlichkeit Objekte, wie auch die Zahlungen, die vom System geleistet werden. Steuerrückzahlungen und Steuernachzahlungen sind Beispiele für Objekte, wenn wir über die Essenz eines Einkommenssteuersystems nachdenken.

In kommerziellen Systemen findet man oft Objekte, die vertragliche Beziehungen zwischen dem System und anderen externen Systemen sind. Objekte können also Produkte sein oder Dienstleistungen oder andere Ressourcen, die Teil des Systems sind oder vom System verwaltet werden.

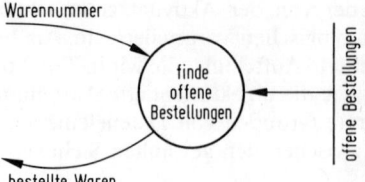

Abb. 20.6: DFD für die essentielle Aktivität „finde offene Bestellungen"

Um den Prozeß der Jagd nach Objekten besser zu illustrieren, betrachten wir einmal das Beispiel in Abbildung 20.6 mit den zugehörigen Mini-Spezifikationen und Data-Dictionary-Einträgen. Man sieht, daß man noch einige Arbeit investieren muß, bevor man eine Liste von Datenelementen vorliegen hat. Um diese zu erhalten, untersuchen wir die Reaktion der essentiellen Aktivität „finde offene Bestellungen" und stellen die wahren Anforderungen an die Speicherdaten fest. Die einzige Reaktion ist der Datenfluß „bestellte Waren", der den Gesamtbetrag der Bestellungen einer bestimmten Ware enthält. Diese Ware wird durch eine Warennummer in dem Speicher „offene Bestellungen" identifiziert.

Data-Dictionary-Einträge für „finde offene Bestellungen"

Offene Bestellungen = {*Bestellnummer* + Name des Lieferanten + Bestelldatum + {Detailbestellung}}

Detailbestellung = *Warennummer* + Warenbeschreibung + Bestellwert

bestellte Waren = Warennummer + Warenbeschreibung + Gesamtbetrag der Bestellungen

Mini-Spezifikation für „finde offene Bestellungen"

Für jede offene Bestellung:
  für jede Detailbestellung:
    Wenn Warennummer der Detailbestellung = eingegebene Warennummer
      Addiere Bestellwert zu Gesamtbetrag der Bestellungen
Gib bestellte Waren aus

Vergleicht man die Reaktion mit dem eingehenden Datenfluß, dann stellt man fest, daß die Warenbeschreibung und der Gesamtbetrag der Bestellungen aus dem essentiellen Speicher kommen müssen. Da der Speicher „offene Bestellungen" den Gesamtbetrag nicht enthält, muß man durch alle Einträge gehen, die dieselbe Warennummer haben, die in der Eingabe gefordert wird. Jede Detailbestellung enthält den Bestellwert für eine bestimmte Ware. Diese werden von der Aktivität „finde offene Bestellungen" addiert, um den Gesamtwert der Bestellungen zu erhalten, der ein Teil des gewünschten Ergebnisses ist. Es gibt hier eine Reihe von physikalischen Charakteristika, aber im Moment wollen wir uns auf das Auffinden der notwendigen Speicherdatenelemente konzentrieren.

Um den Datenfluß „bestellte Waren" produzieren zu können, muß die Aktivität „finde offene Bestellungen" im Speicher folgende Information vorfinden: Warennummer, Warenbeschreibung und Bestellwert. Beachten Sie, daß der Prozeß die Bestellnummer, den Lieferantennamen und das Bestelldatum nicht benötigt. Da nur die erste Gruppe von Datenelementen gespeichert werden soll, betrachten Sie diese bei der Suche nach Objekten zuerst.

Ein Objekt, das sowohl durch die Warennummer wie auch die Warenbeschreibung beschrieben ist, ist die Ware. „Ware" ist der aussagekräftigste Name für das Objekt. Das Objekt, das durch Auftragswert beschrieben wird, ist nicht so leicht zu erkennen. Sicherlich sagt uns der Auftragswert auch etwas über die Ware im Lager - nämlich den Betrag für eine bestimmte Bestellung für diese Ware. Jedoch beschreibt man mit Auftragswert auch einen Auftrag; jeder Auftrag kann Teilaufträge für verschiedene Waren enthalten und daher eine Reihe von solchen Auftragswerten beinhalten. Wir müssen uns entscheiden: man könnte den Auftragswert zusammen mit der Warennummer und der Warenbeschreibung zum Objekt „Ware" packen, oder man könnte ihn als Attribut eines anderen Objekts „Teilauftrag" sehen.

Die Entscheidung ist letztlich subjektiv. Es gibt Ratschläge und Tips, die dabei helfen, hauptsächlich aus den verwandten Methoden der Entity-Relationship-Analyse oder des Information Modelings. Wir empfehlen insbesondere die Arbeiten von Flavin als Informationsquelle zur Objektidentifikation und Attributierung [15]. In diesem Fall ist es die beste Entscheidung, den Auftragswert als Attribut eines zweiten Objekts Teilauftrag zu betrachten. Nachdem wir zwei Objekte identifiziert haben, die durch drei Datenelemente aus dem essentiellen Speicher beschrieben sind, gehen wir zum nächsten Schritt über.

20.6.2 Zuordnen von Datenelementen zu Objektspeichern

Für jedes Objekt, das Sie in den vorherigen Schritten identifiziert haben, erstellen Sie einen Datenspeicher mit dem Namen des Objekts. In jeden Datenspeicher tragen Sie die Elemente ein, die das Objekt möglichst gut charakterisieren. In unserem Beispiel erzeugen Sie einen Datenspeicher „Ware" und einen anderen mit dem Namen „Teilauftrag". Da Warennummer und Warenbeschreibung Attribute von Ware sind und Auftragswert ein Attribut von Teilauftrag, kommen Sie zu folgenden Definitionen:

Ware   = { *Warennummer* + Warenbeschreibung}

Teilauftrag = {Auftragswert}

Diese Objekte treten nun an die Stelle des noch physikalischen Speichers „offene Bestellungen" in dem Datenflußdiagramm in Abbildung 20.6.

Der Aufbau von Objektspeichern ist nicht immer so einfach wie in diesem Beispiel. Wenn Sie mit vielen Objekten arbeiten, die durch eine Unzahl von Datenelementen beschrieben sind, dann wird der Zuordnungsprozeß der Datenelemente zu den Objekten erheblich schwieriger. Als einfaches Beispiel für das eben Gesagte sehen wir uns noch einmal die teilweise bearbeiteten Fragmente von „leite Verlustmeldung weiter" aus Abbildung 20.5 an.

Welche Objekte werden durch den Datenspeicher „Kunden/Karte/Banken" beschrieben? Das ist nicht so schwierig: der Kundenname sagt etwas über den Kunden aus (eine externe Einheit); die Telefonnummer für Verlustmeldungen beschreibt die Bank, an die der Verlust gemeldet werden muß (auch eine externe Einheit); und Kartennummer, Ablaufdatum und Verlustdatum beschreiben alle Eigenschaften einer einzelnen Kreditkarte, die von einer Bank an einen Kunden ausgestellt wurde (eine Vereinbarung zwischen externen Einheiten). Nach diesen Feststellungen können Sie drei Datenspeicher erzeugen: Kunde, Bank, Kreditkartenvertrag.

Wie ordnen Sie jetzt die Datenelemente diesen Speichern zu? Es ist einfach, den Kundennamen dem Speicher „Kunde" zuzuordnen, die Kartennummer, das Ablaufdatum und das Verlustdatum dem Speicher „Kreditkartenvertrag" und die Telefonnummer für Verlustmeldungen als einziges Element dem Datenspeicher „Bank". Aber was machen wir mit Kartenart? Hier fängt der Ärger an. Einerseits legt die Kartenart fest, welche Art von Kreditkarte hier vorliegt, andererseits identifiziert die Kartenart die Bank, die diese Kreditkarte und alle anderen Kreditkarten der gleichen Art ausstellt. Das heißt, „American Express" ist die Kartenart, die nicht nur für Ihre American-Express-Karte gilt, sondern auch für alle anderen Karten, die von der Firma American Express ausgestellt werden. Man gerät hier leicht in Versuchung, das Datenelement, das zwei Objekte beschreibt, beiden Datenspeichern zuzuordnen, was dann zu den folgenden Einträgen im Data Dictionary führt:

Kunde   = {Kundenname}

Bank   = { *Kartenart* + Telefonnummer für Verlustmeldungen}

Kreditkartenvertrag = { *Kartenart* + *Kartennummer* + Ablaufdatum + Verlustdatum}

Das ist nicht unbedingt die beste Lösung. Eine redundante Zuordnung von Datenelementen sollte Sie dazu veranlassen, die ursprüngliche Zuordnung von Datenelementen zu Objekten noch einmal zu überdenken und zu verbessern.

20.6.3 Korrigieren eventueller Fehler in der Zuordnung

Das Problem, das man bei schon fast logischen Datenmodellen am häufigsten findet, ist die Redundanz der Information, insbesondere bei den Datenspeichern. Seien Sie vorsichtig mit Modellen von Speicherdaten, die Redundanz zulassen, denn diese Redundanz könnte aus den bestehenden Implementierungen übriggeblieben sein. Manchmal läßt man Redundanz bewußt zu, um ein lesbareres Modell zu produzieren. Dies tritt jedoch selten ein, und man sollte bei einem solchen Modell immer noch einmal nachprüfen. Außerdem gilt, daß es für jedes Datenelement einen Datenspeicher gibt, wo es wirklich hingehört. Findet man es in mehreren Datenspeichern, so deutet dies meist nur Entscheidungsschwäche an. Man konnte sich nicht entscheiden, welches Objekt dadurch eher beschrieben wird. Wir wollen hier nicht für die unsaubere Lösung plädieren (d. h. wenn Sie im Zweifel sind, stecken Sie die Datenelemente einfach überall hin, wo Sie glauben, daß sie gebraucht werden), sondern wir empfehlen, daß Sie anfangs wenigstens versuchen, das Speichermodell der Objekte redundanzfrei zu gestalten.

Gehen wir also noch einmal zurück zu dem Problem „Kartenart": Sollte es ein Teil des Kreditkartenvertrags sein oder ein Teil der Bank? Unsere Antwort ist, daß der Kartentyp am besten bei der Bank aufgehoben ist. Wir begründen unsere Entscheidung damit, daß wir vorher schon festgestellt haben, daß ein einzelner Wert der Kartenart genau eine Bank beschreibt und daß dieser Wert für alle Karten, die diese Bank ausstellt, gilt. Obwohl die Kartenart sowohl die Bank wie auch die individuelle Karte beschreibt, kommt dieses Attribut ursprünglich von der Bank und überträgt sich erst hinterher auf die einzelnen Karten, die von der Bank ausgestellt werden.

Wenn Sie diese Entscheidung getroffen haben, dann können Sie Kartenart aus dem Speicher Kreditkartenvertrag entfernen, und Sie haben das erwünschte Resultat: ein redundanzfreies Modell der Speicherdaten, die von der Aktivität „leite Verlustmeldung weiter" benutzt und aktualisiert werden.

Durch die Übertragung oder Vererbung von Datenelementen können Sie leicht in die Irre geleitet werden und ein einzelnes Datenelement mehreren Speichern zuordnen. Ihr einziges Hilfsmittel ist Wachsamkeit: Prüfen Sie das Speichermodell auf Redundanz ab, und geben Sie sich selbst Rechenschaft über jede Attributzuordnung. Benutzen Sie dabei die Empfehlungen aus der Information Modeling Methode und anderen Datenmodellierungsmethoden, wo auch immer diese anzuwenden sind.

20.7 Minimierung des essentiellen Modells

Nach der Aufteilung des essentiellen Speichers sind Sie nun bereit für den nächsten Schritt: die Spezifikation der Zugriffe, d. h. der Aktivitäten, die Daten holen, hinzufügen, verändern oder löschen, damit die Aufgabe der essentiellen Aktivität ausgeführt wird. Wenn wir einen Zugriff spezifizieren, dann streben wir an, uns mit möglichst wenigen Datenelementen befassen zu müssen und diese Datenelemente so direkt wie nur möglich zu finden.

Um die Zugriffe für eine essentielle Aktivität zu spezifizieren, müssen Sie den Prozeß nun von der anderen Seite betrachten: statt mit den Reaktionen anzufangen und rückwärts zu arbeiten, betrachten Sie nun die Eingaben und arbeiten sich vorwärts durch. Dabei untersuchen Sie der Reihe nach die einzelnen Detailaktivitäten, um festzustellen, welche Zugriffe diese brauchen. Die endgültige Reaktion sollten Sie dabei immer im Hinterkopf behalten. Zuerst suchen Sie nach Zugriffen, die die Aktivität braucht, um die Gültigkeit der Eingabedaten zu überprüfen. Dann suchen Sie nach Zugriffen, die Datenelemente aus dem Speicher holen; die Aktivität verwendet solche Datenelemente entweder, um andere Datenelemente zu holen, oder direkt als Teil der Reaktion. Schließlich suchen Sie nach Zugriffen, die Speicher aktualisieren, um entweder Ereignisse oder Reaktionen für später festzuhalten.

Abbildung 20.7 zeigt diese drei Arten von Zugriffen in der Reihenfolge, wie wir sie gerade beschrieben haben. Der erste Zugriff überprüft Eingabedaten: er vergleicht die Personalnummer in dem Datenfluß „Stechkarte" mit der Mitarbeiterstammdatei, um festzustellen, ob der Mitarbeiter tatsächlich in dieser Firma beschäftigt ist. Der zweite Zugriff holt die entsprechenden Stundensätze und Abzüge des Mitarbeiters aus dem Speicher. Diese werden zur Berechnung der Angaben für die Lohntüte benötigt. Der dritte Zugriff aktualisiert einen essentiellen Speicher, der die geleisteten Zahlungen in dieser Woche festhält. Sobald Sie diese Zugriffe kennen, die die essentielle Aktivität braucht, beschreiben Sie sie neu. Auf den nächsten Seiten behandeln wir die Zugriffe zur Überprüfung der Eingangsdaten und die Zugriffe zum Holen von Daten aus den Speichern gemeinsam und nennen sie einfach Zugriffe zur Datengewinnung.

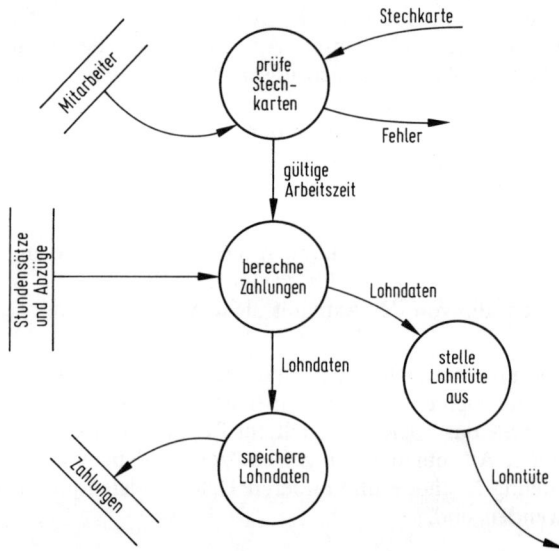

Abb. 20.7: Drei Zugriffsarten auf gespeicherte Daten

Das Finden von Daten in Speichern gehört zu den wichtigsten Techniken, die man beherrschen muß. Daher wollen wir kurz zwei grundlegende Arten der Datenidentifizierung besprechen. Abbildung 20.8 zeigt die beiden Alternativen. „Suche die Telefonnummer eines Mitarbeiters" benutzt Schlüsseldaten aus der Eingabe „Name des Mitarbeiters". Die zweite Alternative „erstelle Telefonliste alle Mitarbeiter" holt sich Informationen aus dem Speicher, ohne dabei Eingabedaten zu benutzen. Hier muß man keine bestimmte Ausprägung eines Objekts finden, sondern man holt Daten aus jeder Ausprägung (wenn jede Ausprägung eine Telefonnummer enthält). Andere derartige Zugriffe greifen auch manchmal nur auf Teilmengen der gespeicherten Daten zu, wie z.B. auf „alle Mitarbeiter, die in diesem Jahr 25jähriges Jubiläum feiern".

Um einen essentiellen Zugriff zu spezifizieren, schreiben Sie zunächst alle Datenelemente auf, die die essentielle Aktivität benötigt. Die Aktivität kann die Datenelemente manchmal

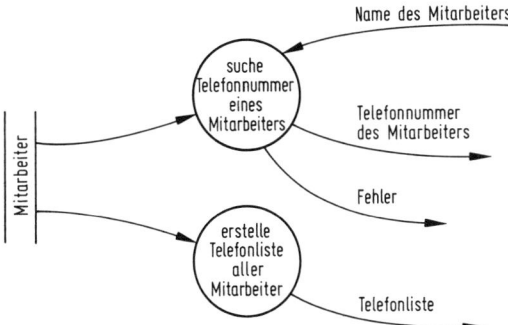

Abb. 20.8: Zwei Arten, Elemente aus Datenspeichern zu selektieren

direkt identifizieren, indem sie über den Schlüssel auf das Objekt zugreift, zu dem die Elemente gehören. Ein Beispiel für einen solchen Zugriff wäre: „suche den derzeitigen Kontostand zu der Kontonummer, die in den Eingabedaten genannt ist". Alternativ kann eine Aktivität die Liste der Objekte durchforsten und dabei mittels eines Datenelements das finden, was sie sucht, z. B. „suche die Namen und Adressen aller Kunden, die blonde Haare haben". In diesem Fall ist Kunde ein Objekt, das durch Name, Adresse und Haarfarbe beschrieben ist. Man muß auch öfter zuerst in anderen Objekten suchen, um die gewünschten Datenelemente zu finden. „Suche alle Kreditkarten, die ein bestimmter Kunde besitzt" oder „finde die Werte aller Pakete, die mit einem bestimmten Bestimmungsort auf einem bestimmten Schiff sind" sind Beispiele für Zugriffe, bei denen zuerst andere Objekte durchforstet werden, um das zu finden, was man sucht.

Als nächstes suchen Sie den kürzesten Weg zu den Daten, die Sie brauchen. Das heißt, daß Sie den Zugriff so spezifizieren, daß möglichst wenige Ausprägungen von Objekten und möglichst wenige Datenelemente zur Auffindung benötigt werden. Um den kürzesten Weg festzustellen, fangen Sie oft damit an, den Pfad in den Fragmenten der essentiellen Aktivität im existierenden physikalischen Modell zu studieren. Das mag vielleicht anfangs verwirrend sein, denn wir haben uns ja im letzten Schritt, wo wir die objektorientierten Zusammenfassungen eingeführt haben, von der physikalischen Aufteilung der Datenspeicher losgelöst. In realen Projekten müssen Sie sich die physikalischen Definitionen gut aufbewahren, denn darin stecken oft wertvolle Hinweise über minimale Zugriffspfade.

Am Beispiel „finde offene Bestellungen" aus Abbildung 20.6 wollen wir verdeutlichen, wie man das existierende physikalische Modell dazu benutzen kann, minimale Zugriffswege zu finden. Erinnern Sie sich daran, daß der Gesamtbetrag der Bestellungen für eine bestimmte Ware nicht im Speicher abgelegt war, sondern nur der Bestellwert für die Detailbestellungen. Daher mußte die Aktivität „finde offene Bestellungen" in zweifacher Weise durch die Speicherdaten durchgehen, um an die wirklich benötigte Information heranzukommen: sie mußte zuerst durch alle Detailbestellungen durchgehen, um die Einträge zu finden, die sich auf die gewünschte Ware bezogen. Dann mußte sie die einzelnen Bestellwerte aufsummieren, um den Gesamtbetrag der Bestellungen zu erhalten.

Bei der Neuspezifikation der essentiellen Zugriffe vermeiden Sie diese beiden Umwege. Erstens gibt es keinen guten Grund dafür, daß „finde offene Bestellungen" auf die Speicherdaten auf der Ebene der Detailbestellungen zugreifen muß. Obwohl die Berechnung des Gesamtbetrages der Bestellung mit perfekter Technologie sicherlich nicht schwierig wäre, ist es nicht essentiell für die Aktivität, es auf diese Weise zu machen. Die Aktivität könnte die Antwort mit weniger detaillierten Speicherdaten erzeugen, insbesondere den Gesamtbetrag der Bestellungen. Als ersten Schritt formulieren wir daher den Detaillierungsgrad für die gespeicherten Daten neu: „Finde offene Bestellungen" braucht nun die Warennummer, die Warenbeschreibung und den Gesamtbetrag der Bestellungen.

In unserer Terminologie ist ein Datenelement auf einer höheren Detaillierungsebene im Vergleich zu einem anderen Datenelement, wenn dieses Datenelement direkt aus dem anderen abgeleitet werden kann, ohne daß man dazu andere Daten braucht. Zum Beispiel ist „Woche" auf einer höheren Ebene als „Tag", weil man die Anzahl der Wochen einfach dadurch finden kann, daß man die Anzahl der Tage durch sieben teilt. So ist auch „Gesamtbetrag der Bestellungen" auf einer höheren Ebene als „Bestellwert", denn durch Addieren der Bestellwerte erhält man den Gesamtbetrag der Bestellungen. Andererseits ist die Summe in der Lohntüte auf keiner höheren Detaillierungsebene im Vergleich zum Stundensatz, denn man braucht noch ein anderes Datenelement – nämlich die Anzahl der erbrachten Stunden –, um die Summe für die Lohntüte zu berechnen. Wenn Sie die Zugriffe minimieren, sollten Sie darauf achten, daß jede essentielle Aktivität die Daten auf der Detaillierungsebene erhält, die sie benötigt. Es gibt keinen Grund, warum eine Aktivität extra an der Datenableitung arbeiten soll. Um für eine Aktivität die Detaillierungsebene der Daten, die sie erhält, zu verändern, verändern Sie die Ebene in dem Datenspeicher.

Die zweite Änderung in unserem Beispiel machen wir derart, daß „finde offene Bestellungen" nicht durch alle Detailbestellungen gehen muß, um diejenigen herauszufinden, die sich auf eine bestimmte Ware beziehen, die durch die eingehende Warennummer bestimmt ist. Wenn man perfekte Technologie annimmt, dann gibt es keinen Grund für die Aktivität „finde offene Bestellungen", durch alle Einträge des Speichers „offene Bestellungen" zu gehen, diese zu lesen, zu prüfen und vielleicht zu verwerfen. Ein besseres Zugriffsverfahren würde nur genau die Elemente ansprechen, die eine bestimmte Warennummer beinhalten. Da dies als Zugriffsanforderung viel einfacher ist, nehmen wir es als minimalen Zugriff.

In diesem Beispiel löst jedoch die erste Maßnahme (d.h. den Gesamtbetrag der Bestellungen als Speicherelement zu fordern) bereits beide Probleme. Wenn „finde offene Bestellungen" ein einziges Datenelement aus dem Speicher holen kann, das genau auf der richtigen Detaillierungsebene ist, dann muß die Aktivität ja nicht mehr alle Detailbestellungen durchsuchen, um die einzelnen Werte zu addieren.

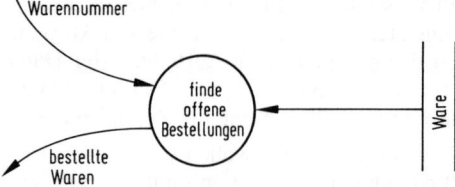

Abb. 20.9: Essentielles Speichermodell für die Aktivität „finde offene Bestellungen"

Nachdem Sie über die minimalen Zugriffe entschieden haben, sollten Sie überprüfen, ob die Objektdatenspeicher geändert werden müssen. Als Sie den essentiellen Speicher, der von „finde offene Bestellungen" gebraucht wird, aufgeteilt haben, wurde „Bestellwert" als Attribut dem Objekt Detailbestellung zugeordnet. Daher ist Objekt „Detailbestellung" nicht mehr nötig, und „Gesamtbetrag der Bestellungen" kann direkt der Speicher „Waren" zugeordnet werden. Dadurch entsteht das DFD in Abbildung 20.9 und die neue Definition für das Objekt Ware:

Ware = { *Warennummer* + Warenbeschreibung + Gesamtwert der Bestellungen}

Die Ableitung des minimalen essentiellen Zugriffs ist oft viel komplizierter als in diesem Beispiel. Um Ihnen dabei ein bißchen Hilfestellung zu geben, empfehlen wir Ihnen drei Taktiken zur Zugriffsminimierung. Die erste Taktik heißt *Inversion*. Sie spezifizieren zuerst das, was Sie für den minimalen Zugriff halten. Danach drehen Sie die Richtung um und prüfen, ob der neue Zugriff einfacher ist als Ihr erster Versuch. Im folgenden sehen Sie zwei Mini-Spezifikationen, die essentielle Zugriffe vor und nach Anwendung dieser Taktik zeigen.

Vorher

Für jede Vorlesung:
    Für jeden Studenten, der für diese Vorlesung gemeldet ist:
        Wenn Immatrikulationsnummer des Studenten = eingegebene
        Immatrikulationsnummer
            (Student gefunden) . . .

Nachher

Für jeden Studenten:
    Wenn Immatrikulationsnummer des Studenten = eingegebene
    Immatrikulationsnummer
        (Student gefunden) . . .

Beachten Sie, daß der invertierte Zugriff viel kürzer und einfacher ist.

Die Taktik der *zusammengefaßten Schlüssel* verwendet man immer dann, wenn mehr als ein Schlüssel zum Finden von Daten gebraucht wird. Die folgenden Mini-Spezifikationen zeigen die Anwendung dieser zweiten Minimierungstaktik.

Vorher

Für jeden Kunden:
    Wenn Name und Adresse des Kunden mit der Eingabe übereinstimmen,
        Für jede Kreditkarte, die für diesen Kunden eingetragen ist
            Wenn die Kartenart mit der Eingabe übereinstimmt,
                (Kreditkarte eines Kunden gefunden) . . .

Nachher

Finde die Kreditkarten, die zu den eingegebenen Namen, Adresse und Kartenart gehören.

Wenn man jeden einzelnen Schlüssel benutzt, um an ein Datum heranzukommen - wie dies in der ersten Mini-Spezifikation gemacht wurde -, dann erhält man oft sehr komplexe Zugriffsverfahren. Um die Taktik der zusammengefaßten Schlüssel anzuwenden, verwenden Sie ganz einfach beide Schlüsselelemente auf einmal. Wie die zweite Mini-Spezifikation zeigt, vermeiden Sie damit eine Menge von unnötigen Zugriffen.

Die dritte Taktik können Sie immer dann anwenden, wenn die Zugriffsaktivität die Beziehung zwischen Objekten benutzt und Datenelemente finden muß, ohne Schlüssel dafür zu haben. In diesem Fall müssen Sie das Objekt, mit dem Sie die Suche beginnen, sehr sorgfältig auswählen. In den beiden folgenden Mini-Spezifikationen holen zwei essentielle Zugriffe dieselben Daten, aber sie beginnen bei unterschiedlichen Objekten im essentiellen Speicher.

Vorher

Für jede Reise:
    Für jeden Teilnehmer an dieser Reise:
        Für jeden Teilnehmer, der über diese Agentur gebucht wurde:
            Füge Name des Teilnehmers zur Teilnehmerliste hinzu

Nachher

Für jeden Kunden:
    Für jeden Teilnehmer, der über diese Agentur für irgendeine Reise gebucht wurde:
        Füge Name des Teilnehmers zur Teilnehmerliste hinzu

Die zweite Variante erweist sich als die einfachere. Die letzte Taktik empfiehlt also die Verschiebung des Startpunktes eines essentiellen Zugriffs in der Hoffnung, daß dadurch der Zugriff einfacher wird.

Die gleichen Ratschläge und Taktiken gelten auch für Zugriffe, die Daten zum essentiellen Speicher hinzufügen, modifizieren oder löschen. Im folgenden finden Sie einige Beispiele für Zugriffe, die essentielle Speicher aktualisieren.

Erzeuge eine neue Rechnung mit einer eindeutigen Rechnungsnummer.

Addiere den Rechnungsbetrag zur Gesamtsumme.

Stelle eine Beziehung von Kunde zu Rechnung her.

Diese drei Beispiele zeigen verschiedene Arten, wie man essentielle Speicher modifizieren kann. Im ersten Beispiel wird eine Ausprägung eines Objekts neu geschaffen, im zweiten wird der Wert eines Datenelements verändert, und im dritten wird eine Beziehung zwischen zwei Objekten hergestellt. Wenn Zugriffe spezifiziert werden, die Beziehung zwischen Objekten aktualisieren, dann wird dabei auch die Richtung und die Anzahl der beteiligten Objekte festgelegt.

Zu diesem Zeitpunkt kann man nur schwerlich ganz sicher sein, daß man die Zugriffe richtig spezifiziert hat, denn viele, die Speicher hinzufügen, ändern oder löschen, tun dies für andere essentielle Aktivitäten. Da sich Ihre Betrachtungen in diesem Schritt aber immer nur auf genau eine Aktivität beschränken, können Sie nicht sicher sein, richtige Aktualisierungen für andere Aktivitäten spezifiziert zu haben. Es kann daher passieren, daß Sie im zweiten Durchgang die Wahl Ihrer Objekte noch einmal modifizieren müssen, wenn Sie dann alle Aktivitäten zusammen betrachten. Natürlich müssen Sie dann auch die essentiellen Zugriffe, die Sie gerade spezifiziert haben, verändern, wenn Sie die Objekte nochmals verändern. Besonders oft sind davon die Verwaltungsaktivitäten betroffen, die Zugriffe, die essentielle Speicher aktualisieren.

20.8 Festlegung der essentiellen Reihenfolge von Aktivitäten

Den Abschluß der Arbeiten an der Essenz einer Aktivität bildet die Festlegung der essentiellen Reihenfolge für die Detailaktivitäten. Bestimmte Detailaktivitäten müssen in einer bestimmten Reihenfolge ausgeführt werden, da einige Aktivitäten nicht anfangen können, bevor andere abgeschlossen sind. Sie sollten aber darauf achten, daß Sie keine Reihenfolge implizieren, die gar nicht nötig ist.

Die grundlegende Taktik, die Sie zur Bestimmung der essentiellen Reihenfolge anwenden sollten, ist, jede Detailaktivität innerhalb der einen essentiellen Aktivität mit jeder anderen zu vergleichen. Wenn Sie zwei Detailaktivitäten vergleichen, prüfen Sie, ob eine vor der anderen ausgeführt werden muß oder ob beide gleichzeitig arbeiten können. Wenn Sie feststellen, daß die Aktivität A vor der Aktivität B ausgeführt werden muß, weil die Ergebnisse von A von B gebraucht werden, dann ordnen Sie A vor B an. Wenn dies nicht der Fall ist, sollten die Aktivitäten nicht geordnet sein.

Unterbrechen Sie Aktionen beim Beschreiben der detaillierten essentiellen Vorgehensweise nicht, solange es nicht absolut notwendig ist. Innerhalb einer einzelnen essentiellen Aktivität sollten ohnehin keine Zeitverzögerungen auftreten. Die einzigen Zeitverzögerungen in essentiellen Systemen sind die, die essentielle Aktivitäten voneinander trennen; in diesem Fall kommunizieren die essentiellen Aktivitäten dann durch den essentiellen Speicher miteinander.

Wenn Sie feststellen, daß Sie zwischen den Detailaktivitäten einer einzelnen essentiellen Aktivität Zeitverzögerungen modelliert haben, dann haben Sie einen von zwei möglichen Fehlern begangen: entweder haben Sie eine unnötige Zeitverzögerung eingebaut, oder Sie haben zwei oder mehrere verschiedene essentielle Aktivitäten zusammengefügt. Fragen Sie sich, warum zwischen zwei Aktionen eine Pause sein muß. Vielleicht um auf ein anderes Ereignis zu warten? Wenn Sie feststellen, daß die Zeitverzögerung wirklich notwendig ist, dann sollten Sie daraus zwei verschiedene essentielle Aktivitäten erzeugen.

20.9 Festlegung des physikalischen Rings

Nach der Fertigstellung des logischen Kerns legen Sie jetzt den physikalischen Ring fest, der als Schnittstelle zwischen der essentiellen Aktivität und der nicht perfekten Technologie der Systemumgebung dient. Diese Ringaktivitäten sind dieselben, die Sie entfernt haben, um den logischen Kern zu finden. Vielleicht müssen Sie einige Kleinigkeiten an den ursprünglichen Ringaktivitäten verändern, da einige Datenelemente, die darin verwendet wurden, in der Zwischenzeit aus dem Modell entfernt worden sind.

Um den physikalischen Ring festzulegen, betrachten Sie jede Eingabe und Ausgabe einer essentiellen Aktivität. Für die Schnittstellen der Eingabe erstellen Sie neue Aktivitäten, die die logische Eingabe aufbereiten, so wie sie vom logischen Kern erwartet wird. Diese Aktivitäten erfüllen zwei Aufgaben: sie filtern fehlerhafte Daten aus der Eingabe heraus, und sie stellen Transaktionen zusammen, wenn Datenflüsse in Fragmente zerlegt wurden, die physikalisch in verschiedenen Behältern transportiert werden. Das klassische Beispiel dafür ist die Aufbereitung einer Transaktion in einem Online-System. Diese Transaktionen werden manchmal durch Aufsammlung von Daten von mehreren Bildschirmmasken zusammengestellt. Jede Bildschirmmaske enthält nur ein Fragment der notwendigen Informationen. Diese Masken werden zur leichteren Handhabung durch den Bediener aufgeteilt. Da aber jede Maske nur einen Teil der ganzen Transaktion beinhaltet, muß das automatisierte System diese Teile zuerst aufsammeln, bevor es die geplante Reaktion erzeugen kann. Abbildung 20.10 zeigt zwei Beispiele für physikalische Ringaktivitäten, die sowohl fehlerhafte Daten filtern wie auch eine logische Transaktion zusammenstellen.

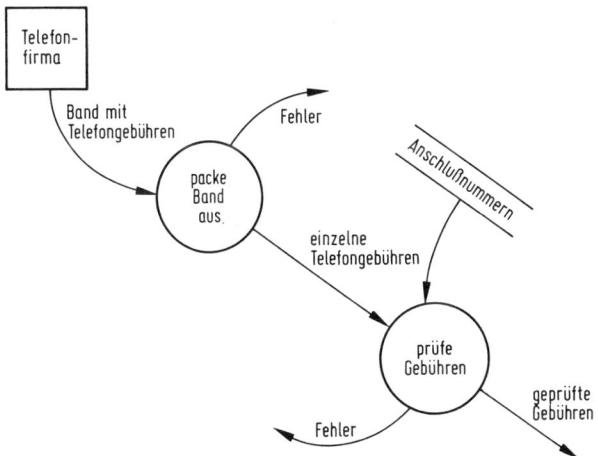

Abb. 20.10: Aktivitäten des physikalischen Rings für die Eingabe

Für die Ausgabeschnittstellen der essentiellen Aktivität erstellen Sie Aktivitäten, die die Ausgabe aus dem logischen Kern in eine physikalische Form bringen, die für die Systemumgebung geeignet ist. Diese Aktivitäten formatieren die ausgehenden Daten entsprechend dem Format des physikalischen Mediums und senden die Daten zu ihrem Bestimmungsort.

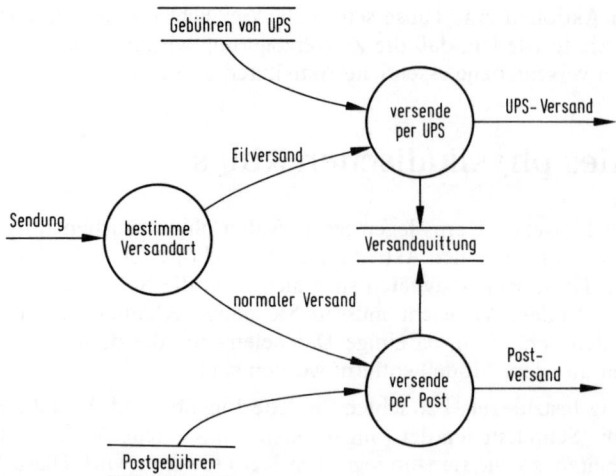

Abb. 20.11:   Drei Aktivitäten des physikalischen Rings für die Ausgabe

Abbildung 20.11 zeigt drei Beispiele von solchen physikalischen Ringaktivitäten. Die zwei Aktivitäten rechts formatieren die Ausgabe, indem sie diese verpacken und dann auf den Weg schicken.

20.10 Zusammenfassung

Der Neuaufbau der Aktivitäten des physikalischen Rings ist der letzte Schritt in dem Prozeß der Wiederauffindung der Essenz einer Aktivität. Viele physikalische Aspekte sind durch diesen Prozeß entfernt worden; gleichzeitig ist dabei aber ein neues, klareres Verständnis der Essenz der Aktivitäten entstanden. Unnötige Datenelemente wurden, nachdem sie erkannt wurden, entfernt; jeder Ausgabe wurde sorgfältig rückwärts durch den ganzen Prozeß, der sie erzeugt, nachgegangen. Auch physikalische Zerlegungen wurden entfernt, indem wir die essentiellen Fragmente neu zusammengefaßt haben.

Ihr erster Schritt auf dem Weg zum klareren Verständnis der essentiellen Aktivität ist die Aufteilung des essentiellen Speichers in Objektdatenspeicher. Als nächstes vereinfachen Sie das Modell durch Minimierung der Zugriffe. Dadurch werden nicht nur die Zugriffe selbst einfacher, in vielen Fällen wird auch der essentielle Speicher noch einfacher. Schließlich legen Sie die essentielle Ordnung zwischen den Detailaktivitäten einer essentiellen Aktivität fest. Durch diesen Schritt entfernt man eine Art von falschen Anforderungen und entdeckt vielleicht noch essentielle Aktivitäten, die irrtümlich zusammengepackt worden sind. Um sicherzustellen, daß Sie die einzelnen Schritte richtig durchführen, entfernen Sie die physikalischen Ringaktivitäten am Anfang des Verfahrens und fügen sie am Ende wieder hinzu. Das nächste Kapitel erläutert, wie man die essentielle Aktivität, die wir gerade abgeleitet haben, nun modelliert.

Kapitel 21
Die Modellierung
einer essentiellen Aktivität

Sie benutzen nun die Ausdrucksmittel von Structured Analysis, um die essentielle Aktivität, die Sie im letzten Schritt abgeleitet haben, zu modellieren. Wenn die essentielle Aktivität klein ist, dann brauchen Sie nur ein einziges DFD (mit einem einzigen Knoten), dazu eine Mini-Spezifikation, die Einträge im Data Dictionary und vielleicht ein Datenstrukturdiagramm oder ein Entity-Relationship-Diagramm. (Wir betrachten eine essentielle Aktivität als klein, wenn die Detailaktivitäten auf einer Seite in einer Mini-Spezifikation beschrieben werden können.) Größere essentielle Aktivitäten erfordern zusätzliche Ebenen von Datenflußdiagrammen, damit die Aktivität in verständliche und für den Menschen verdauliche Brocken zerlegt wird.

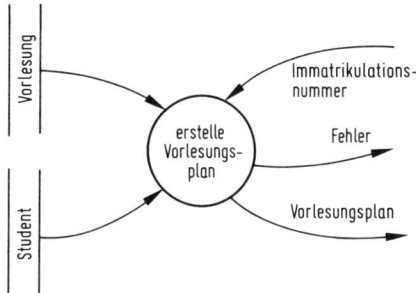

Abb. 21.1: Datenflußdiagramm für
„erstelle Vorlesungsplan"

Abbildung 21.1, die folgende Mini-Spezifikation und die Data-Dictionary-Einträge sind ein Beispiel für ein einfaches Modell einer essentiellen Aktivität. Beachten Sie, daß dieses Modell nur eine einzelne essentielle Aktivität darstellt und daß Sie auch alle anderen essentiellen Aktivitäten ableiten und modellieren müssen, bevor wir alle Teilmodelle zusammenfügen.

Mini-Spezifikation für „erstelle Stundenplan"

1. Suche die Inskriptionsnummer im Speicher „Student"
2. Wenn gefunden,
   Drucke Kopfzeile der Liste aus
   Für jede Vorlesung, die der Student belegt hat
       Drucke Vorlesungsdetails aus
   Sonst
       Melde Fehler in der Inskriptionsnummer

Einige Data-Dictionary-Einträge

Vorlesung	= {*Vorlesungsnummer* + Vorlesungstitel + anerkannte Stunden + Raum + Zeit}
Student	= {*Inskriptionsnummer* + Name des Studenten + Adresse des Studenten}
Stundenplan	= Kopfzeile der Liste + {Vorlesungsdetails}
Kopfzeile der Liste	= Name des Studenten + Adresse des Studenten

Vorlesungsdetails   = Vorlesungtitel + Raum + Zeit +
anerkannte Stunden

Die Größe einer Aktivität ist ein wesentliches Kriterium bei der Modellierung essentieller Aktivitäten. Wir erläutern zwei Ansätze, weil die Modellierung großer essentieller Aktivitäten uns vor andere Probleme stellt als die Modellierung kleiner. Bevor wir die beiden Ansätze vorstellen, besprechen wir die Modellierungsentscheidungen, die immer getroffen werden müssen, unabhängig davon, wie groß die essentielle Aktivität ist.

21.1 Wie man ein abstraktes Modell einer essentiellen Aktivität erzeugt

Das abstrakte Modell einer essentiellen Aktivität ist immer ein einzelnes DFD, wie das in Abbildung 21.2 dargestellte Diagramm. Dieses Diagramm stammt aus einem System für Vielflieger, wie es von vielen Fluglinien verwendet wird. Fluggäste erhalten Prämien, je nachdem, wie viele Kilometer sie mit der Fluglinie geflogen sind. Das Erstellen eines solchen abstrakten Modells ist einfach: Um die Reaktion des Systems darzustellen, zeichnen Sie einen einzigen Kreis und benennen diesen mit einer präzisen Phrase (aus einem Hauptwort und einem Zeitwort), die die Aktionen zusammenfaßt, die als Reaktion auf ein Ereignis ausgeführt werden. Alle Eingaben und Ausgaben der Aktivität erscheinen als Datenflüsse, die in diesen Kreis hinein- oder herausgehen. Zur Darstellung der Objekte, auf die von dieser Aktivität zugegriffen werden muß, zeichnen Sie parallele Linien und schreiben den Namen der Objekte zwischen diese Linien.

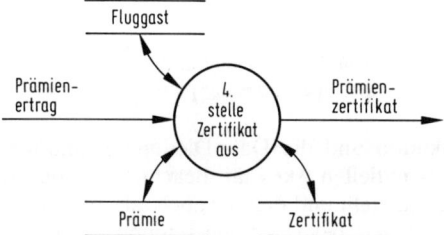

Abb. 21.2: Abstraktes Modell der Aktivität „stelle Zertifikat aus"

Verbinden Sie die Objektspeicher mit der Aktivität durch unbenannte Datenflüsse.* Die Pfeilspitze der Datenflüsse zeigt auf den Kreis, wenn die Aktivität Daten aus dem Objekt benutzt oder das Objekt dazu benutzt, andere Daten in anderen Objekten über Beziehungen zwischen diesen zu finden. Die Pfeilspitze zeigt auf das Objekt, wenn die Aktivität Daten zum Objekt hinzufügt, verändert oder löscht.

Nachdem Sie das abstrakte Modell der essentiellen Aktivität erstellt haben, modellieren Sie die Detailaktivitäten und den Inhalt der Datenflüsse und der Objektspeicher. Um herauszufinden, welchen der beiden Ansätze Sie für diesen nächsten Schritt verwenden sollten, müssen Sie die Größe der essentiellen Aktivität abschätzen. In den folgenden Abschnitten beschreiben wir die beiden Modellierungsansätze.

---

* Die einzige Streitfrage, die öfter beim Modellieren einer essentiellen Aktivität aufkommt, ist: Soll man die Datenflüsse zwischen Objektspeichern und der Aktivität benennen? Wie wir in Kapitel 8 erläutert haben, halten wir dies für überflüssig, schwierig und vielleicht auch verwirrend. Sie können sich aber selbst entscheiden und Ihre Modelle entsprechend gestalten.

21.2 Wie man die Details einer kleinen essentiellen Aktivität modelliert

Wenn Sie die Details einer kleinen essentiellen Aktivität modellieren, dann erzeugen Sie hauptsächlich zwei Arten von Dokumentation: eine Mini-Spezifikation zur Beschreibung der Detailaktivitäten und Data-Dictionary-Einträge für die Eingaben, die Ausgaben und die Objektspeicher. Wir empfehlen Ihnen, die Data-Dictionary-Einträge so abzufassen, wie wir es in den Abschnitten 8.1, 8.3, 9.1 und 9.2 erläutert haben. Im folgenden finden Sie die Data-Dictionary-Einträge und die Mini-Spezifikation für die essentielle Aktivität aus Abbildung 12.2. Zusammen mit dem Diagramm aus Abbildung 12.2 bilden sie ein komplettes Modell dieser essentiellen Aktivität.

Dieses System verwaltet die Kilometer, die ein Fluggast schon geflogen ist. Wenn bestimmte Kilometerzahlen überschritten werden, dann ist der Fluggast berechtigt, verschiedene Prämien zu erhalten, wie z. B. Gratisflugscheine für Touristenklasse oder Rabatte bei Flugscheinen für die erste Klasse. Die einzelnen erreichten Kilometerzahlen berechtigen zu unterschiedlichen Prämien. Sobald eine derartige Schwelle in den zurückgelegten Kilometern überschritten ist, benachrichtigt die Fluglinie den Fluggast. Wenn sich der Fluggast entschließt, die Prämie wahrzunehmen, dann schickt er einen Prämienantrag an die Fluglinie. Die essentielle Aktivität „stelle Zertifikat aus" wandelt diesen Antrag in ein Prämienzertifikat um. Um in den Genuß der Prämie zu kommen, legt der Fluggast dieses Zertifikat bei seinem Reisebüro vor. In der Mini-Spezifikation werden diese beiden Relationen hergestellt, um eine Aufzeichnung darüber zu haben, welcher Fluggast welches Zertifikat bekommen hat und zu welchen Leistungen das Zertifikat berechtigt. Um die Anweisung „stelle Zertifikat aus" zu erfüllen, betrachtet das System den Eintrag „Prämienzertifikat" im Data Dictionary und erzeugt ein Zertifikat mit allen Datenelementen, die in der Definition enthalten sind.

Data-Dictionary-Definitionen für „stelle Zertifikat aus"

Fluggast	={*Nummer des Fluggasts* + Name des Fluggasts + Adresse des Fluggasts + Gesamtanzahl der geflogenen Kilometer + Ablaufdatum der Prämien}
Prämie	={*Kilometeranzahl* + Prämienklasse} *Die Kilometeranzahl enthält die Kilometer, die ein Fluggast fliegen muß, um diese Prämienklassse zu erreichen*
Zertifikat	={*Zertifikatsnummer* + Zertifikatsdatum}
Prämienantrag	= Nummer des Fluggasts + Prämienklasse
Prämienzertifikat	= Zertifikatsnummer + Prämienklasse + Name des Fluggasts

Mini-Spezifikation für „stelle Zertifikat aus"

Suche den Fluggast mit der Nummer auf dem Prämienantrag
    Wenn gefunden:
        Wenn die Prämienklasse auf dem Antrag =
        Prämienklasse des Fluggastes und heutiges Datum ist vor dem Ablaufdatum
        der Prämie:
            Suche Kilometerzahl in Prämie des Fluggasts.
            Subtrahiere Kilometerzahl von der Gesamtanzahl der geflogenen Kilometer.
            Erzeuge ein Zertifikat mit eindeutiger Zertifikatsnummer und trage als Datum
                das heutige Datum ein.
            Stelle eine Beziehung zwischen dem Zertifikat und der Prämie her,
                die dem Antrag entspricht.

> Stelle eine Beziehung zwischen dem Fluggast und dem neuen Zertifikat her.
> Stelle das Prämienzertifikat aus.
> Sonst (Prämie abgelaufen oder falsche Klasse),
> Weise den Antrag zurück.
> Sonst (Fluggast nicht gefunden),
> Weise den Antrag zurück.

Das Beschreiben der Detailaktivitäten in den Mini-Spezifikationen ist etwas komplizierter als das Erstellen der Data-Dictionary-Einträge. Zuerst müssen Sie das (oder die) geeignete(n) Beschreibungsmittel aussuchen. Viele Vorschläge wurden dafür in der Literatur unterbreitet, von graphischen Darstellungsmitteln bis hin zu freien Texten. Wir verwenden meist entweder strukturierte Umgangssprache, Entscheidungstabellen oder Entscheidungsbäume. Wie wir in Kapitel 8 erläutert haben, kann jedes dieser Ausdrucksmittel seine Vorteile haben, je nachdem, welches Problem wir gerade beschreiben. Die folgenden Hinweise helfen Ihnen vielleicht dabei, das richtige Beschreibungsmittel auszuwählen.

Sowohl Entscheidungstabellen wie auch Entscheidungsbäume sind als Darstellungsmittel immer dann nützlich, wenn die Strategie von einer bestimmten Kombination vieler Einflußfaktoren abhängt. Wenn Sie diesen Sachverhalt mit strukturierter Umgangssprache ausdrücken wollten, dann erhielten Sie eine komplizierte, geschachtelte Struktur von „Wenn – dann – sonst", die oft nur schwer zu lesen ist. Entscheidungstabellen und Entscheidungsbäume sind gleichgut geeignet, um komplexe Entscheidungsprozesse darzustellen. Da wir jedoch eher die graphischen Ausdrucksmittel bevorzugen, empfehlen wir die Verwendung von Entscheidungsbäumen.

In den meisten Fällen kann man die Detailaktivitäten sehr gut mit strukturierter Umgangssprache ausdrücken. Sie enthält genug Regeln, um alle Aktionen auszudrücken, die Teil einer essentiellen Aktivität sein können. Strukturierte Umgangssprache hat jedoch einen Nachteil. Sogar in kleinen essentiellen Aktivitäten finden Sie Detailaktivitäten, die nicht unbedingt in einer bestimmten Reihenfolge ausgeführt werden müssen. Seien Sie daher bei den Formulierungen vorsichtig, daß Sie nicht überflüssigerweise Reihenfolgen niederschreiben. Achten Sie auf parallele Aktivitäten, wenn Sie strukturierte Umgangssprache verwenden. Wenn Sie welche finden, dann sollten Sie die Phrase verwenden, die wir in Kapitel 8 erläutert haben: „Führe die folgenden Anweisungen ohne Rücksicht auf eine bestimmte Reihenfolge aus".

Wir haben noch ein letztes Wort zu der Darstellung der Detailaktivitäten einer kleinen essentiellen Aktivität zu sagen. Dieses Wort heißt *„eklektisch";* d.h. wählen Sie das beste Ausdrucksmittel aus den verschiedenen Möglichkeiten aus. Sie sollten eklektisch sein, wenn Sie das Darstellungsmittel für die essentiellen Detailaktivitäten aussuchen. Wenn Sie eine kleine essentielle Aktivität mit einem Teil komplizierter Entscheidungslogik und einem anderen Teil komplizierter sequentieller Aktionen haben, dann sollten Sie nicht zögern, sowohl einen Entscheidungsbaum wie auch strukturierte Umgangssprache zur Beschreibung heranzuziehen.

21.3 Wie man die Details einer großen essentiellen Aktivität modelliert

Eine große essentielle Aktivität ist eine, für die man eine mehrseitige Mini-Spezifikation bräuchte. Da mehrseitige Mini-Spezifikationen den gewünschten Grad der Komplexität verletzen, empfehlen wir Ihnen die Verwendung des klassischen Ansatzes von Structured Analysis, um die große Menge von Detailaktivitäten zu modellieren: Sie fassen die Detailaktivitäten zu Gruppen zusammen, geben diesen Gruppen einen Namen und stellen diese

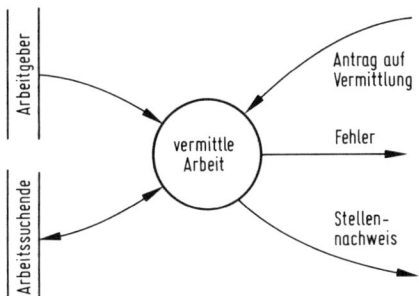

Abb. 21.3: Abstraktes Modell der großen essentiellen Aktivität „vermittle Arbeit"

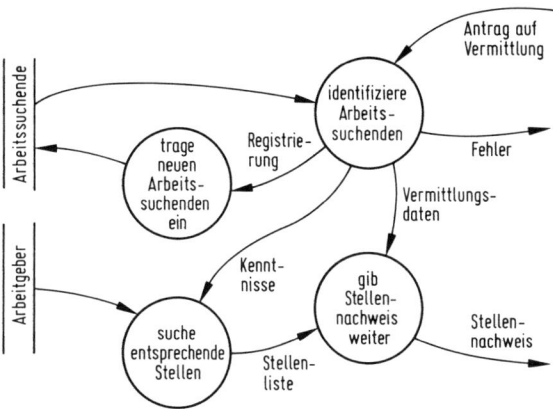

Abb. 21.4: Verfeinerung des Modells für die Aktivität „vermittle Arbeit"

Gruppen und ihre Schnittstellen in einem Datenflußdiagramm dar. Das Ergebnis dieser Taktik für das Beispiel „vermittle Arbeit" ist in den Abbildungen 21.3 und 21.4 dargestellt.

Die Entscheidung, eine Verfeinerung des Datenflußdiagramms zu verwenden, hilft uns über die Schwierigkeit hinweg, wie wir die Details einer großen essentiellen Aktivität darstellen, so daß wir sie leicht verstehen können. Wir stehen jetzt jedoch vor einem neuen Problem: wie zerlegen wir die essentielle Aktivität in Teilaktivitäten, die in der Verfeinerung des DFD aufscheinen? Sie sollten die Aktivität zerlegen, indem Sie Zwischendaten identifizieren, die von den Detailaktivitäten erzeugt werden.

Die Abbildungen 21.5 bis 21.9 zeigen Ausschnitte aus fünf Verfeinerungen von Datenflußdiagrammen. Jede Abbildung dient als Beispiel für eine Art von Zwischendatenfluß, den Sie finden können. Das erste Beispiel zeigt ein Zwischendatum, „verfügbare Plätze", das als Ergebnis eines komplizierten Speicherzugriffs entsteht. Wenn eine komplexe Entscheidung getroffen wurde, dann entsteht eine zweite Art von Zwischendatenfluß, wie z. B. „ausgewählte Transportgesellschaft" im nächsten Beispiel. Im dritten Beispiel wird das Zwischendatum „Vorhersage" nach einem komplizierten Ableitungsverfahren erzeugt. Das vierte Beispiel zeigt ein Zwischendatum, „Anforderung einer Liste". Dieses ist entstanden, nachdem man die physikalische Eingabe in eine logische Form gebracht hat. „Neue Produktankündigung" in Abbildung 21.9 ist ein Beispiel für die fünfte Art von Zwischendatum: ein logischer Datenfluß kurz vor seiner Umwandlung in eine physikalische Form.

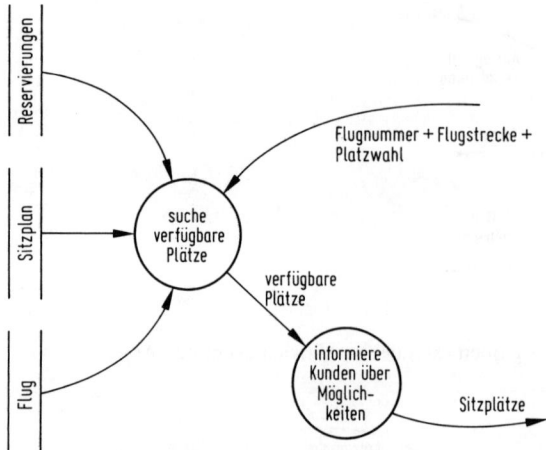

Abb. 21.5: Datenfluß von einem komplizierten Speicherzugriff

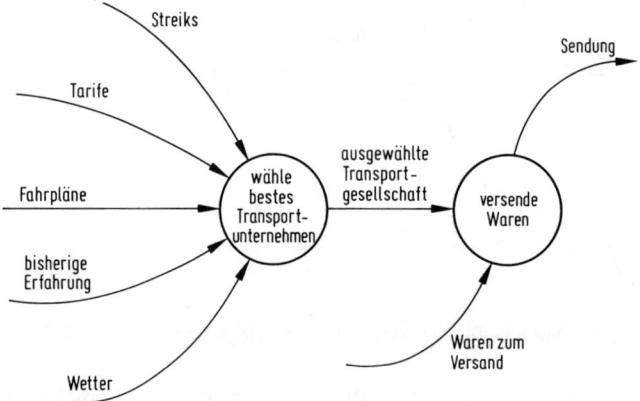

Abb. 21.6: Datenfluß von einer komplizierten Entscheidung

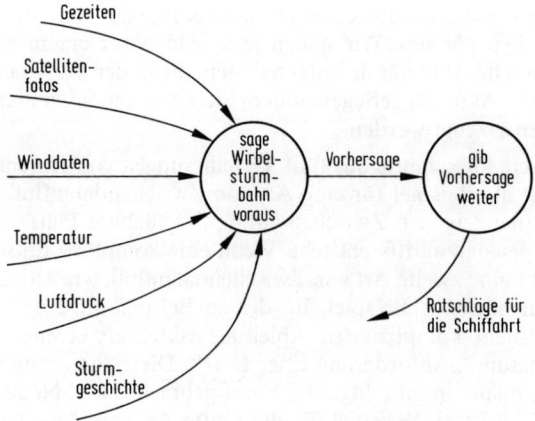

Abb. 21.7: Datenfluß aus einer komplizierten Ableitung

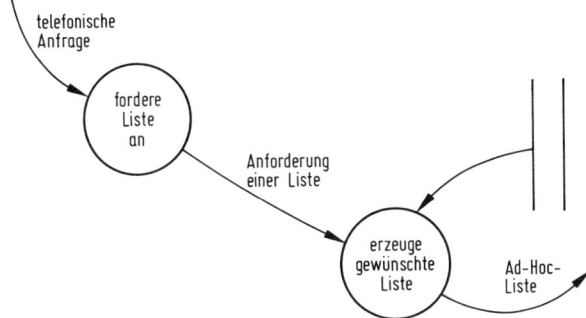

Abb. 21.8: Datenfluß nach Auspacken eines physikalischen Datenflusses

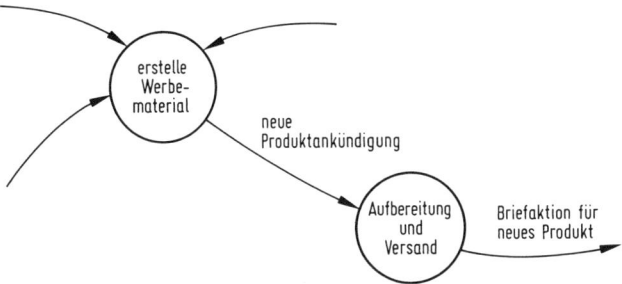

Abb. 21.9: Verpacken eines logischen Datenflusses

Sobald Sie ein Detaildiagramm für eine große essentielle Aktivität haben, kehren Sie zurück zur ursprünglichen Fragestellung: Kann man eine einseitige Mini-Spezifikation für jede Aktivität in dem verfeinerten Diagramm schreiben? Wenn irgendeine der Aktivitäten noch immer zu groß ist, dann fahren Sie fort mit der Verfeinerungstechnik von Datenfluß-diagrammen. Sie beenden die Verfeinerung, wenn alle Teile der essentiellen Aktivität in einseitigen Mini-Spezifikationen beschrieben werden können.

Seien Sie vorsichtig, damit Sie nicht die Zerstückelung einer essentiellen Aktivität mit der Zerlegung des Modells zum Zwecke der besseren Lesbarkeit und Verständlichkeit verwechseln. Obwohl eine essentielle Aktivität in beiden Fällen in mehrere Detailaktivitäten zerlegt wird, gibt es einen wesentlichen Unterschied. Die Aktivitäten auf den unteren Ebenen werden aus ganz anderen Gründen ausgewählt. Bei der Zerstückelung ist die Zielsetzung die Verbesserung der Effizienz des physikalischen Systems, und die Wahl der einzelnen Detailaktivitäten spricht den Leser des Modells höchstens zufälligerweise an. Wenn Sie das Modell zerlegen, dann können Sie die Auswahl Ihrer Detailaktivitäten *ausschließlich* damit begründen, daß die Qualität des Modells dadurch verbessert wird, ohne daß zusätzliche technologische Randbedingungen einfließen.

Sobald Sie genügend Verfeinerungen des DFD eingeführt haben, um die Komplexität in den Griff zu bekommen, vervollständigen Sie das Modell der essentiellen Aktivität mit Mini-Spezifikationen und Data-Dictionary-Einträgen. Wählen Sie für jede Mini-Spezifikation das geeignete Darstellungsmittel aus. Definieren Sie auch alle externen Eingaben, Ausgaben und Datenspeicher der Aktivität im Data Dictionary. Zum Schluß sollten Sie auch Data-Dictionary-Einträge für die Zwischendatenflüsse schreiben, die Sie auf den unteren Ebenen der Datenflußdiagramme eingeführt haben.

21.4 Wie man Beziehungen zwischen Objekten modelliert

Wie wir in Kapitel 9 erläutert haben, gibt es viele verschiedene Möglichkeiten, Beziehungen zwischen Objekten zu modellieren. In den meisten Fällen benutzt man ein Datenstrukturdiagramm oder ein Entity-Relationship-Diagramm zur Darstellung der Beziehungen. Wir werden Ihnen Ihr Diplom über essentielles Modellieren auch nicht aberkennen, wenn Sie sich entschließen, nur die Beschreibungen der Zugriffe in Ihrer Mini-Spezifikation dafür zu verwenden, um die Beziehungen zwischen Objekten indirekt auszudrücken. Wenn Sie dies jedoch tun, dann sollten Sie die beteiligten Objekte präzise benennen, auch die Anzahl der beteiligten Ausprägungen und die Richtung des Zugriffs. Auf diese Art stellen Sie dem Datenbankadministrator alle Informationen zur Verfügung, die er braucht, um daraus sein eigenes graphisches Modell abzuleiten.

21.5 Zusammenfassung

Jede einzelne essentielle Aktivität wird mit den Ausdrucksmitteln von Structured Analysis modelliert. Kleine Aktivitäten stellen Sie durch ein Diagramm mit nur einem Knoten dar, einer Mini-Spezifikation, den Data-Dictionary-Einträgen und vielleicht durch ein Datenstrukturdiagramm. Modelle großer essentieller Aktivitäten enthalten auch ein Datenflußdiagramm mit einem Knoten. Die Funktion dieses Knotens wird aber in Teilaktivitäten zerlegt, die in einem oder mehreren Verfeinerungsdiagrammen enthalten sind. Jede dieser Detailaktivitäten hat ihre eigene Mini-Spezifikation. Keine dieser Mini-Spezifikationen sollte länger als eine Seite sein; wenn dies passiert, sollte man noch weiter zerlegen.

TEIL 6
Die Integration der Modelle
essentieller Aktivitäten

In Teil 5 haben wir ein Verfahren zur Ableitung und zur Modellierung einer einzelnen essentiellen Aktivität beschrieben. In Teil 6 bieten wir Ihnen nun eine Methode an, mit der Sie aus den einzelnen Modellen ein verständliches Modell der Essenz des gesamten Systems erstellen können.

Kapitel 22 beschreibt die Integration von essentiellen Aktivitäten. Da essentielle Aktivitäten durch Datenspeicher miteinander verbunden sind, heißt Integration in diesem Fall: sicherstellen, daß alle Datenzugriffe vorhanden und korrekt sind. Obwohl das Modell nach diesem Schritt rein logisch ist, bleiben noch zwei Problemkreise offen: einige essentielle Eigenschaften sind mehr als einmal spezifiziert, und die Modelle von großen Essenzen sind zu groß und zu kompliziert. Die zwei restlichen Kapitel dieses Teils bieten Taktiken zur Bewältigung dieser beiden Probleme an. In Kapitel 23 konzentrieren wir uns darauf, redundante Spezifikationen essentieller Eigenschaften zu entfernen. In Kapitel 24 geben wir Ihnen Ratschläge, wie Sie präzise Modelle von großen essentiellen Systemen erstellen. Dieser Teil schließt unsere Ausführungen zur Ableitung von essentiellen Modellen ab.

Kapitel 22
Integration der
essentiellen Aktivitäten

Obwohl die einzelnen Modelle der essentiellen Aktivitäten nun leicht verständlich und frei von Technologieeinflüssen sind, kann es bei der Integration dieser Teile zu einem Gesamtmodell der Essenz trotzdem noch zu Problemen kommen. Die Probleme können dadurch entstehen, daß die Zugriffe jeder einzelnen Aktivität auf die Datenspeicher von Aktivität zu Aktivität noch unterschiedlich spezifiziert sein können. Wenn wir einmal annehmen, daß wir die Zugriffe der einzelnen essentiellen Aktivität korrekt modelliert haben, wie kann dies dann passieren?

Das Problem der inkonsistenten Zugriffe entsteht dadurch, daß wir zwei Durchgänge machen, wenn wir die Essenz aus dem reduzierten physikalischen Modell ableiten. Im ersten Durchgang leiten wir die Logik jeder einzelnen essentiellen Aktivität unabhängig von allen anderen ab. Daraus ergibt sich, daß wir die Beziehungen zwischen den Aktivitäten erst im zweiten Schritt näher untersuchen, wenn wir diese Aktivitäten integrieren. Daher stellen wir uns bis zu diesem zweiten Durchgang blind und mißachten die typischen Beziehungen, die es zwischen grundlegenden Aktivitäten und Verwaltungsaktivitäten gibt: daß nämlich die grundlegenden Aktivitäten, die auf den essentiellen Speicher zugreifen, meist zu anderen essentiellen Aktivitäten gehören als die Verwaltungsaktivitäten, die diese Speicherdaten zur Verfügung stellen. Diese Beziehung ist in Abbildung 22.1 dargestellt.

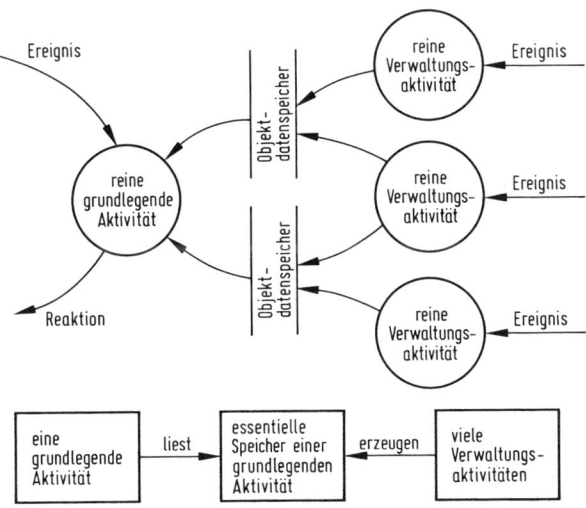

Abb. 22.1: Typische Beziehungen zwischen grundlegenden Aktivitäten und Verwaltungsaktivitäten

Durch diese Scheuklappen, die wir beim ersten Durchgang tragen, können wir die Inkonsistenzen zwischen den grundlegenden Aktivitäten, die Daten brauchen, und den Verwaltungsaktivitäten, die Daten bereitstellen, gar nicht sehen. Im zweiten Durchgang suchen wir nun ganz gezielt nach solchen Inkonsistenzen, indem wir systematisch alle Zugriffe von allen essentiellen Aktivitäten miteinander vergleichen. Solche Inkonsistenzen können wir in zwei Formen antreffen: entweder braucht eine grundlegende Aktivität essentielle Speicherdaten, die von keiner Verwaltungsaktivität bereitgestellt werden, oder Verwaltungsaktivitäten stellen Speicherdaten zur Verfügung, die von keiner grundlegenden Aktivität gebraucht werden.

Obwohl der Zweiphasenansatz diese Inkonsistenzen so lange im Modell läßt, sollte man daran nichts ändern. In realen Projekten sind die Anforderungen an essentielle Speicherdaten so komplex, daß nur dieser Zweiphasenansatz dabei hilft, Inkonsistenzen überhaupt aufzuspüren. In der ersten Phase zerlegen wir das System in Teile, die bearbeitbar sind, damit wir im zweiten Durchgang dann die Inkonsistenzen finden können.

22.1 Die Querprüfung von essentiellen Zugriffen

Das einzige Verfahren, mit dem man Inkonsistenzen in essentiellen Aktivitäten finden kann, besteht darin, jeden einzelnen Zugriff in einer grundlegenden Aktivität zu betrachten, die Daten, die dabei geholt werden, zu notieren und dann den Rest des Modells nach Verwaltungsaktivitäten abzusuchen, die diese Daten abspeichern und aktualisieren. Sie müssen diese Querprüfung sowohl für die Ausprägungen von Objekten wie auch für die einzelnen Datenelemente machen. Sie müssen dabei auch sicherstellen, daß die Verwendung von Beziehungen innerhalb von Objekten und zwischen Objekten in allen essentiellen Aktivitäten konsistent ist.

Das hört sich wie eine langweilige Aufgabe an, und das ist es auch. Im schlimmsten Fall müssen Sie jedes Modell einer essentiellen Aktivität betrachten, um jeden einzelnen essentiellen Zugriff zu finden, und dann manuell durch jede Mini-Spezifikation gehen, um Verweise auf jedes Datenelement, auf jede Ausprägung eines Objekts, jede Beziehung innerhalb eines Objekts und jede Beziehung zwischen den Objekten zu finden.

Nehmen wir als Beispiel für eine Querprüfung den folgenden Zugriff, der von einer grundlegenden Aktivität in einem Abrechnungssystem gebraucht wird:

Suche alle unbezahlten Rechnungen eines Verkäufers mit einer bestimmten Verkäufernummer.

Um dies zu tun, müssen Sie nun ein oder mehrere Verwaltungsaktivitäten finden, die Ausprägungen des Objekts „Verkäufer" erzeugen, die Ausprägungen des Objekts „Rechnung" erzeugen und die Beziehungen zwischen dem Verkäufer und den Rechnungen des Verkäufers herstellen, sowie solche, die diese Beziehung aktualisieren (z.B. das Bezahlen einer Rechnung, das Stornieren einer Rechnung usw.). Sie müssen auch solche Aktivitäten finden, die Beziehungen innerhalb der Objekte behandeln, wie z.B. das Festlegen einer Verkäufernummer, die eindeutig eine bestimmte Ausprägung des Objekts Verkäufer kennzeichnet. Sie müssen auch prüfen, ob keine Verwaltungsaktivität fälschlicherweise Teile dieses essentiellen Speichers löscht.

Nehmen wir an, Sie überprüfen folgenden Zugriff:

Suche die aktuelle Darlehenssumme einer Hypothek mit einer bestimmten Hypothekennummer.

Sie müssen dazu alle Verwaltungsaktivitäten durchsuchen, die das Datenelement „aktuelle Darlehenssumme" erzeugen, modifizieren oder löschen. Durch diese Prüfung stellen Sie sicher, daß in diesem Datenelement der richtige Wert steht, den der Suchzugriff erwartet.

Die Verwendung der ereignisorientierten Zerlegung und der Modellbildung für einzelne essentielle Aktivitäten in den vorhergehenden Schritten des Verfahrens hilft dabei, diese komplizierten Querprüfungen einfacher zu machen, da nun wenigstens alle physikalischen

Einflüsse beseitigt sind und das Modell leicht verständlich ist. Wenn Sie in der glücklichen Lage sind, ein Hilfsprogramm zu besitzen, das Listen von Datenelementen in den Texten von Mini-Spezifikationen vergleichen kann, dann erleichtert dies die Suche. Wie auch immer Sie es anstellen, diese Suche ist notwendig zur Ableitung wahrer logischer Modelle und korrekter Anforderungsdefinitionen.

In den folgenden Abschnitten untersuchen wir, wie diese detaillierten Vergleiche der Zugriffe auf essentielle Speicher uns helfen, zwei Arten von Inkonsistenzen in diesen Zugriffen aufzudecken und zu entfernen.

22.2 Wie man fehlende Verwaltungsaktivitäten ergänzt

Wenn Sie einen essentiellen Zugriff finden, der Daten aus dem Speicher holt, aber keinen essentiellen Zugriff finden, der diese Daten im Speicher bereitstellt, dann fehlt eine Verwaltungsaktivität. Verwaltungsaktivitäten können für einzelne Datenelemente fehlen, aber auch für Ausprägungen von Objekten, für Beziehungen innerhalb von Objekten oder für Beziehungen zwischen Objekten. Wenn Sie z.B. den Zugriff „finde alle Strafmandate, die für einen bestimmter Fahrer ausgestellt wurden" überprüfen, dann stellen Sie vielleicht fest, daß es keine Verwaltungsaktivität gibt, die neue Ausprägungen von „Strafmandat" einträgt oder die die Beziehung zwischen Strafmandat und Fahrer herstellt. In einem anderen Fall prüfen Sie vielleicht den essentiellen Zugriff „suche die Strafsumme zu einem bestimmten Strafmandat", und Sie finden keine Aktivität, die das Datenelement „Strafsumme" einträgt.

Es ist verständlich, daß zu diesem Zeitpunkt einige Verwaltungsaktivitäten noch fehlen, da Sie am Anfang, wenn Sie das Modell expandieren und reduzieren, mit zu vielen Informationen arbeiten, um solche fehlenden Teile zu sehen. Danach sehen Sie dann ja nur noch die Zugriffe einer einzelnen essentiellen Aktivität. Verwaltungsaktivitäten fehlen aus einem der drei folgenden Gründe. Die ersten beiden Gründe sind Analysefehler: entweder haben Sie die Systemgrenzen so gewählt, daß die benötigte Verwaltungsaktivität außerhalb liegt, oder Sie haben die Verwaltungsaktivität unbeabsichtigt während des Ableitungsprozesses weggelassen. Wenn man solche Fehler jetzt findet, ist das viel besser als erst bei der Integration des gesamten Systems; um die Fehler zu beheben, müssen Sie entweder den Kontext des Systems verändern, oder Sie müssen sich noch einmal rückwärts durch den Ableitungsprozeß durchschlagen, um die verlorene Verwaltungsaktivität wieder aufzuspüren.

Der dritte Grund für eine fehlende Verwaltungsaktivität ist komplizierter und liegt bei Daten, die auf der falschen Abstraktionsebene zur Verfügung gestellt werden. Um zu minimalen Zugriffen zu kommen, haben wir verlangt, daß die essentiellen Aktivitäten die Daten aus dem Speicher auf einer Abstraktionsebene erhalten sollen, die ihren wahren Anforderungen so gut wie möglich entspricht. Wenn Sie nun die Beziehungen zwischen grundlegenden Aktivitäten und Verwaltungsaktivitäten untersuchen, müssen Sie sicherstellen, daß die Daten, die von Verwaltungsaktivitäten zur Verfügung gestellt werden, auch auf der Abstraktionsebene sind, die von den grundlegenden Aktivitäten gebraucht werden. Sie werden oft feststellen, daß es keine Verwaltungsaktivität gibt, die die Datenelemente auf der gewünschten hohen Abstraktionsebene zur Verfügung stellt. Statt dessen werden Sie eine Verwaltungsaktivität finden, die diese Datenelemente auf einer niedrigeren Ebene bereitstellt. Abbildung 22.2 zeigt ein Beispiel für diese Situation aus dem Verkehrssündersystem. Die Aktivität „benachrichtige den Fahrer" braucht die Gesamtsumme der Zahlungen, die jeder Fahrer bereits geleistet hat. Es gibt aber keine Verwaltungsaktivität, die diese Gesamtsumme ablegt. Statt dessen speichert „schreibe Zahlungen gut" die Summen jeder einzelnen Zahlung, eine ziemlich detaillierte Darstellung dieses Datums.

Nehmen Sie als weiteres Beispiel an, daß zwei essentielle Aktivitäten die wöchentlichen bzw. die monatlichen Umsatzzahlen brauchen, daß aber die existierenden Verwaltungsakti-

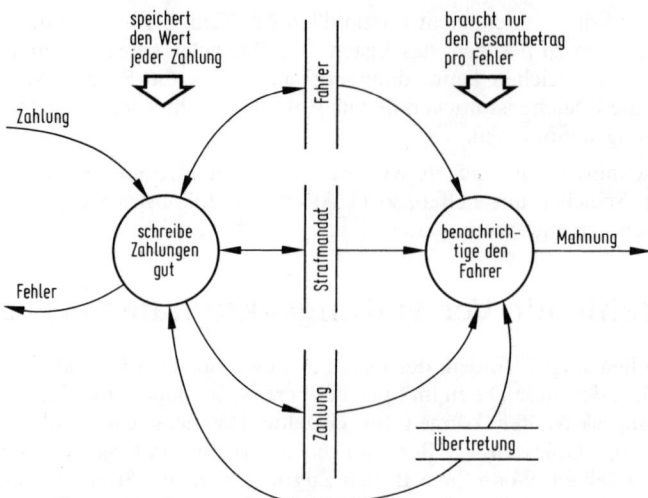

Abb. 22.2: Daten, die auf zu tiefem Niveau abgespeichert sind

vitäten nur die täglichen Umsatzzahlen zur Verfügung stellen. Um diese Probleme zu lösen, ergänzen Sie die notwendigen Verwaltungsaktivitäten, die die höheren Abstraktionsebenen von Daten erzeugen und abspeichern. Da die grundlegenden Aktivitäten oft nach Daten auf verschiedenen Ebenen suchen, braucht man auch die ursprünglich vorhandenen Verwaltungsaktivitäten, z. B. wenn eine andere grundlegende Aktivität mit den Tagesumsatzzahlen arbeitet. Wenn es jedoch eine solche grundlegende Aktivität nicht gibt und man daher den tiefen Abstraktionsgrad des Datenelements nicht braucht, dann wird auch die Verwaltungsaktivität für diesen Abstraktionsgrad überflüssig. Im nächsten Abschnitt zeigen wir Ihnen, wie man dieses Problem und ähnliche Probleme mit überflüssigen Verwaltungsaktivitäten löst.

In jedem Fall ist die Lösung für fehlende Verwaltungsaktivitäten ganz klar: man fügt diese zu dem entsprechenden Modell der essentiellen Aktivität hinzu, das wir im vorherigen Schritt geschaffen haben. Das heißt, wir ändern die Datenflußdiagramme dieser Aktivität, die Mini-Spezifikationen und natürlich auch die Data-Dictionary-Einträge.

22.3 Wie man überflüssige Verwaltungsaktivitäten entfernt

Trotz Ihrer vielen Bemühungen können die essentiellen Datenspeicher noch immer Datenelemente und Beziehungen enthalten, die das System gar nicht braucht. Das heißt, daß Sie überflüssige Verwaltungsaktivitäten spezifiziert haben, die überflüssige Speicherdaten erzeugen. Weder diese Aktivitäten noch die Speicher, die sie erzeugen, sollten in der Spezifikation des essentiellen Ist-Modells enthalten sein.

Einige dieser unnötigen Aktivitäten stellen vielleicht Informationen bereit, die überhaupt nie von irgendeiner grundlegenden Aktivität des Systems gebraucht werden. Andere hingegen speichern essentielle Daten ab, die von einer essentiellen Aktivität verwendet werden, doch es besteht kein Grund, sich diese Daten zwischen zwei Abläufen dieser essentiellen Aktivität zu verwahren. Die Informationen können sofort verwendet und danach vergessen werden.

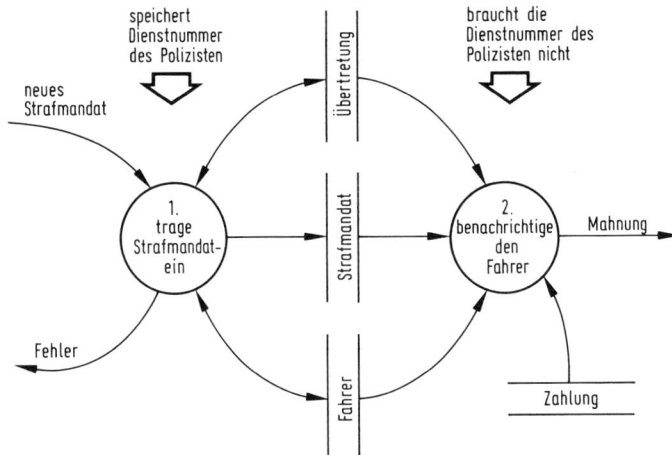

Abb. 22.3: Überflüssiger Datenspeicher

Sie haben diese überflüssigen Verwaltungsaktivitäten im letzten Schritt nicht entfernt, weil Sie die essentiellen Aktivitäten immer nur einzeln betrachtet haben und daher nicht wissen konnten, ob ein Datenelement, das von einer Aktivität abgespeichert wird, jemals wieder von einer anderen Aktivität gebraucht wird. Abbildung 22.3 zeigt ein Beispiel für eine unnötige Verwaltungsaktivität „trage Strafmandat ein". Diese speichert die Dienstnummer des Polizisten ab, der das Strafmandat ausgestellt hat. Wie können Sie feststellen, ob die Dienstnummer des Polizisten von irgendeiner anderen Aktivität gebraucht wird, wenn Sie nur diese essentielle Aktivität betrachten? Sie können es nicht, es sei denn, Sie durchsuchen alle anderen essentiellen Aktivitäten, auch die, die Sie noch gar nicht modelliert haben, um festzustellen, ob dieses Datenelement abgespeichert werden muß. Als Sie das Modell für die essentielle Aktivität „trage Strafmandat ein" entwickelt haben, hatten Sie daher keine Wahl und mußten „Dienstnummer des Polizisten" als notwendiges Datenelement in den essentiellen Speicher eintragen.

Eine unnötige Verwaltungsaktivität kann auch überflüssige Beziehungen innerhalb eines Objekts oder zwischen Objekten in den essentiellen Speicher eintragen. Abbildung 22.4 zeigt eine derartige unnötige Verwaltungsaktivität in „schreibe Zahlungen gut". Diese trägt einen eindeutigen Schlüssel für jede Zahlung ein. Leider braucht „benachrichtige den Fahrer" aber keinen eindeutigen Schlüssel für jede Zahlung. Daher ist die Beziehung zwischen dem eindeutigen Schlüssel und den Elementen, die der Schlüssel kennzeichnet, in diesem Objekt überflüssig, wie auch die Aktivität, die diesen Schlüssel einträgt. Ganz ähnlich liegt der Sachverhalt bei „benachrichtige den Fahrer". Hier braucht man keine Beziehung zwischen den Objekten Strafmandat und Zahlung, weil keine Liste der Strafmandate erstellt werden soll, die noch nicht bezahlt sind. Wenn „schreibe Zahlungen gut" eine derartige Beziehung herstellt, dann erweist sich auch diese Verwaltungsaktivität als unnötig.

Unnötige Verwaltungsaktivitäten entstehen aus vielerlei Gründen. Oft liegt die Schuld bei der verwendeten Technologie. Verwaltungsaktivitäten aus technologischen Gründen findet man hauptsächlich in Aktivitäten, die Informationen als Absicherung gegen mögliche Systemfehler festhalten. So können Sie z. B. die Arbeit eines Jahres einer Aktivität in einem Hypothekensystem rekonstruieren, wenn Sie die einzelnen Transaktionen über das Jahr hinweg abspeichern. Diese existierenden Sicherungsverfahren sind jedoch für das neue System nicht unbedingt geeignet, da hier eine andere Technologie verwendet wird, die vielleicht ein ganz anderes Verhalten bei Fehlern notwendig macht. Sie können niemals sicher

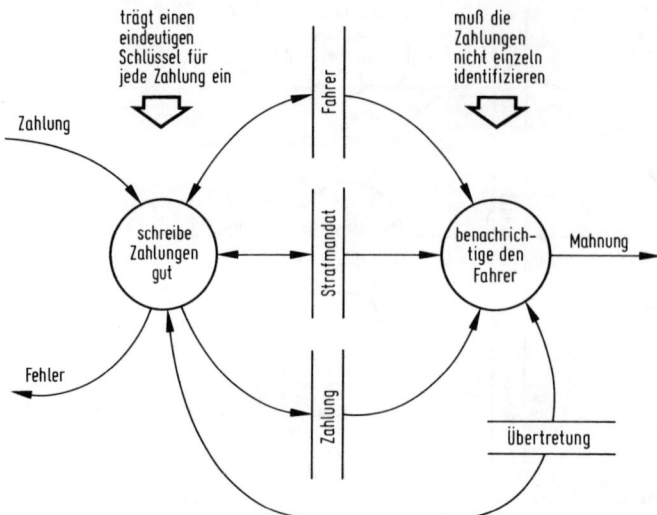

Abb. 22.4: Überflüssige Beziehung zwischen Objekten, ausgelöst durch eine überflüssige Verwaltungsaktivität

sein, welche Art von Daten Sie zusätzlich aufheben sollen und wann Sie diese aufheben sollen. Da Sie sich zu diesem Zeitpunkt der Systementwicklung aber nicht um neue Technologiefragen kümmern, sollten Sie jetzt diese alten Sicherungsverfahren auf jeden Fall aus dem Modell entfernen. Dann können Sie danach, wenn Sie die Sicherungsverfahren bewußt einführen wollen, wenigstens auf einem sauberen Modell aufsetzen.

Unnötige Verwaltungsaktivitäten entstehen auch durch schlampige Pflege und Wartung existierender Systeme. Vielleicht brauchte das System früher einmal bestimmte Verwaltungsaktivitäten, aber als der Datenspeicher nicht mehr notwendig war, hat man vergessen, auch die Verwaltungsaktivität zu entfernen. Irgend jemand hat dies übersehen, weil das System aus einer undurchschaubaren Menge von manuellen Verfahren und Computerprogrammen bestand. Wie ein Soldat, der nicht weiß, daß der Krieg schon vorbei ist, schaufelt diese Verwaltungstätigkeit noch immer Daten, die keiner mehr benötigt, in den Speicher. Jetzt ist es aber an der Zeit, solche Situationen zu bereinigen und die Anforderung von der Liste zu streichen.

Ein dritter Grund für unnötige Verwaltungsaktivitäten ist die Spezifikation von grundlegenden Aktivitäten, die Daten auf höheren Abstraktionsebenen entgegennehmen. Oft sind diese Abstraktionsebenen höher als die im momentan existierenden System. Wenn alle grundlegenden Aktivitäten die Daten auf einer höheren Ebene brauchen, als die Verwaltungsaktivität sie zur Verfügung stellt, dann kann diese Verwaltungsaktivität überflüssig sein.

Die problematischste Ursache für überflüssige Verwaltungsaktivitäten sind Systemanalytiker, die zukünftige Anforderungen an das System voraussehen. In diesem Fall speichern unnötige Verwaltungsaktivitäten heute Daten ab, von denen Sie heute annehmen oder wissen, daß sie in der Zukunft gebraucht werden, vielleicht als Teil einer Auswertung, die man erst nach mehreren Jahren braucht. Die Daten müssen jetzt gesammelt werden, weil man sie dann nicht mehr erhalten kann, wenn die Anforderungen wirklich aktuell werden. Wenn eine Verwaltungsaktivität aus diesen Gründen vorhanden ist, dann können Sie sich dafür entscheiden, sie im Modell zu belassen. Sie sollten es jedoch dabei belassen, die Gründe für zukünftige Verwaltungsaktivitäten zu überlegen. Jetzt ist nicht der Zeitpunkt, um über zukünftige Anforderungen nachzudenken. Modellieren Sie also die Aktivität für die Auswertung, die Sie erst nach mehreren Jahren brauchen, jetzt noch nicht. Sie stecken zu tief in dem Verfahren der Ableitung der jetzigen Essenz, um Ihre Aufmerksamkeit jetzt generell auf zukünftige essentielle Anforderungen abschweifen zu lassen.

Sobald Sie eine überflüssige Anforderung an den essentiellen Speicher gefunden haben, müssen Sie sich entscheiden, für wie überflüssig Sie diese halten. Sind es Speicherdaten, die nur die Aktivität verwendet, die diese auch abspeichert, aber keine andere Aktivität? Oder ist es eine Speicherkomponente, die überhaupt nicht verwendet wird, auch nicht von der essentiellen Aktivität, die diese Komponente aus der Umwelt erhält?

Wenn es ein Datenelement der ersten Art ist, dann ist es leicht zu entfernen: Sie löschen einfach die Verwaltungsanweisungen in der Mini-Spezifikation dieser essentiellen Aktivität, die dieses Datenelement erzeugen und abspeichern. Sie löschen auch die entsprechende Komponente in der Definition des Objektdatenspeichers. Letztlich korrigieren Sie eventuell das DFD und entfernen den Datenfluß zum essentiellen Speicher, falls dies nötig ist.

Wenn ein unbenutztes gespeichertes Datenelement total überflüssig für das System ist, dann sind die Änderungen etwas aufwendiger. Zusätzlich zur Streichung des Elements aus dem Datenspeicher und dem Löschen des Prozesses, der es dort einträgt, müssen Sie noch alle Stellen entfernen, an denen auf dieses Datenelement Bezug genommen wird: in der Mini-Spezifikation, in dem DFD dieser essentiellen Aktivität und in der Definition des eingehenden Datenflusses, mit dem das Element in das System kam. Wenn das unnötige Datenelement innerhalb der essentiellen Aktivität abgeleitet wird, dann müssen Sie auch alle Datenelemente, die ausschließlich in dieser Ableitung verwendet werden, finden und entfernen. Das kann Sie zu noch weiteren unnötigen Verwaltungsaktivitäten führen. Kurz gesagt: Sie müssen alle Spuren von solch überflüssigen essentiellen Speicherkomponenten und alle Verwaltungsaktivitäten, die diese Elemente speichern und aktualisieren, aus dem Modell entfernen.

22.4 Zusammenfassung

Sobald alle Zugriffe konsistent sind, sind die essentiellen Aktivitäten integriert. Um diese Konsistenz zu erreichen, prüfen Sie alle essentiellen Zugriffe kreuz und quer. Zuerst stellen Sie sicher, daß es zu jedem lesenden Zugriff in einer grundlegenden Aktivität die entsprechenden Verwaltungsaktivitäten gibt. Diese Verwaltungsaktivitäten spezifizieren die Abspeicherung der Ausprägungen von Objekten und deren Datenelemente, die Beziehungen innerhalb der Objekte und zwischen den Objekten, die die grundlegenden Aktivitäten brauchen. Verwaltungsaktivitäten, die Informationen abspeichern, die von keiner grundlegenden Aktivität gebraucht werden, sind überflüssig und sollten aus dem Modell entfernt werden. Am Ende dieses Schrittes haben Sie alle fehlenden Verwaltungsaktivitäten hinzugefügt und alle unnötigen Verwaltungsaktivitäten aus dem Modell entfernt. Auf diese Weise haben Sie nun eine integrierte Menge von essentiellen Aktivitäten.

Kapitel 23
Wie man ein
globales essentielles Modell erstellt

Nachdem wir die Zugriffe konsistent gemacht haben, könnte man meinen, daß wir nun ein komplettes, essentielles Modell haben, das aus den einzelnen Aktivitätsmodellen zusammengesetzt ist. Dieses Modell hat aber leider noch eine wichtige Schwachstelle: es enthält oftmals die gleichen essentiellen Eigenschaften an mehreren Stellen.

Die Abbildungen 23.1 a, b und c zeigen drei Überblicksdiagramme und einige Data-Dictionary-Einträge für drei einzelne essentielle Aktivitätsmodelle unseres Verkehrssünder-systems. Am besten erkennt man die Redundanz dieser Modelle an den Objektspeichern, da die gleichen Speicher in jedem einzelnen Diagramm auftauchen und da jedes dieser redundanten Objekte seine eigene Definition hat. Außerdem finden Sie gleiche Datenelemente in verschiedenen Datenspeicherdefinitionen.

Redundanz ist aus drei Gründen ein ernstes Problem: Redundanz führt leicht zu Technologieabhängigkeit, sie macht die Modelle schwer verständlich, und sie macht die Modelle auch unzuverlässig. Obwohl wir in den Modellen oftmals nicht wirklich technologieabhängig sind, so sieht die Redundanz der Datenelemente in den Definitionen der Objektspeicher doch den redundanten Datenspeichern der typischen Implementierungen sehr ähnlich. Dadurch wird man leicht verwirrt und nimmt an, daß es noch immer nicht-essentielle Teile in dem Modell gibt, die man entfernen muß.

Eine andere Art von Redundanz findet man durch gleiche Teilaktivitäten in verschiedenen essentiellen Aktivitäten; eine Teilaktivität, die in mehreren Aktivitäten auftritt, nennen wir eine gemeinsame Funktion. Gemeinsame Funktionen fügen dem Modell nur überflüssige Dokumentation zu und führen dazu, daß es schwer zu lesen und daher schwer zu überprüfen ist.

Schließlich schwächt die Redundanz in einem essentiellen Modell die Zuverlässigkeit, da so ein Modell schwer zu pflegen ist. Alle Kopien von redundanten Aktivitäten und Definitionen von Datenelementen müssen aktualisiert werden, wenn sich die Definition der Aktivität oder die Zuordnung eines Datenelements ändert. Sie geraten dabei sehr leicht in Gefahr, das eine oder andere davon zu übersehen und dadurch das Modell inkonsistent zu machen.

Wegen dieser Probleme sollten Sie die Redundanz in einem essentiellen Modell minimieren. Wir empfehlen daher, daß Sie bestimmte Teile der einzelnen Modelle essentieller Aktivitäten integrieren:

1. Integrieren Sie die Definitionen von Datenspeichern.
2. Zeichnen Sie ein globales Datenflußdiagramm.
3. Modellieren Sie abgeleitete Speicher neu.
4. Filtern Sie gemeinsame Funktionen heraus.

Wir besprechen jeden dieser Schritte in den folgenden Abschnitten.

23.1 Integrieren von Objektdatenspeichern

Wir beginnen die Integration von essentiellen Aktivitätsmodellen in ein einziges Modell mit der Zusammenführung der Speichermodelle, die für die einzelnen Aktivitäten entwickelt wurden. Das Ergebnis ist dann eine Menge von Datenspeichern, die die essentiellen Anforderungen aller Aktivitäten erfüllen. Da Sie ja schon die Objektdatenspeicher der einzelnen Aktivitäten definiert haben, müssen Sie jetzt nur noch die Datenspeicher mischen, die gleiche Namen haben und manchmal auch gleiche Datenelemente.

Betrachten wir als Beispiel für diesen Vorgang die Datenspeicher aus dem Verkehrssündersystem. Die Objektspeicher dieses Systems, das Sie in den Abbildungen 23.1a, b und c sehen, sind in drei Gruppen eingeteilt; jeweils eine für jede Aktivität, die Datenspeicher benutzt.

Beachten Sie, daß einige Elemente in mehreren Speichern auftauchen, obwohl jede Aktivität unterschiedliche Anforderungen an die essentiellen Speicher hat. Um die gemeinsamen Datenelemente zu integrieren, nehmen Sie alle Datenelemente, die in einer der drei Definitionen für das Objekt enthalten sind, in eine gemeinsame Definition auf. Das Ergebnis ist eine neue, redundanzfreie Liste von Data-Dictionary-Einträgen.

Fahrer   = { *Führerscheinnummer* + Name des Fahrers +
                Adresse des Fahrers}

Strafmandat = { *Strafmandatnummer* + Ausstellungsdatum +
                bezahlter Betrag}

Übertretung = { *Art der Übertretung* + Übertretungsgebühr}

Jeder Datenspeicher enthält alle Datenelemente, die ein bestimmtes Objekt beschreiben, unabhängig davon, wie jede einzelne Aktivität diese Datenelemente benutzt.

Unser Beispiel erweckt den Eindruck, als wäre das Mischen von Datenspeichern trivial, und oftmals ist das auch so. Es können aber auch kleinere Schwierigkeiten auftreten, insbesondere wenn verschiedene Personen unabhängig voneinander an den Aktivitätsmodellen gearbeitet haben. Sehr häufig finden wir dann inkonsistente Namengebung für Objekte und Datenelemente. Wenn der Ersteller des ersten Modells in unserem Beispiel statt Fahrer den Begriff „Lenker" verwendet hätte, dann wäre die Integration nicht so einfach. Erstens wüßte man nicht genau, ob Fahrer und Lenker nun wirklich dasselbe Objekt beschreiben, und zweitens müßte der Systemanalytiker nun den besseren der beiden Namen aussuchen.

Eine andere Komplikation ergibt sich, wenn ein Systemanalytiker sich entschlossen hat, die ganze Adresse als ein Datenelement zu betrachten, und ein anderer Systemanalytiker die Komponenten Postleitzahl, Ort, Straße gewählt hat. Sie könnten auch entdecken, daß einer die Übertretungsgebühr dem Objekt „Strafmandat" zugeordnet hat und ein anderer dem Objekt „Übertretung".

Warten Sie nicht bis zu diesem Schritt, um derartige Probleme zu beseitigen. Während des ganzen Entwicklungsprozesses sollte einer im Projektteam für die Gesamtintegration und Konsistenz des Modells verantwortlich sein. Auch wenn es Ihnen nicht gelingt, alle Inkonsistenzen während der Entwicklung zu verhindern, sollten Sie doch die gröbsten davon unmittelbar sehen, wenn sie auftauchen, damit Sie ungefähr wissen, wieviel Arbeit es ist, diese wieder zu beseitigen.

Essentielle Aktivität 1:

Fahrer   ={*Führerscheinnummer* + Name des Fahrers +
                  Adresse des Fahrers}

Strafmandat   ={*Strafmandatnummer* + Ausstellungsdatum}

Übertretung   ={*Art der Übertretung*}

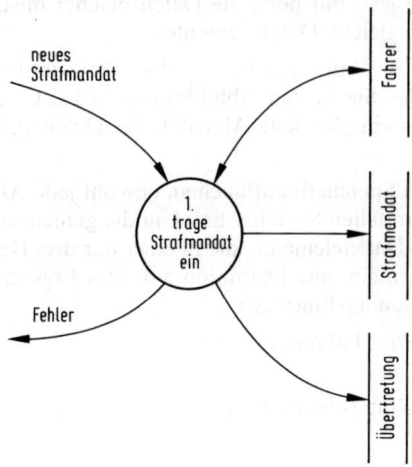

Abb. 23.1a: Essentielle Teilaktivität
„trage Strafmandat ein"

Essentielle Aktivität 2:

Fahrer   ={*Führerscheinnummer* + Name des Fahrers +
                  Adresse des Fahrers}

Strafmandat   ={*Strafmandatnummer* + Ausstellungsdatum +
                  bezahlter Betrag}

Übertretung   ={*Art der Übertretung* + Übertretungsgebühr}

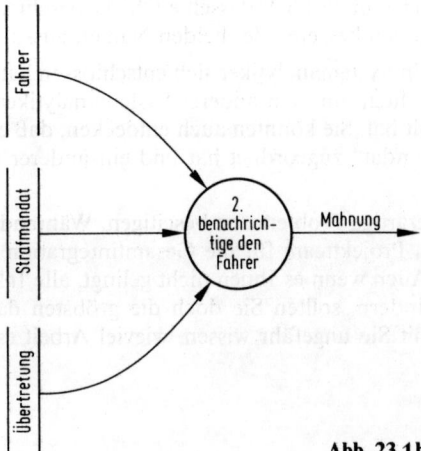

Abb. 23.1b: Essentielle Teilaktivität „benachrichtige Fahrer"

Essentielle Aktivität 3:

Fahrer   = {*Führerscheinnummer* + Name des Fahrers}

Strafmandat = {*Strafmandatnummer* + bezahlter Betrag}

Übertretung = {*Art der Übertretung* + Übertretungsgebühr}

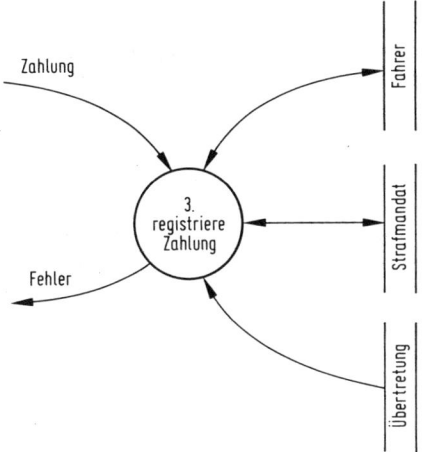

Abb. 23.1c: Essentielle Teilaktivität „registriere Zahlung"

23.2 Zeichnen eines globalen Datenflußdiagramms

Wenn Sie ein einzelnes essentielles Aktivitätsmodell konstruieren, dann zeichnen Sie ein Datenflußdiagramm mit den lokalen Objektspeichern, die von dieser Aktivität benutzt werden. Nachdem wir nun die lokalen Objektspeicher in globale Objektspeicher integriert haben, können wir auch die einzelnen Datenflußdiagramme in ein globales Datenflußdiagramm integrieren. Dieses zeigt dann, wie die einzelnen Aktivitäten durch die Datenspeicher miteinander kommunizieren.

Wir zeigen diesen Vorgang wieder an dem Beispiel aus Abbildung 23.1a, b und c, den Aktivitäten des Verkehrssündersystems. Um diese Diagramme zu integrieren, zeichnen wir

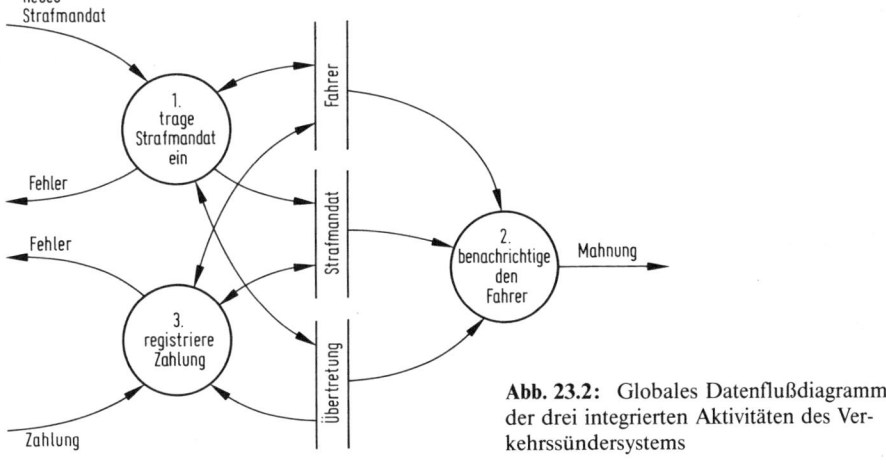

Abb. 23.2: Globales Datenflußdiagramm der drei integrierten Aktivitäten des Verkehrssündersystems

einen Datenspeicher für jedes Objekt aus der integrierten Objektliste. Dann fügen wir die essentiellen Aktivitäten hinzu und alle Datenflüsse und Datenspeicherverbindungen, die in den einzelnen Diagrammen vorhanden waren. Abbildung 23.2 zeigt das Ergebnis dieses Integrationsvorgangs. Dieses Verfahren führt zu einem globalen Modell, das in einer halbwegs vernünftigen Repräsentation das Zusammenspiel der essentiellen Aktivitäten eines Systems zeigt.

23.3 Neue Modellierung der abgeleiteten Speicher

Wie wir schon in Kapitel 22 festgestellt haben, braucht man manchmal verschiedene Betrachtungsebenen für gespeicherte Daten, je nachdem, wie die Daten in den verschiedenen Aktivitäten benutzt werden. In dem Verkehrssündersystem kann es z. B. passieren, daß eine Aktivität nur die Übertretungsgebühr braucht, während eine andere Aktivität die gesamten Übertretungsgebühren eines Fahrers braucht. Da die gesamten Übertretungsgebühren eines Fahrers nichts anderes sind als die Summe der einzelnen Übertretungsgebühren für die Übertretungen, die ein Fahrer begangen hat, ist dies das gleiche Datum auf einer höheren Ebene. Bisher im Ableitungsprozeß haben wir uns mit dieser Frage nicht auseinandergesetzt. Beide Datenelemente würden als Komponenten des essentiellen Speichers spezifiziert werden; in diesem Fall fänden wir diese Datenelemente in verschiedenen Objekten. Die gesamten Übertretungsgebühren würden dem Objekt „Fahrer" zugeordnet; die einzelne Übertretungsgebühr ist ein Attribut des Objekts „Übertretung". Da man die Gesamtsumme aus den einzelnen Elementen ableiten kann, bringt die Abspeicherung beider Datenelemente Redundanz in unser essentielles Modell.

Das Problem ist aber nicht hauptsächlich die Redundanz der Abspeicherung von Daten auf verschiedenen Ebenen, da jede grundlegende Aktivität die Daten ja genau auf der richtigen Abstraktionsebene haben sollte, um die eigene Arbeit zu minimieren. Warum sollte die Aktivität, die die Gesamtsumme der Übertretungsgebühren eines Fahrers benötigt, diese aus den einzelnen Übertretungsgebühren ausrechnen? Wenn wir eine grundlegende Aktivität dazu zwingen, dies zu tun, so verletzen wir das Prinzip der minimalen essentiellen Modellierung. Das wirkliche Problem liegt in der Art der Modellierung der Anforderung. Abgeleitete Datenelemente sollten nicht den Objekten zugeordnet werden.

Wenn wir alle abgeleiteten Datenelemente in unseren essentiellen Speicher packen, dann sagen wir, daß ein Datenelement, das eigentlich jederzeit (wenn es gebraucht wird) abgeleitet werden könnte, statt dessen in mehreren Ebenen im Speicher hinterlegt wird. Wir brauchen dazu zusätzliche Verwaltungsaktivitäten, die die Datenelemente auf den verschiedenen Ebenen abspeichern. Das klingt aber sehr nach Optimierungstechnik für nicht perfekte Technologie. Eine solche Technik verwenden wir immer dann, wenn der Prozessor die benötigten Daten nicht schnell genug ableiten kann, ohne dabei die Leistung des Systems zu verlangsamen. Um die Verzögerung zu vermeiden, entschließt sich der Entwerfer des Systems daher, die Daten vorher abzuleiten und abzuspeichern, damit der langsame Prozessor sie nicht ableiten muß. Weil die Attributierung von abgeleiteten Datenelementen sehr nach dieser Taktik riecht, verletzt sie das Prinzip der Technologieneutralität.

Wie lösen wir das Problem, das ein Prinzip der essentiellen Modellierung gegen ein anderes ausspielt? Unser Vorschlag ist: wir definieren eine *strukturierte Ebene* für die Datendarstellung. Nur die Datenelemente, die auf dieser essentiellen Ebene sind, werden als Attribute von Objekten abgespeichert. Alle anderen Ebenen von Datenelementen werden von den grundlegenden Aktivitäten, die diese Ebenen brauchen, selbst abgeleitet.

Abbildung 23.3 zeigt die neue Modellierung eines essentiellen Speichers, der vorher verschiedene Ebenen enthielt. Die Verwaltungsaktivität auf der linken Seite erfaßt ein Datenelement in Einheiten pro Stunde. Die drei grundlegenden Aktivitäten rechts verwenden

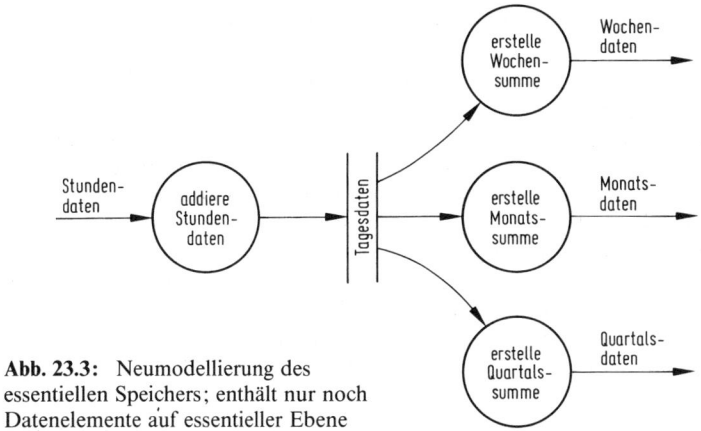

Abb. 23.3: Neumodellierung des essentiellen Speichers; enthält nur noch Datenelemente auf essentieller Ebene

dieses Datenelement als Wochen-, Monats- oder Quartalssummen. Wenn wir das Verfahren des letzten Kapitels anwendeten, so müßten wir Wochendaten, Monatsdaten und Quartalsdaten im essentiellen Speicher halten, und wir bräuchten Verwaltungsaktivitäten, um diese zu aktualisieren.

Um ein Diagramm wie in Abbildung 23.3 zu erzeugen, beginnen wir zunächst damit, daß wir die essentielle Ebene für die Daten festlegen. Wir nehmen als essentielle Ebene den *größten gemeinsamen Teiler,* d. h. die höchste Ebene, die noch von allen grundlegenden Aktivitäten benutzt werden kann, um ihre Anforderungen daraus ableiten zu können. So ist z. B. der Tag der größte gemeinsame Teiler von Wochen, Monaten und Quartalen, da man Monate und Quartale nicht ganzzahlig in Wochen aufteilen kann. Die essentielle Ebene in unserem Beispiel ist daher die Tagessumme der stündlich erfaßten Eingaben.

Nachdem wir die essentielle Ebene festgelegt haben, können wir nun die anderen Ebenen aus unserem Modell entfernen. Dann ordnen wir das Datenelement in seiner essentiellen Darstellung dem geeigneten Objekt zu.

Wenn eine grundlegende Aktivität Datenelemente auf einer Detaillierungsebene braucht, die entfernt wurde, dann brauchen wir einen neuen Ableitungsprozeß, der dieses Datenelement auf die geeignete Ebene abstrahiert. In unserem Beispiel würden wir solche Ableitungsprozesse spezifizieren, um die Wochen-, Monats- und Quartalssummen aus den Tagessummen zu berechnen. Diese Prozesse würden dann zu den entsprechenden Mini-Spezifikationen der grundlegenden Aktivitäten hinzugefügt.

Zum Abschluß dieses Reorganisationsprozesses betrachten wir noch die Verwaltungsaktivitäten, die die Daten, mit denen wir gerade gearbeitet haben, abspeichern. Wenn wir Verwaltungsaktivitäten finden, die verschiedene Ebenen eines Datenelements oberhalb der essentiellen Ebene ableiten und speichern, so entfernen wir diese einfach. In einigen Fällen müssen wir ein bißchen mehr tun: wenn es keine Verwaltungsaktivität gibt, die die essentielle Ebene eines Datums abspeichert, so müssen wir eine neue Verwaltungsaktivität einführen, die dies erledigt. Wenn z. B. das System in Abbildung 23.3 keine Verwaltungsaktivität zur Speicherung von Tagessummen hätte, dann müßten wir eine erzeugen.

Schließlich können Sie diese Gelegenheit auch dazu nutzen, die Eingaben für Verwaltungsaktivitäten so umzuformen, daß sie den wahren Systemanforderungen bezüglich der Eingaben entsprechen. Das System in unserem Beispiel braucht die stundenweisen Eingaben überhaupt nicht, da keine essentielle Aktivität diese Ebene der Datenelemente benutzt. In diesem Fall könnte man die Definition des eingehenden Datenflusses so verbessern, daß man sofort die Tagesdaten einliest.

23.4 Herausfiltern gemeinsamer Funktionen

Die Anwendung der ereignisorientierten Zerlegungsmethode führt manchmal zu unschönen Ergebnissen, die wir korrigieren müssen. In Kapitel 17 haben wir als Klassifizierungskriterium für essentielle Aktivitätsfragmente die Zugehörigkeit zur Reaktion auf ein externes Ereignis erläutert. Dabei findet man manchmal Fragmente, die an mehr als einer Reaktion beteiligt sind. Wenn sich herausstellt, daß ein Fragment eine Funktion ist, die in mehreren essentiellen Reaktionen benutzt wird, so ordnen wir eine Kopie dieser Funktion jeder essentiellen Aktivität zu. Diese Redundanz erlaubt es uns, jede einzelne Aktivität für sich, unabhängig von anderen zu betrachten. Nachdem das essentielle Modell jetzt jedoch komplett ist, müssen Sie sich entscheiden, ob die essentiellen Aktivitäten noch immer total unabhängig voneinander bleiben sollen oder ob das Gesamtmodell durch Wegnehmen von gemeinsam benutzten Funktionen aus einzelnen Aktivitäten und Neueinführung als eigenständige Prozesse qualitätsmäßig besser wird.

Abbildung 23.4 zeigt einen Ausschnitt eines essentiellen Datenflußdiagramms für eine Blutbank. Jede der beiden essentiellen Aktivitäten „gib Blut aus" und „beseitige altes Blut" reduziert das verfügbare Blut in der Blutbank. Daher können beide Aktivitäten Aufrufe zur Blutspende aussenden, sobald der Vorrat in der Blutbank unter einen bestimmten Wert sinkt. Während der Ableitung dieses Modells hat der Systemanalytiker den Prozeß „Aufruf zur Blutspende" als gemeinsame Funktion beider Aktivitäten identifiziert. Daher hat jedes Teilmodell eine Kopie dieses Fragments erhalten.

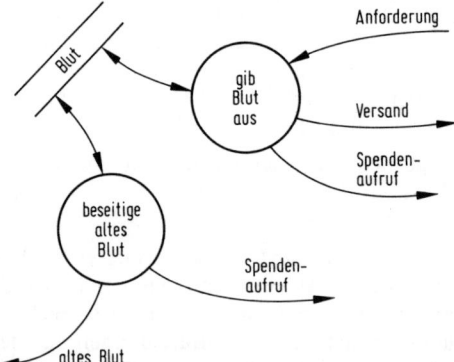

Abb. 23.4: Zwei essentielle Aktivitäten, die eine Funktion zum Aufruf zur Blutspende enthalten

Sollen wir dieses Diagramm lassen, wie es ist? Ist dies die geeignete Form für ein essentielles Modell einer Blutbank? Um diese Frage zu beantworten, müssen wir überlegen, wie wichtig die gemeinsam benutzte Funktion im Vergleich zu den essentiellen Aktivitäten ist, in denen sie derzeit verborgen ist. Wenn die gemeinsame Funktion trivial ist, wie z. B. einen Prozentsatz auszurechnen, dann gewinnen wir durch Herausfiltern als eigenen Prozeß nicht sehr viel.

Auch wenn die gemeinsame Funktion kritisch, aber nicht sehr umfangreich ist, wollen wir sie zu keinem eigenen Prozeß machen. Wenn die gemeinsame Funktion z. B. ein eingehendes Datenelement aufbereitet, dann würde eine Sonderbehandlung aller Eingangsdaten als Prozeß im Datenflußdiagramm das Diagramm wahrscheinlich unheimlich aufblähen, ohne sinnvolle Informationen hinzuzufügen.

Sie werden aber Fälle finden, in denen eine gemeinsam benutzte Funktion sowohl inhaltlich gehaltvoll wie auch wichtig für die geplante Reaktion ist. Wenn eine derartige gemeinsame Funktion in Ihrer Beurteilung wertvoll genug erscheint, dann sollten Sie auch einen

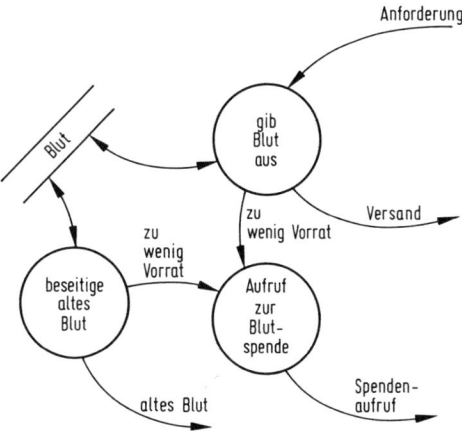

Abb. 23.5: Die gemeinsame Funktion „Aufruf zur Blutspende" nach Herausfilterung als eigenständige Aktivität

eigenständigen Prozeß dafür schaffen. Abbildung 23.5 zeigt ein DFD für das Blutbankbeispiel, nachdem wir den Aufruf zur Blutspende herausgefiltert haben.

Durch diese Änderung im Datenflußdiagramm gehen Sie von der reinen ereignisorientierten Aufteilung ab. Weder „gib Blut aus" noch „beseitige altes Blut" zeigen nun die gesamte Reaktion des Systems auf das jeweilige Ereignis. Wenn das Ergebnis jedoch ein Diagramm ist, das mehr wichtige Informationen über das System enthält, *ohne* zu komplex zu werden und ohne technologieabhängige Aspekte zu erhalten, dann ist dies eine Verbesserung der reinen ereignisorientierten Zerlegung. Halten Sie sich an die wahren Ziele der essentiellen Modellierung, nicht so sehr an die Strategien, die wir vorgestellt haben.

23.5 Das vollständig essentielle Modell

Nachdem Sie die einzelnen essentiellen Aktivitäten integriert haben, indem Sie die Zugriffe konsistent gemacht haben, enthalten die Modelle noch immer Redundanz. Dies verletzt die Prinzipien der Technologieunabhängigkeit und des präzisen Modellierens. In diesem Kapitel haben Sie gelernt, wie man diese Redundanz entfernt. Zuerst integrieren Sie die Datenspeicherdefinitionen für jedes Objekt im Data Dictionary. Dann erzeugen Sie ein Datenflußdiagramm, das die Zusammenhänge zwischen den einzelnen essentiellen Aktivitäten durch die gemeinsam benutzten Datenspeicher aufzeigt. Nachdem die Aktivitäten nun in dem Diagramm zusammenhängend sind, führen Sie die essentielle Ebene für den Detaillierungsgrad von Daten ein und gestalten das essentielle Speichermodell entsprechend neu. Schließlich filtern Sie gemeinsame Funktionen heraus.

Kraft unserer Autorität erklären wir Ihr Modell nun als „essentiell". In der Annahme, daß Sie alles richtig gemacht haben, liegt zu diesem Zeitpunkt ein Modell vor, das nur die Aspekte eines bestehenden Systems zeigt, die auf jeden Fall, in jeder Implementierung vorhanden sein müssen, unabhängig davon, wie technologisch ausgetüftelt die Lösung sein mag. Dieses Modell ist eine hervorragende Grundlage für die Festlegung neuer essentieller Eigenschaften und neuer Technologieanforderungen.

Kapitel 24
Überprüfung der Qualität
des Modells

Quer durch dieses Buch predigen wir drei Ziele für die Modellierung: Vermeiden Sie Technologieabhängigkeit, formulieren Sie nur die minimalen essentiellen Anforderungen, und präsentieren Sie die Information verständlich. Nach Erledigung des letzten Schrittes sind die ersten beiden Ziele in Ihrem Modell erfüllt. In diesem abschließenden Schritt des Verfahrens begutachten wir nun das essentielle Modell, um sicherzustellen, daß die Präsentation auch effektiv ist.

Ein effektives Modell zeigt alle relevanten Aspekte eines Systems in einer verständlichen Form, ohne den Leser durch zu große Komplexität irgendeines Teiles zur überfordern. Außerdem betont ein effektives Modell wichtige Informationen, wobei die Schlüsselbegriffe am deutlichsten veranschaulicht werden. Die Organisation des Modells - d.h. in unserem Fall: die Organisation der Datenflußdiagramme, des Data Dictionary und der Mini-Spezifikationen - bestimmt, wie gut das Modell die Komplexität in den Griff bekommt und wie gut die Schlüsselaktivitäten und Speicher herausgestellt werden.

Das Modell, das wir bisher erstellt haben, wird diesen Bedingungen bereits in hohem Maße genügen. Viele der Taktiken, die wir während des Ableitungsprozesses angewandt haben, steuern Sie auf wohlorganisierte Modelle zu. Ereignisorientierte Aufteilung und objektorientierte Zerlegung sind Beispiele, um sowohl essentielle wie auch effektiv verständliche Modelle zu erzeugen. Wenn man also alle physikalischen Aspekte aus dem Modell entfernt hat, sollte es eigentlich relativ gut verständlich sein. Es sind vielleicht noch einige Schwachstellen übriggeblieben. Wenn wir diese auch noch entfernen, dann wird das essentielle Modell noch leichter lesbar und dadurch effektiver. Diese restlichen Schwachstellen kommen durch menschliche Schwächen in das Modell. Während des ganzen Ableitungsprozesses haben Sie sich vielleicht so sehr auf die Entfernung von physikalischen Aspekten konzentriert, daß Sie auf die Organisation des Modells zu wenig geachtet haben. Sie haben nun eine letzte Möglichkeit festzustellen, ob Ihr Modell leicht verständlich ist und ob die Komplexität der einzelnen Teile im richtigen Umfang gehalten wurde.

Das Modell kann noch andere strukturelle Schwachstellen enthalten, die nicht durch menschliche Schwächen entstanden sind, sondern dadurch, daß man *allgemeine* Prinzipien auf *spezielle* Systeme angewandt hat. Die allgemeinen Prinzipien schließen die ereignisorientierte und objektorientierte Zerlegung ein. Obwohl dies einfache Modellierungsstrategien sind, die für die meisten Systeme anwendbar sind, führen sie manchmal zu Problemen, wenn man sehr große Systeme modelliert. Um eine große Essenz effektiv aufzuteilen, muß man manchmal Kompromisse bei der objektorientierten und bei der ereignisorientierten Aufteilung eingehen. In diesem Kapitel behandeln wir diese notwendigen Kompromisse.

24.1 Neugliederung von Datenspeichern

Die objektorientierte Aufteilung führt zu unschönen Ergebnissen, wenn sehr viele Datenelemente einem einzigen Objekt zugeordnet werden. Betrachten wir als Beispiel ein Arbeitsauftragssystem, das Reparaturarbeiten beauftragt und deren Durchführung überwacht. Der Systemanalytiker findet heraus, daß fast alle Datenelemente zu dem Objekt „Arbeitsauftrag" gehören. Es gibt zwar noch andere Objekte; diese enthalten jedoch alle nur sehr wenige Elemente.

Um zu erkennen, warum diese Überladung eines Datenspeichers nicht sehr gut ist, müssen wir uns daran erinnern, warum wir die objektorientierte Aufteilung in erster Linie eingeführt haben. Die Objektorientierung sollte verhindern, daß wir wegen zu vieler Datenspeicher zu komplex werden, aber auch, daß wir alle Datenelemente in *einen* Datenspeicher packen. Wenn aber die objektorientierte Zerlegung einen Datenspeicher wie „Arbeitsauftrag" erzeugt, der fast alle Datenelemente des gesamten Systems enthält, dann haben wir unser Ziel nicht erreicht. Das Modell verbirgt nun zu viele Informationen im Data Dictionary. Das DFD sieht wie Abbildung 24.1 aus: Viele Aktivitäten scharen sich um einen einzigen Datenspeicher, so daß das DFD sehr wenig darüber aussagt, was in dem System wirklich abgespeichert werden muß. Eine bessere Zerlegung der gespeicherten Daten – d.h. eine Zerlegung, die die Datenelemente gleichmäßiger auf mehrere Datenspeicher verteilt – würde es uns gestatten, mehr Information aus dem Diagramm zu entnehmen.

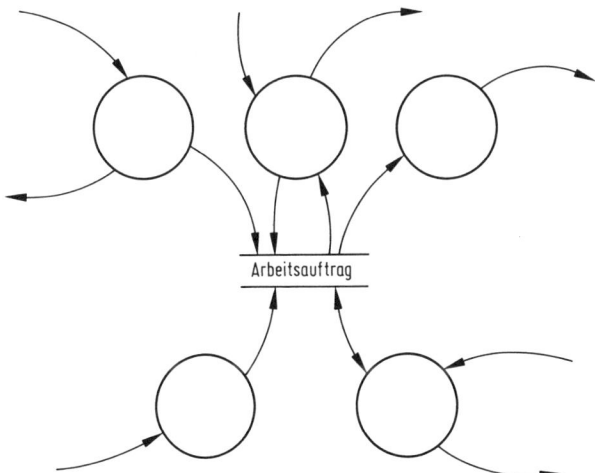

Abb. 24.1: Objektspeicher, der durch schlechte Aufteilung entstand

Das wirkliche Problem in diesem Beispiel ist, daß die objektorientierte Aufteilung nicht richtig angewandt wurde. Vielleicht hat der Systemanalytiker das falsche Objekt identifiziert, ein Objekt, das auf einer zu hohen Abstraktionsebene liegt. Man hätte vielleicht auch Komponenten dieses Objekts „Arbeitsauftrag" finden können, die auch alle den Kriterien für ein Objekt genügen. Diese kann man dann als Datenspeicher verwenden; jedes einzelne davon enthält aber nun weniger Komponenten. Abbildung 24.2 zeigt eine Alternative zu dem Speicher „Arbeitsauftrag". Nimmt man die drei Speicher „Arbeitsauftragsbeschreibung", „Arbeit" und „Material" zusammen, so enthalten sie alle Elemente, die ursprünglich in „Arbeitsauftrag" waren. Jeder einzelne Speicher ist nun aber viel kleiner als der ursprüngliche. Auch alle ursprünglichen Zusammenhänge sind gewahrt: jeder Teil enthält Datenelemente, die wichtige Aspekte des Arbeitsauftrags darstellen. Diese kleineren Speicher machen das essentielle Modell jedoch viel verständlicher.

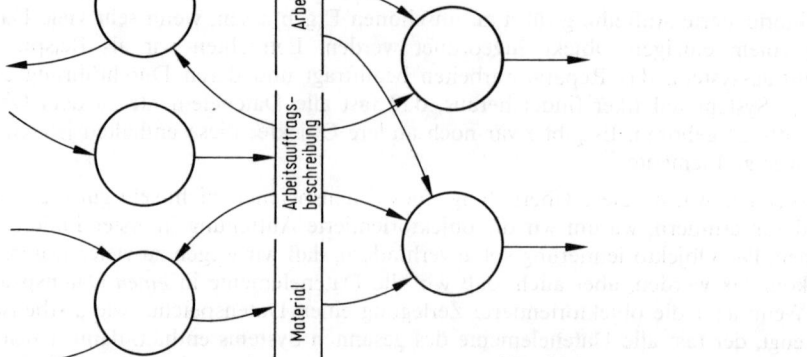

Abb. 24.2: Neu aufgeteilte Objektspeicher

24.2 Erzeugen von verfeinerten Mini-Spezifikationen

Wie wir in Kapitel 23 besprochen haben, kann durch die ereignisorientierte Zerlegung manchmal Redundanz in den Modellen entstehen: eine gemeinsame Funktion tritt wiederholt in jeder essentiellen Aktivität auf, die sie benutzt. Um diese Redundanz zu vermeiden, filtern wir diese gemeinsam benutzte Funktion heraus. Das bedeutet, daß wir das essentielle DFD neu zeichnen, um die gemeinsame Funktion als eigenständige Aktivität darzustellen, die über Datenflüsse mit allen Aktivitäten verbunden ist, die sie enthielten. Die Lösung funktioniert tadellos für kleinere Modelle; sie kann versagen, wenn die Essenz zu groß ist.

Wenn die gemeinsame Aktivität von vielen Aktivitäten genutzt wird, dann führt das Einzeichnen dieser Aktivität im Datenflußdiagramm zu einem unverständlichen Diagramm. Abbildung 24.3 zeigt dieses Problem auf; es stellt ein abstraktes Modell der Essenz eines Hypothekensystems dar. Die Aktivität „stelle fällige Zinsen fest" wird von vielen verschiedenen Hypothekenaktivitäten benutzt. Daher hat sie viele ein- und ausgehende Datenflüsse. Dadurch entsteht im Diagramm ein Rattennest von Datenflüssen, die nicht leicht entwirrt werden können. Um das zu vermeiden, empfehlen wir „verfeinerte Mini-Spezifikationen".

Eine *verfeinerte Mini-Spezifikation* ist eine Mini-Spezifikation, die keine entsprechende Aktivität in einem DFD hat. Statt dessen gibt es Verweise von anderen Mini-Spezifikationen auf sie. Weil sie nicht im DFD auftritt, kann die verfeinerte Mini-Spezifikation eine Aktivität beschreiben, die in vielen essentiellen Aktivitäten enthalten ist, ohne das Diagramm zu verwirren. Eine verfeinerte Mini-Spezifikation enthält eine Liste der Mini-Spezifikationen, die auf sie verweisen. Wenn Sie also eine verfeinerte Mini-Spezifikation modifizieren, dann prüfen Sie alle Mini-Spezifikationen in der Liste, um sicherzustellen, daß die verfeinerte Mini-Spezifikation noch immer die geforderte Aufgabe beschreibt. Abbildung 24.4 zeigt, wie man eine verfeinerte Mini-Spezifikation zur Spezifikation der Aktivität „stelle fällige Zinsen fest" nutzen würde.

Jede verfeinerte Mini-Spezifikation beschreibt eine wohldefinierte Aufgabe. Diese Aufgabe muß für alle Mini-Spezifikationen, die darauf verweisen, identisch sein. Wir wollen keine verfeinerte Mini-Spezifikation sehen, die „allgemeine Zinsberechnung" heißt und die unterschiedliche Berechnungen für die unterschiedlichen Mini-Spezifikationen, die auf sie

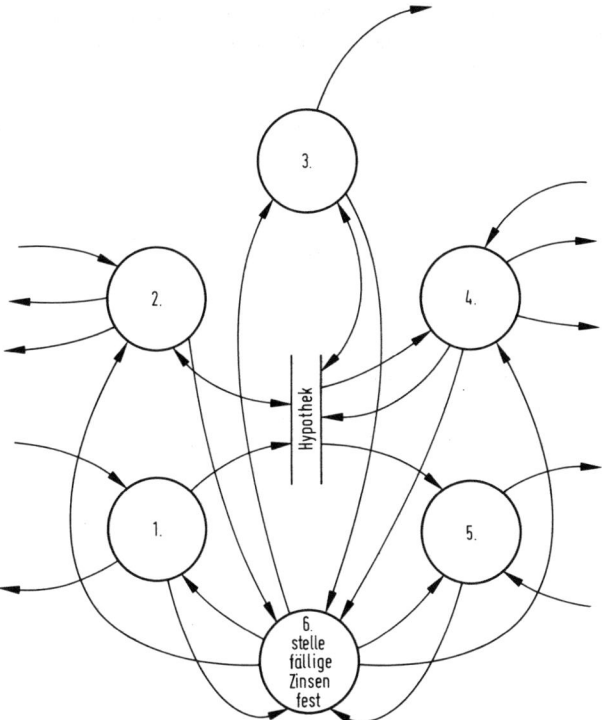

Abb. 24.3: Gemeinsame Funktion, die zu einem schlechten DFD führt

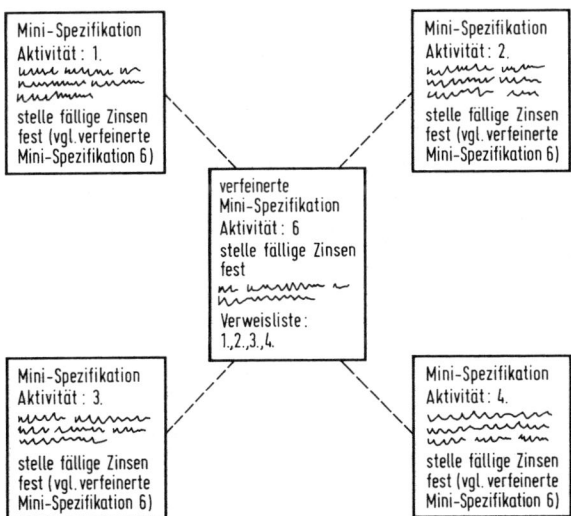

Abb. 24.4: Die Relationen zwischen verfeinerten Mini-Spezifikationen und Mini-Spezifikationen

verweisen, ausführt. In diesem Fall würde eine verfeinerte Mini-Spezifikation das Gesamtmodell schwerer verständlich machen. Statt alle Informationen in dieser übergeordneten
Mini-Spezifikation zu finden, müßte der Leser dann sowohl die Mini-Spezifikation wie
auch die verfeinerte Mini-Spezifikation lesen. Der Leser könnte auch die Teile der verfeinerten Mini-Spezifikation, die relevant sind, und die, die nur für andere Mini-Spezifikationen gelten, verwechseln.

24.3 Erzeugen von höheren Datenflußdiagrammen

Die ereignisorientierte Aufteilung hat noch einen anderen nicht wünschenswerten Nebeneffekt: es können viel zu viele Prozesse in dem obersten Datenflußdiagramm enthalten
sein. Bisher haben Sie hauptsächlich mit zwei Ebenen von Datenflußdiagrammen gearbeitet: der essentiellen Ebene, in der jede essentielle Aktivität als ein einziger Prozeß dargestellt wird, und der Ebene von Diagrammen, die darunter liegt, in der die Details der
Systemreaktion auf ein einzelnes Ereignis dargestellt sind. Die meisten wirklichen Systeme
reagieren auf so viele Ereignisse, daß man kein Diagramm zeichnen kann, in dem alle
essentiellen Aktivitäten enthalten sind. Um die Komplexität in den Griff zu bekommen,
müssen Sie noch höhere Ebenen von Diagrammen erstellen, in denen Sie mehrere essentielle Aktivitäten zusammenfassen, um die Anzahl der Prozesse zu reduzieren. In diesem
Abschnitt bieten wir Ihnen einige Richtlinien, wie Sie Gruppen von essentiellen Aktivitäten
bilden können.

Als erstes wollen wir festhalten, wie man höhere Ebenen *nicht* aufteilen soll: teilen Sie niemals eine essentielle Aktivität auf zwei höhere Prozessoren auf. Jede Gruppe, die Sie bilden, soll nur *ganze* essentielle Aktivitäten enthalten. Nachdem wir viele Schritte unternommen haben, um Fragmente richtig zusammenzupacken, würden wir jetzt alles kaputt-
machen, wenn wir eine falsche Aufteilung nur wegen höherer Ebenen in den Diagrammen
vornähmen. Wenn Ihr höheres Diagramm essentielle Aktivitäten auf verschiedene Prozesse
verteilt, dann spiegelt das vielliecht die bestehende Organisation einer Firma wider.
Dadurch kann das Modell in Richtung einer ungeeigneten Arbeitsaufteilung zwischen Prozessoren beeinflußt werden. Außerdem würden durch eine Aufsplittung von einer essentiellen Aktivität zusätzliche Datenflüsse auf höheren Ebenen entstehen, die die Komplexität
des Modells erhöhen – genau das Gegenteil von dem, was wir erreichen wollen. Um Ihnen
dabei zu helfen, diese Fehler zu vermeiden, schlagen wir Ihnen zwei ausgezeichnete Techniken zur Zusammenfassung von essentiellen Aktivitäten zu höheren Prozessen vor.

Am besten ist es, wenn Sie eine Menge zusammenhängender Aktivitäten finden, die Sie
leicht mit einem Namen belegen können und die alle Zugriffe auf einen bestimmten
Datenspeicher beinhalten. In Abbildung 24.5 haben wir die zwei Mengen, die diese Bedingung erfüllen, mit durchgezogenen Linien umrahmt. Wenn Sie einen höheren Prozeß schaffen, der seine Datenspeicher nicht mit irgendwelchen anderen Aktivitäten teilt, dann müssen Sie den Speicher auf der höheren Ebene nicht einzeichnen. Da essentielle Aktivitäten
nur durch Datenspeicher miteinander verbunden sind, ist unser wirkliches Ziel, nicht nur
die essentiellen Aktivitäten zu einem Prozeß zusammenzufassen, sondern auch die Datenspeicher, die Sie gemeinsam benutzen.

Wenn Sie nach Aktivitäten suchen, die gemeinsame Datenspeicher benutzen, beachten Sie
bitte zwei Warnungen: Erstens muß die höhere Gruppe von Aktivitäten alle essentiellen
Aktivitäten umfassen, die auf einen Datenspeicher zugreifen. Wenn Sie auch nur eine Aktivität, die einen bestimmten Speicher benutzt, aus der Gruppierung herauslassen, dann müssen Sie den Speicher auf der höheren Ebene einzeichnen. Zweitens: Sie erreichen nicht
viel, wenn Ihre Gruppe von Aktivitäten nicht wirklich zusammenhängend ist, d. h. wenn es

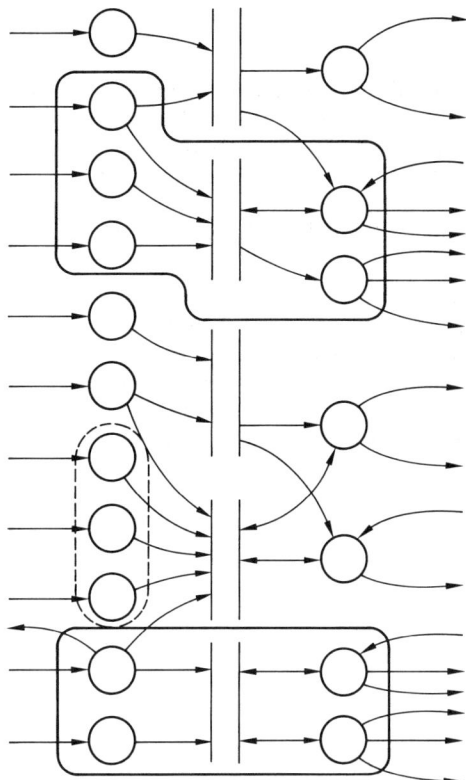

Abb. 24.5: Höhere Prozesse (eingerahmt)

Ihnen nicht gelingt, einen vernünftigen kurzen Namen aus einem Zeitwort und einem Hauptwort für diese Gruppe zu finden. Wenn der beste Name für eine Gruppe von Aktivitäten, die auf die Postleitzahl zugreifen, „Funktionen, die die Postleitzahl benutzen" ist, dann ist dies kein guter Kandidat für eine Zusammenfassung. Suchen Sie nach Gruppen, die einen bestimmten Zweck erfüllen, und benennen Sie die Gruppe danach.

Nachdem Sie diese erste Richtlinie voll ausgeschlachtet haben, bleiben Ihnen vielleicht noch immer zu viele essentielle Aktivitäten übrig, die Sie nicht in einem einzigen Diagramm darstellen können oder wollen. Viele davon werden Verwaltungsaktivitäten sein, die oft nur triviale Dateipflegeoperationen ausführen, z.B. „ändere Kundenadresse", „aktualisiere Mehrwertsteuersatz". Diese einfachen Verwaltungsaktivitäten greifen oft nur auf einen Datenspeicher zu: auf den, den sie aktualisieren.

Sie können Ihr Datenflußdiagramm erheblich vereinfachen, wenn Sie alle Verwaltungsaktivitäten, die einen bestimmten Speicher betreffen, zu einem höheren Prozeß zusammenfassen. Abbildung 24.5 zeigt ein Beispiel dafür, eingerahmt mit gestrichelter Linie. Da es von diesen trivialen Verwaltungsaktivitäten jede Menge gibt, können Sie mit dieser Richtlinie die Anzahl der Prozesse auf höherer Ebene beträchtlich reduzieren. Sie bezahlen dafür jedoch mit eher nichtssagenden Namen für diese Prozesse, wie z.B. „pflege Steuerdaten" oder „pflege Kundendaten". Trotzdem haben Sie selten eine bessere Alternative. Das Zusammenfassen von Verwaltungsaktivitäten für einen Datenspeicher führt zu einer Minderung der Bedeutung von diesen ohnehin langweiligen Funktionen im Rahmen des Gesamtsystems.

24.4 Zusammenfassung

Das Entfernen der physikalischen Charakteristika reicht alleine nicht aus, um effektive essentielle Modelle zu erstellen. Wenn die Essenz eines Systems umfangreich ist, dann ist das Modell· oft schlecht lesbar, bis Sie entsprechende Schritte unternehmen, um es zu vereinfachen. Die Neuaufteilung von Objektspeichern, die Verwendung von verfeinerten Mini-Spezifikationen und die Einführung von höheren Ebenen von Datenflußdiagrammen helfen Ihnen bei der Erstellung von essentiellen Modellen sehr großer Systeme, die trotz der Größe gut verständlich sind.

Sobald Sie ein verständliches Modell der Essenz eines existierenden Systems haben, ist es. an der Zeit, die Essenz des neuen Systems zu definieren. Wir haben uns nun so lange mit dem existierenden System beschäftigt, daß Sie vielleicht vergessen haben, daß wir auch einige neue essentielle Eigenschaften implementieren wollen. Es gehört zu Ihren Aufgaben, diese neuen essentiellen Eigenschaften zu modellieren und in das Modell der existierenden Essenz zu integrieren. Diese Aufgaben werden in Kapitel 25 behandelt.

TEIL 7
Die Modellierung
des neuen Systems

Teil 7 ist eine kurze Einführung in die essentiellen Systementwicklungsaktivitäten, die *nach* der Ableitung des essentiellen Modells folgen. Zu diesen Aktivitäten zählen das Einbringen neuer essentieller Eigenschaften in das Modell der bestehenden Essenz, die Auswahl einer Inkarnation für das neue System und schließlich das Konstruieren der Inkarnation. In diesem Teil behandeln wir die ersten beiden dieser Schritte.

Kapitel 25 zeigt einen Weg auf, wie man neue essentielle Anforderungen in das Modell der Essenz eines existierenden Systems einbringt. Die nächsten beiden Kapitel behandeln eine Methode zur Auswahl einer geeigneten Inkarnation. Wir beschreiben den Konstruktionsprozeß für ein neues physikalisches Modell in Kapitel 26. Danach, in Kapitel 27, konzentrieren wir uns auf den Programmentwurf und zeigen, daß man die Spezifikation, die durch essentielle Systemanalyse entstanden ist, leicht in einen Softwareentwurf umwandeln kann.

Kapitel 25
Hinzufügen
neuer essentieller Eigenschaften

Die Kapitel bis einschließlich Teil 6 vervollständigen die Beschreibung der wichtigsten Aktivitäten im Systementwicklungsprozeß. Sie haben bisher ein systematisches Verfahren kennengelernt, um ein existierendes System zu studieren. Wir gingen davon aus, daß die Essenz dieses System der Essenz des geplanten neuen Systems sehr ähnlich ist. Sie wissen auch, daß wir mit diesem Verfahren sowohl ein physikalisches wie auch ein logisches Ist-Modell abgeleitet haben. Das logische Ist-Modell ist ein Modell der Essenz des bestehenden Systems.

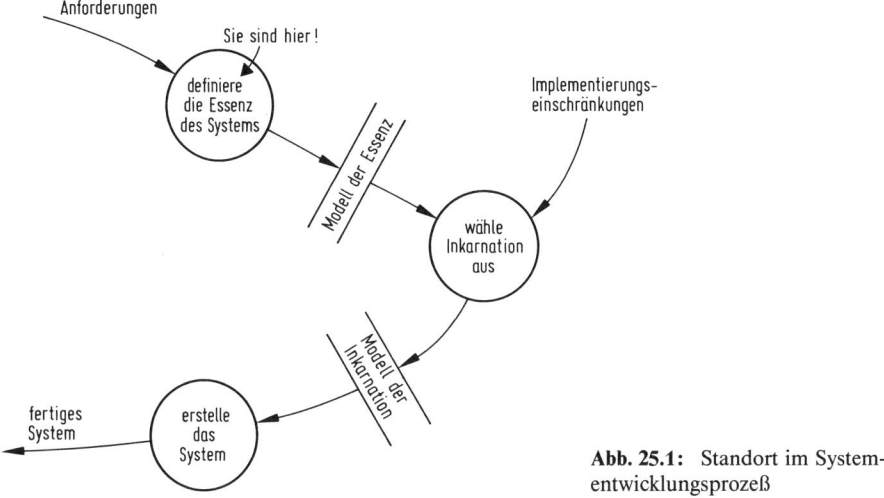

Abb. 25.1: Standort im Systementwicklungsprozeß

Abbildung 25.1 zeigt die drei Aktivitäten, aus denen sich die Essenz des Systementwicklungsprozesses zusammensetzt. Nach Fertigstellung des essentiellen Modells des bestehenden Systems sind Sie noch immer im ersten Prozeß auf diesem Diagramm: bei der Entwicklung der Essenz des neuen Systems. Dieses Kapitel beschreibt, wie man durch Modellierung von neuen essentiellen Anforderungen das bestehende Modell vervollständigt. Wir verwenden wieder ein Verfahren mit zwei Schritten, ähnlich wie die zwei Schritte, die wir zur Ableitung der Essenz verwendet haben. Zuerst definieren wir jede neue essentielle Anforderung und modellieren sie. Dann fügen wir diese Modelle in unser logisches Ist-Modell ein.

25.1 Die Konstruktion von Mini-Modellen

Um die Fehleranfälligkeit im Spezifikationsprozeß möglichst klein zu halten, sollten Sie für jede neue, essentielle Anforderung ein kleines, separates Structured-Analysis-Modell entwickeln. Dieses *Mini-Modell* besteht aus Datenflußdiagrammen, Mini-Spezifikationen und Data-Dictionary-Definitionen.

Abbildung 25.2 zeigt den DFD-Anteil eines Mini-Modells für eine neue essentielle Anforderung an das Verkehrssündersystem. Die neue essentielle Anforderung ist ein „Punktesystem", um zu einem Führerscheinentzug für Wiederholungstäter zu kommen. Zu jeder Übertretung gehört eine bestimmte Anzahl von Punkten. Wenn ein Fahrer genügend Übertretungen begeht und dadurch zu einer bestimmten Punktezahl kommt, dann wird der Führerschein dieses Fahrers eingezogen. Der Fahrer und auch das Straßenverkehrsamt werden durch eine Entzugsnachricht informiert.

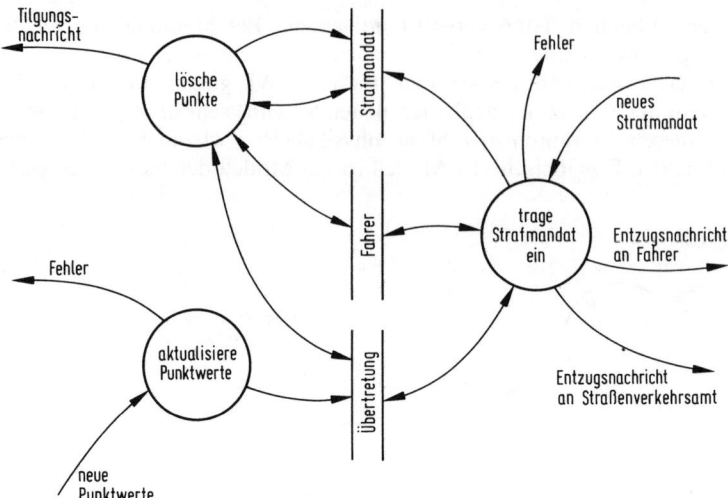

Abb. 25.2: DFD-Anteil eines Mini-Modells zur Modellierung der neuen Anforderung „Punktesystem"

Mini-Modelle sind nicht nur zur Minimierung von Fehlern gut, man braucht sie auch aus anderen Gründen: Mini-Modelle sind ausgezeichnete Beschreibungsmittel für neue Anforderungen zu einem Zeitpunkt, wo die Essenz des existierenden Systems noch nicht vorliegt. Neue Eigenschaften werden oft bereits sehr früh (sogar vor Projektbeginn) in Besprechungen diskutiert. Man kann zu diesem Zeitpunkt ein Mini-Modell entwickeln und dieses beiseite legen, bis man es wirklich für die Integrationsarbeit braucht. In gleicher Weise können Sie verfahren, wenn Sie bei der Arbeit an dem bestehenden System neue Anforderungen entdecken. Wenn Sie dann anfangen, systematisch an den neuen Anforderungen zu arbeiten, dann haben Sie schon einen Teil der nötigen Informationen und müssen diese nicht nochmals erfragen.

25.2 Die Definition neuer essentieller Eigenschaften

Die Darstellung von neuen essentiellen Eigenschaften mit Mini-Modellen ist nicht sehr schwierig. Manchmal geraten Sie jedoch in Schwierigkeiten, neue Anforderungen zu erkennen und sie im Detail zu definieren. Die Anforderungen an ein neues System betreffen meistens zwei Aspekte: Änderungen der Essenz und Änderungen der Implementierung des bestehenden Systems. Da sich die Technologie so rasch weiterentwickelt, betreffen die meisten Wünsche Änderungen in der Technologie, wobei die Essenz des alten Systems erhalten bleibt. Sie müssen in der Lage sein, diese beiden Aspekte zu unterscheiden, um Ihr essentielles Modell fertigstellen zu können. Wie vorher betrachten wir im Augenblick nur die

Änderungen an der Essenz und verschieben die Änderungen in der Implementierung auf später. Wie leicht man die neuen essentiellen Anforderungen erkennt, hängt sehr stark von den Fähigkeiten des Systemanalytikers ab. In den nächsten beiden Abschnitten behandeln wir die beiden möglichen Fälle: man versteht die essentiellen Eigenschaften oder man versteht sie nicht.

25.2.1 Annahme: Benutzer und Systemanalytiker verstehen essentielle Systemanalyse

Wenn die Personen, die neue Anforderungen festlegen, die Techniken, die in diesem Buch behandelt werden, verstehen, so gibt es wenig Probleme bei der Unterscheidung von essentiellen Änderungen und Implementierungsänderungen. Sie können dann die gleichen Techniken zur Definition der neuen Anforderungen anwenden, die wir zur Definition der Essenz ohne vorheriges Studium des existierenden Systems vorgeschlagen haben.

Wenn der Benutzer oder der Systemanalytiker, der die neue Essenz definiert, essentielle Systemanalyse versteht, dann fangen wir mit der Betrachtung der Ereignisse an, die nicht effektiv genug behandelt wurden. Als erstes erstellen wir eine Liste dieser Ereignisse.

Zur Erzeugung des neuen essentiellen Mini-Modells von Abbildung 25.2 hätten wir vielleicht die folgende Ereignisliste:

- Polizist liefert Strafmandat ab (existierendes Ereignis)
- Straßenverkehrsamt ändert Punktezuordnung (neues Ereignis)
- Punkte verjähren (neues Ereignis)

Wir verwenden die bekannten zwei Schritte, um die neuen und modifizierten Reaktionen zu entwickeln. Im ersten Schritt erstellen wir ein getrenntes essentielles Aktivitätsmodell für jede Reaktion. Dazu verwenden wir ereignisorientierte und objektorientierte Zerlegung. Wir beginnen mit den neuen essentiellen Aktivitäten und wenden uns dann denen zu, die modifiziert werden müssen.

Um die existierenden essentiellen Aktivitäten zu modifizieren, lösen wir sie zuerst aus dem globalen Modell heraus, damit wir sie getrennt studieren können. Wahrscheinlich beschränken sich die Änderungen auf neue Zugriffe zu Objektspeichern und neue Datenflüsse, die die neuen Ergebnisse darstellen.

Abbildung 25.3 zeigt den DFD-Anteil der einzelnen neuen essentiellen Aktivitätsmodelle für das Verkehrssündersystem. Zwei der drei essentiellen Aktivitäten sind ganz neu. „Lösche Punkte" löscht die erworbenen Punkte eines Fahrers nach Ablauf einer bestimmten Zeit nach einer Übertretung. „Aktualisiere Punktewerte" ist eine Verwaltungsaktivität, die die Punktewerte für bestimmte Übertretungen ändert. Beide Aktivitäten sind Reaktionen auf die neuen Ereignisse in der obenstehenden Ereignisliste.

„Trage Strafmandat ein" ist eine essentielle Aktivität, die bereits in dem bestehenden essentiellen Modell existiert. Sie wurde aus dem globalen Modell herausgelöst und so verbessert, daß sie der neuen essentiellen Anforderung genügt. Wenn jetzt ein Strafmandat hereinkommt, dann wird diesem Strafmandat ein entsprechender Punktewert zugeordnet (durch Summation aller Punktewerte aller Übertretungen auf diesem Strafzettel). Der Prozeß vergleicht dann den Punktewert mit dem Limit für den Führerscheinentzug. Wenn der Fahrer über dem Limit ist, dann wird eine entsprechende Nachricht an den Fahrer und an das Straßenverkehrsamt ausgesandt.

Im zweiten Schritt integrieren Sie die einzelnen essentiellen Aktivitäten der neuen Anforderung zu einem kompletten Mini-Modell. Dazu verwenden Sie dieselben Techniken, die wir in Teil 6 beschrieben haben. Sie führen also hauptsächlich die essentiellen Speicher der ver-

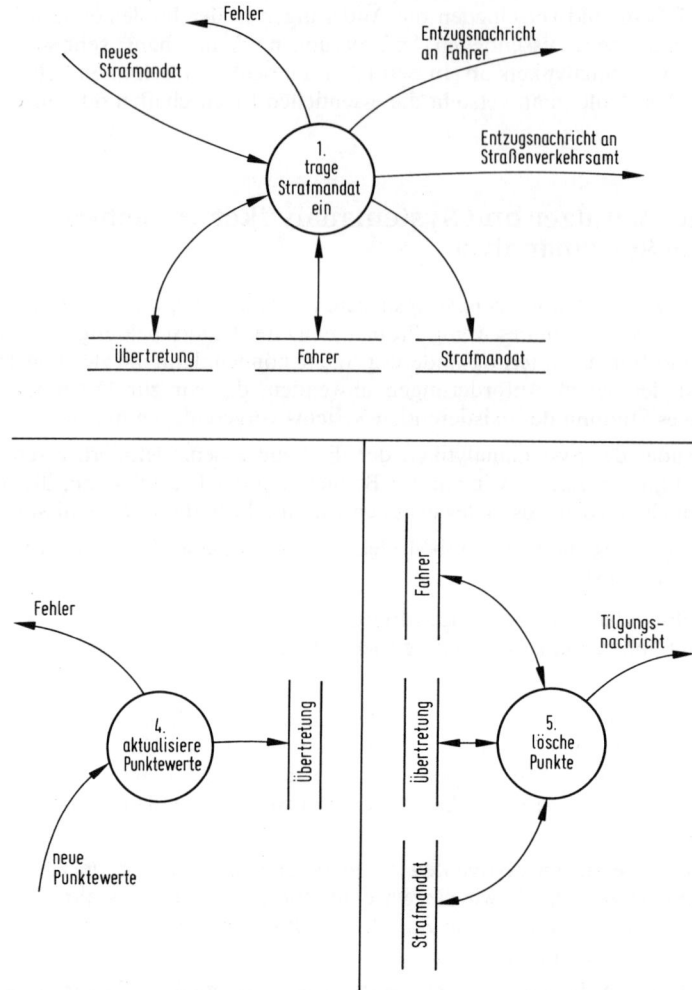

Abb. 25.3: Getrennte neue essentielle Aktivitäten im Verkehrssündersystem

schiedenen Aktivitäten zusammen. Außerdem müssen Sie die Lesbarkeit und Verständlichkeit des neuen Modells überprüfen. Das daraus entstehende Mini-Modell für das Punktesystem (oder zumindest der DFD-Anteil davon) sieht dann so aus wie Abbildung 25.2.

25.2.2 Annahme: Benutzer und Systemanalytiker beherrschen die essentielle Systemanalyse nicht

Oftmals sind die Personen, die die neuen Anforderungen festlegen, nicht mit den Techniken der essentiellen Systemanalyse vertraut. Dann passiert es häufig, daß essentielle Änderungen und Implementierungsänderungen total vermischt werden. Bevor Sie also ein Modell der Essenz des neuen Systems erstellen können, müssen Sie die Aussagen der Benutzer bezüglich der Anforderungen entwirren. Als ersten Schritt halten Sie alle Aussagen in Form von Mini-Modellen fest.

Sobald Sie alle Mini-Modelle haben, können Sie anfangen, die essentiellen Anforderungen von den Implementierungsanforderungen zu trennen. Dazu durchsuchen Sie jedes Mini-Modell nach den physikalischen Charakteristika, die wir in Teil 3 beschrieben haben. Die physikalischen Merkmale in den neuen Anforderungen sind identisch mit denen in existierenden Systemen. Da die Mini-Modelle jedoch wesentlich weniger umfangreich sind, sollte das Auffinden hier etwas leichter sein. Suchen Sie nach allen Anforderungen, die etwas über die Kosten, die Fähigkeiten, den Durchsatz, die Geschwindigkeit oder die Fehleranfälligkeit von interner Technologie aussagen. Suchen Sie auch nach Eigenschaften, die durch Zerstückelung oder Konsolidierung darauf hinweisen, daß nicht-perfekte interne Technologie verwendet wurde, um die neuen Systemeigenschaften zu definieren. Letztlich sollten Sie auch Ausschau halten, ob Sie interne Transportprozesse oder Qualitätssicherungsprozesse entdecken.

Wenn Sie feststellen, daß ein ganzes Mini-Modell nur solche Prozesse enthält, die beschreiben, wie eine bereits bestehende essentielle Aktivität neu implementiert werden soll, dann legen Sie das Mini-Modell so lange beiseite, bis Sie mit dem neuen physikalischen Modell anfangen. Wenn Sie andererseits Mini-Modelle finden, die die Essenz des Systems ändern, dann sollten Sie all die Verfahren darauf anwenden, die in den Teilen 4, 5 und 6 dieses Buches zur Ableitung der Essenz eines bestehenden Systems beschrieben wurden. Dadurch entfernen Sie alle physikalischen Eigenschaften aus den Mini-Modellen. Sie organisieren die einzelnen essentiellen Aktivitäten neu, so daß Sie nach Zusammenfassung zu einem Mini-Modell dann ein vollständiges Modell der neuen Anforderung haben.

25.2.3 Die Integration der neuen essentiellen Anforderungen

Sobald Sie die Mini-Modelle fertiggestellt und überprüft haben, können Sie darangehen, diese in die Essenz des bestehenden Systems zu integrieren. Dieser Vorgang ist fast identisch mit dem zweiten Schritt des Ableitungsprozesses, der die einzelnen essentiellen

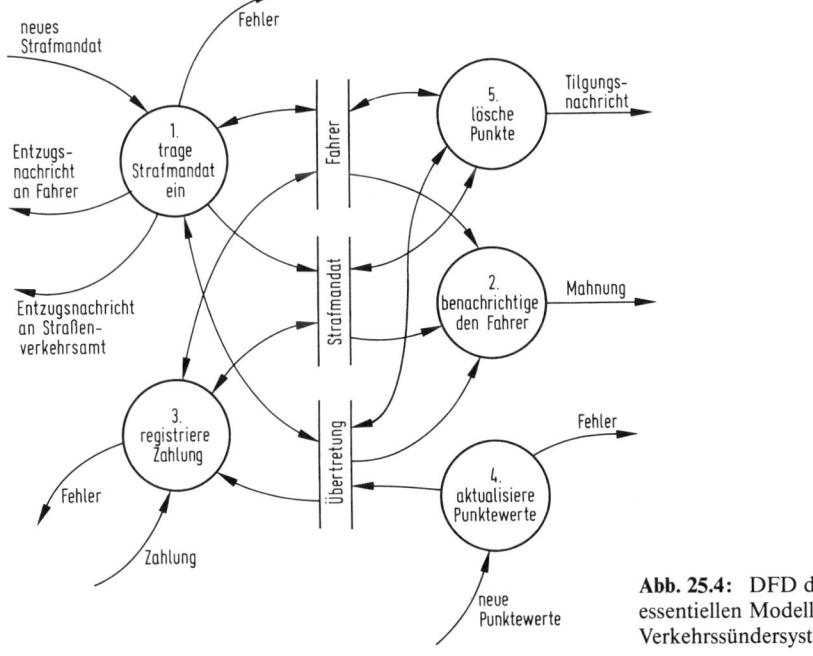

Abb. 25.4: DFD des neuen essentiellen Modells des Verkehrssündersystems

Modelle zu einem globalen Modell zusammenführt. In diesem Schritt prüfen Sie, ob die neuen oder abgeänderten grundlegenden Aktivitäten ihre Eingaben von der Umwelt zum Zeitpunkt des Eintreffens des Ereignisses erhalten, oder – wenn dies nicht der Fall ist – ob die nötigen Speicherdaten, die gebraucht werden, und die Verwaltungsaktivitäten, die diese erzeugen, schon im Modell vorhanden sind. Wenn irgendwelche Speicherdaten oder Verwaltungsaktivitäten fehlen, so erzeugen Sie diese. Verwenden Sie dazu die Techniken, die wir in Kapitel 22 beschrieben haben, um die essentiellen Zugriffe konsistent zu machen. Dann konsolidieren Sie die Objektspeicher, erzeugen ein globales Datenflußdiagramm und filtern gemeinsame Funktionen heraus. Schließlich überprüfen Sie die Qualität des neuen essentiellen Modells.

Abbildung 25.4 zeigt den DFD-Anteil des neuen essentiellen Modells des Verkehrssündersystems, nachdem die Aktivitäten der neuen essentiellen Mini-Modelle mit den essentiellen Aktivitäten des bestehenden Systems integriert wurden.

25.3 Psychologische Schwellen für neue Anforderungen

Das größte Problem bei der Definition der neuen essentiellen Anforderungen ist eher psychologischer als technischer Natur. Sie müssen geistig umschalten können. Nach wochen- oder vielleicht sogar monatelangen Arbeiten, die ausschließlich das existierende System betrafen, fällt es Ihnen und den Teammitarbeitern vielleicht schwer, an neue Eigenschaften zu denken, wo Sie doch so konzentriert an den alten gearbeitet haben.

Auch Benutzer haben manchmal Probleme bei der Festlegung neuer Anforderungen. Während des ganzen bisherigen Prozesses müssen die Benutzer die Dinge so beschreiben, wie sie wirklich sind. Manchmal müssen sie den Analytikern helfen, die zugrundeliegende Essenz der Aufgaben eines Anwenders herauszufinden. Sie sind hauptsächlich damit beschäftigt zu kritisieren, damit das entstehende Modell auch der Wirklichkeit, wie sie sie kennen, entspricht.

Sobald Sie jedoch das neue System modellieren, ändert sich die Rolle des Benutzers schlagartig, vom Informanten und Kritiker zum kreativen Gestalter von Firmenpolitik. Statt die Frage zu stellen „Was machen Sie derzeit?" heißt die Frage nun: „Wie *sollte* die Firma in Zukunft arbeiten?" Da viele Angestellte an diese Art zu denken nicht gewöhnt sind, fällt es ihnen oft schwer, auch nur kleine Teile der Firmenstrategie festzulegen. Außerdem stellen wir die Fragen nicht in Hinblick auf Terminals, Datenbankverwaltung und tägliche Änderungsläufe und zwingen den Benutzer daher zum abstrakten Denken. Auch wenn einige Benutzer den Jargon der Datenverarbeiter nicht mögen, so ist er ihnen doch geläufig. Oftmals haben sie mit dem Denken in abstrakten Begriffen noch viel größere Schwierigkeiten als mit dem DV-Jargon.

Wenn die Benutzer zusammen mit dem Systemanalytiker die essentiellen Anforderungen des bestehenden Systems abgeleitet haben, dann haben sie oft keine Probleme, die neuen essentiellen Anforderungen geeignet zu formulieren. In einigen Fällen sind die Benutzer jedoch nicht hoch genug in der Firmenhierarchie, um Aussagen über Firmenstrategie und Ziele machen zu können. Dann müssen Sie versuchen, diese Aussagen von höheren Stellen in der Firma zu erhalten. Diese waren aber vielleicht an den bisherigen Arbeiten nicht beteiligt und haben daher ihre Schwierigkeiten bei der Betrachtung und Verbesserung eines essentiellen Modells.

Diese psychologischen Probleme können den Projektfortschritt erheblich verlangsamen, gerade zu dem Zeitpunkt, wo wir uns den neuen Anforderungen zuwenden. Wir empfehlen Ihnen, diese Schwierigkeiten einzuplanen, und bereits lange bevor Sie in der Lage sind, die neuen Anforderungen einzuarbeiten, damit zu beginnen, diese zu erfragen. Auf diese Art gewöhnen sich viele Personen daran, Anforderungen so zu formulieren, als ob das System intern perfekte Technologie hätte. Diese Taktik gibt dem Entwicklungsteam auch die Möglichkeit, die Anforderungen im Laufe der Zeit präziser zu formulieren und essentielle Modellbildung zu üben.

Eine Warnung ist an dieser Stelle angebracht: Obwohl Sie versuchen, alle neuen Anforderungen und Wünsche zu finden, sollten Sie realistisch bleiben und keine zu großen Erwartungen über die Essenz des neuen Systems wecken. Eine sehr allgemeine Aussage über die kühnsten Träume eines Anwenders kann zu einer Flut von detaillierten essentiellen Anforderungen führen, die oft mit der verfügbaren Technologie absolut unlösbar sind. In diesem Fall sollten Sie die essentielle Anforderung zurückweisen. Niemand wird glücklich, wenn man zunächst solch unrealistische Forderung akzeptiert, um sie hinterher als unmöglich abzuqualifizieren. Sie müssen also eine Gratwanderung machen, zwischen der Ermutigung, in neuen essentiellen Anforderungen zu denken, und einer realistischen Erwartungshaltung.

25.4 Zusammenfassung

Die Fertigstellung des neuen logischen Modells ist vom technischen Standpunkt her betrachtet relativ einfach. Sie haben bereits ausführlich Erfahrungen mit der Spezifikation essentieller Eigenschaften gesammelt und wissen, wie man diese von Implementierungsdetails unterscheidet. Sie brauchen keine neuen Taktiken, nur ein bißchen Kreativität. Das größere Problem beim Hinzufügen neuer essentieller Eigenschaften liegt in der Zeitplanung für diesen Vorgang, in der Art der Formulierung der neuen Anforderungen und in der Psychologie der Durchführung. Sie modellieren neue Anforderungen (essentielle und implementierungsabhängige) mit Mini-Modellen. Mit diesem Ausdrucksmittel können Sie die irrelevanten, nicht-essentiellen Anforderungen bis zu einem späteren Zeitpunkt beiseite legen. Aber hüten Sie sich vor übertriebenen essentiellen Anforderungen.

Sobald Sie die neuen Anforderungen aus dem Benutzer herausgequetscht haben oder zumindest die Zustimmung des Benutzers zu Ihren Ideen erreicht haben, fügen Sie diese einfach zu dem essentiellen Modell des bestehenden Systems hinzu, so als ob sie schon immer dort gewesen wären. Jetzt haben Sie ein vollständiges Modell dessen, was das neue, geplante System tun soll; ein Modell all der Dinge, die es tun muß, auch wenn es so etwas wie perfekte interne Technologie gäbe.

Kapitel 26
Die Auswahl
einer Inkarnation

Wenn Sie die Essenz eines neuen Systems modelliert haben, dann müssen Sie Ihre Aufmerksamkeit auf die Implementierung dieses Systems unter Benutzung verfügbarer Technologie lenken. Obwohl wir Ihnen geraten haben, das Konzept der perfekten internen Technologie bei der Modellbildung anzuwenden, sollten Sie doch bedenken, daß jede Technologie, die Sie für die Implementierung auswählen werden, weniger perfekt ist. Sie müssen also jetzt das neue essentielle Modell so modifizieren, daß die technologischen Randbedingungen und Einschränkungen, die das neue System beeinflussen, berücksichtigt werden.

Wir würden Ihnen gerne ein Verfahren geben, um das neue logische Modell in ein neues physikalisches Modell umzuformen; ein Verfahren, das genauso detailliert ist wie das Verfahren zur Ableitung der Essenz. Leider gibt es bis heute kein solch detailliertes Verfahren. Statt dessen beschreiben wir die Ziele, die wir für die Inkarnation eines Systems sehen, und geben Ihnen eine allgemeine Strategie mit, wie Sie eine Inkarnation auswählen und modellieren können.

26.1 Die Ziele für eine Inkarnation

Sie möchten gerne ein System haben, das zuverlässig, schnell und praktisch ist. Damit das System zuverlässig wird, muß die Inkarnation sich an die Vorgaben der Essenz halten; d.h. daß die Prozessoren in der Lage sein müssen, die essentiellen Aktivitäten korrekt auszuführen. Die Inkarnation muß die geplanten Reaktionen auch in einer vernünftigen Zeit ausführen. Und schließlich muß die Inkarnation auch praktisch sein: Sie müssen daher Prozessoren, Speicher und Kanäle auswählen, die Sie sich leisten können, die keine Gesetze verletzen und die vom Anwender akzeptiert werden.

26.2 Strategien zur Ableitung einer Inkarnation

Die Umformung eines essentiellen Modells in ein Inkarnationsmodell ist fast das umgekehrte Verfahren zur Ableitung der Essenz. Wenn Sie die Essenz ableiten, dann beschreiben Sie einen physikalischen Ring für jede essentielle Aktivität; dabei konzentrieren Sie sich jedoch auf den logischen Kern. Wenn Sie eine Inkarnation auswählen, dann konzentrieren Sie sich auf die Neufestlegung der physikalischen Schnittstelle des Systems zur Umwelt. Bei der Ableitung der Essenz identifizieren Sie Fragmente einer essentiellen Aktivität und führen diese zusammen. Jetzt ordnen Sie Teile von Aktivitäten bestimmten Prozessoren zu. Wenn Sie die Essenz ableiten, dann spüren Sie Teile der Infrastruktur und der Verwaltung auf und entfernen diese. Jetzt legen Sie die Infrastruktur und die Verwaltung fest, die für die neue Inkarnation am besten geeignet ist. Bei der Ableitung der Essenz entfernen Sie die Optimierungseffekte vergangener Inkarnationen aus dem Modell. Jetzt überlegen Sie sich Wege, wie Sie das Modell in Hinblick auf die neue Technologie optimieren können. Der Rest dieses Kapitels behandelt eine allgemeine Strategie zur Erstellung einer neuen Inkarnation eines Systems.

26.2.1 Die Festlegung der Schnittstellen zur Umwelt

Der erste Schritt ist die Definition der physikalischen Schnittstellen zwischen dem System und seiner Umgebung. Alles, was innerhalb des Systems zu tun ist, hängt davon ab, wie die Beziehungen zur Außenwelt gestaltet sein müssen. Diese Beziehungen haben drei Aspekte:

- die Mittel, mit denen die Eingabedaten im System empfangen werden,
- die Zeitspanne, die dem System zur Ausführung der geplanten Antwort zur Verfügung steht,
- die Mittel, mit denen das System die Antworten der Umgebung weitergibt.

Jeder dieser drei Aspekte muß in das neue physikalische Modell integriert werden.

Bevor Sie die physikalischen Mittel für die Ausführung der essentiellen Aktivität festlegen können, müssen Sie wissen, wie sie mit der Umgebung kommuniziert; insbesondere müssen Sie wissen, wie die Aktivität das Auftreten eines externen Ereignisses wahrnimmt. Während der Konstruktion des essentiellen Modells stellen Sie fest, welche Eingangsdaten ein Ereignis beschreibt; jetzt müssen Sie zusätzlich festlegen, welche physikalischen Mittel benutzt werden, um diese Eingangsdaten dem System zu übergeben. Fragen Sie sich, auf welchem Träger die Daten ankommen: per Telefon, Post, SNA-Netzwerk oder Brieftaube? Wie sieht die Organisationsform der Datenbehälter aus? Wie sind die Datenelemente selbst verschlüsselt? In Handschrift, Sprache, ASCII oder EBCDIC? Da wir immer von der Annahme ausgegangen sind, daß die Technologie außerhalb des Systems nicht perfekt ist, finden Sie Teile der Antworten schon in Ihrem Modell. Jetzt ist es an der Zeit, das Modell in dieser Richtung zu vervollständigen.

Bis jetzt haben wir immer angenommen, daß das System die Aktivitäten ohne Zeitverzug, auf einen Schlag, ausführen kann. Sobald wir uns jedoch mit nicht-perfekter Implementierungstechnik auseinandersetzen, müssen wir auch zeitliche Randbedingungen intensiver studieren. Zu diesem Zeitpunkt reicht es allerdings, die bekannten und verlangten Zeitvorgaben in den entsprechenden Mini-Spezifikationen festzuschreiben. Etwas später, wenn wir dann die Aktivitäten bestimmten Prozessoren zuordnen, können wir dann die Auswirkungen dieser Randbedingungen auf die neue, interne Organisation der Inkarnation diskutieren.

Sie müssen auch die Formate und die Medien für die Ausgabedaten des Systems festlegen, genau wie wir es für die Eingabedaten beschrieben haben. Sehr oft werden auch diese sowohl von der Technologie, die außerhalb unseres Systems vorgeschrieben ist, wie auch von der intern gewählten Technologie beeinflußt. Da wir zu diesem Zeitpunkt noch nicht alle Einzelheiten über die Technologie des neuen Systems kennen, können wir nur grob festlegen, wie das System die Antworten weitergeben wird. Wir kommen zu diesem Schritt zurück, wenn wir die intern gewählte Technologie noch einmal überprüfen.

26.2.2 Die Zuordnung von essentiellen Aktivitäten zu Prozessoren

Systeme bestehen aus ineinandergeschachtelten Mengen von Prozessoren, die sowohl die essentiellen Aktivitäten ausführen wie auch die Aktivitäten, die durch nicht-perfekte Technologie erzwungen werden. In Kapitel 12 haben wir den Vorgang beschrieben, durch den Fragmente von essentiellen Aktivitäten bestimmten Prozessoren zugeordnet werden, wobei wir Leistungsfähigkeit und Kapazität von Prozessoren deren Kosten gegenübergestellt haben. Jetzt wenden wir genau diese Prinzipien an, um die Zuordnung von essentiellen Aktivitäten zu bestimmten Prozessoren des neuen Systems vorzunehmen.

Wenn Ihnen ein genügend leistungsfähiger und starker Prozessor zur Verfügung steht, dann können Sie alle essentiellen Aktivitäten diesem einen Prozessor zuordnen. Das ist sicherlich eine der einfachsten, vorstellbaren Inkarnationen, da dabei alle essentiellen Aktivitäten erhalten bleiben und nur wenige Änderungen am logischen Modell nötig sind. Betrachtet man aber realistische Größe und Komplexität der meisten Systeme, dann wird das wahrscheinlich nicht funktionieren. Wenn Sie nur etwas weniger Glück haben, dann können Sie vielleicht jede essentielle Aktivität einem eigenen Prozessor zuordnen. Dabei bleiben die Aktivitäten wieder erhalten, aber die Prozessoren müssen sich Speicher teilen, wodurch das Modell etwas komplizierter wird. Aber auch diese Vorstellung ist zu optimistisch, denn Sie müßten für jede essentielle Aktivität einen Prozessor finden, der hinsichtlich Leistungsfähigkeit, Kapazität und Preis genau für diese Aufgabe geeignet ist. Solche Prozessoren findet man selten.

Leider ist die beste Art, bestimmte Aufgaben zu erledigen, oftmals nicht der Einsatz eines einzelnen Prozessors pro Aufgabe, sondern der Einsatz von Spezialprozessoren, von denen jeder für bestimmte Teile von Aufgaben gut geeignet ist. Sie verteilen dann die detaillierten Aufgaben von essentiellen Aktivitäten auf diese Spezialprozessoren, die Sie ausgewählt haben. Obwohl die Techniken, die dabei angewandt werden, über den Inhalt dieses Buches weit hinausgehen, zeigen wir an einem Beispiel, wie Sie das neue logische Modell umformen können, um zu einer Zuordnung von essentiellen Aktivitäten zu Prozessoren zu kommen.

Nehmen Sie einmal an, Sie müßten ein Hotelsystem implementieren. Nachdem Sie den Umfang der Daten geprüft haben, die im existierenden System verarbeitet werden müssen, und nachdem Sie die erforderlichen Reaktionszeiten ermittelt haben, haben Sie entschieden, daß das neue System von vier Personen und einem kleinen Bürocomputer betrieben werden kann. Um für die Gäste einen möglichst reibungslosen Betrieb zu gewährleisten und um zu verhindern, daß Sie neue Büroräume mieten müssen, verteilen Sie diese Prozessoren nun im Hotel.

Es gibt viele verschiedene Möglichkeiten, die essentiellen Aktivitäten eines Hotelsystems (die in Abbildung 26.1 dargestellt sind), auf die fünf Prozessoren zu verteilen. Eine Möglichkeit ist das Resultat von zwei Beobachtungen über die Leistungsfähigkeit der Prozessoren: Erstens wollen Sie soviel wie möglich vom Computersystem erledigen lassen, damit Sie die Verarbeitungskosten minimieren können. Zweitens wollen Sie die Gäste nicht dadurch verärgern, daß sie direkt mit dem Computer kommunizieren müssen. Sie beschließen daher, alles vom Computer erledigen zu lassen, bis auf die Teile der essentiellen Aktivitäten, die direkten Kontakt mit Hotelgästen erforderlich machen. Dies ist in Abbildung 26.2 dargestellt.

Eine der essentiellen Aktivitäten („lösche Reservierungen von Personen, die nicht ankamen") erfordert keinen direkten Kontakt zu Hotelgästen und kann somit völlig automatisiert werden. Die restlichen Aktivitäten wurden zwischen dem Computer und einem oder mehreren Menschen aufgeteilt. Sobald Sie eine Aufgabe an Prozessoren übertragen, müssen Sie den Prozessoren die Möglichkeit zur Kommunikation untereinander zur Verfügung stellen.

26.2.3 Die Festlegung der Infrastruktur

Prozessoren müssen aus zwei Gründen miteinander kommunizieren: um Zugriff auf gespeicherte Daten von anderen Prozessoren zu erhalten und um unmittelbare Ergebnisse von einem Fragment einer essentiellen Aktivität an ein anderes weiterzuleiten. Prozessoren müssen auch in der Lage sein, auf Datenspeicher zuzugreifen, die sie nicht mit anderen teilen. Diese Dienste stellt die Infrastruktur zur Verfügung.

In Kapitel 12 haben wir zwei grundsätzliche Möglichkeiten diskutiert, wie ein Prozessor zu essentiellem Speicher kommt. Man kann den Datenspeicher so definieren, daß er aus-

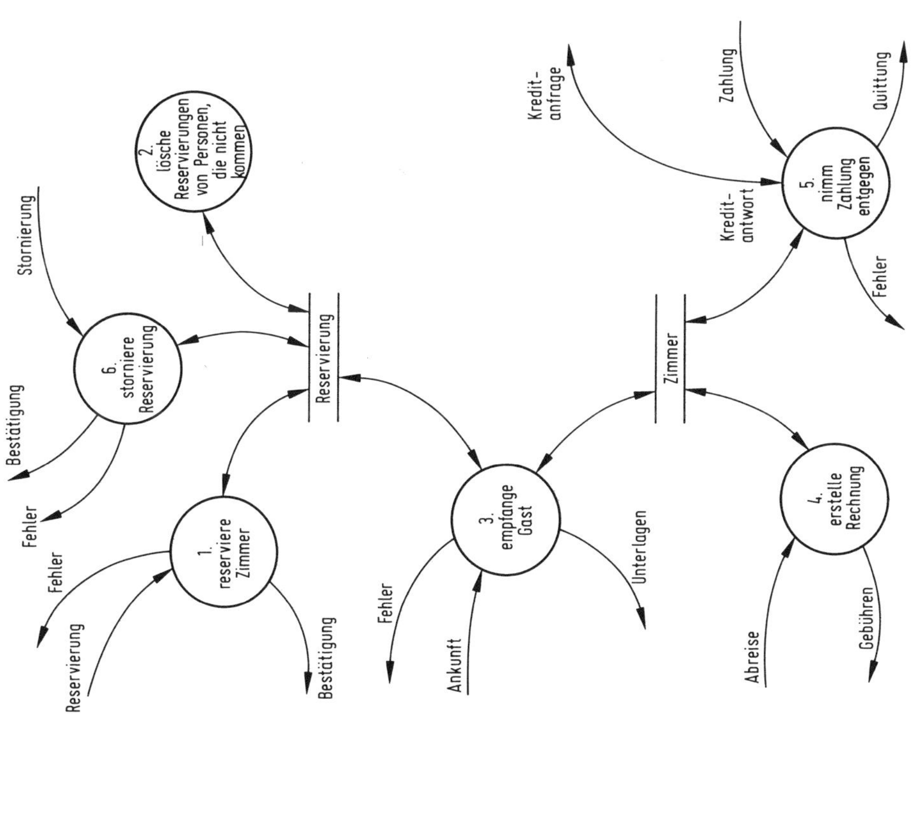

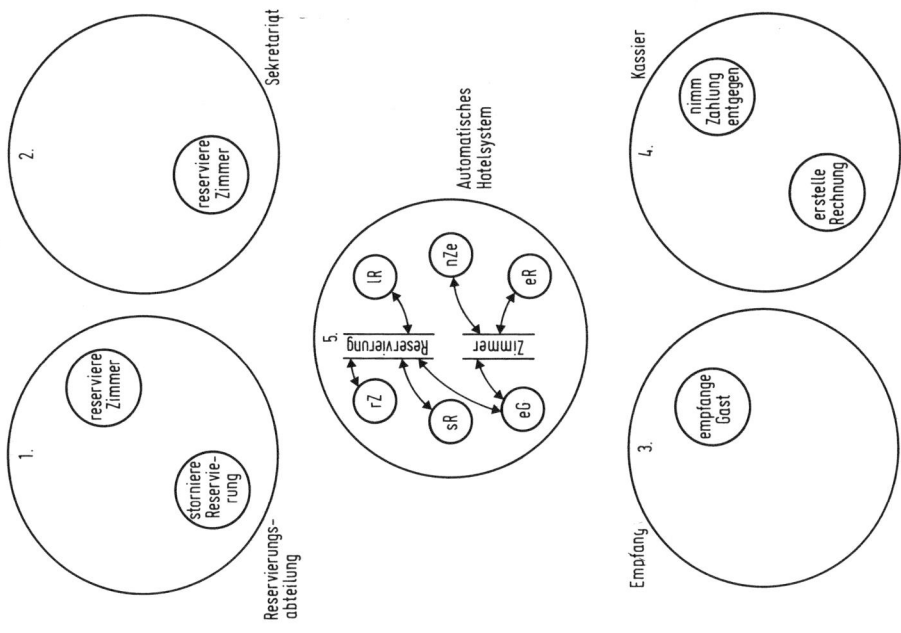

Abb. 26.2: Verteilung essentieller Fragmente auf Prozessoren

Abb. 26.1: Essentielles Modell eines Hotelsystems

schließlich von einem Prozessor verwaltet wird, oder man kann festlegen, daß ein Prozessor einen Speicher benutzt, den er mit anderen Prozessoren teilt. Wenn Sie eine Implementierung festlegen, so haben Sie die gleichen Möglichkeiten.

Wenn die Daten nur von *einem* Prozessor benötigt werden, dann ist die Wahl offensichtlich: Sie speichern die Daten innerhalb des Prozessors ab und stellen Möglichkeiten zum Eintragen und zum Aktualisieren zur Verfügung. Solche Zugriffmechanismen sind Teil der Infrastruktur innerhalb des Prozessors, denn sie helfen dem Prozessor dabei, Daten in und aus einem technologisch nicht perfekten Behälter zu schaufeln.

Die Festlegung der Implementierung des essentiellen Speichers ist normalerweise etwas komplizierter, da die meisten Speicherkomponenten von mehreren Prozessoren gleichzeitig benutzt werden. Wie wir früher schon beschrieben haben, müssen Sie sich dabei für eine von zwei Alternativen entscheiden: einen Behälter für die gemeinsam benutzten Daten einzuführen oder private Datenspeicher für jeden Prozessor zu erzeugen und redundante Kopien der Datenelemente zu verwalten.

Wenn Sie einen einzigen Datenspeicher einführen, dann müssen Sie allen interessierten Prozessoren den Zugriff darauf ermöglichen. Der Vorteil ist, daß Sie dann die Verwaltungsaktivitäten in einem einzigen Prozessor erledigen können. Dadurch wird die Anzahl der Prozessoren, die die Daten aktualisieren, minimiert. Das führt auch dazu, daß die Daten leichter konsistent gehalten werden können. Aus diesem Grund (und aus anderen) entscheiden sich viele Personen für Systeme, die Daten auf diese Weise verwalten.

Aber die gemeinsame Benutzung eines einzelnen Datenspeichers durch eine Gruppe von Prozessoren macht das System komplexer. Erstens muß man sich den Platz für diesen Datenspeicher in Bezug zu den Prozessoren überlegen. Wenn sie zu weit voneinander entfernt sind, dann muß man zusätzliche Transportprozesse einführen, um die Daten vom Speicher zum Prozessor und wieder zurück zu bringen. Das Format der Daten ist ein zweites Problem. Wenn die Prozessoren, die den Speicher gemeinsam benutzen, sehr verschieden sind, dann verstehen sie vielleicht nicht das gleiche Speicherformat. Denken Sie zum Beispiel an Daten, die zwischen einem Menschen und einem Computer gemeinsam benutzt werden sollen. Wenn der Speicher für den Menschen verständlich gestaltet ist (z.B. handschriftliche Notizen), dann hat der Computer damit Schwierigkeiten, und auch umgekehrt. Sie müssen daher Übersetzungsaktivitäten einführen, um die Speicherdaten in eine verständliche Form für die beteiligten Prozessoren umzuwandeln.

Um diese Probleme zu vermeiden, können Sie sich natürlich entschließen, die Daten in zwei Speichern zu halten, die jeweils von den Prozessoren, die Sie auch brauchen, privat verwaltet werden. Dann brauchen Sie keine langen Transportprozesse mehr, denn jeder Speicher kann lokal da angesiedelt werden, wo auch der Prozessor ist. Sie müssen die Daten auch nicht mehr übersetzen, denn jeder Datenspeicher kann kompatibel zum Prozessor definiert werden.

Aber in Wirklichkeit werden die Probleme durch das Aufteilen der Datenspeicher nicht beseitigt. Sie verschieben die Probleme nur auf einen anderen Teil des Modells. Wenn Sie getrennte, redundante Datenspeicher einführen, dann müssen Sie die Verwaltungsaktivitäten vervielfachen, die diese Daten in die Speicher eintragen. Jede dieser Verwaltungsaktivitäten muß dann eventuell die Transport- und Übersetzungsaktivitäten enthalten, die vorher von den Prozessoren gebraucht wurden, die die Daten gemeinsam benutzt haben. Es ist also egal, wie Sie gemeinsam benutzte Daten zwischen Prozessoren verwalten, in beiden Fällen brauchen Sie innerhalb und zwischen den Prozessoren bestimmte Infrastrukturaktivitäten.

Die zweite Hauptaufgabe der Infrastruktur (neben der Möglichkeit, auf gemeinsame Datenspeicher zuzugreifen) ist die Weitergabe von Zwischenergebnissen von einem Fragment einer essentiellen Aktivität an ein anderes. Zuerst müssen Sie ein Kommunikations-

medium festlegen, mit dem die beiden Prozessoren miteinander verkehren können. Beispiele dafür sind Rohrpostsysteme, Terminals, Telefone und firmeninterne Postwege.
Sobald Sie das Medium festgelegt haben, planen Sie die Aktivitäten ein, die die Benutzung
dieses Mediums ermöglichen. Sie müssen Aktivitäten wie das Füllen oder Leeren der
Behälter des Rohrpostsystems, die Weiterleitung von Telefongesprächen, die Ausführung
von Mensch-Maschine-Dialogen in Ihr Inkarnationsmodell einarbeiten. Sie müssen außerdem Funktionen einplanen, die das Format, das ein Prozessor benutzt, in das Format eines
anderen Prozessors umwandeln. Dazu zählen Aktivitäten wie das Erstellen von Mikrofil-
men, das Niederschreiben verbaler Informationen und das Umsetzen von Tastendrücken
auf einer Tastatur in ASCII-Zeichen.

Wenn Sie die Kommunikation zwischen Prozessoren planen, dann müssen Sie an die
Effekte verschiedener Arbeitszeiten denken. Fragen Sie sich, ob ein anderer Prozessor

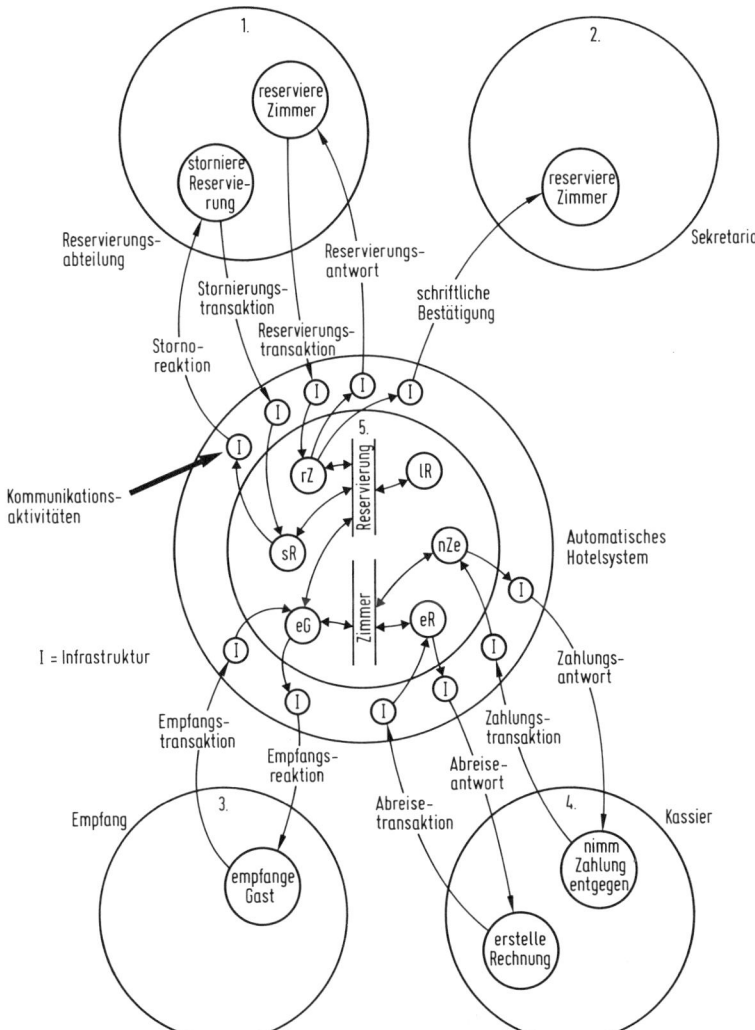

Abb. 26.3: Das Hotelsystem mit den Infrastrukturaktivitäten

bereit ist, die Daten entgegenzunehmen, wenn ein Prozessor eine Aufgabe gerade abgeschlossen hat und die Ergebnisse weiterleiten will. Wenn nicht, dann müssen Sie Stapelspeicher einplanen, die diese Daten so lange festhalten, bis der andere Prozessor zur Entgegennahme bereit ist.

Abbildung 26.3 zeigt, an welchen Stellen im Hotelsystem solche Infrastrukturaktivitäten notwendig sind. In diesem Fall benutzen die Prozessoren den Speicher gemeinsam. Alle Infrastrukturaktivitäten senden in dem Beispiel Daten oder Zwischenergebnisse zwischen dem Computer und einem menschlichen Prozessor hin und her. Ein wichtiger Aspekt dieser Aktivitäten ist dabei die Übersetzung und Neuformatierung der Daten entweder für den Menschen oder für den Computer.

26.2.4 Die Festlegung der Administration

Da die Prozessoren Fehler machen können, müssen Sie das neue System intern absichern. Wie wir in den Kapiteln 12 und 13 erläutert haben, erreichen wir dies durch Einführung von Administrationsaktivitäten, die die Fehler von Prozessoren und die Fehler der Infrastruktur ausgleichen. Um diese Fehler zu entdecken, die von den beiden Komponenten gemacht werden können, gibt es zwei Arten von Administrationsaktivitäten: Administration innerhalb eines Prozessors und Administration zwischen den Prozessoren.

Die Administration innerhalb eines Prozessors entdeckt und korrigiert (wenn möglich) die Fehler, die der Prozessor selbst macht. Damit verhindert man die Weitergabe von eventuell fehlerhaften Daten an andere Prozessoren. Um diese Administration innerhalb eines Prozessors planen zu können, müssen Sie die möglichen Fehler eines Prozessors vorhersehen. Dann entwickeln Sie Möglichkeiten, wie der Prozessor seine eigenen Aktionen testen kann und feststellen kann, ob diese vorhersehbaren Fehler aufgetreten sind. Schließlich können Sie festlegen, ob der Prozessor die Fehler selbst korrigieren kann oder sein Fehlverhalten an einen übergeordneten Prozeß oder einen Verwaltungsprozeß weitermelden soll.

Die Administration innerhalb eines Prozessors befaßt sich nur mit den möglichen Fehlern dieses Prozessors. Die Administration zwischen Prozessoren hingegen ist für die Erkennung von Fehlern verantwortlich, die über die Einflußsphäre eines einzelnen Prozessors hinausgehen, wie z. B. Transportfehler oder Übersetzungsfehler durch die Infrastruktur. Die Administration zwischen den Prozessoren schützt jeden einzelnen Prozessor vor fehlerhaften Daten, die ein anderer Prozessor erzeugt hat, und vor Daten, die durch die Infrastruktur zerstört wurden. Wenn ein Prozessor seine eigenen Fehler nicht entdeckt, so stellt die Administration zwischen den Prozessoren noch ein weiteres Kontrollorgan dar, um solche Fehler zu vermeiden.

Um diese Administration zwischen den Prozessoren zu planen, fügen Sie zu jedem Prozessor noch Prüffunktionen hinzu. Diese Prüffunktionen ermöglichen es dem Prozessor festzustellen, ob ein anderer Prozessor Fehler in die Reaktion eingeführt hat. Sie planen auch andere spezielle Funktionen ein, wie z. B. Qualitätssicherungsfunktionen, die die Ausführung der Aufgaben überwachen. Abbildung 26.4 zeigt das Hotelsystem nach Einführung der notwendigen Administrationsaktivitäten. Die Administration wurde hier auf zwei Arten eingeführt. Erstens sehen Sie einen Ring von Aktivitäten (mit „P" gekennzeichnet) zwischen der Infrastruktur, die die Daten transportiert, und den essentiellen Aktivitätsfragmenten im automatisierten Teil des Systems, der die Daten bearbeitet. Beachten Sie, daß jede Prüffunktion die Daten, die von der manuellen Eingabe herkommen, zurückweisen kann. Die Datenflüsse mit dem Buchstaben „F", die aus den Prüffunktionen herauskommen, stellen diese Zurückweisung (Fehler) dar. Die fehlerhaften Eingaben werden mittels der Infrastruktur an die manuelle Schnittstelle zurückgebracht. Dann kann der menschliche Bediener am Terminal seine Eingaben berichtigen und erneut abschicken. Diese „Eingabe und Korrektur"-Funktionen sind ebenfalls in Abbildung 26.4 dargestellt.

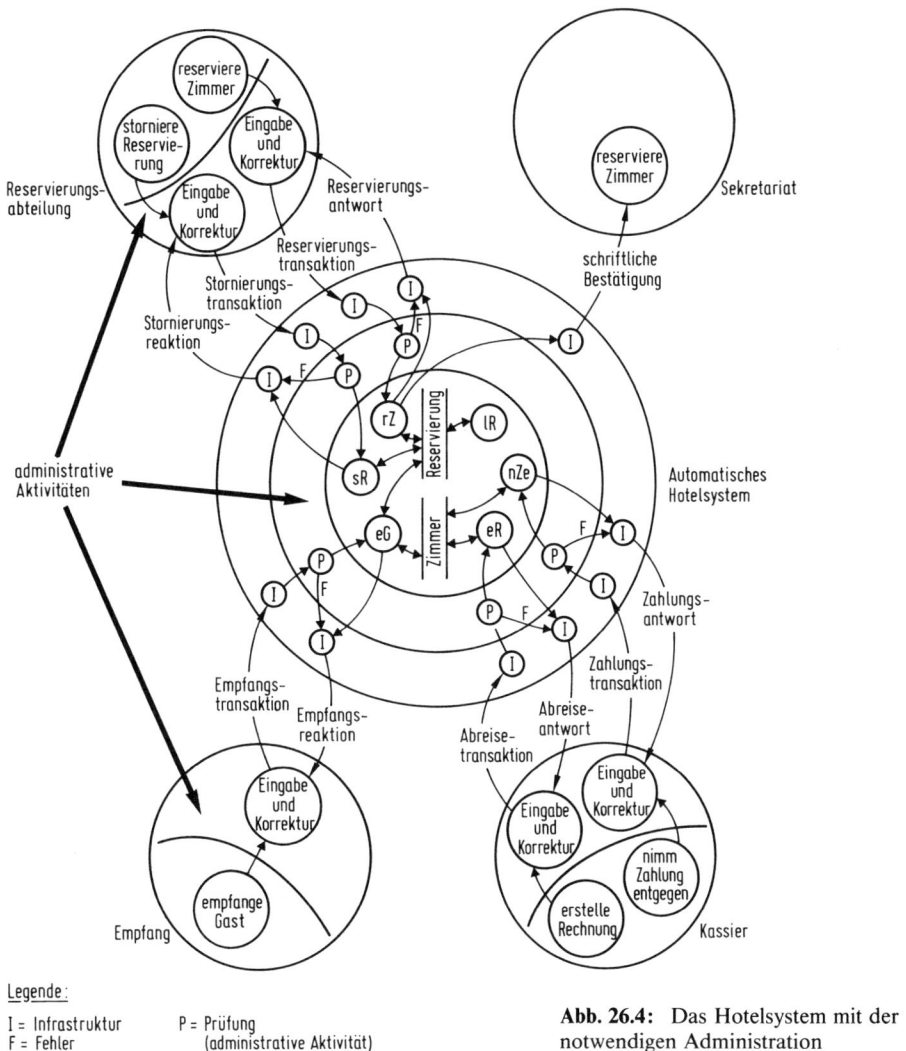

Abb. 26.4: Das Hotelsystem mit der notwendigen Administration

Legende:

I = Infrastruktur   P = Prüfung
F = Fehler   (administrative Aktivität)

26.2.5 Optimierung der Inkarnation

Die Inkarnationstechnologie ist teuer. Um die Kosten zu senken, werden Sie alles versuchen, um eine Inkarnation auszuwählen, die nicht mehr Kapazität aufweist, als Sie brauchen und bezahlen wollen. Sie prüfen die Auslastung der einzelnen Prozessoren, Kanäle und Behälter, die Sie bis jetzt ausgesucht haben. Wenn Sie Überkapazitäten finden, dann versuchen Sie, Aktivitäten zusammenzupacken, so daß Sie insgesamt weniger Prozessoren brauchen, wodurch Sie Geld für Ressourcen oder Arbeit sparen.

Zuerst untersuchen Sie die Prozessoren. Wenn Sie einige finden, die noch unterbeschäftigt sind, dann führen Sie Paketprozessoren ein, die genügend Arbeit erledigen, um die Kosten zu rechtfertigen. Um Pakete zu definieren, müssen Sie sowohl die Fähigkeiten wie auch die Kapazität des Prozessors untersuchen wie auch die Fähigkeiten und Kapazitäten, die für die Fragmente benötigt werden, die Sie gerne zuordnen möchten. Sie machen ähnliche Zuordnungen, wie wir in Abschnitt 26.2.2 beschrieben haben, dort ging es aber nur um ein Fragment pro Prozessor.

Sobald Sie einem Prozessor mehrere Fragmente zuordnen, können Sie die ein- und ausgehenden Datenkanäle optimieren. Wenn alle Speicherdaten, die der Prozessor braucht, ähnlich sind, dann können Sie Varietéspeicher einführen, die alle einzelnen Speicher der Fragmente zusammenfassen. Sie können vielleicht auch mehrere unabhängige Eingaben zu einem einzigen Paketkanal zusammenfassen.

Abbildung 26.5 zeigt das Ergebnis der Optimierung für den automatisierten Teil des Hotelsystems. Die wesentliche Entscheidung, die hier getroffen wurde, ist Stapelverarbeitung. Nach Betrachtung der gewünschten Reaktionszeiten hat man sich entschlossen, daß eine direkte Aktualisierung der Stammdateien „Reservierungen" und „Zimmer" zu ineffizient wäre. Daher gruppiert man alle Aktualisierungsfunktionen von den einzelnen Fragmenten in eine Einheit, die dann den Stapelverarbeitungsteil des Systems darstellt. Eine solche Sammlung nennen wir eine *Aktivitätseinheit*. Dieses Programm wird einmal pro Tag ausgeführt und aktualisiert dann die Stapelstammdatei, die ein Duplikat des essentiellen Speichers ist, der ursprünglich dem automatisierten Teil des Systems zugeordnet wurde.

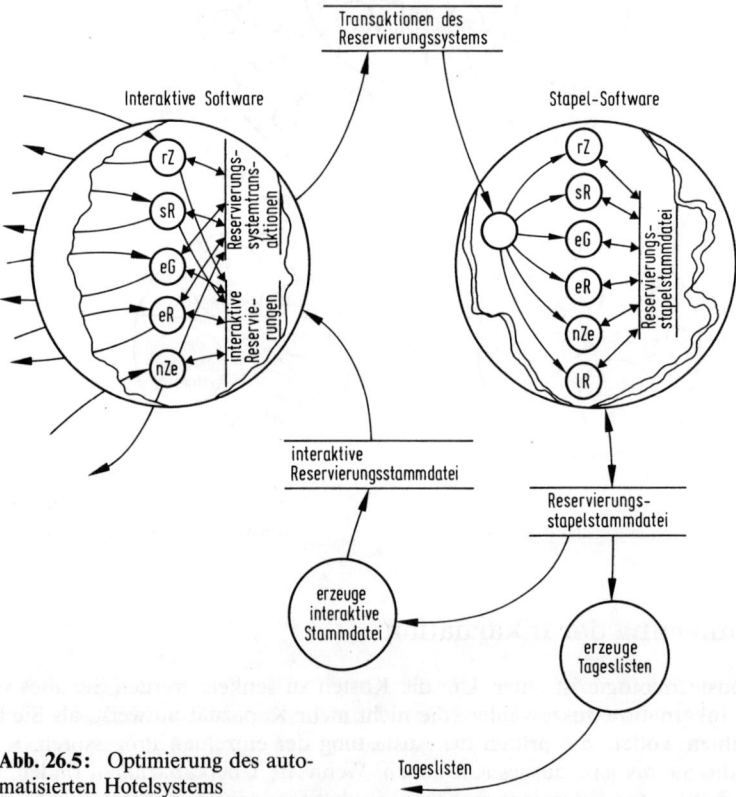

Abb. 26.5: Optimierung des automatisierten Hotelsystems

Eine andere Aktivitätseinheit erzeugt aus der Stapelstammdatei eine Stammdatei für das interaktive Arbeiten. Die Aktivitätseinheit, die alle interaktiven Fragmente zusammenfaßt, erzeugt eine Stapeldatei, die wir Reservierungsänderungen genannt haben. Alle Datenspeicher sind Varietéspeicher geworden; die Datenflüsse von und zu diesen Speichern und der Datenfluß „Tagesbericht" sind Varietédatenflüsse.

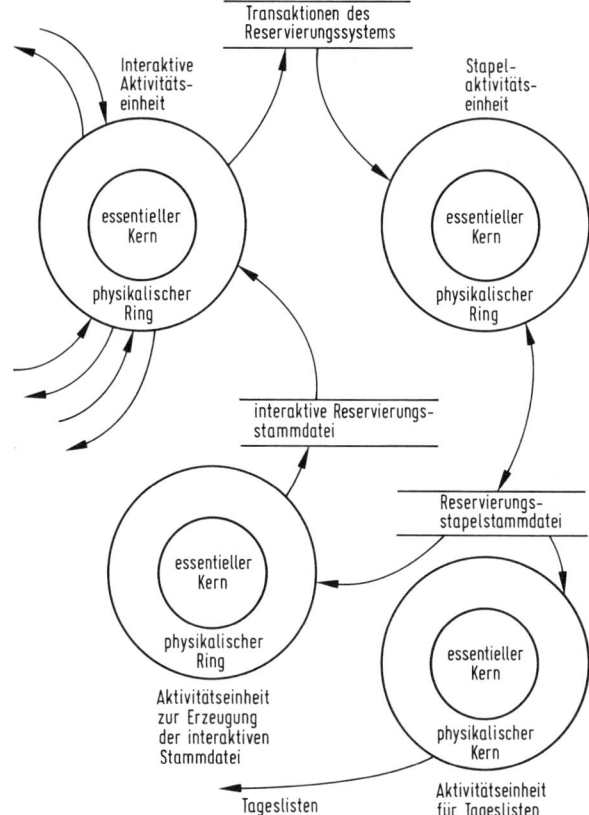

Abb. 26.6: Aktivitätseinheiten im Hotelsystem

Das Ergebnis des Optimierungsprozesses sieht schematisch im Modell so aus, wie es in Abbildung 26.6 dargestellt ist. In dieser Abbildung ist jeder Prozessor in mehrere Aktivitätseinheiten aufgeteilt, die untereinander über Datenspeicher kommunizieren. Jede Aktivitätseinheit kann ihrerseits in zwei Teile aufgeteilt werden:

- einen Kern von essentiellen Aktivitätsfragmenten und essentiellen Speicherfragmenten,
- einen Ring von physikalischen Prozessen, Datenflüssen und Datenspeichern, die die Administration übernehmen und die mit der Infrastruktur kommunizieren.

26.3 Zusammenfassung

Ihr Modell der Systeminkarnation ist fast vollständig. Nachdem Sie die Schnittstellen zur Umwelt festgelegt haben, zerlegen Sie die Essenz des Systems und ordnen die Fragmente den Prozessoren zu. Dann definieren Sie die Kommunikation und die Administration zwischen und innerhalb der Prozessoren. Schließlich gehen Sie daran, die Effizienz des Systems durch Packen von Prozessoren, Datenspeichern und Datenkanälen zu verbessern. Das entstehende Systemmodell besteht aus Aktivitätseinheiten, die jeweils einen essentiellen Kern und eine Schale aus Administration und Infrastruktur aufweisen.

Nun wissen wir, wie man ein Modell für die Inkarnation eines Systems konstruiert, und wir können kurz diskutieren, wie man dieses Modell in eine Vorlage für den Softwareentwurf umformen kann.

Kapitel 27
Die Ableitung einer Software-Entwurfsstruktur aus dem Inkarnationsmodell

Wieviel Arbeit müssen Sie noch in das Inkarnationsmodell stecken, bevor Sie mit der Programmierung anfangen können? Leider können Sie in den meisten Fällen nicht sofort mit der Programmierung anfangen, denn Sie müssen vorher noch einen Entwurf für jedes Programm erstellen.

Können Sie das physikalische Soll-Modell, das Sie schon haben, als Entwurfsmodell benutzen? Dafür sprechen drei gute Gründe. Erstens legt dieses neue physikalische Modell alles fest, was das System tun muß. Zweitens gibt es in dem Modell keine überflüssigen Randbedingungen und Einschränkungen, die über die hinausgehen, die durch Ihre Wahl von Prozessoren, Speichern und Kanälen eingeführt wurden. Drittens ist das neue physikalische Modell sehr effektiv: es enthält eine Menge von Informationen über das System, ohne Sie durch Details zu verwirren.

Warum sollten Sie also noch mehr von Ihrer kostbarsten Ressource, nämlich der Zeit, verschwenden, um noch weiter zu modellieren, wenn das Modell bereits so viele Vorteile hat? Der Grund dafür, daß Sie noch weitermachen müssen, liegt darin, daß das Modell zu diesem Zeitpunkt noch einige Fragen bezüglich physikalischer Eigenschaften der meisten Softwareentwicklungsumgebungen ungeklärt läßt, z. B. die Details der Zugriffe auf Speicherdaten, die Datenübertragungsprotokolle, die Programmiersprache und anderes mehr. Den größten Einfluß auf das Inkarnationsmodell hat jedoch eine Eigenschaft, die in dem Modell vor der Programmierung vorhanden sein muß, aber noch nicht vorhanden ist. Das System muß in eine hierarchische Struktur von Programmen umgewandelt werden. Die Organisation von Systemen zu Programmen ist die Hauptaufgabe des Softwareentwurfs. In diesem Kapitel beschreiben wir zuerst hierarchische Software und erläutern dann, wie man ein hierarchisches Modell mit einer Technik, die Transformationsanalyse heißt, ableiten kann.

27.1 Der Entwurf hierarchischer Software

Die meisten verfügbaren Softwareumgebungen verlangen, daß einzelne Programme sich wie serielle Hierarchien verhalten. Das heißt, daß man ein Programm, das man in Moduln zerlegen will, so organisieren muß, daß die einzelnen Teile in einer „Chef/Mitarbeiter"-Hierarchie angeordnet sind. Das System aktiviert dann nur ein einziges Modul, den Chef. Dieser kann dann die Kontrolle an seine Mitarbeiter delegieren, um bestimmte Arbeiten auszuführen. Der Chef selbst ist in der Zeit von der Abgabe der Kontrolle an einen Mitarbeiter bis zur Rückgabe nicht aktiv. Ein Mitarbeiter kann die Kontrolle an weiter unten in der Hierarchie befindliche Moduln abgeben und für diese den Chef spielen. Aber nur *ein* Modul kann zu einem Zeitpunkt die Kontrolle haben und aktiv sein. Ein Chef kann keinen zweiten Mitarbeiter aktivieren, bevor der erste seine Arbeit beendet hat.

Jedes Programm besteht aus einer großen Hierarchie, die aus mehreren kleineren Hierarchien zusammengesetzt sein kann. Systementwickler gliedern ihre Anwendungssysteme meist in dieser Weise, denn die traditionellen Programmiersprachen und Betriebssysteme unterstützen nur diese Art der Softwarestruktur. Natürlich gibt es (und gab es schon immer) Programmierumgebungen, die Netzwerke unterstützen, und parallele Aktivitäten, die über Kanäle miteinander verbunden sind. Diese Aktivitäten in einem Netzwerk verhalten sich dann meist so wie die Knoten in einem Datenflußdiagramm. Koroutinen sind eine verbreitete Version für diese Art von Software; zwei Routinen können zur gleichen Zeit ablaufen und tauschen untereinander Daten aus. Trotzdem findet man heute die Chef/Mitarbeiter-Hierarchien noch immer als die meistgebrauchte Softwarestruktur in Systemen.

Dies stellt ein Problem dar, denn bis jetzt haben wir nur ein *netzwerkartiges* Datenflußmodell des neuen Systems erstellt. Sicherlich ist es vollständig, technologisch sauber und effektiv – aber es ist nicht hierarchisch. Daher können wir noch nicht mit der Programmierung beginnen.

27.2 Die Umwandlung des Netzwerkmodells in ein hierarchisches Modell

Um einen Softwareentwurf zu erstellen, müssen Sie das neue physikalische DFD in ein hierarchisches Modell umwandeln. Da nicht unbedingt der ganze automatisierte Anteil des neuen physikalischen Modells hierarchisiert werden muß, suchen Sie zunächst die Teile aus, die transformiert werden müssen. Diese Auswahl wird von den technologischen Möglichkeiten, die Ihnen zur Verfügung stehen, beeinflußt, wie z.B. von Datenfernübertragungsmöglichkeiten und Datenbanksystemen, die Sie als Teil Ihrer Implementierungstechnologie gewählt haben. Sie finden vielleicht heraus, daß Sie Teile Ihres Systems als Netzwerk implementieren können. Andererseits kann es aber auch sein, daß Sie alle Teile in eine hierarchische Form bringen müssen. Sogar innerhalb der Teile, die Sie hierarchisieren wollen, müssen Sie eine Entscheidung treffen, wie viele getrennte Hierarchien Sie aufbauen wollen und welche Funktionen den einzelnen Hierarchien zugeordnet werden sollen.

Es gibt viele verschiedene Möglichkeiten, zu einer hierarchischen Struktur zu kommen. Dazu zählen die Entwurfsmethoden von Constantine, Myers, Stevens, Yourdon, Jackson und Orr. Da Sie aber ein Datenflußmodell Ihres neuen Systems haben, ist der einfachste Ansatz eine Methode, die die Softwarehierarchie aus dem Muster der Datenflüsse durch das System ableitet. Das führt zu „Structured Design", wie es von Yourdon und Constantine und von Page-Jones [33, 54] definiert wurde, oder zu „Composite Design" in der Definition von Myers [31].

27.3 Die Anwendung von Structured Design

Die wichtigste Technik zur Ableitung von hierarchischen Programmstrukturen nennt man in der Methode Structured Design Transformationsanalyse. Die Eingabe für diese Technik ist ein durchwegs physikalisches Diagramm des Softwaresystems. Dieses Diagramm sollte so gezeichnet sein, daß die essentiellen Aktivitäten in der Nähe der Mitte liegen. Je weiter man sich von der Mitte entfernt, um so technologieabhängiger werden die Schnittstellen zu anderen Systemen und zu Datenspeichern.

Wie wir in Kapitel 26 beschrieben haben, ist das Endergebnis der essentiellen Systemanalyse ein derartiges Diagramm. In diesem Kapitel haben wir die Anordnung von essentiellen und physikalischen Aktivitäten eine Aktivitätseinheit genannt. Ein System hat im Normalfall mehrere solche Aktivitätseinheiten. Jede davon können wir einzeln in eine Hierarchie umformen.

Man beginnt die Umformung, indem man eine Aktivitätseinheit auswählt und darin das Transformationszentrum findet; das ist der Kern der essentiellen Aktivitäten. Dann erstellt man die Programmhierarchie, indem man die Teile des essentiellen Kerns zu Steuermoduln, logischen Eingabemoduln, logischen Ausgabemoduln und zu Transformationsmoduln macht. Ein Steuermodul wird eingeführt, das alle Aufgaben des essentiellen Kerns und des physikalischen Rings steuert. Die Transformationsmoduln führen die Aufgaben des essentiellen Kerns aus; die logischen Ein- und Ausgabemoduln stellen in der Hierarchie die Verbindung zu den Aufgaben des physikalischen Rings her.

Abbildung 27.1 und 27.2 zeigen ein Beispiel für das Ergebnis dieser Schritte. Abbildung 27.1 ist ein physikalisches DFD, das eine Aktivitätseinheit für ein neues Abrechnungssystem enthält. Der Kreis in der Mitte ist der essentielle Kern. Abbildung 27.2 zeigt

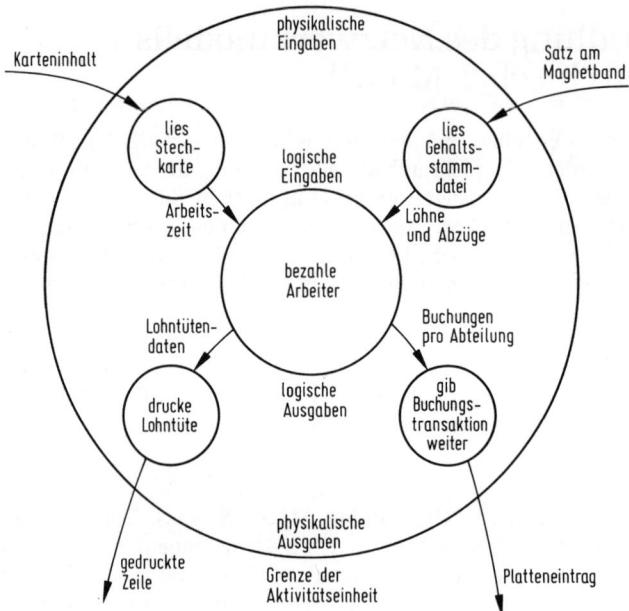

Abb. 27.1: Aktivitätseinheit eines Abrechnungssystems

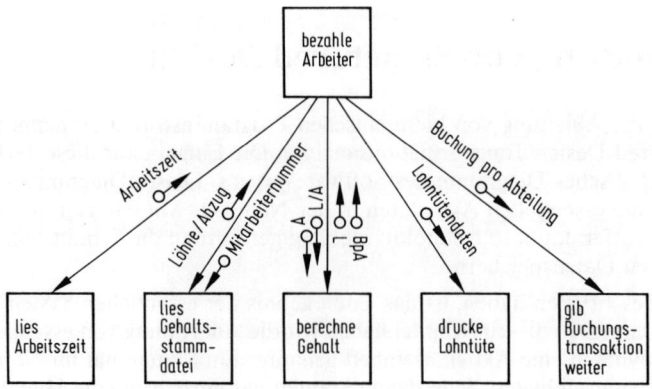

Abb. 27.2: Structure Chart als Ergebnis der Transformationsanalyse

das Endergebnis der Transformationsanalyse: ein „Structure Chart", das wesentlichste Ausdrucksmittel von Structured Design. In Abbildung 27.2 ist das Modul „bezahle Arbeiter" das Steuermodul, das alle Aktivitäten dieser Aktivitätseinheit steuert. Die langen Linien, die „bezahle Arbeiter" mit den Moduln der unteren Ebene verbinden, stellen den Steuerfluß (die Aufrufe) zwischen dem Chefmodul und den untergebenen Moduln dar. Die kurzen Pfeile mit den Kreisen am Ende stellen den Datenfluß zwischen den Moduln dar.

„Lies Stechkarte" und „lies Gehaltsstammdatei" sind zwei logische Eingabemoduln, „drucke Lohntüte" und „gib Buchungstransaktion weiter" sind logische Ausgabemoduln. „Berechne Gehalt" ist ein Transformationsmodul; es implementiert den essentiellen Kern dieser Aktivitätseinheit. Abbildung 27.2 zeigt nur einen Teil des endgültigen Softwareentwurfs. Zu diesen Structure Charts gibt es auch noch Data-Dictionary-Einträge und Modulspezifikationen, ähnlich den Mini-Spezifikationen.

Die Transformationsanalyse wird seit Mitte der 70er Jahre benutzt, um hierarchische Software zu entwerfen. Zuerst zeichnet der Entwerfer ein Datenflußdiagramm, ausgehend von einer informellen Anforderungsdefinition. Das Datenflußdiagramm war oft das erste und einzige DFD in diesem Verfahren. Der Entwerfer konnte sich daher das DFD so zurechtlegen, wie er es für die Transformationsanalyse haben wollte, denn das war der einzige Zweck für das Diagramm. Nach der Einführung von Structured Analysis glaubten die Entwerfer, daß sie nun keine eigenen Datenflußdiagramme nur für die Transformation entwickeln müssen. Da das Endergebnis von Structured Analysis ja Datenflußdiagramme für die Anforderungen waren, erwarteten die Entwerfer, daß sie diese Diagramme als Eingabe für die Transformationsanalyse benutzen können und daraus direkt eine hierarchische Systemstruktur aus der strukturierten Spezifikation ableiten können.

Dieses Verfahren funktionierte nicht immer so richtig, hauptsächlich, weil die meisten Datenflußdiagramme nicht so aussahen wie die, die man für die Transformationsanalyse braucht. In der Praxis entstanden für die zu automatisierenden Teile nicht immer neue physikalische Datenflußdiagramme, die im Kern logisch und rundherum physikalisch waren. Daher wurden viele Systementwickler frustriert, wenn sie versuchten, diese neuen physikalischen Diagramme in Hierarchien für den Entwurf umzuwandeln. Jetzt aber haben Sie Techniken zur Verfügung, die es Ihnen erlauben, ein Datenflußmodell zu erstellen, das für diese Umformung geeignet ist. Das Modell ist in Aktivitätseinheiten aufgeteilt, von denen jede leicht in eine getrennte Hierarchie von Moduln umformbar ist.

Wenn Sie also neue physikalische Modelle mit den Techniken der essentiellen Systemanalyse entwickeln, dann sollten Sie keine Schwierigkeiten beim Übergang von der Anforderungsanalyse zum Entwurf der neuen Systeminkarnation haben. Da man die Unterscheidung zwischen logischen und physikalischen Aspekten eines Softwaresystems ohnehin braucht, ist diese Technik nicht nur eine gute Vorbereitung für Structured Design, sondern auch für andere gängige Entwurfsverfahren.

27.4 Zusammenfassung

Da die meisten Softwareentwicklungsumgebungen sich nicht direkt vom dem neuen physikalischen Modell programmieren lassen, müssen Sie zunächst noch einen Softwareentwurf erstellen. Dieser Entwurf ordnet die Komponenten des Modells in Programme, von denen jedes eine Hierarchie von Moduln ist, die explizit von oben nach unten aufgerufen werden und nach Fertigstellung die Kontrolle wieder nach oben zurückgeben.

Es gibt viele Arten, diese hierarchische Softwarestruktur abzuleiten. Wir empfehlen Ihnen aber die Transformationsanalyse aus der Methode „Structured Design". Die Transformationsanalyse wandelt ein Datenflußdiagramm in ein hierarchisches Modell um, das man

Structure Chart nennt. Um diese Transformationsanalyse verwenden zu können, brauchen Sie ein Datenflußdiagramm, das einen logischen Kern und eine physikalische Schale aufweist. Genau dies haben wir in Form der Aktivitätseinheiten durch unseren Ableitungsprozeß erzeugt. Mit anderen Worten: Ihr neues physikalisches Modell kann leicht in eine hierarchische Struktur umgesetzt werden.

TEIL 8
Das Management der
essentiellen Systemanalyse

In diesem letzten Teil wenden wir uns der Sichtweise der Manager zu. Wir diskutieren, wie praktikabel unser Verfahren ist und welche Auswirkungen es auf die reale Welt der Systementwicklung hat.

Kapitel 28 behandelt die Zeit als das wichtigste Gut eines Managers. Wir beschreiben, warum derzeit bei Entwicklungsprojekten soviel Zeit verschwendet wird. Da die Beschleunigung von Analyse, Entwurf und Implementierung unter gleichzeitiger Beibehaltung der Qualität eines Produkts die höchste Priorität eines Managers ist, haben wir uns als Ziel von Teil 8 gesetzt, aufzuzeigen, wie man die Zeit am besten nutzt. Insbesondere zeigen wir Ihnen, wie man in echten Entwicklungsprojekten dadurch überleben kann, daß man die Systemmodelle rasch und effektiv entwickelt. In Kapitel 29 stellen wir eine Beschleunigungstechnik vor, die wir „Blitzen" nennen. Das Ziel dieser Technik ist die rasche Entwicklung eines ersten Modells des bestehenden Systems. Obwohl dies noch unvollständig ist, bietet es schon einen guten Überblick über das System, das wir untersuchen. Wir schlagen ein Verfahren zum Blitzen vor, das die Ableitungsschritte aus den Teilen 4, 5 und 6 neu ordnet.

Kapitel 30 beschreibt eine andere Technik, um die vorhandene Zeit möglichst gut zu nutzen, den ebenenweisen Ansatz. Sie führen die essentiellen Systemanalyseaktivitäten zuerst auf einer sehr allgemeinen Ebene durch, um dadurch herauszufinden, für welche Teile sich eine genauere Betrachtung lohnt, bevor Sie die Zeit dafür investieren, das ganze System zu modellieren. Kapitel 31 zeigt dann, wie Sie sowohl Blitzen wie auch den ebenenweisen Ansatz nutzen können, um Ihr Projekt vor drohenden externen Gefahren - wie Firmenpolitik und Ungeduld des Managements - zu schützen. Wenn Sie mindestens alle zwei Jahre die Auslieferung einer lauffähigen Version des neuen Systems einplanen, dann minimieren Sie die Angriffspunkte für externe Gefahren für Ihr Projekt und erhöhen dadurch Ihre Erfolgschancen.

Kapitel 28
Zeit:
Die kritische Entwicklungsressource

Obwohl die Modellierung der Essenz des neuen Systems und die Modellierung seiner Inkarnation zwei essentielle Aktivitäten der Systementwicklung sind, haben wir uns bei der Beschreibung dieser Aktivitäten nicht auf deren Essenz konzentriert. In anderen Worten: wir haben die Effekte der Systementwicklungstechnologie nicht komplett ignoriert. Wir gingen von der Annahme aus, daß diese Aktivitäten von Menschen durchgeführt werden. Daher haben wir alle Schwachstellen, die Menschen als Systementwickler gemeinsam haben, in der Beschreibung mitberücksichtigt. Unsere Verfahren sind also für Entwickler gedacht, die eine eingeschränkte konzeptionelle Auffassungsgabe haben, die nur über ein Kurzzeitgedächtnis verfügen und die auch Fehler machen. Kurz gesagt: wir wollten die Projektmerkmale mitberücksichtigen, die man in jedem Systementwicklungsprojekt vorfindet.

Es gibt noch viele andere Einflüsse, die erhebliche Auswirkungen auf die Entwicklungsaktivitäten in verschiedenen Projekten haben können. Dazu zählen die Größe des Entwicklungsteams, die Verteilung der Fähigkeiten im Team, die Größe und Komplexität des Systems, das entwickelt werden soll, und die Zeit, die für die Entwicklung zur Verfügung steht. Der Erfolg eines Projekts, oder sogar dessen Überlebenschancen, hängen sehr stark davon ab, wie gut Sie mit diesen Randbedingungen der Systementwicklung umgehen können.

Viele Dinge sind lebenswichtig, wenn man ein Projekt bis zum erfolgreichen Abschluß managen will: die Organisation des Entwicklungsteams, die Planung und Kontrolle der Qualitätssicherungsmaßnahmen, die Abschätzung der benötigten Ressourcen für die Entwicklungsarbeiten und noch mehr. Eine Randbedingung ist jedoch wichtiger als alle diese anderen: die zur Verfügung stehende Zeitspanne. Sie haben meist nur eine bestimmte Zeitspanne, in der Sie ein Projekt beenden müssen, und Sie wagen es nicht, diese Zeit zu überschreiten. In diesem Kapitel beschreiben wir, warum die Zeit die kritischste Ressource ist und warum in so vielen Projekten Zeit verschwendet wird.

28.1 Warum die Zeit kritisch ist

Frederick Brooks hat in dem Buch „*The Mythical Man-Month*" [2] geschrieben: „Mehr Softwareprojekte sind wegen Zeitmangel schiefgegangen als aus allen anderen Gründen zusammengenommen." Die Projektlaufzeit ist eine von zwei Maßeinheiten für die Zeit in bezug auf die Entwicklungsaufwendungen. Die Projektlaufzeit ist einfach die Zahl der Kalendertage, Monate oder Jahre zwischen Projektbeginn und dem Abgabetermin. Die andere wichtige Maßzahl ist der Projektaufwand, die Personenstunden, -tage, -monate oder -jahre, die man braucht, um das Projekt zu beenden. Manager auf den oberen Ebenen sorgen sich meist um die Projektlaufzeit. Diese Manager sind oft bereit, Mehraufwände für die Anzahl der Personenstunden eines Projektes (in Grenzen) in Kauf zu nehmen, nicht aber vom Endtermin abzuweichen. In den nächsten drei Kapiteln schlagen wir Ihnen ein Verfahren vor, das es Ihnen erlaubt, Ihr Projekt innerhalb der vorgegebenen Zeitspanne zu beenden, falls Ihr Management daran glaubt, daß der Endtermin gehalten werden kann, wenn man die Anzahl von Personenstunden variiert.

Brooks hat seine Äußerungen lange vor der Einführung von Structured Analysis publiziert, aber sie sind auch heute noch gültig. Aus unserer Erfahrung als Projektberater kamen wir zu dem Schluß, daß zu kurze Zeitspannen der *einzige* Grund sind, aus dem Projekte mit Structured Analysis scheitern können. Leider war nicht jedes Projekt mit Structured Analysis bisher ein durchschlagender Erfolg, aber die Gründe für ein Versagen waren erstaunlich ähnlich: irgendwann während des Studiums des existierenden Systems, insbesondere in den späten Phasen des physikalischen Ist-Modells, hört die Geduld des Projektsponsors auf. Klagen werden laut, daß kein wirklicher Fortschritt sichtbar ist, obwohl sie Gefallen an allen Zwischenprodukten gefunden hatten und erzählt haben, daß sie zum ersten Mal ihre eigene Geschäftspolitik richtig durchschaut haben. Oft ist es nur eine kleine Gruppe, die diese plötzliche, heftige Unzufriedenheit äußert; manchmal passiert dies, weil diese Gruppe von anderen rivalisierenden Datenverarbeitern angesprochen wurde, die versprochen haben, ein System „nur für sie" in wesentlich kürzerer Zeit zu liefern, als die Firmengesamtlösung in Anspruch nimmt. Ob die Unzufriedenheit von der Managementseite der Benutzer kommt oder von dem Management der DV-Abteilung, spielt keine Rolle; das Projekt wird entweder eingestellt oder in viele kleine, eigenständige Projekte aufgeteilt. Diese Teilprojekte werden nicht mehr gemeinsam betreut, und die Ergebnisse sind nicht mehr für viele Anwender brauchbar, sondern nützen hauptsächlich Teilorganisationen.

Das Scheitern von Structured-Analysis-Projekten hat selten – wenn überhaupt – etwas mit der Qualität der Spezifikationen zu tun. Projektleiter werden nicht entlassen, weil ihre Datenflußdiagramme nicht konsistent sind oder weil die Data-Dictionary-Einträge unvollständig sind oder weil sie keine Mini-Spezifikationen für die Basisfunktionen schreiben können. Sie werden auch nicht deswegen gestoppt, weil die Spezifikation nicht die wahren Benutzerwünsche und Systemanforderungen widerspiegelt – was wesentlich wichtiger ist. Nein, die Hauptursache, warum Sie Ihr Entwicklungsprojekt verlieren können, ist einfach, daß Sie länger brauchen, um ein lauffähiges System zu entwickeln, als Ihr Sponsor bereit ist, darauf zu warten.

Wie sollte diese Erkenntnis das Verfahren von Structured Analysis beeinflussen? Ganz einfach: Sie sollten alles unternehmen, um mit den Analysetätigkeiten so schnell wie möglich fertig zu sein, ohne dabei etwas von der Qualität des Endprodukts einzubüßen. Entweder Sie entwickeln Ihre Spezifikation rasch oder Sie riskieren politischen Druck, der Ihr Projekt stoppen kann. Damit Sie jede mögliche Zeitverschwendung vermeiden können, untersuchen wir im folgenden die Faktoren, die unter Umständen das Arbeiten mit Structured Analysis in die Länge ziehen.

28.2 Wie Projektzeit verschwendet wird

Natürlich vergeht Projektzeit, wenn wir mit Anwendern sprechen, existierende Dokumente studieren, Datenflußdiagramme zeichnen, Walkthroughs veranstalten, Datenflußdiagramme neu zeichnen und insbesondere beim Schreiben und Aktualisieren von Data-Dictionary-Einträgen und Mini-Spezifikationen. Das Wissen über diese Aktivitäten sagt uns aber noch nicht, wie wir Zeit einsparen können. Sie müssen wissen, wo die Systemanalytiker, die mit Structured Analysis arbeiten, Zeit verschwenden, die bei besserem Management der Vorgehensweise leicht eingespart werden könnte.

Systemanalytiker verlieren manchmal Zeit dadurch, daß sie die richtigen Dinge zu langsam tun, oftmals wegen ihrer Unerfahrenheit mit Structured Analysis. Jedesmal, wenn Sie etwas Neues lernen, bezahlen Sie den Lernaufwand mit Zeitverlust. Da Sie an der Lernkurve wenig drehen können, müssen Sie damit rechnen, daß das erste Projekt, in dem Structured Analysis benutzt wird, langsamer vorankommt.

Systemanalytiker können auch Zeit verschwenden, wenn sie die richtigen Dinge mit den falschen Werkzeugen angehen. Sie können z. B. alle zehntausend Einträge des Data Dictionary auf Karteikarten verwalten. Das ist nicht verkehrt, aber sicherlich eine enorme Zeitverschwendung. Es gibt bereits eine Menge Werkzeuge, angefangen beim einfachen Texteditor bis hin zum superelektronischen Data Dictionary System, das alles kann, was Karteikarten können, aber noch vieles mehr, und auch viel schneller und effizienter. Natürlich sollten Sie die besten Werkzeuge verwenden, die für die entsprechende Arbeit zur Verfügung stehen.

Aber weder die Verwendung von manuellen Dokumentationstechniken noch die Lernkurve sind die Ursachen für die wirklichen Zeitverluste in Structured-Analysis-Projekten. Die meiste Zeit geht bei der Bearbeitung von Aktivitäten verloren, die uns den eigentlichen Zielen des Projekts nicht näherbringen. Diese Aktivitäten sollten gänzlich weggelassen werden oder zumindest stark reduziert werden. Es gibt zwei Hauptgründe, warum Analytiker ihre Zeit mit ganz und gar nutzlosen Aktivitäten verbringen: entweder haben sie das Verfahren von Structured Analysis nicht verstanden, oder sie haben den Zweck des Systems, das sie untersuchen, nicht verstanden.

Wenn Projektmitarbeiter die Methode, die sie verwenden, nicht wirklich verstehen, dann führen sie Arbeiten durch, weil sie dem folgen, was sie für starre Regeln und Vorgehensschemata halten, unabhängig davon, ob diese Arbeiten positive Erkenntnisse für das Projekt bringen oder nicht. Die größten Schwierigkeiten haben Systemanalytiker in der Einschätzung der Zwischenprodukte des Verfahrens, d. h. des physikalischen Ist-Modells, des logischen Ist-Modells, des logischen Soll-Modells und des physikalischen Soll-Modells. Da frühere Bücher über Structured Analysis diese Produkte empfohlen haben, werden sie fast immer in aller Ausführlichkeit erstellt. In einigen Projekten ist es jedoch unsinnig, ein physikalisches Ist-Modell oder ein logisches Soll-Modell zu konstruieren. Sogar wenn ein Zwischenprodukt für ein Projekt sinnvoll ist, führen die Systemanalytiker noch viele unnötige Arbeiten bei dessen Erstellung aus.

Projekte leiden auch darunter, daß die Teammitarbeiter das System, das sie modellieren, nicht voll verstehen, oder wenn es eine Lücke gibt zwischen dem Arbeitsbeginn und dem Zeitpunkt, zu dem sie den Zweck des Systems voll verstehen. Während dieser Zeitspanne (die im schlimmsten Fall weit über den Analysezeitraum hinausgehen kann) untersuchen die Mitarbeiter Teile des Systems, die für den Erfolg des Projektes ganz unwichtig sind. Zumindest findet man oft, daß Teile eines existierenden Systems, die im neuen System überhaupt nicht mehr gebraucht werden, mehr als ausführlich beschrieben werden.

Die Schlammgrube des physikalischen Ist-Modells

Was wir als Schlammgrube des physikalischen Ist-Modells bezeichnen, ist das häufigste und bei weitem auch folgenträchtigste Ergebnis, wenn die Methode oder das betrachtete System mißverstanden wird. Die Schlammgrube ist der Grund, aus dem erfolglose Projekte mit Structured Analysis normalerweise scheitern, während man das existierende System untersucht: die Mitarbeiter in solchen Projekten verwenden mehr als die zumutbare Zeitspanne für die Untersuchung des Systems, weil sie viel zu viele physikalische Details in das physikalische Ist-Modell stecken – viel mehr, als für das neue System notwendig sind.

Man muß immer irgendein physikalisches Ist-Modell erstellen, unabhängig davon, wie knapp die Projektzeit bemessen ist. Ohne dieses Modell kann man das existierende System schlecht verstehen und überprüfen. Man braucht auch etwas physikalische Information, um das essentielle Modell eines Systems zu entwickeln. Der Trick besteht darin, so wenig wie möglich von seiner Zeit für das physikalische Ist-Modell aufzuwenden, um nicht in der Schlammgrube dieses physikalischen Ist-Modells zu landen. Sie müssen wissen, welche

Informationen in dieses Modell gehören und – was noch wichtiger ist – welche Informationen nicht in das Modell gehören.

Wenn Sie das physikalische Ist-Modell entwickeln, dann kann jede Minute, in der Sie physikalische Details modellieren, verschwendete Zeit sein. Die ganzen physikalischen Details werden ja doch weggeworfen, wenn Sie danach das logische Ist-Modell ableiten. Einige der physikalischen Details kann man ganz gut beim Auffinden der Essenz brauchen, viele andere aber nicht. Der größte Teil der heute im Einsatz befindlichen Technologie ist vielleicht schon überholt. Sie wollen sicherlich Ihre Projektlaufzeit nicht dadurch verlängern, daß Sie Eigenschaften des existierenden Systems untersuchen, modellieren und überprüfen, die Ihnen bei der Suche nach der Essenz nicht helfen. Aus diesem Grund empfehlen wir Ihnen, daß Ihr erstes Modell des existierenden Systems nur soviel physikalische Informationen einschließt, wie Sie zur Ableitung der Essenz des Systems brauchen.

Abbildung 28.1 schlüsselt den Inhalt eines typischen physikalischen Ist-Modells auf: Der unterste Teil des Balkens stellt die essentielle Information dar, die auf jeden Fall in dem physikalischen Ist-Modell enthalten sein muß. Die mittleren zwei Teile stellen physikalische Informationen dar, die in dem Modell zwar nicht wünschenswert, aber doch tolerierbar sind. Sie und die Anwender brauchen einige physikalische Anhaltspunkte; andere physikalische Charakteristika schleichen sich ein, weil Sie nicht gesehen haben, daß sie physikalisch sind. Der große Teil am oberen Ende des Balkens enthält überflüssige physikalische Informationen, weil weder Sie noch der Anwender diese zur Orientierung brauchen. Sie sollten in der Lage sein, diese überflüssigen Informationen zu erkennen, wenn Sie sich an die Definitionen in Teil 3 des Buches erinnern.

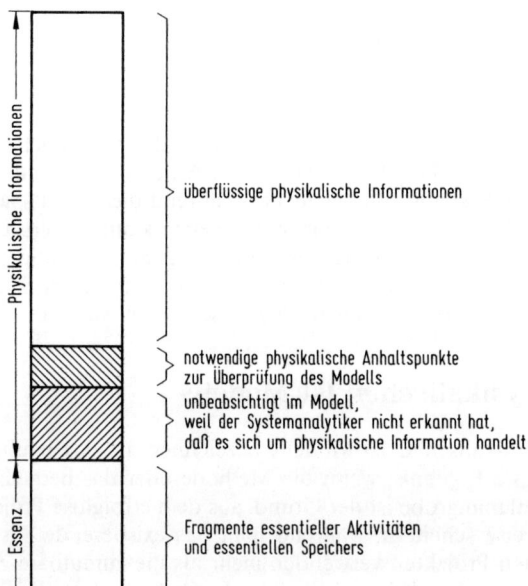

überflüssige physikalische Informationen

notwendige physikalische Anhaltspunkte
zur Überprüfung des Modells
unbeabsichtigt im Modell,
weil der Systemanalytiker nicht erkannt hat,
daß es sich um physikalische Information handelt

Fragmente essentieller Aktivitäten
und essentiellen Speichers

Abb. 28.1: Zusammensetzung eines typischen physikalischen Ist-Modells

Mehr als die Hälfte aller physikalischen Informationen ist typischerweise überflüssig. Logische Modelle sind normalerweise zwei Drittel bis drei Viertel kleiner als die physikalischen Modelle, aus denen sie abgeleitet wurden. Mit anderen Worten: bis zu 75 Prozent der Informationen in einem typischen physikalischen Modell werden während der Ableitung der Essenz weggeworfen. In einem oder zwei extremen Fällen haben wir es auch erlebt, daß mehr als 80 Prozent überflüssig waren.

Wenn man große Teile eines Zwischenprodukts wegwerfen muß, dann war die Entwicklung dieses Zwischenprodukts sicherlich Zeitverschwendung. Nehmen wir einmal an, daß Sie gerade mit der Ableitung eines logischen Ist-Modells einer großen kommerziellen Anwendung fertig geworden sind. Das physikalische Ist-Modell habe 500 Aktivitäten auf der untersten Ebene enthalten (d. h. auch 500 Mini-Spezifikationen). Das logische Modell hat nur noch 150 Mini-Spezifikationen. Sie haben also 350 Mini-Spezifikationen weggeworfen, dazu noch die zugehörigen Diagramme und die entsprechenden Einträge im Data Dictionary. Einige dieser physikalischen Informationen haben Ihnen vielleicht die Kommunikation mit dem Benutzer erleichtert, einige physikalische Details sind Ihnen noch immer entgangen (was aber nicht schlimm ist) und wurden daher nicht gelöscht. Trotz allem war es sicherlich nicht notwendig, *alle* diese 350 Mini-Spezifikationen zu entwickeln, um zu einem guten logischen Modell zu kommen.

Nimmt man die Argumente zusammen, so kommt man dazu, das physikalische Ist-Modell als bedauerlichen, aber notwendigen Umweg auf dem Weg zur Erzeugung des logischen Ist-Modells zu betrachten. Je mehr Aufwand Sie in das physikalische Ist-Modell stecken, um so größer wird der Umweg. Abbildung 28.2 zeigt, was passiert, wenn man mehr und mehr Details in das physikalische Ist-Modell steckt. Die zwei Kurven in Abbildung 28.2 zeigen zwei verschiedene Ansätze bei der Erstellung des physikalischen Ist-Modells: die obere Kurve zeigt, was passiert, wenn man sehr viele Details in das physikalische Ist-Modell steckt; die untere Kurve zeigt, daß man das gleiche essentielle Modell auch ableiten kann, wenn man ein physikalisches Ist-Modell mit viel weniger physikalischen Details verwendet. Die Modellierung jedes einzelnen physikalischen Details bringt uns weiter von der Ideallinie zum essentiellen Ist-Modell weg, die in der Abbildung 28.2 als die horizontale Achse dargestellt ist.

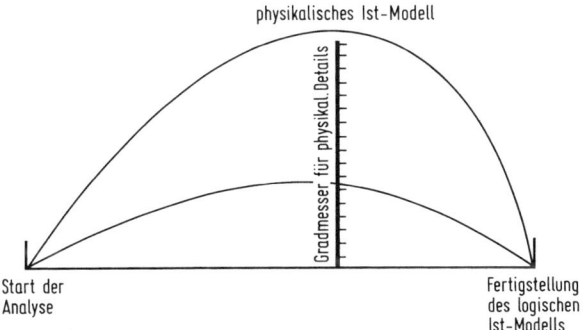

Abb. 28.2: Der Umweg über die physikalische Schlammgrube

Warum enden so viele Projekte in der physikalischen Schlammgrube? Ein Grund dafür ist, daß das Dokumentieren von physikalischen Eigenschaften eines Systems viel leichter ist als das Abstrahieren der essentiellen Eigenschaften des Systems. Sie haben immer harte Fakten für die physikalischen Eigenschaften, während die essentiellen Eigenschaften oft ideell und nicht so leicht faßbar sind.

Der zweite Grund liegt darin, daß Systemanalytiker bis jetzt wenige Verfahren und Hilfsmittel hatten, um die Essenz eines Systems abzuleiten. Weil die Projektmitarbeiter nicht verstehen, wie man ein physikalisches Ist-Modell in ein physikalisches Soll-Modell und schließlich in ein neues System überführt, wissen sie nicht genau, welche Art von Informationen, und wieviel davon, in dem physikalischen Ist-Modell enthalten sein sollte. Daher packen sie nach dem alten Motto „Vorsicht ist die Mutter der Porzellankiste" alles und jedes in das Modell, sogar ad-hoc-Reaktionen und irrelevante technologieabhängige Eigenschaften. Manche verbringen sogar viel Zeit damit, ihre eigenen Techniken zur Ableitung eines essentiellen Modells zu erfinden. Weil ihnen dafür aber die Richtlinien und formalen Anleitungen fehlen, verbringen sie wertvolle Zeit in Diskussionen, ob ein bestimmter Aspekt des Systems logisch oder physikalisch ist und ob sie schon genug Informationen haben, um mit dem logischen Modell zu beginnen. Manche Mitarbeiter werden so verwirrt, daß sie sogar mit Diskussion über die generelle Zweckmäßigkeit von logischen Modellen ihre Zeit verschwenden.

Ein anderer Grund, warum Projekte so lange dauern, ist, daß Mitarbeiter den Zweck des neuen Systems nicht verstehen und daher nicht wissen, welcher Teil die wichtigsten Informationen enthält. Daher verbringen sie genausoviel Zeit mit der Modellierung von trivialen Teilen wie von wichtigen Teilen. Das Ergebnis ist ein gigantisches physikalisches Ist-Modell, für das man viel länger bei der Erstellung, bei der Prüfung, bei der Pflege und bei der Reduzierung zu einem logischen Modell braucht.

Viele dieser Projekte kommen früher oder später aus der Schlammgrube heraus. Manche sehen danach gut aus; die Teammitarbeiter haben ein gutes Konzept für ein logisches Modell erarbeitet und kennen die Verfahren, um von da aus weiterzumachen. Andere Teams können ihr Projekt nur dadurch am Leben erhalten, daß sie die Arbeit am physikalischen Ist-Modell einfach einstellen und direkt mit dem physikalischen Soll-Modell weitermachen, wodurch sie nie auf die wahren Anforderungen kommen. In einigen unglücklichen Situationen verärgert die Zeit, die man für das physikalische Ist-Modell und die logischen Modelle braucht, das Management so sehr, daß das Projekt gestoppt oder reorganisiert wird.

28.3 Zusammenfassung

Verschiedene Randbedingungen wirken auf jedes Entwicklungsprojekt ein. Wie Sie mit diesen Randbedingungen fertig werden, entscheidet über Erfolg oder Mißerfolg. Zeit ist die kritischste Randbedingung und somit für die meisten Mißerfolge von Projekten verantwortlich.

Die schlimmste Art von Zeitverschwendung ist es, zuviel Zeit für die Modellierung des physikalischen Ist-Modells aufzuwenden. Obwohl man gewisse Teile des physikalischen Ist-Modells braucht, modelliert man in den meisten Projekten zu viel physikalische Details. Diese überflüssige Information wird ohnehin während der Ableitung des essentiellen Modells wieder weggeworfen, und man braucht sie auch nicht, um mit dem Anwender zu kommunizieren. Sie können diese physikalische Schlammgrube umgehen, wenn Sie Verfahren anwenden, die Ihnen Vorschläge über die Arten von sinnvollen physikalischen Informationen machen und Ihnen helfen, sich auf die richtigen Aspekte zu konzentrieren.

Der Rest von Teil 8 beschreibt einige Verfahren, wie Sie Structured Analysis erfolgreicher und effizienter anwenden und dabei das Chaos vermeiden können. Die meisten Verfahren minimieren die Zeit, die man mit nutzlosen Tätigkeiten zubringt, denn Sie wollen natürlich kein bißchen Zeit für irgendetwas verschwenden, was Sie Ihrem Ziel nicht näherbringt.

Kapitel 29
Optimierungen bei der
Definition der Essenz

Obwohl man die knapp bemessene Projektzeit in allen Systementwicklungsphasen effektiv nutzen muß, so ist doch der Anfang eines Projekts die kritischste Phase. Die meisten Projekte beginnen mit einer Untersuchung eines bestehenden Systems. Wenn Sie diese Untersuchung nicht effizient durchführen, dann riskieren Sie vielleicht, daß Sie die restlichen Aktivitäten in dem Projekt nicht rechtzeitig fertigstellen können. Sie erzeugen damit vielleicht auch den Eindruck, daß Ihr Projekt recht lahm voranschreitet.

In diesem Kapitel beschreiben wir eine Technik, die Ihnen helfen soll, große Teile des physikalischen Ist-Modells nicht erstellen zu müssen. Diese Technik wendet die gleichen Modellierungsprinzipien und Konventionen wie das Verfahren zur Ableitung der Essenz an, denn sie stützt sich auch auf die Grundlagen, die wir in Teil 1 bis Teil 3 dieses Buches eingeführt haben. Bevor wir die Technik im einzelnen vorstellen, wollen wir die Grundlagen noch einmal wiederholen und dabei aufzeigen, wie Ihr Verständnis der Grundlagen dazu beitragen kann, ein Projekt im Zeitrahmen zu halten, auch wenn Sie keine speziellen Techniken anwenden.

29.1 Wie man mit den Grundlagen von essentieller Modellbildung Zeit sparen kann

Die erste Grundlage, die wir besprochen haben, ist die Definition eines Systems mit geplanten Reaktionen. Sie bringt dem Projektteam ein klares Verständnis über die Art von Systemen, die es erstellen kann. Die Projektmitarbeiter können spontane Reaktionen des Systems von den geplanten Reaktionen unterscheiden. Sie können sich dann auf die geplanten Reaktionen konzentrieren. Da man keine Zeit damit verliert, etwas zu modellieren, was man hinterher ohnehin nicht in das System einbauen kann, wird das Projekt effizienter.

Die Projektmitarbeiter sind rasch in der Lage, den Zweck einzelner Komponenten eines existierenden Systems zu verstehen, wenn sie die Definitionen der Inkarnationscharakteristika in Teil 3 verstanden haben. Sie können dann rein physikalische Aspekte rasch erkennen, und sie wissen, daß man für deren Modellierung keine Zeit verschwenden sollte. Man vermeidet es in dem Projekt, die Infrastruktur und die Administration des bestehenden Systems ausführlich zu untersuchen.

Die Mitarbeiter können das Konzept der perfekten internen Technologie als eine Art Wünschelrute verwenden, um die essentiellen Fragmente in einem existierenden System aufzuspüren. Wenn die Mitarbeiter sich die Frage stellen, welche Teile des existierenden Systems noch immer da sein müßten, wenn es perfekte Technologie gäbe, und wenn sie ihr Wissen darüber einsetzen, wie die Technologie die Essenz verschleiern kann, dann können sie ihr Hauptaugenmerk sofort auf die Teile des Systems richten, wo die größten Teile der Essenz gefunden werden können.

Die Projektmitarbeiter wissen, aus welchen Teilen die Essenz eines Systems besteht. Dieses Wissen hilft ihnen bei der Auffindung der Essenz, wenn sie ein essentielles Ist-Modell erstellen. Sie wissen, daß sie nach grundlegenden Aktivitäten suchen müssen, die den

Zweck des Systems erfüllen, und nach essentiellen Speichern, die die Arbeit der grundlegenden Aktivitäten unterstützen, wie auch nach Verwaltungsaktivitäten, die die essentiellen Speicher einrichten und aktualisieren. Weil die Mitarbeiter wissen, wie man essentielle Komponenten erkennt, vermeiden sie zeitaufwendige Sackgassen.

Schließlich helfen die Modellierungsprinzipien und Konventionen, die wir in Teil 2 beschrieben haben, beim Zeitsparen. Wenn man die Modellierungsprinzipien von Kapitel 6 anwendet, kommt man zu rascheren Entscheidungen darüber, wie man die Modelle effektiv gestaltet. Unsere Konventionen für essentielle Modelle aus den Kapiteln 7, 8 und 9 machen die Erfindung eigener Konventionen überflüssig, wodurch man wieder Zeit sparen kann.

29.2 Abweichungen vom idealisierten Ableitungsverfahren

Der idealisierte Ansatz zur Ableitung der Essenz in Teil 4, 5 und 6 dieses Buches läßt alle Randbedingungen des Projektmanagements außer acht. Obwohl dieser Ansatz auch alle zeitlichen Randbedingungen außer acht läßt, so hilft er Ihnen paradoxerweise trotzdem, wenn Sie unter Zeitdruck die Essenz ableiten müssen. Die einzelnen Aktivitäten und deren Reihenfolge in dem idealisierten Ansatz führen das Entwicklungsteam in konstanter Weise zu seinem Ziel, der Fertigstellung des Projektes. Außerdem beenden die detaillierten Verfahren zur Entdeckung der Essenz die bisherige Verwirrung darüber, was man in einem Projekt machen soll, um zu einem essentiellen Ist-Modell zu kommen. In den Projekten kommt es daher zu keinen Zeitverschwendungen wegen überflüssiger oder falsch angepackter Arbeiten.

Trotz all dieser Verbesserungen der klassischen Structured Analysis hat das detaillierte Ableitungsverfahren noch zwei Schwachstellen, die Sie an der effektiven Ausnutzung Ihrer Zeit hindern. Erstens ist das Verfahren so gestaltet, daß es Ihnen aus der Schlammgrube des physikalischen Ist-Modells heraushilft, aber nicht von vornherein verhindert, daß Sie hineinfallen. Um das Ableitungsverfahren anwenden zu können, müssen Sie ein physikalisches Ist-Modell erstellen. Das Ableitungsverfahren gibt Ihnen keine Anhaltspunkte, worauf Sie sich konzentrieren sollen und was wichtig ist, wenn Sie das physikalische Ist-Modell erstellen. Daher riskieren Sie unter Umständen, daß Sie Zeit auf triviale Details verschwenden. Zweitens ist das ganze Ableitungsverfahren hauptsächlich in Richtung „Klarheit der Darstellung" optimiert, nicht in Richtung „Geschwindigkeit". Durch die Annahme einer fast idealen Systementwicklungstechnik eliminieren wir das Zeitproblem sogar gänzlich.

In dem Verfahren sind die einzelnen Schritte in einer logischen Reihenfolge angeordnet: zu jedem Zeitpunkt wird nur ein Schritt ausgeführt; der wird auch fertiggestellt, bevor der nächste Schritt angefangen wird. Obwohl diese strikte Reihenfolge ineffizient ist, ist sie sinnvoll. Sie lernen nicht nur die Inhalte der einzelnen Schritte, Sie lernen auch, warum sie so gemacht werden, wie wir es vorschlagen. Weil dieses idealisierte Ableitungsverfahren so vorsichtig und methodisch aufgebaut ist, bezeichnen wir es als *konservativen Ansatz.*

Der Ansatz, den wir zur Beschleunigung des Verfahrens vorschlagen, sieht im Vergleich zum konservativen Ansatz richtig leichtsinnig aus; trotzdem baut er eigentlich auf allem auf, was wir bisher über essentielle Modelle und deren Ableitung gesagt haben. Wir setzen uns keine neuen Ziele: Sie müssen noch immer die wahren Anforderungen eines neuen Systems ableiten. Wir verwenden keine neuen Hilfsmittel, Konventionen oder Prinzipien. Der Ansatz enthält auch keine neuen Aktivitäten. Wir verwenden dieselben Aktivitäten, die wir in den Teilen 4, 5 und 6 beschrieben haben, aber wir führen sie in einer anderen Reihenfolge aus, und meistens auch auf einer anderen Detaillierungsebene.

29.3 Der optimierte Ansatz: Blitzen eines essentiellen Modells

Auch der optimierte Ansatz verwendet – wie der konservative – zwei Durchgänge, um ein essentielles Modell zu erstellen. Im ersten Durchgang „blitzen" Sie ein essentielles Modell. Unter *Blitzen* verstehen wir die rasche Erstellung eines unvollständigen, nicht überprüften Überblicksmodells der Essenz. Das geblitzte essentielle Modell besteht hauptsächlich aus Datenflußdiagrammen (die ereignisorientiert zerlegt wurden) und Entity-Relationship-Diagrammen (die objektorientiert zerlegt wurden). Das Modell deckt keineswegs den vollen Umfang und die ganze Tiefe des Systems ab. Sie versuchen auch nicht ernsthaft, alle Schnittstellen des Systems mit seiner Umgebung aufzuspüren, und Sie modellieren keine der Schnittstellen zu genau. Die geblitzten Datenflußdiagramme und Entity-Relationship-Diagramme umfassen normalerweise nur drei Ebenen, und Sie erstellen selten ein Data Dictionary oder schreiben Mini-Spezifikationen. Das Blitzen dauert normalerweise nur eine Woche (oder weniger). Im zweiten Durchgang des optimierten Ansatzes erfassen Sie dann die Details der Essenz und überprüfen diese. Das Endergebnis ist das gleiche, vollständige, detaillierte essentielle Modell, das Sie auch mit dem konservativen Ansatz erreichen würden.

Das Blitzen spart dadurch Zeit, daß Sie einen Vorgeschmack auf das endgültige essentielle Modell bekommen. Weil Sie ein Bild des Ganzen sehen, können Sie die Teile des Systems bestimmen, die Sie besonders aufmerksam untersuchen müssen, wenn Sie danach die Details modellieren. Die größte Zeitersparnis durch diese Konzentration auf das Wesentliche liegt darin, daß Sie große Teile des physikalischen Ist-Modells gar nicht erstellen müssen. Sie können dann bei der Fertigstellung des essentiellen Modells alle Ihre Kräfte auf die wichtigen Gebiete konzentrieren und die unwichtigen ignorieren.

Es gibt zwei Arten zu blitzen. Wenn Sie dem konservativen Ansatz folgen, können Sie ein physikalisches Ist-Modell erstellen, dieses expandieren, danach reduzieren und die Teile klassifizieren. Dadurch erhalten Sie ein grobes Modell jeder Aktivität, das Sie als logisches Überblicksmodell verwenden können. Um zu einem groben Modell des essentiellen Speichers eines Systems zu kommen, könnten Sie alle notwendigen Schritte für das grobe Aktivitätsmodell durchführen, dann die lokalen Modelle jeder essentiellen Aktivität verfeinern und die lokalen Sichten der essentiellen Speicher zu einem Gesamtmodell des essentiellen Speichers zusammenfassen, aber alle Schritte so schnell wie möglich.

Ein zweiter Ansatz zur Erstellung eines geblitzten essentiellen Modells – den wir vorziehen – besteht darin, nur die Techniken der ereignisorientierten und objektorientierten Zerlegung anzuwenden. Nach Fertigstellung des Blitzmodells kehren Sie dann zu den vorherigen Schritten zurück.

Haben Sie Angst, daß die schnelle Zerlegung und das Zurückstellen vieler Schritte vielleicht dazu führt, daß Sie krasse Fehler machen? Glücklicherweise gibt es zwei Gründe, die die rasche Anwendung von ereignisorientierter und objektorientierter Zerlegung zur Erzeugung von schnellen Ergebnissen sicher machen. Erstens basieren diese beiden Techniken hauptsächlich auf Ihrem Verständnis der *Umgebung* des Systems, nicht so sehr auf Erkenntnissen über die essentiellen Teile *im Inneren* des Systems. Sie müssen also das existierende System selbst nicht untersuchen, bevor Sie die Zerlegungen vornehmen. Zweitens ermöglichen Ihnen die Anleitungen in Teil 1 bis Teil 3 die klare Unterscheidung zwischen essentiellen Fragmenten von existierenden Systemen und deren physikalischen Charakteristika. Deshalb ist es sehr unwahrscheinlich, daß Ihr Blitzmodell die ganze physikalische Information enthält, die Sie in den frühen Schritten des Ableitungsverfahrens normalerweise wegstreichen würden.

Es ist durchaus ungefährlich, die Anfangsschritte zu ignorieren, wenn Sie ein Blitzmodell erstellen, da das Blitzmodell per Definition unvollständig und nur ein Überblick ist. Es ist aber absolut gefährlich, *nur* ein Blitzmodell zu erstellen und es hinterher nicht zu detaillieren, weil dann die genauen essentiellen Anforderungen niemals festgeschrieben werden. Sie müssen daher in beiden Fällen, beim Blitzansatz und beim konservativen Ansatz, ähnliche Schritte durchführen.

Der Blitzansatz zur Erstellung eines essentiellen Modells umfaßt vier Schritte:

1. Festlegung des Zwecks des Systems
2. Erzeugung eines essentiellen Kontextdiagramms
3. Erzeugung einer Liste von Objekten und Ereignissen
4. Skizzierung des vorläufigen essentiellen Modells

In den folgenden Abschnitten besprechen wir jeden dieser Schritte.

29.3.1 Festlegung des Zwecks des Systems

Der erste Schritt beim Blitzen eines essentiellen Modells ist die Festlegung des Zwecks des Systems in einfachen Sätzen. Mit den Worten eines Systemanalytikers ausgedrückt heißt das: eine Zusammenfassung der grundlegenden Aktivitäten dieses Systems zu schreiben. Obwohl diese Zweckfestlegung formal schwer beschreibbar ist, muß man diesen Schritt machen, denn das Verständnis des Zwecks (oder zumindest der Versuch, den Zweck zu verstehen) ist ungeheuer wichtig für die Festlegung der Aktivitäten, die das System schließlich erledigen kann.

Da Sie das bestehende System als Ausgangspunkt für die Ableitung der Essenz des neuen Systems verwenden, muß der Zweck für beide gleich sein. Die Entwickler des jetzigen Systems hatten vielleicht nur informelle Vorstellungen über den Zweck, und diese wurden den Anwendern auch nur informell weitererzählt. Jetzt sind Sie aufgefordert, eine formale Erklärung des Zwecks nach Besprechungen mit der Gruppe der Anwender niederzulegen.

Das Materialversorgungssystem in Kapitel 17 ist ein gutes Beispiel, um die Schritte beim Blitzen zu demonstrieren. Im ersten Schritt legen wir fest, daß es Zweck dieses Systems ist, ein Inventar über Rohmaterialien derart aufrecht zu erhalten, daß die Fertigungsabteilung reibungslos arbeiten kann. Diese Zweckaussage, die rasch und billig getroffen werden kann, reicht uns zunächst aus, um den Gesamtzweck des Systems gut zu verstehen. Wir brauchen sie auch in den nächsten Schritten.

29.3.2 Erzeugung eines essentiellen Kontextdiagramms

Unter Verwendung der Zweckaussage erzeugen Sie nun ein essentielles Kontextdiagramm. Dieser zweite Schritt des Blitzansatzes macht es zum ersten Mal notwendig, daß Sie die Inkarnation des Systems betrachten. Sie wollen die Grenzlinie rund um die Teile der Inkarnation festlegen, die dem Zweck des Systems dienlich sind. Sie ziehen diese Grenzlinie also so, daß externe Ereignisse außerhalb liegen, während alle Aktivitäten, die auf diese Ereignisse reagieren, innerhalb liegen. Sie stellen diese Grenzlinie im Kontextdiagramm dar.

Dieses Kontextdiagramm muß besonders gestaltet sein. Da es die Essenz ausdrückt, sollten die Datenflüsse in diesem Diagramm keinesfalls die Technologie widerspiegeln, mit der die Daten in und aus dem System transportiert werden. Eingangsdatenflüsse mit Namen wie „Postsack", „Hausmitteilung" oder „Rohrpostbehälter" sind also genauso falsch wie Ausgabenamen wie „Computerlisting", „Gerätebus" und „Bildschirmmaske". Sie sollten Ein- und Ausgabenamen haben, die die Essenz der Ereignisse widerspiegeln, die eine Aktivität auslösen, oder aber die Reaktionen, die Ausgabeflüsse erzeugen.

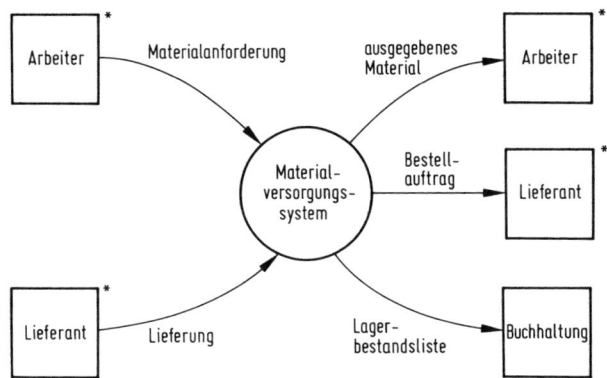

Abb. 29.1: Essentielles Kontextdiagramm des Materialversorgungssystems

Das essentielle Kontextdiagramm für das Materialversorgungssystem ist in Abbildung 29.1 dargestellt. Die Tatsache, daß wir nur drei externe Einheiten haben, zeigt, daß wir ein sehr einfaches Beispiel zur Erläuterung des Blitzansatzes gewählt haben. Die Technik funktioniert aber auch für sehr große und komplexe Systeme.

29.3.3 Erzeugung einer Liste von Objekten und Ereignissen

Ihr Ziel im dritten Schritt ist die Ableitung des Rohmaterials zur Erstellung des essentiellen Blitzmodells. Dieses Rohmaterial umfaßt die Ereignisse, auf die das System reagieren soll, und die Objekte, die zum essentiellen Speicher gehören.

Vielleicht erkennen Sie die Ereignisse schon, wenn Sie das essentielle Kontextdiagramm erstellen. Das Verfahren zum Auffinden der externen Ereignisse ist so ähnlich, wie wir es in Kapitel 17 als Teil des Ableitungsprozesses beschrieben haben. Wenn Sie jedoch die zeitlichen Ereignisse finden wollen, dann müssen Sie von dem abweichen, was wir Ihnen früher erläutert haben. Dieses Verfahren empfahl Ihnen, zur Auffindung von zeitlichen Ereignissen die Mini-Spezifikationen der essentiellen Aktivitätsfragmente zu durchsuchen, die direkt an Datenspeichern hängen und keine externen Datenflüsse als Eingabe haben. Das können Sie nun natürlich nicht machen, da Sie keine reduzierten Datenflußdiagramme haben, die diese Aktivitäten zeigen. Sie müssen daher einen etwas indirekteren Ansatz versuchen.

Der Ansatz hängt von der Kooperation eines Anwenders ab, der das System kennt und das Prinzip der perfekten internen Technologie versteht. In einer informellen Diskussion des essentiellen Kontextdiagramms mit dem Anwender untersuchen Sie die essentiellen Ausgaben des Systems und stellen fest, ob diese aufgrund eines externen Ereignisses erzeugt werden. Wenn Sie alle solchen Ausgaben gefunden haben, dann gehen Sie von der Annahme aus, daß der Rest durch zeitliche Ereignisse ausgelöst wird. Der Anwender kann dann die zeitlichen Ereignisse benennen, und Sie fügen diese zur Ihrer Liste hinzu.

Die größte Schwierigkeit bei der Feststellung, ob eine Ausgabe zu einem externen Ereignis gehört oder nicht, liegt darin, daß die nicht-perfekte Technologie das System manchmal zwingt, eine Ausgabe zeitlich wesentlich später zu erstellen, als das externe Ereignis stattfindet. Dadurch könnten Sie manchmal versucht sein, zeitliche Ereignisse einzuführen, die eigentlich keine sind. Ein Stapelspeicher kann zum Beispiel Zwischenergebnisse von mehreren externen Ereignissen einige Zeit lang festhalten, damit die Ausgabe hinterher effizienter erzeugt werden kann. In einem Elektrizitätsabrechnungssystem hält das System die Ablesedaten von vielen Kunden einige Zeit fest, um dann alle Rechnungen auf einmal zu erstellen. Sie könnten annehmen, daß auf jedes externe Ereignis „Ableser übermittelt Zählerstand" eine Reaktion erfolgt. Dieses System erzeugt die Ausgabe aber erst dann, wenn eine bestimmte Anzahl von solchen Ereignissen eingetroffen ist. Das System täuscht in diesem Fall also ein Verhalten vor, das Sie dazu führen kann, fälschlicherweise ein zeitliches Ereignis einzuführen („Es ist Zeit, Rechnungen an den Kunden zu schicken") und das wahre externe Ereignis zu übersehen.

Um solche Fehler zu vermeiden, fragen Sie den Anwender, ob eine Ausgabe eigentlich viele getrennte Ausgaben sein könnten (eine pro externes Ereignis), wenn wir perfekte interne Technologie für das System hätten. Vielleicht müssen Sie diese Frage in leichter verständlichen Begriffen formulieren, damit Sie den armen Anwender nicht verwirren. Aber wir haben es gemacht, und Sie können das auch. Sie finden dann für das Materialversorgungssystem z. B. die folgenden Fakten:

- Ausgegebenes Material kommt direkt als Reaktion auf eine Materialanforderung, wenn das System genügend Lagerbestand hat.
- Der Bestellauftrag resultiert auch direkt aus einer Materialanforderung.
- Der Lagerbestandsbericht kann nicht durch eine Materialanforderung oder durch eine Lieferung ausgelöst werden. (Zumindest wollte der Empfänger dieses Berichts in diesem System einen periodischen Bericht, der die Änderungen in einem bestimmten Zeitraum enthält. Er wollte nicht laufend über jede Änderung im Lager informiert werden.)

Mit den Ergebnissen Ihrer Befragung verbinden Sie nun die Ausgaben „ausgegebenes Material" und „Bestellauftrag" mit dem Ereignis „Arbeiter fordert Material an". Jede Ausgabe, die erst nach vielen verschiedenen Ereignissen erzeugt wird, wie der Lagerbestandsbericht, sollte eine Reaktion auf ein zeitliches Ereignis sein. Wenn Sie kein Ereignis finden, das eine bestimmte Ausgabe erzeugt, dann müssen Sie noch etwas ausführlicher nachforschen. Sie müssen entweder eine Verbindung zu einem der Ereignisse herstellen, die Sie schon in Ihrer Liste haben, oder Sie müssen ein Ereignis erst finden, das Ihnen bis jetzt entgangen ist.

Vielleicht sind Sie besorgt darüber, daß Ihnen bei der Identifizierung der Ereignisse Fehler unterlaufen werden. Sicherlich werden Sie dabei Fehler machen. Aber Sie sollten einen Augenblick lang Ihr Streben nach Perfektion zugunsten der Effizienz zurückstellen. Sobald Sie ein essentielles Modell geblitzt haben und sich klar geworden sind, wie Sie weitermachen wollen, können Sie in einer detaillierten Analyse Ihre Wahl von Ereignissen überprüfen.

Zur Erkennung der Objekte verwenden Sie beim Blitzen einen anderen Ansatz als beim konservativen Verfahren. In dem konservativen Verfahren legen Sie zuerst die Datenelemente fest, die jede essentielle Aktivität braucht. Dann identifizieren Sie die Objekte, indem Sie Datenelemente aus dieser Liste zu Gruppen zusammenfassen. Theoretisch ist dieser Ansatz richtig: da Objekte ein Mittel sind, um Datenelemente zu gruppieren, ist es sinnvoll, die Elemente zuerst zu kennen und danach die Gruppenbildung vorzunehmen. Sie erinnern sich aber vielleicht, daß es relativ mühevoll war, die Liste der Datenelemente aufzustellen. Jetzt brauchen wir deshalb einen etwas anderen Ansatz.

Der Ansatz hier beim Blitzen ist eigentlich die Umkehrung des Ansatzes zur Identifizierung von Objekten bei der normalen Ableitungsprozedur. Beim Blitzen legen Sie die Objekte zuerst fest, und dann wenden Sie etwas Zeit auf, um nach gespeicherten Datenelementen zu suchen, die zu diesen Objekten passen. Wenn Sie keine solchen Datenelemente finden, dann streichen Sie das Objekt aus Ihrer Liste. Im allgemeinen leitet sich die Liste der möglichen Objekte aus den Hauptwörtern ab, die jeder verwendet, wenn er über die technologieneutralen Teile des Systems spricht.

Da dieses Vokabular ziemlich umfangreich sein kann, empfehlen wir Ihnen, noch einmal die Ursprünge für Objekte in Kapitel 20 nachzulesen. Zu diesen Ursprüngen zählen externe Einheiten, die mit Ihrem System kommunizieren, vertragliche Beziehungen zwischen Ihrem System und anderen Systemen, Ein- und Ausgaben Ihres Systems und Produkte, Dienste oder andere Ressourcen, die Teil Ihres Systems sind oder durch Ihr System verwaltet werden.

29.3.4 Skizzierung des vorläufigen essentiellen Modells

Nach dem Abschluß der oben beschriebenen Schritte sollte die Skizzierung eines essentiellen Blitzmodells einfach sein. Achten Sie darauf, die essentiellen Modellierungsprinzipien und Konventionen anzuwenden, die wir in Kapitel 6 und 21 und in Teil 2 beschrieben haben, dann sollten Sie zu einem guten Modell kommen. Hier ist noch einmal eine kurze Zusammenfassung der wichtigsten Schritte:

1. Zeichnen Sie ein DFD, das die essentiellen Aktivitäten zeigt. Dazu skizzieren Sie eine Aktivität für jedes Ereignis, indem Sie einen Kreis für diese Aktivität zeichnen und die Ein- und Ausgaben daranhängen, die Sie schon im Kontextdiagramm eingezeichnet hatten.
2. Fügen Sie die Objektspeicher in das DFD ein. Jedes Objekt sollte durch einen Speicher dargestellt werden.
3. Verbinden Sie die Aktivitäten mit den Speichern. (Verwenden Sie Ihren Hausverstand, um festzustellen, welche Aktivität Zugriff zu welchem Speicher haben muß.)
4. Skizzieren Sie die Objekte in einem vorläufigen Entity-Relationship-Diagramm.
5. Verbinden Sie die Objekte in dem Entity-Relationship-Diagramm durch Verwendung der Informationen, die die Anwender Ihnen gegeben haben, und Ihrer eigenen Einschätzung.

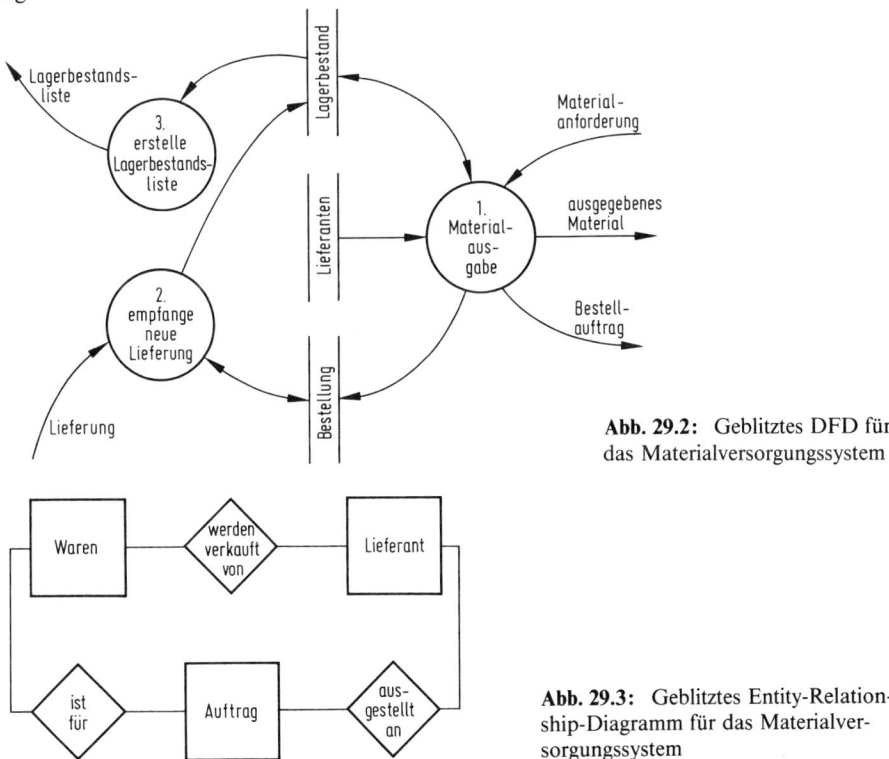

Abb. 29.2: Geblitztes DFD für das Materialversorgungssystem

Abb. 29.3: Geblitztes Entity-Relationship-Diagramm für das Materialversorgungssystem

Die Abbildungen 29.2 und 29.3 zeigen das Ergebnis dieser Schritte für das Materialversorgungssystem.

Um die knappe, zur Verfügung stehende Projektzeit effektiv zu nutzen, muß man rasch zu Überblicksmodellen kommen. Durch Anwendung des verkürzten Verfahrens, das wir eben beschrieben haben, vermeiden Sie die Schlammgrube des physikalischen Ist-Modells und erzeugen wertvolle Informationen zur Projektplanung. Sie müssen jedoch bedenken, daß das Ergebnis einerseits nur ein Überblicksmodell und andererseits unvollständig ist. Früher oder später müssen Sie die notwendigen Details auch noch festschreiben. Im nächsten Abschnitt beschreiben wir eine Möglichkeit, wie man zu den Details der Essenz des bestehenden Systems kommt und seine Zeit trotzdem effektiv ausnützt.

29.4 Aufräumen

Obwohl das Blitzmodell viele Vorzüge hat, so bleibt ein grundlegendes Problem: es ist unvollständig und es ist vielleicht auch ungenau. Wenn wir unsere plastische Ausdrucksweise, die wir zur Beschreibung von effektivem Projektmanagement bisher eingesetzt haben, weiterverwenden, dann können wir die Aktivität zur Vervollständigung des Modells nun als Aufräumarbeit bezeichnen.

Genau wie der Blitzansatz für das logische Überblicksmodell basiert auch das Aufräumverfahren auf den Konzepten des konservativen Ansatzes. Das endgültige Modell muß nicht nur vollständig und korrekt sein, es muß auch den Modellierungsprinzipien der Technologieneutralität und den minimalen Modellen genügen sowie ein vernünftiges Maß an Komplexität haben. Sie verwenden dabei auch viele der Techniken zur Expansion und Reduktion von Modellen, die Klassifizierung von Fragmenten, die Modellierung von einzelnen essentiellen Aktivitäten und die Integration von essentiellen Aktivitäten. Der wesentliche Unterschied zum konservativen Ansatz besteht darin, daß Sie die Details des logischen Ist-Modells möglichst schnell fertigstellen wollen.

Wir beschreiben im folgenden die vier wichtigen Schritte beim Aufräumen:

1. Blitzen eines physikalischen Ist-Modells
2. Erstellung eines Modellierungsplans, der die Reihenfolge für die Modellierung der essentiellen Aktivitäten festlegt
3. Erstellung einzelner essentieller Aktivitätsmodelle
4. Integration der essentiellen Aktivitätsmodelle

29.4.1 Blitzen eines physikalischen Ist-Modells

Da Sie nun an den Details der Essenz eines bestehenden Systems interessiert sind, finden Sie sich in einer bekannten Situation wieder: Sie wollen das physikalische Ist-Modell vermeiden, aber Sie müssen einiges davon erstellen, um die Essenz Ihres Systems zu erstellen und Ihr Verständnis der Essenz auch verifizieren zu können. Beim Blitzen des physikalischen Ist-Modells streben Sie danach, sich einen Überblick über die verfügbaren Detailinformationen bezüglich der essentiellen Eigenschaften zu verschaffen und einen Index zu erstellen, der Sie zu den essentiellen Details hinführt.

Ihr erster Schritt ist die Erstellung eines physikalischen Überblicksdiagramms des bestehenden Systems. Dazu zeichnen Sie ein Diagramm, das die bestehenden Prozessoren (oder Gruppen von Prozessoren) jeweils als einen Kreis darstellt. Das Wesentliche ist dabei, daß Sie diese Prozessoren miteinander verbinden. Abbildung 29.4 zeigt ein solches physikalisches Blitzdiagramm.

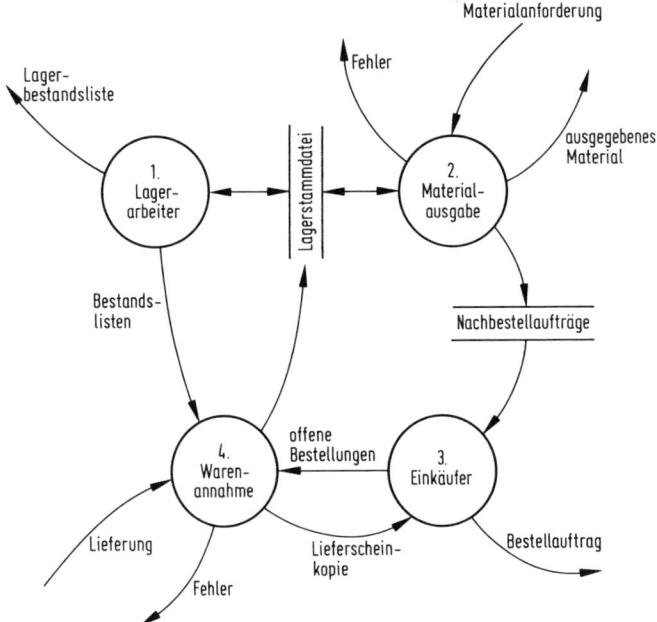

Abb. 29.4: Physikalisches Blitzmodell eines Systems

Statt Mini-Spezifikationen und Data-Dictionary-Einträge zu schreiben und statt detailliertere Diagramme zu diesem Überblicksdiagramm zu zeichnen, sammeln Sie einfach alle bestehende Dokumentation und ordnen diese den Aktivitäten und Datenflüssen in dem Überblicksmodell zu. Statt der Mini-Spezifikationen können Sie Gebrauchsanweisungen, Benutzerhandbücher, Projektanforderungsformulare, Operator-Instruktionen oder sogar undokumentierten Quellcode verwenden. Fotokopien von Formularen, Definitionen von Dateiformaten oder Data-Dictionary-Ausgaben einer Datenbank können zu diesem Zeitpunkt die Einträge des Data Dictionary ersetzen. Heften Sie auch Verweise auf Anwender an die entsprechenden Stellen, wenn Sie glauben, daß diese zu einem Thema näher befragt werden können. Wenn Sie dann mit der Modellierung der Essenz eines Teiles anfangen, dann untersuchen Sie den entsprechenden Teil des Materials zum Überblicksmodell genauer, um festzustellen, woraus Sie Essenz ableiten können. Das gesammelte Material hilft Ihnen außerdem später dabei, Gespräche über die Essenz mit Anwendern, anderen Systemanalytikern oder Managern zu führen, die nur über physikalische Modelle diskutieren können.

29.4.2 Erstellung eines essentiellen Modellierungsplans

Sobald Sie ein physikalisches Überblicksdiagramm des bestehenden Systems haben, stellen Sie einen Vorgehensplan auf, der festlegt, welche Details Sie untersuchen müssen, um Mini-Spezifikationen und Data-Dictionary-Einträge für das detaillierte *strukturierte* Modell schreiben zu können. Dieser Plan legt im wesentlichen die Reihenfolge fest, in der Sie die einzelnen essentiellen Aktivitäten modellieren. Bei der Erstellung des Plans fangen Sie mit den essentiellen Aktivitäten Ihres essentiellen Überblicksdiagramms an. Darauf wenden Sie eines der Grundprinzipien der Systemessenz an, um die Reihenfolge für die weitere Modellierung festzulegen. Dieses Grundprinzip ist der kausale Zusammenhang, durch den die Komponenten der Essenz miteinander verbunden sind: Der Zweck des Systems bestimmt die grundlegenden Aktivitäten des Systems, die grundlegenden Aktivitäten bestimmen die essentiellen Speicher des Systems, und der essentielle Speicher bestimmt die Verwaltungsaktivitäten des Systems. Sobald Sie die grundlegenden Aktivitäten kennen, sollte es relativ leicht sein, die Details für die essentiellen Speicher und für die Verwaltungsaktivitäten festzulegen.

Daher sollten Sie mit der detaillierten Modellierung der grundlegenden Aktivitäten anfangen. Die Planung der Detailarbeit zur Spezifikation der Essenz des Systems beginnt damit, daß Sie im Überblicksdiagramm feststellen, welche der Aktivitäten grundlegend ist. Eine von zwei Eigenschaften kennzeichnet eine grundlegende Aktivität. Eine Aktivität, die durch ein zeitliches Ereignis ausgelöst wird, ist grundlegend.*

Eine Aktivität ist auch dann grundlegend, wenn Sie durch ein externes Ereignis ausgelöst wird, aber Ausgaben erzeugt, die mehr als nur die Aktualisierung von Speichern bewirken.

Sobald Sie die grundlegenden Aktivitäten identifiziert haben, führen Sie eine Grobanalyse durch, um herauszufinden, wie komplex die Zugriffe jeder Aktivität auf essentielle Speicher sind. Das Ergebnis sollte eine nach Zugriffskomplexität geordnete Liste der Aktivitäten sein. Oft stehen die Aktivitäten, die durch zeitliche Ereignisse ausgelöst werden, an der Spitze der Liste. Diese Aktivitäten sind meist deshalb komplex, weil Sie Daten in den Speichern finden müssen, ohne mit externen Schlüsselelementen versorgt zu werden. Um ein Komplexitätsmaß für die Speicherzugriffe zu finden, sollten Sie die Anzahl der Datenelemente zählen, die aus dem essentiellen Speicher geholt werden müssen, und dann feststellen, aus wieviel verschiedenen Objektspeichern diese kommen. Natürlich ist eine Aktivität um so komplexer, je mehr Objektspeicher sie braucht.

Sobald Sie zu Ihrer Liste der grundlegenden Aktivitäten auch eine Schätzung über die Komplexität der Speicherzugriffe haben, erstellen Sie einen Plan für die weitere Detailarbeit. Der Plan hilft Ihnen bei der Ausführung des nächsten Schrittes. Das ist die Modellierung der einzelnen essentiellen Aktivitäten. Am besten fangen Sie mit dem Modell der Aktivität an, die die komplexesten Speicherzugriffe hat, und arbeiten sich bis zu den einfacheren durch. Wenn Sie sich an diese Reihenfolge halten, dann können Sie frühzeitig große Teile des Überblicksmodells Ihrer Objektspeicher überprüfen. Wenn dieses Modell frühzeitig relativ stabil ist, dann können Sie den Rest der Essenz relativ leicht modellieren.

29.4.3 Erstellung einzelner essentieller Aktivitätsmodelle

Die Erstellung eines lokalen essentiellen Aktivitätsmodells geht nun ganz anders vor sich als bei der konservativen Ableitungsmethode, hauptsächlich deshalb, weil Sie kein globales reduziertes Modell haben. Daher steht Ihnen pro Ereignis keine Sammlung essentieller Fragmente zur Verfügung, die zusammengenommen die Reaktion auf das Ereignis darstellen. Das Aufspüren dieser Fragmente ist der erste Schritt zur Erstellung des essentiellen Aktivitätsmodells.

Fangen Sie mit der Aktivität ganz oben auf Ihrer Liste an, und erstellen Sie dafür ein reduziertes physikalisches Modell. Dazu verfolgen Sie die Eingangsdatenflüsse und die Ausgangsdatenflüsse durch das gesamte System. Das physikalische Überblicksmodell gibt Ihnen dafür die Anhaltspunkte und die Verweise auf Dokumente, in denen Sie finden können, wie die Aktivität abläuft und aus welchen Teilen sie besteht. Das Ergebnis dieser Datenflußverfolgung ist ein Diagramm auf unterer Ebene, das die essentiellen Fragmente zeigt, die die Aufgabe dieser Aktivität im bestehenden System erledigen. Vermeiden Sie beim Aufspüren der einzelnen Komponenten sofort die Dokumentation von Infrastruktur

---

* Wir haben diese Behauptung vor zwei Jahren aufgestellt. In der Zwischenzeit haben wir nur zwei Ausnahmen zu dieser Regel gefunden. Beide Ausnahmen schlossen auch Verwaltungsaktivitäten ein, die durch zeitliche Ereignisse ausgelöst wurden.

und Administration. Verwenden Sie Ihr Wissen über die typischen Grundkomponenten einer Inkarnation, um diese zu erkennen und zu vermeiden. Wenn Sie dies tun, dann werden Sie als Ergebnis eine Menge von Aktivitätsfragmenten haben, die schon fast essentiell sind. Sie müssen diese nur noch einmal überprüfen, ob sie präzise genug und vollständig sind. Dazu präsentieren Sie Ihr Teilmodell den Anwendern und lassen diese kommentieren. Sie müssen die Kommentare nur sofort in die auftrennen, die Unzulänglichkeiten in bezug auf *physikalische* Eigenschaften betreffen, und solche, die wirkliche Fehler bei der Definition der Essenz lokalisieren.

Sobald Sie dieses reduzierte physikalische Modell einer essentiellen Aktivität erstellt und überprüft haben, wenden Sie die Techniken aus Kapitel 20 und 21 an. Diese Techniken bleiben nahezu unverändert im Vergleich zum konservativen Ableitungsverfahren. Im Gegensatz zu unseren Ausführungen in den früheren Kapiteln sollten Sie jedoch von Ihrem Wissen über andere essentielle Aktivitäten erheblichen Gebrauch machen, wenn Sie eine essentielle Aktivität modellieren. Wenn Sie z. B. die Objekte bereits kennen, die eine Aktivität braucht, dann sollten Sie die Brauchbarkeit dieser Objekte für die anderen essentiellen Aktivitäten unmittelbar überprüfen. Dadurch sparen Sie später bei der Integration der essentiellen Modelle jede Menge Zeit, wodurch der ganze Modellierungsprozeß verkürzt wird.

29.4.4 Integration der essentiellen Aktivitätsmodelle

Sobald Sie eine Sammlung von essentiellen Aktivitätsmodellen für die grundlegenden Aktivitäten haben, müssen Sie diese integrieren. Dazu verwenden Sie die konservativen Techniken, die wir in Kapitel 22 und 23 erläutert haben.

Nach Fertigstellung des integrierten essentiellen Modells der grundlegenden Aktivitäten des bestehenden Systems machen Sie nun einen zweiten Durchlauf, um die Verwaltungsaktivitäten einzubeziehen. Sie fangen wiederum mit einer bewerteten Liste der Verwaltungsaktivitäten an. Diesmal suchen Sie jedoch hauptsächlich nach Aktivitäten, die neue Objekte schaffen, im Gegensatz zu solchen, die nur ein Datenelement eines Objekts aktualisieren. Eine Aktivität, die einen neuen Abonnenten in die Abonnentenstammdatei einträgt, ist also wichtiger als eine, die nur einen Adreßwechsel des Abonnenten bearbeitet.

Sobald Sie die gewichtete Liste vorliegen haben, führen Sie die gleichen Schritte wie bei der Modellierung der grundlegenden Aktivitäten durch: erstellen Sie eine Menge von essentiellen Fragmenten für jede Aktivität, zeichnen Sie - ausgehend von diesen Fragmenten - lokale essentielle Modelle und integrieren Sie diese in das bereits bestehende Modell der grundlegenden Aktivitäten.

29.5 Zusammenfassung

Wenn Sie unsere Techniken in einem Projekt anwenden, dann müssen Sie vielleicht an der einen oder anderen Stelle Abweichungen vornehmen, je nach Ihrer Organisation. Das Blitzen von essentiellen Überblicksmodellen und Detailmodellen ist eine derartige Abweichung, um die Essenz eines bestehenden Systems möglichst rasch abzuleiten. Sowohl das Blitzen wie auch das nachfolgende Aufräumen sind nur neue Aneinanderreihungen bereits bekannter Schritte unserer Ableitungsprozedur. Obwohl die neue Anordnung weniger präzise und strikt als der konservative Ableitungsansatz ist und obwohl auf Vollständigkeit zugunsten der Effizienz verzichtet wird, zeigen diese beiden Verfahren, daß man erfolgreiche Variationen der Ableitungsprozedur entwickeln kann. Nachdem Sie gesehen haben, wie wir den Ansatz variieren, sollten Sie auch in der Lage sein, für sich erfolgreiche Variationen zu definieren.

Um unsere Diskussion der Managementaspekte unserer Techniken abzuschließen, verlassen wir nun das Gebiet der Essenz und wenden uns in den letzten beiden Kapiteln wieder dem gesamten Projekt zu. Die Blitztechnik zeigt, wie wertvoll es sein kann, etwas weniger zu arbeiten, um dadurch eine Menge an Zeit zu sparen. Im nächsten Kapitel erweitern wir diese Idee, um einen stufenweisen Ansatz für das Management des gesamten Systementwicklungsprozesses zu diskutieren.

Kapitel 30
Effektives Projektmanagement:
Ein stufenweiser Ansatz

Der Mangel an Zeit ist nicht nur ein Problem für die Erstellung eines essentiellen Modells, sondern auch für den ganzen Systementwicklungsprozeß. Glücklicherweise kann man die Technik des Blitzens, wie wir sie in Kapitel 29 beschrieben haben, auf jede Systementwicklungsaktivität zur Zeitersparnis anwenden. Das Ergebnis des Blitzens ist ein Überblicksprodukt, das Sie schnell die Teile erkennen läßt, die am wichtigsten sind. Wenn Sie daher zur detaillierten Arbeit übergehen, so verschwenden Sie keine Zeit mehr an unwichtigen Stellen.

Vergleichen Sie die Abbildungen 30.1 und 30.2, um zu sehen, wie man das Blitzverfahren auf den ganzen Entwicklungsprozeß anwendet. Abbildung 30.1 zeigt die drei essentiellen Systementwicklungsaktivitäten. Wenn Sie in jeder Phase zunächst ein Blitzmodell entwickeln und dann detaillieren, dann folgen Sie dem Plan in Abbildung 30.2. Wenn Sie das Blitzverfahren und die Detaillierung pro Phase anwenden, dann beschleunigen Sie damit Ihren Entwicklungsprozeß. Sie können aber noch schneller vorankommen, wenn Sie zunächst für alle drei Aktivitäten eine Blitzversion auf der Überblicksebene erstellen und erst danach in die detaillierten Arbeiten aller drei Phasen einsteigen. Diese Vorgehensweise ist in Abbildung 30.3 dargestellt.

Das Blitzen aller Systementwicklungsaktivitäten (wie in Abbildung 30.3 gezeigt) behebt eine mögliche Quelle der Ineffizienz in dem Ansatz von Abbildung 30.2. Dort schließt man jeden wesentlichen Schritt ab, bevor man zum nächsten Schritt übergeht. Das heißt, daß Sie viel Zeit damit zubringen, das detaillierte essentielle Modell fertigzustellen, bevor Sie ein Überblicksbild der neuen Inkarnation vor Augen haben. Vielleicht stellen Sie dann fest, daß ein Teil der Zeit verloren ist, weil das Blitzmodell der neuen Inkarnation schon zeigt, daß Sie weniger wichtige Teile der Essenz überbetont haben.

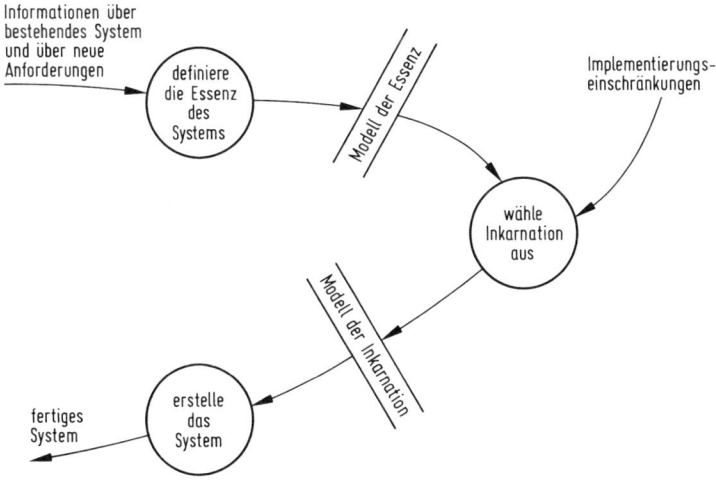

Abb. 30.1: Essentielle Systementwicklungsaktivitäten

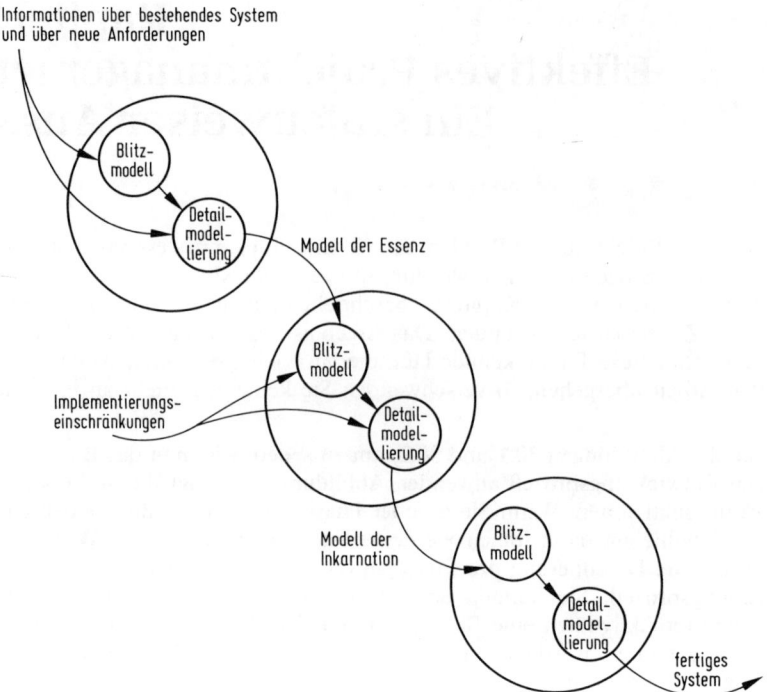

Abb. 30.2: Blitzen in jeder einzelnen Entwicklungsphase

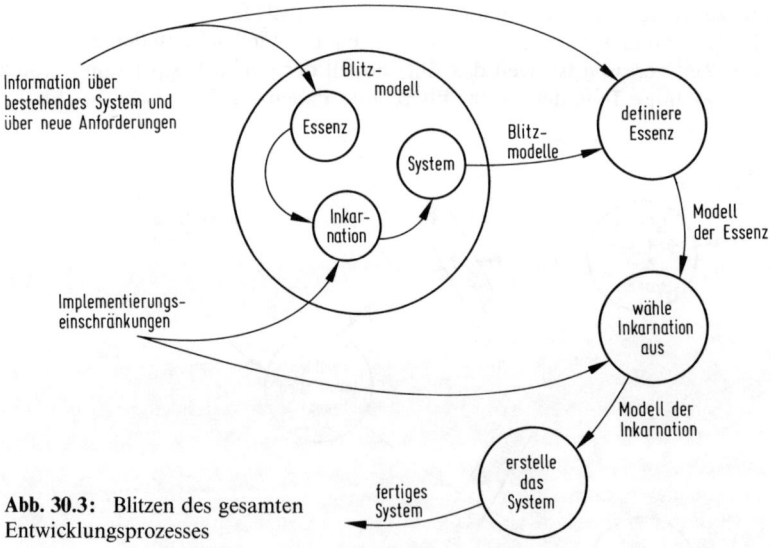

Abb. 30.3: Blitzen des gesamten
Entwicklungsprozesses

Mit dem Ansatz, der in Abbildung 30.3 dargestellt ist, lösen Sie dieses Problem. Die Über-blicksmodelle, die Sie in der ersten Phase erstellen, zeigen Ihnen, worauf Sie Ihre Kräfte im gesamten Projekt konzentrieren sollen, bevor Sie mit der detaillierten Arbeit beginnen.

In diesem Kapitel erläutern wir, wie man die Blitztechnik innerhalb der Systementwicklung anwenden kann, um deutliche Vorteile gegenüber dem traditionellen Ansatz zu bekommen. Dann verraten wir Ihnen einige Taktiken aus der Praxis, wie man diese Verfahren effizienter verwendet.

30.1 Stufenweise Systementwicklung

Wenn Sie die Blitztechnik auf die ersten beiden Systementwicklungsaktivitäten sofort nacheinander anwenden - auf die Definition der Essenz und die Auswahl der Inkarnation -, dann kann dieser Teil des Systementwicklungsprozesses so reorganisiert werden, wie es die beiden Aktivitäten in Abbildung 30.4 zeigen. Das Ziel der neuen ersten Aktivität ist die Erstellung von zwei Überblicksmodellen, für die Essenz und die Inkarnation des neuen Systems. Das Ziel der zweiten Aktivität ist die Erstellung der beiden detaillierten Modelle. Wir nennen diesen Ansatz für die Systementwicklung den *stufenweisen Ansatz*, weil dadurch zwei Stufen jedes Zwischenprodukts erstellt werden - eine für den Überblick und eine mit den Details. Der stufenweise Ansatz verbindet unser Modellierungsverfahren mit dem Systementwicklungsprozeß. Damit meinen wir, daß wir die Methoden, die wir für stufenweises Zeichnen von Datenflußdiagrammen verwendet haben, jetzt auf die Aktivitäten im Lebenszyklus anwenden, um ein System mit hoher Qualität zu entwickeln.

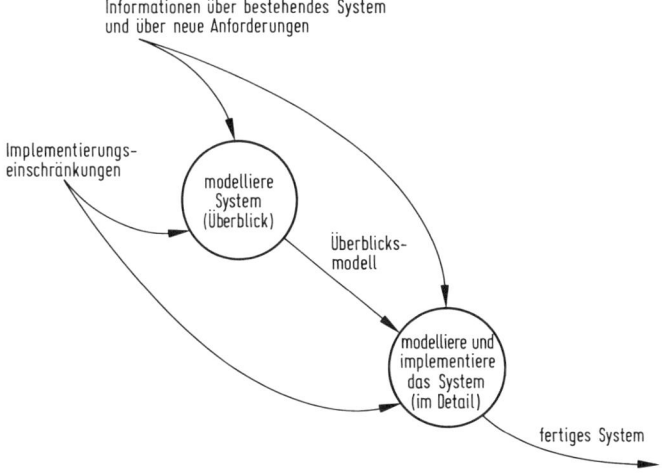

Abb. 30.4: Zwei Ebenen von Systementwicklungsaktivitäten

Die Idee des stufenweisen Ansatzes ist nichts Spezielles in unserem Ansatz. Brian Dickinson [13], Larry Proctor [38] und Ed Yourdon [53] haben neben vielen anderen die gleichen Argumente benutzt, um ihre jeweiligen Formen von stufenweisen Ansätzen zu motivieren: das Projektmanagement ist viel effektiver, wenn die Zielvorgabe klarer umrissen wird, bevor das Team mit der detaillierten Arbeit beginnt. Der von uns gewählte Ansatz für stufenweise Entwicklung ist jedoch auch einzigartig: im Gegensatz zu den anderen stellen wir eine Methode zur logischen und zur physikalischen Modellierung zur Verfügung, die sich auf der rein technischen Ebene bewegt. Und wir zeigen, wie diese technische Methode an Managementrandbedingungen angeglichen werden kann.

30.2 Probleme mit nicht-stufenweisen Ansätzen

Der traditionelle, nicht-stufenweise Ansatz zur Organisation der Systementwicklungsaktivitäten weist folgende Eigenschaften auf:

- Jede Aktivität wird sequentiell ausgeführt, so daß alle Informationen, die man für eine Aktivität braucht, durch die Fertigstellung der vorausgehenden Aktivität zur Verfügung stehen.
- Die Mitarbeiter stellen die Zwischenprodukte einer Aktivität bis hin zu allen Details fertig, bevor sie mit der nächsten Aktivität beginnen.
- Die Mitarbeiter durchlaufen die Folge von Aktivitäten nur einmal.

Diese Eigenschaften führen zu zwei Arten von Problemen, die Projekte, die diesen Ansatz wählen, gefährden. Das erste Problem liegt darin, daß es keine praktikablen Entscheidungsmerkmale gibt, welches die wichtigen und unwichtigen Aspekte sind, und daß man daher auch für die trivialen Teile des Systems gleich viel Zeit wie für die wichtigen Teile aufwenden muß. Während der physikalischen Ist-Aufnahme analysieren die Mitarbeiter daher das ganze existierende System, da sie nicht wissen, was wichtig ist. Dadurch verschwendet man eine Menge an Zeit und gefährdet früher oder später das ganze Projekt.

Wenn das Projektmanagement es nicht schafft, die Entwicklung in eine bestimmte Richtung zu treiben, dann kann das Projekt unter Umständen damit enden, daß man das falsche System für das richtige Problem vorschlägt, oder aber das richtige System für ein falsches Problem. Da es im traditionellen Ansatz keine Möglichkeit gibt, sich zunächst einen Überblick über das Projekt zu verschaffen, kann es einige Zeit dauern, bevor das Management feststellt, daß man auf dem falschen Weg ist, wenn es dies überhaupt feststellt.

Das zweite Problem des traditionellen Ansatzes ist der Zwang zur Fertigstellung der Zwischenprodukte bis hin zum letzten Detail, bevor man zum nächsten Schritt übergeht. Das kann den Fortschritt erheblich behindern. Manchmal verbietet das Management den Projektmitarbeitern, mit dem logischen Modell zu beginnen, weil das physikalische Ist-Modell in seinen Details noch nicht genügend dokumentiert wurde. Dadurch wird das ganze Projekt verlangsamt, obwohl die letzten Details des physikalischen Modells meist völlig irrelevant sind.

Die zwei Probleme des traditionellen Ansatzes schaukeln sich gegenseitig noch auf. Zusammengenommen treiben sie viele Projekte in die eine oder andere Schlammgrube. Wenn Sie es nicht schaffen, Ihre Kräfte zu fokussieren, dann werden Sie eine Menge an Detailarbeit erledigen müssen. Wenn Sie nicht mit dem nächsten Entwicklungsschritt weitermachen können, bevor Sie all diese Detailarbeit dieses Schrittes erledigt haben, dann kann der fehlende Fokus Ihnen soviel Arbeit antun, daß Sie vielleicht nie mit dieser Phase fertig werden.

30.3 Die Vorteile des stufenweisen Ansatzes

Die Vorteile des stufenweisen Ansatzes kommen von den Projektmitarbeitern, die sich die Zeit nehmen, zuerst die grundsätzlichen Ideen über die Essenz und die Inkarnation eines neuen Systems zu betrachten, bevor sie sich in die Details vergraben. Wenn Projektmanager erst einmal einen Überblick haben, dann entscheiden sie sich seltener für eine falsche Entwicklungsstrategie. Sie können dann z. B. besser entscheiden, ob es sich lohnt, die Essenz aus einem bestehenden System abzuleiten oder lieber von Grund auf neu zu modellieren. Die Projektmanager können auch die Richtung eines Projektes leichter ändern, da es nur eine stufenweise anwachsende Verpflichtung für eine bestimmte Richtung gibt. Das schließt auch die Fähigkeit ein, die Wichtigkeit einzelner Teile neu festzulegen, die Verfahren anzupassen, die Arbeitsverteilung im Team zu korrigieren, und auch die Definition der Zwischenprodukte.

Ein weiterer Vorteil des stufenweisen Ansatzes ist es, daß man dadurch zu besseren Informationen für Schätzungen und Ressourcenverteilung kommt als beim traditionellen Ansatz. Die während der Erstellung des Überblicks gesammelten Zahlen können für präzisere Ressourcenprognosen der Hauptphase herangezogen werden. Außerdem führt der stufenweise Ansatz die Mitarbeiter behutsamer an die Komplexität der gesamten Aufgabe heran, wodurch vermieden wird, daß einzelne Personen durch zu große Komplexität überwältigt werden. Außerdem verbessert dieser Ansatz das Ansehen des Projekts gegenüber dem Management, da man viel früher sieht, daß das Projekt an einer Lösung arbeitet und nicht nur an einer genauen Untersuchung des Problems.

Im Rest des Kapitels beschreiben wir drei grundsätzliche Ideen, die Ihnen bei der Umsetzung des stufenweisen Ansatzes in die Praxis helfen werden: das Ausloten des Arbeitsumfangs für eine bestimmte Entwicklungsaktivität, den Einsatz von Spezialisten für Überblicksmodelle und die Durchführung von Systementwicklungsaktivitäten bis auf Zwischenebenen.

30.4 Ausloten der Tiefe einer detaillierten Aktivität

Bevor Sie sich in die detaillierte Arbeit in einer Phase stürzen, sollten Sie herausfinden, wie lange es bis zur Fertigstellung dieser Arbeit dauern wird. Da Ihnen das Blitzen diese Information nicht gibt, schlagen wir Ihnen eine Technik vor, die wir Ausloten nennen.

Ausloten ist der seemännische Begriff für die Messung der Wassertiefe mit einem Gewicht, das an einer Leine hängt. In der stufenweisen Systementwicklung verwenden wir diesen Begriff, um die Menge von Arbeit zu messen, die wir aufbringen müssen, um ein Überblicksmodell zu detaillieren. Sie fangen damit an, daß Sie den einen oder anderen typischen Ausschnitt aus einem Überblicksmodell aussuchen. Für diesen kleinen Ausschnitt arbeiten Sie dann die Details aus. Wenn Sie z. B. ein Blitzmodell der Essenz ausloten wollen, dann suchen Sie sich eine essentielle Aktivität und modellieren diese bis hin zu allen Feinheiten. Dieser Vorgang ist in Abbildung 30.5 dargestellt.

Während Sie ausloten, messen Sie die Zeit und die Ressourcen, die Sie bis zur Fertigstellung benötigt haben. Aus diesen Kennzahlen können Sie dann sehr genau schätzen, was Sie für die Fertigstellung des gesamten Modells noch brauchen werden. Sie finden dabei auch Gründe, um den Umfang Ihrer Modellierungsarbeiten zu vergrößern oder einzuschränken.

30.5 Die Projektvorhut

Wenn Sie alle Teammitarbeiter an allen Tätigkeiten und Stufen der Projektaktivitäten teilnehmen lassen, so ist dies vielleicht nicht der effizienteste Ansatz, um Ihre Ressourcen zu verwalten. Das gilt insbesondere für die Erstellung von Überblicksprodukten, denn dies ist eine Aktivität, die vielleicht nicht alle auslastet. Unsere Alternative ist die Etablierung einer *Projektvorhut* in Form einer Person oder eines kleinen Teams. Diese Projektvorhut ist für die Überblicksarbeit verantwortlich. Der Rest der Mannschaft folgt den Pfaden der Vorhut und komplettiert die Modelle, die von der Vorhut erstellt wurden, in allen Details.

Damit die Vorhut effektiv arbeiten kann, muß man ihr einen Vorsprung für ihre Arbeit einräumen. Die Restmannschaft fängt erst mit den detaillierten Modellen an, wenn etwas Zeit

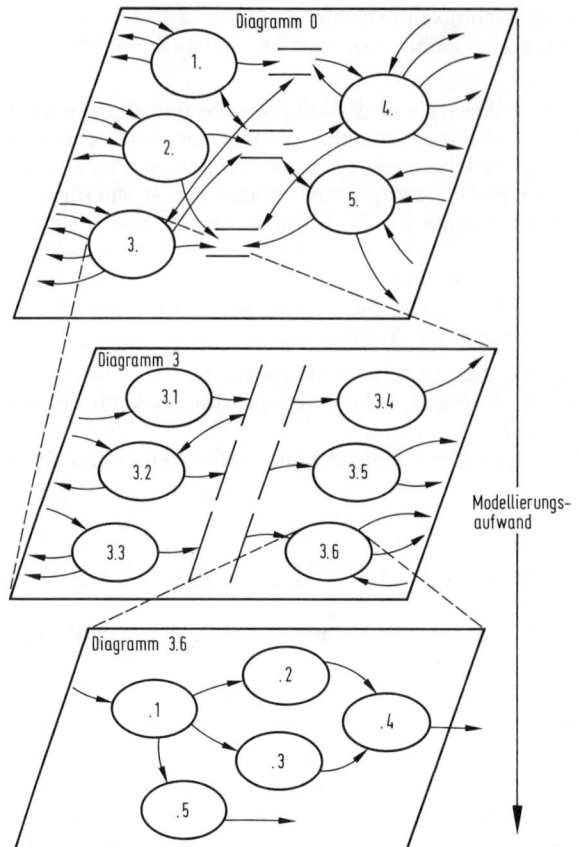

Abb. 30.5: Das Ausloten eines essentiellen Blitzmodells

vergangen ist. In dieser Weise ist keiner unbeschäftigt, wenn die Vorhut arbeitet, und der Projektmanager hat Zeit und Gelegenheit, die Richtung des Projektes entsprechend den Ergebnissen der Vorhut zu korrigieren.

30.6 Zwischenebenen in der Entwicklung

Manchmal gibt es gute Gründe, in einer Phase Zwischenprodukte zu erstellen, die genauer sind als die Überblicksprodukte, aber noch nicht auf der Detailebene angesiedelt sind. Diese Zwischenprodukte sind immer dann erforderlich, wenn die Systeme, die entwickelt werden sollen, so groß sind, daß das Überblicksmodell nicht genügend Information enthält, um die detaillierte Arbeit zu planen. Dann hilft Ihnen ein Zwischenmodell dabei, die Gebiete herauszufinden, die detailliert werden müssen, ohne daß Sie die Detaillierung gleich vornehmen müssen. Dieser Ansatz ist in Abbildung 30.6 dargestellt.

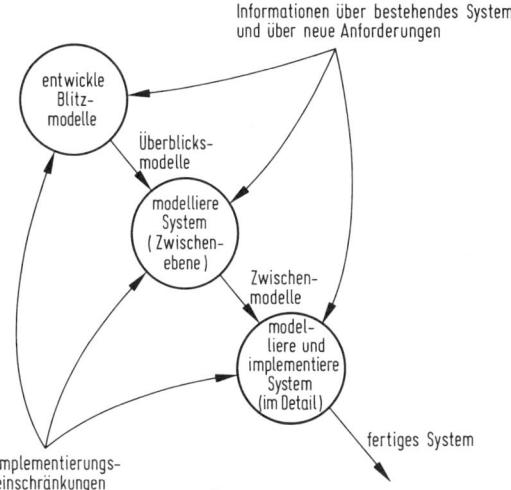

Informationen über bestehendes System
und über neue Anforderungen

entwickle
Blitz-
modelle

Überblicks-
modelle

modelliere
System
(Zwischen-
ebene)

Zwischen-
modelle

model-
liere und
implementiere
System
(im Detail)

fertiges System

Implementierungs-
einschränkungen

Abb. 30.6: Drei Ebenen der Systementwicklungsaktivitäten

30.7 Zusammenfassung

Um den stufenweisen Ansatz anzuwenden, erstellen Sie Blitzmodelle sowohl für das existierende wie auch für das neue System, bevor Sie die Systemdetails modellieren. Dieser Ansatz ist fast in jedem Projekt hilfreich: er zeigt den Entwicklern die wirklich wichtigen Systemteile, auf die sie sich konzentrieren müssen; er hilft den Managern, die beste Strategie und Richtung für ihr Projekt auszusuchen; und er ermöglicht bessere Schätzungen. Wir haben Ihnen einige Taktiken erläutert, die Ihnen bei der Anwendung des stufenweisen Ansatzes helfen können (das Ausloten der Tiefe einer Aktivität, den Einsatz einer Vorhut und die Erstellung von Zwischenebenen in Modellen), aber wir müssen noch viel mehr Taktiken finden. Aber wieviele Taktiken wir auch noch finden und wie präzise wir den stufenweisen Ansatz auch beschreiben: es bleibt eine Art von Neuanordnung der Aktivitäten, die wir auf jeden Fall - auch in einer idealen Systementwicklungsumgebung - durchführen müssen. Daher ist das Verständnis der idealen Systementwicklung eine wesentliche Voraussetzung für die Verwendung des stufenweisen Ansatzes.

Kapitel 31

Die Planung langer Projekte:
Das Projekt als bewegliches Ziel

Das Blitzen und der stufenweise Ansatz sind für das Projektmanagement die Techniken, die verschwendete Zeit in Projekten mit Structured Analysis deutlich reduzieren können. Durch Anwendung dieser Techniken und durch Verwendung computergestützter Werkzeuge, wie z. B. Data-Dictionary-Pakete, sollten Sie in der Lage sein, rasch qualitativ sehr gute Ergebnisse zu erzielen.

Leider ist die pünktliche Erstellung von Spezifikationen manchmal nicht genug, um Ihr Projekt am Leben zu erhalten. Manche Projekte werden eingestellt, obwohl die Qualität der Zwischenergebnisse gut ist und diese auch pünktlich abgeliefert werden. Diese Projekte werden aus Gründen eingestellt, die außerhalb der Einflußmöglichkeiten des Projektmanagements liegen. Einige Projekte sind Zielscheiben für destruktive Einflüsse von externen Faktoren. In diesem Kapitel untersuchen wir diese äußerst frustrierenden und manchmal tödlichen Einflüsse. Wie können Sie Ihr Projekt gegen die drohende Einstellung durch externe Faktoren schützen, wenn Sie von der Annahme ausgehen, daß Sie Ihren Projektdurchsatz bereits optimiert haben? Unsere Zielsetzung ist es, Ihnen einige Ratschläge zu geben, die Ihr Projekt in ein bewegliches Ziel umwandeln: Ein Projekt wird weniger leicht von außen attackierbar, wenn Sie eine Folge von laufenden Systemen liefern, die alle in überschaubaren Zeiträumen abgeschlossen werden können.

31.1 Zerstörerische externe Einflüsse

Die folgenden sechs Faktoren, die alle außerhalb der Kontrolle des Projektteams liegen, können ein Projekt vernichten:

- *Politik:* Irgend jemand, irgendwo in einer höheren Position in der Firmenhierarchie, ist Ihnen nicht wohlgesonnen. Vielleicht sinnt er auf Rache, auf Selbsterhaltung, oder er versucht, sich Konkurrenz vom Leibe zu halten. Dieser Faktor kommt selten direkt an das Tageslicht. Statt dessen findet man solche politischen Motive hinter den anderen externen Faktoren [1].
- *Personalwechsel:* Wichtige Mitarbeiter des Anwenders oder wichtige Projektmitarbeiter können versetzt oder befördert werden, wodurch sie aus dem Projekt verschwinden. Oder die ganze Projektmannschaft kann zusammengestrichen werden. In beiden Fällen bringt die Aufstockung der Mannschaft in anderen Bereichen Ihr Projekt in Schwierigkeiten. Der Abgang von solchen Projektbeteiligten führt oft zu nicht wieder gutzumachenden Verlusten an Antrieb oder Know-how.
- *Neue Budgetverteilung:* Viele Projekte dauern länger als die finanziellen Planungszeiträume von Firmen. Das Management erstellt ein neues Budget, bevor das Projekt beendet ist. Wenn sich in der Zwischenzeit die Prioritäten des Managements geändert haben, wenn das neue Geld verteilt wird, dann können Teile Ihres Budgets zur Finanzierung anderer Projekte verwendet werden. Dieser finanzielle Rückschlag kann der Anfang vom Ende sein. Sogar ein gut geplantes und gut durchgeführtes Projekt braucht seine Mittel, um die Ergebnisse zu erbringen.
- *Ungeduld des Managements:* Mitten im Ihrem Projekt kann das Management auf die Idee kommen, daß man mit dem bisherigen System nicht mehr arbeiten kann und daß

man auch nicht warten kann, bis Sie mit dem Ersatzsystem fertig sind. Obwohl Ihr Projekt planmäßig vorangeht und obwohl das Management Ihrem Projektplan zugestimmt hat, kann jetzt der Beschluß gefaßt werden, Ihr Projekt einzustellen und statt dessen rasche, kleinere Änderungen durchzuziehen.

- *Wesentliche Änderungen in der Technologie:* Wenn eine neue Generation von Hardware- oder Softwaretechnologie während der Laufzeit Ihres Projektes entsteht, dann kann vielleicht der Zweck für Ihr System überholt sein. Sie müssen z.B. keine gigantische zentrale Datenbank auf einem Großrechner erstellen, wenn verteilte Datenbanken am Markt sind, die die Integrität der Daten genausogut erhalten können.

Jeder dieser Faktoren kann ein gut gemanagtes Projekt zum Scheitern bringen, jederzeit, vom Anfang an. Manchmal wird ein Projekt dadurch erschüttert, daß mehrere dieser Faktoren gleichzeitig eintreten. Aber nicht jedes Projekt ist gleich anfällig für diese externen Einflüsse; manche Projekte sind viel gefährdeter als andere. Das sind die Zielscheibenprojekte.

31.2 Zielscheibenprojekte

Ihre einzige Chance, solche Schwierigkeiten zu vermeiden, ist es, die Zeit zu verkürzen, in der Sie diesen Problemen ausgesetzt sind. Die oben angeführten Probleme liegen ja außerhalb Ihrer Einflußmöglichkeiten. Kurze Projekte vermeiden diese Einflüsse, weil sie meist abgeschlossen sind, bevor die Effekte sichtbar werden. Projekte, die ein neues System erst nach sehr langen Laufzeiten abliefern, sind viel anfälliger gegenüber diesen externen Faktoren. Langlaufende Projekte sind wie Zielscheiben, die nur darauf warten, getroffen zu werden und unter dem Druck zusammenzubrechen.

Unsere Erfahrung zeigt, daß Projekte, die ein vollständiges Produkt innerhalb eines Zeitraums von weniger als zwei Jahren abliefern, gegenüber externen Faktoren wesentlich weniger anfällig sind. Projekte, die innerhalb von zwei Jahren nichts nach außen abliefern, sind weitaus höher gefährdet, insbesondere durch die Ungeduld des Managements. Jedes Projekt, das wesentlich länger als zwei Jahre braucht, bevor es ein vorzeigbares neues System hervorbringt, ist eine Zielscheibe.

Ob Sie Ihre Zwischenmodelle gemäß Ihrer Planung fertigstellen oder nicht, spielt dabei keine Rolle, wenn Ihr Projekt ein Zielscheibenprojekt ist. Wenn Sie diese Zwischenergebnisse während der zwei sicheren Jahre immer pünktlich erzeugen, dann beruhigen Sie vielleicht vorübergehend Ihr Management, aber es hilft Ihnen vielleicht nichts, wenn Sie über zwei Jahre brauchen, bevor Sie Ihr laufendes System abliefern. Es gibt keinen Ersatz für ein laufendes System als Beweis Ihres Erfolges. Die Anwender und das höhere Management werden Ihre Structured-Analysis-Dokumente loben, aber lassen Sie sich dadurch nicht täuschen. Wenn die Zeit ein bißchen fortschreitet, dann verlangen Sie nach harten Beweisen, daß das Projekt etwas Wirkliches produziert. Die Modelle von Structured Analysis zeigen, daß wirklich gearbeitet wurde, aber die Erfolgspsychologie der Systementwicklung verlangt, daß Sie innerhalb von zwei Jahren ein wirklich lauffähiges System abliefern.

31.3 Wie man eine Zielscheibe in ein bewegliches Ziel umwandelt

Sie können Ihr Projekt natürlich leicht davor bewahren, eine Zielscheibe zu werden, wenn Sie sicherstellen, daß Sie alle 18 bis 24 Monate ein lauffähiges System erzeugen. Aber diese offensichtliche Lösung klappt ganz offensichtlich nicht immer: einige Projekte sollen so große Systeme entwickeln, daß man sie sicherlich nicht in zwei Jahren fertigstellen kann. In diesem Fall lautet unser Vorschlag, daß Sie das Endprodukt des Projekts in solche Teilprodukte zerlegen, daß Sie zumindest eines der Teilprodukte des Gesamtsystems alle 18 bis 24 Monate lauffähig vorzeigen können. Wenn Sie dies tun, dann sind Sie zeitmäßig immer nahe daran, etwas Nützliches für Ihre Organisation zu implementieren. Es wird dadurch schwerer, die Pläne zu stören, oder leichter, sie in eine neue Richtung umzuwandeln, wenn es drastische Änderungen in externen Faktoren gibt.

Vielleicht haben Sie sich gerade gedacht: „Das kenne ich doch!" „Implementierung von Versionen" ist für ein Softwaresystem keine neue Idee. Viele andere Autoren haben ähnliche Strategien vorgeschlagen [13, 21, 31, 33, 34, 53]. Aber Implementierung von Versionen ist doch ein Unterschied zu dem, was wir hier vorschlagen. Implementierung von Versionen wird immer dann verwendet, wenn es wegen der Systemgröße unmöglich ist, das ganze System auf einmal zu testen oder zu installieren. Die Versionen werden normalerweise erst während der Implementierungsphase geschaffen. Das Ziel unserer Strategie – ein Projekt vor externen Problemen zu schützen – ist ein anderes. Sie müssen Versionen erstellen, weil das Projekt als ganzes nicht lebensfähig ist, wenn Sie versuchen, es auf einmal zu erstellen. Daher werden die Zweijahrespläne gleich am Anfang des Projektes erstellt. Wenn das Projekt dann fortschreitet, dann können Sie die Definition der Zweijahresziele anpassen, falls dies nötig ist.

Sie müssen sich eine Reihe von Fragen stellen, um eine Strategie zur Umstellung Ihres Projektes in ein bewegliches Ziel zu planen. Erstens müssen Sie sich fragen, ob Ihr Projekt in die Kategorie fällt, die in Zweijahresscheiben aufgeteilt werden muß. Wenn Sie sich für eine Aufteilung entscheiden, dann müssen Sie sich eine weitere Frage stellen: Zu welchem Zeitpunkt in dem Projekt sollen Sie die unterschiedlichen Versionen planen? Der stufenweise Ansatz für das Projektmanagement kann Ihnen darauf die Antworten geben. Er kann dazu verwendet werden, Projektversionen zu erstellen, die Ihr Projekt zum beweglichen Ziel werden lassen.

31.4 Projektplanung mit Modellen

Wenn Sie den stufenweisen Ansatz verwenden, dann erstellen Sie eine Überblicksversion der Produkte der verschiedenen Systementwicklungsphasen. Sie können diese Überblicksprodukte dazu benutzen, den Umfang der Arbeiten im restlichen Projekt abzuschätzen. In vielen Fällen wird diese Schätzung ergeben, daß Sie Ihr Projekt leicht innerhalb von zwei Jahren beenden können.

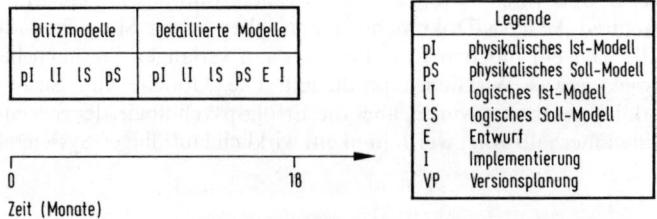

Abb. 31.1:   Ein einfacher Projektplan

Abbildung 31.1 zeigt, wie man den stufenweisen Ansatz für ein Projekt benutzt, das innerhalb der 18 bis 24 Monate abgewickelt werden kann. Die Überblicksarbeiten oder das Blitzen findet zuerst statt. Die Überblicksmodelle werden dann sowohl dazu benutzt, um eine Schätzung für die Restarbeiten zu machen, als auch zur Identifizierung der Teile des Projekts, auf die man sich besonders konzentrieren muß. Die Blitzmodelle werden dann weiter ausgearbeitet. Mit anderen Worten: da man in diesem Fall keine Versionen erzeugen muß, arbeitet man ganz normal weiter.

Üblicherweise zeigt der Blitzansatz aber, daß das Projekt mehr als zwei Jahre bis zur Fertigstellung brauchen wird. Heute werden riesige Projekte geplant, weil uns so mächtige Technologien zur Verfügung stehen. (Jedes Projekt, das in Mannjahrhunderten gemessen wird, ist riesig.) Leistungsfähige und superschnelle Computer, Datenbanken und Datenfernverarbeitung sowie ausgetüftelte Netzwerke von Mini- und Mikrorechnern erlauben es uns, riesige Systeme zu konzipieren. Ein Ergebnis der Explosion der Implementierungstechnologie ist das Konzept der Management-Informationssysteme; dadurch wurden Hunderte von Projekten gestartet, die alle danach streben, den Pulsschlag jedes Teiles einer Organisation für die Fingerspitzen des oberen Managements zugänglich zu machen.

Ein anderer neuer „Heiliger Gral" ist die Idee der integrierten Firmendatenbank. Verfechter dieser Idee verbreiten Visionen über neue riesige Softwaresysteme, die eine Vielzahl von traditionellen Anwendungen zusammenfassen und rund um eine zentrale Datenbank anordnen. Die Frage stellt sich, ob die Systementwicklungsstrategien solche Mammutanwendungen bereits unterstützen können.

Die Systementwickler können solche Mammutanwendungen in den Griff bekommen, wenn sie den stufenweisen Ansatz zusammen mit der Taktik des beweglichen Ziels anwenden. Abbildung 31.2 zeigt, wie wir dieses Problem anpacken würden. Genau wie vorhin starten wir mit den wichtigsten Blitzmodellen. Diese Blitzmodelle bestätigen, was Sie schon vermutet haben: Sie haben einen Wal an der Angel.

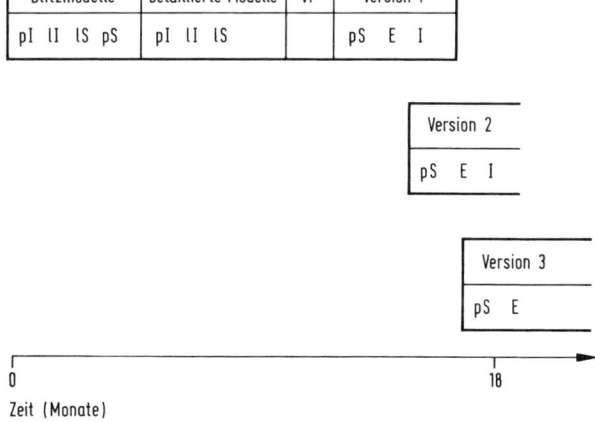

Abb. 31.2: Ein Projektplan, in dem die Versionen nach dem detaillierten logischen Soll-Modell geplant werden

Als nächstes müssen Sie sich entscheiden, zu welchem Zeitpunkt Sie Versionen planen wollen. Das hängt davon ab, wie lang Ihr Projekt ist, gemäß den Schätzungen aus den Blitzmodellen. Das Diagramm in Abbildung 31.2 zeigt, daß die Entwickler in diesem Fall zum Ergebnis gekommen sind, daß sie ein detailliertes physikalisches Ist-Modell, ein logisches Ist-Modell und ein logisches Soll-Modell erzeugen können und danach noch immer genug Zeit haben, um Versionen zu planen, eine davon auszuwählen und innerhalb von 18 bis 24 Monaten auch fertigzustellen. Abbildung 31.3 zeigt ein ähnliches Bild, nur daß die Entwickler sogar Zeit hatten, einen detaillierten Entwurf zu erstellen, bevor sie die Versionen geplant hatten. Beachten Sie, daß in beiden Projekten die Arbeit an der zweiten Version bereits innerhalb der ersten 18 bis 24 Monate begonnen wurde.

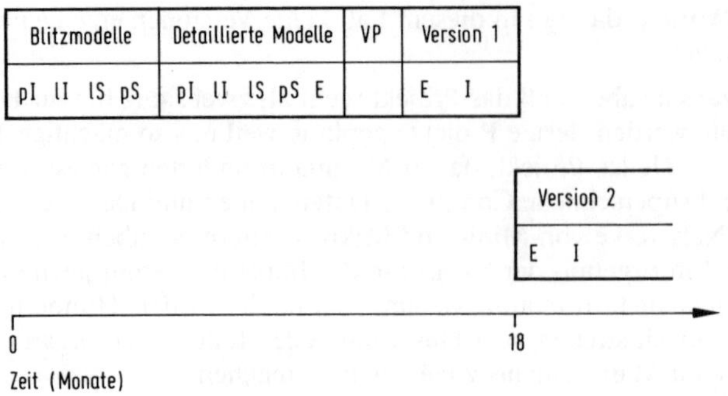

Blitzmodelle	Detaillierte Modelle	VP	Version 1
pI lI lS pS	pI lI lS pS E		E I

Version 2
E I

0   18

Zeit (Monate)

Abb. 31.3: Ein Projektplan, in dem die Versionen nach dem detaillierten Entwurf geplant werden

Bis jetzt haben wir angenommen, daß Sie es schaffen, ein detailliertes logisches Soll-Modell zu erstellen, oder sogar einen detaillierten Entwurf, dann die Versionen zu planen und die erste Version zu implementieren – und das alles innerhalb von 24 Monaten. Manche Projekte sind jedoch so groß, daß man auch das detaillierte logische Soll-Modell nicht mehr in 24 Monaten fertigstellen kann. Das beste, was Sie dann machen können, ist es, die Anzahl der Stufen, die Sie bei dem stufenweisen Ansatz zum Projektmanagement benutzen, zu vergrößern. Statt nur Überblicksmodelle und detaillierte Modelle zu verwenden, planen Sie ein Zwischenmodell ein. Dieses Zwischenmodell verwenden Sie zur Versionsplanung.

Abbildung 31.4 zeigt einen Projektplan, der diesen mehrstufigen Ansatz nutzt. Beachten Sie, daß wir nach den anfänglichen Blitzmodellen die Zwischenmodelle für das ganze Projekt erstellen. In diesem Beispiel verwenden wir dann die Zwischenebene des logischen Soll-Modells zur Auswahl der Versionen für die Implementierung. Sobald Sie wenigstens die erste Version definiert haben, gehen Sie auf das physikalische Ist-Modell dieser Version zurück und erweitern das Zwischenmodell mit all den Details der Systemteile, in denen Sie essentielle Teile vermuten. Die zwei schon existierenden Ebenen von logischen Modellen (das Blitzmodell und das Zwischenmodell) sollten Ihnen genügend Anhaltspunkte geben, damit Sie keine Systemteile näher untersuchen, die nichts zu den essentiellen Aktivitäten und Speichern des Systems beitragen; auf diese Weise vermeiden Sie die Schlammgruben des physikalischen Ist-Modells.

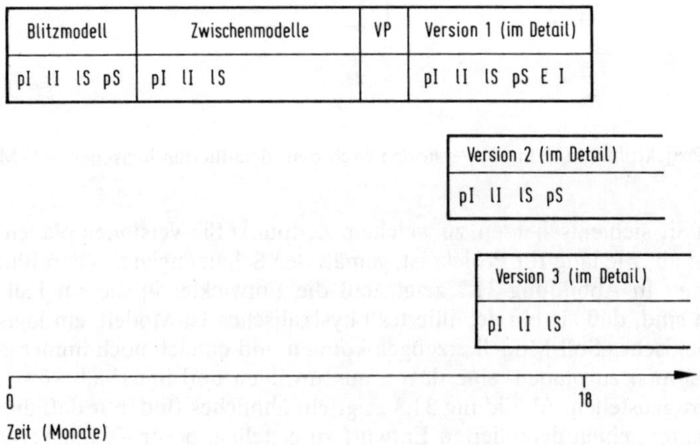

Blitzmodell	Zwischenmodelle	VP	Version 1 (im Detail)
pI lI lS pS	pI lI lS		pI lI lS pS E I

Version 2 (im Detail)
pI lI lS pS

Version 3 (im Detail)
pI lI lS

0   18

Zeit (Monate)

Abb. 31.4: Ein Projektplan, der die Versionsplanung bereits nach einem Zwischenmodell notwendig macht

31.5 Zusammenfassung

Sogar die größten technischen Bemühungen und Managementpläne können zusammenbrechen, wenn ein Projekt länger als 18 bis 24 Monate dauert, bevor ein lauffähiges System abgeliefert wird. Wir haben es erlebt, daß Projekte gestoppt wurden, die hervorragend liefen; diese Projekte waren zu Zielscheiben geworden, weil sie mehr als zwei Jahre voranschritten, ohne greifbare Systeme zu produzieren. Das passiert Ihnen nicht, wenn Sie die Planungsmethoden einsetzen, die wir in diesem Kapitel vorgestellt haben. Projekte, die alle 18 bis 24 Monate vorzeigbare Systeme liefern, haben große Überlebenschancen. Um Aktivitäten für jeweils 18 bis 24 Monate zu planen und durchzuführen, setzen wir den stufenweisen Ansatz für das Projektmanagement ein und wandeln unsere Projekte damit in bewegliche Ziele um.

Nachwort

... von Stephen M. McMenamin

Am Anfang der *strukturierten Systemanalyse* haben wir das Auffinden der wahren Anforderungen als das zentrale Problem der Systementwicklung bezeichnet. Wir haben die Arten und Ursachen von falschen Anforderungen dargestellt, die sich in unsere Anforderungsspezifikationen einschleichen, und ihre Konsequenzen aufgezeigt. Unsere schwarzmalerische Rhetorik und unsere eigene Erfahrung sollten bei Ihnen den Wunsch wachgerüttelt haben, nach den wahren Anforderungen – der Essenz – jedes Systems zu suchen, das Sie betrachten.

Strukturierte Systemanalyse gibt Ihnen die Hilfsmittel zur Hand, die Sie dafür brauchen. Die Konzepte in Teil 1 schärfen Ihre Fähigkeiten zur Unterscheidung von essentiellen und nicht-essentiellen Systemeigenschaften. Das Prinzip der perfekten internen Technologie kann Ihnen alleine schon dabei helfen, essentielle Anforderungen und technologische Randbedingungen auseinanderzuhalten. Die anatomischen Grundmuster, die man in existierenden Systemen findet und die wir in Teil 3 beschrieben haben, werden es Ihnen leichtmachen, viele nicht-essentielle Aktivitäten, Datenkanäle und Datenspeicher aufzuspüren.

Die Modellierungsstrategien in den Kapiteln 10 bis 14 schulen Sie darin, ein Modell der Essenz von Grund auf zu erstellen oder aus einer bestehenden Inkarnation abzuleiten. Letzteres ist ausführlich in Teil 4 bis Teil 6 beschrieben. Sie werden keine großen Probleme dabei haben, ein physikalisches Ist-Modell mit diesem Verfahren in sein logisches Äquivalent umzuwandeln. Sobald Sie die essentiellen Komponenten eines Systems gefunden haben, helfen Ihnen die Modellierungsrichtlinien von Teil 2 dabei, diese essentiellen Aktivitäten und Speicher mit den Ausdrucksmitteln von Structured Analysis darzustellen. Sicherlich werden Sie feststellen, daß die ereignis- und objektorientierte Zerlegung zu den nützlichsten Techniken gehören, die Sie bisher angewandt haben.

Teil 7 stellt dann die Systementwicklungsaktivitäten vor, die nach der Definition der essentiellen Anforderungen folgen: die neuen Anforderungen und den Übergang von der Analyse zum Entwurf. Diese Kapitel ordnen die essentielle Systemanalyse in den Rahmen der gesamten Projektabwicklung ein. In gleicher Weise erweitern wir in Teil 8 die Sichtweise auf unsere technischen Methoden, indem wir einige Managementaspekte und projektpolitische Aspekte diskutieren, die die Analyse beeinflussen. Als noch wichtiger betrachten wir, daß Ihnen der Teil 8 zeigt, wie Sie die Prinzipien der essentiellen Systemanalyse verwenden können, um nichttechnische Probleme, wie Firmenpolitik und die Ungeduld des Managements, entweder zu vermeiden oder zu umgehen. Wir zeigen Ihnen auch, wie Sie diese Techniken zur Entwicklung von Überblicksmodellen für die Projektplanung und -kontrolle einsetzen können.

Das Auffinden der wahren Systemanforderungen bleibt ein wichtiges, aber selten erreichtes Ziel der Systemanalyse. Wir hoffen, daß *strukturierte Systemanalyse* zum Erfolg Ihrer Systementwicklungsbemühungen beitragen wird.

... von John F. Palmer

Strukturierte Systemanalyse wurde ursprünglich dazu entwickelt, ein ganz spezielles Problem zu lösen: das Problem der Definition der wahren Anforderungen, der Essenz eines Systems, das Sie entwickeln. Wie dieses Buch zeigt, ist die richtige Spezifikation der Essenz kein triviales Problem. Wir haben nicht nur zwei neue technische Strategien aufgezeigt (die Definition der Essenz von Grund auf und die Ableitung der Essenz), sondern auch eine Strategie zum Blitzen eines essentiellen Modells eingeführt, die Ihnen dabei hilft, mit den Problemen in wirklichen Projekten fertigzuwerden, wenn Sie die Essenz spezifizieren. Zur Unterstützung dieser Strategien haben wir neue Definitionen für „System", „Systemeigenschaften" und „Modellierungsprinzipien" angegeben.

Trotz der Stoffmenge dessen, was ich schon erwähnt habe, haben wir es gewagt, noch zwei weitere Problemkreise zu behandeln, mit denen Sie bei der Systementwicklung konfrontiert werden: die Auswahl einer Inkarnation und die Planung von sehr großen Projekten. Unsere kurzen Abhandlungen darüber legen eine wichtige Wahrheit offen: Techniken, die bei der Ableitung der wahren Anforderungen helfen, sind unbedingt notwendig, wenn man die anderen Systementwicklungsprobleme lösen will.

Unser Ziel bei der Diskussion der Anatomie bestehender Systeminkarnationen in Teil 3 war es, Ihnen zu zeigen, wie die Essenz eines Systems versteckt sein kann. Die Komponenten der Systemanatomie (die Prozessoren, Behälter, Infrastruktur und Administration) sind jedoch genauso wichtig wie unsere Beschreibung der Auswahl einer Inkarnation. Die nicht-perfekte Technologie, die die Gestalt Ihres jetzigen Systems ausmacht, beeinflußt auch Ihr neues System. Das Vorgehen bei der Ableitung der Essenz half uns auch dabei, die Auswahl einer Inkarnation zu beschreiben. Wie wir in Kapitel 26 gesagt haben, ist die Auswahl einer Inkarnation ungefähr der Umkehrprozeß zum Ableiten der Essenz.

Wir wandten unser Konzept eines Systems und das Prinzip der perfekten internen Technologie, die beide zur Spezifikation der Essenz entworfen wurden, auch auf den Systementwicklungsprozeß als Ganzes an. Das Ergebnis, das wir in Kapitel 5 beschrieben haben, war der duale Strategieansatz. Durch die Entdeckung des Blitzansatzes zur essentiellen Anforderungsdefinition haben wir auch eine neue Taktik gefunden, die sich für andere Systementwicklungsphasen eignet. Das Blitzen ist insbesondere für das Management von sehr großen Projekten einsetzbar.

Nachdem wir gezeigt haben, daß unser Ansatz sowohl zu Methoden führt, wie man eine Inkarnation aussucht, wie auch zu Managementmethoden, wollen wir Ihnen noch eine letzte Schlußfolgerung mitgeben: Das Auffinden der Essenz, die Unterscheidung zwischen logisch und physikalisch, ist *der* zentrale Aspekt in der Systementwicklung.

Systementwicklungsprojekte, die nicht in der Lage sind, die Essenz sehr früh zu spezifizieren, spalten sich sehr bald in ein teures Chaos aus Personen, Papier und Hilfsmitteln auf. Wir hoffen, daß die Ideen der *strukturierten Systemanalyse* Ordnung in diesen Prozeß bringen und Ihnen bei der Entwicklung einer korrekten Spezifikation und letztendlich eines korrekten Systems helfen, und das in der kürzestmöglichen Zeit.

Literaturverzeichnis

[1] *Block, R.:* The Politics of Projects. New York, Yourdon Press, 1983.

[2] *Brooks, F. P., Jr.:* The Mythical Man Month. Reading, Mass.: Addison-Wesley, 1975.

[3] Central Billing System Function Requirements Model. Softech, Inc. Waltham, Mass.: 1976.

[4] *Chen, P.:* The Entity-Relationship Model – Towards a Unified View of Data. ACM Transactions on Database Systems, Vol 1., No. 1 (März 1976), Seite 9–36.

[5] *Conway, R., und Gries, D.:* Introduction to Programming: A Structured Approach Using PL/I and PL/C-7. 2. Auflage, Cambridge, Mass.: Winthrop Publishers, 1975.

[6] *Couger, J. D.:* Evolution of Business System Analysis Techniques. ACM Computing Surveys, Vol. 5, No. 3 (September 1973), Seite 167–198.

[7] *Date, C. J.:* An Introduction to Database Systems. 2. Ausgabe, Reading, Mass.: Addison Wesley, 1977.

[8] *Davenport, R. A.:* Data Analysis for Data Base Design. The Australian Computer Journal, Vol. 10, No. 4 (November 1978).

[9] *De Bono, E.:* The Mechanism of Mind. New York: Penguin, 1976.

[10] *De Bono, E.:* Practical Thinking. New York: Penguin, 1976.

[11] *DeMarco, T.:* Structured Analysis and System Specification. New York: Yourdon Press, 1978.

[12] *DeMarco, T.:* Controlling Software Projects: Management, Measurement & Estimation. New York: Yourdon Press, 1982.

[13] *Dickinson, B.:* Developing Structured Systems: A Methodology Using Structured Techniques. New York: Yourdon Press, 1981.

[14] Distributed Systems Handbook. Digital Equipment Corp. Maynard, Mass.: 1978.

[15] *Flavin, M.:* Fundamental Concepts of Information Modeling. New York: Yourdon Press, 1981.

[16] *Galbraith, J.:* Designing Complex Organizations. Reading, Mass.: Addison Wesley, 1973.

[17] *Gane, C., und Sarson, T.:* Structured Systems Analysis: Tools & Techniques. New York: Improved System Technologies, 1977.

[18] An Introduction to SADT: Structured Analysis and Design Technique. SofTech, Inc. Waltham, Mass.: 1976.

[19] *Jackson, M. A.:* Principles of Program Design. London: Academic Press, 1975.

[20] *Kent, W.:* Data and Reality: Basic Assumptions in Data Processing Reconsidered. Amsterdam: North Holland, 1978.

[21] *Lister, T. R.:* Designing Efficient Systems. The Yourdon Report, Vol. 2, No. 1 (Januar 1977), Seite 5–7.

[22] *Martin, J.:* Computer Database Organisation. Englewood Cliffs, N. J.: Prentice Hall, 1977.

[23] *Martin, J.:* The New DP-Environment and How to Design for It. Kursmaterial von Technology Transfer, Inc., 1979.

[24] *McMenamin, S. M.:* Seven Questions about Structured Analysis. Vortrag bei der SHARE 53 Konferenz, 28. August 1979.

[25] *McMenamin, S. M., und Palmer, J. F.:* Advanced Structured Analysis Workshop. Kursmaterial von Yourdon, Inc., Ausgabe 4.1, 1981.

[26] *McMenamin, S. M.:* The Transition between Analysis and Design: An Annotated Case Study. Vortrag bei der GUIDE 53 Konferenz, November 1981.

[27] *McMenamin, S. M.:* Structured Analysis and Design Workshop. Kursmaterial von Yourdon, Inc., Ausgabe 8, 1982.

[28] *McMenamin, S. M.:* The Transition between Analysis and Design. Vortrag bei der GUIDE 54 Konferenz, Mai 1982.

[29] *Miller, G. A.:* The Magical Number Seven, Plus or Minus Two: Some Limits on Our Capacity for Processing Information. The Psycological Review, Vol. 63, No. 2 (März 1956), Seite 81–97.

[30] *Myers, G. J.:* Advances in Computer Architecture. New York: John Wiley & Sons, 1978.

[31] *Myers, G. J.:* Composite/Structured Design. New York: Van Nostrand Reinhold, 1978.

[32] *Orr, K. T.:* Structured Systems Development. New York, Yourdon Press, 1977.

[33] *Page-Jones, M.:* The Practical Guide to Structured Systems Design. New York: Yourdon Press, 1980.

[34] *Page-Jones, M., und Lister, T. R.:* Principles of Packaging. The Yourdon Report, Vol. 4, No. 4 (September/Oktober 1979), Seite 5–7.

[35] *Palmer, J. F.:* Blitzing a Logical Requriments Model Workshop. Kursmaterial von J. F. Palmer, 1983.

[36] *Palmer, J. F.:* Policy on Policy: A Structured Analysis Parable. The Yourdon Report, Vol. 5, No. 2 (März/April 1980), Seite 6–7.

[37] *Palmer, J. F., Morrow, I., und Schuldt, G.:* Structured Analysis Meets Database. Podiumsdiskussion bei der 2. Yourdon User Group, 1979.

[38] *Proctor, L. L.:* A Cycling Approach to Successful Project Management. The Yourdon Report, Vol. 7, No. 2 (Mai/Juni 1982), Seite 5–7.

[39] *Rose, L. A.:* Packaging. The Yourdon Report, Vol 3., No. 6 (Dezember 1978/Januar 1979), Seite 2–3, 7.

[40] *Ross, D. T., und Schoman, K. E., Jr.:* Structured Analysis for Requirements Definition. IEEE Transactions on Software Engineering, Vol. SE-3, No. 1 (Januar 1977), S. 6–15.

[41] *Scherr, A. L.:* Distributed Data Processing. IBM Systems Journal, Vol. 17, No. 4 (1978), Seite 324–343.

[42] *Schuldt, G.:* Information Modelling. Vortrag bei der GUIDE 54 Konferenz, Mai 1982.

[43] *Simon, H. A.:* Sciences of the Artificial. 2. Aufl., Cambridge, Mass.: MIT Press, 1981.

[44] *Smith, J. M., und Smith, D. C. P.:* Database Abstractions: Aggregation and Generalization. ACM Transactions on Database Systems, Vol. 2, No. 2 (Juni 1977), Seite 105–133.

[45] *Stelmach, E.:* Introduction to Mini Computer Networks. Maynard, Mass.: Digital Equipment Corp., 1974.

[46] *Stevens, W. P., Myers, G. J., und Constantine, L. L.:* Structured Design. IBM Systems Journal, Vol. 13, No. 2 (Mai 1974), Seite 115–139.

[47] Structured Analysis and Design Technique Overview. SofTech, Inc. Waltham, Mass.: 1976.

[48] *Sundgren, B.:* Theory of Databases. New York: Van Nostrand Reinhold, 1975.

[49] *Tsichritzis, D. C., und Lochovsky, F. H.:* Data Models. Englewood Cliffs, N. J.: Prentice Hall, 1982.

[50] *Weinberg, G. M.:* An Introduction to General Systems Thinking. New York: John Wiley & Sons, 1975.

[51] *Weinberg, G. M.:* The Psychology of Computer Programming. New York: Van Nostrand Reinhold, 1971.

[52] *Weinberg, V.:* Structured Analysis. New York: Yourdon Press, 1978.

[53] *Yourdon, E.:* Managing the Structured Techniques. 2. Auflage, New York: Yourdon Press, 1979.

[54] *Yourdon, E. und Constantine, L. L.:* Structured Design. Fundamentals of a Discipline of Computer Program and System Design. 2. Auflage, New York: Yourdon Press, 1978.

Index